KB027227

학습부진 및 학습장애 교육

이대식 저

교수–학습이론과 모형의 조건

학지사

이 저서는 2017년 정부(교육부)의 재원으로 한국연구재단의 지원을 받아 수행된 연구임(NRF-2017S1A6A4A01022321).

　매년 국가수준학업성취도 평가 결과나 국제학력성취도검사(PISA) 결과가 발표될 때쯤이면 우리 학생들의 학력이 저하되고 있다는 사회적 불안과 염려가 심해지고 관련 논의들이 매우 활발해진다. 정부나 교육당국에서도 저마다 많은 대책을 발표한다. 그럼에도 매년 그 성과는 만족스럽지 못하다. 특히 중하위권 이하 집단의 학력 저하 현상은 최근 들어 매우 우려스러울 정도이다.

　학습부진이나 학습장애처럼 학습에 어려움을 겪는 학습자들을 어떻게 지도해야 할 것인가에 대한 대책은 어쩌면 주장하는 사람들의 수만큼 다양하다고 할 수 있다. 안타까운 점은 그렇게 제안되는 수많은 방법 중 어떤 것들은 그 방법이 정말 효과가 있다는 증거가 없음에도, 단지 사람들이 선호하고 그럴 듯해 보인다거나 개인적인 경험을 거쳤다는 이유만으로 적지 않은 재정과 노력을 투입하여 적용되고 있다는 점이다.

　이 책은 이러한 상황에서 학습부진과 학습장애 학생들을 효과적으로 지도하기 위해 필요한 요소, 원리, 절차, 예시 등을 다루고자 하였다. 이를 통해 학습에 어려움을 겪는 학생들을 지도하는 일의 성격과 요건, 요소 등을 충분히 드러내어 이에 관한 혼란과 오해를 줄이고자 하였다.

　이 책은 총 4부로 구성되어 있다. 제1부에서는 학습부진과 학습장애에 대한 이해를 촉진할 목적으로, 두 개의 장을 할애하여 제1장에서는 학습부진 및 학습장애 개념과 특징을, 제2장에서는 학습부진 및 학습장애 선별, 진단, 판별을 다루었다.

　제2부에서는 네 개의 장에 걸쳐 학습문제 해결의 실제적, 이론적 기반을 다루고자 하였다. 이를 위해 제3장에서는 학습부진 및 학습장애 지원을 위한 체제의 요건을 다루었다. 이를 통해 학습부진 및 학습장애 관련 정부나 지자체, 혹은 일선 학교의 관점에서 필요한 체제, 여건 등을 소개하고자 하였다. 제4장에서는 학습은 언제 잘 일어나는지를 여

러 가지 학습이론을 개관하면서 살펴보고자 하였다. 제5장에서는 효과적인 교수방법과 관련하여 그동안 주장되어 온 각종 교수이론을 개관하면서 특별히 학습에 어려움을 겪는 학습자들의 관점에서 꼭 필요한 교수이론이나 교수모형의 요건을 추출하고자 하였다. 제6장에서는 증거-기반 실제의 뜻과 중요성 그리고 요건을 살펴보았다.

제3부에서는 네 개의 장에 걸쳐 선행 학습이론과 교수이론을 토대로 학습부진 및 학습장애 학생들을 지도하고자 할 때 고려해야 할 필수 원리를 네 가지로 제시하였다. 먼저, 제7장에서는 학습된 상태 명료화를 다루었고, 제8장에서는 맞춤형 정밀진단의 중요성과 뜻, 방법을 다루었다. 제9장에서는 특별히 학습부진과 학습장애 학생에 초점을 맞추어 효과적인 교수-학습방법 설계의 요건과 방법, 절차 등을 제시하였다. 제10장에서는 효과적인 교수행위를 충실하게 이행하는 것의 조건과 요소를 살펴보았다.

제4부에서는 제1~3부에서 다룬 내용을 읽기, 쓰기, 수학 지도 영역에 실제로 적용하는 예시를 제시하고자 하였다. 제11장에서는 읽기, 제12장에서는 쓰기, 제13장에서는 수학 영역을 다루었다.

모쪼록 이 책이 학습부진 및 학습장애 학생 지원 관련 정책, 연구, 연수, 수업방법에 관한 논의와 실제에 많은 시사점을 줄 수 있기를 희망한다.

부족하지만 이 책을 쓸 수 있을 만큼 성장할 수 있도록 오래전부터 많은 분의 가르침, 도움과 격려, 지원이 있었다. 수십 년 전, 측정, 평가의 중요성을 알려 주셨던 황정규 교수님, 박사 논문 지도를 해 주셨던 미국 University of Oregon의 Edward Kame'enui 교수님, 번뜩이는 아이디어로 연구방법을 가르쳐 주셨던 같은 대학교의 Gerald Tindal 교수님, 과거는 물론 현재에도 늘 응원과 자극을 주시는 서울대학교 김동일 교수님께 깊은 감사를 드리고 싶다. 또한 가까이에서 항상 사랑과 응원, 학문적 도움을 주시는 경인교육대학교 특수(통합)교육학과와 교육학과 교수님들께도 감사를 전한다.

내가 쓰고 싶은 말들을 쓸 수 있게 2년 동안 재정 지원을 해 주며 준비할 수 있게 해 준 한국연구재단과, 연구활동을 할 수 있는 환경을 마련해 준 경인교육대학교에도 고마운 마음이 든다. 무엇보다, 이 모든 일을 가능케 하신 분께 감사를 드린다.

끝으로, 이 책이 나오기까지 물심양면으로 지원을 아끼지 않으신 학지사의 김진환 사장님, 편집부 직원분들께 깊은 감사를 드린다. 그리고 언제나 곁에서 묵묵히 사랑과 지원을 아끼지 않는 사랑하는 아내와 두 아들, 시골에서 언제나 자식 걱정하시는 아버님과 매일 우리 가족을 위해 눈물로 기도하시는 장모님께 깊은 고마움을 전한다.

차례

● 제**2**부 ● 학습 문제 해결의 실제적, 이론적 기반 이해

第3장 학습부진 및 학습장애 지원 체제 97

第4장 학습부진 및 학습장애 교육의 학습이론적 근거 131

第5장 학습부진 및 학습장애 교육의 교수이론적 근거 169

제6장 학습부진 및 학습장애 교수-학습이론과 모형의 조건 개관   233

● **제3부** ● 학습부진 및 학습장애 교수-학습이론과 모형의 조건 적용

제7장 학습된 상태 명료화와 교수-학습요소 추출   279

제8장 맞춤형 정밀진단과 출발점 정하기   305

● 제**4**부 ● 영역별 학습부진 및 학습장애 학생 지도

제13장 수학 학습부진 및 학습장애 학생 지도 475

제1부
학습부진 및 학습장애 이해

제1장
학습부진 및 학습장애 개념과 특징

핵심 질문

1. 학습부진이란 무엇을 뜻하는가?
2. 학습부진 학생의 주요 유형, 특징과 그 시사점은 무엇인가?
3. 학습장애란 무엇을 뜻하는가?
4. 학습장애 학생의 주요 유형, 특징과 그 시사점은 무엇인가?

주요 내용 요소

1. 학습부진의 뜻
2. 학습부진 학생의 주요 특징과 유형
3. 학습장애의 뜻
4. 학습장애 학생의 주요 특징과 유형
5. 학습부진과 학습장애 개념 구분
6. 학력의 재개념화
7. 학습부진 및 학습장애 학생 특징의 시사점

핵심 용어

- 학습부진
- (특정)학습장애
- 비언어성학습장애
- 정보처리이론/모형
- 작업기억
- 빠른 자동이름대기
- 경계선급 지능
- 기초학력
- 학력

1. 학습부진의 뜻

여러분은 학습부진을 무엇으로 정의하고 싶은가? 이하 내용을 읽기 전에 우선 아래 빈칸에 자신이 생각하는 학습부진 정의를 써 보자. 그리고 가능하면 다른 사람들의 정의와 비교해 보자. 공통점과 차이점은 무엇인가? 만약 차이점이 있다면 왜 그런지를 서로 토론해 보고, 그 차이가 어디에서 연유하는지 분석해 보시오.

학습부진이란 _____

_____

_____을 말한다.

1) 학습부진의 뜻

학습부진 개념을 정의하는 것은 간단치 않다. 이화진 외(1999)는 학습부진을 '일반능력면에서는 정신지체 및 심한 정서장애를 지닌 자를 제외한 모든 학생으로서, 발생원천 면에서는 선천적(단, 선천적 학습장애는 교육적으로 처치 가능한 경우) 또는 환경적 요인(가정, 학교 환경 요인 등)을 모두 포함하고 학업성취수준 면에서는 학습저성취아(3R's 기초학습기능 결손자 및 교과별 최소학업수준 미달자)'로 정의한 바 있다. 이 정의에는 제외 조건, 발생 원천, 저성취 기준과 영역 등이 포함되어 있는데, 이는 학습부진을 정의하기가 그리 간단하지 않음을 시사한다.

일반적으로, 학습부진이란 학업성적이 특정 기준보다 낮은 경우를 말한다. 얼핏 생각하면, 이와 같은 학습부진 정의는 매우 단순하고 명료하다. 하지만 이 정의의 단순 명료함은 전적으로 '특정 기준'이 무엇이냐에 달려 있다. 또한 그 기준 점수를 무엇으로 정할 것인가도 쉽게 합의되기 어렵다.

학습부진 기준 점수는 크게 두 가지 방식으로 정할 수 있다. 첫째는 또래들의 성적이다. 하지만 또래란 어떤 집단을 말하는가에 따라 또래의 성적은 높을 수도 있고 낮을 수도 있다. 즉, 지능수준이나 사전학습 정도가 높은 또래라면 기준 점수는 높을 것이고, 그렇지 않은 경우에는 낮을 것이다. 또한 또래의 범위를 같은 학교 내로 할 것인지, 지역

내로 할 것인지, 아니면 전국 단위로 할 것인지에 따라 기준 점수는 달라질 것이다. 뿐만 아니라, 절대 점수가 아닌 상대적인 위치를 기준으로 할 경우, 예컨대 하위 25%로 할 것인지, 하위 16%로 할 것인지 등에 따라서도 기준 점수는 달라진다.

둘째는 또래의 점수와 상관없이 미리 정한 절대 수준(예컨대, 정답률 80%)을 기준으로 할 수 있다. 하지만 이 경우에도 문항의 난이도에 따라 미리 정한 정답률에 도달하기가 어려울 수도 있고 쉬울 수도 있다. 미리 정하는 절대 수준을 어느 정도로 할 것인가(예컨대, 60점? 70점? 80점?)에 따라서 학습부진에 해당하는 학생 수는 달라질 것이다.

학습부진 정의를 내리고자 할 때 쟁점이 되는 것은 학습부진 기준만이 아니다. 학습부진을 특정 점수에 미치지 못하는 경우로 단순하게 규정해 버리면 그 점수를 어떤 것으로 어떻게 정할 것인가만 쟁점이 되지만, 기준 점수에 이르지 못한 이유는 매우 다양할 수 있다. 예컨대, 하필이면 학습부진 선별 검사 당일 몸 상태가 좋지 않았거나, 심리·정서가 불안정하여 성적이 낮게 나왔을 수도 있다. 이 쟁점의 핵심은 학습부진 요건으로 잠재능력을 채택할 것인가이다. 〈표 1-1〉의 선행 문헌에서 찾아볼 수 있는 상당수의 학습부진 정의에서는 잠재능력 대비 실제 학업 수행 정도의 부진을 학습부진 요건으로 제시하고 있어 기존의 학습부진 정의에서는 확실히 이 점을 중요하게 고려하고 있다.

〈표 1-1〉 선행 문헌의 학습부진 개념 특징

연구	잠재학습능력	개인 내적 원인	학습부진의 기준	개인 외적 원인
박성익, 현주, 임연기, 서혜경 (1984)	정상적인 학교 학습 능력	선수학습 요소 결손	설정된 목표 대비 수락 가능한 최저학업성취 수준 미달	?
김수동, 이화진, 유준희, 임재훈 (1998)	정상적인 학교 학습 잠재능력	개인의 성격, 태도, 학습습관	설정된 목표 대비 수락 가능한 최저학업성취 수준 미달	환경요인
이화진, 부재율, 서동엽, 송현정 (1999)	정신지체 및 심한 정서장애 제외	선천적 요인	3R's 기초학습기능 결손자 및 교과별 최소학업수준 미달자	환경적 요인(가정, 학교 환경 등)
신세호, 이병호, 김재복, 홍재호 (1979)	잠재적 학습능력	?	정상적인 수업조건에서 기대되는 학습성취 미달	환경적 결함
박병량, 이영재, 조시화(1980)	?	학습에 필요한 요소의 결함	수락 가능한 최저수준(60점) 미달	?

?는 해당 문헌에서 분명하게 언급하지 않았음을 의미함.
출처: 이대식, 황매향(2014), p. 18.

학습부진 개념과 관련해서 학습부진 여부를 확인하기 위한 교과 영역을 무엇으로 정할 것인가도 쟁점이 될 수 있다. 보통의 경우에는 읽기, 쓰기, 셈하기 등 소위 3R을 대상으로 수행 정도를 평가하지만, 문학, 문법, 비문학 등을 포함한 국어 전 영역도 포함해야 하며, 외국어, 사회, 과학 교과 등도 학습부진 여부 확인 대상 영역으로 포함시켜야 한다는 주장도 가능하다. 최근에는 핵심역량(지식정보처리, 창의적 사고, 공동체, 의사소통, 심미적 감성, 자기관리)은 물론, 문제를 해결하고, 심신을 단련하며, 진로를 설정하는 능력도 학력의 개념에 포함시켜야 한다는 주장도 있다.

2) 학습부진 관련 용어들

학습부진을 지칭하는 용어는 꽤 많다. 그중 대표적인 것들에는 기초학력 미달, 기초학습부진, 교과학습부진, 저성취, 느린 학습자, 경계선급 학습자 등이 있다. 각 용어마다 사용되는 맥락과 그 뜻이 다르기 때문에 정확하게 이해하는 것이 중요하다. 각 용어별 핵심 내용은 〈표 1-2〉와 같다.

〈표 1-2〉에서 보듯, 모든 용어가 그 자체에 이미 부정적인 의미를 내포하고 있어 낙인효과를 야기할 수 있다. 하지만 아직 많은 사람이 공감할 만한 긍정적인 용어가 나오지 않고 있다. 일부 학교에서 사용하고 있는 자람반 학생, 희망반 학생 등과 같은 용어는 긍정적인 의미를 담고 있긴 하지만 개념의 뜻을 객관적으로 드러내 주지 못한다. 이 용어들은 제도나 법적 용어로는 부적절하다.

〈표 1-2〉 학습부진 관련 용어

용어	뜻
기초학력 미달	국가수준학업성취도평가* 결과 해당 학년 목표성취수준의 20%에도 도달하지 못하는 경우. 교육당국의 공식 정의는 '학교 교육과정을 통해 갖춰야 하는 읽기, 쓰기, 셈하기와 이와 관련된 교과(국어, 수학)의 최소 성취기준을 충족하지 못한 경우'임(교육부, 2019, p. 5) * 국가수준학업성취도평가는 국가수준의 학업성취 수준 파악 및 학교교육의 체계적 질 관리를 위해 매년 시행하고 있음. 2013년 이후 중 3, 고 2 학생만 참여했고, 2017년부터는 전국시도교육감협의회와 국정기획자문위원회의 제안을 반영하여 전수평가에서 표집평가로 전환됨
기초학습부진	초등학교 3학년 수준의 읽기, 쓰기, 기초수학 능력에 도달하지 못한 경우

교과학습부진	매 학년 초(보통 3월 중순)에 각 교육청에서 이전 학년 교과 교육과정 내용을 대상으로 제작한 학업검사에서 최소 수준의 목표(대체적으로 100점 만점 중 60~70점대)에 도달하지 못한 경우. 대상 교과는 국어, 수학, 영어, 사회, 과학이고 평가 대상 학년은 초 2~중 3임. 하지만 학교에 따라 대상 과목, 대상 학년은 다를 수 있으며, 심지어 아예 평가를 하지 않는 학교도 있음
저성취	자신의 능력에 비해 실제로 성취한 학업성적이 낮은 경우. 영어로는 under achievement와 low achievement로 구분 가능(Ford & Moore III, 2014). 전자는 자신의 능력에 비해 실제 학업성적이 낮은 경우이고, 후자는 또래 평균이나 미리 정한 기준에 비해 낮은 경우를 나타냄. 따라서 비록 지능이 높은 학생이라도 그에 상응하는 학업성적을 얻지 못하면 under achievement에 해당함
느린 학습자	또래에 비해 학습속도가 눈에 띄게 느린 학생. 대개는 지능이 경계선(70~85)인 경우가 많음. 학습속도가 느릴 뿐 다른 측면에서는 특별히 문제가 없음을 강조하고자 할 때 주로 사용하는 용어로, 「초·중등교육법」 제28조의 학습부진아 등에 대한 지원법의 대상자를 지칭하는 또 다른 명칭임
경계선급 학습자	말 그대로 성취 정도가 심각하게 낮거나 심신상의 두드러진 기능 장애가 있는 것은 아니지만 평균보다 낮은 학업성취를 보이는 학생

심화 활동　1

학습에 어려움을 겪는 학생들을 지칭하는 용어를 다음 조건을 반영하여 바꾸려 한다. 어떤 용어가 좋을까?

• 부진, 느린, 미흡, 장애 등의 부정적 용어를 가급적 배제할 것
• 사람들이 들었을 때 부정적 느낌을 갖지 않을 용어로 할 것
• 학습에 어려움이 있음을 나타내면서도 관련자 간 의사소통에 문제가 없을 것

내가 제안하고 싶은 용어는? ＿＿＿＿＿＿＿＿＿＿＿＿＿＿＿＿＿＿＿＿

이유는? ＿＿＿＿＿＿＿＿＿＿＿＿＿＿＿＿＿＿＿＿＿＿＿＿＿

2. 학습부진 학생의 주요 특징과 유형

학습부진 학생의 가장 두드러진 특징은 성적, 즉 점수가 낮은 것이지만, 그 이외에도

인지, 정서, 행동, 환경 측면에서 진단과 지도를 수행할 사람이 알아야 할 다양한 특징이 있다. 학습부진의 특징을 파악할 때에는 항상 특징 파악 그 자체에 그치지 말고, 해당 특징이 부진 학생 지원대책과 관련하여 어떤 시사점을 주는지 확인하는 것이 중요하다.

1) 인지 특징

인지 측면에서 학습부진 학생들의 특징은 정보처리능력, 학습전략, 필수 기본학습기능, 선수학습기술, 어휘 등의 측면에서 살펴볼 수 있다. 정보처리능력 측면에서 가장 두드러진 특징은 작업기억 용량이 또래에 비해 상대적으로 작다는 점이다. 작업기억이란 새로 들어오는 정보와 장기기억 속에 저장되어 있는 정보를 연결지으며 어떤 과제나 문제를 해결하는 능력을 말한다(Baddeley, 2003). 다음 [글상자 1-1]의 과제는 작업기억 측정 문항으로 흔히 사용되는 것이다.

[글상자 1-1] 작업기억 측정용 문항 예

🏆 다음 숫자나 글자 소리를 듣고 거꾸로 말해 보시오.

1) 3-7-1-6
2) 2-9-4-7-3-8
3) 누-바-소
4) 하-고-더-미-투

학습부진 학생의 작업기억 용량 부족은 대부분의 학습과제 수행 시 학습에 어려움을 야기한다. 예컨대, 수학 연산을 하거나 글을 읽고 이해하려면 한편으로는 제시된 내용을 보면서 다른 한편으로는 과제 해결에 필요한 절차나 정보를 장기기억 속에서 인출해 내어 주어진 시간 안에 과제를 수행해야 한다. 하지만 작업기억 용량 제한은 이러한 처리 과정을 더디고 힘들게 만들고, 결과적으로 학습자는 그런 과제를 회피하려 하거나 오류를 범할 가능성이 커지게 된다.

이 밖에도 기억력 측면에서는 장기기억 속에 정보를 조직하여 저장하는 능력이 미흡하여 나중에 인출할 때 어려움을 겪는다. 또한 정보처리 과정 전체를 점검하면서 전략적으로 대응하는 집행 및 통제기능이 또래에 비해 미흡하거나 단기기억력 용량이 부족한 점도 학습부진 학생들의 학습을 어렵게 만드는 인지 요소이다.

지능을 인위적으로 높이기 어려운 것과 마찬가지로 기억력과 같은 정보처리 능력은 직접적으로 향상시키기 어렵다. 작업기억 향상을 위한 경험적으로 검증된 직접적인 방법(예컨대, 약물이나 수술 등)에 대해서는 아직 알려진 바가 없다. 따라서 낮은 정보처리능력은 직접 바꿔야 할 속성이라기보다는 주어진 여건으로 수용하고, 이를 수업의 질이나 효과적인 학습전략으로 보완하는 접근을 취하는 것이 최선이다.

학습전략이란 정보를 획득하고 저장하고 활용하는 것을 촉진시킬 수 있는 일련의 과정이나 단계(Dansereau, 1985), 혹은 과제를 수행하기 위해 계획하고, 그 계획을 이행하고, 과제에 대한 수행과 그 결과물을 평가할 때 어떻게 생각하고 행동하는가 등을 포함한 과제 수행에 대한 개인적인 과제 수행 방식(Schumaker & Deshler, 2006)을 말한다. 또한 학습자가 새로운 정보를 획득, 기억, 재생하는 방식에 영향을 미치는 인간의 정보처리 활동(Weinstein & Mayer, 1986)이라고도 할 수 있다. 결국, 학습전략이란 학습 정도를 높이기 위한 사고전략을 말한다.

학습전략 관련 학습부진 학생들의 주요 특징은 전략 자체에 대해 알지 못하는 경우가 많고, 설사 전략을 알고 있다고 해도 언제, 어떻게 사용해야 할지를 모른다는 점이다. 예컨대, 독해전략의 하나인 SQ3R(Survey-Question-Read-Recite-Review)(Robinson, 1978) 전략을 가르쳐도 학습부진 학생들은 막상 글을 읽고 이해하기 어려운 상황에 처했을 때 이 전략을 스스로 생각해 내어 적용하지 못하는 경우가 많다. 이러한 특징을 고려해 보면, 학습전략 관련 핵심 대응책은 학습전략 활용방안을 명시적으로 지도하는 것이어야 한다.

학습부진 학생들의 필수 기본학습기능 혹은 선수 학습기능이 부족할 것이라는 점은 어렵지 않게 추정할 수 있다. 기본 혹은 선수 학습기능은 정확성뿐만 아니라 필요할 때 신속하게 인출하는 것, 그리고 일정 수준 이상의 유창성을 유지하는 것이 중요하다. 그 이유는 이 기능들이 빠르고 정확하게 수행되어야 상위과제 처리에 필요한 인지역량을 확보할 수 있기 때문이다. 예를 들어, 낱글자 해독 자체에 시간과 노력이 많이 소요된다면 독해 수행 정도는 낮아질 수밖에 없다. 선수 및 기본학습기능 결여 역시 다른 방법보다는 효과적인 수업설계를 통해 빠른 시일 안에 익히도록 하는 것이 가장 중요하다.

어휘 부족은 학습부진 학생들의 공통적인 특징으로 흔히 관찰할 수 있다. 특히 상급 학년으로 올라갈수록 다양한 교과에서 중요한 개념들이 등장하기 때문에 어휘 지식 부족은 학업에 심각한 영향을 줄 수밖에 없다. 우리가 알고 있는 어휘의 약 70% 정도는 우연히 학습한 것들이다. 학습부진 학생의 경우 다양한 이유로 평소에 다양하고 풍부한 어휘를 접하고 활용할 여건을 갖지 못하는 경우가 많다. 따라서 어휘 능력 제한 문제 역시 인위적으로 중요하고 핵심적인 용어나 개념을 효과적인 교수설계를 통해 직접 가르치는 방식으로 접근하는 것이 효과적이다.

한편, Kame'enui(이대식, 이창남 공역, 2005) 등은 인지적 측면에서의 학습부진 학생의 특징을 다음과 같이 정리한 바 있다.

첫째, 학습부진 학생은 작업기억 속에 정보를 조직하고 장기기억에서 정보를 다시 인출하는 방식에 있어서 또래와 많은 차이가 있다(Mann & Brady, 1998; Torgesen, 1985). 추상적 모양의 인식이나 회상하기 등과 같은 비언어적 과제 수행에 있어서 보통 학생과 유사한 수행을 보이지만, 작업기억 문제(정보의 시연과 범주화), 장기기억 문제(정보의 영구적인 저장) 등을 보인다. 다른 학생들이 하는 것처럼 친숙하지 않은 재료를 자발적으로 조직하지 않는디.

둘째, 이해하기 힘든 자료를 읽을 때 자신들에게 스스로 질문을 하는 경우가 상대적으로 더 적었고, 명확하게 어떻게 하라는 구체적인 지시를 받지 않으면 새로운 상황에서 이전에 배운 접근이나 전략을 전이하여 활용하는 데 어려움을 보였다(Swanson, 1987; Torgesen, 1977).

셋째, 부진 학생과 일반 학생 간 작업기억 속에서 정보를 시연하는 방식(예컨대, 전화번호를 암기하는 것)과 정보를 범주화하는 것(예컨대, 사물을 동물, 가구, 음식 등과 같이 집단 소속 여부로 분류하는 것)에는 큰 차이가 있다(Swanson & Cooney, 1991; Torgesen, 1985).

넷째, 학습전략을 사용하는 데 있어서 다음과 같은 문제를 갖고 있다. ① 수동적인 학습자 태도를 보여 학습을 점검하고 과제 요구와 학습결과에 적응하는 데 어려움이 있다. ② 의도적인 학습환경 구조화(예컨대, 초점을 맞추고 목표 지향적인)에 어려움이 있다. ③ 일반 학생과 유사한 전략을 사용하기는 하지만 덜 효율적이다. ④ 문제 해결에 효과적이지 않은 전략을 사용하는 경우가 많다. ⑤ 기본적이고 성공적인 전략 대신 좀 더 강력한 전략으로 교체하는 데 어려움을 보인다.

다섯째, 어휘 지식과 관련해서는 다음과 같은 문제를 갖고 있다. ① 알려진 단어의 수와 지식의 깊이에서 어휘의 어려움은 일찍부터 두드러지며, 시간이 지남에 따라 더 악화된다. ② 단어 학습은 부분적으로는 노출되는 어휘의 양에 영향을 받는다. ③ 읽기는 어휘 성장의 중요한 수단이지만, 일반 학생보다 새로운 단어에 노출되는 정도가 적다. ④ 다양한 학습자는 읽기에서 긍정적인 경험을 하는 경우가 드물고, 과거 실패 경험 때문에 일반 학습자보다 덜 읽게 된다.

중요한 점은 이러한 특징을 보일 때 어떤 대책이 필요한가 하는 점이다. 〈표 1-3〉에서는 학습부진 학생의 인지 특징별로 시사하는 대책을 제시하고 있다. 〈표 1-3〉에서 보듯, 대책의 핵심은 효과적인 수업 설계와 이의 적용이어야 한다. 이는 각 인지 특성에 대해 이를 지원할 방안을 교수자가 미리 설계하고 마련하여 학습자를 훈련시켜야 함을 의미한다.

〈표 1-3〉 학습부진 학생의 인지 특징과 대책의 시사점

영역	지원 필요 특징	대책의 시사점
정보처리능력	• 낮은 단기 및 작업기억력 • 정보 조직화 미흡 • 정보처리 집행 및 통제기능 미흡	학습전략, 수업의 질
학습전략	• 전략 지식 미흡 • 전략의 효율적이고 탄력적인 활용 능력 미흡	학습전략의 효과적인 훈련
필수 기본학습기능	• 필수 기본학습기능 유창성 저조	효과적인 수업설계와 적용
선수학습기술	• 선수학습기술 결여 및 비활성화	효과적인 수업설계와 적용
어휘	• 어휘 지식 부족	효과적인 수업설계와 적용

2) 정서 · 행동 특징

대다수의 학습부진 학생은 심리 · 정서 측면에서 불리한 여건에 처해 있다. 특히 주목할 사항은 학습된 무기력과 목표 상실, 학습동기와 과제 지속력 부진이다. 장기간 축적된 학업에서의 실패 경험은 학업 자신감과 학습동기 저하로 이어진다. 이 밖에도 불안과 위축, 낮은 자아개념, 목표 상실, 과제 지속력 부족 등의 특성을 보인다. 다행스러운 점은 정서 · 행동 특성은 학업성적과 매우 밀접하게 연관되어 있어, 학업성적이 향상되면 부정적인 정서 · 행동 특성 중 일부는 호전될 수 있다는 것이다.

정서 · 행동 특성이 학습부진 학생 지도 대책 준비에 주는 시사점은 체계적이면서 효과적인 심리 지원 프로그램을 적용해야 한다는 점이다(〈표 1-4〉 참조). 인지 측면의 특성에 대한 대책이 주로 효과적인 수업 설계가 중심이 되어야 했다면, 여기서는 돌봄 요구에 대해서는 돌봄 서비스를 제공하고, 심리 및 정서 지원 요구에 대해서는 상담 서비스를 제공하는 것이 중심이 되어야 한다. 학습동기나 과제 지속력 등은 현재 상태를 인정하고 효과적인 교수설계로 취약한 점을 보완하는 접근을 사용하는 것이 바람직하다.

〈표 1-4〉 학습부진 학생의 심리 · 정서 특징과 대책의 시사점

영역	지원 필요 특징	대책의 시사점
심리 · 정서 · 정신 건강	• 불안, 위축, 공격적 • 낮은 자아개념 • 학습된 무기력 • 목표 상실 • 학습동기, 의욕 부족 • 과제 지속력 부족	• 체계적, 집중적, 효과적 상담 • 다양한 형태의 심리 지원 프로그램 투입
돌봄 요구	• 사회 · 경제 · 문화적으로 불리한 여건 • 부모의 돌봄 부족	• 돌봄 서비스 대행 • 지속적인 관리

3) 대인관계 및 환경 특징

환경 측면에서 주목할 점은 낮은 학업성적은 대인관계에도 영향을 미친다는 것이다. 물론, 사회적 기술과 학업성적 간에는 인과론적 관계를 가정하기 어렵다. 낮은 학업성적이 또래 관계에 부정적인 영향을 미칠 수 있고, 반대로 원활하지 않은 또래와의 관계가 학업에 지장을 줄 수도 있다. 또한 많은 학습부진 학생은 가정형편 측면에서 불리한 여건에 처해진 경우가 많다. 경제적 여건이 풍족하지 않아 부모나 가족이 생업에 종사하느라 가정에서 제대로 학업지도를 못해 줄 수도 있고, 사회 · 정서적 안정에 필수적인 돌봄과 정서적 지원을 충분히 제공해 주지 못할 수도 있다.

교사 입장에서는 불리한 환경 특성을 크게 바꿀 수는 없다. 일단 주어진 조건으로 여기고, 다만 환경 여건의 부정적 영향을 최소화하기 위해 대인관계 기술을 훈련시킨다든지 학교 외부의 돌봄 지원 서비스 제공 기관과 연계하여 필요한 돌봄 서비스를 제공하는 것이 효과적이다(〈표 1-5〉 참조).

〈표 1-5〉 학습부진 학생의 대인관계 및 가정환경 특징의 대책의 시사점

영역	지원 필요 특징	대책의 시사점
대인관계	• 사회적 기술 부족 • 원만하지 않은 교우관계	대인관계 기술 훈련
가정환경	• 경제적 빈곤 • 정서적 지원 부족 • 돌봄 부족	돌봄 및 지원 서비스 제공

4) 학습부진 학생 특징 종합

[그림 1-1]은 학습부진 학생 특징을 종합적으로 나타낸 것이다. 학습부진 학생 특징을 파악할 때에는 한두 가지 측면만 중요하다고 예단해서는 안 된다. 또한 학습부진 학생의 특징은 그것이 진단, 교수-학습 계획 수립 및 적용에 어떠한 시사점을 주는가 하는 측면에서 파악되어야 한다. 어렵지 않게 짐작할 수 있거나 이미 알고 있는 특징을 알아내기 위해 필요 이상으로 각종 검사도구를 사용하여 검사하느라 시간과 노력, 비용을 소비할 필요가 없다. 학습부진 특징 이해와 관련된 중요 사항은 다음과 같다.

많은 경우, 학습부진 학생들은 여러 불리한 요소를 동시에 복합적으로 갖고 있다. 이는 곧 학습부진 학생 지원 역시 체계적이고 종합적으로 제공되어야 함을 시사한다.

첫째, 사회 · 경제적으로 어려운 가정환경, 학업 수행에 적극적인 지원을 제공받기 어려운 가정환경, 가족 구성원 간의 갈등, 학생 개인의 심리, 정서, 행동 측면에서의 독특한 지원 요구, 낮은 인지능력 등은 모두 특정 학습자의 학업 수행에 불리한 요소들이다.

둘째, 학습부진은 반드시 낮은 인지능력에 의해서만 직접 영향을 받는 것은 아니다. 원활하지 못한 대인관계, 학습에 우호적이지 않은 가정환경, 누적된 학업실패와 그로 인한 주변으로부터의 부정적 반응 경험은 학생에게 스트레스 요인으로 작용한다. 이 스트레스는 심리 · 정서적 불안정을 야기하여 자기조절 능력 저하로 이어질 수 있다. 고학년으로 올라갈수록 학업 과정에서 자기조절 능력을 발휘해야 하는 학교학습의 특성상 이는 특히 고학년 학습부진 학생들에게 매우 심각한 문제를 제기할 수 있다.

셋째, 학습이 단지 인지 능력에 관한 사항만은 아니라는 점은 한편으로는 학습부진 상태를 벗어날 수 있는 기회가 그만큼 다양할 수도 있다는 점을 시사한다. 예컨대, 효과적인 교수-학습이 긍정적이고 우호적이며 자아존중 중심의 심리 · 정서적 지원과 동반될 경우 소위 시너지 효과가 발생하여 예상보다 큰 폭의 학습성장이 이루어질 수도 있다.

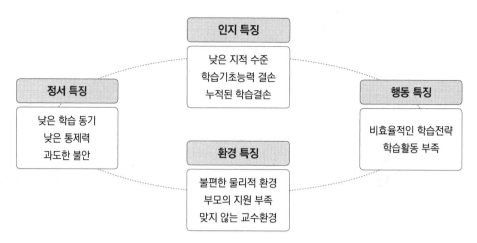

[그림 1-1] 학습부진 학생의 특징

출처: 이대식, 황매향(2014), p. 54.

5) 학습부진 유형

학습부진 유형은 분류하는 기준이나 관점에 따라 다양하게 분류할 수 있다. 예컨대, 서근원(2009)은 학습부진 유형을 〈표 1-6〉과 같이 분류하였다. 이 분류는 주로 학습자 개인의 특징과 환경 측면에 초점을 맞추어 학습부진 유형을 구분한 것이다.

〈표 1-6〉 학습부진 유형

학습부진 유형	특징
학습형	학습은 부진하지만 인지능력과 일상적인 이해능력이 갖추어져 있고 학습하고자 하는 의욕을 가지고 있는 경우
놀이형	삶이 놀이를 지향하는 경우
또래형	또래집단의 일원으로서 생활하느라 학습이 부진한 경우
심리장애형	과거의 학습 경험이나 그 밖의 다른 심리적인 장애로 인하여 인지능력에는 아무런 문제가 없음에도 학습이 부진한 경우
인지장애형	생리적으로 두뇌의 인지기능에 장애가 있거나 원활하지 못해서 학습부진인 경우
사회형	학습뿐만 아니라 놀이나 또래집단 어디에도 관심을 가지지 않은 채 무기력하게 생활하는 경우
가정환경형	가정환경이 열악하여 학업에 집중하기 어려운 경우
복합형	위의 유형 중 두 가지 이상을 같이 갖고 있는 경우

선행 학자들의 분류를 참조하여 대표적인 학습부진 유형을 열거하면 다음과 같다(이대식, 황매향, 2014).

(1) 학습자 개인 특성 측면에서 본 학습부진 유형

① 학습의지 부족형

학습능력, 공부하고자 하는 의욕, 외적인 환경 등은 갖추어져 있지만, 정작 학습에 돌입하고 나면 이를 끝까지 혹은 일정 시간 동안 이상으로 지속하려는 의지력이 부족한 경우이다. 이 유형은 일단 공부를 시작하지만, 필요한 시간만큼 학습을 지속하지 못한다. 대부분의 교과학습에는 일정 시간이 필요하다. Carroll(1963, p. 728)은 학습의 의지 측면을 학습인내력(perseverance)이라 칭하였다. Carroll이 말한 학습인내력이란, 주어진 과제를 수행하기 위해 원래 계획된 시간보다 더 많은 시간을 투입하거나, 불편을 감수하려는 것, 그리고 실패에 당당히 맞서려는 의지 등을 의미한다.

② 학습동기 결여형

이 유형은 학교공부 자체에 흥미나 관심이 없다. 공부 대신 친구들과의 놀이, 게임기나 인터넷을 통한 게임, 학교공부 이외의 취미활동 등에 심취해 있는 경우가 많다. 이 유형의 긍정적인 점은 평소의 관심과 흥미 대상 영역만 활용한다면 학습의지력이나 인지능력에 별 상관없이 학습동기가 향상될 수 있다는 점이다. 관심과 흥미 대상이 학교공부가 아니라는 점이 문제일 뿐, 다른 측면, 예컨대 학습을 시작하고 지속하는 원동력이라 할 수 있는 배우고자 하는 의욕 자체에는 문제가 없을 수 있다.

③ 공부방법 부적절형

학습동기나 학습의지력도 부족하지 않지만 공부방법 자체가 효과적이지 않아서 투입한 노력이나 시간에 상응하는 학습성과를 거두지 못하는 유형이다. 공부방법이 효과적이지 않은 경우를 좀 더 구체적으로 열거해 보면 다음과 같다.

• 중요한 내용보다 주변적인 내용에 더 관심을 갖고 많이 공부한다.
• 선생님이 중요하다고 강조한 내용에 주의를 기울이지 않는다.
• 이해가 필요한 내용임에도 일단 무조건 암기한다.

- 예습과 복습을 제시간에 하지 않는다.
- 자기가 무엇을 알고 모르는지에 대한 인식이 미흡하다.

④ 누적된 학습결손형

학교에서 배우는 교과 내용의 상당 부분은 위계적으로 구성되어 있다. 따라서 이전 단계에서 학습이 충분히 이루어지지 않을 경우 이후 단계 학습은 어려워진다. 예컨대, 수학 교과의 경우 사칙연산을 빠르고 정확하게 수행하지 못하면 연산을 적용해야 하는 다양한 문제를 풀 수 없다. 이 유형에 속하는 학생은 현재의 인지능력이나 학습동기, 학습의지 등에서는 큰 문제가 없지만, 워낙 자신의 진도와 현재의 학급 진도 간에 차이가 심해 적어도 단기간에 또래를 따라가기 어려워한다. 흔히 이러한 학생들은 또래와 최소 두 개 학년 이상의 격차를 보인다.

⑤ 심리나 정서 불안정형

학습은 학습자의 심리나 정서가 안정되어 있을 때 잘 이루어진다. 인지능력과 학습동기가 충분하다 해도 심리적으로 쫓기거나 불안해하는 상황에서는 학습이 잘 이루어지기 어렵다. 이 유형에 속하는 학생들은 개인이나 가정문제 혹은 주변 여건으로 인해 심리나 정서적으로 안정되지 못해 공부에 집중하기 어렵다. 예컨대, 가정불화가 심할 경우 가정형편이나 학생 개인의 인지능력에 상관없이 공부에 집중하기 어려울 것이다. 또한 왕따나 학교 폭력을 자주 당하는 등 친구들과의 사회적 관계가 원만하지 않을 때 학급 내에서 학습에 집중하기 어려울 것이다. 교사와의 불편한 관계 역시 심리적 안정에 부정적인 요인 중 하나이다.

⑥ 건강 및 신경심리학적 문제형

이 유형에 속하는 학생들은 공부에 지장을 받을 정도의 신체적 질병이나 의학적으로 정상을 넘어서는 신경심리학적 문제, 예컨대 주의력결핍과잉행동장애(ADHD)를 갖고 있다. 인지능력이나 학습동기, 학습의지, 심리 상태 등에 별 문제가 없어도 이러한 문제를 갖고 있다면 공부에 집중하기 어려울 것이다.

⑦ 학습장애로 인한 교과별 필수 기본학습기능 결여형

이 유형에 속하는 학생들은 각 교과별 필수 학습기능을 알고 있지 못한 경우가 많다.

교과별 필수 학습기능이란 수학에서의 수개념이나 기본적인 사칙연산, 국어에서의 글자 읽기나 기본적인 어휘 구사력 등을 말한다. 곱셈 구구단을 외우지 못했거나 글자를 유창하게 읽지 못할 경우 해당 교과는 물론 다른 교과에서도 학습부진을 보일 가능성이 크다.

교과별 기본학습기능이 미흡한 이유는 관련 수업이 미흡했거나 학습자의 관련 인지기능에 결함이 있는 경우로 분류할 수 있다. 전자가 누적된 학습결손형에 포함된다면 여기에서는 주로 후자의 경우를 지칭한다. 이 유형에 속하는 가장 대표적인 집단은 학습장애학생들이다. 이 학생들은 대개 특정 기본학습기능을 담당하는 뇌 신경의 기능상의 결함으로 해당 기능 처리 속도와 정확성이 또래에 비해 심각하게 낮다. 주의할 점은 이러한 기본학습기능 결여가 전반적인 인지능력의 결함에서 연유한다기보다는 해당 기능 관련 인지기능 결함 때문이어야 한다는 것이다. 전반적인 인지능력의 결함으로 인한 학습부진은 지적장애로 분류할 수 있다.

(2) 환경 측면의 학습부진 유형

① 주변으로부터의 심리적 지원 결여형

이 유형은 특히 가족으로부터 학교공부에 필요한 격려, 관심, 심리적 지원 등을 받지 못해서 결과적으로 학교학습을 소홀히 하는 경우를 말한다. 구체적으로는 학교학습에 가족들이 관심이 거의 없는 경우, 공부나 숙제에 전혀 도움을 주지 않는 경우, 보다 적극적으로 학교공부에 방해가 되는 학대나 방치 등이 이에 해당한다.

② 물질적 환경 열악형

비록 초등학교와 중학교가 의무교육 단계라서 교육비용의 대부분을 국가가 부담하긴 하지만 그렇다고 교육비용이 전혀 들어가지 않는 것은 아니다. 기본적인 학용품은 물론, 때에 따라 문제집, 참고서, 방과 후 수업 수강 등이 필요한 경우가 있고, 그때마다 물질적인 지원이 필요하다. 교재나 프로그램의 구입 이외에도 집안이 어려워 집안일을 일부 혹은 전부 담당해야 하기 때문에 학습에 필요한 시간을 충분히 확보하지 못하는 경우도 이에 해당한다.

③ 수업의 질 미흡형

학습자 개인의 내·외적인 요인과 함께 간과할 수 없는 것이 수업의 질이다. '교육은 교사의 질을 넘을 수 없다'는 말도 있듯이, 이미 많은 연구자가 학습 정도와 수업의 질 간의 관계를 언급해 왔다. 예컨대, Carroll(1963)은 학습에 필요한 시간을 줄이는 변인의 하나로 수업의 질을 제시했다. 이때 수업의 질 관련 변인은 내용을 어떻게 조직하여 어떤 순서로 제시하느냐, 학급 운영을 어떻게 할 것인가 등에 관한 것들이다. 비록 학습자가 충분한 인지능력과 학습동기, 학습의지를 갖고 있다고 할지라도 교사의 설명이 명료하지 않거나 충분치 않을 때, 교사의 수업 진행 속도와 학생의 학습속도가 맞지 않을 때에는 학습에 어려움을 겪을 가능성이 크다. 하물며 인지능력, 학습동기, 학습의지 등이 충분치 않은 학생들의 경우에는 학습에 디 크게 부정적인 영향을 받을 수밖에 없다. 수업의 질과 관련된 보다 상세한 논의는 4장에서 이루어진다.

(3) 교과 내용 측면의 학습부진 유형

교과 내용 측면의 학습부진 유형은 학습부진을 보이는 교과 영역이 어디에 있는가에 따라 분류한 것이다. 이러한 분류에 따른 학습부진 유형은 다음과 같다.

① 읽기 기본학습기능 미흡

읽기에는 글자 읽기, 어휘 알기, 문장 읽기, 문단 읽고 이해하기 등의 다양한 활동이 포함된다. 이러한 활동 중 어느 하나에서라도 학습에 어려움을 겪는다면 그 학생은 읽기를 성공적으로 수행하기 어렵다. 그런데 읽기를 성공적으로 수행하기 위해서는 인쇄된 글자를 소리 내어 읽는 것보다 더 기본적인 능력이 최소한 세 가지 더 필요하다. 첫째, 소리를 인식하고 변별하는 소위 음운인식능력, 둘째, 알파벳(자모음)과 그에 대응하는 소리와의 관계를 아는 능력, 그리고 셋째, 첫 번째와 두 번째 능력의 유창함이다. 예컨대, 어떤 글자를 소리 내어 읽을 수 있으려면 그 소리와 관련된 소리들을 변별하고 인식할 수 있어야 하며, 그 소리와 어떤 알파벳이 대응하는지를 알아야 한다. 뿐만 아니라, 그러한 인식이나 지식이 고도로 숙달되어 있어서 실제 읽는 과정에서는 자신도 거의 의식하지 못하는 사이에 처리될 정도로 유창하게 해당 능력을 발휘해야 한다. 따라서 학습부진 유형을 진단할 때에는 이러한 능력들의 수행 정도가 어느 정도인가에 대한 정보를 제공할 수 있어야 그에 적절한 지도방법을 구안할 수 있을 것이다.

② 쓰기 기본학습기능 미흡

읽기와 마찬가지로 쓰기 영역에서도 기본학습기능이 있다. 그에 해당하는 것들로는 모양이나 기호 베껴 쓰기 능력, 글자 쓰기 능력, 작문하는 능력 등이다. 학생이 글자를 전혀 쓰지 못하거나 알아보기 힘들게 쓴다면 단기 시각 기억력, 쓰기 운동 통제 기능 등에 문제가 있을 수 있다.

③ 언어 구사 관련 신경 기능의 결함

학생들 중에서는 말하기와 관련된 신체(입술, 치아, 혀, 후두, 폐 등) 기능의 문제가 없는데도 유별나게 상황에 적절한 단어를 구사하지 못하거나, 혹은 청각 기능에 결함이 없음에도 불구하고 상대방의 말을 이해하지 못하는 학생들도 있다. 이는 대개 수용성 언어(듣기)와 표현성 언어(말하기) 구사 능력과 관련된 두뇌 신경 기능의 결함 때문일 수 있다. 여기에 해당하는 학생들은 대개 의사소통장애를 갖고 있을 수 있다.

④ 수학 기본학습기능 미흡

수학 학습부진의 원인도 매우 다양하다. 간단한 수학 연산을 빠르고 정확하게 하는 것이 중요한데 이 능력이 결여되어 있거나, 주의 산만 등으로 인해 문제 해결 절차를 끝까지 수행하는 데 어려움을 겪을 수도 있다. 또한 연산에는 별 어려움을 보이지 않지만 도형의 지각과 조작에 상대적으로 큰 어려움을 보일 수도 있다. 읽기 능력의 결함 또한 수학 학습에 적지 않은 부정적인 영향을 미친다.

(4) 복합형

앞에서 언급한 14가지 유형 중 두 가지 이상이 서로 복합적으로 조합을 이루어 학습부진에 이르게 하는 경우이다. 사실, 많은 학습부진 학생은 이 유형에 속한다. 파악하기도 어렵지만, 교육적으로 대처하기도 무척이나 어려운 유형이다. 특히 관련된 유형이 여러 가지일수록 학습부진 문제의 진단과 대처도 그만큼 어려워진다.

6) 학습부진 특징과 유형의 시사점

이상에서 알아본 학습부진 특징과 유형은 학습부진 학생을 지도하고자 할 때 개인 맞춤형으로 접근해야 함을 시사한다. 〈표 1-7〉은 주요 학습부진 원인별 대처방안의 핵심을 제시한 것이다. 대처방안의 핵심 중 학습내용 기반이란 가르치고 배우고자 하는 내용과 관련하여, 그 내용 맥락에서 특정 학습전략이나 태도, 심리상태를 형성, 유지, 향상시키는 접근을 말한다. 예컨대, 자기주도학습능력은 학생이 학습해야 하는 특정 과제 맥락(예컨대, 수학의 분수, 과학의 물질 등) 안에서 일어나야 하고 또 그 맥락하에서 훈련되어야 한다.

〈표 1-7〉 학습부진 원인별 대처방안의 핵심 예

학습부진 원인 혹은 특징	대처 방안의 핵심 예
심리, 정서적 문제: 학습 의욕, 학습 동기, 흥미 부족, 심리적 불안정, 정서적 불안정	상담, 학습내용 기반 자기주도학습 습관 형성, 목표 의식 확립
학습된 무기력: 낮은 학업 자아개념, 무기력, 의욕 상실	장점 살리기 운동, 자아개념 향상 전략, 학업 성공 경험 누적
누적된 학습결손	효과적인 교수설계와 교수행위, 1 대 1 혹은 소집단 집중 교육
학습 관련 인지, 심리 처리과정의 결함: 기억력, 추리력, 문제 해결력	신경심리학적 훈련, 효과적인 교수설계와 교수행위
주의 집중력 부족	학습내용 기반 집중력 훈련, 신체 활동 병행
학습전략 및 학습기술 부족	학습전략, 학습기술 훈련
사회적 요인: 또래 관계 문제	사회적 기술, 대인관계 기술 훈련, 자아개념 향상 전략
가정환경 요인: 경제적 어려움, 학대나 무관심	부모-학교 협력, 부모상담
교수의 질: 수준에 맞는 지도, 교재, 프로그램	수준별 맞춤식 교재 개발 및 효과적인 교수행위
기초, 기본학습기능의 결함 및 부재	효과적인 교수설계와 교수행위

3. 학습장애의 뜻

1) 학습장애 정의

각자 자신이 생각하는 학습장애 개념을 적어 보시오. 최소한 두 사람 이상의 정의와 비교해 보시오. 서로
일치하는가? 다르다면 어떻게 다른가? 왜 학습장애 개념에 대해 합의를 보기가 어렵다고 생각하는가?

　

　

　

　학습부진 개념 정의도 복잡한 측면이 있었지만, 학습장애 개념 정의는 더 복잡하다.
현재 학습장애 개념으로 주로 인용되는 것은 〈표 1-8〉의 다섯 가지 정도이다. 다음 정
의들의 공통점과 차이점, 학습장애의 본질은 무엇이라 생각하는가?

〈표 1-8〉 학습장애 주요 정의

정의 출처	정의 내용
학습장애 용어 (Learning Disabilities) 사용 최초 제안자 Samuel Kirk(1962)	학습장애란 아마도 뇌신경계통의 기능 결함 혹은 정서나 행동 문제로 인해 말하기, 언어, 읽기, 쓰기, 수학, 혹은 여타 학교 교과목 중 하나 혹은 그 이상에서 지체, 장애, 발달 지연을 보이는 경우를 말한다. 학습장애는 정신지체, 감각 결손, 문화적, 혹은 교수적 요인으로 인한 것이 아니다(Kirk & Bateman, 1962).
장애인 등에 대한 특수교육법의 학습장애 정의(2007. 5. 25.)	개인의 내적 요인으로 인하여 듣기, 말하기, 주의집중, 지각(知覺), 기억, 문제 해결 등의 학습기능이나 읽기, 쓰기, 수학 등 학업 성취 영역에서 현저하게 어려움이 있는 사람

한국학습장애학회 (2009)	학습장애는 다음의 한 영역 혹은 그 이상의 영역에서 현저한 어려움 보이는, 이질적인 특성을 가진 개인들로 구성된 집단이다. 읽기, 쓰기, 수학, 듣기, 말하기, 사고(문제 해결 포함), 기억, 주의집중, 지각 '현저한 어려움'이란 학생의 나이나 학년에 비해 학업 성취도가 유의미하게 떨어져서 최소 6개월 이상 일반교육 이외에 체계적인 지원서비스(조기 개입 혹은 의뢰전 서비스)를 받았음에도 불구하고, 지속적으로 어려움을 보이는 것을 말하며, 일반적으로 학업 성취도가 1~2학년 이상 혹은 1.5~2SD 이상 떨어지는 경우를 의미한다. 학습장애는 개인 내재적 원인으로 인한 것이며, 학령기뿐 아니라 성인기에도 지속될 수 있다. 학습장애는 다른 장애 조건(예, 정신지체, 행동장애, 감각 장애)이나 외적 요인(예, 교육 기회의 결핍, 문화, 사회·경제적 불이익 등)의 결과로 나타나는 것은 아니다. 하지만 '최소 6개월 이상 일반교육 이외에 체계적인 지원서비스(조기 개입 혹은 의뢰 전 서비스)'를 받는 대상에는 외적 요인(예, 교육기회의 결핍, 문화, 사회. 경제적 불이익 등)의 결과로 인해 학업상의 어려움을 겪는 학생이 포함된다. 이러한 '최소 6개월 이상 일반교육 이외에 체계적인 지원서비스(조기 개입 혹은 의뢰 전 서비스)'를 받았음에도 불구하고, 지속적으로 어려움을 보이는 경우 체계적인 진단 과정을 거친 후 학습장애로 진단한다(한국학습장애학회, 2009).
미국 심리학회 발간 [정신질환의 진단 및 통계 편람 제5판 (Diagnostic and Statistical Manual of Mental Disorders, DSM-5)] (APA, 2013)	학습이상(learning disorder)은 읽기 이상, 수학 이상, 그리고 쓰기 이상 등을 포함한다. 학습이상은 읽기, 수학, 혹은 쓰기 개인용 검사 혹은 표준화 검사에서의 성적이 연령이나 학년 그리고 지능 수준을 고려한 기대치보다 심각하게(substantially) 낮으며, 그것이 학업성취나 그것을 포함하는 일상생활에 큰 장애가 되는 경우를 말한다. 심각하게 낮은 수준이란 지능지수와 학업성취 간의 불일치가 2표준편차 이상일 때를 보통 가리킨다. 하지만 지능검사에서의 점수가 정신이상, 여타 의학적 신체 조건, 사회 문화적 요인으로 영향을 받았다고 생각이 들 경우에는 1~2 표준편차 차이도 고려할 수 있다. 만약 감각적 결함이 있을 경우에는 그로 인한 학습상의 어려움이 평균적으로 그 결함 때문에 겪는 어려움보다 훨씬 높아야 한다. 학습장애는 대개 성인기까지 지속된다. 학습장애는 보통의 변산 범위 내의 차이, 혹은 기회나 질 낮은 수업, 혹은 문화적 요인에 의한 학습상의 어려움으로 인한 낮은 학업성취 측면과는 구별되어야 한다. 이 밖에, 시·청각적 결손, 정신지체, 발달장애, 의사소통 장애 등으로 인한 학습상의 어려움도 배제되어야 한다. 많은 경우, 수학 장애나 쓰기 장애는 읽기 장애와 같이 발생할 수 있다.

미국 장애인교육법 (IDEA)(2004)의 특정학습장애(SLD) 판별 조항 (IDEA 2006, Federal Register, Department of Education, Part II)	**300.307 특정학습장애(Specific Learning Disabilities)** A. 일반원칙: 각 주에서는 특정학습장애 여부를 판별하기 위해서 300.309 기준을 반드시 적용해야 한다. 　(1) 어떤 아동이 특정 학습장애인지 아닌지를 확인하기 위해 지적 능력과 성취 간의 심각한 불일치 기준을 반드시 사용해야 한다고 요구하지는 말아야 한다. 　(2) 과학적이고 연구 결과에 근거한 개입방안에의 아동의 반응에 근거한 진단 및 판별 과정의 사용을 허용해야 한다. 　(3) 연구결과에 근거한 것이면, 다른 대안적인 절차라도 아동이 특정 학습장애인지 아닌지를 결정할 목적으로 사용할 수 있다. B. 주 정부 기준과의 일관성: 공공기관은 학습장애 판별 시에 주 정부 기준을 반드시 준수해야 한다. **300.309 특정학습장애 판별(Determining the existence of a specific learning disabilities)** A. 진단위원회는 다음 사항에 따라 특정학습장애 여부를 판별한다. 　(1) 아동이 자신의 연령과 주에서 인정하는 학년 기준에 적합한 학습경험과 교수를 제공받았음에도 불구하고 다음 영역 중 하나 혹은 그 이상의 영역에서 그 연령이나 학년 기준에 도달하지 못하는 경우 ① 구어 표현, ② 듣기이해, ③ 쓰기, ④ 기본적인 읽기 기술, ⑤ 읽기 유창성, ⑥ 읽기이해, ⑦ 수학 연산, ⑧ 수학문제 해결 　(2) ① 위의 여덟 가지 영역 중 한 가지 이상에서 과학적인 연구 기반 개입에 대한 반응의 진전도가 아동 자신의 연령이나 학년 기준에 미치지 못하는 경우, ② 연령, 학년기준, 지적 발달에 비추어 봤을 때 수행과 학업 둘 중 어느 하나 혹은 둘 모두에서 강점과 약점 패턴을 보이는 경우 　(3) 진단위원회는 (1)과 (2)에서의 부진한 학업 수행이 다음 사항이 직접적인 원인이 되어 나타난 것이 아니라는 것을 확인해야 한다. ① 시각, 청각 혹은 운동장애, ② 지적장애, ③ 정서장애, ④ 문화적 요인, ⑤ 환경적 혹은 경제적 불이익, ⑥ 제한된 영어 사용 능력

　　현재 학습장애 개념과 관련하여 전문가들이 대체적으로 합의하고 있는 정의는 '학습을 관장하는 뇌 신경계통 기능상의 결함(인지처리과정 결함)으로 인해 일정한 기간 동안의 보통의 교육방법에도 불구하고 읽기, 쓰기, 수학 등의 영역에서 또래에 비해 심각하

게 낮은 수행을 보이는 현상'을 말한다. 단, 배제요인(감각 결손, 정신지체, 정서 · 심리적 불
안, 문화적 요인, 환경적 요인, 교수의 질 등)이 직접적인 원인이 되어 나타나는 학습부진 현
상은 제외한다.

2) 학습장애 정의의 핵심 요소

✎ **심화 활동** **3**

1. 학습장애 개념 정의에 반드시 들어가야 하는(혹은 제외되어야 하는) 요소는 무엇인가? 왜 그렇게 생
   각하는가?

_____

_____

_____

2. 다음 학습장애 정의들의 공통 요소는 무엇인가?

_____

_____

_____

앞의 〈표 1-8〉에서 제시한 학습장애 정의들에서 나타난 바와 같이, 학습장애를 정의
할 때에는 다음 다섯 가지 요소에 주목해야 한다.

첫째, 학습에 어려움을 야기하는 원인으로 개인 내적인 원인이면서 학습과 관련이 있
는 심리과정, 인지과정의 기능적(물리적 결함보다는) 결함을 지목한다. 개인 외적인 원인,
예컨대 문화나 물질적 여건과 같은 환경 요인, 학습과 직접 관련이 없는 심리 · 정서적인
요인으로 인한 학습 어려움은 학습장애 요건에서 제외한다.

둘째, 학습장애 영역으로는 크게 읽기, 쓰기, 셈하기를 고려한다. 세부적으로는 학업
기능과 인지처리기능으로 구분하여, 전자 영역으로는 의사 적절하게 표현하기, 구어 정
확하게 듣고 이해하기, 글자 해득, 읽기유창성, 읽기이해, 쓰기, 수학 연산, 수학 문제 해
결 등을 대상으로 한다. 후자 영역으로는 주의집중, 지각협응능력, 기억력, 문제 해결력,
추론능력 등을 고려할 수 있다. 하지만 인지처리기능은 객관적인 관찰과 측정의 어려움,

특정 학업기능과의 관련성 불분명 등으로 인해 학습장애 여부를 판별하는 공식적인 지표로는 아직 널리 받아들여지고 있지는 않다. 다만, 진단, 판별 과정에서 학습장애와 관련이 깊은 변인으로 참고 자료로 활용되고 있기는 하다.

셋째, 학습의 어려움은 또래에 비해 심각할 정도로 낮아야 한다. 물론, 또래보다 얼마나 심각하게 차이가 나야 하는가에 대해 논쟁이 있을 순 있지만, 대략 평균으로부터 −2 표준편차 이상 혹은 두 개 학년 이상 차이가 나면 심각한 수준의 차이라 할 수 있다.

넷째, 취학 전이라도 장차 학습장애 위험 요소를 어느 정도나 갖고 있는지를 알아보는 것은 가능하다. 하지만 학교 학습 맥락에서 어떤 학습자에게 학습장애란 말을 적용하려면 해당 학습자에게 일정 기간 학습을 할 기회를 최소한 보통의 수준으로는 제공했어야 한다. '보통 수준의 학습할 기회'란, 대개 일반학급에서 이루어지는 정규 수업을 의미한다. 학습장애 요건 중 외적 요인이 직접 영향을 미친 학습부진은 제외하기로 했기 때문에 이때의 정규 수업은 최소한의 질을 갖춘 것이어야 한다. 아무렇게나 수업을 한 후 그 결과 학업성적이 낮게 나왔다고 학습장애로 규정할 수는 없기 때문이다. 이렇게 학습장애 여부를 확인하는 것을 학자들은 개입-반응(Responsiveness-to-Intervention) 접근*이라 부른다(이에 대한 자세한 내용은 2장의 진단 모델, 3장의 지도 모델 부분 참조).

다섯째, 앞서 제시한 네 가지 조건을 모두 충족한다 해도 학습부진 원인이 개인 내적인 것이 아닌 외적인 것에 있을 때에는 학습장애로 고려하지 않는다. 이때 외적인 것에 해당하는 것들로는 문화적 차이, 감각적 결손, 심리 및 정서 요인, 환경 요인, 수업의 질 등이 포함된다. 이러한 요인들을 배제요인이라 부른다. 즉, 배제요인이 학습부진의 직접적인 원인일 경우에는 학습장애로 칭하지 않는다.

3) 학습장애 관련 유사 용어

Learning Disability라는 학습장애 용어는 1962년에 미국에서 처음으로 등장했다. 그렇다고 그 이전에 학습장애 현상이 없었던 것은 아니다. 첫 번째 용어는 미세한 두뇌 기능 결함(minimal brain dysfunction)이다. '미세한'이란 수식어가 붙어 있음에 주목해야 한다.

---

* 원래 responsiveness-to-intervention은 '중재-반응 접근'으로 통용되고 있지만, '중재'란 단어의 의미 (분쟁을 조절하여 쌍방을 화해시킴)와 'intervention' 단어의 의미가 맞지 않아, 이 책에서는 '중재' 대신 '개입'이란 용어를 사용하였다.

1960년대에는 현재와 같이 두뇌 조직과 기능에 관한 신경심리학적 연구가 발달하지 않았던 시기라 육안으로 확인 가능한 세포 조직의 손상 이외의 기능상의 결함은 추정할 수밖에 없었을 것이다. '미세한' 두뇌 기능 결함이란, 객관적으로 확인한 현상이라기보다는 이러한 '고뇌'를 드러낸 용어이다.

두 번째 용어는 난독(dyslexia), 난산(dyscalculia), 난서(dysgraphia) 등이다. dyslexia는 'dys[어렵다(difficult)]'란 영어 단어와 '말하다'의 그리스어인 legein, '읽다'의 라틴어인 legere가 합쳐진 그리스어 lexis(말)가 더해진 단어이다. calculia는 계산을, graphia는 글자 쓰기를 각각 의미한다. 따라서 난독, 난산, 난서는 모두 학습장애의 하위 유형이다.

세 번째 용어는 지각 장애(perceptual handicaps)이다. 이 용어는 학습장애 연구 초기에 의료기관에서 학습장애 현상을 호소한 환자들이 공통적으로 지각 결손을 보인 데서 비롯되었다. 비록 학습장애 학생들 중 일부가 지각협응에 어려움을 보이긴 하지만, 지각협응 문제는 학습장애의 핵심 특징으로 보지 않는다. 그 이유는 지각협응 정도와 특정 내용 영역에서의 학업 수행 정도와는 뚜렷한 인과관계가 밝혀지지 않았기 때문이다.

네 번째 용어는 두뇌 손상(brain injury)이다. 이 용어는 학습장애 연구 초기에 학습장애인들이 보이는 특징이 두뇌 특정 부위에 부상을 당한 군인들이 보이는 특징과 유사하다는 주장들이 나오면서 학습장애를 지칭하는 용어로 사용되기 시작했다.

4. 학습장애 학생의 주요 특징과 유형

1) 학습장애 특징

학습장애 학생의 특징을 이해하기란 쉽지 않다. 그 이유는 이들이 보이는 특징이 대개 눈으로 확인 가능한 행동이나 신체적인 것이 아니기 때문이다. 유일하게 확인 가능한 특징은 낮은 학업성취일 경우가 많다. 보통의 경우, 학교 현장에서는 학업성적이 낮다고 어떤 학생을 학습장애로 의심하지는 않는다. 학습부진을 초래했던 다양했던 이유와는 달리 학습장애는 비교적 한정된 특징, 즉 학습을 관장하는 뇌 신경계통의 기능상의 결함을 갖고 있다.

학습장애 특징을 정확히 파악하려면 먼저 주요 학습영역에서의 학습을 저해하는 인지기능이나 처리과정이 무엇인지 알 필요가 있다. 또한 인지기능 작동 기제에 대한 모델이나 이론에 대한 이해도 필요하다.

(1) 정보처리모형 관점에서 학습장애 학생의 인지 특징

정보처리모형(Sousa, 2011)에 따르면, 인간이 지적 능력을 잘 발휘한다는 것은 외부로부터 필요한 정보를 가급적 많이, 정확하게 수용해서 장기기억 속에 잘 저장해 두었다가 필요할 때 정확하고 신속하게 이를 활용하는 것이다. 이 과정에서 감각등록기, 단기기억, 작업기억, 장기기억은 물론, 집행 혹은 상위 기술이 중요한 역할을 수행한다. 예컨대, 감각등록기는 정보를 받아들이는 역할을 한다. 무수히 많은 정보 중에서 단기기억과 작업기억을 거친 정보들만이 장기기억에 저장되어 나중에 활용될 수 있다. 작업기억의 경우에는 새로 들어온 정보와 기존의 장기기억 정보를 연결하여 과제를 수행하는 곳이다. 따라서 작업기억 수행에는 새로운 정보 입수뿐만 아니라 기존 정보의 저장 상태도 영향을 미친다. 한편, 저장된 장기기억 속의 정보들은 정보처리 전체 단계에 영향을 미친다. 이것은 마치 '아는 것만큼 보인다'라는 말이 있듯이 많이 알고 있을수록 이후 정보처리에 유리하다는 뜻이다. 끝으로, 집행기능 혹은 상위인지 기능은 정보처리 전체 과정을 관리하면서 미흡한 곳에 더 선택적으로 집중하도록 하는 역할을 수행한다(정보처리모형에 대한 보다 자세한 설명은 4장에서 제시함).

(2) 기본학습기능 수행 정도 측면에서 학습장애 학생의 인지 특징

학습장애 학생은 정보처리뿐만 아니라 각 교과학습에 결정적으로 영향을 미치는 기본적인 학습기능 혹은 인지처리과정 측면에서도 다른 학생에 비해 상대적으로 낮은 수행 정도를 보인다. [그림 1-2]에서 보듯, 읽기 학습장애(RD) 학생들은 다른 학생에 비해 특히 음운인식능력(phonological awareness)에서 상대적으로 낮은 수행 수준을 보이고 있다. 반면, 주의지속(sustained attention), 절차적 학습(procedural learning) 등에서는 다른 학생들과 비슷하거나 오히려 더 나은 수행 수준을 보이고 있다. 따라서 읽기 학습장애의 경우, 다른 변인이나 능력 여부를 알아보기 전에 음운인식 능력 소유 정도를 알아보는 것이 효과적이다. 일반적으로, 읽기 학습장애 학생은 음운인식능력, 빠른자동이름대기(rapid naming), 낱글자 해독 등의 영역에서 다른 학생에 비해 상대적으로 현저하게 낮은 수행수준을 보인다. 수학 학습장애 학생들의 경우에는 단순 연산의 인출 및 유창성 부족, 연산 과제 해결 과정에의 집중 어려움, 시공간 지각과 표상 및 수학적 파악, 표현에 어려움, 읽기 장애 공존 등의 특징을 보인다.

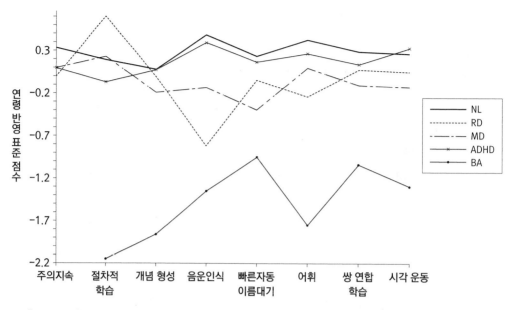

[그림 1-2] 읽기 학습장애, 수학 학습장애, 그리고 일반 학생들 간의 인지적 프로파일 비교

범례: NL-일반 학생. RD-읽기 학습장애 학생. MD-수학 학습장애 학생. ADHD-주의력결핍과잉행동장
애 학생. BA-전반적 학습부진 학생.

출처: Fletcher, Morris, & Lyon (2003), p. 41.

한편, 지금까지 알려진 학습장애학생들의 사회·정서 특징은 [글상자 1-2]와 같다.

[글상자 1-2] 학습장애 학생들의 사회·정서 특성

> • 사회적 관계 형성 어려움은 사회적 기술 부족에서 기인했을 가능성이 있다.
> • 또래처럼 사회적 상황을 읽는 능력이 부족하다.
> • 타인의 원하는 것, 지각하는 것, 의도하는 것 등을 잘 알아채지 못한다.
> • 타인에게 접근하기, 평가적인 언급하기, 칭찬이나 비난을 주고받는 데 서툴다.
> • 또래의 부정적인 압력에 적절히 대응하지 못한다.
> • 적절하지 않은 또래의 행동을 모방한다.
> • 타인이 싫어하거나 노여워하는 행동을 하면서도 그 사실을 인식하지 못한다.
> • 자신의 행위가 적절하지 않은 것을 알긴 하지만 어떻게 해야 하는지를 잘 모른다.

　사회적 능력을 구성하는 요인들을 감안하면 학습부진 학생들이 사회적 관계 형성에도
어려움을 겪을 수 있다는 점은 어렵지 않게 추정할 수 있다. 예컨대, 사회적 능력이 높다
는 것은 사회적 기술의 효과적인 사용, 부적응행동의 부재, 타인과 긍정적 관계 형성, 상

황과 연령에 적절한 사회적 인식 등이 가능하다는 것을 의미한다. 비록 사회적 능력이 학습장애의 직접적인 원인은 아니지만, 학습에 심각한 어려움은 대개 정서·행동상의 문제로 이어진다. 많은 학습장애 학생이 실제로 정서·행동상의 문제를 가지고 있으며, 또래보다 친구가 적고 동료들에게 인정을 덜 받는 편이다. 또한 학습장애 학생들은 학업, 사회관계, 일반적인 측면의 자아개념이 대개 낮다. 종종 불안과 위축 증세를 보이기도 한다. 하지만 이는 학업성적이 낮음으로 인한 부정적인 영향으로 봐야 한다. 또한 모든 학습장애 학생이 그런 것은 아니다. 일부 학습장애 학생들은 오히려 정서·행동 측면에 강점을 갖고 있는 경우도 있다.

2) 학습장애 유형

학습장애 유형은 크게 읽기 학습장애, 쓰기 학습장애, 수학 학습장애, 비언어성 학습장애로 분류할 수 있다.

(1) 읽기 학습장애

읽기 학습장애는 읽기 관련 두뇌 신경기능의 결함으로 인해 읽기 수행 정도가 또래에 비해 심각하게 낮은 경우를 말한다. 읽기 학습장애는 크게 글자를 읽고 쓰는 데 어려움을 겪는 난독증과 문장이나 문단을 읽고 이해하는 데 어려움을 겪는 독해장애로 구분해 볼 수 있다. 국제난독증협회(International Dyslexia Association, IDA)에서는 난독증을 다음과 같이 정의하고 있다.

> 난독증은 신경학적 원인을 가진 특정학습장애의 하나로서, 정확한 단어인지 어려움, 빈약한 철자법, 해독능력의 문제, 이차적인 결과로 읽기이해 문제를 포함할 수 있고, 어휘와 배경지식의 발달을 방해하는 읽기 경험을 감소시킬 수 있다.

(2) 쓰기 학습장애

쓰기 학습장애 영역으로는 글자를 보거나 듣고 쓰는 데 어려움을 보이는 경우와 작문을 하는 데 어려움을 겪는 경우를 들 수 있다.

(3) 수학 학습장애

수학 학습장애는 수감각, 수 연산 등에서 또래에 비해 심각한 어려움을 겪는 경우를 말한다. 수학 학습장애에는 [그림 1-3]처럼 단순 연산을 기억 속에서 인출하는 데 어려움을 겪는 경우, 연산 절차를 수행하는 어려움을 겪는 경우, 수리적 정보와 공간적 정보를 상호 간에 다른 방식으로 나타내는 데 어려움을 겪는 경우, 그리고 읽기 학습장애를 같이 갖고 있는 경우 등으로 분류할 수 있다.

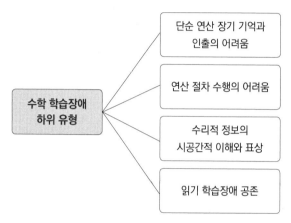

[그림 1-3] 수학 학습장애 하위 유형

출처: 김동일, 이대식, 신종호(2016), p. 248. 내용 참조하여 그림으로 표시.

(4) 비언어성 학습장애

비언어성 학습장애(nonverbal learning disabilities)는 조기 읽기 습득, 소리-문자 대응, 읽기이해, 문어, 작문, 적절한 어휘 사용, 구어적 표현 등 언어적 정보처리에는 큰 문제를 보이지 않지만, 수학적 추론, 수학 개념, 수 사이의 관계, 측정, 조직화, 시간 관리, 사물이나 공간 관리, 사회적 기술 등에서 어려움을 보이는 장애를 말한다. 그러나 비언어성 학습장애 개념을 둘러싸고 일치된 견해가 도출되고 있지 않을 뿐만 아니라, 아스퍼거 증후군, 전발적 발달장애, 자폐성 장애 등과 혼동되거나 이들 장애유형과 구분이 어려운 측면이 있다(정대영, 2010). 비언어성 학습장애와 기타 발달장애의 관계를 그림으로 표현하면 다음과 같다(Mercadante, Gaag, & Schwartman, 2006: 정대영, 2010, p. 67에서 재인용). [그림 1-4]를 보면, 비언어성 학습장애는 언어장애, 자폐성장애, 아스퍼거장애(증후군), 전반적 발달장애, 달리 분류되지 않는 전반적 발달장애 등과 많은 부분이 중복되는 것을 확인할 수 있다.

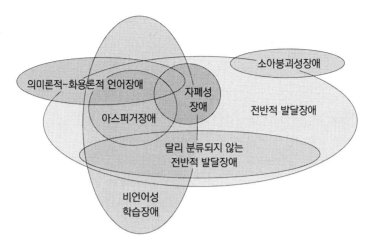

[그림 1-4] 비언어성 학습장애와 기타 발달장애의 관계

출처: 정대영(2010), p. 67.

한편, 김소희(2006)는 비언어성 학습장애를 '학습장애의 하위유형으로서 학습장애 진단 기준 및 제외기준을 모두 만족시키면서 특히 운동, 시공간적 지각, 심리운동적 협응 등 주로 비언어적인 영역에서 뚜렷한 결손을 보이는 장애'(Telzrow & Bonar, 2002)로 규정하였다.

이상과 같이 선행 학자들이 주장해 온 비언어성 학습장애 학생의 특징을 열거하면 [글상자 1-3]과 같다.

[글상자 1-3] 비언어성 학습장애 특징

- 언어적 영역에서의 수행은 이제까지 알려진 학습장애의 일반적 특징과는 달리 나이가 어릴수록 매우 양호하고 심지어 방대한 어휘 보유량과 뛰어난 읽기 유창성을 보임
- 사회 · 정서적인 영역에서의 고립, 위축, 불안 등의 문제는 청소년기 이후 정신과적 질환과 같은 이차적 문제 야기(Little, 1993)
- 주로 뇌 우반구의 지속적인 발달적 장애가 그 원인으로 추정되기 때문에 신경심리학 분야에서는 발달적 우반구 증후군(Developmental Right-Hemisphere Brain Syndrom, DRHS)이라는 용어도 함께 사용
- 전 연령에 걸쳐서 나타남
- 출현율은 적게는 5%부터 많게는 20% 정도로 추정됨
- 언어적 유창성과 기계적인 언어수용능력, 청각적 정보의 기억능력이 매우 발달. 어린 시절에 주로 보이는 탁월한 낱말독해 능력은 종종 부모들로 하여금 이들을 영재로 인식하게 함
- 읽기독해, 수학적 논리력과 계산능력, 과학, 쓰기 분야에서 낮은 학업성취를 보임. 주로 신체 좌측부위에서 두드러지게 나타나는 촉각-지각의 결손을 보임

- 심리운동적 협응의 결손을 보임
- 시각-공간적 조직능력의 결손을 보임
- 낮은 비언어적 문제 해결능력과 가설 검증능력을 보임
- 새로운 상황에 대한 적응력이 낮음
- 인과관계의 이해, 연령에 맞는 유머감각의 부재
- 단어인지능력과 철자기술에 비해 현저히 떨어지는 계산능력
- 상당히 잘 발달된 어휘 저장능력
- 언어 및 의사소통 능력의 특이성을 보임. 예컨대, 반복적이고 직설적인 언어구사, 적절한 언어화용 기술의 부재, 대화상황의 언어적 정보에 대한 지나친 의존성, 사회적 지각, 의사결정, 상호작용의 기술에서의 결손과 사회적 위축 및 고립 등을 보임

정대영(2010)은 언어성 학습장애와 비언어성 학습장애의 장단점을 〈표 1-9〉와 같이 정리하였다.

〈표 1-9〉 언어성 학습장애와 비언어성 학습장애의 강점과 약점 영역 비교

	상대적 강점 영역	상대적 약점 영역
언어성 학습장애	• 비언어적 사고 추론 • 시각적 패턴 재인 • 시각적 정보 개념 • 공간적 정보의 분석과 종합 • 비언어성 전체-부분 개념 • 공간적 추론 • 장·단기 시기억 • 시각-운동 통합 • 소근육운동 기능 • 시지각 • 촉지각	• 언어적 정보와 자극 처리 • 수용적/표현적 어휘 • 청각적 주의 집중 • 음의 변별 • 장단기 청기억 • 중추 청기억 • 음의 계열성 • 단어 내의 아이디어 조직 • 구문론 • 의미론 • 듣기 이해 • 음운 인식

비언어성 학습장애	• 어휘력 발달 • 일반적 지식 • 구어적 제시 • 언어 유창성 • 청각적 주의집중 • 음 변별 • 단기 청기억 • 통사론 • 문법론 • 음의 순서(계열성) • 음운 인식	• 비언어적 사고와 추론 능력 • 패턴 재인과 재생 • 시각적 개념 정보 • 부분－전체 개념 • 시지각 및 촉지각 • 복잡한 과제분석 • 공간적 추론 • 방향성 • 시간 · 공간 · 거리 · 속도 개념

출처: 정대영(2010), p. 65. 재정리.

비언어성 학습장애 학생을 어떻게 지도해야 할 것인가에 대해 김소희(2006)는 다음 〈표 1-10〉과 같은 방안들을 제시하였다. 대체로, 특정 기술이나 요소를 직접 가르칠 것을 요구하고 있고, 이는 비단 학업 기술뿐만 아니라 사회적, 대인관계 능력에도 마찬가지여야 함을 보여 주고 있다.

〈표 1-10〉 비언어성 학습장애 학생 개입 방안

분야	개입 방안
학습 분야	① 직접교수법 형식에 따른 수업을 진행할 것 ② 계산기와 구구단 표를 적절히 활용할 것 ③ 자릿값 훈련을 위해 칸과 줄이 있는 공책을 사용하게 할 것 ④ 수학적 개념의 내재화를 위해 수학노래 등 기억전략을 활용할 것 ⑤ 학습한 부분과 전체단원 간의 관계를 수시로 설명할 것 ⑥ 수학적 개념들 간의 관계와 차이점을 반복해서 가르칠 것 ⑦ 방향성 혼동을 교정하기 위해 연산기호나 등식을 다른 색으로 강조한 자료를 사용할 것
사회적, 대인관계 능력 향상	① 눈 맞추기, 인사하기, 도움 청하기 등의 상황에 적절한 화용기술을 직접 교수형식으로 가르칠 것 ② 집단 속에서 아동에게 사회적 기술을 가르치고 훈련하기보다는 1:1의 교우관계를 맺는 법부터 가르칠 것 ③ 공통 화제의 범주 속에서 대화하는 훈련을 위해 자기감독전략 등의 기술과 화용기술을 구체적으로 가르칠 것

5. 학습부진과 학습장애 개념 구분

학습장애와 학습부진은 모두 학업성적이 또래에 비해 심각하게 낮다는 점에서 공통점을 지닌다. 하지만 학업성적이 낮은 데에는 여러 가지 원인이 있을 수 있다. 예컨대, 낮은 지능, 감각 기관의 기능 결함, 낮은 학습동기, 문화적 차이, 경제적 어려움 등 수많은 변수가 직간접적으로 낮은 학업성적과 관련이 있다. 그중 학습장애는 교과학습(읽기, 쓰기, 셈하기 등)과 관련된 뇌 신경계통 기능의 미세한 결함으로 인해 지적장애급 이상의 지적 능력(IQ 75 이상)을 가졌음에도 유사한 수준의 또래에 비해 심각하게 낮은 학업성취를 보이는 경우이다. 즉, 학습장애는 학습부진의 특별한 유형으로 볼 수 있다.

학습장애와 학습부진을 구별하는 것은 학문적인 이유뿐만 아니라, 학습문제의 원인에 대한 정확한 진단과 효과적인 처방을 제시하기 위해서라도 필수적이다. 예를 들어, 학습부진의 원인이 낮은 학습동기에 있다면 흥미를 유발시키거나 동기를 고취시킴으로써 학업성취 수준을 향상시킬 수 있을 것이다. 하지만 학습부진의 원인이 학습관련 뇌 신경계통 기능이나 기본적인 인지능력의 결함에 의한 것이라면 아무리 학습동기를 고취시켜도 학습문제는 해결되지 않을 것이다. 이럴 경우에는 근본적으로 다른 접근을 취해야 한다. 그 다른 접근의 핵심은 학습자의 적성에 맞게 수업을 하거나 교재를 만드는 것이라기보다는 가르칠 내용을 수준별로 분명히 제시하고, 수업 과정에서 교사의 의사소통행위를 분명히 하며, 교재의 조직 및 계열화를 학습에 가장 효과적이게 설계하는 것이어야 한다.

학습부진과 학습장애 개념 구분에 어려움을 겪는 사람들이 종종 있다. 두 개념 간의 관계는 [그림 1-5]처럼 나타낼 수 있다. 그림에서 볼 수 있듯이, 학습장애는 대부분 학습장애 특성을 보여 학업성적이 부진하지만, 일부 학습장애 학생은 학습부진 기준으로는 걸러지지 않을 수 있다. 예컨대, 난독증 학생 중 일부는 사고력과 이해력에 문제가 없기 때문에 저학년 동안에는 우수한 학습전략과 상황판단력, 암기력 등으로 읽기 문제를 보완할 수 있기 때문에 학습부진 기준을 충족시킬 만큼의 저성취를 보이지 않을 수 있다. 하지만 고학년으로 갈수록 학습내용이 텍스트에 의존하는 정도가 높아지기 때문에 어려움을 점점 더 많이 느낄 가능성이 크다. 즉, 학습장애는 학습부진 학생 중 학습부진 원인이 뇌 신경 계통의 기능상의 결함에 해당하는 학생과, 학습장애 기준은 넘어섰지만 자신의 능력 대비 특정 학습 영역에서 심한 학습부진을 보이는 경우 모두를 말한다.

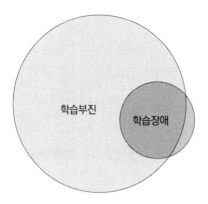

[그림 1-5] 학습부진과 학습장애 구분

6. 학력의 재개념화

　학습부진 혹은 학습장애를 무엇으로 규정할 것인가 하는 문제를 고려하다 보면 필연적으로 학력이라는 개념을 어떻게 규정할 것인가 하는 문제에 당면하게 된다. 학력에 대한 정의는 워낙 다양하다. 예컨대, Robinson(2015)은 인간 능력의 다양성을 고려할 때 학교 교육과정이 지나치게 국, 영, 수 중심으로 되어 있다고 비판하면서, 예체능 영역 비중 확대를 주장했다. 주지교과 중심의 전통적인 학력관에 이의를 제기한 것이다. 2015 개정 교육과정에서도 자기관리 역량, 지식정보처리 역량, 창의적 사고 역량, 심미적 감성 역량, 의사소통 역량, 공동체 역량을 핵심역량으로 지정하고 있다. 그만큼 인간 능력의 다양성과 미래 사회 대비를 위해서는 읽고, 쓰고, 셈하는 능력 못지않게 인지, 정의, 행동, 예체능 능력도 중요하다는 뜻이다.

　학습부진 혹은 학습장애 여부를 판단하기 위한 학력 개념에 읽기, 쓰기, 셈하기만 포함시킬 것인지, 아니면 다른 역량까지 포함할 것인지는 학교 현장에서 이들 학습자를 지원하기 위해 필수적으로 선행되어야 할 사안이다. 예컨대, 기초학력 보장을 법으로 규정하려면, 당연히 기초학력이 무엇인지, 어떻게 정하는지 등을 명료하게 제시하고, 객관적으로 그 달성 여부를 확인할 수 있어야 한다. 또한 기초학력은 학년마다, 교과마다 별도로 규정되어야 할 것이다.

　하지만 현재의 기초(기본)학력 개념은 모호하고 애매하다. 예컨대, 국회에 계류 중인 「기초학력보장법」에서 사용하고 있는 용어를 보면, '기초학력'은 대체로 초등 저학년 수준의 기초적인 학습기술, 예컨대 3R과 같은 능력을 의미하고 있다. 하지만 이 개념은 각 학년마다 학습부진을 규정하기에는 적절치 않다. 또한 이 장 앞 부분의 〈표 1-2〉에서와 같이 정부에서는 기초학력을 '학교 교육과정을 통해 갖춰야 하는 읽기, 쓰기, 셈하기와 이와 관련된 교과(국어, 수학)의 최소 성취기준을 충족하지 못한 경우'로 규정하고 있지만, 이는 어디까지나 사전적 의미에 불과하다. 학교 교육과정 자체가 학년마다 다르기 때문에 국어, 수학의 최소 성취기준은 학년마다 정해야 하지만, 그것을 어떻게, 무엇으로 할 것인가는 여전히 열린 질문이다.

학력에 대한 몇 가지 정의를 제시해 보면 [글상자 1-4]와 같다. 보는 바와 같이, 학력에 대한 견해는 매우 다양하다. 한 가지 분명한 점은 학력의 범주에는 지식, 태도, 안목 등 다양한 영역이 포괄적으로 포함되어야 한다는 것이다.

[글상자 1-4] 학력에 대한 다양한 견해

"공교육 체제하에서의 학력이란 공적인 교육활동 결과로 학습자가 특정 시점까지 성취한 지식, 태도, 기술, 안목을 모두 일컫는 말이다. 그러한 지식, 태도, 기술, 안목은 대개 교과별로 그 내용과 성격, 구조가 다르다."(PISA 학력의 개념)

"'학력' 구인 한 가지 요소는 '학(學)' 혹은 배움과 관련된 것이며, 다른 하나의 요소는 '력(力)'이 나타내고 있는 능력에 관련된 속성이다. 이 둘의 긴장된 복합체가 곧 학력이라고 말할 수 있다."(황정규, 2001)

"'학력'을 각 교과목별 지식 습득 자체로만 볼 것이 아니라, 먼저 전인적, 종합적 관점에서 이해하여야 한다. 더 나아가 그 지식 내용과 습득 방법이 나중에 어떻게 활용될 수 있으며 또한 개인 자신과 사회 발전을 위해 어떻게 기여할 수 있는지도 중요한 고려의 대상으로 포함시켜야 할 것이다."(민경찬, 2001)

"학력이란 인간으로서 자기 존재에 대한 인식, 상황주도적 시민의식, 이해력, 문해력, 수리력, 문제 해결력, 지속적 학습능력을 가리킨다."(곽병선, 2001)

출처: 한국교육과정평가원(2001).

국가 교육과정 이수를 핵심으로 하는 공교육 체제하에서 학력이란, 각 교과별, 학년별 성취기준에 도달한 정도를 뜻해야 한다. 그런데 교육과정 운영을 통해 도달해야 할 학력은 그 도달 상태(인지, 정의, 행동 등), 교과 영역, 학년 수준, 의도한 교육목표 등에 따라 매우 다양할 것이기 때문에, 그 모든 학력 범위를 학습부진이나 학습장애 지원 정책 또는 규정의 적용 영역으로 포함하는 것은 무리일뿐더러 효율적이지도 않다. 따라서 기초학력 향상 혹은 학습부진 문제 해결을 위한 정책이나 규정 목적으로는 선택과 집중 차원에서 각 학년별 필수 문해력과 수리력으로 규정하는 것이 적절하다고 본다. 나머지 역량이나 학력은 교육과정 운영을 통해 추구하면 된다. 다만, 문해력과 수리력이라고 해도 그 도달 정도는 학습자마다 다양할 것이기 때문에, 필수 도달 수준, 집중 지원이 필요한 도달 수준, 유창하거나 능숙하게 도달한 수준 등을 명료하게 조작적으로 규정할 필요가 있다. 이렇게 규정할 경우, 학습부진이란 국가나 교육자치단체에서 미리 정한 각 학년별 필수 문해력과 수리력에 미치지 못한 경우를 뜻한다. 학습장애나 특수교육적 접근이 필요한 경우는 집중 지원이 필요한 수행 정도를 보였을 경우로 규정할 수 있을 것이다. 따라서 기초(기본)학력 보장의 실제 의미는 '필수 성취기준 도달 보장'이어야 한다.

필수 성취기준 도달 정도를 정하는 한 가지 방법은 목표 대비 도달 정도를 예컨대 4단계로 구분하는 것이다. 이를테면, 탁월(90% 이상 도달), 우수(80% 이상 도달), 보통(70% 이상), 미흡(40% 이상), 매우 미흡(30% 미만) 등으로 나눈다. 이중 보통 수준 미만이면 학습부진으로 규정한다든지, 매우 미흡이면 최소한 해당 내용을 재이수하게 하는 등의 방법이 가능하다. 실제로, 캐나다 온타리오주에서는 일정한 기준에 도달하지 못하면 그 부분을 다시 학습하게 하는 제도를 시행하고 있다.

7. 학습부진 및 학습장애 학생 특징의 시사점

첫째, 부진 혹은 장애 영역을 구체적으로, 정확히 진단해야 한다. 이를 위해서는 최종적으로 도달해야 할 학습상태를 명료하게 하고 그에 이르기까지 필요한 하위 단계, 기술 등을 최대한 구체적으로 열거하고 그 각각의 하위 단계, 기술별로 현재의 도달 상태를 확인해야 한다.

둘째, 학습된 상태에 가장 빠르고 효과적으로 도달할 수 있는 경로(route)를 설계해야 한다. 이를 위해서는 교수-학습활동의 순서 및 각 절차 순서별 세부적인 교사와 학습자의 역할을 구상해야 한다. 이 과정에서는 효과적인 학습, 효과적인 교수이론의 주요 핵심 이론 중에서도 특히 학습부진 및 학습장애 학생의 특성을 고려했을 때 반드시 반영되어야 할 원리들이 빠짐없이 포함되어야 한다.

셋째, 인지와 정의 측면을 동시에, 모두 고려해야 한다. 인지 측면에서 교수-학습활동을 조직하고 계열화할 때에는 정의적으로 학습과정에 몰입하고 지속할 수 있도록 필요한 지원, 자극, 기회를 제공해야 한다. 이를 위해, 인지적으로는 매 학습과정이나 절차마다 적절한 도전감을 줄 수 있어야 한다. 정서적으로는 현재 학습하고자 하는 내용과 지신의 경험, 삶과의 연계성, 상상력 등을 자극할 수 있어야 한다.

넷째, 학습할 내용의 유형, 학습단계에 따라 다른 접근을 사용해야 한다. 학습할 과제가 단순 기능인지, 새로운 개념이나 원리인지, 일반화인지 등에 따라 효과적인 교수-학습 활동이나 요소가 달라진다. 모든 학습부진/장애 학생이 동일한 과제에서 동일한 정도로 동일한 형태의 학습 어려움을 겪는 것은 아니다. 최소한 주요 학습과제별, 주요 학습단계별로 효과가 있다고 어느 정도 검증된 지도방법을 사용해야 할 것이다.

8. 정리

이 장에서는 학습부진과 학습장애 개념과 주요 특징, 유형 등을 살펴보았다. 학습부진과 학습장애 모두 읽기, 쓰기, 셈하기 등의 영역에서 학습에 심각한 어려움을 겪고 있다는 공통점이 있다. 하지만 학습장애는 학습부진을 보이는 이유가 학습을 관장하는 뇌 신경계통의 기능상의 결함이어야 한다. 이에 반해 학습부진은 이유 여하를 막론하고 기준 점수에 도달하지 못한 경우를 말한다.

학습부진 및 학습장애 학생의 특징은 매우 다양하다. 또한 대개 학습에 불리한 여러 가지 조건을 한꺼번에 갖고 있는 경우가 많다. 이는 이들을 지원하기 위한 대책 역시 그러한 복잡성과 어려움을 반영해야 함을 시사한다. 따라서 학습부진 및 학습장애 학생을 지원하고자 할 때 가장 경계해야 할 접근은 특정한 교수방법이나 프로그램으로 학습문제를 모두 해결할 수 있다고 주장하거나 그렇게 믿는 것이다.

학습부진 및 학습장애 지원은 철저하게 해당 학습 문제를 갖고 있는 학습자의 특징과 요구를 정확히 반영해서 이루어져야 한다. 학습부진 학생이나 학습장애 학생의 유형을 분류하는 이유가 바로 여기에 있다.

학습부진 및 학습장애 지원과 관련하여 근본적인 쟁점은 학력을 무엇으로 어떻게 규정할 것인가 하는 점이다. 이미 2015 개정 교육과정에서는 학교학습을 통해 학생들에게 형성시켜야 할 학력의 개념으로 핵심역량이란 개념을 제시한 바 있다. 하지만 지원 역량과 효과의 집중을 위해서는 각 학년별 필수 문해력과 수리력으로 기초 혹은 기본학력을 규정하는 것이 적절할 것으로 보인다. 그럼에도 일각에서 주장하는 것처럼 학교학습을 통해서 길러야 할 학력의 개념을 핵심역량, 인성까지를 포함하여 넓게 규정한다면, 학습부진 및 학습장애 개념도 지금과는 완전히 다르게 규정해야 한다.

생각해 볼 문제

01 학력의 개념을 찾아보고 스스로 학력을 재개념화해 보시오. 재개념화한 학력 개념에 따르면 학습부진은 어떻게 규정해야 하는가?

_____

_____

_____

_____

02 학습부진 유형, 특성을 간편하면서도 빠르게, 그러면서도 지도하는 데 도움이 될 유용한 정보를 제공해 주는 방식으로 알아낼 수 있는 방안을 모색해 보시오. 이를 위해 기존에 나와 있는 다양한 도구의 특징을 서로 비교하고 개선방안을 도출해 보시오.

_____

_____

_____

_____

 **참고문헌**

교육부(2019). 행복한 출발을 위한 기초학력 지원 내실화 방안.

김동일, 이대식, 신종호(2016). DSM-5에 기반한 학습장애아동의 이해와 교육(3판). 서울: 학지사.

김선, 김경옥, 김수동, 이신동, 임혜숙, 한순미(2001). 학습부진아의 이해와 교육. 서울: 학지사.

김소희(2006). 학습장애 하위유형으로서 비언어적 학습장애(Nonverbal Learning Disabilities)에
    관한 고찰. 특수교육학연구, 41(1), 59-78.

김수동, 이화진, 유준희, 임재훈(1998). 학습부진아 지도 프로그램 개발 연구. 한국교육과정평가원 연
    구보고 RRC 98-4.

박병량, 이영재, 조시화(1980). 학습부진아 유형분석에 관한 기초연구. 서울: 한국교육개발원.

박성익, 현주, 임연기, 서혜경(1984). 중학교 학습부진 학생을 위한 프로그램 개발 연구. 연구보
    고 RR 84-12.

서근원(2009). 학습부진 학생과 학교 교육의 현실, 그리고 개선의 방향. 기초학력 증진을 위한 대
    안적 정책 방향(pp. 3-49). 학교교육 선진화를 위한 KICE 교육과정ㆍ평가 정책포럼 발표
    자료.

신세호, 이병호, 김재복, 홍재호(1979). 학습부진학생에 대한 이론적 고찰. 서울: 한국교육개발원.

이대식, 이창남 공역(2005). 모든 수준의 학생들을 위한 수업설계 및 교재개발의 원리[*Effective teaching
    strategies that accommodate diverse learners*]. Kame'enui, E. J., Carnine, D. W., Dixon, R.
    C., Simmons, D. C., & Coyne, M. D. 저. 서울: 시그마프레스. (원저는 2002년에 출간).

이대식, 황매향(2014). 학습부진 학생의 이해와 지도(2판). 경기: 교육과학사.

이찬승, 이병렬 공역(2012). 수업혁명 3: 학습장애 해결편[*Improving working memory*]. Tracy, P.
    A. 저. 서울: 한국 뇌기반교육연구소. (원저는 2010년에 출간).

이화진, 김민정, 이대식, 손승현(2009). 학습부진학생 지도ㆍ지원의 실효성 제고를 위한 대안 탐
    색: 학습부진학생 지도ㆍ지원 종합 계획(안) 제안을 중심으로. 한국교육과정평가원 연구보고
    RRI 2009-13.

이화진, 부재율, 서동엽, 송현정(1999). 초등학교 학습부진아 지도 프로그램 개발 연구. 한국교육
    과정평가원 연구보고 RRC 99-3.

정대영(2010). 비언어성 학습장애의 개념, 분류 및 진단평가 방법 고찰. 학습장애연구, 7(2), 57-79.

한국교육과정평가원(2001). 21세기 우리나라 학교교육에서 길러야 할 학력의 성격. 한국교육과
    정평가원 2001년도 국가수준 교육성취도 평가 연구 학술 세미나 발표 자료. 연구자료 ORM

2001-15.

한국학습장애학회(2009). 한국형 RTI 적용. 2009 한국학습장애학회 춘계학술대회.

Allloway, T. P. (2011). *Improving working memory: Supporting students' learning*. Thousand Oaks, CA: SAGE Publications.

American Psychiatric Association. (2013). *Diagnostic and statistical manual of mental disorders* (5th ed.). Arlington, VA: American Psychiatric Publishing.

Baddeley, A. D. (2003). *Working memory*. New York: Oxford Unversity Press.

Carroll, J. B. (1963). A model of school learning. *Teachers College Record, 64*, 723-733.

Dansereau, D. F. (1985). Learning strategy research. In J. W Segal, S. F. Chipman, R. Glaser (Eds.), *Thinking and learning skills: Relating instruction to research* (Vol. 1, pp. 209-239). New York: Routledge.

Fletcher, J. M., Morris, R. D., & Lyon, G. R. (2003). Classification and definition of learning disabilities: An integrative perspective. In H. L. Swanson, K. R. Harris, & S. Graham (Eds.), *Handbook of learning disabilities* (pp. 30-56). The Guilford Press.

Ford, D. Y., & Moore III, J. L. (2014). Understanding and reversing underachievement, low achievement, and achievement gaps among high-ability african american males in urban school contexts. *The Urban Review, 45*(3), 399-415.

Individuals with Disabilities Education Act, 20 U.S.C. § 1400 (2004).

Kirk, S. A., & Bateman, B. (1962). Diagnosis and remediation of learning disabilities. *Exceptional Children, 29*(2), 73-78.

Little, S. S. (1993). Nonverbal learning disabilities and socioemotional functioning: A review of recent literature. *Journal of Learning Disabilities, 26*(10), 653-665.

Mann, V. A., & Brady, S. (1988). Reading disability: The role of language deficiencies. *Journal of Consulting and Clinical Psychology, 56*(6), 811-816.

Mercadante, M. T., Gaag, R. J., & Schwartzman, J. S. (2006). Non-autistic pervasive developmental disorders: Rett syndrome, disintegrative disorder and pervasive developmental disorder not otherwise specified. *Brazil Journal of Psychiatry, 28*(1), 12-20.

Mercer, C. D., Mercer, A. R., & Pullen, P. C. (2010). *Teaching students with learning problems* (8th ed.). Upper Saddle River, NJ: Merrill/Pearson.

Robinson, F. P. (1978). *Effective study* (6th ed.). New York: Harper & Row.

Robinson, K. (2015). *Creative schools: The grassroots revolution that's transforming education*. New York: Penguin Books.

Schumaker, J. B., & Deshler, D. D. (2006). Teaching adolescents to be strategic learners. In D. D. Deshler, & J. B. Schumaker (Eds.), *Teaching adolescents with disabilities: Accessing the general education curriculum* (pp. 121–156). Thousand Oaks, CA: Corwin Press.

Sousa, D. A. (2011). *How the brain learns.* Thousand Oaks, CA: Corwin.

Swanson, H. L. (1987). Information processing theory and learning disabilities: An overview. *Journal of Learning Disabilities, 20*(1), 3–7.

Swanson, H. L., & Cooney, J. B. (1991). Memory and learning disabilities. In B. Y. L. Wong (Ed.), *Learning about learning disabilities* (pp. 104–122). San Diego, CA: Academic Press.

Telzrow, C. F., & Bonar, A. M. (2002). Responding to students with nonverbal learning disabilities. *Teaching Exceptional Children, 34*(6), 8–13.

Torgesen, J. K. (1977). Memorization processes in reading-disabled children. *Journal of Educational Psychology, 69*(5), 571–578.

Torgesen, J. K. (1985). Memory processes in reading disabled children. *Journal of Learning Disabilities, 18*(6), 350–357.

Weinstein, C., & Mayer, R. (1986) The teaching of learning strategies. In M. Wittrock (Ed.), *Handbook of research on teaching* (pp. 315–327). New York: Macmillan.

제2장

학습부진 및 학습장애 선별, 진단, 판별

핵심 질문

1. 선별, 진단, 판별은 각각 어떻게 다른가?
2. 학습부진의 선별, 진단, 형성평가, 판별은 각각 어떤 도구를 사용하여 어떻게 해야 하는가?
3. 학습장애의 선별, 진단, 형성평가, 판별은 각각 어떤 도구를 사용하여 어떻게 해야 하는가?

주요 내용 요소

1. 선별, 진단, 판별 개념의 이해
2. 학습부진의 선별, 진단, 판별
3. 학습장애의 선별, 진단, 판별

핵심 용어

- 선별
- 진단
- 형성평가 혹은 학습진전도 점검
- 판별
- 총괄평가
- 맞춤형 진단
- 학습저해요인
- 학습부진 유형
- 기초학력향상사이트
- 교과학습진단평가
- 불일치 접근
- 인지처리과정 접근
- 개입-반응 접근
- 학습장애 선정 조건 및 절차(학습장애학회 제안)

1. 선별, 진단, 판별 개념의 이해

1. 선별, 진단, 판별, 평가, 형성평가, 학습진전도 점검 등의 개념을 구분할 수 있는가? 각 개념의 뜻을 비교해 보고, 어떤 경우에 어느 용어가 적절할지를 생각해 보시오.

_____

_____

_____

2. 영어의 assessment, evaluation, measurement, test, diagnosis, progress monitoring 개념은 각각 어떻게 다른지 조사해 보시오.

_____

_____

_____

　학습부진 및 학습장애를 선별, 진단, 판별하기 위해서는 이 세 개념을 포함하여 형성평가, 총괄평가 등 평가의 각 측면별 목적과 특징을 이해해야 한다. 이는 어느 측면을 선택할 것인가에 따라 평가 방법과 기준, 도구, 평가 결과에 대한 해석 등이 달라져야 하기 때문이다. 평가 목적을 고려하지 않은 평가 도구 사용은 때론 부작용만 일으킬 수 있다. 예를 들어, 국가수준학업성취도평가 결과로 학습부진 학생을 선별하거나 학습부진 원인을 파악하고 그 원인에 맞게 가르칠 계획을 수립한다는 것은 매우 부적절하다. 이 평가는 연 1회, 미리 선정된 소수의 학습자(예컨대, 전국에서 표집된 중 3과 고 2 학생)의 학업성취 수준을 확인해 보기 위한 것이다.

　특히 학습부진과 학습장애 선별과 진단은 [그림 2-1]에서 보듯, 지도 계획 수립 및 이행 체제 속에서 매우 중요한 위치를 차지한다. 선별과 진단은 이후 진행될 개입, 관리의 선행 단계이자 선결 조건이다. 만약 선별과 진단이 잘못되어 꼭 포함되어야 할 지원대상 학생이 누락되거나 정확한 출발점을 잡는 데 필요한 구체적인 정보가 제공되지 않았을 경우 이후 지원 과정 자체가 무의미해질 수 있다.

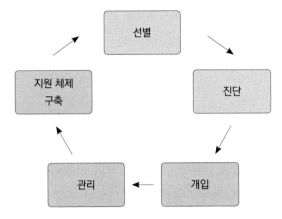

[그림 2-1] 학습부진 및 학습장애 지원 체제 속의 선별과 진단 위치

1) 선별

(1) 선별의 뜻

선별(screening)이란, 학습부진이나 학습장애 여부를 좀 더 정확하고 심도 있게 평가하기 위한 대상자를 뽑는 것을 말한다.

(2) 선별의 방향

선별 단계에서는 대상자가 혹시라도 빠져나가지 않도록 선별 범위를 최대한 넓게 잡아야 한다.

(3) 선별 기준

선별 기준은 선별 영역, 선별 목적 등에 따라 다르게 정할 수 있다. 일반적으로, 학습지원 대상자 선정을 위한 기준은 국가나 지방교육자치단체 수준에서는 도달해야 할 수준의 70% 미만, 단위학교 내 관리와 지원을 위해서는 75~80% 미만이 적절하다. 단위학교 내 기준을 다소 높게 책정한 이유는 가급적 조기부터 필요한 지원을 제공하기 위함이다.

(4) 선별 도구

학습부진의 경우 선별 도구는 교과학습부진평가, 기초학력진단평가 등을 사용할 수 있다. 현재 학교현장에서는 학습부진 선별 목적으로 교과학습부진 진단평가를 가장 많이 사용하고 있다. 학습장애의 경우, 학습장애 선별검사, 난독증 선별검사 등을 사용할 수 있다. 선별에 사용되는 검사로는 학력검사를 제외하고는 교사나 학부모의 관찰에 기반하여 응답하도록 하는 체크리스트형을 사용하는 경우도 있다.

2) 진단

(1) 진단의 뜻

진단(diagnosis)은 선별 과정을 거쳤거나 혹은 거치지 않은 대상자들을 대상으로 해서라도 학습부진 혹은 학습장애 원인, 유형, 정도와 특징 등을 비교적 자세하게 파악하는 것을 말한다.

(2) 진단의 방향

진단의 목적은 학습에 어려움을 겪는 이유나 원인을 파악하고, 더 나아가 지도 계획을 수립할 때 출발점이나 중점을 기울여야 할 곳 등을 결정하는 데 필요한 정보를 제공하는 것에 있다. 학습부진 진단 시에는 현재 수준, 장단점, 오류 유형, 학습 습관, 학습 관련 핵심 인지기능 정도 등에 대한 정보를 제공해 줄 수 있어야 한다. 학습장애 진단 시에는 학습장애의 원인은 물론, 읽기, 쓰기, 수학 영역 중 어느 분야에서 어느 정도의 수행을 보이는지 구체적인 정보를 제공해 줄 수 있어야 한다.

학습부진 및 학습장애와 같이 학습 어려움을 가진 학생을 진단하고자 할 때에는 다음 세 가지 조건을 충족해야 한다.

첫째, 구체적이어야 한다. 알거나 할 수 있어야 하는 것 대비 현재 상태에 대해 정확하고 자세한 정보를 제공해 줄 수 있어야 한다. 예컨대, 한글을 제대로 읽는지 여부를 확인하고자 할 때에는 의미 단어뿐만 아니라 무의미 철자, 자음, 단모음, 이중모음 등도 알아봐야 한다.

둘째, 학습부진 및 학습장애의 원인과 유형에 관한 정보를 제공해 줄 수 있어야 한다. 이를 통해 학습부진 발생 원인, 학습부진 유형 등에 관한 정보를 제공해 줄 수 있어야 유용한 진단이라 할 수 있다.

셋째, 맞춤형 진단이 이루어져야 한다. 맞춤형 진단이란 [그림 2-2]와 같이 현재 상태에서 목표 상태로 나아가는 데 필요한 기술, 기능, 지식 등과 같은 하위 요소 기능을 모두 열거하고 이를 문항으로 만들어 평가를 실시한 후, 그 결과에 근거하여 현재 갖추고 있거나 갖추지 못한 지식, 기능, 기술 등을 찾아내는 것을 말한다. 맞춤형 진단의 목적은 학습자가 무엇을 어떻게 어느 정도나 알거나 모르는지 알아내는 데 있다(이에 대한 보다 자세한 내용은 8장 참조).

　넷째, 학습부진 및 학습장애가 어느 영역에서, 어느 정도로 심각하게, 어떤 양상으로 나타나는지에 대한 정보를 제공할 수 있어야 한다.

　다섯째, 관찰, 면담을 병행해야 한다. 많은 경우, 왜 특정 오류를 범했는지, 왜 그런 식으로 문제를 해결하려 했는지 드러난 수행만으로는 판단하기 어렵다. 이런 경우, 학습자 수행 과정을 관찰하거나 면담을 통해 왜 그렇게 했는지를 확인해야 한다.

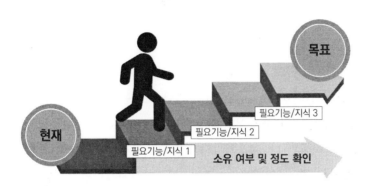

[그림 2-2] 맞춤형 진단의 의미

✎ **심화 활동** 1

1. 현재 학교 현장에서 이루어지고 있는 평가는 맞춤형 평가인가? 어떤 면에서 그러한가?

_____

_____

_____

2. 교사가 맞춤형 진단을 제대로 하기 위해서는 어떤 능력 혹은 전문성을 길러야 한다고 생각하는가?

_____

_____

_____

(3) 진단의 기준

추가 조치를 위한 진단 기준을 어느 수준으로 정할 것인가는 진단 영역, 진단 목적 등에 따라 다르다. 다만, 단순 기본 기능일 경우 95%, 조금 더 어려운 기능이나 개념일 경우 85~90% 정답률을 기준으로 하고 연습이나 추가 지도 대상으로 분류하는 것이 적절할 것이다. 이보다 더 높은 수준의 능력이나 종합적인 교과 성적의 경우에는 70~80% 미만의 정답률은 부진으로, 50~60% 미만은 심각한 부진으로 판단하는 것이 적절할 것이다. 숙달 정도로서 70~80% 정답률을 제안하는 이유는 이 정도 습득해야 다음 단계 학습에서 어려움을 겪을 가능성이 그나마 줄어들기 때문이다.

(4) 진단 도구

진단 도구는 진단하고자 하는 영역, 진단 목적 등에 따라 매우 다양하다. 현재 「장애인 등에 대한 특수교육법 시행규칙」에 제시된 진단 도구는 〈표 2-1〉과 같다. 하지만 〈표 2-1〉에 열거되어 있는 검사 중 일부는 개발된 지 너무 오랜 시간이 흘렀거나 이론적으로 적절치 않아 수정되어야 한다. 예컨대, 시각장애나 청각장애의 기초학습기능검사, 지적 장애의 기초학습검사, 학습장애의 학습준비도검사, 시지각발달검사, 지각운동발달검사, 시각운동통합발달검사 등은 사용할 필요가 없거나 전혀 사용하지 않고 있는 것들이다.

〈표 2-1〉 특수교육대상자 선별검사 및 진단 · 평가 영역(제2조 제1항 관련)

구분		영역
장애 조기 발견을 위한 선별검사		1. 사회성숙도검사 2. 적응행동검사 3. 영유아발달검사
진단 · 평가 영역	시각장애 · 청각장애 및 지체장애	1. 기초학습기능검사 2. 시력검사 3. 시기능검사 및 촉기능검사(시각장애의 경우에 한함) 4. 청력검사(청각장애의 경우에 한함)
	지적장애	1. 지능검사 2. 사회성숙도검사 3. 적응행동검사 4. 기초학습검사 5. 운동능력검사
	정서 · 행동장애 자폐성장애	1. 적응행동검사 2. 성격진단검사 3. 행동발달평가 4. 학습준비도검사

의사소통 장애	1. 구문검사 2. 음운검사 3. 언어발달검사
학습장애	1. 지능검사 2. 기초학습기능검사 3. 학습준비도검사 4. 시지각발달검사 5. 지각운동발달검사 6. 시각운동통합발달검사

비고: 특수교육대상자 선정을 위한 장애유형별 진단·평가 시 장애인증명서·장애인수첩 또는 진단서 등을 참고자료로 활용할 수 있다.

3) 형성평가 혹은 학습진전도 점검

(1) 목적

형성평가 혹은 학습진전도 점검(formative evaluation or progress monitoring)은 학습 도 중 목표 대비 현재의 수행 혹은 도달 정도를 확인하는 것을 말한다. 학습진전도 점검을 위한 평가는 평가 방법이 단순하고 평가 시간이 매우 짧으면서도 해당 시간 학습한 정도 를 정확하게 알려 줄 수 있어야 한다.

(2) 평가방향

형성평가는, 첫째, 목표에의 도달 정도와 양상을 확인할 수 있어야 한다. 이를 위해, 애 초에 설정했던 목표에의 도달 과정을 확인한다. 둘째, 학습진전도 평가 결과에 따라 교 수방법을 수정한다. 예를 들어, 목표 초과 시에는 목표를 상향한다. 목표 미달 시에는 교 수방법을 수정한다. 셋째, 평가의 간편성을 높이도록 한다. 빠르고 쉽게 실시할 수 있고 곧바로 결과 확인 가능하도록 평가하는 것이 형성평가나 학습진전도 평가에서는 중요 하다.

(3) 평가기준

형성평가 기준 역시 각 하위 기능이나 지식별로 95~100% 미만의 정답률일 경우 연습 이나 추가 지도 대상으로 분류한다.

(4) 적절한 도구

형성평가나 학습진전도 점검을 위한 적절한 도구로는 교사 자체 제작 형성평가, 기초학습기능수행평가체제(BASA) 읽기, 쓰기, 셈하기 기초평가 문제지 등을 사용할 수 있다. 대체로, 교육과정중심측정(CBM) 기법을 사용하여 개발된 평가 도구들을 형성평가나 학습진전도 점검을 위한 도구로 사용할 수 있다.

4) 판별

(1) 목적

판별(deciding eligibility)이란 주로 행정이나 관리 측면에서 공식적인 목적이나 의도로 학습부진 혹은 학습장애 여부를 최종적으로 결정하는 것을 말한다. 일반적으로, 판별을 위한 평가는 삼다(三多) 원칙을 적용한다. 삼다 원칙이란, 다양한 자료로, 여러 번에 걸쳐, 여러 사람이 최종적으로 판단을 내려야 한다는 뜻이다.

(2) 평가방향

첫째, 평가의 타당도와 신뢰도가 중요하다. 판별을 위한 평가는 개인은 물론 그 개인이 속한 가족 구성원에게도 큰 영향을 미칠 수 있는 결정의 근거자료가 되기 때문에 사용될 검사도구는 타당도와 신뢰도를 갖추는 것이 중요하다.

둘째, 표준화와 전국 단위의 규준이 중요하다. 판별을 위한 검사도구는 검사 실시 방법, 절차, 검사결과 해석 등이 표준화되어 있어야 하고, 전국 단위의 규준을 갖고 있어야 한다. 즉, 특정 피검자가 얻은 점수를 전국 규준에 비추어 해석할 수 있어야 한다.

(3) 평가기준

판별을 위한 평가의 기준은 검사도구에서 미리 설정한 규준에 따른다. 대체로, 부진일 경우에는 백분위 16 이하, 혹은 특이사항이나 문제의 심각한 정도가 백분위 84 이상이면 특정 프로그램이나 지원 대상자로 결정하곤 한다.

(4) 적절한 도구

판별을 위한 적절한 도구로는 대부분의 표준화된 학력검사나 지능검사, 기타 심리검사 등이 해당된다.

5) 총괄평가

(1) 목적

총괄평가(summative evaluation)는 어떤 프로그램이나 교수방법을 투입하고 난 이후 그 효과가 어떠했는지를 최종적으로 확인하기 위한 평가를 말한다. 주로 특정 프로그램이나 사업의 효과를 평가하고 향후 이를 지속 혹은 변경할지를 결정할 때 활용한다. 예를 들어, 학습부진 학생 지원을 위한 각종 프로그램(예컨대, 두드림학교, 기초학력진단-보정체제, 학습맘 도우미, 학습도움센터 상담 프로그램 등) 실시 후 최종 효과를 측정하는 것은 총괄평가의 전형적인 예이다.

> ✏️ **심화 활동** 2
>
> 정부나 각 지역 교육청에서 최근 1~2년 동안 실시되어 온 학습부진 학생 지원용 프로그램이나 사업의 효과는 어떠했는가? 그 효과는 무엇으로, 어떻게 평가했는가? 그 평가 결과는 어떻게 반영되었는가? 만약 그 효과 평가를 안 했다면 그 이유는 무엇이고, 향후 대안은 무엇인가?
>
> _____
> _____
> _____

(2) 평가 방향

첫째, 어떤 프로그램이나 교수방법의 효과를 확인하기 위한 검사 역시 검사도구의 타당도와 신뢰도가 중요하다. 프로그램이나 교수방법에서 다루었던 내용을 얼마나 학습했는지를 타당하고 신뢰할 만하게 측정하는 것이 핵심이어야 한다.

둘째, 표준화와 전국 혹은 지역 단위의 규준을 갖추어야 한다. 이는 검사 실시 방법, 절차, 검사결과 해석 등이 표준화되어 있어야 하고, 전국 혹은 지역 단위의 규준을 갖고 있어야 함을 뜻한다. 즉, 특정 피검자가 얻은 점수를 전국 혹은 소속 지역 규준에 비추어 해석할 수 있어야 한다.

셋째, 비교집단과의 비교가 가능해야 한다. 프로그램이나 교수방법의 효과 측정은 사전-사후 점수 비교만으로는 불충분하다. 왜냐하면 투입된 변수 이외에 여러 가지 변수(자연성숙, 후광효과, 개입자-개입 상호작용 등)가 작용할 수 있기 때문이다. 따라서 투입한 프로그램이나 교수방법의 효과를 정확히 판단하고자 할 때에는 해당 프로그램이나 교수방법을 제공받지 않은 비슷한 또래 집단과의 비교가 필수적이다.

(3) 효과 여부 판단 기준

어떤 프로그램이나 교수방법의 효과 여부를 최종적으로 결정하기 위한 기준은 매우 신중하게 결정해야 한다. 기준을 정하는 방법은 상대평가 방법과 절대평가 방법이 있는데, 구체적인 기준은 총괄평가 대상 내용의 특징, 총괄평가의 목적 등에 따라 다양할 수 있다. 예컨대, 상대평가의 경우 최소한 백분위 25 이상, 절대평가의 경우 60~70%의 정답률을 기준으로 설정할 수 있을 것이다.

(4) 적절한 도구

절대평가나 교육과정 중심 측정이 필요한 경우를 제외하고는 최소한 지역이나 전국 규모로 표준화된 학력검사를 사용하는 것이 적절하다.

✎ 심화 활동 3

선별, 진단, 형성평가(학습진전도 점검), 판별, 총괄평가 각 측면별로 핵심 내용을 이 책의 내용을 보지 않고 또래나 주변 사람들에게 설명해 보시오.

_____

_____

_____

---

2. 학습부진의 선별, 진단, 판별

1) 학습부진 선별

(1) 선별 방향

학습부진 선별은 일정 수준 이하의 학업성적을 거두고 있어 외부로부터 체계적인 지원을 받아야 하는 대상자를 찾아내는 것을 말한다. 대개의 경우, 선별 후 진단과 판별 과정을 거치지만, 학습부진의 경우에는 선별 결과가 곧 진단이나 판별 용도로 사용되기도 한다. 학습부진 학생을 선별할 때에는 가급적 조기에, 간편한 절차와 방법을 통해, 최소한의 시간과 노력으로, 대상자를 모두 찾아내야 한다.

학습부진 선별을 위해서는 평가할 교과 영역, 검사의 구성, 평가 문항의 난이도 수준, 선별 기준, 평가 시기 등을 결정해야 한다. 평가 영역은 대개 예체능 교과를 뺀 주요 교과, 즉 국어, 영어, 수학, 사회, 과학을 대상으로 한다. 하지만 국어의 읽기와 쓰기, 수학의 셈하기 부분에 대해서만 평가를 할 수도 있다.

(2) 선별 시기

조기 개입을 고려하면 1학년 2학기 초부터 학습부진 선별이 이루어져야 한다. 선별의 목적이 선별된 학생들을 위한 지원계획을 구안하여 수립하고 이행할 목적이라면 2학년부터는 학년 초에 선별해야 할 것이다. 그렇지만 또 한편으로, 다음 학년도 초부터 학습지원을 제공하기 위한 대상자를 미리 선별할 의도를 갖고 있다면 매 학년 말에도 선별할 수 있다. 매 학년 초 선별을 통해서는 이전 학년 교육내용에 대한 학습 정도를 확인하고, 매 학년 말 선별을 통해서는 해당 학년 교육내용에 대한 학습 정도를 확인한다.

(3) 선별 도구

학습부진 선별 도구는 어떤 유형의 학습부진을 선별할 것인가 하는 점에 따라 다르다. 학습부진 학생 선별 도구는 〈표 2-2〉에서 보듯, 크게 교육청이나 국가에서 개발한 평가 도구와 상업용 학력평가로 나누어 볼 수 있다.

〈표 2-2〉 학습부진 선별 도구

개발 및 공급 주체	평가 도구명
국가, 정부 출연기관	국가수준학업성취도평가 초3기초학습진단평가
교육자치단체(교육청)	교과학습진단평가
영리단체(출판사 등)	국립특수교육원 기초학력진단평가 기초학습기능수행평가체제(읽기, 쓰기, 셈하기)

각 평가 도구별로 세부적인 사항을 정리해 보면 다음과 같다.

① 국가수준학업성취도평가

국가수준학업성취도평가는 평가의 표집대상 및 전수 대상 결과를 분석하여 다양한 시사점을 제공함으로써 지역 및 국가 교육정책 수립, 단위학교에서의 교수ㆍ학습방법 개선, 진로지도 등의 자료로 활용할 목적으로 국가에서 매년 실시하는 평가를 말한다. 국가수준학업성취도평가는 매년 6월 말이나 7월 중순쯤 실시하고 있다. 2013년 이전까지는 초등학교 6학년생도 포함하여 중 3, 고 2 학생 전체를 대상으로 평가를 실시해 오다가 2013년부터는 중 3, 고 2 학생만 대상으로 실시해 왔다. 2017년도부터는 평가 대상도 해당 학년 모든 학생이 아닌 표집 집단에만 한정해서 실시해 오고 있다. 시험 시간은 과목당 60분 정도이다. 중 3의 경우에는 중학교 3학년 1학기 과정까지, 고 2의 경우에는 고등학교 1학년 과정을 대상으로 평가한다. 평가 대상 과목은 중 3은 국어, 사회, 수학, 과학, 영어, 고 2는 국어, 수학, 영어이다. 평가 결과는 우수학력, 보통학력, 기초학력, 기초학력 미달 등 네 단계로 산출한다. 이 중 기초학력 미달이란 도달해야 할 목표 대비 현재의 수행 정도가 20%에도 미치지 못하는 경우를 말한다. 〈표 2-3〉은 최근 6년간 국가수준학업성취도평가 결과의 주요 내용이다. 〈표 2-3〉에서 보듯, 연도와 과목에 따라서 다소 차이가 있긴 하지만, 대략 2~10% 내외의 학생들은 기초학력 미달을 보이고 있고, 이들을 포함하여 보통학력에 미치지 못하는 학생은 전체의 약 15~30%에 이르고 있다.

〈표 2-3〉 최근 6년간('15~'20) 국가수준학업성취도평가 결과(%)

| 구분 | 보통학력 이상 | | | | | | 기초학력 미달 | | | | | |
| | 중 3 | | | 고 2 | | | 중 3 | | | 고 2 | | |
연도	국어	수학	영어	국어	수학	영어	국어	수학	영어	국어	수학	영어
'15	82.6	66.2	70.4	81.2	80.3	83.9	2.6	4.6	3.4	2.6	5.5	4.4
'16	90.1	68.2	74.7	84.1	78.2	86.0	2.0	4.9	4.0	3.2	5.3	5.1
'17	84.9	67.6	72.6	75.1	75.8	81.5	2.6	7.1	3.2	5.0	9.9	4.1
'18	81.3	62.3	65.8	81.6	70.4	80.4	4.4	11.1	5.3	3.4	10.4	6.2
'19	82.9	61.3	72.6	77.5	65.5	78.8	4.1	11.8	3.3	4.0	9.0	3.6
'20	75.4	57.7	63.9	69.8	60.8	76.7	6.4	13.4	7.1	6.8	13.5	8.6

출처: 교육부(2019)를 바탕으로 '15, '16, '20년 자료는 저자 첨가.

📝 **심화 활동 4**

국가수준학업성취도평가의 필요성에 대해 논란이 있다. 일부에서는 더 이상 실시하지 말자는 주장을 하고 있다. 이에 대해 어떻게 생각하는가?

_____

_____

_____

_____

② 교과학습진단평가

현재 학교현장에서 학습부진 선별 도구로 가장 많이 사용되고 있는 것은 각 지역 교육청이 제작한 '교과학습진단평가'이다. 검사 명칭이 시사하듯, 이 검사로는 교과학습부진 학생을 선별한다. 이 검사의 형식과 길이는 과목별로 다소 차이가 있지만, 대개 20~30개의 4지선다형 객관식 문항을 40분 동안 지필검사로 푸는 형태로 실시하고 있다. 지역마다 차이가 있긴 하지만, 초 2학년부터 모든 학년을 대상으로 매년 3월 중순쯤에 국어, 사회, 수학, 과학, 영어 등의 교과를 대상으로 실시하며, 검사지와 학습부진 기준은 교육청으로부터 제공된다. 따라서 지역, 교과 영역별, 학년별 학습부진 기준은 각기 다를 수 있다. 학습부진 기준은 대략 100점 만점 중 60~70점대 구간에서 결정된다. 다소 오래된 자료이긴 하지만, 기초학력향상지원사이트(www.basics.re.kr)에 올라와 있는 교과학습진단평가 문항 목록은 [그림 2-3]과 같다.

번호	년도	학년	교과	제목	파일	등록일	조회수
80	2013년	중학교2학년	영어	듣기대본,시험지,이원분류표,정답및해설	📎📎📎📎	2014-01-20	1029
79	2013년	중학교2학년	과학	시험지,이원분류표,정답및해설	📎📎📎	2014-01-20	616
78	2013년	중학교2학년	사회	시험지,이원분류표,정답및해설	📎📎📎	2014-01-20	480
77	2013년	중학교2학년	수학	시험지,이원분류표,정답및해설	📎📎📎	2014-01-20	911
76	2013년	중학교2학년	국어	시험지,이원분류표,정답및해설	📎📎📎	2014-01-20	777
75	2013년	중학교1학년	영어	듣기대본,시험지,이원분류표,정답및해설	📎📎📎📎	2014-01-20	984
74	2013년	중학교1학년	과학	시험지,이원분류표,정답및해설	📎📎📎	2014-01-20	566
73	2013년	중학교1학년	사회	시험지,이원분류표,정답및해설	📎📎📎	2014-01-20	572
72	2013년	중학교1학년	수학	시험지,이원분류표,정답및해설	📎📎📎	2014-01-20	1069
71	2013년	중학교1학년	국어	시험지,이원분류표,정답및해설	📎📎📎	2014-01-20	993

[그림 2-3] 기초학력향상지원사이트의 교과학습진단평가 문항 목록

③ 초 3 수준의 기초학습진단평가

초등학교 3학년 수준의 읽고, 쓰고, 셈하는 소위 '기초학습' 영역에서의 부진 학생을 선별하기 위해서는 '기초학습진단평가'를 사용한다. 이 검사는 초등학교 3학년 수준의 읽기, 쓰기, 셈하기 능력을 검사하는 기초학습진단평가이다. 검사의 형식과 채점방법, 기준 등은 교과학습진단평가와 유사하다. [그림 2-4]는 기초학력향상지원사이트에 올라와 있는 연도별 기초학습진단평가 목록이다.

번호	년도	학년	교과	제목	파일	등록일	조회수
56	2013년	초등학교3학년	공통	2013년 도달 기준점수 안내		2013-06-03	13876
55	2013년	초등학교3학년	읽기	문제지, 정답표 및 채점기준표		2013-06-03	8914
54	2013년	초등학교3학년	쓰기	문제지, 받아쓰기 문제, 정답표 및 채점기준표		2013-06-03	7139
53	2013년	초등학교3학년	기초수학	문제지, 정답표 및 채점기준표		2013-06-03	7121
52	2012년	초등학교3학년	공통	2012년 도달 기준점수 안내		2013-04-09	13421
51	2012년	초등학교3학년	읽기	문제지, 수행형문제지, 정답표&채점기준표		2013-04-09	12025
50	2012년	초등학교3학년	쓰기	문제지, 수행형문제지, 정답표&채점기준표		2013-04-09	7053
49	2012년	초등학교3학년	기초수학	문제지, 수행형문제지, 정답표&채점기준표		2013-04-09	9587
47	2011년	초등학교3학년	공통	2011년 도달 기준점수 안내		2011-04-21	11184
46	2011년	초등학교3학년	읽기	문제지,수행형문제지,정답표 및 채점기준표		2011-03-31	8363

« ‹ 1 2 3 4 5 6 › »

[그림 2-4] 기초학력향상지원사이트의 초 3 진단평가 목록

④ 국립특수교육원의 기초학습능력검사

국립특수교육원 기초학습능력검사(National Institute of Special Education-Basic Academic Competency Tests, NISE-B · ACT)는 읽기, 쓰기, 수학 영역에서 5~14세 아동과 청소년의 학력을 측정하여 학교학습 특히 국어와 수학에서 부진을 나타내는 아동을 선별 또는 진단하고, 이들이 부진을 나타내는 영역과 수준을 파악하여 이들의 교육계획의 수립과 적용에 필요한 정보를 제공할 목적으로 개발되었다. 이 검사는 규준참조검사이자 개인용 검사로 가형과 나형의 동형검사로 구성되어 있다. 특수교육대상자도 검사에 참여할 수 있으며, 검사 결과 학력지수가 85 이하이면 학습장애, 70 이하이면 심각한 학습장애로 구분한다. 이 검사의 검사 영역별 평가 내용은 〈표 2-4〉와 같다.

〈표 2-4〉 국립특수교육원 기초학습능력검사(NISE-B·ACT) 하위 검사별 평가 영역과 평가 내용

하위 검사	세부 평가 영역과 평가 내용		
	평가 영역	**평가 내용**	**실시 학년**
읽기 검사	음운처리	음절 합성, 음절 탈락, 음절 변별, 음절 대치, 음소 변별, 빠른 자동 이름대기(사물, 색깔)	유치원~초 1
	글자 단어 인지	글자 인지, 단어 인지(규칙 단어, 불규칙 단어)	유치원~초 2
	유창성	글 읽기 유창성(비문학, 문학)	초 2~6
	어휘	단어가 뜻하는 그림 찾기	유치원~초 2
		반대말, 비슷한 말, 유추, 빈칸 채우기	초 2~중 3
	읽기이해	문장 이해	유치원~초 2
		짧은 글 이해	초 2~중 3
		긴 글 이해	초 3~중 3

	평가 영역	**평가 내용**	
쓰기 검사	글씨 쓰기	선 따라 그리기, 도형 그리기, 같은 글자 찾기, 글자모양과 이름 알기, 글자 및 낱말의 조성, 줄·칸에 대한 인식, 글자의 모양, 쓰기속도	
	철자하기	1. 받아쓰기-낱말을 듣고 맞춤법에 맞게 쓰기, 구를 듣고 맞춤법에 맞게 쓰기, 문장을 듣고 맞춤법에 맞게 쓰기	
		2. 옳은 철자 쓰기-맞춤법이 틀린 낱말 고치기, 의미에 맞는 정확한 낱말 고르기	
		3. 기억해서 쓰기-낱말 기억해서 쓰기, 문장 기억해서 쓰기	
	글쓰기	1. 문장 완성하기-문장카드 완성하기, 문장에 어울리는 공통된 낱말 찾기, 논리적 흐름에 맞게 연결되는 문장 쓰기	
		2. 문법지식-문장부호, 높임말, 문장성분, 교정부호, 외래어 알기, 주어-서술어 호응	
		3. 짧은 글짓기/이야기 구성하기-제시된 낱말로 짧은 글짓기하기, 그림카드 배열하여 이야기 구성하기	
		4. 쓰기유창성-교실 내 물건의 이름 빠르게 쓰기, 끝말잇기, 주어진 시간 내에 제시된 낱말로 문장 만들기	

	평가 영역	**평가 내용**	
수학 검사	수와 연산	산술-기본수준(네 자리 이하의 수, 두 자릿수의 덧셈과 뺄셈, 곱셈구구), 중간수준(다섯 자리 이상의 수, 세 자릿수의 덧셈과 뺄셈, 곱셈, 나눗셈, 자연수의 혼합계산, 분수, 소수, 분수와 소수의 덧셈과 뺄셈), 상위수준(약수와 배수, 분수의 덧셈과 뺄셈, 분수의 곱셈과 나눗셈, 소수의 곱셈과 나눗셈, 분수와 소수, 소인수분해)	
		유창성-덧셈, 뺄셈, 곱셈, 나눗셈	

도형	기본수준(입체도형의 모양, 평면도형의 모양, 평면도형과 그 구성요소), 중간수준(도형의 기초, 평면도형의 이동, 원의 구성 요소, 여러 가지 삼각형, 여러 가지 사각형, 다각형), 상위수준(합동과 대칭, 직육면체와 정육면체, 각기둥과 각뿔, 원기둥과 원뿔, 입체도형의 공간 감각)
측정	기본수준(양의 비교, 시각 읽기, 시각과 시간, 길이), 중간수준(시간, 길이, 들이, 무게, 각도, 어림하기(반올림, 올림, 버림), 수의 범위(이상, 이하, 초과, 미만), 상위수준(평면도형의 둘레와 넓이, 무게와 넓이의 여러 가지 단위, 원주율과 원의 넓이, 겉넓이와 부피)
규칙성	기본수준(규칙 찾기), 중간수준(규칙 찾기, 규칙과 대응), 상위수준(비와 비율, 비례식과 비례배분, 정비례와 반비례, 문자의 사용과 식의 계산, 일차방정식, 좌표평면과 그래프, 일차함수와 그래프)
자료와 가능성	기본수준(분류하기, 표 만들기, 그래프 그리기), 중간수준(자료의 정리, 막대그래프와 꺾은선 그래프), 상위수준[가능성과 평균, 자료의 표현, 비율그래프(띠그래프, 원그래프), 자료의 정리와 해석]

출처: 국립특수교육원 기초학습능력검사 소개 사이트(https://www.nise-test.com/sub/introduce.php?0).

⑤ 기초학습기능 수행평가체제 시리즈

기초학습기능 수행평가체제(Basic Academic Skills Assessment, BASA)는 교육과정중심평가 형태로, 비교적 짧은 시간에 학습자들의 수행 정도를 확인할 수 있는 평가 도구이다. 현재까지 기초학습기능 수행평가체제는 초기문해, 읽기, 초기수학, 수학, 수학문장제, 쓰기 검사 등이 개발되어 있다. BASA-읽기 검사는 읽기검사자료 1(읽기 유창성 검사)과 읽기검사자료 2(독해력 측정을 위한 빈칸에 알맞은 어휘 선택하기 검사)로 구성되어 있다. 검사 대상은 초등학교 1~3학년 학생이고, 검사 방법은 검사 1의 경우에는 1분 동안의 읽기 유창성 검사로, 검사 2는 5분 동안의 읽기독해력 검사로 실시한다.

BASA-EN 검사는 만 4세 이상의 아동을 대상으로 수학 학습장애 혹은 학습장애위험군 아동을 조기판별하거나 초기 수학 준비기술을 평가할 목적으로 만들어진 개별검사이다. 검사 소요 시간은 약 30분이고, 하위 검사 영역은 수인식, 빠진 수 찾기, 수량변별, 추정이다. 검사 도구의 모습은 [그림 2-5]와 같다.

[그림 2-5] 기초학습기능평가-초기수학
[Basic Academic Skills Assessment: Early Numercy(BASA-EN)]

한편, BASA-Math는 초등학교 1학년부터 청소년까지를 대상으로 수학 학습 수준의 발달과 성장을 측정하고, 학습부진이나 학습장애에 해당하는지 여부를 알기 위한 개별 검사로 소요시간은 25분이다. 기초학습기능 수행평가체제의 평가 영역별 주요 하위 검사 영역과 검사 내용을 제시하면 〈표 2-5〉와 같다.

〈표 2-5〉 기초학습기능 수행평가체제 평가 영역별 주요 하위 검사 영역과 검사 내용

검사명	하위 검사 영역	검사 내용
초기문해- 기초평가	음운인식	구어의 음운에 대한 외현적 접근과 인식을 의미하며, 음절과 음소를 각각 변별, 합성, 탈락, 대치의 네 가지 과제유형으로 나누어 측정
	음운적 작업 기억	정보를 처리하는 동안 작업기억에서 정보를 효율적으로 유지하기 위해 문자 상징을 소리에 기초한 표상체계로 재부호화하는 것으로 숫자 회상검사와 무의미 단어 회상검사로 측정
	음운적 정보 회상: RAN	문자 상징을 소리에 기초한 체계로 재부호화함으로써 문자단어로부터 어휘 참조로 접근하는 것을 의미하며, 빨리 이름대기(RAN)로 측정
	단어인지	시각적으로 제시된 단어를 해독하고, 그것을 말소리로 바꾸고 말소리에 해당하는 어휘를 자신의 심성어휘집에서 탐색하여 의미와 연결 짓는 것을 말하며 제시된 단어를 얼마나 정확하게 읽는가로 측정
	읽기유창성 (선택)	단어를 읽는 속도와 정확성 혹은 힘들이지 않고 유창하게 소리 내어 읽을 수 있는 능력으로, '주어진 시간 내에 얼마나 많은 글자를 정확히 읽는가'로 측정

초기문해- 형성평가	음운인식	구어의 음운에 대한 외현적 접근과 인식을 의미하며, 음절과 음소를 각자 변별, 합성, 탈락, 대치의 네 가지 과제유형으로 나누어 측정
읽기	기초평가- 읽기검사자료 1	개인검사로서 학생들이 주어진 시간 내에 얼마나 많은 글자를 정확하게 읽는가를 측정으로 내용으로 구성
	기초평가- 읽기검사자료 2	독해력을 측정하기 위한 집단용 진단검사로 문맥에 맞는 적절한 단어를 선택하는 문항으로 구성
	형성평가- 읽기검사자료	기초평가를 통해 읽기수행 수준을 확인한 후 다양한 이야기 자료를 활용하여 지속적으로 대상 아동의 읽기 발달을 점검
쓰기	기초평가- 정량적 평가	아동의 쓰기 유창성 측정하기 위해 실시되며, 아동이 쓴 글에서 정확한 음절의 수를 계산해서 기록한다. 정확한 음절의 수는 총 음절에서 오류의 수를 뺀 값이다. 이를 위해 아동이 쓴 글에서 발견된 오류를 유형에 따라 기호로 표시해 두어야 하며 오류의 유형에는 '소리 나는 대로 쓰기' '삽입' '대치' '생략'이 포함된다.
	기초평가- 정성적 평가	부가적인 평가로서 아동의 쓰기 능력에 대한 구체적인 정보를 얻기 위해 실시되며, 이야기 서두제시검사에서 아동이 쓴 글에 대해 '글의 형식' '글의 조직' '글의 문체' '글의 표현' '글의 내용' '글의 주제' 영역으로 나누어 분석적으로 평가한다.
	형성평가	기초평가를 통해 쓰기 수행 수준을 확인한 후, 다양한 이야기 서두를 활용하여 지속적으로 대상 아동의 쓰기 발달을 모니터링할 수 있다. 검사 회기마다 검사자는 무선적으로 하나의 검사 자료를 뽑아서 실시하며, 대상의 쓰기 수행을 점검한다.
초기수학	수인식	1~100까지의 수를 빠르고 정확하게 읽는 능력 측정
	빠진 수 찾기	1~20까지의 수 중 연속된 세 수에서 수들의 배열 규칙을 찾아 빠진 수를 인식하는 능력 측정
	수량변별	아동이 두 수 중 어떤 수가 더 큰지를 변별하는 능력 측정
	추정	아동이 수직선 위에서 수의 위치를 추정해 보는 능력 측정
수학	1단계	1학년 수준의 사칙연산 수행 능력 측정
	2단계	2학년 수준의 사칙연산 수행 능력 측정
	3단계	3학년 수준의 사칙연산 수행 능력 측정
	통합단계	1, 2, 3학년 내용을 모두 포함하여 사칙연산 수행 능력 측정
수학문장제	수학문장제	3~6학년 학생 대상 각 학년별로 수학 문장제 문제 20개를 제시하여 아동의 현재 수학문제 해결 능력을 선별, 진단하고 형성평가를 통해 지속적인 진전도 관리를 목적으로 한다.

📝 **심화 활동** 5

국내 학습부진 선별 검사 도구들의 주요 특징과 장단점을 정리해 보시오. 만약 기존 검사 도구의 보완할 점이 있다면 그것은 무엇이라 생각하는가? 왜 그렇게 생각하는가?

_____

_____

_____

(4) 선별 기준

어느 정도 학습이 부진해야 학습부진으로 선별할 수 있을까 하는 문제는 간단치 않다. 학습부진 선별 기준을 결정할 때에는 다음 사항들을 고려해야 한다. 첫째, 절대 기준으로 할 것인지 아니면 상대적 기준을 적용할 것인지 결정해야 한다. 절대 기준을 적용한다면, 어느 수준으로 기준을 설정하느냐에 따라 학습부진 대상자가 많을 수도 있고 적을 수도 있다. 상대적 기준을 적용한다면, 비교 대상을 해당 학교, 해당 지역, 혹은 전국 집단으로 할 것인지 결정해야 한다. 학업성취도는 지역의 지리적 위치는 물론, 학부모들의 사회·경제적 지위에 따라서도 다르기 때문에 비교 대상 집단을 선정할 때에는 여러 가지 사항을 고려해야 한다. 둘째, 검사의 난이도를 어느 정도로 할 것인지에 따라 학습부진 대상자 규모가 달라질 수 있다. 너무 어려우면 대상자가 많이 나올 것이고, 너무 쉬우면 대상자가 매우 적게 나올 것이다. 셋째, 언제 선별할 것인가도 중요한 변수이다. 학년 초에 선별한다면 평가 대상 내용은 그 이전 학년의 것이 될 것이고, 학년 중간이나 말에 선별한다면 해당 학년 교육내용이 평가 대상이 될 것이다. 넷째, 선별을 위한 평가 영역으로 기초학습기능에 한정할 것인지 아니면 해당 학년 주요 교과 내용 학습 정도를 설정할 것인지에 따라서도 역시 학습부진 대상자 규모가 달라질 수 있다. 이는 곧 학습부진 개념을 각 교과 영역별 성취수준 미도달 혹은 미흡한 도달로 규정할 것인가 혹은 기초학습기능 수행 정도로 규정할 것인가 하는 문제와 연결되어 있다.

1장에서 논의한 대로, 향후 학습부진 선별은 학습부진 개념을 어떻게 규정할 것인가에 따라 크게 달라질 가능성이 크다. 예컨대, 교육과정상에 설정된 성취기준 혹은 교육목표 대비 실제 도달 정도로 학습부진을 규정한다면 학습부진 대상자 규모와 양상, 특징은 읽기, 쓰기, 셈하기 중심으로 학습부진을 선별하고 있는 지금과 매우 달라질 것이다. 딱히 정해진 기준이 있는 것은 아니지만 학습부진 선별 기준으로는 절대 기준일 때 정답률이

70% 미만, 상대적 기준일 때 또래 집단에서 하위 25~30%인 경우가 일반적으로 적당하다고 본다.

🖊 **심화 활동** 6

여러분이 결정권자라면 학습부진 기준을 어느 수준으로 설정할 것인가? 그 근거와 이유는 무엇인가?

_____

_____

_____

2) 학습부진 진단

(1) 진단 방향

첫째, 학습부진 진단에서는 학습부진 원인, 특성, 유형, 현재의 수행 정도, 학습의 장단점 등에 관한 구체적인 정보를 제공해 줄 수 있어야 한다.

둘째, 학습부진 진단을 위한 검사는 신속성, 편리성, 검사결과 해석의 용이성 등을 갖추어야 한다. 학습부진 원인, 특성, 유형을 알아보기 위한 검사는 실시하기에 어렵지 않아야 하고, 검사 결과를 가급적 신속하게 확인할 수 있어야 한다.

셋째, 학습부진 원인, 특성, 유형에 관한 검사 결과 정보는 실제로 해당 학생을 지도하고 지원하는 데 유용한 정보를 제공해 줄 수 있어야 한다. 단순히 검사를 위한 검사, 학생의 배경에 대한 흥미를 만족시켜 주기 위한 목적만으로 실시해서는 안 된다. 또한 어떤 검사 결과(예컨대, 학습동기가 낮다, 가정환경이 열악하다, 공부에 집중을 하지 못한다 등)는 굳이 검사를 하지 않아도 충분히 짐작할 수 있는 성격의 내용인 경우가 더러 있다. 이럴 경우에는 검사를 실시하는 데 굳이 아까운 시간과 비용, 노력을 투입할 이유가 없다.

(2) 진단 시기

학습부진 진단은 특별히 정해진 때가 있을 수 없지만, 일반적으로는 가급적 조기에, 지도 계획을 수립하기 이전에 할 수 있어야 하고, 필요시 학기 중간에라도 수시로 할 수 있어야 한다.

(3) 진단 도구

학습부진 진단을 위해서 어떤 도구를 사용할 것인가는 진단 목적에 따라 다르다. 첫째, 학습부진 유형이나 다소 일반적인 수준에서의 학습부진 원인을 파악하고자 할 때에는 한국교육과정평가원 기초학력향상지원사이트(www.basics.re.kr)의 학습 저해요인 진단 검사, 학습유형검사, 정서행동환경검사, 수학과 사회 학습동기 검사, 학교생활 적응도 검사 등을 사용할 수 있다. 중학생에게는 학습유형검사, 정서행동환경검사를, 고등학생에게는 자기조절 학습검사를 활용할 수 있다([그림 2-6] 참조).

[그림 2-6] 학습유형검사 사이트

학습유형검사는 초등학교 4학년부터 중학교 3학년 학생을 대상으로 학습유형이 동기형, 노력형, 행동형, 조절형 중 어느 유형에 속하는지 확인해 주는 검사이다. 학습 저해요인 진단 검사는 인지, 정의, 행동, 환경적 영역별로 해당 학습자가 어떤 상황에 처해 있는지를 확인하여 특히 어느 부분이 학습에 부정적인 영향을 미치고 있는지를 확인하는 검사이다. 대상은 초등학교 2~6학년 학생 중 '국가수준 기초학력 진단검사'와 학기 중 실시하는 기타 학업성취도 검사를 통해 학습부진 학생으로 선별된 학생이다.

한편, 정서행동환경검사는 초등학교 4~6학년 학생들을 대상으로, 학생의 정서(학습 의지, 분노, 불안), 행동(학습관리, 행동조절), 환경(가정, 교우관계, 교사) 세 영역과 관련하여 현 상황 파악 및 이에 맞춘 프로그램을 개발하고 지원할 목적으로 개발된 검사이다. 검사 결과는, 예컨대 [그림 2-7]과 같이 제시된다. [그림 2-7]의 검사 결과에 따르면, 검사 대상 학생이 가정환경, 행동조절, 학습관리, 그리고 학습의지 측면에서 특히 학습에 불리한 상황에 처해 있으며 불안과 분노 수준도 높음을 알 수 있다. 이에 비해 교사 지지나 교우관계는 상대적으로 양호한 여건임을 보여 준다. 기초학력향상지원사이트에서는 이 밖에도 각 하위 요인별로 검사 결과에 대한 설명을 제공하고, 이어서 교사에게 지도하는 방식을 '선생님 이렇게 지도하세요'라는 형식으로 제시하고 있다.

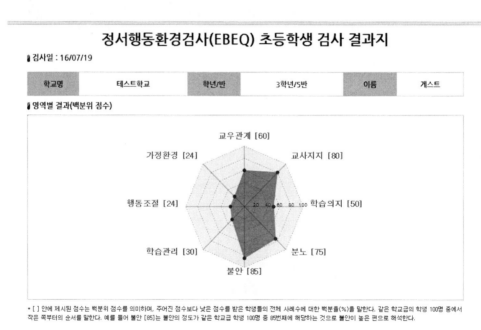

[그림 2-7] 정서행동환경검사 결과 예

출처: 기초학력향상지원사이트(http://www.basics.re.kr/main.do?s=kucu).

이 밖에 평정형 학습부진 선별 검사도 있다. 〈표 2-6〉은 학습부진 유형 파악을 위한 간편 체크리스트의 예이다.

〈표 2-6〉 학습부진 유형 진단용 간편 체크리스트 예

학습부진 유형		해당되는 정도 (전혀 아니다 → 아주 그렇다)
개인의 심리적 차원	학습 의지(과제 지속력, 정신 에너지)가 부족하다.	1 2 3 4 5
	공부방법이 부적절하다.	1 2 3 4 5
	정서 및 심리적으로 불안정하다.	1 2 3 4 5
	교과학습 동기가 부족하다.	1 2 3 4 5
	건강 및 신경심리학적 문제를 갖고 있다.	1 2 3 4 5
사회적 관계 차원	친구관계가 부적절하다.	1 2 3 4 5
선수학습 차원	누적된 학습결손을 갖고 있다.	1 2 3 4 5
외적 여건 차원	물리적 여건 혹은 심리적 지원이 부족하다.	1 2 3 4 5
수업 질 차원	수업의 질이 미흡하다.	1 2 3 4 5
교과 영역 차원	언어 구사 영역(말하기, 듣기) 필수 학습기능이 부족하다.	1 2 3 4 5
	수리 영역 필수 학습기능이 부족하다.	1 2 3 4 5
	읽기 영역 필수 학습기능이 부족하다.	1 2 3 4 5
	쓰기 영역 필수 학습기능이 부족하다.	1 2 3 4 5
	인지능력(지능, 사고력 등)이 부족하다.	1 2 3 4 5

출처: 이대식, 황매향(2014), p. 94.

둘째, 학습부진 정도와 양상, 학습 수행상의 장단점 등을 파악하고자 할 때에는 기초학력향상지원사이트의 교과학습 진단평가, 한국교육과정평가원의 학업성취도 평가정보 서비스 사이트(https://naea.kice.re.kr/)([그림 2-8] 참조) 등을 활용할 수 있다. 중·고등학교 단계의 맞춤형 진단 서비스는 2018년 이후부터 가능해졌다.

기초학력향상지원사이트에서는 이 밖에도 [그림 2-8]처럼 학업성취도 관련 다양한 정보를 제공해 주고 있다. 학업성취지표, 학업성취도 포커스, 맞춤형 학력진단검사 등에 관한 정보를 제공해 주고 있다. 뿐만 아니라, 학업성취도 검사 결과와 관련 연구물들을 참조할 수도 있다.

[그림 2-8] 한국교육과정평가원의 학업성취도 평가 정보 사이트

출처: 한국교육과정평가원의 학업성취도 평가 정보 서비스 사이트(https://naea.kice.re.kr/).

　교과별 학습부진을 정확히 진단하고 학습결손 보충에 필요한 콘텐츠에 관한 정보를 알고 싶을 때에는 '기초학력-진단보정시스템'을 활용한다. 이는 진단 결과를 토대로 학습결손을 보충할 콘텐츠를 연결해 주는 서비스를 제공할 목적으로 만들어진 일종의 학습부진 학생용 온라인 교수-학습지원 시스템이다. 2017년에 초 1~고 1까지 개발 완료되었고, 2018년부터 확대 적용되고 있다.

　초등 수준의 기초학력 확인 필요시에는 기초학습기능 수행평가체제 BASA 읽기, 쓰기, 셈하기 기초평가 문제지, 국립특수교육원의 기초학력검사(KISE-BAAT), 한글 읽기 진단검사(KOLHR, RA-RCP, 쿠쿠 사이트의 한글 읽기 진단검사 등) 등을 활용한다. 이 검사들을 활용할 때에는 일정한 기간마다 해당 검사들이 개정되기 때문에 항상 가장 최근에 개정된 도구를 사용하는 것이 좋다.

3) 학습부진 판별

현재 학습부진 판별은 별도로 이루어지지 않고 있기 때문에 학습부진 선별에 준한다.

3. 학습장애의 선별, 진단, 판별

1) 학습장애 선별

학습장애 선별은 학습 문제를 보이는 학생을 포괄적으로 찾아내는 것과 동일해야 하기 때문에 앞서 설명한 학습부진 선별에 준한다.

(1) 선별 방향

학습장애 선별 방향과 목적은 학습부진 선별에 준한다. 즉, 선별 단계에서는 아직 누가 어떠한 형태의 학습장애인지를 정확하게 알 수 없기 때문에 일단은 그 선정 기준을 다소 느슨하게 설정하여 조금이라도 학습에 어려움을 겪는 학생은 최대한 많이 포함될 수 있도록 해야 한다. 학습부진 선별과 다르게 주의해야 할 부분은, 일부 학습장애 학생들은 학습부진 기준을 넘어서서 학습에 심각한 문제가 없는 것처럼 보일 수 있다는 점이다. 특히 저학년 단계에서 일부 학습장애 학생들은 일반 지능이나 공부 전략 등에는 문제가 없거나 오히려 일반 학생보다 우수할 수 있기 때문에 아직 교과 내용이 복잡하지 않고 읽기 능력을 크게 요하지 않는 경우에는 효과적인 요령과 암기전략 등으로 보통 수준 이상의 학습성적을 보일 수도 있다.

따라서 학습장애 학생을 선별할 때에는 특정 기준 점수 미달자만 볼 것이 아니라, 비록 특정 기준 이상의 성적을 보이긴 했지만 자신이 갖고 있는 일반적인 지적 능력에 비해 특정 학습 기능이 이례적으로 낮은 경향을 보이는지 여부를 정밀하게 확인해야 한다. 예컨대, 난독증 학생 중에는 다른 과목은 다 성적이 우수하지만 읽기 시험에서만 유독 낮은 점수를 보일 수 있다. 실제로, 2018년 국가권익위원회에 대학수학능력시험에서 시간 연장 조치를 해 줄 것을 건의했던 학생의 경우에도 다른 과목은 모두 성적이 최상위권이었지만 국어 성적만은 4등급에 해당하는 성적을 보인 바 있다.

(2) 선별 시기 및 방법

학습장애 학생 선별 시기 및 방법은 학습부진 학생 선별에 준해서 적용한다.

(3) 선별 도구

검사 명칭과 목적 측면에서 현재 국내에서 이용 가능한 학습장애 선별 검사는 K-LDES 한국판 학습장애 평가 척도(신민섭, 조수철, 홍강의, 2007), LDST 학습장애 선별검사(김동일, 2014), 학습장애 선별검사(LDSS)(김애화, 신현기, 이준석, 2009), 조기 읽기 및 수학 검사, 초기 문해 및 수학 검사 등 다섯 가지 정도이다. 각 도구의 주요 특징을 열거하면 〈표 2-7〉과 같다.

〈표 2-7〉 학습장애 선별 검사 하위 영역별 검사 내용

검사명	하위 검사 영역	평가 대상 내용 혹은 하위 검사
K-LDES	주의력	주의집중의 어려움
	생각하기	시공간적 능력, 계기적 정보처리 능력
	말하기	말할 때 음을 생략하거나 단어를 전혀 틀리게 발음하거나 대화를 잘 이어 가지 못하거나 어휘력이 한정되어 있는 것
	읽기	단어나 행, 문장들을 빼먹고 읽는 것과 같은 읽기의 정확성과 독해력
	쓰기	반전 오류(글자나 숫자를 거꾸로 씀), 띄어쓰기에서의 어려움
	철자법	철자법, 받아쓰기의 어려움
	수학적 계산	수학적 연산과 수학적 추론에서의 어려움
한국판 학습장애 평가 척도 (LDST)	수용언어(읽기)	상대의 말을 듣고 이해하는 능력
	표현언어 (말하기 및 쓰기)	자신의 생각을 말하거나 글로 표현하는 능력
	수학	사칙연산 능력
	주의집중 및 조직화	한 가지 사건이나 활동에 몰입하고 머릿속으로 재정립하는 능력
	사회성	남들과 잘 어울리는 능력
학습장애 선별검사 (LDSS)	읽기	낱자 변별, 개별 단어 인지, 유창성, 어휘, 문법, 이해
	쓰기	글씨 쓰기, 철자, 구문, 어휘, 작문
	수학	기초 수개념, 사칙연산, 측정, 공간개념, 문제 해결

	듣기	말소리 구별, 어휘, 구문, 이해
	말하기	음운 산출, 어휘, 구문, 화용, 유창성
	사고/추론	계획, 조직, 주의집중, 기억, 자기조절
조기 읽기 및 수학 검사 (E-RAM)	조기읽기검사	음운인식, 자모지식, 빠른 자동이름대기
	조기수학검사 (만 5세용)	수량변별, 빈칸에 알맞은 수 넣기
	조기수학검사 (만 6~7세용)	수량변별, 간단 뺄셈
초기문해 및 초기수학 (BASA-EL, EN)	초기문해	음운인식, 음운적 작업기억, 음운적 정보회상(RNA), 단어인지, 읽기유창성
	초기수학	수인식, 빠진 수 찾기, 수량변별, 추정

2) 학습장애 진단 및 판별 접근

　누가 학습장애인가 여부를 가리기 위한 선별, 진단, 판별 접근은 학습장애를 어떻게 인식하느냐에 전적으로 달려 있다. 예컨대, 잠재능력 대비 실제 학업성취 수준 간의 격차가 큰 것을 학습장애의 핵심 특징으로 여긴다면 능력과 성취 간의 불일치 정도로 학습장애를 진단하고 판별하려 할 것이다. 하지만 특정 학업과제를 수행하는 데 결정적인 영향을 미치는 인지 과정이나 기본학습기능이 있다면 그 과정이나 기능의 정도로 학습장애를 진단하고 판별하려 할 것이다. 더 나아가 일정 기간 보통 이상의 질을 갖춘 지도 후 그에 대한 반응 여부로 학습장애를 판단해야 한다는 입장도 있을 수 있다.

　이러한 사정 때문에 학습부진의 선별, 진단, 판별과 달리 학습장애의 선별, 진단, 판별에는 어떠한 입장을 취하느냐에 따라 〈표 2-8〉과 같이 네 가지 접근이 있다.

〈표 2-8〉 학습장애 진단 및 판별 접근

진단 및 판별 접근	핵심 내용 및 장단점
불일치	• 잠재능력(일반 지적 능력) 대비 현재의 수행 수준 간 불일치 정도로 학습장애 여부 확인 • 학습부진과의 구분이 어렵고 논리나 이론 측면에서 문제점을 많이 지니고 있음

인지처리(과정)	• 주요 교과학습에 필수적인 기초, 기본학습기능이나 인지처리 수행 정도를 측정하여 학습장애 여부 확인 • 측정 시기에 제한은 없지만 관련 연구가 아직 미흡한 상태
저성취	• 이유 여하를 따지지 않고 특정 점수를 기준으로 학습장애 여부 결정 • 단순하고 간단하지만 이론적 근거 전혀 없고, 학습부진과 구분 불가능
개입-반응	• 일정 기간 개입 강도를 높여 가면서 해당 개입에 반응하는 정도로 학습장애 여부 판단하여 결정 • 문제 해결 지향적 접근이나 학교 현장에서 시간과 노력, 전문성을 갖추어 적용하기 어려움

(1) 불일치 접근법

불일치 접근법은 잠재능력 대비 실제 성취 정도가 또래에 비해 심각하게 낮을 때 학습장애로 판별하는 방법이다. 이때 잠재능력은 흔히 지능지수로, 실제 성취 정도는 학업성취 검사 점수로, 그리고 불일치 정도는 대개 편차 점수나 학년점수 나타낸다. 예를 들어, IQ 95인 학생의 읽기 점수가 100점 만점에 65점이라 하자. 그런데 같은 지능지수를 가진 또래들의 평균 읽기 점수는 85점이었다면, 20점의 격차(불일치)가 생겼다. 하지만 20점 자체로는 또래들과의 격차가 큰지 작은지 아직 알 수 없다. 따라서 편차 점수나 학년 점수로 환산한 후, 이것이 저학년의 경우에는 또래들로부터 2개 학년이나 2표준편차, 고학년의 경우에는 1.5학년이나 1.5표준편차 이상 차이가 벌어졌을 때 학습장애로 판별한다.

불일치 접근은 이해하기 쉽고 적용하기가 비교적 간편하다. 또한 학습장애 정의, 즉 일반적인 지적 능력에는 문제가 없지만, 특정 학습 과제 수행이 낮아야 한다는 학습장애 정의 조건에도 부합한다. 이러한 장점 때문에 불일치 접근은 국내는 물론 해외에서도 수십 년 동안 학습장애 진단과 판별 접근으로 적용되어 왔다.

하지만 불일치 접근법은 이론적으로나 실제적으로 다음과 같은 몇 가지 치명적인 제한점을 갖고 있고, 그러한 점 때문에 미국 「장애인교육법」에서는 2004년 이후에는 아예 학습장애 진단 및 판별 방법으로 불일치 접근을 사용하지 않아도 된다고 명시하고 있다. 첫째, 불일치 접근법만으로는 학습장애와 학습부진을 뚜렷하게 구분해 주지 못했다. 둘째, 2개 학년 이상의 차이가 나려면 최소한 초등학교 3학년 때까지 기다릴 수밖에 없는데, 이는 학업실패를 기다렸다가 진단을 하는 셈이라 조기 개입 원칙에 어긋난다. 셋째,

지능에 지나치게 의존하는 접근이었고, 무엇보다 지능검사 자체의 신뢰도와 타당도에 의문이 생겼다. 즉, 지능검사 문항 중 상당수는 교과 내용을 담고 있어 서로 상관이 높은 특성을 두 번 측정하여 이를 기준으로 학습장애를 판별하는 셈이 되어 버리는 문제가 발생했다. 넷째, 경계선급 지능(지능지수가 70~85)에서는 불일치 정도가 크지 않을 수 있어 이 구간의 학생들은 학습장애로 판별되지 못하는 상황이 벌어질 수 있었다.

(2) 인지처리과정 접근

이 접근은 읽기, 쓰기, 셈하기 각각에 영향을 미치는 인지처리 과정, 기본 기능 등에서의 수행 정도가 또래들에 비해 얼마나 낮은지 여부를 기준으로 학습장애를 진단하고 판별하는 방법이다. 예컨대, 읽기 학습장애의 경우 지능이나 여타 성적을 보지 않고 음운 인식 능력이나 빠른 자동이름대기 능력으로 판별하는 것이 이에 해당한다.

이 접근은 다른 접근에 비해 장점이 많다. 학년 수준에 구애받지 않고 취학 전이나 성인을 대상으로 해서도 학습장애 여부를 확인할 수 있다. 또한 학습장애 원인을 밝혀 주는 역할까지 수행할 수 있다. 하지만 이 접근의 성공 여부는 읽기, 쓰기, 셈하기 영역별로 인지처리과정이라고 할 수 있는 것을 얼마나 많이 확인했는가, 그리고 그렇게 확인한 인지처리과정이 실제로 읽기, 쓰기, 셈하기 영역과 관련성이 높은가 하는 점에 달려 있다.

(3) 저성취 접근

이 접근은 미리 정한 기준에 도달하지 못하면 이유 여하를 막론하고 학습장애로 진단하고 판별하는 방법으로, 가장 단순하고 단도직입적인 방법이다. 학습부진 선별 접근과 전혀 다를 바가 없기 때문에 선별 이외의 진단 및 판별 방법으로는 적절하지 않다.

(4) 개입-반응(Responsiveness-to-Intervention, RTI) 접근

이 접근은 원래 미국에서 유행하던 것으로, 일정 기간 단계적으로 개입 강도를 높여 가면서 그에 대한 반응 정도로 학습장애 여부를 판별하는 방법이다. 가장 전형적인 개입-반응 접근은 3단계로 구성된다. 1단계에서는 보통의 일반학급 내에서 보통의 방법으로 수업을 일정 기간(예컨대, 8주 이상) 진행한 후 그에 대한 반응 정도를 확인하여 또래보다 심각하게 낮은 수행 수준을 보이면 2단계로 이동시킨다. 2단계에서는 소집단 집중 지도 형태로 정규 수업과 방과 후 보충 수업을 병행한다. 일정 기간(예컨대, 8주 이상) 이후 평가를 실시하여 역시 또래보다 심각하게 낮은 성적을 보이면 3단계로 넘긴다. 일단 3단계로 넘어오면 그때부터는 잠재적인 학습장애 학습자로 판별하고 특수교사가 일대일 지도를 맡는다.

개입-반응 접근은 진단과 판별을 위해 여러 가지 검사를 실시하느라 시간과 노력을 낭비하지 않고 곧바로 개입을 실시한다는 점에서 우선 교육철학적으로 긍정적이다. 또한 학습 문제를 해결하기 위해 일단 효과적인 개입을 투입하고 본다는 측면에서 문제 해결식 접근이라고도 할 수 있다. 하지만 이 방법이 성공하기 위해서는 여러 가지 준비와 여건이 필요하다. 우선, 수시로 개입에 대한 반응 여부를 관찰과 주기적인 평가를 통해 확인해야 한다. 이는 곧 다수의 평가 도구를 개발해야 함을 의미한다. 효과적인 개입을 보장하기 위한 양질의 프로그램을 확보하여 충실하게 적용하는 것 또한 쉬운 일이 아니다. 또한 각 단계마다 다음 단계로의 이동이나 원래 학급으로의 이동 등에 대한 신속하고 융통성 있는 의사결정이 이루어져야 한다. 아울러, 설사 3단계에 이르러 학습장애로 판별되었다고 해도 여전히 무엇 때문에 학습에 장애를 보이는지 알 수 없다.

3) 학습장애 진단

(1) 진단 방향

학습장애 진단의 목적과 방향은 말할 필요도 없이 학습장애 학생 지원을 위한 대책 마련에 필요한 정보를 얻기 위함이다. 이를 위해, 첫째, 어느 영역에서 어느 정도의 학습 어려움을 겪고 있는지를 확인할 수 있어야 한다. 둘째, 단순히 관찰 가능한 수행 정도뿐만 아니라 해당 학습 어려움을 야기하는 원인에 해당하는 변인에 대한 정보를 알려 줄 수 있어야 한다. 예컨대, 인지처리과정이나 필수기본학습학습 기능 등에서의 수행 정도와 수행상의 특징에 관한 정보를 알려 줄 수 있어야 한다.

(2) 진단 시기 및 방법

일반적으로, 학습장애 진단 시기는 빠를수록 좋지만, 현실적으로는 학습한 양이 일정 수준 이상으로 축적되지 않은 상태에서 학습장애로 진단하여 판별하기에는 무리가 있다. 또한 교육수요자 역시 수긍하기 쉽지 않을 것이다. 예컨대, 초등학교 1학년에 입학한 지 몇 달 되지도 않았는데 학습장애로 진단한다면 이를 수용할 학부모는 많지 않을 것이다. 아동에게도 너무 일찍부터 학습장애란 낙인을 찍는 격이 될 수 있어 자아개념 형성에 좋지 않은 영향을 끼칠 수도 있다. 불일치 접근을 적용할 경우, 최소한 두 개 학년 이상의 지체를 보여야 하는데, 그러한 학년점수 차이를 산출할 수 있으려면 대상 학생이 최소한 초등학교 3학년 이상은 되어야 한다. 특히 교과학습이 아직 충분히 축적되지 않은 상태에서도 특정 학습기능에 문제가 있는지 여부를 확인할 수 있으려면 해당 학습기능을 측정할 수 있는 측정학적 요건(신뢰도와 타당도 등)을 갖춘 검사 도구가 개발되어 있어야 한다. 현재로서는 읽기 영역을 제외하고는 그러한 학습기능에 어떤 것들이 포함되어야 하는지, 그 학습기능을 일정 수준 이상의 타당도와 신뢰도를 갖추고 측정할 수 있는 도구에는 어떤 것들이 있는지에 대해 충분히 알려진 바가 없다.

　조기 학습장애 진단은 매우 중요하다. 왜냐하면 학습의 어려움을 가급적 조기에 파악하여 효과적인 개입을 빨리 투입할수록 그 효과는 높아질 것이기 때문이다. 따라서 읽기, 쓰기, 셈하기 관련 핵심 기본기능 수행 정도는 1학년 말이나 2학년 초에는 진단을 시작해야 할 것이다. 이러한 기본학습기능은 아직 해당 교과학습을 충분히 축적되지 않은 상태에서도 소유와 수행 상태를 측정할 수 있는 도구들이 많이 개발되어 있는 편이다. 무엇보다, 최소한 2학년 초까지는 학습의 어려움이 파악되어 효과적인 개입방안이 투입되기 시작해야 한다. 초등학교 교육내용은 특히 4학년을 기점으로 급격하게 내용의 폭과 깊이가 확장되기 때문에 이 시기를 놓치면 더 이상 또래들을 따라가기 어렵게 된다.

　학습장애 진단을 통해 개입에 필요한 정보를 제공해 줄 수 있어야 한다는 점, 학습의 어려움에 관한 정보를 구체적으로 제공해 줄 수 있어야 한다는 점은 앞서 설명한 진단의 일반적인 조건과 동일하다.

(3) 진단과 판별 실효성을 위한 과제와 대안

　국내 학습장애 진단과 판별 관련 과제는 지능 이외에 읽기, 쓰기, 셈하기 학습의 어려움과 관련이 높은 변인을 찾아내어 제대로 측정해 낼 수 있는가에 달려 있다. 이를테면, 읽기 영역에서는 음운인식기능, 작업기억, 처리속도 등을 측정해서 그 결과를 종합하여 읽기학습장애 여부를 판단할 모형이나 공식을 개발해서 제공해야 한다. 물론, 그 모형이나 공식은 하나로만 규정할 필요는 없을 것이다. 복수로 해도 상관없다. 중요한 것은 그러한 모형이나 공식자체를 마련하는 것이다. 쓰기 영역에서도 글자-소리 대응 능력을 측정해서 쓰기 학습장애 여부를 가려내 주어야 한다. 수학 분야에서는 수개념, 수감각, 수조작, 수를 사용한 사고 등을 측정해서 그 결과로 수학 연산 학습장애 여부를 판단할 기준과 방법, 절차를 제공해 주어야 한다.

　아울러, 학교현장에서 이해하기 쉽고 적용하기 쉬운 학습장애 진단 및 판별 기준과 절차, 도구를 마련하여 보급해야 한다. 그러나 이러한 여건들이 갖추어진다고 해서 곧바로 학습장애 진단 및 판별이 이루어지긴 어렵다. 진단을 실제로 할 수 있는 인력과 여건을 마련해야 한다. 무엇보다, 각급 학교에서 이러한 진단을 하고자 하는 의지를 갖도록 이끄는 일이 중요하다. 이는 사회적으로 기본학습기능실태 조사가 필요하다는 여론과 공감대가 얼마나 형성되느냐에 달려 있다.

(4) 진단 도구

학습장애 진단 도구 선정은 전적으로 진단 목적과 결부되어야 한다. 학습장애 진단 도구는 진단 영역별로 특화된 도구를 사용해야 할 것이다. 각 영역별로 학습장애 진단을 위한 도구로 사용 가능한 검사 목록은 〈표 2-9〉와 같다.

〈표 2-9〉 학습장애 진단을 위한 검사 종류와 검사 내용

영역	검사명	검사 내용
읽기	한국어 읽기검사(KOLRA)	선별검사와 핵심검사로 구성. 선별검사는 읽기 설문지, 낱말 읽기 유창성 측정. 핵심검사는 해독, 읽기이해, 문단글 읽기 유창성, 듣기이해, 음운인식, 빠른이름대기, 음운기억, 받아쓰기, 주제 글쓰기 측정
	읽기 성취 및 읽기 인지처리능력 검사 (RA-RCP)	단어인지, 읽기유창성, 읽기이해, 자모지식, 빠른 자동 이름대기, 음운기억, 문장 따라 말하기, 듣기이해, 어휘
	기초학습기능 수행평가체제 (BASA) 읽기	읽기 유창성 검사, 독해력 측정을 위한 빈칸 채우기 검사로 구성
	국립특수교육원 기초학력검사 (KISE-BAAT) 읽기 하위 검사	• 5~14세 아동과 청소년의 학력을 측정하여 학교학습 특히 국어와 수학에서 부진을 나타내는 아동을 선별 또는 진단 • 부진을 나타내는 영역과 수준을 파악하여 이들의 교육계획의 수립과 적용에 필요한 정보를 제공할 목적으로 개발 • 검사 결과 학력지수가 85 이하이면 학습장애, 70 이하이면 심각한 학습장애로 구분
	또박또박 한글 진단검사	한글 읽기 능력을 모음 및 자음 읽기, 낱글자 읽기, 받침글자 읽기, 무의미 낱말 읽기, 철자 쓰기 등의 영역에 걸쳐 상세하게 평가

쓰기	국립특수교육원 기초학력검사 (KISE-BAAT) 쓰기 하위 검사	검사 결과 학력지수가 85 이하이면 학습장애, 70 이하이면 심각한 학습장애로 구분
	기초학습기능 수행평가체제 (BASA) 쓰기 검사	작문 능력(글자 수, 문단의 구조, 문단의 복잡성, 글의 조직, 단어의 수준 등) 평가
수학	국립특수교육원 기초학력검사 (KISE-BAAT) 수학 하위 검사	검사 결과 학력지수가 85 이하이면 학습장애, 70 이하이면 심각한 학습장애로 구분
	기초학습기능 수행평가체제 (BASA) 수학 검사	초등학교 수준의 사칙연산 유창성 평가

4) 학습장애 판별

(1) 판별 방향

학습장애 판별 시에는 의뢰된 학생이 학습장애를 갖고 있는지를 최종적으로 확인한다. 이 경우, 판별은 다음 세 가지 원칙을 중심으로 이루어져야 한다. 첫째, 다양한 자료를 활용한다. 학습장애 판별 시에는 단순히 학업성적이 낮은가 여부만 봐서는 안 되고, 그렇게 낮은 학업성적이 어떤 학습기능이나 인지처리과정 문제 때문인지를 면밀히 확인해야 한다. 또한 낮은 학업성취가 심리, 정서적인 문제로 인한 것은 아닌지, 혹은 효과적인 개입의 부족 때문은 아닌지를 확인하여 이른바 배제요인에 해당하는지를 확인해야 한다. 둘째, 한번에 결정을 내리기보다는 여러 번에 걸쳐 판별 관련 자료를 확인하는 과정을 거쳐 최종 결정을 내리도록 한다. 셋째, 한 사람이 최종 결정을 내리기보다는 관련 전문가 여럿이 모여서 협의를 한 후 결정을 내리도록 한다.

(2) 판별 시기 및 방법

학습장애 판별 시기는 조기 개입을 위해 빠를수록 바람직하다. 하지만 현실적으로 유치원이나 초등학교 1학년 초기에는 아직 학습 양이 많지 않아 학습장애 여부를 결정하기 쉽지 않다. 또한 사회적으로도 초등 1학년 때부터 특정 아동의 학업성취 정도가 낮다는 이유만으로 학습장애로 판별하는 것은 쉽게 수용되기 어려울 수 있다. 그렇지만 과목성적이 아닌 특정 학습기능이나 인지처리 과정상의 결함을 근거로 학습장애 위험 아동으로 판별하는 것은 가능할 것이다. 물론, 이 경우에도 그러한 분류나 판별을 학부모가 수용할 것인가, 학교가 그러한 결정을 내릴 것인가는 쟁점이 될 수 있다. 그렇다 하더라도 조기 개입을 위해서는 최소한 2학년 초까지는 특정 아동이 장차 학습장애 위험을 갖고 있는지 여부를 확인해 주어야 한다. 개인별 검사를 통해 앞서 언급한 판별 방향 관련 세 가지 원칙을 중시하면서 근거자료를 확보한 후에 판별 관련 결정을 내리도록 한다.

(3) 판별 도구

현재 학습장애 판별을 위한 단일 도구는 존재하지 않는다. 이는 학습장애 판별 작업 자체가 여러 가지 정보를 종합한 후에 최종 결정을 내려야 하는 일이기 때문이다. 다만, 학습장애 판별을 위해서는 최소한 두 가지의 표준화된 도구가 필요하다. 첫째는 지능 정도를 알아보기 위한 지능검사이다. 지능검사로는 웩슬러 아동용 지능검사, 카우프만 지능검사 등을 사용할 수 있다. 검사 대상 아동의 특성과 검사 실시 과정의 충실성을 위해 가급적 개인용 지능검사를 사용하는 것이 바람직하다. 둘째는 학업성취도 검사이다. 학업성취도 검사는 일반적인 의미의 교과 성적보다는 가급적 해당 교과의 학업에 결정적인 영향을 미치는 기본학습기능 혹은 인지처리과정 수행 정도를 측정하는 도구를 사용하는 것이 학습장애 원인과 이유를 확인하는 데 더 바람직하고 직접적이다.

5) 우리나라의 학습장애 진단 및 판별 방법

한국학습장애학회가 2013년에 제기한 〈표 2–10〉과 같은 학습장애 선정 조건 및 절차는 그 이전에 비해 한결 간결해지고 단순해지긴 했다. 하지만 이론적으로는 결국 지적장애 이상의 지능을 가진 학생 중 심한 학습부진을 보이는 학생을 선정하는 절차와 다름없다. 즉, 지능이 낮지 않은 학생 중에서 학습부진을 보이는 학생을 선별하는 절차에 불과한 셈이다. 이는 기존의 불일치 접근과 본질적으로 같다. 특히 지능검사를 제외하고는 가장 핵심적인 조건은 3조건인 표준화된 학업성취도 검사인데, 현실적으로 이 검사로서 사용 가능한 검사는 극히 드물다. 국립특수교육원의 기초학력진단검사 정도를 들 수 있는데, 이는 학습의 어려움 여부를 구체적으로 상세하게 걸러 내어 학부모나 교사가 학습에 어려움을 갖고 있는 이유가 무엇인지를 납득하고 그 어려움에 따라 개입을 받을(제공할) 필요가 있다고 설득할 정도의 자료는 제공해 주지 못한다. 1조건의 학습부진을 공식적으로 확인하는 의미 이상의 것을 얻기 어렵다. 더욱이 이미 미국에서는 불일치 접근만으로 학습장애 여부를 판별해서는 안 된다고 법에서 규정을 하고 있을 정도로 불일치 접근을 폐기한 상태이다. 따라서 3조건은 읽기, 쓰기, 셈하기 관련 기본학습기능 혹은 인지처리과정 측정으로 바뀌어야 한다.

〈표 2-10〉 2013년 한국학습장애학회에서 제안한 학습장애 학생 선정 조건 및 절차

구분	기준안	비고
학습장애 선정 조건 및 절차	학습장애를 지닌 특수교육대상자로 선정하기 위해서는 다음의 네 가지 조건을 만족시켜야 한다. 1조건: (선별 및 의뢰) 각급학교의 장 또는 보호자는 아래의 1) 또는 2) 중 하나의 경로 교육장 또는 교육감에게 진단·평가를 의뢰함. 단, 보호자가 진단·평가를 의뢰할 경우, 진단·평가 의뢰서를 작성하여 교육장 또는 교육감에서 직접 의뢰할 수 있음 1) ① 기초학력 진단평가, 교과학습 진단평가, 또는 국가수준 학업성취도 평가에서 부진 학생으로 선별된 결과, ② 학습장애 선별 검사에서 학습장애 위험군으로 선별된 결과, ③ 학생의 학업 수행이 또래에 비해 낮다는 것을 증명할 수 있는 교사의 관찰 결과 중 하나 제출 2) 외부 전문기관(의료기관, 상담실, 아동센터, 클리닉 등)의 학습장애 관련 검사 결과 제출 ※ 기존 지침의 개입반응(3개월 이상의 집중적이고 효과적인 소집단 규모의 보충학습이나 방과 후 학습)과 최소 3회 이상의 개입반응 평가 결과는 요구하지 않음 ※ 각급 학교의 장이 의뢰하는 경우에는 보호자의 사전 동의를 받아야 함	**학습장애 선정 절차** 1단계: 선별 및 의뢰 〈각급 학교의 장 및 보호자〉 ※ ①, ②, ③, ④, ⑤, ⑥, ⑦ 중 하나를 제출함 ① 기초학력 진단평가에서 부진 학생으로 선별된 결과 ② 교과학습 진단평가에서 부진 학생으로 선별된 결과 ③ 국가수준학업성취도 평가에서 부진학생으로 선별된 결과 ④ 학습장애 선별 검사에서 학습장애 위험군으로 선별된 결과 ⑤ 학생의 학업 수행이 또래에 비해 낮다는 것을 증명할 수 있는 교사의 관찰 결과 ⑥ 외부 전문기관의 학습장애 관련 검사 결과 ⑦ 부모가 직접 의뢰할 경우, 진단평가 의뢰서를 작성하여 제출

2조건: (지능) 표준화된 개인별 지능검사 결과에서 전체 지능지수가 70 이상인 자	2단계: 진단·평가 실시 및 결과 보고 〈특수교육지원센터〉 ※ ① + ② + ③을 모두 제출함 　① 지능검사 결과 　② 학력진단검사 결과 　③ 배제요인 검토 결과
3조건: (학력) 표준화된 개인별 학업성취도 검사 결과에서 하위 16%ile(백분위 16) 혹은 −1 SD에 해당하는 자	
4조건: (배제요인) 다른 장애(예, 감각장애, 정서·행동장애)나 외적 요인(예, 가정환경, 문화적 기회 결핍)이 학습 문제의 직접적인 원인이 되는 경우는 제외(단, 학습의 문제가 다른 장애나 외적 요인의 직접적인 결과인 것으로 명확하게 밝혀지지 않은 경우, 위의 1~3조건을 만족시키면 학습장애로 진단하여야 함)	3단계: 특수교육대상학생 선정 〈교육장 또는 교육감〉 교육장 또는 교육감은 해당 특수교육운영위원회의 심사(검사 결과 및 제출자료 등 검토)를 거쳐 학습장애를 지닌 특수교육대상자로 최종 선정

심화 활동 7

1. 학습장애학회가 제안한 학습장애 선정 조건 및 절차는 학습장애 진단 및 판별 모델 중 어느 것에 가까운가?

_____

_____

_____

2. 학습장애학회가 제안한 학습장애 선정 조건 및 절차를 일선 학교에서 적용하고자 할 때 예상되는 장점이나 문제점은 무엇인가?

_____

_____

_____

4. 정리

이 장에서는 학습부진과 학습장애 진단과 판별 관련 사항들을 알아보았다. 학습부진이나 학습장애 진단 및 판별을 위해서는 먼저 무엇을 위해 진단 혹은 평가를 하는지 정확하게 그 목적을 결정해야 한다. 그 목적에 따라 평가하는 방법과 제공해야 하는 정보, 정보의 활용 등이 달라져야 하기 때문이다. 학습부진의 경우 조기에 구체적으로 부진 영역을 확인하는 것, 맞춤형으로 목표 학습상태에 이르는 데 필요한 요소 기능이나 지식 중 어느 것이 부진하거나 빠져 있는지를 알아내는 것이 무엇보다 중요하다. 또한 학습에 어려움과 관련성이 높은 다양한 요인을 파악할 수 있는 심리, 정서, 행동, 환경 관련 평가 도구들도 유용하다. 학습장애의 경우에는 진단과 판별 관련 이론과 주장들이 아직 정리되지 않은 측면이 많다. 각 주장과 모형 나름의 장단점을 잘 숙지하고 분별 있게 사용하는 것이 최선이다. 그렇지만 진단을 위해서는 어느 부분에서 어떠한 이유로 학습의 장애를 보이는지 매우 구체적으로 확인해야 한다. 또한 여러 가지 자료를 여러 번에 걸쳐 여러 전문가가 신중하게 검토한 후에 학습장애 여부에 관한 결정을 내려야 한다.

생각해 볼 문제

01 학교 현장에서는 일제식 학업검사를 점차 실시하지 않는 방향으로 움직이고 있다. 이러한 상황에서 어떤 학생이 어느 영역에서 어느 정도나 학습부진을 보이는지 빠르고 간단하게 확인할 수 있는 방법에는 어떤 것들이 있을지 생각해 보시오.

_____

_____

_____

_____

02 현재의 학습장애 진단과 판별의 난점을 분석하고 이를 해결할 수 있는 방향을 제시해 보시오.

_____

_____

_____

_____

03 미국에서는 학교에서 심리검사 등 각종 검사를 전담하여 실시해 주는 '학교 심리사(school psychologist)' 제도를 운영하고 있다. 우리나라에서도 이러한 제도를 도입하자는 의견에 대해 어떻게 생각하는가?

_____

_____

_____

_____

 **참고문헌**

교육부(2019). 2018년 국가수준 학업성취도 평가 결과. 2019년 3월 교육부 보도자료.

김동일(2000a). 기초학습기능 수행평가체제: 쓰기 검사(BASA: Writing). 서울: 인싸이트.

김동일(2000b). 기초학습기능 수행평가체제: 읽기 검사(BASA: Reading). 서울: 인싸이트.

김동일(2006). 기초학습기능 수행평가체제: 수학 검사(BASA: Mathematics). 서울: 인싸이트.

김동일(2010a). 기초학습기능 수행평가체제: 초기문해(BASA: EL). 서울: 인싸이트.

김동일(2010b). 기초학습기능 수행평가체제: 초기수학(BASA: EN). 서울: 인싸이트.

김동일(2014). 학습장애 선별검사. 서울: 인싸이트.

김애화, 김의정, 황민아, 유현실(2014). 읽기 성취 및 읽기 인지처리능력 검사(RA-RCP). 서울: 인싸이트.

김애화, 신현기, 이준석(2009). 학습장애선별검사. 서울: 굿에듀.

배소영, 김미배, 윤효진, 장승민(2015). 한국어 읽기검사(KOLRA). 서울: 인싸이트.

신민섭, 조수철, 홍강의(2007). 한국판 학습장애 평가 척도. 서울: 인싸이트.

이대식, 황매향(2014). 학습부진 학생의 이해와 지도(2판). 경기: 교육과학사.

한국학습장애학회(2013). 학습장애학생 선정 조건 및 절차 수정안.

국립특수교육원 기초학습능력검사 소개 사이트. https://www.nise-test.com/sub/introduce.php?0

기초학력향상사이트. www.basics.re.kr

한국교육과정평가원의 학업성취도 평가 정보 서비스 사이트. https://naea.kice.re.kr

제**2**부

학습 문제 해결의 실제적, 이론적 기반 이해

제3장
학습부진 및 학습장애 지원 체제

핵심 질문

1. 학습부진 및 학습장애 지원 체제란 무엇을 말하는가?
2. 학습부진 및 학습장애 지원 체제의 요건과 구성 요소는 무엇인가?

주요 내용 요소

1. 왜 지원 체제를 갖추어야 하는가
2. 학교 안 학습지원 체제 구성 요소
3. 학교 밖 기관과의 연계
4. 학부모와의 연계
5. 법 규정 및 재정지원 사업

핵심 용어

- 지원 체제
- 개입-반응 모델
- 다중지원팀
- 학습도움(클리닉)센터
- 심리, 정서 지원 기관
- 학습부진아 등에 대한 법
- 장애인 등에 대한 특수교육법

1. 왜 지원 체제를 갖추어야 하는가

학습부진, 학습장애 학생은 학교 제도가 생겼을 때부터 존재했을 것이다. 그럼에도 이들에 대한 지원이 학교 현장에서 미진한 이유는 무엇이라고 생각하는가?

_____

_____

_____

지원 체제란 학습부진 및 학습장애 학생을 학교 안에서 지원하는 데 필요한 일체의 요소가 해당 학생의 학습성과를 최대화하기 위한 목적으로 체계화된 것을 말한다. 학습부진 대책에 어느 정도 관심이 있는 사람이라면, 기초학력 부진한 학생을 지도하는 구체적인 방법은 모를지라도 대략 어떻게 해야 한다는 것 정도는 알 것이다. 그것은 전문성을 갖춘 교사가 지속적으로 주 2~3회, 회당 60분 이상 검증된 프로그램을 가지고 지도하는 것이다. 이 문장에는 전문성을 갖춘 교사, 지속적 지원, 검증된 프로그램 사용, 주당 2~3회 지도 등의 네 가지 요소가 들어 있다([그림 3-1] 참조). 학습부진 관련 정책이나 사업은 이 네 가지 요소가 잘 갖추어지고 서로 조화를 이루어 투입될 수 있도록 지원하는 것에 초점을 맞추어야 한다. 물론, 이 네 가지 요소가 학습부진 문제 해결의 필요충분조건은 아니지만, 학습부진 지원 체제의 핵심이자 필요조건이다. 다른 요소가 아무리 잘 갖추어져 있어도 이 네 요소 중 어느 하나라도 빠지면 학습부진 문제 해결은 요원하다.

[그림 3-1] 학습 어려움 학생 지원 핵심 4요소

출처: 이대식(2019a).

첫째, 전문성을 갖춘 교사라 함은 신분이 안정적이고, 구체적인 학습부진 사태에 즉각 전문적인 지도방법을 동원할 수 있는 전문성과 풍부한 경험을 갖춘 사람을 말한다. 이러한 전문성은 일반 혹은 특수교사가 실습을 포함하여 관련 연수를 최소 수개월 이상 받아야 갖춘다. 전문성을 갖춘 교사는 최소한 난독, 어휘 및 독해 부진, 난산 문제를 능숙하게 해결해야 한다.

둘째, 정규 수업 이외에 특별지도는 최소 1학기, 경우에 따라서는 1년 이상 지속되어야 한다.

셋째, 학습자 특성과 인지능력에 따라 다르지만, 6개월 기준 주 2~3회, 회당 60분 이상 지도가 필요하다. 이 중 어느 하나라도 부족하면 지도 기간이 늘어나야 한다.

넷째, 교사가 사용할 프로그램은 그 효과가 체계적인 연구를 통해 검증된 것이어야 한다. 체계적인 연구란 최소한 통제집단 사전-사후검사 설계를 적용한 연구를 말한다.

그런데 이상의 네 가지 요소는 저절로 투입되기 어렵다. 모종의 지원 체제가 필요하다. 이에 해당하는 것들의 일부는 다음과 같다.

첫째, 학업지도 이외의 심리·정서, 돌봄 측면의 지원이 필요하다.

둘째, 프로그램 운영 여건을 갖추어야 한다. 이를 위해서는 다음과 같은 사안들이 해결되거나 최소한 고려되어야 한다.

- 전문성을 갖춘 교사를 어떻게 충원하여 배치하고 대우할 것인가?
- 학교 수업 일정 중 어느 시간대에 지도할 것인가?
- 낙인효과를 최소화하기 위해서는 어떻게 할 것인가?
- 학부모 동의 문제는 어떻게 해결할 것인가?
- 각 지역이나 개인 연구자, 교사가 개발한 자료나 프로그램은 어떻게 공유시킬 것인가?

셋째, 학습부진 기준을 무엇으로 규정하며, 그 기준은 어떻게 설정할지 사회적 합의를 보거나 아니면 각 학교의 자율에 맡겨야 한다.

학습부진 및 학습장애 학생 지도는 특정 방법이나 프로그램을 일정 기간 투입하면 끝나는 방식으로 해결되지 않는다. 이 학생들을 효과적으로 지도하기 위해서는 [그림 3-2]와 같은 프레임을 설정하는 것이 바람직하다. 즉, 전문 인력이 효과가 검증된 지도방법이나 프로그램을 개인별 맞춤형으로, 전문적으로, 강도 높게, 그리고 지속적으로 투입하는 것이 가장 중요하다. 그런데 이러한 지원이 실제로 가능하려면, 다중전문가로부터의 협력,

규정이나 법, 필요 인력의 선발과 훈련, 지원 대상 학생 선별과 진단, 정서 및 행동 측면의 지원, 기타 여건 지원 등이 필요하다. 학습 어려움 학생 지원은 더 이상 단기성 사업이나 신분이 불안정한 외부 인력에 의존해서는 안 되고 학교 안의 항구적인 시스템을 통해 이루어져야 한다.

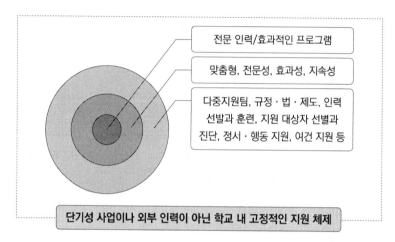

[그림 3-2] 학습 어려움 학생 지원 프레임

출처: 이대식(2019a), p. 46.

[그림 3-2]의 요소(전문 인력, 효과적인 프로그램, 다중지원팀, 규정이나 법, 학습 이외의 정서 및 행동 지원, 기타 여건 등)는 학습부진 및 학습장애 지원이 체계적으로 이루어져야 함을 강하게 시사한다.

2. 학교 안 학습지원 체제 구성 요소

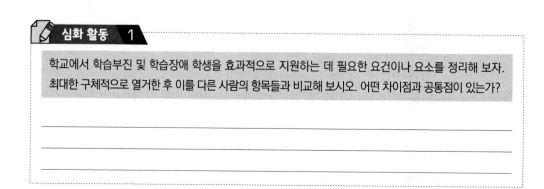

심화 활동 1

학교에서 학습부진 및 학습장애 학생을 효과적으로 지원하는 데 필요한 요건이나 요소를 정리해 보자. 최대한 구체적으로 열거한 후 이를 다른 사람의 항목들과 비교해 보시오. 어떤 차이점과 공통점이 있는가?

주장하는 사람에 따라 그 내용이 달라지겠지만, 학교 내 학습지원 체제 요소에는 대략 [그림 3-3]과 같은 항목들이 포함되어야 한다.

[그림 3-3] 학교 내 학습지원 체제 요소

출처: 한국교육과정평가원(2012), pp. 35-37 수정하여 부분 인용.

1) 선별, 맞춤형 진단, 심층진단, 판별, 의뢰 체제 구축

학습부진 및 학습장애 학생 지원은 지원 대상자 선전과 지원 영역 확인을 위한 심층 진단부터 시작되어야 한다. 선별과 진단은 초등학교, 중학교, 고등학교 단계별로 기본적인 학력 수준을 설정하고 그 학력에 도달하지 못한 학생을 선별하는 방식과, 각 학년별로 최소도달 수준을 설정하고 그에 미치지 못하는 학생을 선별하는 방식, 그리고 학년 단계와 관계없이 특정 학습기능이나 인지처리과정의 수행 정도를 확인하는 방식 등이 있다.

학습부진 원인 진단을 위해서는 학습에 어려움을 초래하는 학습요인과 비학습 요인을 확인한다. 이를 위해 학습부진 유형, 학습전략과 학습동기, 태도 등을 검사하고, 심리, 정서, 신체, 가정환경 등 소위 학습저해요인을 파악한다.

지원 체제 측면에서는 선별과 진단을 위한 도구를 갖추는 일, 선별과 진단을 위한 검사 도구 활용 전문 인력을 확보하여 배치하는 일, 학교 교육과정 운영 과정에 선별과 진단 일정을 포함시키는 일, 선별 및 진단 결과를 활용하여 후속 조치를 위하는 일 등이 필요하다. 이 중 선별과 진단 영역, 방법, 도구, 방향 등에 대해서는 이미 2장에서 상세하게 살펴본 바 있다. 그중 중요한 내용을 다시 정리해 보자면 다음과 같다.

첫째, 학습지원 대상자 선별은 가급적 조기에 해야 한다. 늦어도 초등학교 2학년 1학기까지는 핵심 기본학습기능과 인지처리과정에 대한 진단이 이루어져야 한다.

둘째, 효과적인 개입 정보를 제공하기 위해서는 진단이 매우 구체적이고 정밀해야 한다. 현재 학생이 부족하거나 교육을 담당할 사람이 정확히 무엇부터 지도해야 하는지에 대해 구체적인 정보를 제공해 줄 수 있어야 한다.

셋째, 주요 측정 영역별로 표준화된 검사도구나 이용하기 편리한 온라인 심리검사 사이트를 미리 확보해 두어야 한다.

넷째, 교내 전담 인력을 배치하여 검사 실시는 물론 검사 결과 해석, 검사 결과 활용 등의 측면에 전문적인 정보를 동료교사와 학부모에게 제공할 수 있어야 한다.

다섯째, 검사 결과를 활용할 계획을 세부적으로 작성해야 한다. 검사에만 그치면 낙인 효과 등이 발생할 수 있고, 이는 곧 학습지원 대상자들이 학교 주관 지원 프로그램을 기피하는 원인이 될 수 있다.

여섯째, 학급 담임교사, 교과 담당 교사의 자율적 판단에 따른 학습부진 및 학습장애 여부를 심층 진단할 수 있도록 의뢰하는 절차와 방법을 구축한다. 일단 의뢰가 되면 진단 전문가에 의한 학습 및 정서·행동 영역별로 포괄적 진단을 실시하도록 한다. 이를 위해서는 진단에 필요한 도구, 장소, 시간 등을 마련해야 함은 물론이다.

2) 맞춤형 지도

맞춤형 지도는 학습부진 조기 예방, 수업 중 개별 지도, 수업 이외 시간의 전문적 보충 지도로 구성한다. 학습부진 조기 예방을 위해서는 늦어도 초등 1학년 2학기 혹은 2학년 1학기까지 기본적인 학습기능, 주요 교과 학습에 중요한 인지처리과정 수행 상태를 확인한다. 수업 중에는 각 수준별로 모든 학생이 참여할 수 있는 방식으로 수업을 운영하고, 각자 수준에 맞는 학습활동을 하도록 허용하고 지원한다. 수업 후에는 방과 후 소집단 혹은 개별 집중지도, 방학이나 주말 시간을 이용한 개별 혹은 소집단 집중지도를 실시한다.

3) 심리, 정서 측면의 지원 제공

학습부진 및 학습장애 학생의 특징을 다룰 때, 이들이 비단 인지학습영역뿐만 아니라 심리, 정서 측면에서도 학습에 불리한 여러 가지 유형의 특징을 갖고 있음은 이 책의 2장에서 이미 언급한 바 있다. 따라서 학교 내 학습 어려움 학생 지원을 위해서는 이들의 심리, 정서 측면의 어려움이나 문제를 해결해 줄 지원 체제를 갖추어야 한다. 그러한 어려움이나 문제가 경미한 수준일 경우 학교 내 자체 상담 기능을 통해 해결할 수 있지만 그렇지 않을 경우에는 Wee 센터, 학습도움센터 등을 활용해야 한다.

4) 학습활동 및 지원 활동 관리

학습에 어려움을 겪는 학생 지원은 지속적으로, 체계적으로, 강도 높게 제공되어야 한다. 하지만 많은 경우 이들에 대한 지원은 초반에 반짝 활성화되었다가 시간이 좀 지나면 흐지부지되는 경우가 많다. 이는 대체로 다음과 같은 이유 때문이다.

첫째, 시스템에 의해 학습지원이 이루어지기보다는 특정 교사 1인 혹은 소수의 헌신과 노력에 의존하기 때문이다. 교사들이 일정 기간마다 순환 근무를 하는 상황에서는 일정 기간 특정 교사가 헌신적으로 학습을 지원하여 성과가 좋았다고 해도 그 교사가 다른 곳으로 전근을 갈 경우 그 이후에도 동일한 지원이 이루어질지는 미지수이다.

둘째, 프로그램이나 사업을 시작하는 초기에는 열심히 적극적으로 지원을 하지만, 사업이 끝나거나 필요한 재원이 더 이상 투입되지 않으면 노력과 헌신의 강도가 약해지는 경우이다. 예컨대, [그림 3-4]는 지난 수년 동안 기초학력 지원 관련 사업 규모의 변화 추이를 나타낸 것이다. [그림 3-4]에서 보듯, 시간이 지날수록 지원 사업의 규모는 급격히 줄어들고 있다.

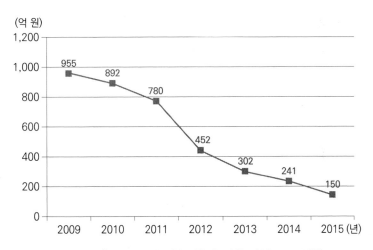

[그림 3-4] 연도별 기초학력향상 지원 사업 규모 변화

출처: 이대식(2015), p. 106.

셋째, 학습지원이 효과를 거둘 수 있으려면, 지속적으로 특정 개입 방법에 대한 반응 정도를 확인하고, 학습진전도를 점검해야 한다. 이를 위해서는 별도의 시간과 노력, 도구, 그러한 점검이 가능하도록 하기 위한 규정이나 제반 행정 업무 처리 체계가 수립되어 있어야 한다. 학습지원 초기에는 이러한 세부적인 사항들까지 충분히 고려하지 못하거나, 설사 고려했다고 해도 후속 초치가 수반되지 못해 일방적으로 지도만 하고 그에 대한 학생들의 반응 정도를 확인하지 못하는 경우가 더러 있다. 촘촘하고 치밀한 관리가 수반되지 않으면 비록 프로그램이나 지도방법 자체가 효과적이었다고 해도 그 효과가 오래 지속되기 어렵다. 따라서 일선 학교에서는 학습을 종단적으로 관리하는 체제를 갖추어야 한다. 그러한 체제 요소로는 다음과 같은 사항들을 꼽을 수 있다.

첫째, 매 학기 최소한 2회 이상 학습진전도를 점검할 평가 도구를 마련하고, 실제로 평가를 해서 그 자료를 종단적으로 기록하고 추적해 나가야 한다.

둘째, 학습진전도상에 특이사항이 발생했을 때, 예컨대 갑자기 반등 정도가 미약하거나 거꾸로 목표 수준을 훨씬 상회할 때에는 즉시 관련 위원회나 팀 협의를 통해 개입 방법을 수정하든지 아니면 목표 자체를 수정해야 한다.

셋째, 상급 학년에 진급하더라도 해당 학생의 학습지원 내용과 그에 대한 반응 정도는 종단적으로 확인 가능하도록 관리하고, 관련 정보를 담당 교사가 모두 확인할 수 있도록 해야 한다.

넷째, 학습진전도 점검 결과와 그에 따른 대응조치를 쉽게 확인하고 기록할 수 있는 데이터베이스 체계를 갖추어야 한다.

5) 교원 역량 강화 및 구성원 간의 협력 체제 구축

학습지원 담당자의 전문성 향상과 발전은 학습 어려움 학생 지원의 핵심 중 핵심이다. 교원의 전문성 향상을 위해서는 일정 기간마다 지속적으로 관련 연수를 실시하는 것이 바람직하다. 단, 이때의 연수는 단순히 일회성의 강의식, 혹은 일제식이 아닌 이론과 실제 겸용 형식으로 제공해야 한다. 예컨대, 집합 연수 이외에 일정 기간마다 현장에서의 적용 결과를 점검받고 다시 현장에서 적용하는 일종의 실습 병행 형태로 연수를 제공해야 한다. 이러한 방식으로 연수를 실시하려면 연수 기간이 적어도 수개월은 필요할 것이다.

한편, 학교 내 학습지원을 위한 구성원 간 협력 체제 구축은 개별 교사에게 학습지원 책무를 일임하기보다는 학습지원위원회 혹은 학습지원팀 단위로 학습지원 관련 주요 사항을 의사결정하는 체제를 갖추어야 한다.

6) 교육과정 운영 방식

(1) 교육과정 운영 방식

지원 체제에 직접 제시되어 있지 않지만, 교육과정 운영방식 또한 학습부진 및 학습장애 현상 발생과 밀접하게 연관되어 있다. 예컨대, 국가수준학업성취도 평가 결과 보통학력에 이르지 못하는 학생 비율이 수학의 경우 한때 40%가 넘은 경우가 있었다. 이 경우, 전체 학생 중 40%가 정말로 학습부진 학생인가에 관해 논란의 여지가 있다. 거의 절반에 가까운 학생이 보통학력에 이르지 못했다면, 학습자 특성보다는 교육과정 운영방식, 더 정확하게는 일반 학생을 대상으로 한 교육과정상의 성취기준이 너무 높다.

교육과정 성취기준뿐만 아니라 교육과정을 운영하는 방식, 즉 수업을 운영하는 방식 또한 학습부진 및 학습장애 예방 혹은 양산에 직간접적으로 관련되어 있다. 예컨대, 교육과정을 운영할 때 모든 학생에게 동일한 난이도, 동일한 학습 진행 속도, 동일한 목표나 성취기준, 동일한 교수-학습방법과 자료, 동일한 평가 방법 등을 적용할 경우, 아마도 학교는 가능한 한 그 대상자가 가장 많은 층, 즉 중간 수준을 중심으로 교육과정을 운영할 수밖에 없을 것이다. 당연히 위나 아래로 극단에 속하는 집단들, 즉 영재학생이나 학습부진 및 학습장애 학생들은 언제나 학교 교육에서 소외될 수밖에 없을 것이고, 이는 특히 학습에 어려움을 갖고 있는 학습부진 및 학습장애 학생의 누적된 학습실패로 이어질 것이다.

이상적으로는 학습자들의 수준과 특성의 다양성을 충분히 고려한 교육과정 운영방식이어야 학습부진 및 학습장애 학생도 만족스러운 학습 결과를 얻을 것이다. 그렇지만 현재와 같은 학교 체제에서 그러한 다양성을 충분히 고려하는 방안은 많지 않다. 그중 동일한 주제, 내용, 목표 등을 다양한 수준으로 번안 혹은 확장하고, 자신의 수준보다 약간 높은 것을 추구하도록 하는 방법으로서 보편적 학습 설계(UDL), 맞춤형 교수(Differentiated Instruction), 교수적 수정(Instructional Adaptation), 다수준 포함 교수법(Multilevel Instruction) 등을 들 수 있다(이대식, 김수연, 이은주, 허승준, 2018). 이들 접근에 대해서는 이 책 제5장에서 상세하게 다루겠지만, 간략하게 각각을 설명하면 다음과 같다.

첫째, 보편적 학습 설계는 정보, 지식, 학습활동 기회로의 접근에 개인의 특성, 능력 등이 장애물이 되지 않도록 하거나, 정보의 표현 방식, 학습과정에 참여하는 방식, 학습한 것을 표현하는 방식 측면에서 장애물로 인해 교육내용에의 접근과 학습활동 및 표현 활동에 지장을 받지 않도록 하는 조치들을 말한다.

둘째, 맞춤형 교수는 특정 학습자 개인이나 집단의 요구에 '반응적(responsively)'으로 대처하는 일체의 전략이나 방법을 말한다(Tomlinson & Allan, 2000). 이를 위해 맞춤형 교수는 내용(content), 과정(process), 산출물(products)을 학습자의 준비도, 흥미, 학습특성에 맞추어 다양한 전략과 방법을 사용하여 맞춘다. 원래 맞춤형 교수는 1960년대 영재교육 분야에서 일반학급 내에서의 영재 교육 지원을 위한 방안으로 제안되었다. 맞춤형 교수는 우리나라에서 차별화 수업, 개별화 수업, 수준별 수업, 맞춤형 수업 등으로 다양하게 번역되고 있다.

셋째, 교수적 수정(instructional adaptation)은 "다양한 교육적 요구를 지닌 학생들의 수행의 향상과 수업 참여의 범위와 양을 확장시키기 위하여 교수환경, 교수집단, 교수내용, 교수방법, 평가방법을 포함하는 교육의 전반적인 환경을 조절(accommodation)하고 수정(modification)하는 과정(process)"을 말한다(신현기, 2004, p. 67). 맞춤형 교수나 다수준 포함교수법이 주로 수업방법이나 교육과정 운영에 초점을 맞추는 데 비해, 교수적 수정은 교육 전반에 관한 수정 및 보완을 언급하고 있다는 점에서 다른 개념보다는 보다 포괄적인 용어이다.

넷째, 다수준 포함교수법(Collicott, 1991)은 말 그대로 통합학급 내에서 동일한 주제나 내용으로 교수-학습과정에 임할 때 다음과 같은 사항들이 충분히 반영되도록 하는 접근을 말한다. ① 내용 제시 방법을 계획할 때 학습자의 학습양식을 적극 고려한다. ② 각자의 수준별로 사고를 자극하는 질문을 통한 주제 중심의 통합교과 수업을 강조한다. ③ 각자의 수준에 따라 서로 다른 학습목표를 인정한다. ④ 학습한 것을 표출해 보일 다양한 방법(말, 그림, 음악, 신체 동작 등)을 선택할 수 있도록 허용한다. ⑤ 다양한 학습 표현 방법을 동등하게 인정한다. 여섯째, 단일 기준보다는 각자의 노력과 개인 내 성장 정도에 근거하여 평가한다.

심화 활동   2

학습부진 및 학습장애 학생도 수업 시간에 적극적으로 학습에 참여하고 나름대로 최선의 학습 성과를 얻도록 지원할 수 있는 수업방식 혹은 교육과정 운영 방식에는 어떤 것들이 있는지 조사해 보자.

_____

_____

_____

(2) 개입-반응(RTI) 모델의 수립 및 적용

일반학교 및 일반학급 내에서 학습부진 및 학습장애 학생들이 필요로 하는 지원을 충분히 받도록 하는 체제로서 개입-반응(Responsiveness-to-Intervention, RTI) 모델이 많이 제안되고 있다. 진단을 위한 접근으로서의 개입-반응 방식은 2장에서 언급한 바 있다. 지도를 위한 개입-반응 접근이란, 효과적인 개입을 일단 투입하고, 이에 반응하는 정도를 봐 가면서 점점 개입 강도를 높여 가는 접근을 말한다. 개입 단계는 대개 3단계로 구성하는데([그림 3-5] 참조), 1단계에서는 전체 학생을 대상으로 일반학급 내에서 보통의 방법으로 수업을 진행하되, 가급적 전체 학생의 참여와 학습참여 시간이 지날수록 이러한 모델의 전제조건은 단계 간 이동 결정을 위한 평가와 그 결과에 따른 단계 간 이동이 유연하게 일어나야 한다.

개입-반응 모델은 비단 학업뿐만 아니라 정서·행동 지원 측면에서도 동일하게 적용될 수 있다. 학업 측면의 개입-반응 접근 모델에 따르면, 1단계(1차지도)는 일반학급 내에서 정규 수업으로 충분한 학생들을 나타내며, 2단계는 정규수업과 방과 후 소집단 특별보충 지도가 필요한 집단, 3단계는 특수교육대상자처럼 개별 지원을 필요로 하는 학생 집단을 나타낸다. 한편, 정서 및 행동 측면의 개입-반응 모델에 따르면, 1차 예방은 학교 전체 학생 대상으로 일반적인 행동 방침을 강조하는 단계이다. 2단계는 1단계 조치로 충분치 않고 정서·행동 문제가 심해서 특별 관리와 지원을 필요로 하는 집단이다. 3단계는 정서·행동 문제가 아주 심해 개별 지원과 관리가 필요한 집단이다.

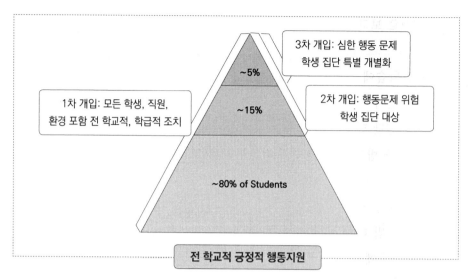

[그림 3-5] 학업 및 행동 측면의 개입-반응 모델

(3) 핀란드형 3단계 학습지원 모델의 도입 가능성 검토 필요

현재의 학교 체제하에서 학습장애 교육 활성화를 위해서는 두 축이 필요하다. 하나는 앞서 언급한 보편적 선별 후 개입과 학습장애 의심 학생의 정밀진단 대상자 의뢰를 병행하는 것이다. 두 번째 축은 앞서 설명한 개입-반응 접근을 통해 일반학급 내에서 학습장애를 포함하여 학습에 어려움을 겪고 있는 학생들을 항구적으로 지원하는 상시 지원 체제를 갖추는 것이다.

상식적이면서 일반적인 학습장애 및 학습부진 학생 지원 방법은 진단, 판별 후 이들에게 효과적인 개입방안을 투입하는 것이다. 하지만 앞서 언급한 바와 같이 일반교육과 특수교육 간의 분리, 학부모 인식 때문에 어떤 학생이 학습장애로 판별되는 순간 일반교육에서는 자신의 소관 사항이 아니라고 생각해 버리기 쉽다. 이러한 상황에서 먼저 학습장애와 학습부진을 구분할 경우 일반학급에 배치되어 있는 학습장애 학생들은 학습부진 학생을 위한 각종 지원 대책 대상에서도 제외되어 버릴 가능성이 크다. 그렇다고 학습장애 학생들을 주로 중증 장애 학생이 입급되어 있고 특수교육 교육과정을 기본으로 적용하고 있는 특수학급에 배치하는 것도 적절치 않다.

현재의 학교 상황에서 학습장애 학생을 위한 교육이 활성화되려면 기존과는 근본적으로 다른 접근을 취해야 한다. 예컨대, 처음부터 누가 학습부진이고 누가 학습장애인지를 구분하려 하지 말고 일단 학습지원 대상자로 선별한 후 이들에게 개입을 투입하면서 학습장애로 의심되는 학생을 추가로 진단하는 접근이 필요하다. 이는 초기에 모든 학생

을 잠재적 영재로 보고 일단 영재교육 과정을 시작하는 Renzulli의 3단계 심화학습 모델
(Renzulli, Gubbins, McMillen, Eckert, & Little, 2009)과 유사하다.

　따라서 우선 학습에 어려움을 겪는 학생들을 학습지원 대상자로 분류한 다음, 필요한
개입을 해 나가면서 이에 대한 반응이 기대에 미치지 못하는 학생들은 보호자의 동의하
에 학습장애로 진단 및 판별하면서 개입을 투입하는 것이 이들이 교육지원의 사각지대
에 방치되는 것을 방지할 수 있다. 이를 그림으로 표현하면 [그림 3-6]과 같다. [그림
3-6]은 흔히 핀란드형 특별지원 모델로 불린다(장수명, 2017). 핀란드의 경우, 1차 일반
지원, 2차 집중지원, 3차 특별지원 체제로 단계적인 지원을 갖추고 있다. 이 모델에 따르
면, 기초학력보장법 대상자는 1단계에서 걸러진 학생 모두이다. 이렇게 해야 학습장애
학생들도 일반학급에서 지도를 받을 수 있다. [그림 3-6]에서 학습지원팀이란 교원, 특
별지원전문교사, 특수교육교사, 학습보조교사, 보건교사, 상담교사, 학부모 등으로 구성
된 개인 학생별 지원을 위해 결성된 팀을 말한다.

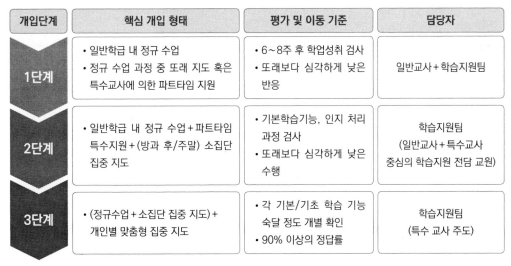

개입단계	핵심 개입 형태	평가 및 이동 기준	담당자
1단계	• 일반학급 내 정규 수업 • 정규 수업 과정 중 또래 지도 혹은 특수교사에 의한 파트타임 지원	• 6~8주 후 학업성취 검사 • 또래보다 심각하게 낮은 반응	일반교사＋학습지원팀
2단계	• 일반학급 내 정규 수업＋파트타임 특수지원＋(방과 후/주말) 소집단 집중 지도	• 기본학습기능, 인지 처리 과정 검사 • 또래보다 심각하게 낮은 수행	학습지원팀 (일반교사＋특수교사 중심의 학습지원 전담 교원)
3단계	• (정규수업＋소집단 집중 지도)＋개인별 맞춤형 집중 지도	• 각 기본/기초 학습 기능 숙달 정도 개별 확인 • 90% 이상의 정답률	학습지원팀 (특수 교사 주도)

[그림 3-6] 핀란드형 개입-반응 모델을 기반으로 한 학습 어려움 학생 지원 모델
출처: 이대식(2019b), p. 16. 부분 수정.

　[그림 3-6]의 모델은 세부적인 내용만 제외하고는 이미 널리 알려진 개입-반응 모델
과 거의 동일하다. 하지만 몇 가지 근본적인 차이점이 있다. 첫째, 학습장애든 학습부진
이든 최소한 2단계까지의 개입이 보장된다. 둘째, 적어도 초기에는 학습장애 학생도 학
습부진 학생을 위한 정부의 각종 지원 대책의 대상자가 될 수 있다. 셋째, 지원 과정에서

의 학습장애 진단과 판별 사례를 경험함으로써 일반교사의 학습장애에 대한 인식과 전
문성을 높이는 계기가 될 수 있다. 넷째, 일반교사와 특수교사 간, 일반교육과 특수교육
간 협력과 공존 체제 구축의 기반을 구축할 수 있다. 다섯째, 일반학교에 학습장애 전문
성을 가진 특수교사가 많이 배치될 수 있다.

[그림 3-6]과 같은 모델로 학습장애 학생을 지원하기 위해서는 다음과 같은 과제가 선
결되어야 한다. 첫째, 일반학교 내에 충분한 수의 특수교사가 배치되어야 한다. 1수업
2교사제(배상현, 2017)가 이와 비슷하지만, 이 제도에서의 보조교사는 정규 특수교사가
아닌 예비교사나 기간제 교사 등이었다. 특수교육지원센터 소속 특수교사를 순회교사로
활용하자는 의견도 있지만(박신영, 2017), 현재의 특수교육지원센터의 역량이나 업무량
을 감안했을 때 현실성이 낮다. 셋째, 각 단계 간 이동이 유연하고 시의적절하게 이루어
져야 하며, 평가를 위한 도구와 기준이 미리 마련되어 있어야 한다.

7) 다중지원팀 구성

학습부진 및 학습장애 학생은 학급 내 담임교사나 특정 교과 담당 교사 혼자서 필요한
지원을 모두 제공해 주기 어렵다. 그 이유는 이들의 요구가 매우 복잡하고 많은 경우 중
첩되어 있기 때문이다. 다양한 분야의 전문가가 팀을 이루어서 협력 체제를 구축하여 지
원을 제공하는 것이 바람직하고 효과적이다. [그림 3-7]은 서울시 교육청의 다중지원팀
구성 예이다.

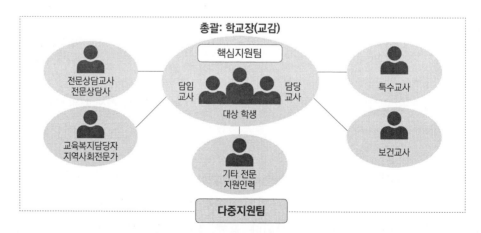

[그림 3-7] 서울시교육청의 기초학력 보장을 위한 다중지원팀

출처: 서울시교육청(2019), p. 8.

(1) 다중지원팀 구성원

학교장이나 교감, 담임/교과담당 교사, 담당 업무 부장, 학습지원 전문교사, 상담사, 복지사, 학부모(협력 사안 있을 때), 외부 전문가 등으로 구성하되, 팀의 지휘는 학습지원 전문교사(가칭)가 담당하도록 한다. 학습지원 전문교사는 학습부진 및 학습장애 분야 연수를 이론과 실제를 병행하여 최소한 수개월 이상 이수하고 관련 경험이 풍부한 사람으로 지정해야 한다. 구성원 중 학습지원 전문교사, 상담사, 복지사 등은 동일 학교에 가급적 오랜 기간 동안 근무하도록 하는 것이 효과적이다.

(2) 다중지원팀 역할

첫째, 학교 차원의 학습부진 지원 계획을 수립, 이행, 점검한다.

둘째, 학습부진 및 학습장애 관련 주요 의사결정의 주체가 된다.

셋째, 학습부진 및 학습장애 관련 선별과 진단, 판별에 필요한 정보 수집 및 제공 업무를 담당한다.

넷째, 학부모, 외부 기관과의 협력 체제 구축 및 정기적이고 지속적인 협의회를 개최한다.

다섯째, 팀원은 물론 학교 내 구성원들의 학습부진 및 학습장애 관련 전문성 향상을 위한 연수, 훈련 프로그램을 기획, 운영, 점검, 관리한다.

여섯째, 진단과 지도에 필요한 도구, 자료, 프로그램 등을 구비한다. 구체적으로, 학습부진 선별, 학습부진 정도와 양상 진단, 학업 진전도 점검 등 각 목적별로 해당하는 도구를 구비하거나 검사 서비스 네트워크를 구축한다. 또한 읽기, 쓰기, 수학 영역에서의 학습부진 학생 및 학습장애 학생 지도용 프로그램을 확보한다.

일곱째, 학습부진 학생 개인별로 당해 학기, 당해 학년도에 무엇을 어떻게 누가 언제 지원할 것인지 구체적으로 계획 수립, 이행, 점검 체제를 구축한다.

여덟째, 교과별, 필수 기본학습기능별로 지원 방안을 학내 여타 교원들에게 적극 제공하고, 적절한 도구를 안내한다.

3. 학교 밖 기관과의 연계

학습부진 및 학습장애 학생을 학교 내에서 자체적으로 충분히, 그리고 효과적으로 지도하기 어려울 때에는 관련 외부 기관을 적절하게 이용하는 것이 효과적이다. 학습부진 및 학습장애 학생이 필요로 하는 모든 요구를 한정된 인력과 전문성을 가진 단위학교에서 충분히 지원하기에는 어려움이 있을 수 있다. 학교 밖 기관 중 연계가 가능한 곳 중에는 학습도움센터 혹은 학습클리닉센터와 각종 심리, 정서 지원 기관을 들 수 있다.

1) 학습도움(클리닉)센터 활용

학교 학습에 영향을 미치는 요인은 비단 인지적인 요인만 있는 것은 아니다. 심리, 정서적으로 안정되어 있어야 할 뿐 아니라, 기본적인 의·식·주 생활 역시 안정적이어야 한다. 학습에 어려움을 갖고 있는 학생들 중에는 학교 자체로는 대응하기 어려운 심리 및 정서, 행동상의 문제를 갖고 있는 경우가 더러 있다. 또한 방과 후, 주말, 방학 기간 동안 가족구성원들의 생업에의 종사 등의 이유로 돌봄이 필요한 경우가 있다. 심리, 정서 측면에서 학교 내 상담 전문성으로는 해결하기 어려울 정도의 문제를 갖고 있는 학생들이 있을 경우 학습도움센터 혹은 학습클리닉센터와 같은 외부 기관을 이용할 수 있다.

학습도움센터 혹은 지역에 따라서는 학습클리닉센터라 불리는 기관은 이처럼 기초학력미달 학생이나 기타 학업에 어려움을 겪는 학생 중 학교에서 해결하기 어려운 정서·행동상의 도움이 필요한 학생을 지원하기 위한 학교 밖 지원 체제의 하나이다. 이들 기관에서는 교육청이나 교육지원청에 교수학습, 심리상담, 특수교육, 학습치료, 사회복지 등 전문가로 구성된 지원팀을 구성하여 각급 학교에서 지원 요청이 있을 경우 직접 해당 학교로 찾아가는 맞춤형 서비스를 제공한다.

〈표 3-1〉은 서울학습도움센터의 역할과 학교 차원에서 서비스 지원을 신청하는 단계를 나타낸 것이다. 〈표 3-1〉에서 보듯, 각급 학교에서는 학교 자체적으로 지원하기에 어려운 학생이 있을 경우 학습도움센터에 지원을 신청한다. 물론 지원 신청을 학생이 직접 할 수도 있다. 구체적인 상담 일정과 방법은 초기 상담을 통해서 결정되지만, 대체로 상담사가 20~22회기, 회기당 40~50분 정도의 상담을 실시한다. 상담 영역 역시 초기 상담 결과에 따라 달라지지만, 대체로 우울·불안, 분노 조절, 사회성, 주의집중, 자아존중감, 동기·진로 등으로 나뉜다. 전국적으로 이러한 학습도움센터 혹은 학습클리닉센터는 2016년도 기준 130여 개에 이르고 있다.

〈표 3-1〉 서울학습도움센터 역할과 학교 차원의 서비스 지원 신청 단계

단계	내용	실행내용
1단계	상담신청	서울시교육청 초등교육과 업무포털 자료집계에서 신청서 제출
2단계	선별	상담 대상 학생 선별
3단계	심층 진단	기초학력진단검사 및 정서 행동검사, 초기 상담을 바탕으로 한 학습부진의 원인 파악
4단계	심층학습상담	학습부진 원인에 따른 1:1 맞춤학습상담 진행
5단계	사후관리	만족도 조사 지역연계 정보 제공

출처: 서울시교육청.

학습도움센터에서 제공하는 주요 지원에는 전문강사 주 2회 정도 학교 방문, 학습저해 요인 분석, 심리검사, 학습 코칭 프로그램 운영, 개인 또는 집단 상담 지속 실시 등을 들 수 있다. 센터 소속의 지원 인력(학습코칭지원단 혹은 상담사)은 정서·심리 검사를 시행 하고 그 결과를 활용하여 개별 학생에게 필요한 지원을 제공한다. 이들은 또한 심층 상 담, 학습코칭, 병·의원 등 지역기관 연계 등의 역할을 수행한다.

2) 심리·정서 지원 기관

학교 밖에는 학습도움센터 이외에도 학습 이외의 지원 요구, 예컨대 정서, 심리, 돌봄 등의 지원 서비스를 제공할 수 있는 기관이 많이 있다. 이들 기관들의 명칭과 역할 등 은 수시로 변화하기는 하지만, 대체로 돌봄 및 교육 부분에 도움을 줄 수 있는 기관과 심 리·정서 부분에 도움을 줄 수 있는 기관으로 분류해 볼 수 있다(〈표 3-2〉 참조). 예컨대, 학생이 돌봄 및 교육을 필요로 하는 경우에는 청소년수련관, 지역주민센터, 지역아동센 터, 청소년 공부방 등의 기관과 연계할 수 있다. 한편, 학생이 심리·정서 측면의 도움을 필요로 하는 경우에는 Wee 센터, 청소년 상담지원센터, 신경정신과 등의 기관과 연계할 수 있다.

〈표 3-2〉 돌봄 및 심리 · 정서 지원 기관 유형

돌봄 및 교육에 도움이 필요한 경우	심리 · 정서에 도움이 필요한 경우
청소년수련관, 지역주민센터, 지역아동센터, 지역아동복지센터, 청소년공부방, 드림스타트, 종합사회복지관 등	Wee센터, 정신보건센터, 청소년상담지원센터, 아이존, 건강가정지원센터, 신경정신과 병원 등

출처: 서울시교육청(2012).

4. 학부모와의 연계

1) 학부모와의 연계 가능 분야 조사 및 연계 준비

학습부진 및 학습장애 학생 지원이 효과를 거둘 수 있으려면 무엇보다 학부모와의 협력과 연계가 절대적이다. 이는 지속적, 체계적 학습지원을 필요로 하는 이들 학생들의 특성상 학교 내 학습뿐만 아니라 가정에서의 학습지도와 관련 역시 매우 중요하기 때문이다. 하지만 학부모와의 연계와 협력이 충실하게 이루어질 수 있으려면 치밀한 준비가 필요하다. 다음은 그러한 준비사항 중 일부이다.

첫째, 학부모나 가정이 담당했으면 하는 항목을 조사하여 정리해 두어야 한다. 그냥 학부모에게 가정에서 학업 관리나 지도가 필요하다고 주장하기보다는 구체적인 실천 방안을 제시해 주는 것이 훨씬 효과적이다.

둘째, 학부모와의 협력 시스템(이메일, 전화, 상담 방법 등)을 구축해 두어야 한다. 협력 시스템에는 학부모와의 연락 및 의견 교환 방법이나 시스템, 연락 수단, 면담 장소, 면담 시간, 주요 정보 교환 방법 등이 모두 포함되어야 한다. 학부모의 사정이 각기 다를 것이기 때문에 각 학부모별로 가장 편리하면서도 연락이 쉽게 될 수 있는 방법을 통해 네트워킹을 구축해 놓는 것이 중요하다.

셋째, 학부모에게 제공할 필요한 자료는 미리 준비해 둔다. 필요한 자료에는 각종 학습자료, 도구, 프로그램, 사이트 목록, 학교 밖 서비스 제공 관련 외부 기관 목록과 연락처 등이 포함될 수 있을 것이다.

2) 학부모 연수

학부모 연수 관련 요구를 파악하고 적기에 필요한 연수를 제공해야 한다. 학습부진 및 학습장애 학생 교육과 관련하여 특히 학부모에게 제공해야 할 연수 영역으로는, 첫째, 가정에서의 학습지도 방법, 자녀와의 대화 방법, 자녀교육 성공 사례, 가정에서의 독서지도 등이 있다. 둘째, 가정에서 잘 모를 수 있는 자녀의 학습습관, 기본적인 인지 특성, 교육과정 운영 중점 등에 대해 학부모에게 설명할 필요가 있다. 셋째, 흔히 발생하는 학부모의 주요 고민 사항에 대한 상담 및 조언 제공 방안을 모색해야 한다. 예컨대, 집안에서 아이의 학습지도방법, 컴퓨터, 스마트폰, 게임기, TV 등 각종 매체나 스마트 기기 사용 지도방법, 자녀와의 대화법 등에 관해 연수 프로그램을 구안하여 정기적으로 제공해야 한다.

3) 학업 관리 관련 학부모 코칭하기

다음 사항을 중심으로 학부모가 가정에서 자녀들과 관계를 바람직하게 형성하고 학업 관리에 성공할 수 있도록 지속적으로 지원과 코칭을 제공할 필요가 있다.

(1) 자녀교육관 점검하기
다음 사항들에 대해 연수나 도서 등을 제공하고 생각해 볼 시간을 갖도록 한다. 혹은 필요하면 상담을 받도록 한다.

- 내 아이는 어떤 유형의 학습자인가?
- 내 아이에게 있어서 학습저해요인은 무엇인가?
- 내 자녀가 어떤 사람으로 자라길 바라는가? 내 자녀가 무엇을, 왜, 어떻게 하면서 살기를 바라는가?
- 내 아이에게 있어서 성공이란 무엇이어야 하는가?
- 자녀에게 나의 기대를 어떻게 표현할까?

이와 관련하여 학부모들에게 소개해 줄 만한 내용의 예로는 [글상자 3-1]을 들 수 있다. 이러한 내용을 소개할 때에는 지나치게 교훈적인 태도를 보이거나 비현실적인 사례를 강조하지 않도록 주의해야 한다. 특정 지도방식을 주입하거나 강조할 것이 아니라 언제나 학부모들이 스스로 느끼고 생각해 보게 하는 것이 중요하다.

[글상자 3-1] 학부모에게 들려줄 위인들의 이야기 예

(1) 링컨 대통령 어머니

"내가 너에게 100에이커(12만 평)의 땅을 물려주는 것보다 이 한 권의 성경책을 물려주는 것을 진심으로 기쁘게 생각한다……. 너는 성경을 읽고 성경 말씀대로 살아가는 사람이 되어 다오. 하나님을 사랑하고 이웃을 사랑하는 사람이 되어 다오. 이것이 나의 마지막 부탁이다."

(2) 율곡 이이 어머니(신사임당)

"스스로 성찰하고 믿음을 주며 언제나 필요한 사람이 되어라."

(3) 스티브 잡스

"혁신은 리더와 추종자를 구분하는 잣대입니다."

"품질은 물량보다 더 중요합니다. 한 번의 홈런이 두 번의 2루타보다 낫습니다."

"디자인은 제품이나 서비스를 만들어 낸 인간 창조물의 영혼입니다. 디자인은 어떻게 보이고 느껴지느냐의 문제만은 아닙니다. 디자인은 어떻게 가능하냐의 문제입니다."

"가끔은 혁신을 추구하다 실수할 때도 있습니다. 하지만 실수를 빨리 인정하고 다른 혁신을 추진하는 것이 최선입니다."

"우리가 이룬 것만큼, 이루지 못한 것도 자랑스럽습니다."

✎ 심화 활동 3

[글상자 3-1]에 제시된 위인들의 이야기가 자녀교육에 주는 시사점은 무엇이라고 생각하는가? 여러분이라면 이 이야기 속에서 자녀교육에 대해 어떤 시사점을 얻고 싶은가?

_____

_____

_____

(2) 학교 학습 혹은 공부에 대한 생각 점검하기

우리는 때로 학습에 대해 잘못된 인식을 갖고 있거나 특정 주장이나 이론을 지나치게 신봉하는 경향을 보이기도 한다. 예컨대, 학부모들로 하여금 다음 사항들에 대해 자신의 견해를 공유하고 토론해 보는 기회를 갖게 하는 것도 학부모 연수의 좋은 접근 중 하나일 것이다. 다음 질문에 대해 토론할 때에는 항상 그렇게 생각하는 이유와 근거를 제시하고 그것들이 타당한지를 따져 보게 하는 것이 중요하다.

- 내가 생각하는 가장 효과적인 공부방법은?
- 학습은 혼자 조용한 곳에서 잘된다?
- 학습한(할) 내용의 암기가 중요하다?
- 학습 동기가 제일 중요하다?
- 학습에는 외적 보상이 중요하다?
- 늦게라도 정신만 차리면 금방 따라잡는다?
- 머릿속에 많이 넣어 두는 게 중요하다?
- 공부와 인성은 같이 간다?
- 누구나 노력하면 좋은 학교에 갈 수 있다?
- 지금 못해도 잘한다고 칭찬하면 잘한다?

(3) 주요 사례별 대응 예

〈표 3-3〉은 가정에서 흔히 볼 수 있거나 학부모가 대응에 어려움을 호소하는 사례별 대응 예를 나타낸 것이다.

〈표 3-3〉 자녀 학습에 대한 대응

사례	바람직한 대응
아이가 집에서 통 공부를 안 해요	〈바람직한 대응〉 • 이유와 원인 파악 • 공부의 어려움 이해 • 인내와 믿음으로, 격려, 지원, 응원, 관심, 돌봄……, 존재 자체만으로도 사랑스러운 존재로 인정! • 삶의 목표부터 점검 • 가족과의 즐거운 시간부터 갖기 • 역경 극복 인물, 유사한 흥미와 관심을 가진 성공한 사람이나 도서 소개 • 혼자 무엇인가를 완결하는 것 중시 〈아쉬운 대응〉 • 일단은 학원!

	• 공부해! 공부해!! 공부하라고!!! • "공부 안 하면 좋지 않을 거야. 나중에 후회하거나 어렵게 살 거야. ○○를 봐!" • "○○ 좀 봐라! 사는 낙이 없다!"
고학년이 되니 갑자기 성적이 처져요	• 흥미나 목표 대상이 변화했을 수 있음을 인식 • 기반지식, 사고력 부족일 경우 폭넓은 독서와 관심으로 보완해야 함. 단, 독서 내용은 가급적 주변 세계의 각종 사물, 현상, 상호관계가 사고의 내용이어야 함 • 평범해 보이는 주변 사물, 사건, 세상, 당연시해 왔던 현상에 대해 의문을 갖게 해 줌 • 시사, 학교 일, 주변 사건에 대한 토론 예) 왜 세계 식량은 남아도는데 지구의 절반은 굶을까? 왜 어떤 사람은 사회봉사에 그렇게 열심일까? 등
숙제를 통 안 하려 해요	〈바람직한 대응〉 • 숙제 시간 고정화 • 숙제 완수하려는 행위 자체 보상 〈아쉬운 대응〉 • 숙제는 나쁜 것, 괴로운 것, 빨리해야 하는 것, 놀기 위해서 정리해야 할 대상으로 보는 것 • 숙제부터 하고 놀아라……. 숙제 다 했니? 아직 숙제도 안 하면 어떡하려고?
TV를 너무 자주 오랫동안 봐요	〈바람직한 대응〉 • 솔선수범하고 스스로 통제할 수 있도록 권장 • 시간 소요 인정하고 기다려 줌 • TV 보는 것은 어른이 먼저 모범을 보여야 함 • 보고 싶은 마음, 자기 통제 어려움 인정 • 일단 TV를 볼 때에는 부담 없이 보도록 허용 〈아쉬운 대응〉 • 나무라며 꺼 버림
칭찬을 어떻게 해 주어야 하나요?	• 결과보다는 과정 중심의 칭찬. 결과 중심의 칭찬은 궁극적으로 도전적인 과제 회피로 이어질 수 있음 • 무조건적인 칭찬은 오히려 부정적 효과 • 시험점수와 보상을 연결시키는 것은 중·장기적으로 학습에 부정적 영향을 끼칠 수 있음

인터넷이나 게임에 빠져 있어요	• 재미 있다는 것은 일단 인정 • 다른 것이 재미 없다는 뜻 • 인터넷을 벌 수단으로 사용하고 스스로 통제할 수 있는 능력을 중시 • 컴퓨터를 공개된 장소에 설치 • 단계적 자율적 통제 제안
틀린 것 또 틀려요	• 오류 원인 파악 • 중지 → 시범 → 안내 → 개인연습 → 지연확인 • 지연확인 때 유사한 문제 5~10개 주고 90~100% 될 때 통과! • 수학연산오류 자주 보일 때 　– 매일 조금씩(10분 내외) 연습 　– 기대치 높게(90% 이상) 　– 유창성(정확성+빠르기) 중시
집중력은 어떻게 기르나요?	• 내용 자체에 흥미나 의미 갖는 연습부터 • 집중 시간 단계적 연장 • 자세, 동작의 변화 시도 • 출력모드 적극 활용
시험 불안이 심해요	• 시험은 평소같이 평소는 시험같이 • 과도한 불안, 기대 감소가 최선 • 결과에 대한 평가보다 과정에 대한 평가해 주어야 함
공부에 관심과 흥미를 갖게 하려면 어떻게 해야 하죠?	• 그 내용과 관련된 경험을 연결시켜 주기 • 그 내용이 장차 미래 삶에 어떻게 연결되는지 알려 주기 • 흥미를 끌 만한 질문을 제기 • 그 내용과 관련된 주변 사물, 현상, 사람을 체험하게 해 주기 • 관련도서나 자료 주변에 비치
단어(어휘) 실력이 없어요!	• 문장, 말 등에 넣어 읽고, 쓰고, 말하고, 듣도록 할 것 • 해당 단어를 다양한 모드로 사용할 기회 제공 • 신문과 독서
추천 자료	• 학습부진 학생의 이해와 지도. 경기: 교육과학사. • 좋은 엄마가 좋은 선생님을 이긴다. 서울: 스토리3.0. • 똑똑한 아이를 둔 부모들의 7가지 습관. 서울: 산호와진주. • 부모와 십대 사이. 서울: 양철북. • 부모와 아이 사이. 서울: 양철북. • 내 아이에겐 분명 문제가 있다. 서울: 도서출판 소소. • 에디슨의 유전자를 가진 아이들. 서울: 미래의창. • 아버지와 아들의 꿈. 서울: 생명의말씀사.

- 소리치지 않고 때리지 않고 아이를 변화시키는 비결. 서울: 명진출판사.
- 공부가 즐거워지는 기적의 두뇌 학습법. 서울: 길벗.
- 인문학 콘서트. 서울: 이숲.

5. 법 규정 및 재정지원 사업

학교에서는 학습부진 및 학습장애 관련 법 규정과 각종 정책들에 대해서 잘 알아야 한다. 이는 해당 학생들이 가진 권리와 학교의 책무 사항을 정확히 인식하고 필요한 지원을 몰라서 활용하지 못하는 일이 없게 하기 위함이다. 학교에서 알고 있어야 하는 학습부진 및 학습장애 관련 법 규정이나 정책은 다음과 같다. 다만, 이들 법 규정과 정책들은 수시로 변할 수 있다.

1) 학습부진아 등에 대한 법

2016년 2월 3일에 개정된 「초・중등교육법」 제28조에는 학습부진아 등에 대한 교육 조항이 포함되었다. 그 주요 내용은 [글상자 3-2]와 같다. 이 내용 중 특히 주목할 부분을 살펴보면, 첫째, 지원대상 학습부진 학생 범주에서 특수교육대상자로서의 학습장애 학생을 제외하고 학업 중단 학생을 포함하고 있다. 이는 얼핏 당연한 것 같지만 실제로는 모순을 안고 있다. 우선 대부분의 학습장애 학생은 실제로는 학습장애로 진단되지 못하고 일반학급 내에 학습부진 학생 집단에 포함되어 있다(이대식, 2019a). 설사 학습장애로 진단되었다고 해도 이들은 일반학급에 배치되어 있을 가능성이 매우 높다. 뿐만 아니라 일반학급 내에서 학습지원은 학습부진 학생에 대한 지원이 전부이다. 즉, 일반학급 내 학습장애 학생을 위한 별도의 지원은 현재 상태로는 어렵다. 이러한 상황에서 실제로 학습장애로 판별된 학생을 학습부진 지원 대상자에서 제외하는 것은 자칫 이들이 지원의 사각지대에 놓이는 결과를 초래할 수 있다. 한편, 지원 대상 학생에 학업 중단 학생이 포함된 것도 매우 비현실적이다. 그 이유는 학업을 중단한 학생이라면 이미 학교에 남아 있지 않을 것이고, 이들에 대해 학교가 제공할 수 있는 지원은 극히 제한적일 것이기 때문이다.

둘째, 국가와 지방자치단체는 학습부진아 등을 위한 교재와 프로그램을 개발, 보급하도록 하고 있다. 실제로, 이러한 규정에 따라 지금까지 많은 자료가 개발, 보급된 바 있다. 그 대표적인 것들은 기초학력향상지원사이트(www.basics.re.kr)에 탑재된 다양한 자료, 도구 등을 들 수 있다. 그렇지만 이들 자료, 도구들이 엄격하게 그 효과가 검증되었는지 여부는 미지수이다. 이용자들은 이러한 측면을 매우 신중하게 검토해야 한다.

[글상자 3-2] 「초·중등교육법」의 학습부진아 등에 대한 법 규정

제28조(학습부진아 등에 대한 교육) ① 국가와 지방자치단체는 다음 각 호의 구분에 따른 학생들을 위하여 대통령령으로 정하는 바에 따라 수업일수와 교육과정을 신축적으로 운영하는 등 교육상 필요한 시책을 마련하여야 한다. 〈개정 2016. 2. 3.〉
　1. 성격장애나 지적(知的) 기능의 저하 등으로 인하여 학습에 제약을 받는 학생 중 「장애인 등에 대한 특수교육법」 제15조에 따른 학습장애를 지닌 특수교육대상자로 선정되지 아니한 학생
　2. 학업 중단 학생
② 국가 및 지방자치단체는 제1항에 따른 학습부진아 등에 대한 교육의 체계적 실시를 위하여 실태조사를 하여야 한다. 〈신설 2016. 2. 3.〉
③ 국가와 지방자치단체는 제1항에 따른 학습부진아 등에 대한 정책에 필요한 예산을 지원할 수 있다. 〈신설 2016. 2. 3.〉
④ 교육부장관 및 교육감은 제1항에 따른 학습부진아 등을 위하여 필요한 교재와 프로그램을 개발·보급하여야 한다. 〈신설 2016. 2. 3.〉
⑤ 교원은 대통령령으로 정하는 바에 따라 제1항에 따른 학습부진아 등의 학습능력 향상을 위한 관련 연수를 이수하여야 하고, 교육감은 이를 지도·감독하여야 한다. 〈신설 2016. 2. 3.〉
⑥ 학교의 장은 학업 중단의 징후가 발견되거나 학업 중단의 의사를 밝힌 학생에게 학업 중단에 대하여 숙려할 기회를 주어야 한다. 이 경우 학교의 장은 그 숙려기간을 출석으로 인정할 수 있다. 〈신설 2016. 12. 20.〉
⑦ 제6항에 따른 학생에 대한 판단기준, 숙려기간, 숙려기간 동안의 출석일수 인정 범위 등에 필요한 사항은 교육감이 정한다. 〈신설 2016. 12. 20.〉
[전문개정 2012. 3. 21.]

「초·중등교육법 시행령」 제54조에서는 학습부진 지원 관련 내용을 [글상자 3-3]과 같이 좀 더 구체적으로 언급하고 있다. 시행령 제54조 내용 중 주목할 부분은 다음과 같다. 첫째, 학습부진아 등에 대한 교육을 위탁할 수 있도록 허용하고 있다. 둘째, 국가 주도의 학습부진 학생 진단, 상담, 치유, 학습지원 프로그램 제공을 명시하고 있다. 셋째, 학습

부진아 등의 학습능력 향상을 위한 연수를 강조하고 있다.

[글상자 3-3]「초ㆍ중등교육법 시행령」의 학습부진아 등에 대한 법 규정

제54조(학습부진아 등에 대한 교육 및 시책) ① 법 제28조 제1항에 따른 학습부진아 등(이하 "학습부진아등"이라 한다)에 대한 판별은 교육감이 정하는 기준에 따라 학교의 장이 한다. 〈개정 2016. 8. 2.〉

② 학교의 장은 학습부진아등에 대하여 교육감이 정하는 수업일수의 범위에서 체험학습 등 필요한 교육을 실시하거나 교육감이 적합하다고 인정하는 교육기관 등에 위탁하여 교육을 실시할 수 있다. 〈개정 2016. 8. 2.〉

③ 교육부장관 및 교육감은 다음 각 호의 지원사업을 실시하여야 한다. 〈개정 2012. 4. 20., 2013. 3. 23., 2016. 8. 2.〉

1. 학습부진아등이 밀집한 학교에 대하여 교육ㆍ복지ㆍ문화 프로그램 등을 제공하는 사업

2. 학습부진아등에 대하여 진단ㆍ상담ㆍ치유ㆍ학습지원 프로그램 등을 제공하는 사업

④ 제3항에 따른 지원사업 대상학교의 선정기준, 대상학생의 선정절차 등 지원사업에 관하여 필요한 세부사항은 교육감의 의견을 들어 교육부장관이 정하여 고시한다. 〈신설 2010. 12. 27., 2013. 3. 23.〉

⑤ 삭제 〈2017. 5. 8.〉

⑥ 삭제 〈2017. 5. 8.〉

⑦ 교육감은 교원이 법 제28조 제5항에 따라 학습부진아등의 학습능력 향상을 위한 연수를 받을 수 있도록 다음 각 호의 내용을 포함하는 연수 계획을 수립하여 시행하여야 한다. 〈신설 2016. 8. 2.〉

1. 연수의 목적 및 내용

2. 연수의 개설 및 운영 기관

3. 연수의 종류

4. 교육과정별 연수 대상 및 인원

5. 연수의 이수기준

6. 그 밖에 연수의 운영 및 연수비의 지급 등에 필요한 사항

⑧ 제7항에 따른 연수의 내용에는 다음 각 호의 사항이 포함되어야 한다. 〈신설 2016. 8. 2.〉

1. 학습부진아등에 대한 지원사업에 관한 사항

2. 학습부진아등의 판별ㆍ진단ㆍ지도ㆍ예방 및 지원 방법에 관한 사항

3. 학습부진아등에 대한 지도 우수 사례에 관한 사항

4. 그 밖에 학습부진아등의 학습능력 향상에 필요한 사항

[제목개정 2013. 10. 30.]

2) 학습부진 학생 지원을 위한 정부와 지자체의 사업

정부와 지방자치단체에서는 그동안 학습부진 학생 지원을 위한 다양한 사업을 전개해왔다. 예컨대, 두드림 학교 사업은 학습장애, 정서행동 어려움, 왕따, 돌봄 결여 등의 복합적 요인으로 학습에 어려움을 겪는 기초학력 부진 학생을 통합적으로 지원하기 위해 단위학교에서 학습클리닉 서비스를 독자적으로 운영하도록 지원하는 사업을 말한다. 선정된 학교는 학습부진아 수, 교내 구성원의 사업 수행 준비 정도 등에 따라 일정 금액을 지원받는다. 또한 마을공동체 사업은 마을이 중심이 되어 아이의 교육과 꿈을 실현하도록 하는 사업을 말한다. 두 사업의 공통점은 협력적 지원과 관심을 통해 학습부진 학생 지원을 도모한다는 점이다. 그동안 학습부진 학생을 위한 지원사업과 정책은 야심차게 출발했지만 점차 그 지원 규모가 줄어들고 있다. 그리고 주로 학습부진 학생의 심리, 정서 지원 성격이 강한 사업이 주류를 이루고 있다(이대식, 2015).

그동안 정부의 학습부진 지원 정책의 특징과 아쉬운 점을 열거해 보면 다음과 같다. 첫째, 한때 기초학습부진 학생 제로(Zero) 운동을 실시한 바 있지만, 학습부진 학생 수는 현실에서는 결코 제로가 될 수 없다. 비현실적인 구호나 멋진 제목은 오히려 정확한 실태 파악에 걸림돌이 될 수 있다. 둘째, 책임지도제를 많이 강조하고 있지만, 개인 교사가 책임을 지려면 그에 상응하는 여건이 마련되어 있어야 한다. 책임은 교사 개인만이 질 수 없고, 시스템이 변해야 한다. 일례로, 수업 횟수 중심의 지도로는 해결이 어렵다. 준거나 기준 중심의 수업이 이루어져야 한다. 셋째, 연구학교, 시범학교, 모범 사례 발굴 및 보급을 강조하고 있지만, 학생들의 가정 형편, 질적인 교육지원 정도, 다양성의 실태, 교사의 열의와 전문성 정도 등이 비슷해야 한다. 모든 부진 학생에게 만능인 하나의 방법은 없다. 넷째, 개인의 특성을 고려한 수준별 수업, 맞춤식 교육이 필요하다. 이는 지극히 당연한 주장이지만, 실제로 특정 내용을 특정 학습자를 상대로 지도할 계획을 수립하는 단계에서는 매우 정교한 설계를 필요로 한다. 다섯째, 대학생 보조교사제도나 학부모 도우미 등의 사업이 종종 시행되고 있으나 전문성 측면에서는 매우 위험한 접근이다. 가장 가르치기 힘든 학생을 전문성이 완성되지 않았거나 관련 연수를 받지 않은 사람들에게 맡긴다는 것 자체가 모순이다(이대식, 2017).

3) 학습장애에 대한 특수교육법

「장애인 등에 대한 특수교육법」에서는 특수교육대상자의 하나로 학습장애를 명시하고 있다([글상자 3-4] 참조). 그중 학습장애 학생 지원과 관련된 주요 항목들만 살펴보면 다음과 같다. 첫째, 학습장애는 특수교육대상자 유형 중 하나이다. 둘째, 학습장애는 최소제한환경원칙에 따라 일반학급 → 일반학교 내 특수학급 → 특수학교 순으로 통합교육환경에 우선적으로 배치한다. 셋째, 일반학교에서는 학습장애 학생 교육을 위해 필요시 교육과정 내용 조정, 보조인력 지원, 학습보조기기 지원, 교원 연수, 교재, 교구 등을 계획하고 시행해야 한다. 넷째, 학습장애 학생 교육 요구를 충족시켜 주기 위해 개별화교육계획팀을 구성하고 개별화교육계획을 수립, 이행해야 한다. 다섯째, 학습장애 학생을 위해서 개별화교육계획을 수립했을 경우 학기마다 학업성취도평가를 실시하고 그 결과를 보호자에게 통보해야 한다.

[글상자 3-4] 「장애인 등에 대한 특수교육법」 중 학습장애 관련 내용

「장애인 등에 대한 특수교육법」

제15조(특수교육대상자의 선정) ① 교육장 또는 교육감은 다음 각 호의 어느 하나에 해당하는 사람 중 특수교육을 필요로 하는 사람으로 진단·평가된 사람을 특수교육대상자로 선정한다. 〈개정 2016. 2. 3.〉
1. 시각장애
2. 청각장애
3. 지적장애
4. 지체장애
5. 정서·행동장애
6. 자폐성장애(이와 관련된 장애를 포함한다)
7. 의사소통장애
8. 학습장애
9. 건강장애
10. 발달지체
11. 그 밖에 대통령령으로 정하는 장애
제17조(특수교육대상자의 배치 및 교육) ① 교육장 또는 교육감은 제15조에 따라 특수교육대상자로 선정된 자를 해당 특수교육운영위원회의 심사를 거쳐 다음 각 호의 어느 하나에 배치하여 교육하여야 한다.

1. 일반학교의 일반학급
2. 일반학교의 특수학급
3. 특수학교

② 교육장 또는 교육감은 제1항에 따라 특수교육대상자를 배치할 때에는 특수교육대상자의 장애정도·능력·보호자의 의견 등을 종합적으로 판단하여 거주지에서 가장 가까운 곳에 배치하여야 한다.

제20조(교육과정의 운영 등) ② 특수교육기관의 장 및 특수교육대상자가 배치된 일반학교의 장은 제1항에 따른 교육과정의 범위 안에서 특수교육대상자 개인의 장애유형과 정도, 연령, 현재 및 미래의 교육요구 등을 고려하여 교육과정의 내용을 조정하여 운영할 수 있다.

제21조(통합교육) ② 제17조에 따라 특수교육대상자를 배치받은 일반학교의 장은 교육과정의 조정, 보조인력의 지원, 학습보조기기의 지원, 교원연수 등을 포함한 통합교육계획을 수립·시행하여야 한다.

③ 일반학교의 장은 제2항에 따라 통합교육을 실시하는 경우에는 제27조의 기준에 따라 특수학급을 설치·운영하고, 대통령령으로 정하는 시설·설비 및 교재·교구를 갖추어야 한다.

제22조(개별화교육) ① 각급학교의 장은 특수교육대상자의 교육적 요구에 적합한 교육을 제공하기 위하여 보호자, 특수교육교원, 일반교육교원, 진로 및 직업교육 담당 교원, 특수교육 관련서비스 담당 인력 등으로 개별화교육지원팀을 구성한다.

② 개별화교육지원팀은 매 학기마다 특수교육대상자에 대한 개별화교육계획을 작성하여야 한다.

「장애인 등에 대한 특수교육법 시행령」

제16조(통합교육을 위한 시설·설비 등) ② 일반학교의 장은 법 제21조 제2항에 따라 통합교육을 실시하는 경우에는 배치된 특수교육대상자의 성별, 연령, 장애의 유형·정도 및 교육활동 등에 맞도록 정보 접근을 위한 기기, 의사소통을 위한 보완·대체기구 등의 교재·교구를 갖추어야 한다.

제26조(각종 교구 및 학습보조기 등 지원) 교육감은 법 제28조 제4항에 따라 각급학교의 장이 각종 교구·학습보조기·보조공학기기를 제공할 수 있도록 특수교육지원센터에 필요한 기구를 갖추어 두어야 한다.

「장애인 등에 대한 특수교육법 시행규칙」

제4조(개별화교육지원팀의 구성 등) ① 각급학교의 장은 법 제22조 제1항에 따라 매 학년의 시작일부터 2주 이내에 각각의 특수교육대상자에 대한 개별화교육지원팀을 구성하여야 한다.

② 개별화교육지원팀은 매 학기의 시작일부터 30일 이내에 개별화교육계획을 작성하여야 한다.

③ 개별화교육계획에는 특수교육대상자의 인적사항과 특별한 교육지원이 필요한 영역의 현재 학습수행수준, 교육목표, 교육내용, 교육방법, 평가계획 및 제공할 특수교육 관련서비스의 내용과 방법 등이 포함되어야 한다.
④ 각급학교의 장은 매 학기마다 개별화교육계획에 따른 각각의 특수교육대상자의 학업성취도 평가를 실시하고, 그 결과를 특수교육대상자 또는 그 보호자에게 통보하여야 한다.

학습장애 학생 진단과 판별은 〈표 3-4〉 영역을 중심으로 하도록 되어 있지만, 대부분의 검사는 다른 검사로 대체되어야 한다. 예컨대, 학습준비도검사는 너무 오래되었고, 시지각, 지각운동, 시각운동통합 등의 영역은 학습장애 진단과 판별 과정에서 굳이 필요하지 않다. 반면, 읽기, 쓰기, 수학 영역에서의 기본학습기능이나 인지처리과정 수행에 관한 정보를 제공해 줄 진단 도구가 포함되어야 한다(이대식, 2019b).

〈표 3-4〉 학습장애 학생 선별검사 및 진단·평가 영역

구분	영역
학습장애	1. 지능검사 2. 기초학습기능검사 3. 학습준비도검사 4. 시지각발달검사 5. 지각운동발달검사 6. 시각운동통합발달검사

출처: 「장애인 등에 대한 특수교육법」 별표.

심화 활동 4

특수교육대상자로서의 학습장애 학생은 일반학급에 주로 배치되어 있다. 이 학생들도 「특수교육법」에서 규정하고 있는 다양한 지원(개별화교육계획, 통합교육 등)을 충분히 받도록 하려면 일반교육과 특수교육이 어떤 관계를 형성해야 할까?

6. 정리

　이 장에서는 학교에서 학습부진 및 학습장애 학생을 지원하기 위해 필요한 요소와 각 요소별 핵심 내용을 다루었다. 학습에 어려움을 겪고 있는 학생들을 지원하기 위해서는 특정 교사 개인의 노력과 헌신, 전문성만으로는 한계가 있다. 진단과 선별, 맞춤형 지도, 학교 외부 기관과의 연계, 심리 및 정서 측면의 지원, 학부모와의 연계, 지도 교원의 전문성 향상, 법 규정 등 제반 요소들이 패키지 형태로 서로 잘 연계될 때, 비로소 지속 가능한 학습부진 및 학습장애 지원 체제를 구축할 수 있다.

생각해 볼 문제

01 학습장애 학생은 특수교육 대상자의 한 유형이다. 현행 「초·중등교육법」의 학습부진아등에 대한 교육 조항에서는 학습장애 학생으로 판별된 학생은 지원 대상에서 제외하도록 하고 있다. 하지만 대부분의 학습장애 학생은 학습장애로 판별되지 않고 일반학급 내에 배치되어 있으며, 학부모는 자녀가 학습장애로 판별되는 것을 원치 않는다. 이러한 상황에서 일반학급 내에서 아직 진단되지 않고 있는 학습장애 학생은 누가, 어떻게 지도해야 한다고 생각하는가?

_____

_____

_____

_____

 **참고문헌**

박신영(2017). 배치 형태에 따른 통합교육 지원의 체계화 방안. 2017 한국통합교육학회 동계학술대회 자료집(pp. 45-47).

배상현(2017). 현장중심 통합교육 실천 내용과 발전방안. 2017 한국통합교육학회 동계학술대회 자료집(pp. 51-53).

서울시교육청(2012). 서울학습도움센터 안정적 정착을 위한 운영 매뉴얼.

서울시교육청(2019). 모든 학생을 끝까지 책임지는 2020 서울학생 기초학력 보장 방안(요약).

신현기(2004). 교육과정의 수정과 조절을 통한 통합교육 교수적합화. 서울: 학지사.

이대식(2015). 학습부진학생의 기초학력 향상을 위한 정부 지원 사업의 특징과 발전 방향. 학습장애연구, 12(3), 101-132.

이대식(2017). 토론: 학습부진 대책으로서의 1수업 2교사제 및 기초(기본)학력 보장법 적절성. 국회정책토론회 자료집(pp. 61-71).

이대식(2019a). 기초학력 정책을 위한 제언. 기초학력 정책 포럼 발표자료집(pp. 43-58).

이대식(2019b). 학습어려움, 어떻게 이해하고 대처할 것인가?: 국내 학습장애 교육 활성화를 위한 과제와 방향. 학습장애연구, 16(1), 1-32.

이대식, 김수연, 이은주, 허승준(2018). 통합교육의 이해와 실제(3판). 서울: 학지사.

장수명(2017). 초등학교 교육과정이 기대하는 교육과 학습의 목표는 누구를 위한 것인가? 국회정책토론회 자료집(pp. 84-88).

한국교육과정평가원(2012). 2012년 학력향상형 창의경영학교 신규학교 담당자 연수(ORM 2012-1) 자료집.

Collicott, J. (1991). Implementing multi-level instruction: Strategies for classroom teachers. In G. L. Proter & D. Richler (Eds.), *Changing canadian schools* (pp. 191-218). Ontario, Canada: The Roeher Institute.

Renzulli, J. S., Gubbins, E. J., McMillen, K. S., Eckert, R. D., & Little, C. A. (Eds.). (2009). *Systems & models for developing programs for the gifted & talented.* Waco, Texas: Prufrock Press Inc.

Tomlinson, C. A., & Allan, S. D. (2000). *Leadership for differentiating schools & classrooms.* Alexandria, VA: Association for Supervision and Curriculum Development.

제4장
학습부진 및 학습장애 교육의 학습이론적 근거

💡 핵심 질문

1. 학습을 자신의 말로 정의해 보시오. 학습에 대한 자신의 정의가 근거하고 있는 이론적 기반을 추적해 보시오.
2. 자신의 경험에 비추어 봤을 때 학습은 어떤 경우에 가장 잘 일어나는가?
3. 학습이 잘되게 하려면 수업은 어떠해야 한다고 보는가?
4. 학습이론에서 처방적인 교수지침을 제시하는 것이 왜 무리인가?

📋 주요 내용 요소

1. 왜 학습현상을 올바르게 이해해야 하는가
2. 학습에 대한 주요 견해
3. 학습부진 및 학습장애 교육 관점에서의 선행 학습이론의 시사점과 한계
4. 현 학교 교육 체제에서 특히 반영해야 할 학습현상

📖 핵심 용어

- 학습
- 심층학습
- 행동주의 학습이론
- 사회인지이론
- 뇌기반 학습
- 정보처리이론
- 인지학습이론
- 몰입
- 깊은 학습(deep learning)
- 적극적 학습(active learning)
- 학습단계론

1. 왜 학습현상을 올바르게 이해해야 하는가

1. 지금까지의 자신의 경험을 토대로 학습이 가장 잘 일어났던 때의 특징은 무엇이었는지 열거해 보시오.

_____

_____

_____

2. 학습은 언제, 어떤 경우에 가장 잘된다고 생각하는가? 그렇게 생각하는 근거나 이유는 무엇인가? 학습에 대한 자신의 관점이 모든 학습자에게 동일하게 적용된다고 생각하는가?

_____

_____

_____

학습에 어려움을 겪고 있는 학생들을 효과적으로 지도하기 위해서는 학습이 어떠한 경우에 잘 일어나는지에 관한 최신 이론과 경향들을 잘 알고 있어야 한다. 그렇지 않을 경우 우리는 자신이 평소에 생각하고 있는 바, 경험한 바, 혹은 주변에서 보고 들은 것에 근거하여 지도 계획을 수립하고 실제로 지도할 것이다. 그렇게 해서 효과가 있으면 다행이겠지만 그렇지 않을 경우 교사와 학생은 시간만 낭비한 셈이 된다.

학습이 어떤 경우에 가장 잘되는지에 대한 가르치는 사람의 생각은 곧 그 사람의 가르치는 방법을 결정한다. 물론, 실제 교실에서는 다양한 이유나 여건의 제한으로 자신이 생각하는 방식대로 가르치지 못할 수도 있지만, 어떻게 가르쳐야 할 것인가에 관한 결정을 내려야 할 때에는 절대적인 영향을 미친다. 따라서 현재 가르치는 일에 종사하고 있거나 향후 그럴 계획이 있는 사람들은 학습에 대한 자신의 견해를 면밀히 검토해야 하며, 그 타당성과 근거를 객관적으로 검증받고 점검할 기회를 가져야 한다. 수십 년 동안 가르치는 일에 전념할 교사나 교사 양성 기관에서 교사를 양성하는 사람들에게 이 일이 중요함은 말할 필요도 없다.

이 장에서는 학습은 언제, 왜 잘 일어나는지, 그것이 학습장애 및 학습부진 학생 지도에 어떠한 시사점을 주는지 살펴보기로 한다.

2. 학습에 대한 주요 견해

학습현상이 무엇이고, 어떤 경우에 가장 잘 일어나는가에 대한 견해는 거의 주장하는 사람 수만큼이나 다양하다. 그렇지만 최근 사람들 사이에서 널리 공감되고 있는 견해를 추려 보는 것이 불가능하지는 않다. 그중 과거부터 최근까지 학교교육에 비교적 큰 영향력을 끼쳐 온 주요 학습이론을 살펴보고, 각 이론이 학습부진 및 학습장애 학생 교수-학습 방법에 어떤 시사점과 한계점을 주는지 살펴보고자 한다.

학습에 대한 다양한 견해를 살펴볼 때 고려해야 할 사항이 몇 가지 있다. 첫째, 학습에 대한 여러 견해 중 어떤 것은 관련 학문 분야, 예컨대 인지심리학, 두뇌 신경생리학, 정보처리이론, 인식론 등의 발달에 근거하고 있다. 따라서 해당 견해에 대한 보다 심층적인 이해와 근거를 알기 위해서는 관련 학문 분야의 최신 연구 경향을 알아야 한다. 둘째, 학습에 대한 견해는 이후 관련 학문이나 연구 진행 여하에 따라 얼마든지 수정될 수 있다. 학습현상에 대한 현재까지의 지식은 학습자 개인의 지능, 동기, 자아개념, 행동 수정의 기제 등 주로 심리학적 연구방법과 개념에 근거한 측면이 많다. 하지만 새로운 개념이나 연구방법 활용 여하에 따라 학습현상에 대한 이해는 더욱 확장되고 심화될 수 있다. 셋째, 학습에 대한 견해는 개인의 경험이나 선호도, 특정 학습방법의 명칭, 주위의 의견 등에 근거해서는 안 되고, 어디까지나 체계적인 경험적 연구 결과에 근거해야 한다. 넷째, 학습현상에 대한 기술에서 특정 지도방법을 곧바로 추출하면 안 된다. 다시 말하면, 학습이 이러저러한 방식으로 일어난다고 해서 곧 그러한 방식으로 가르쳐야 한다는 처방을 내리면 안 된다. 이는 피아제의 인지발달 이론에서 곧바로 인지발달을 위한 방안을 제시하려는 시도가 무리인 것과 같은 이치이다. 현상에 대한 기술이 처방으로 이어지려면 현장 검증, 즉 실제로 그렇게 가르쳤는데 효과가 있었는지를 확인하는 단계가 필요하다.

심화 활동 **1**

1. 좋은 학습이론이란 무엇을 말하는가?

_____

_____

_____

2. 학습이론 관련 개론서에 제시되어 있는 주요 학습이론에는 어떤 것들이 있는가? 각 학습이론은
   학습부진이나 학습장애처럼 학습에 어려움을 겪는 학습자에 대해 어떤 내용을 담고 있는가?

_____

_____

_____

---

1) 행동주의 학습이론

(1) 행동주의 학습이론의 핵심 내용

학습부진 및 학습장애와 관련해서 행동주의 학습이론 중 특히 주목할 부분은 고전적 조건화의 '조건화(conditioning)' 개념과 Skinner의 '조작적 조건화(operant conditioning)' 개념이다. 조건화란 어떤 유기체에게 원래는 서로 간에 관련성이 없는 것으로 인식되거나 경험되던 것이 서로 관련 있는 것과 연합되는 현상을 말한다. 이때 '연합되었다'란 말은 곧 경험하고 인식하게 되었다는 뜻이다. 조건화 개념이 중요한 이유는 대부분의 학교학습 상황에서 학습자는 자신의 경험 밖의 아이디어, 내용, 지식 등 소위 '새로운 것'을 습득해야 하는데, 이를 위해서는 불가피하게 새로운 것과 익숙한 것 간의 연합이 필요하기 때문이다.

한편, 조작적 조건화 개념의 골자는 유기체는 어떤 행동의 결과로 강화가 수반될 경우 그 행동을 다시 할 확률이 높아진다는 것이다. 즉, 강화가 수반되는 행동일수록 학습될 가능성이 높아진다. 학교학습 맥락에서는 가르치는 사람이나 또래들로부터 긍정적인 반응을 받는 행동(즉, 학습행위)은 다시 일어날 가능성이 높기 때문에, 역으로 어떤 행동이 많이 일어나게 하려면, 즉 어떤 학습이 일어나게 하려면, 그 행동이나 학습 직후 강화를 제시해 주면 된다. 이를 위해서는 강화가 반드시 목표로 하는 행동 다음에 그것도

즉시 뒤따라야 하고, 목표로 하는 학습행위가 발생했을 때만 강화를 제공하면 된다. 조작적 조건화 개념이 중요한 이유는, 새로운 것을 어렵게 학습, 즉 연합시킨 이후 이를 유지, 강화시키려면 어떤 형태로든 학습자가 긍정적인 느낌을 갖도록 해 줄 필요가 있음을 시사하기 때문이다.

(2) 학습부진 및 학습장애 학생 지도에 주는 시사점

　조건화 개념은 자극과 반응의 연합을 위한 원리와 방법에 관해 매우 유용한 시사를 준다. 예컨대, 한글 낱글자 '가'를 읽기 위해서는 'ㄱ' 'ㅏ'와 같은 자모음 기호, 해당하는 소리, 해당하는 입 모양을 연합시키고, 나아가 각 자소에 해당하는 음소를 합성할 수 있어야 한다. 즉, 낱글자 읽기 학습의 초기 단계에서는 어떤 방식으로든 자모음 기호, 각 기호에 해당하는 소리, 입 모양 간의 연합이 형성되어야 한다. 이는 자극과 반응의 연합, 즉 조건화를 통해 가능하다.

　행동주의 학습이론을 학습에 어려움을 겪는 학생 지도에 적용하고자 할 때 고려해야할 사항 중 하나는 이들이 처음부터 한번에 정반응을 따라서 수행하지 못할 때가 많다는 점이다. 즉, 이 학생은 단계적으로 혹은 순차적으로 목표 반응에 접근해 가도록 해야 한다. 행동주의 학습이론 중 '조형(shaping)' 방법은 이러한 경우에 특히 유용하게 적용할 수 있다. 조형이란 특정 반응을 한번에 습득하기 어려워할 경우 그 반응의 하위 요소나 기능부터 강화를 제공하여 습득해 가도록 하는 방법으로, 점진적 접근법(successive approximations)이라고도 한다. 예를 들어, 처음부터 작은 글씨를 잘 쓰지 못하는 쓰기 학습장애나 학습부진 학생이 있을 경우 처음에는 큰 칸 안에 글씨를 써 보게 한 다음, 성공적으로 글씨를 쓰면 점진적으로 칸을 작게 제시하여 나중에는 작은 글씨도 쓸 수 있도록 지도할 수 있다.

　연쇄화(chaining) 역시 학습부진 및 학습장애 학생 지도에 매우 유용하게 활용할 수 있다. 이는 처음에는 한 반응만 강화하다가 다음에는 그 반응과 연속해서 일어나는 반응까지 강화하고, 그다음에는 앞의 두 반응과 연관된 세 개 이상의 반응을 강화하는 방식이다. 이 방법을 사용할 때 기억해야 할 것은 연쇄화 대상 행동이나 반응들은 서로 연속해서 일어나는 것들이어야 한다는 점이다.

　정반응 후 즉각적인 강화를 제공해야 해당 반응이 학습될 가능성이 높다는 행동주의 학습이론은 학습진전도 점검의 중요성과 유용성을 그대로 보여 준다. 학습에 어려움을 겪는 학습자일수록 가급적 자주, 그리고 학습 행위가 있고 난 직후에 그 행위의 결과에 대한 반응, 즉 강화가 제공되어야 한다.

조작적 조건화가 형성되고 어떤 행동을 하면 강화가 제공된다는 것을 학습자가 학습 전에 미리 안다면 아마도 그 학습자가 해당 행동을 학습할 가능성은 더 높아질 것이다. 수업목표 혹은 목표 도달 상태 명료화는 바로 이 원리를 응용한 시도라 할 수 있다. 즉, 학습에 어려움을 겪는 학습자들을 지도할 때에는 항상 목표 도달 상태, 학습을 모두 마쳤을 때 기대하는 상태를 초기부터 명료화하는 것이 매우 중요하다. 이 명료화는 물론 교수자에게도 수업을 설계하는 데 지침 역할을 하기 때문에 필수적이다.

조형이나 연쇄화를 통해서 목표 행동을 학습하게 하려면 이전 단계나 하위 요소 학습이 일정 기준 이상으로 습득되어야 한다. 이는 교수-학습 상황에서 완전학습 강조로 적용될 수 있다. 학습에 어려움을 겪는 학생은 히위단계 학습이 완전학습 상태에 이를 수 있도록 지도해야 한다. 그래야 다음 단계 학습 수행 시 어려움을 겪을 가능성이 줄어든다.

조형이나 연쇄화를 통해 목표 반응에 이르도록 하려면 각 학습단계나 하위 요소 학습 시마다 강화를 제공하고 이것이 목표 행동에 이르도록 정교하게 학습경로를 설계해야 한다. 이는 곧 현재의 상태에서 학습이 완료된 상태에 빠르고 정확하게, 그리고 효과적으로 도달할 수 있도록 교수-학습활동을 설계하는 일에 해당한다. 이처럼 행동주의 학습이론은 최단 시간에 목표 학습상태에 정확하게 이르게 해 주는 교수-학습활동 설계의 필요성과 중요성을 잘 드러내어 준다.

(3) 학습부진 및 학습장애 학습이론으로서의 제한점

행동주의 학습이론은 목표 상태에 이르는 학습경로를 설계하는 일의 중요성과 유용성에 대해서는 명확한 시사점을 주지만, 구체적으로 그 설계를 어떻게 해야 하는지에 대해서는 명료한 지침을 주지 못한다. 학습경로의 설계는 추상적인 것이 아니라 언제나 특정 지식이나 특정 교육내용 맥락 안에서 이루어져야 한다. 각 교육내용별로 학습경로를 어떻게 설계해야 학습에 어려움을 겪는 학습자들이 학습목표에 쉽고 빠르게 도달할 것인가는 해당 내용의 지식의 구조나 성격, 해당 내용 관련 학습자의 심리나 동기 등에 의해 영향을 받는다. 즉, 행동주의 학습이론은 교수 설계의 절차, 기법 등에 관해서는 유용한 시사점을 주지만, 특정 내용 교수 시에 그 절차와 기법을 어떻게 적용해야 할지에 대해서는 구체적인 해답을 줄 수 없다. 해당 내용에 대한 이해와 지식이 뒷받침되어야 한다. 예컨대, 조형, 연쇄화, 조건화 등의 개념을 포함하여 행동주의 학습이론에 아주 해박해도 분수나 이차함수의 첫 단계에서 학습이 완료된 상태에 이는 학습경로를 설계할 수 있으려면 분수나 이차함수의 내용 요소, 기능, 개념, 규칙 등을 알아야 한다.

2) 정보처리이론 기반 학습이론

(1) 정보처리이론의 핵심 내용

정보처리이론은 인간의 인지 작동 기제를 컴퓨터의 처리방식에 빗대어 설명한다([그림 4-1] 참조). 정보처리이론에 따르면, 학습이 잘되었다는 말은 외부로부터 유용한 정보를 최대한 많이 수용하여 장기기억 속에 저장해 두었다가 필요할 때 필요한 정보를 인출할 수 있다는 것을 뜻한다. 구체적으로, 정보처리이론에 따르면 인간이 인지능력을 잘 발휘한다는 것은 다음 사항을 뜻한다.

첫째, 감각등록기를 통해 유용한 정보를 최대한 많이 수용한다. 감각등록기를 통과하지 못한 정보는 아무리 유용하고 필요해도 인간의 인지 작용 밖에 존재하기 때문에 적어도 해당 정보처리자에게는 아무런 소용이 없다.

둘째, 감각등록기를 통과한 정보들은 단기기억 패드에 올라가야 한다. [그림 4-1]에서 패드 모양이 시사하듯, 단기기억은 적은 양의 정보를 짧은 시간 동안만 기억할 수 있다. 단기기억 패드에 올려진 정보만 작업기억을 거쳐 장기기억 속에 저장될 가능성이 있다. 이 단계에서 단기기억 패드에 올라가지 못한 정보는 상실된다.

셋째, 장기기억 속에 새로운 정보가 저장되려면 작업기억 과정을 거쳐야 한다. 작업기억 단계에서는 새로운 정보와 기존 정보를 연계시키는 활동이 일어나야 한다. 이를 위해서는 [그림 4-1]의 작업대가 시사하듯 일정 시간 새로운 정보를 파지(hold)하고 있으면서 장기기억 속에서 새로운 정보와 관련 있는 정보를 찾아서 서로 연결시켜야 한다. 이는 한편으로는 정보를 활성화된 상태로 저장하고 있으면서 다른 한편으로는 장기기억 속의 여러 정보를 탐색하면서 만족스러운 연결이 일어날 때까지 끊임없이 두 정보 간의 연결을 시도해야 하는 매우 복잡하고 역동적인 과정이다.

넷째, 천신만고 끝에 장기기억에 도달한 정보는 그림의 파일 캐비닛이 시사하듯 잘 조직하여 저장되어야 한다. 그래야 필요한 정보를 즉시 인출할 수 있다. 이는 마치 도서관에 장서가 많아도 필요한 도서를 즉시 찾을 수 없다면 이용자에게 그 도서관은 무용지물인 것과 같은 이치이다. 장기기억 속의 저장된 지식은 그림의 화살표가 보여 주듯 정보처리 각 과정에 영향을 미친다. '아는 만큼 보인다'는 말이 시사하듯, 이는 많이 알고 있을수록 정보처리과정이 더 효과적으로 잘 일어날 수 있음을 뜻한다.

다섯째, 정보처리모형의 맨 위에 위치하고 있는 집행자 혹은 상위기술은 정보처리과정 전체를 조망하면서 정보처리 과정이 순조롭게 이루어지지 못하는 곳은 보완하도록 명령을 내리는 역할을 한다. 즉, 자신이 어떤 정보를 어떻게 처리하고 있는지를 스스로 점검하는 역할을 한다. 집행자 혹은 상위기술은 흔히 메타인지로도 불린다. 만약 이 기능이 제대로 작동하지 않으면 어떤 부분은 불필요하게 많은 에너지를 사용하고, 다른 부분은 정보가 제대로 처리되지 않고 있음에도 이를 무시함으로써 결국은 인지능력이 제대로 발휘되지 못할 수 있다.

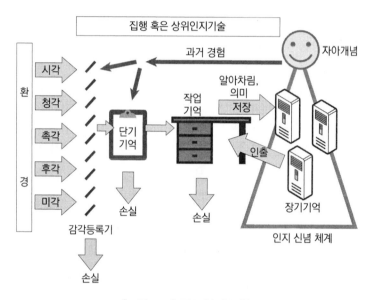

[그림 4-1] 정보처리모형

출처: Sousa (2011), p. 43.

정보처리모형에 따르면, 우리가 정보를 수용하여 저장했다가 필요할 때 인출할 수 있게 되기까지는 여러 가지 '장애물'을 통과해야 하는데, 학습장애나 학습부진 학생들은 그러한 장애물을 통과하기가 훨씬 어렵다. 그 장애물이란, 첫째, 외부정보가 감각등록기를 통과해야 하는데 학습에 어려움을 가진 학생들의 경우 두 가지 측면에서 불리한 특성을 갖고 있다. 주의력이 낮아서 필요한 정보에 오랫동안 집중하지 못하거나, 주의가 산만해서 정작 필요한 정보보다는 불필요한 정보에 주의를 기울인다. 특히 무수히 많은 정보 중에서 꼭 필요한 정보에만 집중하는 선택적 주의력이 중요한데, 이 학생들은 어떤 정보가 중요한 정보인지를 잘 알지 못할 수 있고, 설사 알아도 짧은 주의집중력 때문에 필요한 시간만큼 주의를 할당하지 못할 수 있다. 문제는 정보가 이 감각등록기를 통과해야만 그다음 단계로 나갈 수 있다는 점이다. 이 단계에서의 장애물을 극복하기 위해서는 일단 필요한 정보에 선택적으로 주의를 기울이고 필요한 시간 동안 주의를 기울이게 하는 다양한 전략을 가르치고 훈련시켜야 한다.

둘째, 두 번째 장애물은 단기기억이다. 학습에 어려움을 갖고 있는 학생들의 경우 단기기억능력 자체가 다른 학생에 비해 넉넉하지 않기 때문에 단기기억 패드에 올려놓을 수 있는 정보의 양이 다른 학생에 비해 상대적으로 적다. 이 단계에서의 장애물을 극복하기 위해서는 정보를 관련 있는 것끼리 묶는 '덩어리화(chunking)' 전략 같은 기억보조 전략을 지도하는 것이 필요하다.

셋째, 작업기억은 학습에 어려움을 겪는 학생들이 가장 어려워하는 정보처리 단계이다(Alloway, 2011). [그림 4-1]의 작업대 혹은 탁자 이미지가 나타내듯, 작업기억의 핵심 역할은 정해진 시간 안에 새로운 정보와 기존 정보를 서로 연결시켜 어떤 과제를 수행하는 것이다. 상당수의 학업과제는 작업기억 발휘를 필요로 하기 때문에 작업기억 능력이 특히 약한 학습부진 및 학습장애 학생들의 경우에는 학업에 어려움을 겪을 수밖에 없다.

넷째, 기억의 궁극적인 목적은 인출, 그것도 빠르고 정확한 인출이다. [그림 4-1]에서 사물함 이미지가 잘 나타내듯, 장기기억 속의 정보가 잘 인출되려면 잘 조직해서 저장되어 있어야 한다. 하지만 학습에 어려움을 겪는 학생들은 정보를 조직하여 저장하는 능력에서 다른 학생들보다 그 수행 능력이 낮기 때문에 이 부분에서도 학습에 불리한 특성을 보인다.

다섯째, 정보처리능력이 잘 발휘되려면 집행기능 혹은 상위인지기술이 잘 발휘되어야 한다. 학습에 어려움이 있는 학생들은 이 기능이 상대적으로 약하기 때문에 자신이 무엇을 잘 모르는지, 무엇을 더 많이 학습해야 하는지 등에 대해 잘 모를 수 있다.

(2) 학습부진 및 학습장애 학생 지도에 주는 시사점

학습에 어려움을 겪는 학습자들은 정보처리 각 과정마다 정보처리에 매우 불리한 특성들을 갖고 있기 때문에 이를 보완해 줄 다양한 전략을 고안하여 제시해 주고 훈련시켜 이를 잘 활용하도록 해야 한다. 첫째, 감각등록기 단계에서 많은 학습부진 및 학습장애 학생은 주의집중력이 부족하기 때문에 유용한 정보 수용에 필요한 주의를 충분히 기울이지 못할 수 있다. 이러한 경우에는 시각적 자극이나 주의 집중 자극 단서를 사용해야 한다.

둘째, 단기기억 단계에서는 가급적 많은 정보가 단기기억 패드에 올라갈 수 있도록 관련된 정보를 묶어서 기억하도록 하는 전략을 구사하도록 지원해야 한다. 이는 반복연습과 정보의 조직화, 연결 등을 통해서 가능하다.

셋째, 작업기억 단계와 상위기술 혹은 집행자 부분은 학습에 어려움을 겪는 학습자들이 상대적으로 가장 취약한 부분이다. 부족한 작업기억 용량 특성을 보완하기 위해서는 정교화(elaboration) 전략이나 시연(rehearsal) 전략을 통해서 적극적이고 능동적으로 정보를 처리하도록 지원해야 할 것이다. 집행자 기능을 강화하기 위해서는 초인지 전략, 인지전략 등을 충분히 훈련시켜 이를 활용하도록 해야 한다.

넷째, 장기기억단계에서의 학습 어려움 학생의 취약점은 정보를 잘 조직하여 저장하지 못한다는 점이다. 이러한 약점을 보완하기 위해서는 정보를 잘 조직해서 제시하고 정보를 조직화하는 전략을 습득하도록 해야 한다. 교수자 입장에서는 학습내용을 제시할 때 관련된 것은 관련된 것으로 인식할 수 있도록 큰 개념이나 원리를 중심으로 구조화해서 각 지식이나 내용 요소 간의 관계를 잘 파악할 수 있도록 필요하다면 시각적으로 입체화하여 제시하는 것이 효과적이다.

다섯째, 장기기억이 정보처리의 각 과정에 영향을 주는 그림은 학습과정에서 정보를 저장하기 위한 학습뿐만 아니라 인출 연습을 많이 하는 것도 중요함을 보여 준다. 학습부진 및 학습장애 학생의 경우 인출 시간이 충분히 주어지면 또래와 큰 차이를 보이지 않지만, 제한된 여건 속에서 필요한 정보를 빠르고 정확하게 인출하는 데에는 큰 어려움을 호소한다. 이 경우에는 빠르고 정확하게 관련 정보를 인출하여 학습과제를 해결하는 연습을 충분히 하도록 해야 한다.

(3) 학습부진 및 학습장애 학습이론으로서의 제한점

정보처리이론은 학습전략의 활용방안이나 구체적인 학습현상 설명에 매우 설득력 있지만, 학습에 영향을 미치는 다른 요인들, 예컨대 정서나 심리의 영향, 가정환경 영향, 또래와의 관계, 교수자와의 관계 등에 대해서는 별다른 지침이나 안내를 주지 못한다. 또한 행동주의 학습이론과 마찬가지로, 특정 내용의 맥락 안에서 지식의 구조 등을 반영하여 교수-학습 과정을 어떻게 설계해야 학습자들이 빠르고 정확하게 학습목표 상태에 이를 수 있는지에 대해서도 구체적인 지침을 제공해 주지 못한다.

3) 사회인지이론

(1) 사회인지이론의 핵심 내용

사회인지(social cognition)이론의 핵심은 다른 사람의 행동이나 주변의 상황에 대한 우리의 관찰, 해석, 지각, 인식이 우리가 특정한 방식으로 생각하고 행동하는 데 영향을 미친다는 점이다. 그런데 다른 사람을 관찰할 때 우리는 특정 행동 자체만 관찰하는 것이 아니라 그 행동 이후 그 사람에게 일어나는 주위의 반응까지 관찰한다. 즉, 우리는 다른 사람을 통해 간접적으로 어떤 행동을 하고 나면 주위에서 어떤 반응이 일어나는지를 확인함으로써 우리도 그러한 행동을 할 것인가 말 것인가를 결정할 수 있다. 사회인지이론에 따르면, 우리는 이전에 어떤 행동을 전혀 해 본 적이 없이 단지 보는 것만으로도 해당 행동을 할 수 있다.

(2) 학습부진 및 학습장애 학생 지도에 주는 시사점

학습에 어려움을 겪는 학습자 지도 맥락에서 사회인지이론은 시범(modeling)의 중요성을 잘 보여 준다. 시범은 특정 학습과제의 수행 방법을 보여 주기 위함뿐만 아니라, 어떤 행동은 정반응으로 강화를 받고 어떤 행동은 그렇지 않은지를 보여 줌으로써 학습자로 하여금 정반응을 하도록 유도할 수 있다. 예컨대, 특정 학습전략이나 공부방법의 사용을 단계적으로, 그리고 명시적으로 보여 줌으로써 학습자들도 그러한 전략이나 공부방법을 사용할 수 있게 도와줄 수 있다. 또한 잘 작성된 문장이나 모범적으로 문제를 해결하는 과정을 상세하게 보여 주고 구체적으로 어떤 부분이 어떤 측면에서 잘되었는지를 조목조목 지적해 줄 경우 시범의 효과는 더 높아질 것이다.

시범은 단순히 외적으로 관찰할 수 있는 특정 행위에만 국한되지 않는다. 사고과정, 인지처리과정 등도 시범을 통해 학습자들에게 전달할 수 있다. 예를 들어, 생각 크게 말하기(thinking aloud) 방법을 사용하여 교수자나 또래 교사는 특정 과제를 수행하거나 문제를 해결하는 과정을 학생에게 전달해 줄 수 있다. 예를 들어, 작문할 때 계획 세우기를 어려워하는 학생들을 대상으로 교사는 계획하는 과정을 생각 크게 말하기를 통해 학생들에게 시범을 보여 줄 수 있다. 하지만 주의집중력이 낮고 기본적인 인지능력이 낮을 경우 웬만큼 시범이 명료하지 않으면 특정행동을 관찰했다고 해서 곧바로 그 행동 학습이 일어나지 않을 수도 있다.

(3) 학습부진 및 학습장애 학습이론으로서의 제한점

사회인지이론은 시범의 중요성과 효과에 대해 관심을 갖게 하는 데에는 성공했지만, 실제로 시범을 어떻게 해야 학습에 어려움을 겪는 학습자들의 학습에 효과적인지에 대해서는 구체적인 지침을 주지 못한다. 앞서 언급한 이론들과 마찬가지로, 시범의 내용과 방법은 특정 맥락하에서 구체적으로 다루어져야 한다. 예컨대, 또래나 교사의 시범이 효과적이라고 해도 정작 교사나 또래가 어떻게 그 시범을 보이게 할 것인가 하는 문제가 남아 있다. 시범을 보여야 한다는 것을 안다고 해서, 예컨대 분모가 다른 두 분수의 덧셈과 뺄셈 풀이 과정을 '잘' 시범 보일 수 있는 것은 아니다. 시범의 질, 내용, 방법, 효과에 대한 평가는 시범 보이고자 하는 내용 맥락에서만 가능하다.

4) 심층학습이론

(1) 심층학습의 의미

어떤 분야의 전문가가 초보자와 가장 크게 다른 점 중 하나는 해당 분야의 지식이나 내용들을 서로 잘 연결된 형태로 알고 있다는 점이다. 심층학습(deep learning)은 바로 이러한 점에 착안하여 학습자로 하여금 가급적 내용 간 연계성에 주목하면서 학습하도록 하는 접근이다. Jensen과 Nickelsen(2008)은 그들의 저서 『Deeper Learning』에서 단순학습(simple learning)과 심층학습(deeper learning)을 구분하면서, 두 개념을 다음 〈표 4-1〉과 같이 비교했다. 한마디로, 심층학습은 다단계 학습, 복잡한 처리, 다층적이고 확산적인 사고, 다학문적 사고, 다차원 분석 등을 핵심으로 하는 학습을 말한다.

〈표 4-1〉 단순학습과 심층학습 비교

비교 항목	단순학습	심층학습
정의	초보 학습자가 단 한번에 습득할 수 있는 학습, 지식, 반응을 말함. 피드백이나 오류 교정을 필요로 하지 않음. 단 한번의 상호작용으로 학습할 수 있음. 애매성이 거의 없이 명료함	여러 단계를 거쳐서 학습해야 하는 새로운 내용이나 기술을 습득하고 그것을 사고, 영향, 행동을 변화시킬 만큼 여러 차원으로 분석하거나 처리하는 것
장점	단순하고 빠름. 연령, 문화, 지능, 세대, 맥락과 무관함. 친숙함과 맥락이 따라옴. 이후 모든 학습의 기반이 됨. 거의 대부분은 생존에 도움이 됨	우리가 만족해하는 많은 것은 복잡한 지식과 기술의 산물임. 두뇌는 심층학습이 일어날 경우 더욱 활성화됨. 심층학습은 대개 이해, 유지, 적용을 더 진전시킴
단점	표면적 지식에 그침. 초보 학습자나 어린 아이에게 많이 일어남. 사고의 복잡성이 부족함. 학습 자체는 힘들 수 있지만 논쟁의 여지가 없음	기본적인 배경 지식을 필요로 하고, 시간이 많이 걸리며 많은 노력과 의지가 필요함. 과정과 산출물은 많은 경우 비판적이고 다양한 관점에서 검토를 받아야 함
필요한 교육환경	내적 추진력을 충족시켜 주지 못하기 때문에 외적 동기화 필요. 때론 학습자에게 강요하기 필요. 지엽적이고 국소적인 두뇌 활동 중심	시간과 집중, 배경 지식, 구체적인 처리 절차. 지엽적이고 국소적인 것보다는 두뇌 전 지역에서의 활동이 더 많이 관여함
유사어	조건화된 반응, 단순 학습, 짧고 일방향적, 단순, 연합학습, 고립된, 필수적인, 미시적	고등사고, 복잡한 처리, 다층적이고 추상적 사고, 확산적 사고, 창의적 사고, 비판적 사고, 다단계 습관, 일부 절차적 기억
학습 예	• 중요한 역사적 날짜, 구구단, 단어 연합, 자모음 암기하기 • 일단의 어휘나 특정 단어 뜻 학습하기 • 사람 이름, 전화번호, 방향, 활동 등의 학습하기	• 읽기, 다학문적 사고, 나눗셈 해법을 이용한 문제 해결 • 목표와 그 목표 도달 전략 설정하기 • 협상하는 방법, 어떤 것을 개발하는 방법 알기 • 논쟁 기술, 연구 기술 • 조립하기 • 학위 논문이나 업무 계획을 관리하고 처리하는 것

출처: Jensen & Nickelsen (2008), pp. 8-10.

처리 수준이 깊은 학습은 어떻게 가능할까? Ambitious Science Teaching(2014)에서는 소위 심층학습을 유도하기 위한 수업계획 형식을 〈표 4-2〉와 같이 제시했다. 〈표 4-2〉 수업계획예시의 특징은, 첫째, 핵심역량, 큰 개념이 심층학습에 매우 중요한 역할을 하고 있다. 둘째, 3단계에서 큰 개념에 대한 교수자 자신의 이해를 심화하는 부분이 주목되는 부분이다. 즉, 학습자들의 심층학습을 위해서는 교수자 자신의 심층이해가 선행되어야 한다. 셋째, 4단계에서 심층이해에 도움을 줄 실제 관찰 사례, 거점 사례를 확보하는 것이 중요하다. 즉, 심층이해를 위해서는 핵심역량이든 큰 개념이든 이런 것들을 이해하고 적용할 수 있는 실제 사례를 확보하여 학생들에게 보여 주는 것이 중요하다. 넷째, 5단계에서 학습성공 상태를 명료화하는 것은 Wiggins와 McTighe(2005)의 백워드 설계 모형에서처럼, 학습목표에 도달한 상태를 구체화하고 명료화하는 것이 중요하냐는 주장과 일맥상통한다.

〈표 4-2〉 심층학습을 위한 수업계획

단계	단계명	주요 교수-학습활동
1단계	단원 관련 핵심역량 및 교과 역량 확인하기	1.1. 단원명과 단원 내 각 소주제(차시명)을 열거한다. 단원명: 　소주제(차시)명: 　　1) 　　2) 　　3) 　　…… 1.2. 단원 관련 핵심역량 및 교과 역량을 기술한다. 단원명: 관련 핵심역량 혹은 교과 역량:
2단계	단원명과 핵심역량 으로부터 큰 개념 추출하기	2.1. 교육과정 내용과 핵심역량을 참조하여 큰 개념 추출 • 반드시 가르치고 배워야 할 개념, 수업할 내용의 근저를 이루고 있는 개념 추출 • 수업 내용, 현상 등을 이해하고 설명할 수 있는 기본 원리, 법칙 등 • 큰 개념은 개념, 사실, 현상 간의 관계로 진술 • 큰 개념 추출 후 동료 교사와 협의 및 조정 2.2. 큰 개념과 관련 있는 학습자의 경험 파악 • 학습자는 삶의 어떤 경우, 어디에서 큰 개념과 관련된 경험을 하는가?

3단계	큰 개념에 대한 교수자 자신의 이해 심화시키기	3.1. 새롭게 알게 된 개념, 사실, 관련성 등 기술
4단계	거점 현상과 설명 모델 조화시키기	4.1. 학생들의 심층이해에 도움을 줄 실제 관찰 가능한 사례 확보 • 배워야 할 개념을 사용하지 말고 실제 사례 명칭만 거론할 것 • 교과서에 있는 활동을 기계적으로 사용하지 말 것 4.2. 실제 사례에 대한 배경 설명 • 추상적이고 학문적인 개념이 아닌 생생한 실제 생활 사례로 거점 사례 설명 4.3. 거점 사례, 거점 현상에 대한 이유 소개 • 대상 학년 학생이 충분히 이해할 수 있는 추상적이고 볼 수 없는 인물, 사건, 속성 등을 사용하여 설명
5단계	학습 성공 상태 구체적으로 기술하기	5.1. 학습을 성공했을 때 학습자가 수행할 수 있고 보여야 하는 기술, 능력, 상태 등

한편, Webb(2002)은 내용과 과제의 복잡성에 따라 '지식의 깊이(depth of knowledge)' 개념을 제시했다. 이에 따르면, 지식의 깊이 수준은 1단계 회상과 재생, 2단계 기술(skill)과 개념의 기본적인 적용, 3단계 전략적 사고, 4단계 확장된 사고 등으로 나뉠 수 있다. 이는 내용의 지적 수준을 분류한 것이라기보다는 학습자들이 내용을 가지고 상호작용을 할 때 거쳐야 하는 사고의 네 가지 다른 측면을 의미한 것으로 보인다. 즉, 처음에는 내용 자체에 대한 이해와 재생에 초점을 맞추고, 단계가 높아질수록 적용과 응용, 타 영역과의 연계 활동에 초점을 두고 있다. 물론 응용과 확장이 일반적으로는 더 높은 수준의 인지활동을 요구하긴 하지만, 학습자에 따라서는 1, 2단계부터 어려움을 느낄 수 있다. 그런데 1단계 학습은 이후 단계 활동에 필수적이다. 모든 학습자가 낮은 단계는 쉽게 건널 수 있을 것이라고 가정하면 곤란하다.

Webb의 지식의 깊이 개념은 교육의 내용과 그 내용에 대한 이해의 수준-깊이를 확인할 수 있게 해 주는 개념이다. 이 개념은 학생들이 교육내용과 상호작용하는 네 가지 서로 다른 사고과정의 수준, 깊이를 나타낸다. 따라서 이 개념은 어느 정도 깊이로 학생들이 사고할 수 있게 할 것인가에 대해 수업을 계획할 때뿐만 아니라, 학생들이 특정 내용을 얼마나 깊이 이해하고 있는가를 알아보기 위해 평가 계획을 수립할 때에도 지침으로 사용할 수 있다.

그럼에도 일반적으로는 학습부진 및 학습장애 학생에게는 깊이 있는 사고를 요하는 활동이 적절치 않은 것으로 알려져 있다. 하지만 이 학생들이라고 해서 심층사고 활동 자체를 하지 못하게 해야 한다는 의미로 해석되어서는 곤란하다. 실제로, Vaughn과 Linan-Thompson(2003)이 선행 문헌들을 종합하여 분석해 본 결과, 학습장애 학생에게 효과적인 교수-학습 접근 중 하나는 '상위 수준의 사고 기술과 문제 해결 활동'이었다. 이들은 그 이유로 그러한 활동이 학생들로 하여금 특히 수학과 과학에서 더 복잡한 문제와 프로젝트를 다루도록 함으로써 지식과 기술의 통합을 촉진할 수 있기 때문이라고 주장했다.

(2) 학습부진 및 학습장애 학생 지도에 주는 시사점

심층학습이론과 Webb(2002)의 지식의 깊이 개념은 학습자가 심층학습과정에 능동적으로 참여할 경우, 비록 그 학습자가 학습에 어려움을 겪는 사람이라 하더라도, 학습할 내용의 이해, 유지, 적용을 더 진전시킬 수 있음을 시사해 준다. 학습에 어려움을 겪는 학습자라고 해서 쉬운 과제만 제시하는 것은 이들의 학습 능력 향상에 결코 도움이 되지 않는다. 비록 학습에 어려움을 갖고 있다고 해도 다학문적 사고, 다단계 사고, 복잡하고 다양한 요소 고려 등의 요소를 적극 활용해야 한다. 이는 학습자가 도저히 해결할 수 없는 과제를 제시하라는 뜻이 아니라, 심층학습에 효과적인 활동, 예컨대 어떤 내용의 습득과 재생에만 치중하지 말고 비록 낮은 수준에서라도 다른 것으로의 적용과 연결을 해보도록 하라는 뜻이다. 중요하게 고려해야 할 점은 지식의 처리 수준은 학습의 위계나 단계 개념처럼 순차적이 아닐 수도 있다는 점, 그리고 학습자마다 능력과 선수 지식 정도에 따라 주어진 시간 안에 도달할 수 있는 지식의 처리 수준 정도가 다를 수 있다는 점이다. 이는 곧 교수-학습과정에서 개인별 학습진행 속도와 양상을 고려해야 함을 시사한다.

(3) 학습부진 및 학습장애 학습이론으로서의 제한점

심층학습이론이 학습부진 및 학습장애 학생들의 지도 접근으로 유효하기 위해서는 앞의 〈표 4-1〉에서 언급한 단점에도 나와 있듯이 기본적인 배경지식, 오랜 학습시간, 많은 학습노력 등이 필요한데, 공교롭게도 학습에 어려움이 있는 학생들은 바로 이러한 측면에서 또래보다 불리한 특성을 갖고 있다. 즉, 기본지식이 형성되어 있지 않은 경우가 많고, 오랜 시간 동안 학습하기 어려워하며, 많은 학습노력을 기울이는 데 어려움을 호소한다. 이와 같이, 심층사고에 이르기 위해 반드시 거쳐야 하는 단계에서 멈추어 버리거나 어려움을 느낄 때 해당 부분을 어떻게 지도해야 하는가는 여전히 해결해야 할 문제로 남아 있다.

5) 몰입이론

(1) 몰입이론의 핵심 내용

Csikszentmihalyi(2008)의 몰입이론에 따르면, 학습에의 몰입은 학습과제가 학습자의 능력에 비해 너무 어렵지도 너무 쉽지도 않을 때 가장 잘 일어난다. 다음 [그림 4-2]에서 과제 난이도와 학습능력이 균형을 이룰 때 '몰입구간'이 생긴다. 학습과제가 능력에 비해 너무 어려우면 불안, 근심이 생겨 학습에 집중하기 어렵고, 반대로 학습과제가 능력에 비해 너무 쉬우면 권태, 지루함을 느낀다.

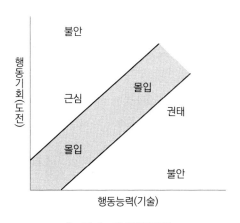

[그림 4-2] 몰입구간

(2) 학습부진 및 학습장애 학생 지도에 주는 시사점

몰입이론이 학습부진 및 학습장애 지도에 주는 시사점은 명료하다. 학습자 능력을 감안하되, '적당하게 어렵게' 학습과제를 접할 수 있도록 교수-학습과정을 설계하라는 것이다. 이들이 적당하게 어렵게 느끼게 하려면 아무래도 각 단계별, 과정별 난이도 차이를 최대한 촘촘하게 해 주어야 한다. 즉, 이전 단계에서 이후 단계로 진행하는 데 큰 어려움이 없도록 교육내용과 교육 진행 과정을 설계해야 한다. 이는 곧 Carroll(1963)이 주장했던 질 높은 수업의 핵심 요건이기도 하다.

(3) 학습부진 및 학습장애 학습이론으로서의 제한점

학습자가 몰입상태에 이르도록 교수-학습과정을 설계할 수 있으려면, 먼저 특정 학습 과제나 내용을 가장 낮은 단계부터 가장 높은 단계까지 가능한 한 촘촘하고 세부적으로 설정할 수 있어야 한다. 문제는 학습부진 및 학습장애 학생의 경우 능력이나 선수 학습 정도가 또래보다 심하게 낮을 수 있어 그들에게 적당하게 어려운 학습과제를 찾기가 쉽 지 않다는 점이다. 특히 이 학생들의 경우 몰입구간에 이르기 위해서는 일반적인 교과교 육 내용과 수준보다 훨씬 아래 단계의 학습과제를 필요로 한다. 보통의 교과서를 중심으 로 수업이 이루어지는 정규 수업시간에는 이들에게 적당하게 맞는 학습과제를 줌으로써 이들이 몰입 경험을 하도록 하는 일이 쉽지 않다.

6) 뇌기반 학습이론 혹은 능동적 학습이론

(1) 뇌기반 학습이론의 핵심 내용

신경심리학적 관점에서 학습이 일어나는 기제는 대략 이러하다. 첫째, 복잡하고 고등 적인 사고 기능이 발휘되려면 단위 면적당 뉴런의 밀도가 높아야 한다. 우리 신체 중 뉴 런의 밀도가 가장 높은 곳은 두뇌이다. 그런데 이 뉴런의 밀도에 영향을 미치는 변수는 영양소와 감각 및 인지적인 자극이다. 적절한 영양분을 섭취할 때, 그리고 적절한 자극 이 있을 때 두뇌발달은 촉진된다. 둘째, 뉴런끼리는 서로 연결되어 있어야 각종 인지 및 신체 기능을 발휘할 수 있는데, 이 연결을 담당하는 곳이 수상돌기와 축색돌기, 그리고 뉴런 간의 연결접점인 시냅스이다([그림 4-3] 참조). 일반적으로, 수상돌기는 가지들이 많 을수록 기능 발휘에 유리한데, 이 가지들의 많고 적음에 영향을 주는 것 또한 영양소와 다양한 형태의 자극이다. 수상돌기를 통해 들어온 전기 신호가 이웃하고 있는 뉴런으로 전달되려면 축색돌기를 거쳐야 하는데, 이 과정에서 옆 뉴런으로부터 전달받은 전기 신 호를 온전하게 그리고 빨리 운반하는 것이 인지기능 발휘의 핵심이다. 축색돌기 부분의 수초 조직은 바로 그것이 가능하도록 일종의 절연체 역할을 하는데, 이 수초의 발달에 영향을 주는 것이 연습의 양과 적절한 영양 공급이다.

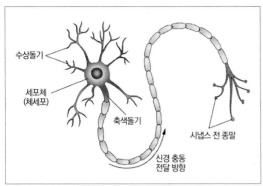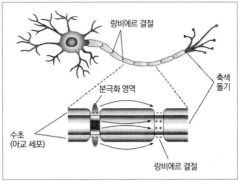

[그림 4-3] 두뇌 신경세포 작동 원리

출처: Gazzaniga & Heatherton (2003), pp. 70, 75.

뇌기반 학습을 연구하는 학자들에 따르면, 우리 두뇌는 다음과 같은 학습 특성을 갖고 있다(Peterson & Hittie, 2010). 첫째, 두뇌는 동시적으로 정보를 처리한다. 단계적, 순차적, 계열화된 학습은 유의미한 학습을 방해한다. 둘째, 두뇌는 전체와 부분을 동시에 처리한다. 셋째, 의미를 추구하는 것은 자동적이고 기본적인 인간의 두뇌 작용이다. 넷째, 인지와 정서는 서로 뗄 수 없는 정도로 밀접히 관련되어 있다.

(2) 학습부진 및 학습장애 학생 지도에 주는 시사점

Corbin(2013)은 뇌기반 학습의 특성을 감안하여 학습에 효과적인 접근들을 다음 [글상자 4-1]과 같이 제시하였다.

[글상자 4-1] 뇌기반 학습 원리

- 새로운 지식 구성하기
- 다양한 학습 방식 허용하기
- 의미, 연관성, 패턴 구성하기
- 두뇌 전체를 자극하는 학습(Whole-Brain Learning) 중시
- 다양한 기억경로 이용하기
- 신체활동 및 움직임을 통한 학습
- 기억, 학습, 감정 요소 포함시키기
- 학습 성찰과 자기평가 기회 주기
- 학습과정에서 사회적 상호작용 활용하기
- 학습시간 패턴을 고려하기

두뇌 신경세포 간 작동 원리를 고려했을 때, 학습이 잘 일어나기 위해서는 전기신호가 온전하고 빠르게 뉴런 간에 전달되는 것이 중요하다. 이를 위해서는 학습자에게 의미를 부여하고, 학습자의 주의를 끌며, 적절한 도전을 주면서도 반복적으로 연습할 기회를 제공하는 방식으로 학습과제나 지도 방식을 적용해야 한다. 이를 위한 구체적인 방안으로는 생소한 질문 제기하기, 생활 경험과 연결시키기, 개인적인 의미 부여하기, 다른 것과 연결 및 통합시키기, 심화 및 확장시키기, 다양한 모드로 학습한 내용의 표상화, 표현, 되새김(externalization & articulation) 촉진하기 등이 가능할 것이다.

(3) 학습부진 및 학습장애 학습이론으로서의 제한점

뇌기반 학습은 일단 그것이 일어나기만 하면 학습에 더없이 유리한 조건으로 작용한다. 하지만 학습에 어려움을 겪는 학습자들이 자연적으로 뇌기반 학습활동에 참여할 가능성은 그리 크지 않다. 예를 들어, 뇌기반 학습이론에 따른 접근들(다양한 학습 방식 허용, 두뇌 전체 자극 학습활동, 다양한 기억 경로 이용하기, 학습성찰하기, 다른 것과 연계시키기, 생활 경험과 연결시키기, 다양한 모드로 표현해 보기 등)은 모든 학습자가 처음부터 스스로 할 수 있는 활동들이 아니다. 교수자가 정교하게 해당 활동들이 실제로 일어나도록 그에 적합한 활동들을 미리 설계해 놨다가 시의적절하게 그 활동들을 수행하도록 기회와 자극을 제공해야 한다.

7) 인지학습이론

(1) 인지학습이론의 핵심

인지심리학자 Willingham(2009)은 그의 저서 『왜 학생들은 학교를 싫어하는가?』에서 학생들이 학교에서의 공부를 싫어하는 이유를 다음 두 가지로 제시했다. 첫째, 공부하는 내용이 학생들의 흥미를 끌지 못하기 때문이다. 둘째, 내용 자체가 흥미를 끌지 못하면 난이도가 적절해야 한다. 즉, 난이도가 너무 쉽거나 어렵지 않아야 한다. 이어서 그는 인지심리학적 관점에서 성공적인 사고가 일어나려면 네 가지 조건이 필요하다고 했다. 첫째, 환경으로부터 필요한 정보가 제시되어야 한다. 둘째, 장기기억 속에 필요한 정보가 어느 정도는 저장되어 있어야 한다. 셋째, 단순히 장기기억 속에 저장된 정보의 양만으로는 충분하지 않고 어떤 과제나 문제를 해결할 절차를 잘 알고 있어야 한다. 넷째, 충분한 작업기억 용량이 있어야 한다.

학습내용에 대한 흥미 역시 학습에 어려움을 겪고 있는 학습자들에게서는 크게 기대하기 어렵다. 잠자고 있는 혹은 전혀 존재하지 않는 흥미를 깨우거나 형성시키기 위해서는 이를 자극할 방법을 적용해야 하는데, Willingham(2009)은 신기성, 복잡성, 이해 가능성, 실제성 네 가지를 갖추어야 한다고 주장한다. 인지학습이론에 따르면, 특히 학습 초기 단계에서는 새로운 과제나 정보가 학습자의 기존 지식기반과 연결될 수 있도록 다양한 지원을 제공하는 것이 중요하다.

(2) 학습부진 및 학습장애 학생 지도에 주는 시사점

인지학습이론은 학습의 어려움을 학습자 개인의 흥미나 인지적 능력 부족에만 고정시키지 않는다. 인지적 능력 부족은 주어진 조건으로 수용하고, 대신 현재 수준에서 새로운 정보와 기존 지식기반이 연결될 수 있도록 다양한 지원을 최대한 제공하는 것이 교수–학습지원의 핵심이다. 학습자들의 학습흥미를 자극하기 위한 네 가지 요건(신기성, 복잡성, 이해 가능성, 실제성)은 특히 학습에 어려움을 겪는 학습자들을 위한 교수–학습 활동 설계에 아주 유용하다.

흔히 학습부진 학생은 학습을 게을리하는 것으로 인식되어 왔다. 하지만 인지학습이론 관점에서 보면, 학생들이 공부를 하지 않는 이유는 다음과 같다. 첫째, 다른 것, 다른 활동 등에 집중하고 있기 때문이다. 둘째, 학습내용 자체에 흥미나 동기가 부족하기 때문이다. 셋째, 자신의 능력에 비해 혹은 이미 알고 있는 것에 비해 새로운 학습내용이 너무 어려워서이다. 대표적인 것이 교육과정 난이도가 학생들에게 너무 어려운 경우이다. 예컨대, 수학의 경우 중학교 3학년 학생 중 약 35% 이상이 보통학력 미만을 보였다면, 교육과정과 학생 중 누가 문제인가 하는 논란이 있을 수 있다. 더 근본적으로는 교육과정 운영이 특정 수준 학습자 집단에게 고정되었을 때 그 수준에 속하지 않는 학습자 학습은 누가 어떻게 책임져야 하는가 하는 문제가 제기될 수 있다. 넷째, 학습할 내용이 너무 쉬워서이다. 다섯째, 학습할 내용이 자기 삶과 어떤 부분이 어떻게 관련되어 있는지를 알지 못하거나 해당 관련성이 없기 때문이다. 자신의 흥미, 삶과 학교에서 공부하는 내용의 관련성을 찾지 못하거나 인식하지 못할 경우 공부에 대한 흥미는 낮아질 수밖에 없다.

인지학습이론의 시사점을 종합해 볼 때, 학습에 어려움을 갖고 있는 학생들에게는 다음과 같은 요소를 반영하여 교육하는 것이 효과적일 것으로 보인다.

첫째, 적절한 난이도로 높은 성공률을 체험하게 한다. 이 경우, 애초에 이해능력이 낮은 학습자는 어떻게 할 것인가 하는 문제가 제기될 수 있다.

둘째, 연습을 충분히 시킨다. 교수자 입장에서는 연습하기를 싫어하거나 자발적으로 하지 않는 학생은 어떻게 지도해야 하는가 하는 문제가 남는다.

셋째, 학습할 내용에 대해 흥미를 갖도록 자극한다. 문제는 애초부터 흥미가 없는 경우, 혹은 학습자가 좀처럼 흥미를 갖기 어려운 내용일 경우에는 해결책이 쉽지 않다는 점이다. 이러한 경우에는 평소에는 잘 생각해 보지 않았던 질문을 제기하거나 상식과 다른 현상, 혹은 실생활이나 개인적인 경험과 연관된 부분을 제시해 주는 것도 학습 흥미 유발에 효과적이다.

넷째, 학습하고자 하는 동기, 의지를 갖도록 격려하고 자극한다. 교수자 입장에서는 동기, 의지는 처음부터 생기지 않고, 학습에 어려움이 있는 학생의 경우 특히 동기나 의지가 약하다는 점이다.

다섯째, 학습자 자신의 실생활과 관련시킨다. 불행히도 많은 경우 학교 학습내용은 실생활과 직접적으로 관련이 없는 것처럼 여겨질 때가 많다.

여섯째, 개념, 절차 등을 다양하게 표상하여 제시한다. 예컨대, 수학에서의 구체물, 과학에서의 유추, 은유, 모형 등을 적극 활용하고, 모드 간 전환을 자주 연습하거나 보여 주며, 문제나 내용의 그림, 이미지, 그래픽 표현 등을 적극 활용한다. 아울러, 중요한 요소가 어떻게 관련되어 있는지 명료하게 보여 준다. 이를 위해 네트워킹, 개념 지도 등을 활용한다.

일곱째, 소리 내어 혼자 말하기(verbalization), 학습한 내용 써 보기, 학급 내 또래 혹은 교사와의 대화에 적극 참여하기 등 '산출' 활동에의 참여를 적극 장려한다.

(3) 학습부진 및 학습장애 학습이론으로서의 제한점

인지학습이론은 학습에 어려움을 갖고 있는 학습자들이 학습에 성공하도록 하려면 어떻게 해야 하는지에 대해 여러 가지 유용한 시사점을 주고 있지만, 다른 한편으로 다음과 같은 제한점이 있다.

첫째, 인지학습이론의 주장, 예컨대 기존 지식과 새로운 정보를 연결해 주어야 한다는 주장은 일견 당연하고 명시적인 것 같지만, 실제로 이를 구현하기란 간단치 않다. 새로운 정보와 기존 지식 간의 연결은 어떤 절차에 따라 그대로 진행할 수 있는 성격의 일이 아니다. 즉, 우리는 아직 정확하게 특정 학습자에게 어떤 자극, 활동, 촉진을 제공했을 때 그 학습자의 두뇌 속에서 기존 지식과 새로운 정보가 연합되는지 그 기제를 정확하게 알지 못하고 있다. 따라서 시행착오처럼 다양한 방식을 시도해 보는 방법밖에는 없다. 교육 연구(educational research)의 목적 중 하나는 이러한 다양한 시도 중에서 특별히 어떤 것이 더 효과적인지를 알아내는 데 있다. 잘 통제된 연구설계를 통해서 특정 시도가 다른 시도에 비해 더 효과적이라는 연구 결과가 축적되면, 궁극적으로는 새로운 정보와 기존 지식이 연결되는 기제를 알아낼 수 있고, 이를 교수-학습과정에서 적극 활용할 수 있을 것이다.

둘째, 학습에 어려움을 겪고 있는 학습자들은 다른 학생들에 비해 학습의 능동성이 상대적으로 낮은 편이다. 일단 처음에 흥미나 동기, 혹은 자기 삶과의 연관성을 인식하기만 하면 그 이후 학습과정은 수월하게 진행될 가능성이 있지만, 바로 그 단계를 넘기가 어려울 수 있다. 이 부분에 대해서도 인지학습이론은 반복적인 연구를 통해 가장 효과적인 것으로 밝혀진 접근을 사용할 것을 주장하는 것 이외에 별다른 지침을 제공해 주지 못하는 한계점을 갖고 있다.

8) 학습동기의 인지적 측면

(1) 학습동기와 인지의 관계

흔히 학습동기는 학습자 내부에서 일어나야 할 어떤 심리상태로 이해되어 왔다. 학습동기 자체는 심리상태가 맞다. 하지만 이렇게 인식을 하면 학습자에게 그 심리상태, 즉 학습동기가 일어나게 하기 위해 주로 외적 수단에 의존하게 된다. 예를 들어, 수학 도형이나 국어의 특정 작품을 학습하는 데 학습동기를 보이지 않는 학습자가 있을 경우 대체로 칭찬, 보상 등을 사용하여 학습을 독려하는 것이 학습동기 유발 및 강화대책의 대표적인 접근으로 인식되어 왔다. 하지만 이홍우(2008)는 학습동기를 이렇게 파악하는 것에 우려를 표명하고, 학습동기를 공부의 내용, 공부의 성격에서 찾지 않고 외적인 수단에만 초점을 맞추어 온 측면이 있다고 지적했다. 이어서 이홍우(2008)는 학습동기를 유발하는 방법은 "학습내용의 의미를 알게 하는 것, 또는 학습내용을 이해하도록 하는 데 있다(p. 119)"고 결론을 내렸다. 동기의 단계를 설정한 학자들(예컨대, Vallerland, 1997)도 상위단계의 동기는 내재적 동기, 즉 활동이나 내용 자체에 흥미를 느끼는 형태여야 함을 지적하고 있다. 내재적 동기는 자발적인 활동과 참여를 수반하며 어떤 활동과 관심을 오랫동안 지속하게 한다.

학습에 대한 흥미 역시 학습동기를 파악하는 관점과 크게 다를 바 없다. 교수-학습상황에서 교수자는 학습자들이 학습할 내용에 대해 흥미를 보이지 않는 상황을 헤쳐 나가야 한다. 역설적이지만, 학습자들이 어떤 내용이나 학습활동에 흥미를 느끼게 하는 방법은 그 내용 자체가 흥미롭다는 것을 깨닫게 하는 방법밖엔 없는데, 이 상태에 이르기 위해서는 해당 내용을 조금이나마 이해해야 한다. 즉, 알아야 흥미도 느낄 수 있다. 이러한 측면을 이홍우(2008)는 흥미를 학생들의 마음속에 있는 심리적 실체를 가리키는 것으로 해석하는 것은 넌센스에 가깝다고 지적했다. 흥미는 학습자가 갖고 있는, 교사가 받아들여야 하는 모종의 심리적 상태로 인식하면 안 된다. 오히려 흥미는 "이때까지 학생들이 받은 교육의 결과이며, 동시에 장차의 교육을 통하여 보다 가치 있는 것으로 승화되어야 할 것(이홍우, 2008, p. 122)"으로 인식해야 한다고 주장했다.

(2) 학습부진 및 학습장애 학생 지도에 주는 시사점

학습동기와 관련해서 학습부진 및 학습장애 학생의 가장 두드러진 특징이자 자주 언급되는 특징은 학습의욕이 없고 도무지 학습에 흥미를 갖지 않는다는 점이다. 학습부진 학생들을 위한 지원 방안의 핵심요소 중 하나도 학습동기를 고취시키는 방안에 관한 것들이다. 하지만 학습동기나 흥미가 이제까지의 교육받은 결과이거나 앞으로 교육을 통해 향상시켜야 할 대상이라는 이홍우(2008)나, 동기의 상위 단계가 내재적 동기여야 한다는 동기 관련 심리학자들의 주장은 학습동기나 학습에 대한 흥미를 유발시키고 유지시키는 방법에 근본적인 전환이 필요함을 보여 준다. 즉, 이미 낮은 상태에 있는 학습동기를 외적인 수단이나 방법을 통해 끌어올리려 하기보다는 내용 자체에 대한 이해를 지원하여 내용에 흥미나 동기를 가질 수 있도록 해야 한다. 이를 위해서는 필연적으로 학습자들의 현재의 수준에 근거하여 출발점을 정하되, 학습에 어려움을 겪고 있는 학습자들도 학습에 성공할 수 있도록 교수-학습과정을 설계하여 학습에서의 작은 성공 경험을 누적시켜 가도록 해야 할 것이다. 이를 통해 학습자들은 내용에 대한 이해의 폭을 넓혀 갈 수 있을 것이고, 그에 따라 내용에 대한 흥미와 동기 수준 또한 상승될 수 있을 것이다.

(3) 학습부진 및 학습장애 학습이론으로서의 제한점

학습동기의 인지적 측면 강조는 동기의 최상위 단계인 내재적 동기를 추구한다는 측면에서 그 자체에 문제가 있다기보다는 이를 특정 교수-학습내용 맥락에서 얼마나 구현해 낼 수 있느냐가 관건이다. '알아야 흥미를 느낀다'는 주장은 당연한 듯하지만, 아직 흥미가 없는 초기 학습상태에서 어떻게 알게 하느냐에 대해서는 뾰족한 대안을 찾기 어렵다. 즉, 아직 흥미가 형성되어 있지 않은 상태의 학습자가 이후 학습을 지속하기 위한 최소한의 흥미를 갖도록 '알게' 하려면 어떻게 가르쳐야 하는가는 경험적으로 체득해 가야 할 사안이다.

9) 학습단계론

(1) 학습단계의 뜻과 고려 이유

학습은 전등이 켜진 상태와 꺼진 상태로 구분할 수 있는 것처럼 학습이 안 된 상태와 학습이 완전하게 된 상태로 구분할 수 없다. 학습은 초기 상태에서 완전하고 높은 수준의 상태에 이르기까지 몇 단계로 구분 가능하다. 이처럼 특정 학습목표 상태에 이르기까지 구분되고 반복할 수 있는 학습 패턴을 학습단계(learning phase)라 한다(Shuell, 1990). 즉, 학습 초기에는 다소 불완전하게 학습이 이루어지고 능숙하지 못하지만 학습이 좀 더 많이 이루어진 후에는 학습한 것을 보다 유창하고 능숙하게 나타낼 수 있다.

학습에 어려움을 겪는 학습자를 지원하고자 할 때 학습의 단계를 고려해야 하는 이유는 분명하다. 예컨대, 어떤 개념이나 기능을 처음 배울 때에 적용해야 할 지도방법과, 그 개념이나 기능을 적용하고 일반화해서 어떤 문제를 해결하는 능력을 기르고자 할 때 적용해야 할 지도방법은 달라야 할 것이다. 뿐만 아니라, 학습자가 어느 단계의 학습상태에 와 있는지를 정확하게 확인해야 그에 맞는 지도방법을 강구하여 투입할 수 있을 것이다.

(2) 학습의 단계에 관한 다양한 견해

교실 내 다수의 학습자가 동일한 속도와 양상으로 학습을 해 나갈 것으로 기대하거나 이를 전제로 할 수 없다는 점은 자명하다. 남들보다 빠르게 학습하고 유창하게 재생하며 새로운 문제에 적용하는 능력까지를 갖출 수 있는 학습자가 있는가 하면, 이해와 습득 자체에도 오랜 시간이 걸리는 학습자가 있다. 한편, 실제적으로뿐만 아니라 논리적으로도 먼저 학습이 일어나야 하는 영역과 나중에 학습이 일어나야 하는 영역이 있다. 예컨대, 위계적으로 내용이 구성되어 있는 경우에는 하위 개념이나 선행 개념, 기술 등이 먼저 학습되어야 이후 학습이 순조롭게 진행될 수 있다. 따라서 효과적으로 가르치려는 사람은 각 학습자가 이러한 학습단계 중 현재 어느 단계에 와 있는지를 확인하고 그에 맞게 학습활동을 하도록 해 주어야 한다.

　학습자들이 어떠한 단계를 거처 학습하는가에 대해 현재까지 학자들이 밝혀 놓은 견해를 정리해 보면 〈표 4-3〉과 같다.

〈표 4-3〉 학습의 단계에 관한 다양한 견해

제안자	학습단계, 위계 혹은 지식의 깊이			
Gagné's phase of learning	습득 (acquisition)	유지 (retention)	회상 (recall)	일반화 (generalization)
Lee & Picanco's phase of learning	습득 (acquisition)	유창성 및 능숙함 (fluency and proficiency)	유지 (maintenance)	일반화 (generalization)
Webb's depth of knowledge	회상과 재생 (recall and reproduction)	기술과 개념의 적용 (application of skills and concepts)	전략적 사고와 추론(strategic thinking and reasoning)	확장된 사고 (extended thinking)
McTighe & Wiggins three types of learning goals	습득(acquisition)	의미 구축 (meaning-making)	전이 (transfer)	

　먼저, Gagné(1974)는 인간 학습의 단계(phases)를 습득*(acquisition), 유지(retention), 회상(recall), 일반화(generalization)의 네 단계로 구분하였다. Lee와 Picanco(2013)는 학습의 단계를 습득(acquisition), 유창성 및 능숙함(fluency or proficiency), 유지(maintenance), 일반화(generalization)의 네 단계로 구분하였다. 한편, McTighe와 Wiggins(1998)는 학습의 단계보다는 학습목표의 유형(types of learning goals) 개념을 적용하여 습득(acquisition), 의미 구축(meaning-making), 전이(transfer)의 세 단계를 제안하였다. Webb(2002)도 학습의 단계와는 조금 다른 지식의 깊이(depth of knowledge) 개념을 제안하면서, 회상과 재생(recall and reproduction), 기술과 개념의 적용(application of skills and concepts), 전략적 사고와 추론(strategic thinking and reasoning), 확장된 사고(extended thinking)의 네 수준을 제시했다. Gagné(1974)와 Lee와 Picanco(2013)는 일종의 과정 측면에서 학습의 단계를 제안했다면 McTighe와 Wiggins(1998)와 Webb(2002)은 엄밀하게 말하면 지식을 획득한

---

* 이때의 습득은 학문이나 기술 따위를 배워서 자기 것으로 함의 '습득(習得)'이 아니라 '주워서 얻음'이란 뜻의 습득(拾得)을 뜻한다.

수준에 해당한다고 볼 수 있다. 그러나 단계로 볼 것인가 수준으로 볼 것인가에 상관없이 교수 접근이 달라져야 할 것임은 어렵지 않게 짐작할 수 있다.

이상의 선행 이론들을 종합해 보면, 학습 초기에는 대체로 획득, 이해 활동이 중심을 이루고, 이어서 학습한 것을 저장하고 인출하는 단계가 필요함을 알 수 있다. 좀 더 높은 수준의 학습상태에 이르기 위해서는 단순히 인출하는 것을 넘어서서 적용하고 일반화하는 과정이 필요함을 알 수 있다.

여기서는 학습에 어려움을 겪는 학습자를 지원하는 과정에서 고려해야 할 학습의 단계를 [그림 4-4]와 같이 감각적 수용과 이해, 유지와 유창화, 적용 및 일반화, 심화 및 창의적 연계로 설정하고자 한다.

[그림 4-4] 학습의 단계

① 감각적 수용과 이해

새로운 지식, 개념, 기능 등을 듣거나 보고 이를 이해하는 단계이다. 하지만 아직 기억한 것을 유창하게 재생하거나 1주일 이상 유지하지는 못하는 단계이다. 예를 들어, 수학에서 소수의 개념에 대한 교사 설명을 듣고 이를 초기 수준에서 이해하거나, 받아내림이 있는 두 자릿수끼리의 뺄셈을 하는 방법을 보고 따라 해 보는 것, 과학에서 물질의 개념에 대한 교사의 설명을 듣고 어렴풋이나마 그 뜻을 이해하는 단계가 이에 해당한다.

② 유지와 유창화

학습한 것을 자주 연습하거나 활용하는 활동을 통해서 유창하게 재생해 내거나 상당 기간 유지할 수 있는 단계이다. 예컨대, 이해와 감각적 수용 단계에서 더듬거리며 읽던 영어 문장을 유창하게 읽으면서 그 의미를 곧바로 이해하고 학습한 단어를 오랜 시간 후에도 기억해 내는 것, 수학에서 복잡하지 않은 사칙연산 문제들을 빠르고 정확하게 푸는 것 혹은 곱셈 구구단을 외우는 것 등이 이 단계에 해당한다.

③ 적용 및 일반화

학습한 것을 그대로 재생하는 단계를 넘어서서 새로운 상황이나 문제에 적용하여 문제를 해결하는 단계이다. 예컨대, 수학의 사칙연산을 적용하여 수학 문장제 문제를 해결하거나 사회나 과학에서 학습한 개념을 적용하여 어떤 현상을 설명하거나 예측하는 것 등이 이 단계에 해당한다.

④ 심화 및 창의적 연계

이는 새로운 지식을 생산하거나 다른 영역의 교과내용, 현상 등에 이미 학습한 것을 연계시켜 새로운 이론, 원리 등을 도출하는 단계이다. 예컨대, 통합교과적 접근을 통해 환경 문제 해결을 위해 과학, 사회, 정치, 경제, 수학 등의 지식을 동원하는 단계, 연구나 실험 등을 통해 새로운 지식이나 이론을 생성해 내는 것 등이 이 단계에 해당한다. 혹은 개인적인 의미나 여러 현상, 지식 등을 적용하여 학습한 것을 새롭게 재해석하는 것 등도 이에 해당한다고 볼 수 있다.

(3) 학습부진 및 학습장애 학생 지도에 주는 시사점

학습단계에 관한 다양한 견해는, 학습과정별로 요구되는 학습활동은 다를 수 있으며 그렇기에 교수방법을 고안할 때 학습단계를 고려해서 각 단계별로 가장 효과적인 교수방법을 찾는 노력을 해야 함을 시사한다. 각 단계별로 어떤 교수방법이 적절한가는 향후 많은 연구를 통해서 규명해야 할 부분이다.

(4) 학습부진 및 학습장애 학습이론으로서의 제한점

학습단계론의 성패는 학습의 단계가 실제로 존재하고 명료하게 구분되는지에 달려 있다. 각 학습내용별로 학습단계를 구분하기란 쉽지 않을 것이다. 또한 학습자가 현재 어느 학습단계에 와 있는가를 정확하게 진단해내는 것 역시 간단치 않을 것이다. 무엇보다, 특정 학습단계에서 어떤 학습방법이 가장 효과적인지는 아직 경험적 연구가 더 필요한 실정이다.

3. 학습부진 및 학습장애 교육 관점에서의 선행 학습이론의 시사점과 한계

1) 선행 학습이론의 시사점

이상으로, 일반 학습자는 물론, 학습에 어려움을 겪는 학습자들을 지원하기 위해 그동안 주장되어 온 학습이론들을 검토해 봤다. 종합적으로, 이들 선행 학습이론에 따르면 학습자 특성이나 능력이 어떠하든 학습은 다음과 같은 요소들이 충분히 반영되어 있을수록 잘 일어난다고 볼 수 있다.

- 적절한 난이도로 높은 성공률을 체험할 때
- 연습을 충분히 할 때
- 학습할 내용에 대해 흥미가 있을 때
- 학습하고자 하는 동기, 의지가 있을 때
- 자신의 실생활과 관련성이 있을 때

특히 학습부진 및 학습장애처럼 학습에 어려움을 겪는 학습자들에게 적용하면 효과가 높을 가능성이 있는 원리들을 새롭게 추려서 정리해 보면 다음 [글상자 4-2]와 같다. 이러한 원리를 이해하고 익히는 것도 중요하지만, 이러한 원리대로 학습자가 응하지 않거나 반응을 보이지 않을 때, 혹은 이렇게 해도 반응을 보이지 않을 경우 어떻게 할 것인가에 대한 대책을 세우는 데 지침을 줄 수 있어야 하는 것이 학습부진 및 학습장애 교수-학습이론의 핵심이어야 한다.

[글상자 4-2] 학습부진 및 학습장애 학습자를 위한 학습원리

- 학습하려고 하는 내용이나 주제가 자신의 삶, 또는 자신의 주변 세계와 어떤 관련이 있는지, 왜 배우는지를 더 알수록 학습에 몰입할 가능성은 커진다. 또한 개인적인 경험, 의미, 가치관, 정서와 연관되어 있는 사안일수록 학습동기가 더 높아진다.
- 지식에 대한 이해는 이를 습득하고 저장할 뿐 아니라 이를 다양한 모드로 표현할 때 더 깊어진다.
- 학습한 내용은 다른 사람에게 이를 가르쳐 보는 행위를 하고 나면 더 깊이 이해된다. 또한 성공적인 교수 경험은 자신감과 해당 내용에 대한 추가 학습 의욕을 증가시킨다.

• 학습은 언제나 선형적, 점진적, 단계적, 산술적인 합, 혹은 순방향으로만 일어나지는 않는다. 시행착오와 연습, 구성노력, 확장과 연계 노력이 필요하다. 이 노력이 많을수록 그리고 그 노력의 수준이 깊을수록 학습의 정도와 범위는 확장된다.
• 학습의 진행 속도는 개인 간에는 물론이고 개인 내에서도 내용 영역별로 다르다.
• 관련된 내용들은 큰 개념을 중심으로 그 관련성을 잘 드러내어 제시할 때 잘 이해되고 유지된다.
• 정서적 측면이 동반되면 학습에 대한 몰입도와 학습효과는 높아진다.
• 학습목표는 적절하게 높을 때 학습을 유지시키는 힘은 커진다.
• 지식에 대한 이해와 활용능력은 기존에 이미 관련되어 있는 내용을 확장하려 할수록, 그리고 새로운 내용과 영역으로 유의미하게 확장 및 관련지으려 할수록 깊어진다.
• 내용의 시각화는 특히 언어 능력에 취약한 학습자의 학습에 도움을 준다.
• 지식은 관련 경험과 오감각이 동반될 때 더 효과적으로 학습된다.
• 학습된 상태는 그 의미, 범위, 수준별로 다양하게 나타낼 수 있고, 그래야 한다.
• 학습은 최종적으로는 개인적인 수준에서 이루어져야 하지만, 교수자, 동료 학습자, 혹은 기타 사람들과 상호작용 혹은 이들에게 학습한 것을 표현할 기회가 그 효과를 더욱 높일 수 있고 경우에 따라서는 그러한 것이 필수적이다. 자신과 학습된 상태에서 차이가 있는 사람과 상호작용이 활발할수록 확장되고 깊어진다.
• 학습은 지적 자극을 받을수록, 지적 도전을 받을수록 깊어진다. 이는 마치 근육의 발달이 적정량의 부하가 지속적으로 필요한 것과 같은 이치이다.
• 학습목표에 도달하는 경로나 방법은 다양하며, 그중 어떤 경로나 방법은 특정 학습자에게는 더 효과적일 수 있다. 그렇지만 목표에의 도달과는 논리적인 관련성보다는 경험적, 사실적 관련성만 있는 것으로 파악하고 활용해야 한다. 즉, 방법을 위해 도달된 목표의 상태가 바뀌어서는 안 된다.

2) 선행 학습이론의 한계점과 대응 전략

학습부진 및 학습장애 학생 지도 관점에서 선행 학습이론을 분석할 때에는 일반적인 학습현상보다는 이들 학생들의 특성, 특히 학습에 불리한 특성을 감안했을 때 해당 학습이론이 어떻게 적용될 수 있을지를 고려해야 한다. 예컨대, 학습에 어려움을 겪는 학생들이 보이는 대표적인 특성별로 선행 학습이론이 시사하는 바를 정리해 보면 〈표 4-4〉와 같다. 표에서 보는 바와 같이 대응 전략으로는 학습경로나 학습활동의 설계가 많이 등장하고 있다. 이는 교수이론으로 접근해야 할 사항이다.

〈표 4-4〉 학습에 어려움을 겪는 학생들의 특성을 고려한 선행 학습이론의 적용 전략

선행 학습이론	학습에 불리한 특성	시사점(대응 전략)
행동주의 학습이론 – 정반응 강화 – 연쇄화, 조형	• 정반응 자체를 잘 보이지 않음 • 기본 이해력 낮고, 학습 속도 느림	• 초기 정반응 형성을 위한 명료한 시범 • 스캐폴딩 • 학습단계 간 연계성 구현 • 인식론에 근거한 학습경로 설계
정보처리이론	• 정보처리 각 단계, 과정의 어려움	• 각 단계 수행을 지원할 인지전략, 학습전략 개발 및 훈련 • 인지 부담을 줄여 주고 인식론에 근거한 학습경로 설계
사회인지이론 – 모방을 통한 학습	• 모델(시범)을 보고 곧바로 따라하지 못함	• 시범(modeling) 방법과 시범 이후 학습 경로 설계
심층학습이론	• 스스로 내용 간 연결 및 심화에 어려움	• 단계적으로 심층학습에 이를 수 있도록 하는 학습경로 설계 • 심층학습에 필요한 선수 및 기본학습기능 형성을 위한 프로그램과 시간 마련
몰입이론	• 보통학생 대상의 내용 이해하기에는 인지능력, 선행학습 정도가 낮음	• 몰입이 가능하게 할 학습경로 설계
뇌기반 학습이론	• 스스로 내용에 의미 부여 및 내용 간 연계성 파악에 어려움	• 학습내용에 개인적인 의미 부여하고, 내용 간 연계성을 파악하는 데 효과적인 방식으로 교수–학습자료 설계 및 개발 • 뇌기반 학습에 적합한 학습활동, 자료 설계
인지학습이론	• 학습 흥미도, 기본 인지능력 낮음	• 적절한 난이도를 유지하도록 학습활동이나 학습경로 설계
학습동기 활용	• 스스로 가르치는 활동을 하지 않거나 이에 필요한 선수학습 상태 낮음	• 학습한 것을 다양한 모드로 표현하는 활동이나 계기 설계 및 마련 • 내용 자체에 대한 이해도 향상에 주력 • 학업성공률을 높이는 방식으로 학습경로 설계
학습단계론	• 낮은 단계 학습 부실 • 중간단계 이후에 집중된 교육과정 운영 혹은 충분한 연습기회 부족	• 완전학습 지향 • 낮은 단계부터 높은 단계까지의 학습활동 기회 제공

4. 현 학교 교육 체제에서 특히 반영해야 할 학습현상

현재의 학교 체제는 진도에 맞추어 일정 기간 안에 정해진 분량의 내용을 모든 학습자를 대상으로 다루는 것을 근간으로 하고 있다. 이러한 상황에서 이제까지 언급한 학습한 대한 주요 견해를 조금이라도 반영하기 위해서는 다음 사항들을 특히 고려하는 것이 중요하다.

첫째, 학습의 과정에서는 반드시 시행착오 과정이 일어나기 마련이고 그러한 과정이 가급적 충분히 허용되어야 한다. 이 과정을 통해 정확하게 이해를 하거나 정확하고 효율적으로 문제를 해결하는 능력을 형성하도록 해야 한다. Robinson(2015)은 학습에서의 시행착오 필연성을 다음과 같이 표현했다.

> "어느 분야든 효과적인 학습은 종종 시행착오 과정이거나 혹은 해결책을 찾기
> 위한 거듭된 실패의 과정이다(Effective learning in any field is often a process
> of trial and error, of breakthroughs punctuated by failed attempts to find a
> solution."(Robinson, 2015, p. 146)

둘째, 학습과정에서의 교육내용의 입력, 처리, 출력은 최대한 다양한 모드로 하도록 기회를 제공해 주어야 한다. 동일한 내용을 개인 간 혹은 개인 내에서 다양한 모드로 입력하고 처리하고 출력하게 하는 것은 다음 몇 가지 점에서 매우 중요하다. ① 혹시 존재할 학습 양식의 다양성에 반응하는 수단이 된다. ② 특정 모드에 불리하거나 유리한 학습자를 고려할 수 있다. ③ 동일한 내용의 다양한 모드로의 변환 작업을 통해 해당 내용에 대한 이해를 깊이 하고 해당 내용의 의사소통 능력을 증가시킬 수 있다.

셋째, 지식, 교육내용을 학습자에게 알려 주려 하기보다는 그것들을 학습자가 스스로 찾아보고, 그것을 기반으로 더 학습을 할 수 있는 태도와 능력을 갖도록 하는 것을 모든 교육활동의 핵심으로 삼아야 한다. 학습자에게 무엇인가 가르쳐 주려고 하기보다 그들이 무엇인가를 배우도록 지원하는 데 최우선 순위를 두어야 한다.

넷째, 학습부진 및 학습장애는 일차적으로 그 원인과 대처가 주로 인지적이지만, 실제로 학습을 최대화하기 위해서는 인지, 정서, 의지, 태도 등의 영역이 같이 자극되고 향상되는 접근을 필요로 한다.

다섯째, 학습에 영향을 미치는 요인의 수와 각 요인이 미치는 상대적 영향력의 크기는

학습자 개인마다 매우 다르다. 예컨대, A라는 학습자에게는 낮은 작업기억력이나 신속하지 못한 인지처리가 학습부진 혹은 학습장애의 주 원인일 수 있지만 B라는 학습자에게는 낮은 학습동기나 짧은 과제지속력이 학습부진의 주 원인일 수 있다. 또한 C라는 학습자에게는 글자 해독에 필요한 음운 인식 혹은 자모음과 그에 대응하는 소리를 빠르고 정확하게 연결시키는 능력이 낮아 읽기에 어려움을 보일 수 있지만, D라는 학습자는 효과적인 학습전략이나 공부방법을 몰라 학습 효율성이 낮을 수 있다. 따라서 특정 학습부진 학생이나 학습장애 학생의 특징을 이해하고자 할 때에는 학습 관련 여러 요인이 해당 학생에게 미치는 영향력을 종합적으로, 입체적으로 분석하여 파악하고 이를 지도하는 사람은 물론 학생과 학부모에게도 이해시키는 노력이 필요하다.

여섯째, 맥락과 상관없이 평면적으로 관련 특성을 열거하여 이를 이해하기보다는 특정 내용이나 학습 상황하에서의 각 요인이 미치는 영향을 파악해야 한다. 예를 들어, 개념 학습 상황과 특정 절차나 기술을 익히는 상황에서 모두 동일한 요인이 동일한 정도로 영향을 미친다고 가정하기는 어렵다. 새로운 개념을 익히는 상황과 원리를 적용하는 상황, 혹은 단순 기술을 유창하게 익히는 상황별로 필요한 기능, 능력, 태도 등은 다를 수 있다. 뿐만 아니라, 학습단계에 따라서도 학습에 영향을 주는 요인, 접근 방식 등이 달라질 수 있다. 이를테면 학습 초기에는 학습동기를 유발하거나 흥미를 갖도록 하는 접근이 중요하지만 이를 유창하게 하거나 적용하도록 하기 위해서는 과제 지속력을 증가시키거나 다양하고 흥미로운 사례를 제시하는 것이 더 효과적일 수 있다.

일곱째, 학습은 학습에 관련된 요인이나 하위 요소의 산술적인 합으로만 나타나지는 않는다. 즉, 어떤 경우에는 선수 기술을 모두 익혔어도 적용이나 응용에 어려움을 겪을 수 있고, 또 다른 경우에는 현재 학습자가 갖고 있는 특성과 능력, 선수학습 정도에서 기대한 것 이상의 학습이 일어날 수도 있다.

여덟째, 학습부진 및 학습장애 학생은 대부분의 경우 학습에 불리한 특성을 중층적이고 복합적으로 갖고 있다. 예컨대, 인지기능이 낮기만 한 것이 아니라 가정형편도 어렵고, 자기조절 능력도 낮으며 대인관계에서 어려움을 겪을 수 있다. 특정 원인만 해결하면 학습에의 어려움이 해소되기 어려운 이유가 여기에 있다.

5. 정리

이 장에서는 효과적인 학습은 어떤 경우에 잘 일어나는가에 관한 여러 가지 선행 이론을 살펴보았다. 학습이론을 공부할 때 주목할 점은 대부분의 학습이론은 처방적이기보다는 학습현상을 설명하거나 규명하려는 것들이라는 점이다. 또한 많은 학습이론은 일반적인 학습자들의 학습현상을 설명하는 데 주안점을 두고 있다. 즉, 학습부진이나 학습장애처럼 학습에 어려움을 갖고 있는 학습자는 어떤 방식으로 학습을 해야 그들의 학습에 진전이 일어날지에 대해서는 심도 있는 분석과 검증이 필요하다.

그럼에도 선행 학습이론에서 학습에 어려움을 겪는 학습자들이 어떤 학습을 해야 하는지에 대해 많은 시사점을 얻을 수 있었다. 그중에는 많은 사람이 적용 중인 방법이 적절하지 않음도 알 수 있었다. 예를 들어, 학습에 어려움을 갖고 있는 학습자라고 해서 항상 쉬운 과제나 문제만 풀게 해서는 안 되고, 오히려 그들 수준에서도 적당히 어렵고 고등사고나 문제 해결력을 요구하는 과제를 제시해 주는 것이 학습동기는 물론, 학습능력 향상에 도움이 된다는 것을 배웠다.

학습에 어려움을 겪는 학습자를 지도할 사람들이 선행 학습이론을 검토할 때 무엇보다 중요한 시각은 학습자들이 먼저 특정 능력이나 태도, 동기, 흥미 상태를 갖추고 있을 것으로 기대해서는 안 된다는 점이다. 기본적인 인지능력, 학습태도 등은 일단 가장 불리하거나 낮은 단계에 있을 것으로 상정하고 지도계획을 수립하는 것이 적절하다. 그 지도계획은 낮은 수준의 능력이나 학습준비 상태를 갖추고 있는 학습자라도 학습목표에 도달할 수 있도록 이끌 수 있는 것이어야 한다.

생각해 볼 문제

01 학습에 대한 견해, 즉 진정한 의미에서의 학습이란 무엇이며, 이 학습은 어떤 경우에 학습이 가장 잘 일어나는가에 대해 동료교사와 의견을 나누고 차이점과 공통점을 추출해 보자. 각자의 견해에 대해 그 근거가 무엇인지 확인해 보고, 어떤 근거가 왜 더 바람직한지 생각해 보자.

_____

_____

_____

_____

02 자신의 수업이나 여타 수업을 보고 학습성공 요소가 얼마나 반영되고 있는지를 확인해 보자. 학습성공 요소를 증가시키기 위한 방안은 무엇인가?

_____

_____

_____

_____

📖 참고문헌

이찬승, 김은영 공역(2013). 10대를 몰입시키는 뇌기반 수업원리 10[*Unleashing the potential of the teenage brain: Ten powerful ideas*]. Corbin, B. 저. 서울: 교육을 바꾸는 사람들 부설 한국 뇌기반교육연구소. (원저는 2007년에 출간).

이홍우(2008). 지식의 구조와 교과. 경기: 교육과학사.

Alloway, T. P. (2011). A comparison of working memory profiles in children with ADHD and DCD. *Child Neuropsychology, 17*(5), 483–494.

Ambitious Science Teaching (2014). *Collaborative tool: Planning for engagement with big science ideas*. Retrieved from http://ambitiousscienceteaching.org/wp-content/uploads/2014/08/Practice-Tool-Planning-for-Engagement.pdf

Brown, A. L., & Campione, J. C. (1986). Psychological theory and the study of learning disabilities. *American Psychologist, 41,* 1059–1068.

Calero, C. I., Goldin, A. P., & Sigman, M. (2018). The teaching instinct. *Review of Philosophy and Psychology, 9*, 819–830.

Carroll, J. B. (1963). A model of school learning. *Teachers College Record, 64*, 723–733.

Csikszentmihalyi, M. (2008). *Flow: The psychology of optimal experience*. New York: Harper & Row.

Francis, E. M. (2016). *Now that's a good question!: How to promote cognitive rigor through classroom questioning*. Alexandria, VA: ASCD.

Gagné, R. M. (1974). *Essentials of learning for instruction*. Hinsdale, IL: The Dryden Press.

Gazzaniga, M. S., & Heatherton, T. F. (2003). *Psychological science: Mind, brain, and behavior*. New York: W. W. Norton Co.

Jensen, E., & Nickelsen, L. (2008). *Deeper learning: 7 Powerful strategies for in-depth and longer-lasting learning*. Thousand Oaks, CA: Corwin Press.

Lee, C., & Picanco, K. E. (2013). Accommodating diversity by analyzing practices of teaching (ADAPT). *Teacher Education and Special Education: The Journal of the Teacher Education Division of the Council for Exceptional Children*, *36*(2), 132–144.

McTighe, J., & Wiggins, G. (1998). *Understanding by design*. Alexandria, VA: Association for

Supervision and Curriculum Development.

Peterson, J. M., & Hittie, M. M. (2010). *Inclusive teaching: The journey towards effective schools for all learners.* Boston, MA: Pearson.

Prawat, R. S. (1989). Promoting access to knowledge, strategy, and disposition in students: A research synthesis. *Review of Educational Research, 59*(1), 1–41.

Robinson, K. (2015). *Creative schools: The grassroots revolution that's transforming education.* New York: Penguin Books.

Shuell, T. J. (1990). Phases of meaningful learning. *Review of Educational Research, 60,* 531–547.

Sousa, D. A. (2011). *How the brain learns.* Thousand Oaks: Corwin Press.

Vallerand, R. J. (1997). Toward a hierarchical model of intrinsic and extrinsic motivation. In M. P. Zanna (Ed.), *Advances in experimental social psychology* (Vol. 29, pp. 271–360). San Diego: Academic Press.

Vaughn, S., & Linan-Thompson, S. (2003). What is special about special education for students with learning disabilities? *The Journal of Special Education, 37*(3), 140–147.

Webb, N. (2002). *Depth of knowledge levels for four content areas.* (Unpublished). Retrieved from http://www.hed.state.nm.us/uploads/files/ABE/Policiesdepth_of _knowledge_ guide_for_all_subject_areas.pdf

Wiggins, G., & McTighe, J. (2005). *Understanding by design* (expanded 2nd ed.). Alexandria, VA: ASCD.

Willingham, D. T. (2009). *Why don't students like school?* San Francisco, CA: Jossey-Bass.

제5장

학습부진 및 학습장애 교육의 교수이론적 근거

핵심 질문

1. 학습부진 및 학습장애 학생 교수-학습방법의 이론적 근거에는 어떤 것들이 있는가?
2. 학습부진 및 학습장애 학생 교수-학습방법의 이론적 근거는 어느 측면을 살펴봐야 하겠는가?

주요 내용 요소

1. 학습이론의 한계와 교수이론의 필요성
2. 이론적 근거가 필요한 분야
3. 학습 어려움 지원을 위한 교수방법의 이론적 근거
4. 학습부진 및 학습장애 교육 관점에서의 선행 교수이론의 시사점과 적용 전략

핵심 용어

● 학습이론 vs. 교수이론
● 직접교수법
● 학교학습모형
● 학습유형
● 교육목표분류
● 아홉 가지 교수장면
● 배움 중심 수업
● 정교화이론

● 지식의 구조
● 지식 습득과 전이 촉진
● 핵심 질문
● 개인 맞춤형 교수법
● 다수준 포함 교수법
● 보편적 설계론
● 교수 욕구

1. 학습이론의 한계와 교수이론의 필요성

4장에서는 학습에 어려움을 겪는 학습자들의 학습현상을 이해하기 위해 반드시 알아 두어야 할 주요 학습이론에 대해 살펴보았다. 4장의 내용은 학습현상에 대한 기본적인 이해를 위해 매우 유용했지만, 실제로 이들 학습자들을 어떻게 지도해야 할 것인가는 또 다른 문제이다. 이는 마치 식물의 성장 원리를 잘 이해하고 설명할 수 있다고 해서 그 식 물을 실제로 잘 키울 수 있는 것이 아닌 것과 같다. 또한 어떤 분야의 대가라고 해서 그 내용을 어린 학생들에게 잘 가르칠 수 있는 것은 아닌 것과도 같다. 이에 이 장에서는 학 습을 촉진하는 교수자의 행위 관련 이론과 모형 등을 살펴보고, 학습부진이나 학습장애 학습자들에게 이러한 이론이나 모형이 시사하는 바를 정리해 보고자 한다.

1) 학습이론의 한계

언제, 무엇을, 어떻게 해야 학습이 잘 일어나는가에 관한 학습이론만으로는 학습 어려 움을 해소하기 위한 지원 준비가 충분치 않다. 그 이유는 [그림 5-1]에서 보듯 학교 학습 상황에서 학습에 영향을 주는 요소에는 학습자의 특성뿐만 아니라 교사, 교재 및 프로그 램도 있기 때문이다. 즉, 학습자가 어떤 특징을 가졌느냐를 고려하는 것은 매우 중요하 지만 교사가 어떻게 지도했는지, 교사와 학생이 보는 교재 혹은 프로그램은 어떤 특징을 가지고 있는지 등도 학습자 학습에 지대한 영향을 미친다. 그럼에도 전통적으로 교육심 리학에서는 심리학의 영향을 받아서인지 학습에 문제가 있다고 하면 우선 학습자 개인 의 특성이 어떠한지에 관심을 갖고 그에 대한 대책을 찾아보곤 했다. 일례로, 학습심리 학이나 교육심리학 개론서 목차를 보면, 지능, 동기, 자아개념, 발달 등 주로 학습자 개 인의 특성에 관한 내용들로 구성되어 있다. 학습현상을 논할 때 또 다른 중요한 축인 교사와 교재 변인에 대한 언급은 상대적으로 적었던 셈이다.

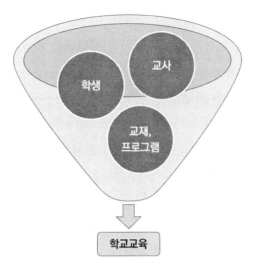

[그림 5-1] 교수-학습 측면에서의 학교 교육의 3요소

2) 학습부진 및 학습장애 해결, 왜 교수이론이 더 중요한가

학교에서 아이들을 지도하는 상황은 언제나 특정 교사가 특정 교과(교육내용)를 특정 학습자에게 특정 시간과 공간하에서 가르치는 것이다. 즉, 일반적이고 추상적인 의미에서의 가르치고 배우는 행위는 존재할 수 없다. 예컨대, 교사는 그냥 가르치는 행위를 하는 것이 아니라 수학의 사칙연산, 과학의 에너지, 국어의 특정 문학작품, 사회의 세계경제 등을 다양한 인지 및 심리·정서적 특성을 가진 특정 연령대의 다수 학생에게 가르쳐야 한다. 그러니까 이 교사에게 가장 필요한 이론은 그러한 특정 맥락하에서 적용할 수 있는 것이어야 한다.

가르치는 사람에게 우선 필요한 것은 해당 내용 영역에서 무엇을 어떤 순서와 비중으로 가르칠 것인가를 계획하는 일이다. 두 자릿수 숫자끼리의 뺄셈, 경제활동의 개념, 대류의 개념에 대해 곧바로 가르치는 행위를 시작할 수 없다. 왜냐하면 가르치는 행위가 실제로 일어나려면 처음에 무엇을 어떻게 할 것인지부터 시작해서 수업이 끝날 때까지 무엇을 어떻게 할 것인지가 이미 계획되어 있어야 하기 때문이다. 이것은 단순히 가르칠 내용을 교사가 알아야 한다는 뜻이 아니라 실제적인 행위로서의 가르치는 행위의 처음부터 마지막까지의 로드맵이 필요하다는 뜻이다. 물론 이것은 논리적으로 그렇다는 의미이지 실제로 그런 로드맵이 사전에 완벽하게 구비되어 있어야 교수행위가 가능한 것은 아니다. 예컨대, 즉흥적으로 다음에 무엇을 할 것인가를 생각해서 가르칠 수는 있다. 그렇다고 해도 여전히 다음에 무엇을 할 것인가에 관한 생각 자체는 그 행위보다 먼저여야 한다. 여기서 가르치는 행위는 단순히 교사의 언행만을 의미하는 것이 아니라 가르치는 행위를 구성하는 일체의 언행과 자료, 도구 등을 포함한 것을 말한다.

교사의 주 역할은 교육내용 이해보다는 학습자들의 특성을 잘 이해하는 것으로 인식되어 온 측면이 강했던 것 같다. 엄밀히 말하면, 교육내용에 대한 교수자의 지식이나 이해 정도, 접근 방식에서의 교수자 간 차이보다 학습자 특성 이해 정도가 교수-학습 효과에 더 큰 영향을 미치는 것으로 인식해 왔다고 볼 수도 있다. 그 간접적인 증거로는 두 가지를 들 수 있다.

첫째, 교원양성 프로그램의 핵심 교과인 교육심리학이나 학습심리학에서 다루는 내용 대부분은 학습자 개인의 심리적 특성에 관한 것들이다. 예컨대, 〈표 5-1〉은 교육심리학 개론서, 〈표 5-2〉는 학습심리학 개론서의 목차이다. 교육심리학 개론서의 성격이 원래 개인의 심리와 이를 기반으로 한 다양한 주제를 다루기는 한다. 하지만 이 목차에서 보듯, 학습, 인지, 행동, 기억, 자기조절, 메타인지, 동기 등의 주요 내용은 모두가 학습자 개인의 학습 관련 심리나 인지 및 행동을 다룬 것들이다. 또한 행동주의, 인지주의, 발달주의 등과 같은 전통적인 학습이론에서는 일반적인 학습현상에 대해 설명하지만 교수자와 교육내용에 대한 언급이 생략되어 있다. 인지주의적 관점에서의 지식의 본질이나 복합학습과 인지 부분의 지식구성의 사회적 과정이란 장이 있긴 하지만, 여기에서도 특정 내용과 특정 교수행위가 어떻게 학습에 영향을 주는가 하는 점은 다루고 있지는 않다. 도서 2의 경우에는 통상적인 교육심리학 개론서와 달리 다양한 학습자, 좋은 교사, 좋은 수업과 같은 제목의 장이 있긴 하지만, 구체적인 교수이론을 다루고 있지는 않다.

〈표 5-1〉 학습심리 혹은 교육심리 도서의 목차 예

도서 1	도서 2	도서 3
제1장 교육심리학의 기초	제1장 교육장면에서의 의사결 정과 교육심리학	제1장 교육심리학의 기초
제1부 학습자의 이해	제2장 발달의 기초	제2장 인지발달
제2장 인지발달	제3장 인지의 발달	제3장 성격과 사회성 발달
제3장 성격 및 사회성 발달	제4장 성격 및 사회성 발달	제4장 도덕성 발달
제4장 도덕성 발달	제5장 행동변화와 학습	제5장 지능
제5장 지능	제6장 인지변화와 사고력	제6장 창의성
제6장 창의성	제7장 문제 해결과 학습	제7장 행동주의 학습이론
제7장 특수학습자	제8장 개인차-지능과 창의성	제8장 인지주의 학습이론
제8장 학습자의 다양성	제9장 다양한 학습자를 고려한 교육	제9장 학습자의 동기
제2부 교수ㆍ학습의 이해	제10장 '좋은 교사'에 대한 이해	제10장 수업이론
제9장 행동주의 학습이론	제11장 좋은 수업	제11장 생활지도와 상담
제10장 인지주의 학습이론	제12장 좋은 수업환경과 테크 놀로지	제12장 교육평가
제11장 동기화	제13장 심리 상담을 통한 학생 이해	
제12장 교수ㆍ학습이론 및 교수방법	제14장 학습동기와 학업상담	
제3부 교수자의 이해	제15장 학교폭력 및 비행행동	
제13장 교사의 자질		
제14장 학급운영, 생활지도 및 상담		
제4부 평가		
제15장 교육평가		
제16장 표준화 검사		

〈표 5-2〉 학습이론서의 목차 예

대제목	소제목
• 인간 학습 개관	• 학습에 대한 관점 • 학습과 뇌
• 행동주의 학습관	• 행동주의와 고전적 조건형성 • 도구적 조건형성 • 도구적 조건형성의 적용
• 사회인지이론	• 사회인지이론

• 학습에 대한 인지주의적 관점	• 인지와 기억 개관 • 장기기억 1-저장 • 장기기억 2-지식의 본질 • 장기기억 3-인출과 망각
• 발달적 관점	• 인지에 대한 발달적 관점
• 복합학습과 인지	• 메타인지, 자기조절 학습, 공부전략 • 전이와 문제 해결 • 지식구성의 사회적 과정
• 동기	• 동기와 정서 • 동기에서의 인지적 요인

둘째, 전국 각 대학교의 특수교육학과 교육과정에서 찾아볼 수 있다. 특수교육학과들에서는 대개 장애의 특성에 대해서는 많이 가르치지만, 수업방법이나 교수-학습이론, 각 교과를 지도하는 방법에 대해서는 일반교육 예비교사 교육프로그램에 비해 그 비중이 상대적으로 적은 편이다. 하지만 실제로는 특수학급이든 특수학교든 학생과 교사의 만남은 대부분 수업시간을 통해서 이루어지고 있고, 그 수업시간 동안에는 거의 모두 교과 내용을 소재로 다룬다. 특수교사라고 해서 학습장애 관련 지식을 학습장애나 학습부진 학생들에게 가르치는 것이 아니라, 특정 교과, 예컨대 국어, 수학, 과학, 사회 등을 가르친다. 학습장애나 학습부진 학생을 잘 가르치려면 그들의 특성을 이해하는 것 못지않게 이들 교과 내용을 잘 알고 이를 잘 가르치는 방법을 아는 것이 오히려 더 중요하다.

학습부진 및 학습장애 학생 지도를 위한 교수이론 정립을 위해서는 가장 먼저 왜 학습자 특성이 아닌 교수 변인에 초점을 더 기울여야 하는지, 교수변인이라 함은 정확하게 무엇을 의미하는지를 정확하게 이해하고 납득해야 한다.

(1) 교수이론 중심의 패러다임 필요

앞서 언급했듯이, 학교 학습 상황에서는 학습자의 학습에 영향을 미치는 변인이 크게 학습자, 교수자, 교재 등 세 가지임에도 불구하고 특히 학습에 어려움을 겪는 학습자 지도 측면에서는 이들 학습자들의 특성을 이해하는 쪽에 초점을 더 맞추어 왔다. 그렇지만 학습자 특성을 알아보러 가기 전에 먼저 교수자의 교수행위와 교재의 내용 조직과 계열화가 제대로 이루어졌는지를 확인해 볼 필요가 있다. 학습에 어려움을 겪는 학습자들의 경우 학습자 특성 면에서 특별히 학습에 유리한 것보다는 불리한 특징들을 많이 갖고 있고, 그러한 불리한 특징들은 단기간에 쉽게 변화시키거나 향상시키기 어려운 것들이 많다. 따라서 적어도 학습에 어려움을 겪고 있는 학습자들을 지도할 때에는 교수-학습에 비록 불리한 학습자 특성은 있는 그대로 수용하여 이를 주어진 조건으로 전제하고, 대신 이론적으로는 무한대로 통제가 가능한 교수 변인, 즉 수업의 질 측면에 초점을 맞추는 패러다임이 필요하다([그림 5-2] 참조).

[그림 5-2] 수업의 질 중심의 학업 문제 해결 패러다임

(2) 학습 어려움 특성별 지원 요구의 성격

Kame'enui 등(2002)에 따르면, 다문화 학생, 경제적 빈곤층 학생, 학습부진 학생, 학습장애 학생 등을 포함한 특수교육 대상 학생 등과 같은 소위 '다양한 학습자(diverse learners)'는 인지 능력은 물론 환경 측면에서도 다음 〈표 5-3〉과 같이 매우 불리한 여건에 처해 있는 경우가 많다.

〈표 5-3〉 학습에 어려움을 겪는 학습자들의 특징

영역	특징
기억 능력	• 환경으로부터 정상적인 정보 수용 • 작동기억 문제(정보의 시연과 범주화) • 장기기억 문제(정보의 영구적인 저장) • 일상적인 사물 명명하기, 사물 회상하거나 인식하기, 그리고 문장 반복하기 등에서의 보통 아동과의 차이점 • 추상적 모양의 인식이나 회상하기 등과 같은 비언어적 과제 수행에 있어서 보통 아동과 유사한 수행 정도

학습전략 활용	• 수동적인 학습자−학습을 점검하고 과제 요구와 학습결과에 적응하는 데 어려움이 있음 • 의도적인 학습환경 구조(예컨대, 초점을 맞추고 목표 지향적인)에 적응하는 데 어려움이 있음 • 일반 아동과 유사한 전략을 사용하기는 하지만 덜 효율적임 • 문제의 근본적인 측면의 어려움을 보완하기 위해 일반 아동과는 다른 전략을 사용함 • 기본적이고 성공적인 전략 대신 좀 더 강력한 전략으로 교체하는 데 어려움
어휘 지식	• 알려진 단어의 수와 지식의 깊이에서 어휘의 어려움은 일찍부터 두드러지면 시간이 지남에 따라 더 악화됨 • 단어 학습은 부분적으로는 양에 노출되는 정도에 귀인함. 다양한 학습자는 일반 학습자보다 새로운 단어에 노출되는 정도가 적음 • 읽기는 어휘 성장의 중요한 수단임. 다양한 학습자는 주로 읽기가 유쾌하지 않고 실패 경험 때문에 일반 학습자보다 덜 읽게 됨
언어 학습	• 언어 입력은 읽기 발달에 아주 중요한 시사점을 가짐 • 다양한 학습자는 언어를 입력하기 위해 일차적으로 의미적 특징에 의존함. 반면, 평균 수준의 학습자는 일차적으로 음운론적 특징에 의존함 • 언어가 입력되는 방식은 단어의 '본성'을 포함하는 조기 문해 경험에 강하게 영향을 받음

출처: 이대식, 이창남 공역(2005), pp. 39−58 발췌 인용.

이제 〈표 5-3〉에서 열거한 학습 어려움 영역과 특성별로 필요한 지원을 다시 정리해 보면 〈표 5-4〉와 같다. 〈표 5-4〉에서 보듯, 거의 모든 영역은 교수적 접근, 즉 무엇인가 효과적인 프로그램을 구안하고 이를 충실하게 이행하는 조치를 필요로 한다. 비록 기억능력이나 학습전략 활용 능력과 같이 개인적인 속성에 해당하는 것일지라도 학습자가 학습에 유리한 특성을 가질 때까지 기다리는 것이 아니라, 학습에 불리한 상황을 효과적으로 극복해 나갈 수 있도록 연습이나 훈련을 시키고 효과적인 프로그램의 적용 시범을 보이는 것 등이 필요하다.

〈표 5-4〉 학습 어려움 특징별 지원 요구

영역	어려움 탈출을 위한 대책	필요한 교수적 접근
기억능력	• 기억보조 전략 활용 • 반복 연습	• 기억보조 전략 훈련, 활용 연습 • 반복 연습 촉진 자극
학습전략 활용	• 필요시 효과적인 학습전략 알기 • 학습전략 능숙하게 스스로 활용	• 학습전략 소개 • 학습전략 활용 연습 촉진 자극
어휘 지식	• 어휘 지식 확대	• 효과적인 어휘 지도 프로그램 구안과 적용
언어 학습	• 글자 읽기 유창성 및 문해 능력 향상	• 효과적인 글자 읽기 및 문해능력 육성 지도 프로그램 구안, 적용

2. 이론적 근거가 필요한 분야

1) 학습 어려움 학생 교수-학습의 성격

학습에 어려움을 겪고 있는 학습자를 위한 교수방법의 이론적 근거를 찾을 때 어떤 측면을 다룬 이론들을 찾을 것인가를 결정해야 한다. 이를 위해서는 먼저 이들 학생들을 교육하고 있는 현재의 학교학습의 맥락, 여건 중 고정적인 변인과 조절이나 통제가 가능한 변인이 무엇인지를 고려해야 한다. 이는 이 학생들을 지도하는 일(혹은 도전, 과제)의 성격을 명확히 하는 일이기도 하다.

첫째, 이들은 학습에 어려움이 없는 또래에 비해 준비가 덜 되어 있거나 아예 안 되어 있는 상태에서 현재의 교육내용을 학습하고 있지만, 학습해야 할 내용, 수준, 분량은 또래와 동일하다. 즉, 준비가 덜 되어 있다고 조금만 학습해도 되거나 좀 쉬운 것을 학습할 선택권이 없다.

둘째, 준비가 덜 혹은 안 된 내용을 학습할 (더 정확하게는 보완할) 시간이 별도로 주어지는 것은 아니다. 누구에게나 학습에 허용된 시간은 동일하다. 즉, 학습에 어려움을 겪는 학습자에게 한 학기에 한 달을 더 주거나 혹은 48시간을 하루로 인정해 주지 않는다는 뜻이다. 학습부진 학생은 또래와 동일하게 주어진 시간 안에 현재 학습해야 할 것과 과거에 학습하지 못한 것을 동시에 학습해야 한다.

셋째, 학습에 어려움을 겪는 학습자들은 선행학습 정도뿐만 아니라 당장의 학습에 절대적으로 영향을 미치는 기본적인 인지능력, 학습동기 수준 등에서 또래보다 불리한 특성을 갖고 있다. 예컨대, 지능이 상대적으로 낮거나 기억력이 부족하고 학업에 대한 흥미나 의욕이 높지 않다.

결론적으로, 학습에 어려움을 겪는 학습자는 현재의 교육내용을 학습할 준비가 인지적 · 심리적으로 덜 되어 있거나 안 되어 있지만, 또래와 동일한 여건 속에서 현재의 교육내용은 물론 과거에 제대로 학습하지 못했던 내용까지 학습해야 한다.

2) 이론적 근거 탐색 대상 영역

앞서 제시한 논의를 고려했을 때, 학습부진 및 학습장애 학생 대상 교수방법에서는 다음 영역에 관한 이론적 근거가 필요하다.

첫째, 학습준비 상태 혹은 선수학습기능, 기본적인 인지능력 혹은 학습동기 수준이 보통 미만인 학습자로 하여금 다른 학습자와 동일하게 혹은 그보다 더 빠른 시간에 목표 상태에 이르게 만드는 방법을 찾아야 한다. 이들은 현재 자신의 수준에서 잘 이해하지도 못할 내용을 학습하면서 동시에 진작에 학습했어야 할 내용, 그러나 아직 습득하지 못했거나 불완전하게 습득한 부분을 학습해야 한다. 즉, 또래에 비해 더 많은 내용을 더 불리한 여건 속에서 학습해 내야 한다. 이는 마치 시지프스의 신화에 나오는 시지프스처럼 거의 불가능에 가까운 일을 수행하는 것과 같다.

현재까지의 교육방법과 인간심리, 인간 학습 관련 이론의 발달 한계상 이는 오로지 효과적인 교수설계로만 가능하다. 수술이나 약물, 행동수정, 최면, 심리적 상태 조절 등의 방법으로는 불가능하다. 오직 교수적 조치, 접근으로만 해결이 가능하다는 뜻이다. 가장 적은 시간 안에 가장 효과적으로 가장 빠르게 학습목표 상태에 이르게 할 경로를 설계해야 한다. 이 경로 설계 시에 언급되어야 할 사항으로는 학습자 활동을 무엇으로 할 것인지, 어떠한 내용을 어떤 형태와 순서로 제시할 것인지, 어떠한 자료를 사용할 것인지, 교수자는 어떤 행위를 할 것인지 등이다.

둘째, 주어진 시간 안에서 실제로 학습에 투입한 시간의 절대량을 최대한 높여 실제로 학습에 투입한 시간의 비중을 100%에 가깝게 하는 방안을 찾아야 한다. 주어진 시간 안에 학습자로 하여금 최대한 학습에 집중하게 하는 행위를 다룬 이론이나 모델을 찾아봐야 한다.

3. 학습 어려움 지원을 위한 교수방법의 이론적 근거

그렇다면 이러한 교수적 지원이 특히 학습부진이나 학습장애 학생들을 대상으로 할 때에는 어떠한 요건을 갖추어야 하는가를 살펴봐야 한다. 다행히 그러한 요건을 갖추는 데 시사를 주고 이론적 근거를 제시하는 선행 이론이 많이 발표된 바 있다. 이 장에서는 그러한 이론의 예로 다음 15가지를 선정하고자 한다. 각 이론별로 핵심 주장 내용, 각 이론이 해결을 시도하는 학습 어려움의 특징, 실제 교수-학습방법 적용 시 각 이론의 시사점이나 원리, 지침 등을 제시하고자 한다.

1) 직접교수법

(1) 핵심 내용

직접교수법(Direct Instruction)은 일반교육은 물론 특히 특수교육 분야에서 여러 가지 목적으로 폭넓게 활용 및 연구되고 있는 교수방법 중의 하나이다. 그럼에도 직접교수법은 이 용어를 사용하는 사람과 이 교수방법을 적용하는 사람들 사이에서 각기 다르게 정의되고 있는 듯하다. 사실, 직접교수법이 무엇을 의미하는지가 각 사람에 따라서 서로 다르게 규정된다고 해서 특별히 문제 될 것은 없다고 보면 그만이다. 하지만 누군가가 (특히 연구자들이) 직접교수법이 어떤 학생들에게 어떤 특정 내용을 가르칠 때 특히 유용하다고 주장한다거나 학교 현장에서 그러한 주장에 근거하여 직접교수법을 적용하고자 할 때에는 직접교수법이 무엇을 의미하는지가 분명해야 한다.

현재 직접교수법이라 불리는 접근에는 두 가지 유형이 있다. 첫 번째 유형의 직접교수법은 Rosenshine 등이 주장하는 직접교수법을 지칭한다. 이 직접교수법은 학습자의 학업성적 향상과 관련이 높은 교사의 행동적 특성에 기반하고 있다. Rosenshine과 Berliner(1978)에 따르면, 이러한 교사의 행위 예는 다음과 같다.

- 학습목표를 명료하게 제시한다.
- 충분한 학습시간을 지속적으로 허용한다.
- 많은 내용을 빠짐없이 다룬다.
- 학생들의 수행을 점검한다.
- 피드백을 즉시 제공한다.

• 수업목표, 학생 수준에 맞는 학습자료, 수업진행 속도 등을 교사 주도로 통제한다.

두 번째 유형의 직접교수법은 Engelmann, Becker, Carnine 등 주로 미국 University of Oregon 교수들이 중심이 되어 규명한 교수이론과 이를 적용한 상업용 교재를 의미한다[이하 DI(Direct Instruction)로 표기].* 이 유형의 직접교수법은 적어도 미국 내에서는 학습에 문제를 갖고 있는, 특히 특수교육 대상자들에게 있어서는 가장 효과적인 교수방법 중의 하나로 알려져 있다.

직접교수법(DI)은 교수-학습 프로그램을 설계할 때 다음 다섯 가지 원리를 반영하고자 한다(Marchand-Martella, Slocum, & Martella, 2004). 첫째, 심층적이고 정밀한 내용 분석을 통해 단기간에 학습에 성공할 수 있게 해 주는 중심 개념과 일반화 가능한 전략을 확인하고자 한다. 둘째, 명료한 의사소통을 추구한다. 셋째, 교사와 학습자의 행위를 구조화한 수업 형식(instructional formats)을 개발한다. 넷째, 학생들이 겪을 혼란을 최소화하고 학습을 극대화하는 방향으로 수업 내용을 계열화한다. 다섯째, 학습이 체계적으로 잘 일어나고 누가적인 복습과 적용이 가능하도록 가르칠 내용을 소주제로 조직하여 다룬다. 각 원리에 대해 좀 더 자세히 설명하자면 다음과 같다.

첫째, 직접교수법의 목표는 일반화할 수 있는 기술을 가르치는 것이다. 이를 위해서 DI는 먼저 가르쳐야 할 핵심 개념, 원리, 전략, 그리고 큰 개념들(특정 교과에서 전문적이 되는 데 사용할 수 있는 전략을 제공해 주는 개념들)을 확인하기 위한 내용분석을 한다. 내용분석을 통해 핵심 개념이나 원리 및 전략이나 큰 개념을 추출해 내는 이유는 적은 시간에 좀 더 많은 내용을 학습하는 것이 가능하게 하기 위함이다. 관련된 것끼리는 서로 묶어서 제시하는 것이 학습에 효과적이다. 지식이나 기술을 낱개로 학생들에게 가르치는 것은 비효율적이고 학습효과도 기대하기 어렵다. 내용을 조직할 때에는 큰 개념을 중심으로 하위 개념, 원리, 규칙 등을 유의미하게, 서로 유기적으로 연결되게, 그러면서도 위계 관계가 드러나게 일종의 지식망 형태로 조직하는 것이 학습에 유리하다. 그 지식망 안에서의 각 개념, 원리, 규칙 간의 관계(연결)는 분명하고, 강해야 하며, 유의미해야 하고, 유기적이어야 한다. 또한 핵심적인 것과 주변적인 것, 큰 것과 작은 것, 어렵고 복잡

---

* 두 번째 유형의 직접교수법 개발자들은 첫 번째 직접교수법을 소문자를 사용하여 direct instruction, 그리고 자신들의 접근은 대문자를 사용하여 Direct Instruction(이하 DI)으로 구별하기도 한다. 여기서는 두 번째 유형의 직접교수법에 대해 주로 다루고자 한다.

한 것과 단순한 것 등이 시각적으로나 의미적으로 잘 구별되어야 한다.

둘째, 학습자들이 어떠한 상태와 수준에 있든지 학습과정에서의 혼란이나 불명료함을 최소화시킬 수 있도록 학습자들과 의사소통을 한다. 학습에 어려움을 겪는 학습자들의 경우 다른 학생들에 비해 교사의 의도나 학습자료의 내용 파악에 상대적으로 더 큰 어려움을 겪는다. 이러한 경우에는 최소한의 인지 능력이나 주의력 상태에서도 내용을 이해하거나 수용할 수 있도록 정보를 명료하게 제시해 주어야 한다. 이를 위해서는 명료한 의사소통이 필요하고 다시 이를 위해서는 교수자의 용어나 말에 일관성이 있어야 한다. 또한 예나 예가 아닌 것들이 교수자가 의도한 특징 면에서만 다르고 다른 측면에서는 최대한 동일해야 해당 예들이 담고 있는 특징이 효과적으로 학습될 수 있다(이에 대한 보다 자세한 내용은 9장에서 다루고 있다).

셋째, 수업 상황은 매우 복잡하고 상황 의존적이다. 돌발 변수도 많이 발생한다. 이러한 상황에서 학습자로 하여금 최단시간 안에 학습목표에 도달하게 하고 교사가 원래 의도했던 내용을 학습자들에게 명료하게 전달할 수 있도록 보장하려면, 수업 형식을 미리 작성하여 최소한 일정 수준 이상의 수업의 질을 보장하도록 하는 것이 필요하다. 자칫 수업 형식이라면 수업을 고정적인 틀에 맞추어 융통성 없이 진행하는 것으로 인식하기 쉬운데, 이때의 수업 형식이란 최소한의 수업의 질 유지를 위한 안전장치나 지침으로 인식하는 것이 적절하다.

넷째, 일단 수업을 위한 환경이 준비되면 가르칠 내용을 철저히 분석해야 한다. 이는 가르쳐야 할 핵심 내용과 목표 및 전략을 확인하고, 이를 중심으로 내용을 조직하기 위함이다. 단위 시간에 가르칠 핵심 내용이 무엇이고, 그 내용들을 어떻게 조직하고 계열화할 것인가를 결정하는 것은 다분히 논리적 분석을 필요로 하는 작업이다. 예컨대, 교사가 광합성에 관해 가르칠 때 제일 먼저 해야 하는 일은 광합성이라는 내용에서 가르쳐야 할 핵심 아이디어가 무엇이고, 그러한 아이디어와 내용을 어떻게 어떤 순서로 조직하고 계열화할 것인가이다. 적어도 이 작업 과정에서는 학습자 특성에 대한 고려의 비중이 그리 크지 않다. 연령(학년), 특별한 심리적·신체적 조건의 유무 정도만 알아도 족하다. 즉, 가르치게 될 학생들의 특성이나 심리 및 지능에 대해 자세히 알지 못하면 이 작업을 수행할 수 없기 때문에 학생들의 특성을 모두 알기 전에는 수업을 준비할 수 없다는 식으로 인식해서는 곤란하다.

DI의 핵심적인 특징은 바로 프로그램을 어떻게 조직화하고 계열화했느냐에서 찾아볼 수 있다. Engelmann과 Carnine(1990)은 직접교수법의 이론적 기반인 그들의 저서

『Theory of Instruction』에서 명료한 의사소통과 인식론적 원리를 적용한 내용과 교수행위의 조직과 계열화 중요성을 강조했다. 또한 Gersten, Woodward, Darch(1986)는 교재와 교사에 의한 이 교재의 전달 과정 모두가 명료해야 한다고 강조했다. 이는 곧 직접교수법의 핵심적인 추구사항이다. 이들에 따르면, 직접교수법에서는 교수-학습활동을 위한 교육내용의 조직과 계열화 원칙으로 세 가지를 제시한다. 동일성(sameness), 논리 및 위계(logical, hierarchical), 전략(strategy)이 그것이다. 즉, 학습자를 고려하여 교육내용을 조직할 때에는 각 내용 간의 공통성을 드러내야 한다. 그러면서 각 내용 간의 논리나 위계를 반영해야 한다. 또한 학습자로 하여금 동일성, 논리, 위계 등을 효과적으로 연습하고 적용하게 해 줄 전략이 포함되어 있어야 한다.

　다섯째, 매 차시는 이전 차시 학습과 연계되어야 하고, 각 차시 진행은 복습과 적용이 체계적으로 이루어지도록 설계되어야 한다. 이를 위해서는 차시마다 서로 관련되면서 내용 수준의 차이가 크게 나지 않는 복수의 주제를 여러 차시에 걸쳐 다루어 가는 방식

〈표 5-5〉 직접교수법 프로그램의 주제별 조직 방식

영역＼차시	1	5	10	15	20	25	30	……
덧셈과 뺄셈 수가족	■	■	■	■	■	■	■	■
덧셈 단순 연산	■	■	■	■	■	■		
뺄셈 단순 연산		■	■	■	■	■	■	■
곱셈구구		■	■	■	■	■	■	■
나눗셈								
자릿값	■	■	■	■	■	■	■	■
세로 덧셈, 뺄셈	■	■	■	■	■	■	■	■
표 자료 분석			■	■	■	■	■	■

* 표에서 음영은 해당 주제가 다루어지는 기간을 나타냄.

이 필요하다. 직접교수법에서는 이를 주제별 조직(track organization)으로 표현한다. 예를 들어, 〈표 5-5〉는 직접교수법 프로그램 중 하나인 'Connecting Math Concepts, Level C'의 프로그램 구성 방식이다. 〈표 5-5〉에서 보듯, 직접교수 수학 프로그램은 차시마다 여러 개의 다른 주제가 다루어지되, 각 주제는 일정 기간 지속적으로 다루어지는 방식으로 설계되어 있다.

내용의 조직과 계열화가 이루어지고 나면, 그 내용을 전달할 교사의 행위를 고려해야 한다. 교사가 내용을 제시할 때에는 다음과 같은 요소들을 많이 반영할수록 학습자들의 학습성공률은 높아진다. 첫째, 명료하고 일관되게 내용을 제시한다. 둘째, 수업 진행 속도, 신호 등을 사용하여 학습자들이 다른 것에 주의를 뺏기지 않고 실제로 학습에 투입하는 시간을 증대시킨다. 셋째, 교수자와 학습자, 학습자와 학습자 간 상호작용을 증대시켜, 실제로 학습과정에 참여하는 시간의 양을 증가시킨다. 넷째, 체계적인 복습을 통해 학습한 내용의 숙달도와 유지 정도를 높인다. 체계적인 복습이란 학습한 것을 자주, 조금씩이라도 여러 번에 걸쳐서, 이전에 학습한 것도 누적시켜, 다양한 문제나 과제 유형으로 복습하는 것을 말한다. 다섯째, 긍정적 피드백과 신속한 교정을 제공한다. 여섯째, 점진적 지원 감소(scaffolding) 원리를 적용하여, 학습 초기에는 필요한 지원과 명료한 시범을 최대한 제공하였다가 학습이 진행됨에 따라 지원 정도를 줄여 나간다.

(2) 학습부진 및 학습장애 교수-학습 관련 지침
직접교수법이 학습에 어려움을 겪는 학생의 교수-학습과 관련하여 제기하는 지침은 다음과 같다.

첫째, 교재의 내용과 교수행위의 조직과 계열화, 명료화를 통해 최적의 학습목표에의 도달 경로를 분명하게 드러내고 학습자로 하여금 이 경로를 밟아 나가도록 해야 한다.

둘째, 학습목표 도달에 필요한 하위 요소나 기능을 모두 파악하여 이를 단계적으로 완전 습득시켜야 한다.

셋째, 점진적 지원 감소를 통해 초반에 명시적 시범 → 안내 → 개별 연습의 단계를 충실하게 이행하도록 해야 한다.

일반적으로 알려진 직접교수법과 미국 오리건 대학교 교수들이 개발한 직접교수법(DI)은 어떤 점이 비슷하거나 다른지 구체적으로 확인해 보시오.

_____

_____

_____

_____

2) Carroll의 학교학습 모형

(1) 핵심 내용

Carroll(1963)의 학교학습 모형은 비록 발표된 지 반 세기가 훌쩍 지났지만, 학습부진이나 학습장애 학생들에게 어떤 지원을 제공해야 하는가에 대해 매우 유용한 시사를 준다. [그림 5-3]은 그 유명한 학교학습 모형을 나타낸 것이다. 이 모형은 학습에 영향을 미치는 요인과 학습 간의 관계를 함수식으로 매우 단순하고 명쾌하게 설명해 준다. 이 모형에 따르면, 학습의 정도(degree of learning)는 학습에 필요한 시간 중에 실제로 학습에 투입한 시간의 함수로 나타낼 수 있다. 즉, 학습의 정도를 높이려면 [그림 5-3]의 함수식에서 분자를 늘리든지, 분모를 줄이든지, 아니면 더 효과적으로는 분자 증가와 분모 감소를 동시에 추구하면 된다. 문제는 학습에 실제로 투입한 시간, 학습에 필요한 시간과 관련된 변인이 무엇이고 이를 어떻게 조절할 것인가 하는 점이다.

$$\text{학습의 정도 (Degree of Learning)} = f\left(\frac{\text{실제 투입한 시간}}{\text{필요한 시간}}\right)$$

[그림 5-3] Carroll의 학교학습 모형

Carroll(1963)은 학습에 실제로 투입한 시간에 영향을 주는 변인으로, 학습에 허용된 시간(즉, 학습기회)과 과제 집착력(perseverance)을 제시했다. 학습에 허용된 시간은 시간표상의 교과 수업시간 혹은 소집단이나 개인 지도가 이루어지는 보충학습시간과 같이 교수-학습활동에 주어진 물리적인 시간을 말한다. 이 시간은 별도로 주어지지 않는 이상모든 학습자에게 동일하다. 당연히, 학습에 허용된 시간은 학습자 간에 차이가 없을 변인으로 생각되기 쉽다. 하지만 실제로는 전혀 그렇지 않다. 시간 활용의 효율성 측면에서 학습자 간에 차이가 발생할 수 있다. 학습에 주어진 절대적인 시간의 양 중 학습에 실제로 투입한 시간을 '실제학습시간(Academic Learning Time)'이라 한다. Rosenshine과 Berliner(1978)에 따르면, 학습부진 학생은 수업 시간의 30% 이내로만 집중하는 반면, 성적 상위권 학생들은 80% 이상을 집중하는 것으로 나타났다.

과제 집착력은 세 가지 요소로 구성되는데, 자신의 시간을 계획하고 주어진 시간 이상으로 노력을 하는 등 주어진 과제에 보통 이상으로 시간을 투입하고자 하는 의지, 불편해도 참고 견디려는 의지, 실패 위험에 맞서려는 의지 등이 그것이다. 한마디로, 인내를 갖고 끝까지 과제를 완수하려는 의지와 태도를 말한다.

한편, 학습에 필요한 시간을 결정하는 변인은 적성, 수업을 이해하는 능력, 수업의 질이다. 즉, 적성이나 수업을 이해하는 능력이 높을수록, 그리고 수업의 질이 높을수록 학습에 필요한 시간의 양은 줄어들 것이고 이는 결과적으로 학습의 정도를 높일 것이다.

Carroll(1963)의 학교학습 모형에서 분모와 분자와 관계된 변인은 총 다섯 개인데, 이 중 세 개(적성, 수업을 이해하는 능력, 과제 집착력)는 학습자 변인이고, 수업의 질은 교수자 변인이며, 학습에 허용된 시간은 물리적인 시간 측면에서는 누구에게나 동일하다는 점에서 중립적 변인이라 할 수 있다. 학습부진, 학습장애 학생들은 학습에 필요한 적성이나 학습 이해능력, 과제 집착력이 다른 학생들에 비해 대체로 낮은 편이다. 결론적으로, 학교학습과 관련된 다섯 개 변인 중 학습부진 및 학습장애 학생은 세 개에서는 처음부터 불리한 여건에 있고, 그나마 중립적이라고 할 수 있는 학습에 허용된 시간 측면에서마저 또래와 거의 두세 배에 이르는 차이를 보이고 있다. 만약, 다섯 개 변인 모두를 우리가 통제할 수 있다면 좋겠지만 실제 상황에서 이는 매우 어렵다. 예컨대, 학습자의 적성, 이해능력, 과제 집착력 등은 교수자가 단기간에 급격하게 향상시키기 어렵다. 우리는 아직 학습자들의 적성이나 이해능력을 획기적으로 높일 수 있는 방법을 잘 알지 못한다.

이러한 상황에서 학습부진 및 학습장애 학생을 지원하는 방안을 모색하기 위해서는 이론적으로 통제 여지가 충분한 변인을 선택하여 집중하는 것이 타당한 전략일 것이다. 실제로, 직접교수법(DI)을 주장한 학자들은 이러한 전략을 택해서 수업의 질 변인에 주목하여 교재와 교사에 의한 교재 내용의 전달 행위를 효과적으로 설계하고 조직화하는 데 주력하여 여러 분야에서 그 효과가 여러 차례 검증된 직접교수법 프로그램들을 양산해 왔다.

문제는 수업의 질과 관계된 것이 무엇이고, 어떻게 수업의 질을 높일 것인가 하는 점이다. 이에 대해서는 다시 Carroll의 학교학습 모형을 심층 분석해 볼 필요가 있다. Carroll은 질 높은 수업의 조건을 다음 네 가지로 제시했다. 첫째, 질 높은 수업은 무엇을 어떻게 학습할 것인가를 학습자가 이해할 수 있는 말로 전달해 줄 수 있어야 한다. 둘째, 학습할 자료를 감각적으로 접하는 데 문제가 없도록 해야 한다. 셋째, 학습의 모든 단계가 이전 단계 학습에 의해 적절하게 준비될 수 있도록 학습과제의 순서를 짜고 세분화해야 한다. 넷째, 학습과제의 순서와 구체성은 교사의 교수행위는 물론 교재, 학습지, 기타 교수-학습자료나 도구에도 적용되어야 한다.

얼핏, 이 네 가지 조건은 그리 새로울 것도, 특별히 어려운 조건도 아닌 것으로 생각될 수도 있다. 하지만 학습부진 및 학습장애 학생 지도 관점에서 좀 더 자세히 각 조건을 들여다보면, 실제로 구현하기가 절대 쉽지 않다는 것을 곧 알게 될 것이다. 예컨대, 첫째 조건은 그냥 학습자가 이해할 수 있는 말로 교육내용을 전달하면 되겠구나라고 생각할 수 있지만, 학습부진 및 학습장애 학습자는 보통의 학습자가 아니라는 점을 기억해야 한다. 첫째 조건을 바꾸어서 말하면, 학습부진 및 학습장애 학생들도 이해할 수 있는 말로 내용을 전달해야 한다. 그런데 이 학생들은 대개 기본학습기능, 선수학습 정도, 기본적인 이해능력, 수업 집중력 등이 낮기 때문에 이들이 이해할 수 있는 말로(교수자 자신에게 명료한 것이 아니다!) 내용을 전달하는 것은 쉽지 않다. 아마도 새로운 내용을 소개할 때에는 명시적으로, 천천히, 최대한 자세하게 설명해 주고 시범은 최대한 명료하게 보여주어야 할 것이다.

둘째 조건은 감각적으로 접하는 데 문제가 없도록 하는 것이기 때문에 감각적으로 정보 접근성에 문제가 없는 학습부진 및 학습장애 학생에게는 크게 문제 되지는 않을 조건이다.

셋째 조건은 수업의 질을 결정하는 가장 중요한 사항이다. Carroll(1963)의 주장을 원문 그대로 제시하면 다음과 같다.

> "학습의 모든 단계가 이전 단계 학습에 의해 적절하게 준비될 수 있도록 학습과제의 순서를 짜고 세분화해야 한다(the various aspects of the learning task must be presented in such an order and with such detail that, as far as possible, every step of the learning is adequately prepared for by a previous step)."(p. 726)

이 문장에서 특히 중요한 어구는 '순서(order)'와 '구체성(detail)'이다. 학습에 어려움을 겪는 학습자 입장에서 학습의 각 단계가 이전 단계 학습에 의해서 적절하게 잘 준비되려면 필시 각 학습단계 간 간격이 크지 않아야 한다. 이전 단계 학습을 했음에도 불구하고 다음 단계 학습에서 어려움을 겪었다면 단계 간 간격이 너무 크다는 것을 뜻한다. 이런 상황에서는 이전 단계가 이후 단계 학습을 적절하게 준비시킬 수 없다. 더구나 학습부진 및 학습장애 학생의 경우 기본적으로 학습 각 단계나 수준별 이동에 어려움을 겪을 특성을 많이 갖고 있다. 이러한 상황에서 이 학생들의 학습에서도 이전 단계가 이후 단계의 적절한 준비가 될 수 있으려면 반드시 각 학습단계나 수준 간 간격을 매우 촘촘하게 만들어야 할 것이다. 이것이 수업의 질 조건 중 '구체성(detail)'을 구현하는 방법이다. 어떤 사람들은 학습단계들이 촘촘하면 소위 중간 수준 이상의 학습자들에게는 학습 시간 낭비 현상이 벌어질 수 있는 것 아닌가 염려할 수 있다. 이 경우에는 단계를 건너뛰거나 단계 간 이동 속도를 높이면 된다. 단계를 모두 준비했는데 학습자들이 막상 단계를 건너뛰는 상황이, 단계를 충분히 촘촘하게 준비하지 않아 일부 학생들이 다음 단계로 나아가지 못하는 상황보다 더 낫다.

한편, 학습단계의 순서는 여러 가지가 가능할 터인데, 그중에서 특히 학습목표 도달에 더 효과적인 순서가 있을 것이다. 이것은 수업의 질 조건 중 순서(order)에 관한 사항이다. 예컨대, 한글 모음 소리를 가르칠 때 단모음과 이중모음 중 단모음을 먼저 가르치는 것이 더 효과적이다. 그 이유는 단모음에 비해 이중모음이 발음하기 어렵고, 단모음을 먼저 배워야 이중모음을 발음하기가 수월하기 때문이다. 그렇지만 모든 교육내용의 교수-학습순서가 언제나 명확한 것은 아니다. 수학 교과 내용들은 비교적 내용들 간의 논리적 위계나 선후 관계가 분명한 것이 많지만, 다른 교과 내용들은 딱히 무엇을 먼저 가르치는 것이 얼마나 더 효과적인지에 대해서 알려진 바가 많지 않다. 실은 대부분의 교육내용을 어떤 순서로 가르치고 배워야 학습에, 특히 학습부진이나 학습장애 학생의 학습에 효과적일 것인가에 대해서는 알려진 것보다 알려지지 않은 것이 더 많다고 봐야 한다. 효과적인 교수-학습순서는 내용의 위계 관계에 대한 논리적인 분석만으로는 밝혀질 수 없다. 이는 경험적으로 확인해서 밝혀내야 할 사안이다.

넷째 조건은 셋째 조건에서 언급한 순서와 구체성이 교사의 교수행위는 물론 교재와 각종 교수-학습도구에도 반영되어야 함을 언급하고 있다. 주목할 점은 교사의 교수행위에도 이러한 조건이 반영되어야 한다고 주장한 점이다. 사실, 이는 지극히 당연한 주장이다. 교사의 교수행위는 촘촘하고 순서에 맞게 짜여진 교재와 독립적으로 이루어질 수 없을 것이기 때문이다.

결론적으로, 학습부진 및 학습장애 학생을 위한 질 높은 수업이란 학습단계들을 촘촘하게 그리고 학습목표에 도달하는 데 가장 효과적인 순서에 맞게 짠 수업을 뜻한다. 이것을 그림으로 표현하면 [그림 5-4]와 같다.

[그림 5-4] 학습 어려움 해소 지원을 위한 수업의 질 조건

(2) 학습부진 및 학습장애 교수-학습 관련 지침

첫째, 학습에 어려움을 가진 학습자의 인지능력이나 특성은 효과적인 교수설계를 통해 향상, 형성, 강화시켜야 하는 것으로 파악해야 한다.

둘째, 학습목표에 도달한 상태란 구체적으로 무엇을 뜻하는지, 무엇을 알거나 할 수 있어야 하는지를 학습에 어려움을 가진 학습자도 분명하게 이해할 수 있게 명료하게 전달해야 한다.

셋째, 학습의 각 단계가 이후 단계 학습에 도움이 되도록 단계들의 순서와 단계 간 간격을 잘 조정해야 한다. 이는 교재, 교육내용, 교사의 교수행위 모두에 적용되어야 한다.

3) Vaughn과 Linan-Thompson(2003)의 학습장애 학생 교육의 특수성

(1) 핵심 내용

Vaughn과 Linan-Thompson(2003)은 선행 문헌들을 종합, 분석하여 학습장애 학생에게 가장 효과적인 교수-학습요소를 [글상자 5-1]과 같이 정리했다. 이 내용들은 매우 추상적이고 일반론적이기 때문에 이를 보다 잘 이해하기 위해서는 구체적인 적용 예나 세부적인 지침이 필요하다.

[글상자 5-1] 학습장애 교육방법의 특수성

- 높은 수준의 성공률을 유지할 수 있도록 과제나 문제를 계열화하고 학생의 능력과 기술에 과제의 난이도를 맞추는 등의 과제 난이도 조절을 통하여 학생의 학업성적을 향상시킬 수 있다.
- 소집단 내에서 상호작용이 활발하게 학생들을 지도할 경우 성적이 향상될 수 있다.
- 질문을 생성하는 전략을 시범 보이고 가르치며, 과학이나 수학 문제를 읽고, 쓰고, 해결하는 과정에서 자기 질문, 초인지 전략 등의 생각 크게 말하기를 활용하여 가르치면 학업성적이 향상될 수 있다.
- 직접적이고 명시적인 수업은 학업성적을 향상시킬 수 있다.
- 상위 수준의 사고 기술과 문제 해결 활동은 학생들로 하여금 특히 수학과 과학에서 더 복잡한 문제와 프로젝트를 다루도록 함으로써 지식과 기술의 통합을 촉진할 수 있다.
- 언제, 어디에서, 어떻게 전략을 적용할 것인지를 학습하면 스스로 학습계획을 수립하는 데 도움이 된다.
- 특정 기술 습득 정도에 대한 지속적인 진전도 점검은 학업성적 향상과 관련이 깊다.
- 읽기와 쓰기 영역의 기본학습기능(예컨대, 음운인식, 쓰기 속도)은 이 영역에서의 학업성적 향상에 필수적이다.
- 쓰기 과정과 쓰기의 세부적인 용법이나 기술 모두 쓰기 성적 향상에 기여한다.
- 지속적이고 체계적으로 피드백을 제공하면 학생이 잘못 이해한 것을 제대로 이해하고 자기 글을 고치거나 문단을 이해하도록 하는 데 도움을 줄 수 있다.
- 지속적으로 학습진전도를 측정한다.
- 긍정적인 피드백을 지속적으로 제공한다.

이 항목들은 곧 학습장애 학생을 대상으로 한 수업의 분석과 평가 기준으로 활용될 수 있을 것이다. Vaughn과 Linan-Thompson(2003)은 이 항목들을 반영한 학습장애 학생을 위한 유력한 수업 모델로 3단계 개입-반응모델을 제안했다. 이것은 학습자들의 반응을 모니터링해 가며 개입의 강도를 단계적으로 높여 가는 접근이다. 그렇지만 Vaughn과 Linan-Thompson이 제시한 지침 역시 학생이 어떤 상태에 도달해야 하는지, 계획하고 있는 교수-학습활동이나 자료가 그 목표 도달과 논리적으로 관련이 있는지는 이미 결정이 되었거나 합의가 된 것을 전제로 해야만 가능하다는 제한점이 있다.

이처럼 학습에 어려움을 겪는 학습장애 학생에게 높은 성공률을 거둘 수 있도록 학습

단계를 세분화해야 한다는 Vaughn과 Linan-Thompson(2003)의 주장은 놀랍게도 이보다 약 40여 년 전에 발표된 Carroll(1963)의 학교학습이론에 거의 그대로 주장되어 있다. 앞서 살펴본 바와 같이, Carroll(1963)에 따르면 학습의 모든 단계가 바로 그다음 단계의 학습이 잘되도록 기여할 수 있게 교재와 교수행위를 설계하는 것으로 수업의 질을 규정해야 한다.

(2) 학습부진 및 학습장애 교수-학습 관련 지침

첫째, 매 학습단계마다 학습자가 높은 성공률을 유지할 수 있도록 학습단계 간 간격과 연계성을 중요시한다.

둘째, 직접적이고 명시적인 시범을 먼저 보인다.

셋째, 학습에 어려움을 가진 학습자에게도 사고를 자극하고 문제를 해결하는 활동을 부여하되, 그들의 수준에 맞게 부여해야 한다.

넷째, 목표 상태에 이르는 데 필수적인 단위기술, 하위 요소 등은 반드시 습득시켜야 한다.

다섯째, 지속적으로 학습진전도를 점검하고 학습결과에 대해서는 긍정적인 피드백을 제공한다.

4) Kame'enui 등(2002)의 수업설계 원리

(1) 핵심 내용

Kame'enui, Carnine, Dixon, Simmons와 Coyne(2002)은 특히 학습에 어려움을 겪는 특수교육대상학생이나 경계선급 학생들에게 효과적인 수업을 제공하기 위한 원리 일곱 가지를 주장했는데, 그 주요 내용을 정리하면 다음과 같다(〈표 5-6〉 참조).

첫째, 수업은 큰 개념(big idea) 중심으로 전개해야 한다. 큰 개념이란 일정 분량의 정보에 담긴 원리나 법칙, 핵심 아이디어를 말한다. 주변적인 사항들이나 낱개의 정보 형태로 학습내용을 제시하는 것은 학습에 효과적이지 않다. 예컨대, 과학에서 '대류'라는 개념을 가르칠 때에는 물 주전자 안의 물의 흐름, 방 안의 공기 흐름, 육지와 바다의 공기 흐름, 해류의 흐름 등을 따로따로 관련이 없는 것처럼 가르치기보다는 이 현상들이 모두 '대류'라는 개념 혹은 원리에 의해 일어나는 현상이고 또 그렇게 설명될 수 있음을 가르치는 것이 훨씬 효과적이다.

둘째, 과제나 문제를 효과적으로 해결하게 해 주는 전략을 적극적으로 고안하여 학습자들에게 가르쳐 준다. 전략을 가르칠 때에는 무엇보다 그 전략을 활용하는 과정을 명시적으로 시범 보이는 것이 중요하다.

셋째, 내용을 제시할 때에는 점진적으로 지원을 감소하여 궁극적으로 학습자 스스로가 내용을 이해하고 적용할 수 있게 되도록 한다. 이를 위해서는 가급적 세밀하게 학습단계를 전개한 후 자신의 수준에 맞는 곳에서부터 학습해 가도록 하는 것이 필요할 것이다.

넷째, 관련된 내용들은 비록 교과가 다르다고 하더라도 통합해서 다룬다. 예컨대, 쓰기 능력을 향상시키기 위해서는 별도의 쓰기 시간을 활용하여 지도하는 것도 중요하지만, 각 교과 시간에 쓰기 활동을 포함시키는 것이 필요하다.

다섯째, 현재의 학습에 필요한 선수학습 기능은 반드시 사전에 그 소유 정도를 확인하고 필요하면 준비시킨다.

여섯째, 복습을 효과적으로 실시한다. 효과적인 복습은 여러 번에 걸쳐 지속적으로 하되, 이전에 배운 내용도 포함하여 다양하고 풍부한 예를 가지고 하도록 한다.

일곱째, 내용 제시나 수업 진행 속도는 너무 느리지도 빠르지도 않도록 유지한다. 일반적으로 특수교육대상학생 수업은 느린 속도로 진행해야 할 것으로 생각되기 쉽지만, 이들 학습자들이 장시간 집중하기 어렵기 때문에 학습에 필요한 긴장감을 유지시킬 정도의 적절한 빠르기가 필요하다.

Kame'enui 등(2002)은 자신들이 제시한 수업설계 원리가 교재와 교사의 수업행위 모두에 적용되어야 한다고 주장한다. 특히 특수교육대상학생뿐만 아니라 학습에 어려움을 겪는 학습자들을 위한 교재나 수업의 적절성을 평가하는 항목이나 기준으로도 활용되어야 한다고 주장한다.

〈표 5-6〉 특수교육대상학생을 위한 효과적인 수업설계 원리

항목	세부영역
1. 핵심 아이디어 중심의 내용 제시	• 학생들이 필수적으로 학습해야 할 개념, 아이디어, 원리 혹은 규칙 등을 교과서에 명시적으로 제시한다. • 제시된 개념, 아이디어, 원리, 규칙 등은 충분히 다른 하위 개념들을 포함하거나 여러 예에 일반화될 수 있도록 한다.
2. 전략의 명시적 사용	• 구체적인 개개의 사실보다 전략을 고안하여 제시한다. • 전략의 습득에서 활용까지 충분한 연습 기회를 제시한다.
3. 내용의 단계적, 점진적 제시	• 새로운 개념이나 원리는 단계적으로 제시한다. • 매우 비슷하면서도 혼동될 수 있는 개념이나 사실은 분리하여 제시한다. • 제시된 과제의 정확한 해결을 위해 필요한 정보를 제공한다. • 학생들이 스스로 문제를 해결하기 전에 안내된 연습을 충분히 거치도록 한다. • 수준별 학습속도 조절이 가능하도록 하여 상위 학생들은 일부 단계를 생략하도록 하고 하위 학생들은 충분히 따라올 수 있도록 내용과 과제를 제시한다.
4. 내용의 전략적 통합	• 여러 관련 단원이나 타 교과 내용들이 핵심 아이디어를 중심으로 서로 연결되도록 내용이나 과제를 제시한다.
5. 선수학습 기능의 확인과 보충	• 관련 선수 학습 기능과 지식을 확인한다. • 관련 선수 학습 기능과 지식을 활성화시키는 활동을 제시한다. • 관련 선수 학습 기능과 지식의 보완이 필요할 경우 사용할 수 있는 예제나 과제 혹은 연습문제를 제시한다.
6. 분별 있는 복습 기회 제공	• 충분하고, 다양하며, 누가적인 복습 문제를 제시한다. • 복습 문제는 자주 분산하여 제시한다.
7. 내용 제시 속도 조절	• 단원별로 각 하위 차시 내용이 논리적 순서에 맞게 배열한다. • 새로운 개념의 소개 시 충분한 차시를 할당한다. • 한 차시에 소개되는 새로운 개념의 수는 많지 않으면서 충분히 깊이 있게 소개한다.

Kame'enui 등(2002)의 수업설계 원리는 교수–학습 자료나 활동 등을 설계하고 적용하는 과정에 효과적인 학습의 원리나 명료한 의사소통 원리를 꼼꼼하게 반영하려 했다는 점에서 구체적인 수업방법에 관한 안내를 원하는 사람들에게는 매우 유용하다. 그렇지

만 감각적으로 자료나 활동의 입 · 출력 모드에 제한이 있는 학습자에게 어떠한 접근을 취해야 하는지에 대해 구체적인 지침을 제시하는 데는 미흡하다.

(2) 학습부진 및 학습장애 교수-학습 관련 지침

첫째, 효과적인 수업설계 원리를 최대한 반영해야 한다.

둘째, 핵심 아이디어, 중심 개념을 중심으로 교육내용을 조직하고 이 조직 상태를 학습자도 알도록 해야 한다.

셋째, 학습에 효과적인 전략을 가르치고, 그 전략 사용 방법을 명시적으로 지도한 후 풍부한 적용 연습을 하도록 한다.

넷째, 예시 자료의 선정과 제시는 세밀히 설계해야 한다.

다섯째, 충분한 복습, 효과적인 복습이 실제로 일어나도록 세밀하게 학생 활동, 학습지를 설계해야 한다.

5) Prawat의 수업설계론

(1) 핵심 내용

Prawat(1989)에 따르면, 교육목표의 조직 상태와 학습자의 그 목표에 대한 인식 정도가 목표의 획득과 유지 정도를 결정한다. 지식이나 전략은 획득 그 자체보다 그것에 얼마나 접근할 수 있느냐가 더 중요하다. 즉, 필요할 때 관련 지식이나 정보를 이끌어 내도록 하는 것이 중요한데, 지식이 조직화된 정도와 이에 대한 학습자의 인식이 그러한 정보나 전략에의 접근에 영향을 미친다. 지식이 조직화된 정도란 지식 요소 간 연결이 얼마나 정교하고 풍부하며 논리 및 심리적으로 연관성이 있는가 하는 정도를 의미한다. 한편, 학습자 인식이란 자신이 지식이나 전략을 얼마나, 어떻게 알고 있는가를 깨닫는 정도를 의미한다(이대식, 2006). 하지만 수업시간에 이루어지는 교수행위 역시 교육목표 획득과 유지에 중요한 영향을 미친다.

Prawat(1989)에 따르면, 학생들이 지식을 잘 습득하고 나아가 지식을 전이하는 것과 관련된 변인이 크게 두 가지인데, 하나는 내용을 조직하는 것과 관련되어 있고 다른 하나는 학습자 개인의 내용에 대한 반성적 인식 정도이다. 이 두 가지 차원을 좀 더 구체화한 것이 [글상자 5-2]의 일곱 가지 방법이다.

[글상자 5-2] 지식 습득과 전이 촉진 방법

첫째, 개념, 절차 등을 다양하게 표상하여 제시하기. 예컨대, 수학에서 구체물, 과학에서 유추, 은유, 모형 등 사용하고 제시 모드를 다양화하며 문제나 내용을 그림, 이미지, 그래픽 등으로 다양하게 표현하는 활동을 말한다.

둘째, 중요한 요소가 어떻게 관련되어 있는지 그 연관 상태를 네트워킹, 개념지도, 의미망 등을 이용하여 명료하게 보여 주는 것이다.

셋째, 학습자의 비형식적이고 순진한 생각에 적극 접근하는 것이다. 학습자들이 본격적으로 새로운 내용을 접하기 이전에 자신들이 갖고 있는 비형식적인 지식이 현재의 학습에 어떠한 영향, 특히 부정적인 영향을 미칠 것인지를 세심하게 고려해야 한다.

넷째, 소리 내어 혼자 말하기(verbalization)를 자주 하도록 한다.

다섯째, 내용 써 보기 활동을 장려한다.

여섯째, 학급 내 또래 혹은 교사와 배운 내용에 대해 대화하도록 한다.

일곱째, 지식의 활용 맥락을 지도한다.

Prawat(1989)의 수업설계론을 종합적으로 고려했을 때 특수한 교육 요구를 가진 학생들에게 교과를 효과적으로 지도하기 위한 요소들은 대략 〈표 5-7〉과 같다.

〈표 5-7〉 Prawat(1989)에 따른 특수아를 위한 교과교육의 이론적 요소

교수 목표	교수 자료		학습자 인식	교수자 내용 전달 방법(교수행위)
	내용 조직	내용 표상		
지식 기반	• 큰 개념 중심 조직 • 통합주체중심 내용·조직 • 내용의 점진적 제시 • 효과적인 복습이 가능한 조직(충분하고, 다양하며, 분산되고, 여러 번에 걸쳐) • 사전지식의 확인 및 보완 이 가능한 조직	• 동일한 아이디어 를 다양한 방식 으로 표상하기 – 동영상 – 이미지 – 그래픽 – 텍스트 – 말(음성) – 몸짓 – 그림 – 음악 – 역할연기	• 소리 내어 말하기 • 내용 써 보기 • 학급 내 대화 (classroom dialogue) • 지식의 조건화 (conditionalizing knowledge)	• 점진적 지원 감소 • 요령 있는 복습 • 사전지식의 준비 • 명시적 교수 • 사회적 상호작용 을 통한 다양한 표상연습 • 상호작용 촉진을 위한 다양한 집단 구성–협력학습, 소집단 학습, 또래 지도 • 활동 및 성과 중심 접근
전략	• 전략의 명시적 설명 및 제시			
교과에 대한 태도	• 일상생활 사태와의 연계 를 보여 주는 내용(학습자 의 일상생활과 관련시킴. 학습 이유 인식)			

출처: 이대식(2006), p. 105.

〈표 5-7〉에서 지식기반의 조직, 전략의 명시적 설명과 제시 등은 교수자가 통제 가능한 변인이기 때문에 학습에 어려움을 겪는 학습자 입장에서 큰 부담이 되지 않을 수 있다. 하지만 교과에 대한 태도는 교수자가 그러한 태도가 형성될 수 있는 소재나 활동, 기회를 정밀하게 고안하여 제시해 주어야 한다는 점이 전제되어야 한다.

내용을 다양한 모드로 표상하는 것 역시 특정 내용을 어떤 모드로 표현하는 것이 적절하고 타당할지에 대한 교수자의 안목을 필요로 한다. 즉, 동일한 아이디어를 다양한 방식으로 표상하는 것은 비록 외양적인 표현 방식은 달라도 표현하고자 하는 내용은 동일해야 하기 때문에 매우 깊은 수준의 인식론적인 전문성을 필요로 한다. 예를 들어, 광합성 원리를 텍스트로 표현할 수도 있고 이미지나 그림, 동영상으로 표현할 수도 있다. 학습자에게는 이러한 다양한 표현 모드 중 특별히 자신에게 더 잘 이해되고 학습되는 모드가 각기 다를 수 있다. 교수자 입장에서는 광합성이라는 내용을 그 원래 내용은 변화시키지 않고 다양한 모드로 표현할 수 있는 내용에 대한 이해, 다양한 표현 모드로 나타낼 수 있는 기법 등이 필요하다.

학습자 인식을 향상시키기 위한 활동, 예컨대 학습한 내용을 기록해 보거나 지식의 적용 조건을 생각해 보게 하는 것 역시 학습에 어려움을 겪는 학생들은 스스로 할 가능성이 높지 않기 때문에 교수자 입장에서는 고도의 전략과 풍부한 실제 지도 경험이 필요하다. 결국 Prawat(1998)의 수업설계론은 일정 정도 이상의 실제 지도 경험 이후에나 적용될 가능성이 높다는 점에서 새롭게 시작하거나 관련 경력이 짧은 교사들에게는 적용하기 쉽지 않다.

(2) 학습부진 및 학습장애 교수-학습 관련 지침

첫째, 학습목표 영역의 횡적 다양화를 통해 학습된 상태의 범위를 충분히 포괄적으로, 빠짐없이 설정해야 한다. 이를 통해 인지, 정의, 행동, 태도, 가치관 중 어느 한쪽만 강조되고 다른 쪽은 소홀히 다루지 않도록 해야 한다.

둘째, 학습과정에서 입력 중심뿐만 아니라 출력 중심의 학습이 이루어지도록 해야 한다. 학습한 것을 적당한 시기에 적절한 상황에서 정확하고 신속하게 활용할 수 있도록 연습하는 것까지를 학습활동의 필수 요소로 인식해야 한다.

6) Gagné의 교수설계이론

(1) 핵심 내용

Gagné(1985)에 따르면, 학습이란 "일정 기간 이상 지속되는 인간의 성향(disposition)이나 능력(capability)의 변화(p. 2)"로서 자연적인 성장과는 다르다. 1985년에 출판한 『학습의 조건과 교수 이론(The Conditions of Learning and Theory of Instruction)』이란 책에서 Gagné는 학습된 상태 혹은 학습된 능력(learned capabilities)을 지적 기술(intellectual skills), 언어적 정보(verbal information), 인지적 전략(cognitive strategies), 운동 기술(motor skills), 태도(attitudes) 등 다섯 가지로 분류하였다(Gagné, 1985). 지적 기술은 어떤 것의 방법을 아는 것으로, 절차적 지식을 말한다. 언어적 정보는 선언적 지식 혹은 지식을 밀한다. 인지적 전략은 어떤 문제를 해결하는 요령이나 방법을 말한다. Gagné는 각 학습유형별로 서로 다른 내적 및 외적 조건이 필요하다고 주장했다. 각 학습유형별 학습이 잘 일어날 내·외적 조건을 정리하면 〈표 5-8〉과 같다.

〈표 5-8〉 학습유형별 학습의 조건

학습결과(학습된 상태 혹은 학습유형)	의미와 예	학습에 필수적인 조건
지적 기술 – 변별 – 개념 – 규칙 – 상위 규칙 – 절차	• 변별-6과 9, b와 d 구별 • 개념-다각형 중 타원과 원, 사각형을 각각 골라낼 수 있음. 혹은 동물을 포유류, 양서류로 각각 분류 • 규칙-공식을 활용하여 넓이나 부피를 계산하는 것 • 상위 규칙-보다 복잡한 문제 해결을 위해 규칙들을 적용하여 새로운 규칙을 만드는 것 • 절차-여러 자릿수 숫자까지 나눗셈을 단계별로 수행하는 것	• 내적 조건-사전에 학습한 기술, 기억으로부터의 인출 과정과 재조합 방식 • 외적 조건-하위 기술 회상 자극, 수행 목표 제시하기, 진술, 질문, 힌트 등으로 새로운 학습 안내, 방금 학습한 기술을 새로운 예에 적용할 기회 제공

언어적 정보	• 사실, 개념, 원리, 절차 등을 말로 표현함. 예컨대, 광합성의 3요소를 열거함	• 내적 조건-이전까지 학습한 지적 기술, 이미 저장되어 있는 조직된 지식, 유의미하게 조직된 정보의 인지구조 활용 여부 • 외적 조건-선행조직자 등을 이용한 인지구조 활용 자극, 학습목표 제시, 반복, 정보를 관련 있는 것끼리 묶어서 제시, 정보 습득에 효과적인 유의미한 맥락 제공, 정보의 회상과 일반화에 효과적인 단서 제공
인지적 전략	• 주의를 기울이고, 학습하고, 기억하고, 사고하는 등의 내적 과정을 조절하는 행위	• 내적 조건-이전에 학습한 규칙이나 지식, 사실, 지적 기술 • 외적 조건-이미 알고 있는 것, 학습한 것을 새로운 상황에서 연습하게 함
운동 기술	• 신체 기관을 활용하여 특정 동작 수행(공 던지기, 옷 입기 등)	• 내적 조건-운동 기술의 절차적 순서 학습, 하위 운동 기술 습득 • 외적 조건-연습 기간, 수행의 정확성에 대한 즉각적인 피드백, 정보 지식, 언어나 기타 안내 제공, 정신적 연습 촉구
태도	• 자신이 이해한 바나 느낌 등에 근거하여 개인적인 선택에 영향을 미치는 개인 내적 상태	• 내적 조건-특정 행위에 필요한 사전 기술, 모방 대상에 대한 존경 • 외적 조건-정서적인 경험, 인간의 특정 행동의 좋거나 나쁜 영향의 관찰, 성취에 대한 피드백, 보상, 성공

　Gagné의 학습된 상태, 즉 교육목표 분류가 학습에 어려움을 겪는 학습자 교육과 관련하여 중요한 이유는 각 교육목표별로 효과적인 교수방법이 다를 수 있음을 시사하기 때문이다.

　수업의 단계에 대해서 Gagné는 9단계와 그에 대응하는 인지과정을 다음 〈표 5-9〉와 같이 제시했다. Gagné는 이것을 아홉 가지 교수장면(the events of instruction)과 그에 대응하는 인지과정으로 제시했다. Gagné의 아홉 가지 교수장면은 특정 교수행위가 학습의 어떤 부분과 관련되는지를 보다 구체적으로 보여 주고 있다는 점에서 학습에 어려움을 겪는 학습자를 위한 교수-학습활동 설계에 시사하는 바가 크다. 예컨대, 학습자의 주의 획득을 위해서는 다감각 자극 요소를, 이전 학습내용 인출 활성화를 위해서는 복습활동을, 정확한 수행을 위해서는 피드백을 강화해야 함을 알 수 있다.

〈표 5-9〉 아홉 가지 교수장면(the events of instruction)과 그에 대응하는 인지과정

교수장면(교수활동의 예)	상응하는 인지과정
1단계-주의 획득 (다양한 모양과 색의 원을 이미지 혹은 동영상으로 보여 줌)	자극이 감각 수용기 활성화
2단계-학습목표 제시 (타원이란 무엇인가? 질문 제기)	학습에 대한 기대 수준 형성
3단계-이전 학습 회상 자극 (원의 정의 복습)	단기기억 인출과 활성화
4단계-교육내용 제시 (타원의 정의 제시)	교육내용의 선택적 지각
5단계-학습 안내 제공 (타원 그리는 방법 시범)	장기기억에 내용 저장을 위한 의미부여(semantic encoding)
6단계-수행 이끌어 내기(연습시키기, 학생에게 여러 가지 모양의 타원 세 개를 그려 보라고 함)	의미부여와 확인 강화를 위해 질문에 답하기
7단계-피드백 주기 (학생이 그린 타원에 대해 피드백 제공)	정확한 수행의 강화와 평가
8단계-수행 평가 (평가 후 점수 부여하고 틀린 것 다시 지도)	최종 평가를 위한 내용의 인출과 강화
9단계-유지와 전이 강화 (다양한 물체를 보여 주고 타원 물체를 골라 보도록 함)	학습한 기술을 인출하여 새로운 상황에 일반화

(2) 학습부진 및 학습장애 교수-학습 관련 지침

첫째, 학습의 수준 혹은 학습의 유형, 학습된 상태(learning outcomes)에 따라 각기 다른 교수방법을 적용해야 한다. 즉, 학습목표별로 가장 효과적인 학습조건이 있을 수 있기 때문에 교수자는 이를 반영해야 한다.

둘째, 각 학습유형별 학습조건을 보면 내적 조건과 외적 조건이 모두 구비되어 있을수록 학습에는 더 효과적이다. 또한 현재의 학습에 필수적인 선수학습 기술과 지식은 이후 학습에 중요한 영향을 미친다.

셋째, 교수활동 시에는 각 교수사태별 학습자에게서 일어나야 할 인지과정을 정확히 파악하고 고려해야 한다.

7) Bloom의 교육목표 분류론

(1) 핵심 내용

Bloom의 교육목표 분류론은 교수-학습활동 후 도달해야 할 상태를 교수자는 물론 학습자에게 명료하게 제시해 주는 방법과 수단으로 교육목표를 범주화했다는 점에서 의의가 크다. 분류된 교육목표는 각 목표 유형별로 가장 알맞은 교수-학습방법을 찾는 노력을 촉진할 뿐만 아니라 교수-학습활동 전반을 이끌어 가는 기준 역할을 수행한다.

Bloom 등(1956; Anderson et al., 2001)은 교육목표를 크게 인지, 정의, 운동 영역으로 구분한 다음, 각 영역별로 세부 목표를 〈표 5-10〉과 같이 분류하였다. 〈표 5-10〉에서는 각 목표 유형별로 해당 목표달성 여부를 확인할 수 있는 수행 동사가 제시되어 있다.

〈표 5-10〉 Bloom의 교육목표(인지영역) 신 · 구 분류 비교

구 분류 (Bloom, Engelhart, Furst, Hill, & Krathwohl, 1956)		신 분류 (Anderson, Krathwohl, & Bloom, 2001)	
목표 유형	목표 수행 동사	목표 유형	목표 수행 동사
지식: 이전에 학습한 정보 기억	Dscribe, List, Identify, Define, Recall	기억(remember): 사실과 기본적인 개념 기억	Recognize, Recall
이해: 학습할 내용의 이해	Distinguish, Recognize, Classify, Report, Select	이해: 아이디어나 개념을 설명함	Interpret, Exemplify, Classify, Summarize, Infer, Compare, Explain
적용: 지식을 새로운 상황에 적용	Demonstrate, Compose, Produce, Apply, Prepare, Discover	적용: 정보를 새로운 상황에 적용함	Execute, Implement
분석: 사물이나 개념, 아이디어를 작은 부분으로 분리하고 일반화 원리 추출	Investigate, Categorize, Solve, Illustrate, Diagram	분석: 여러 아이디어 간의 관련성을 추출함	Differentiate, Organize, Attribute
종합: 개별 요소를 종합하여 새로운 해결책 제시	Compose, Develop, Formulate, Categorize	평가: 입장이나 결정을 정당화함	Check, Critique
평가: 내 · 외적인 증거나 특성에 근거하여 판단을 내림	Judge, Critique, Defend, Evaluate	창조: 새로운 것을 만들어 냄	Generate, Plan, Produce

　　교육목표 분류 이외에, Bloom은 신 교육목표 분류 때에 지식의 종류를 다음과 같이 별도로 구분하였다. 첫째, 사실적 지식으로, 용어, 구체적인 내용이나 요소 등이 이에 속한다. 둘째, 개념적 지식으로, 범주화, 유형, 원리, 일반화, 이론, 모델, 구조 등이 이에 포함된다. 셋째, 절차적 지식으로, 내용 구체적인 기술이나 알고리즘, 기능, 방법, 언제 적절한 절차를 사용할 것인지 결정을 위한 기준 등이 이에 포함된다. 넷째, 초인지 지식으로, 전략적 지식, 적절한 맥락과 조건적 지식을 포함한 인지적 과제에 관한 지식, 자기 인식 등이 이에 포함된다.

　　Bloom의 교육목표 분류와 그에 따른 지식의 유형 구분은 교육목표가 도달된 상태를 종적 및 횡적으로 다양화하고 명료화하는 데 유용하다. 어떤 교육목표를 달성했다는 것은 인지, 정의, 행동, 의지 등 전인적인 측면에서 규정되어야 한다. 특정 내용을 학습했다는 것은 그 내용을 이해하고 적용할 수 있어야 할 뿐 아니라 분석, 종합, 평가까지 할 수 있어야 한다는 것을 뜻하기 때문에 교수-학습과정에서는 물론 평가 때에도 그러한 측면을 적극 반영해야 한다.

(2) 학습부진 및 학습장애 교수-학습 관련 지침

　　첫째, Bloom의 교육목표 분류는 학습된 상태, 즉 학습목표에 도달한 상태가 여러 가지일 수 있음을 사람들로 하여금 인식할 수 있게 해 줌으로써, 궁극적으로는 각 학습목표 유형별로 다른 접근이 필요할 수도 있겠다는 생각을 하게 해 주었다는 점에서 의의가 있다. 물론, Bloom 등은 각각의 학습목표 유형별로 어떻게 가르쳐야 한다는 등의 교수적 처방을 직접 제시하지는 않았다. 하지만 학습된 상태를 구체적으로 여러 하위 유형으로 구분하는 수단과 방법을 제공함으로써 각 유형별로 교수-학습방법을 고려할 수 있다는 생각을 자극했을 수 있다.

　　둘째, Bloom의 교육목표 분류는 특히 인지영역의 경우 비록 엄격하게 들어맞는 것은 아니지만, 목표 도달 수준 개념을 도입함으로써 동일한 목표일지라도 그 도달 수준은 다양할 수 있음을 시사해 주었다. 이는 다른 학생과 동일한 목표에 도달하기 어려운 학습에 어려움을 가진 학습자들을 위한 목표 설정이 가능하고 또 가능하도록 해야 함을 보여준다. 예컨대, 사회교과의 '지역사회 이해'란 교육 내용에 대해 그 도달 수준을 높은 수준의 종합이나 평가로 설정할 수 있고, 낮은 수준의 정보 기억이나 이해 수준으로 설정할 수도 있다. 이를 통해 비록 학습에 어려움을 겪는 학습자라도 낮은 수준의 학습목표를 설정해 줌으로써 '지역사회 이해' 단원 학습에 참여할 수 있게 지원할 수 있다. 이는 동일한 내용에 대해 그 도달 수준을 여러 층으로 설정하는 '교육목표의 종적 다양화'에 해당한다. 교육목표의 종적 다양화는 특히 다양한 특성과 수준의 학습자가 다수 입급되어 있는 다인수 학급 내에서 모든 학습자가 학습과정에 의미 있게 참여할 수 있도록 특정 교과를 가르칠 때 필수적이다(이대식, 2016).

셋째, Bloom의 교육목표 분류는 인지영역뿐만 아니라 정의, 신체운동 영역 또한 교육의 중요한 목표로 설정되어야 함을 간접적으로 강조하고 있다. 주지하다시피 Bloom 등은 인지 영역뿐만 아니라 정의와 심리운동 영역까지 목표를 세분화했다. 정의적 영역(the affective domain)은 수용(receiving), 반응(responding), 가치화(valuing), 조직화(organizing), 인격화(characterizing)의 다섯 가지 영역으로 세분화하였다. 심리운동영역(the psychomotor domain)은 지각(perception), 준비(set), 안내된 반응(guided response), 숙달된 동작(mechanism), 복잡하고 능숙한 반응(complex overt response), 적응(adaptation), 창의(origination) 등 일곱 가지 영역으로 세분화했다.

8) Reigeluth의 정교화이론

(1) 핵심 내용
정교화이론(elaboration theory; Reigeluth, 1999)은 학습을 극대화하기 위해 중간 이상의 복잡성을 가진 인지적 및 심리·운동적 영역을 대상으로 수업을 조직하고 계열화하는 모델 중 하나로, 1970년대 후반에 Reigeluth 등(1999)이 개발했다. 정교화이론은 학습자에게 학습과정을 더 의미 있게 하고 동기를 부여하고 계열화에 대한 전체론적인 접근을 제공하기 위해 개발되었다. 전체론적인 접근이란 내용이나 과제를 단순화하되, 과제와 내용들 간의 관련성을 강조한다. 이 이론에서는 수업이나 수업 내용 조직 차원으로 개념, 절차, 이론의 세 가지를 설정했다. 즉, 이 이론에서는 교육내용 혹은 교육의 산출물 유형을 이 세 가지로 규정했다고 볼 수 있다. 개념의 계열화 원리는 단순한 것에서 복잡한 것으로 이행하는 것이다. 개념의 경우 가장 쉽고 친숙한 개념을 먼저 제시한다. 절차 측면에서는 아래 단계부터 차례대로 수행하도록 한다. 이론 측면에서는 단순한 이론에서부터 복잡한 이론으로 진행한다.

정교화이론에 따른 수업 순서 관련 원리를 살펴보면, 첫째, 개념, 원리, 과제는 단순한 것을 먼저 가르친다. 둘째, 좀 더 포괄적이고 넓은 개념, 원리, 과제를 좁고 구체적인 것보다 먼저 가르친다. 셋째, 계열화는 주제별로 접근할 수도 있고 나선형으로 접근할 수도 있다. 넷째, 원리, 절차, 정보, 고등 사고기술, 태도 등은 그것과 밀접하게 관련된 개념과 같이 가르친다. 다섯째, 개념, 원리, 절차, 관련 지원 내용들을 적절한 크기의 하나의 학습 에피소드로 묶는다. 여섯째, 학습자로 하여금 어떤 개념, 원리, 과제 종류를 정교화하거나 먼저 학습할지를 선택하게 한다.

정교화이론에서 주목되는 개념 중 하나는 정수화(epitomizing)이다. 정수화란 전체 과제를 대표하면서도 가장 단순한 과제를 찾아내는 과정이다. 정교화가 점진적으로 더 복잡한 과제를 찾아가는 과정임을 감안하면 정수화와 정교화는 서로 반대되는 듯한 개념이다. 정수화를 위한 과제는 전체를 관통하면서도 단순하고, 현실적이며, 과제들의 대표성을 잘 지닌 것이어야 한다. 이러한 정수화 개념은 Bruner(1960)의 지식의 구조, Kame'enui 등(2002)의 큰 개념(big idea)과 유사하다.

이 밖에도 정교화 이론에서는 효과적인 학습을 위해 여섯 가지 수단을 제시하고 있다. 첫째, 동기자(motivators)는 학습자 중심 수업을 강조한다. 둘째, 요약자(summarizers)는 학습내용을 검토하는 활동이다. 셋째, 유추(analogies)는 새로 학습할 내용을 학습자가 이미 알고 있는 지식과 연결시키는 활동이다. 넷째, 종합자(synthesis)는 학습한 내용을 종합한다. 다섯째, 인지전략 활성자(cognitive strategy activators)는 인지적 처리과정을 활성화하기 위한 여러 가지 단서를 의미한다. 여섯째, 학습자 통제(learner control)는 교수-학습과정에서 학습자가 자신의 학습 관련 주요 의사결정을 내리는 측면을 말한다.

(2) 학습부진 및 학습장애 교수-학습 관련 지침

첫째, 학습된 상태는 몇 가지로 유형화할 수 있다. 각 학습유형별로 다른 교수적 지원이 필요하다.

둘째, 새로운 내용을 소개할 때에는 기존 지식을 적극 활용하도록 적절한 단서를 제공해야 한다. 인지적 처리 활성화를 위해서도 학습자 스스로의 처리만을 기다리기보다는 적절한 단서를 제공해 주어야 한다.

셋째, 교육내용 간 연결 방식, 교육내용의 제시 순서는 학습에 지대한 영향을 미친다. 대체로 쉽고 단순한 것을 어렵고 복잡한 것보다 먼저 제시하거나 다루어야 한다.

9) Bruner의 지식의 구조론 및 교수이론

(1) 핵심 내용

지식의 구조란 해당 지식 분야를 관통하면서 해당 분야 지식의 핵심을 이루는 원리, 큰 개념, 혹은 지식 요소들 간의 관계를 집약한 것을 말한다. 지식의 구조는 해당 분야 지식을 파악하고 이해한 것의 산물이기도 하지만 또한 해당 분야를 배우고 익히는 데 가이드 역할을 한다. 지식의 구조론은 특정 분야에서 가장 중요한 것과 그렇지 않은 것을 입체적으로 파악하고 가장 중요한 것이 반드시 학습자에게 전달될 수 있도록 해야 한다는 점을 강조한다.

지식의 구조론은 내용의 조직과 계열화는 물론 교수행위 설계와 관련하여 특히 직접적인 시사를 준다. 내용을 조직할 때에는 핵심 원리, 아이디어를 중심으로 중심 내용과 주변 내용을 입체감 있게 연결시켜 제시하는 것이 학습에 효과적이다. 학습 측면에서는 지식의 구조 파악을 먼저 하는 것이 학습의 깊이와 유지에 필요하다.

지식의 구조론의 가장 큰 시사점은 어떤 내용이든지 지식의 구조만 포함하고 있다면 그 외양은 각기 다른 표상양식으로 나타낼 수 있으며, 이에 따라 비록 그 수준은 다를지라도 다양한 수준의 학습자들이라고 하더라도 동일한 지식의 구조를 학습할 수 있고 또 그럴 수 있도록 지도해야 한다는 점이다. Bruner(1960)는 이를 "지식의 최전선에서 새로운 지식을 만들어 내는 학자들이 하는 것이거나 초등학교 3학년 학생이 하는 것이거나를 막론하고 모든 지적 활동은 근본적으로 동일하다"는 주장으로 표현한 바 있다. 여기에서 말하는 '근본적으로 동일하다'는 것의 대상이 곧 지식의 구조여야 한다. 이 지식의 구조는 가르치고 배워야 할 내용을 학습자 특성과 수준을 고려하여 다양하게, 그러나 올바르게 표현하는 데 기준이 된다. 그래서 지식의 구조는 소위 Bruner(1960)의 '대담한 가설'로 알려진 '어떤 교과든지 지적으로 올바른 형식으로 표현하면 어떤 발달단계에 있는 어떤 아동에게도 효과적으로 가르칠 수 있다'는 가설을 실현시키는 필수 열쇠가 된다. 교수자의 핵심 임무는 아이들의 특성과 수준을 고려하여 그에 맞게 때론 상징적으로, 때론 영상적으로, 때론 행동이나 구체물로 지식의 구조를 표현해 주는 것이다.

(2) 학습부진 및 학습장애 교수-학습 관련 지침

첫째, 교육내용 혹은 학습할 내용은 지식의 구조를 적극 드러내어 이를 학습자들이 접할 수 있게 해 주어야 한다.

둘째, 지식의 구조는 표상 방식만 학습자에 맞춘다면 어떤 발달 수준의 학습자이든 원칙적으로는 학습이 가능하다. 이 경우 학습자가 특정 내용을 학습할 준비가 되어 있느냐 하는 질문은 학습자 편에서 어떤 상태에 이르러 있어야 한다는 의미보다는 교수자가 특정 내용을 얼마나 학습자에 맞게 표현했느냐를 묻는 질문으로 받아들여야 한다.

셋째, 학습한 것의 일반화, 전이는 지식의 구조를 학습자가 성공적으로 획득하고 나면 저절로 해결된다. 왜냐하면 지식의 구조는 관련 사실이나 현상을 서로 관련된 것으로 이해하고 인식할 수 있게 해 주기 때문이다.

10) 질문의 효과와 활용에 관한 이론

(1) 핵심 내용

아인슈타인은 "중요한 것은 질문하기를 멈추지 않는 것이다. 창의적이 되려면 적절한 질문을 끊임없이 제기해야 한다(The important thing is not to stop questioning. Curiosity has its own reason for existing)."라고 했다(Burgess, 2012). 하지만 [글상자 5-3]처럼 우리나라 많은 교실에서는 질문 활동이 매우 미약한 것으로 알려져 있다.

[글상자 5-3] 질문 현황 관련 신문 보도

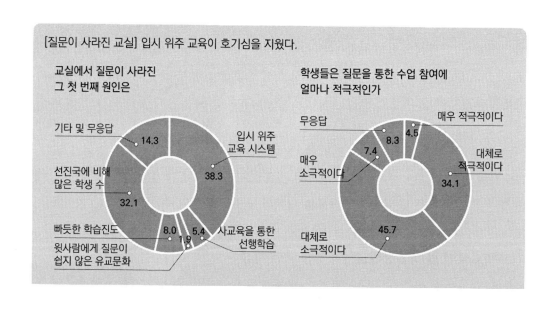

학생들 수업시간 내내 받아쓰기만 하고… 교사들도 소극적 태도

"교수님이 조용히 칠판에 글을 쓰기 시작합니다. 질문요? 당연히 없죠. 학생들이 할 일은 그저 수업시간 내내 칠판에 적힌 내용을 옮겨 적고 교수님 설명을 듣는 것뿐입니다. 고교 수업 방식과 다르지 않아요. 이곳이 대학 강의실이라는 사실이 믿기지 않아요. 초등학교 때부터 익숙한 방식이라 그럴까요…. 교수님과 소통은 없지만 이상하게 편안해요."

한국교육개발원이 올해 초 발간한 「한국 대학생의 학습과정 분석 연구사례」 보고서에 언급된 '질문이 사라진 교실'의 한 장면이다. 연구팀이 인문계 대학생들의 구술을 받아 보고서에서 재현한 대학 강의실 풍경은 바늘 떨어지는 소리가 들릴 정도로 조용하고 엄숙하다. 학생들은 교수(교사)의 강의 내용에 토를 달지 않고, 묻고 싶은 게 있어도 입을 열지 못한다. 대학 입학을 위해 10년 넘게 받아 온 사교육은 호기심의 씨를 완전히 말려 버렸다.

선진국에서 학생이 의문이 있거나 호기심이 발동해 얼마나 활발히 교수나 교사에게 질문을 하는가는 수업이 얼마나 알차고 훌륭한지를 정의하는 중요한 척도이다. 학생이 스스로 질문을 하고 답을 찾도록 유도하는 수업이 학습 유발 효과가 높다는 사실은 검증된 사실이다.

그러나 우리의 교실 현실은 참담하다. 의문과 호기심이 충만해 적극적으로 손을 드는 학생은커녕, 질문을 적극 유도해 학생의 학업 성취 욕구를 자극하고 학업 성과를 극대화하려는 교수나 교사를 찾아보기가 쉽지 않다.

……(중략)……

조사결과 교사 대부분(91.5%, 915명)이 '교육을 위해 활발한 질문이 중요하다'는 데 동의했다. 그러나 절반 이상(53.1%)의 교사가 '학생들이 전반적으로 질문을 통한 수업 참여에 소극적 혹은 매우 소극적'이라고 답했다. 학생의 질문이 교육 효과를 자극하고 수업의 질을 높이는 데 반드시 필요하다고 생각은 하지만 현실의 교실은 정반대인 것이다.

그렇다면 왜 우리나라의 학교 교실에서 질문이 자취를 감춘 것일까. 그 원인에 대해 대다수의 교사들은 '입시 위주 교육 시스템'(38.3%)과 '과다한 학급당 학생 수'(32.1%)를 꼽았다. 한마디로 공교육 구조가 학생들의 호기심을 억누르고 있다는 이야기이다. 이 밖에 '급한 학습 진도'(8.0%), '사교육을 통한 선행학습'(5.4%), '윗사람에게 질문하기 어려운 유교 문화권의 관행'(1.9%) 등도 질문 없는 교실을 만드는 원인으로 꼽혔다.

……(후략)……

출처: 한국일보(2011. 4. 14.).

많은 학자가 질문의 효과에 대해 다양한 견해를 피력해 왔다. 예컨대, Thalheimer(2003)는 질문이 학습에 미치는 효과를 [글상자 5-4]와 같이 제시했다.

[글상자 5-4] 질문의 효과

- 질문이 다루는 학습자료에 집중하게 한다.
- 질문과 관련된 기억 속의 내용 인출을 촉진한다.
- 오개념, 오해, 미지의 내용에 대해 교정할 기회를 제공한다.
- 학습내용을 반복할 수 있는 기회를 제공한다.
- 현재의 학습에 집중하게 한다.
- 자신이 모르고 있다는 것을 자각하게 함으로써 학습 필요성을 느끼게 해 학습동기를 유발한다.

　교수–학습 맥락에서 질문의 효과 중 가장 핵심적인 것은, 첫째, 질문은 질문받는 사람으로 하여금 거의 본능적으로 답을 찾는 시도를 하게 한다. 예컨대, '왜 식물은 햇빛을 필요로 하는가?'란 질문을 누군가로부터 받으면 조금이라도 그 질문을 진지하게 받아들이는 사람은 그 답을 정확히 알든 모르든 일단 거의 반사적으로 자기 기억 속에서 답에 해당하는 것을 찾아 나선다. 물론 그 질문이 우리의 기존 지식이나 경험과 관련이 높을수록 그리고 우리의 관심사와 가까울수록 질문에 답하려는 노력은 더 활발해질 수 있다.

　질문의 두 번째 핵심 효과는 질문받은 내용을 상대방이나 제3자가 아닌 바로 자신의 사안으로 받아들이고, 그 정도만큼 해당 내용을 학습하려는 동기에 긍정적인 영향을 줄 수 있다. 예를 들어, 식물과 햇빛 간의 관계는 적어도 '왜 식물은 햇빛을 필요로 하는가?'라는 질문을 받기 전까지는 자신의 관심사가 아니었을 것이다. 하지만 질문을 받은 순간부터 우리는 그 둘 간의 관계에 대해 생각해 보게 되고 바로 그러한 행위에 얼마나 의미를 두거나 몰입하는가 하는 정도만큼 해당 사안은 나 자신의 문제가 되는 셈이다.

　당연한 얘기이지만 질문을 갖는 만큼, 그리고 어떤 질문인가에 따라 질문하는 사람이 얻는 답의 양과 내용도 달라진다. 즉, 질문은 그 양도 중요하지만, 그 내용이 중요하다.

(2) 교수–학습 장면에서의 질문이 필요한 상황
교수–학습 장면에서 특히 질문이 필요한 경우는 다음 세 가지 경우이다.

① 학습목표 혹은 성취기준 전달
학습목표나 성취기준은 평서문보다는 질문으로 제시될 때 학습자의 흥미나 학습과정에의 참여를 훨씬 더 촉진할 수 있다. 예컨대, 다음 두 경우 어느 쪽이 학습자들로 하여금 무엇을 어떤 상태로 알아야 하는지, 어떤 상태에 도달해야 하는지를 좀 더 강하게 생각하게 만들 수 있다고 보는가?

- 가정에서 에너지를 절약할 수 있는 다섯 가지 방법을 제시한다.
- 가정에서 에너지는 어떻게 절약할 수 있는가?

당연히 후자가 학습목표 혹은 성취기준으로서 학습자에게 더욱 강렬한 의미를 제공할 수 있다. 그 이유는 전자의 경우는 나와 상관없이 누군가가 선포해 놓은 목표 진술문에 불과하다. 평서문은 학습자인 나로 하여금 무엇을 어떻게 하라고 직접적인 자극을 주지 않기 때문에 적어도 당장 내가 무슨 조치를 취하지 않도록 한다. 반면, 질문 형태로 표현된 학습목표는 학습자로 하여금 자신이 무엇을 해야 하는지를 직접 자신의 문제로 여기게 한다.

② 수업 초기 학습과정에의 안내

수업 초기에 학습과정으로 학습자들을 안내하기 위해서는 이들의 흥미나 지적 호기심을 자극할 질문을 제기하는 것이 중요하다. 수업 초기에 제기하는 질문들은 대체로 해당 주제나 현상이 왜 중요한지, 그러한 현상을 공부하는 것이 무슨 의미를 갖는지 등에 관한 것들이 효과적인 경우가 많다. 이러한 질문들은 학습자로 하여금 해당 수업이 어떤 것을 지향하는지, 학습자는 무엇을 알아야 하는지, 교수자가 기대하는 바가 무엇인지 등에 대해 파악할 수 있도록 해 준다. 수업 초기 학습과정에의 안내를 목표로 하는 질문의 예는 다음과 같다.

"오늘은 화산활동과 지진에 대해 배우고자 합니다. 최근 우리나라에서 있었던 화산과 지진 활동에는 어떤 것들이 있을까요?"
"사람들은 ○○와 같은 행동을 왜 할까요?"
"왜 우리는 ○○○에 대해 알아야 하나요?"
"○○○은 누가, 무슨 목적으로 개발, 발견했을까요?"

③ 수업 전개

수업 전개 과정에서의 질문은 주요 장면마다 학습자들의 학습활동을 안내하는 촉진자 및 방향타 역할을 한다. 수업 전개 단계에서의 질문 예는 다음과 같다.

"지금까지 ○○○에 대해 알아보았습니다. 그렇다면 ○○○은 ×××와 어떤
관계일까요?"

"이러한 사건들은 ○○에 어떠한 영향을 끼쳤을까요?"

"이러한 사건들이 일어난 원인은 무엇일까요?"

"이러한 현상은 우리에게 무엇을 시사합니까?"

(3) 좋은 질문의 조건

그렇다면 어떤 질문이 좋은 질문인가? 이것은 질문의 의도나 질문을 통해 얻고자 하는 답의 성격에 따라 다르다. 예컨대, 정확한 정보나 사실을 알아내기 위한 질문은 간단 명료하면서도 직접적이어야 한다. 이를테면, '광합성의 3요소는 무엇인가?' 등과 같은 질문이 이에 해당한다. 하지만 어떤 사안에 대해 개인적인 견해나 새로운 시각, 심화된 이해 등을 촉진하고자 할 경우에는 Wiggins 등이 주장하는 소위 '핵심 질문(essential questions)' 혹은 Francis(2016)가 주장하는 '좋은 질문'의 조건을 갖추어야 한다. McTighe 와 Wiggins(2013)에 따르면, 핵심 질문이란 중요하고 언제나 적용되며, 근본적이고 학습자의 유의미한 학습에 필수적인 질문을 뜻한다. 핵심 질문은 개방형이고 사고나 지적 작용을 일으키며 고등사고를 필요로 하면서도 해당 내용의 중요하고 일반화될 수 있는 개념을 지향하며 추가 질문을 일으키고 근거와 정당성을 요구하면서 시간이 지나도 계속 제기할 수 있는 질문을 말한다.

〈핵심 질문의 예〉

• 사는 곳이 사는 방식에 어떻게 영향을 미치는가?

• 어떤 사람에게는 건강한 다이어트 방법이 어떻게 다른 사람에게는 그렇지 않을 수 있는가?

McTighe와 Wiggins(2013)는 핵심 질문의 기능을 다음 일곱 가지로 주장했다.

첫째, 지속적인 탐구가 가장 중요한 학습목표임을 알게 한다.

둘째, 사고를 자극하고 고양시키며 더 엄밀하게 하도록 자극한다.

셋째, 교사로 하여금 성취기준을 명료화하고 우선순위를 정하는 데 도움을 준다.

넷째, 학습자에게 학습목표에 이르게 하는 학습 여정을 투명하고 명료하게 보여 준다.

다섯째, 초인지를 권장하고 시범을 보여 준다.

여섯째, 학문 내 혹은 학문간 연계성을 구축할 기회를 제공한다.

일곱째, 유의미한 차별화(맞춤형 교수)에 도움을 준다.

McTighe와 Wiggins(2013)는 핵심 질문과 여타 유형의 질문을 구분하였다. 이들에 따르면 수업 장면에서 사용되는 질문에는 동기 유발용 질문, 수업 전개용 질문, 학습 안내용 질문이 있다. 각 질문별 예시를 들면 다음 〈표 5-11〉과 같다.

〈표 5-11〉 수업 장면에서 사용 가능한 다양한 질문의 유형

주제	동기 유발용 질문	수업 전개용 질문	학습 안내용 질문	핵심 질문
영양	여러분이 먹는 음식으로 여드름을 예방할 수 있는가?	음식의 유형에는 어떤 것들이 있는가?	균형 잡힌 다이어트란 무엇인가?	어떤 음식을 먹어야 하는가?
심리/인간 행동	왜 집단에 있을 때에는 바보처럼 행동하는가?	Skinner는 어떤 사람인가? 행동주의란 무엇을 말하는가?	행동주의, 형태심리학, 프로이트 심리학 간의 유사점과 차이점은 무엇인가?	왜 사람들은 특정한 방식으로 행동하는가?

출처: McTighe & Wiggins (2013), p. 13. 부분 인용.

한편, Francis(2016)는 좋은 질문이란 지적으로 엄밀성을 추구하게끔 하는 질문으로 규정하였다. 이 질문은 어떤 내용이나 지식을 깊고 넓게 알게 자극하는 질문을 말한다. Francis는 좋은 질문의 유형을 핵심(essential) 질문, 사실적(factual) 질문, 분석적(analytical) 질문, 반성적(reflective) 질문, 가설적(hypothetical) 질문, 논쟁적(argumentative) 질문, 정서적(affective) 질문, 개인적(personal) 질문으로 구분하였다. 각 질문 유형의 예시는 〈표 5-12〉와 같다.

〈표 5-12〉 피타고라스 정리 관련 좋은 질문의 예

교육목표 유형 핵심		질문
핵심 질문	보편적 질문	사물은 어떻게 범주화, 속성 정의, 기술, 수량화할 수 있는가?
	공통적 질문	일상생활 문제 해결에 수학을 어떻게 사용할 수 있는가?
	주제 질문	피타고라스 정리는 직각삼각형을 포함하는 문제를 다루고 해결하는 데 왜, 어떻게 사용될 수 있는가?
	추진적 질문	피타고라스 정리의 증거를 어떻게 설명할 수 있는가?
사실적 질문		직각삼각형은 무엇인가? 피타고라스 정리란 무엇을 말하는가?
분석적 질문		피타고라스 정리를 이용하여 직각삼각형의 다른 한 변의 길이를 어떻게 구할 수 있는가?
반성적 질문		피타고라스 정리에 따르면, 변의 길이, 빗변의 길이, 삼각형의 각 간의 관계는 무엇인가?
가설 질문		빗변의 길이가 주어지고 나머지 두 변 중 한 변의 길이가 주어지지 않았다면?
논쟁 질문		빗변의 길이는 반올림해서 구해야 할 것인가 아니면 그대로 구할 것인가?
정의적 질문		미술 과제를 수행하는 데 피타고라스 정리를 어떻게 활용할 것인가?
개인적 질문		피타고라스 정리에 대해 무엇을 배우고 싶은가?

출처: Francis (2016), pp. 17-18.

(4) 학습부진 및 학습장애 교수-학습 관련 지침

첫째, 학습목표는 서술문보다는 질문 형태로 제시하는 것이 학습자로 하여금 자연스럽게 답을 생각해 보게 하는 데 효과적이다.

둘째, 다양한 유형의 질문을 사용하여 학습에 어려움을 겪는 학습자라고 해도 자신의 관심사와 수준에 맞는 질문을 선택하여 탐구할 수 있도록 해 주는 것이 좋다.

셋째, 질문의 다양한 효과 중 학습자료, 학습내용에 주의를 기울이게 하는 부분을 충분히 활용한다.

11) 효과적인 교수행위론

(1) 핵심 내용

효과적인 교수행위에 관한 논의는 매우 많지만, 그중에서 Ellis와 Worthington(1994)은 효과적인 수업 원리 10가지를 [글상자 5-5]와 같이 제시했다.

[글상자 5-5] 효과적인 수업 원리 10가지

- 원리 1. 학생은 학습과제에 적극적으로 참여할 때 더 많이 학습한다.
- 원리 2. 학습성공률이 높을수록 학습결과에 긍정적인 영향을 끼치지만, 반대로 학습성공률이 낮을수록 학습결과에 부정적인 영향을 끼친다.
- 원리 3. 학습기회가 증가할수록 학업성적이 높을 가능성이 크다. 따라서 더 많은 내용을 다룰수록 학생의 학습잠재력은 더 커진다.
- 원리 4. 교사가 직접 가르치거나 관리하는 교실에서 공부한 학생이 더 높은 학습성취를 보인다.
- 원리 5. 정교하고 신중하게 비계가 설정된 수업을 통해 학생은 독립적이고 자기조절 능력을 가진 학습자가 될 수 있다.
- 원리 6. 전략적 학습과 관련된 지식의 주요 유형에는 선언적 지식, 절차적 지식, 조건적 지식이 있다. 학생이 독립적이고 자기조절을 잘하는 학습자가 되도록 하기 위해서는 이 세 가지 지식형식을 모두 다루어야 한다.
- 원리 7. 학생들이 지식을 조직, 저장, 인출하는 것을 돕는 방식으로 지도를 할 때 학습은 잘 일어난다.
- 원리 8. 전략적인 지도를 할 때 학생들은 더욱 독립적이고 자기조절을 잘하는 학습자가 될 수 있다.
- 원리 9. 명시적인 지도를 통해서 학생들은 독립적이고 자기조절을 잘하는 학습자가 될 수 있다.
- 원리 10. 사물이나 현상, 내용 간 동일성을 가르침으로써 교사는 학생들이 새로운 문제 해결 사태에서 관련 지식을 활용하는 능력을 향상시킬 수 있다.

(2) 학습부진 및 학습장애 교수-학습 관련 지침

Ellis와 Worthington(1994)의 10가지 교수-학습원리는 학습량, 학습기회, 교사의 명시적 지도, 비계 설정, 높은 학업성공률, 지식의 형식, 저장 중심보다 인출 중심의 학습활동, 독립적이고 자기조절을 잘하는 학습자, 교수설계 등의 변인이 학습부진 및 학습장애 학생 요구에 매우 중요함을 설득력 있게 잘 제시하고 있다. 특히 사물의 현상이나 내용 간 동일성을 가르치는 것이 해당 학습자의 일반화 능력과 심화 능력에 긍정적으로 작용한다는 주장은 지식의 구조론, 직접교수이론과 맥을 같이하고 있다.

12) 개인 맞춤형 교수이론

(1) 개인 맞춤형 교수법의 뜻과 핵심 내용

비록 특정 프로그램이나 교수행위가 효과적인 교수-학습원리를 반영하여 설계되었다고 해도 이를 실제 학교 현장에서 모든 학습자에게 맞게 적용하기란 쉽지 않다. 그 이유는 보통의 경우 학급 내에는 수준과 특성이 다양한 학습자가 다수 존재하기 때문이다. 이러한 경우에는 비록 내용이나 주제는 동일해도 이를 수준과 특성이 다양한 학습자 각자가 유의미한 학습을 최대한 달성하도록 지원해야 한다. 개인 맞춤형 교수법이란 이러한 상황의 다인수 학급 내에서 다양한 학습자가 각자 유의미하게 학습을 하도록 지원하는 방법과 지침을 언급한 이론을 말한다. 이에 해당하는 이론으로는 Tomlinson 등(Tomlinson, 2014; 2015; Tomlinson & Allan, 2000)이 주장한 개인 맞춤형 교수법(differentiated instruction)과 Collicott(1991)이 주장한 다수준 포함교수법, 그리고 보다 보편적인 접근인 보편적 설계론(universal design)을 들 수 있다.

① 보편적 설계론

보편적 설계란 연령, 신체 조건, 능력, 장애 여부에 상관없이 누구나 최대한으로 접근하고 이해하고 사용할 수 있게 환경을 설계하고 구성하는 것을 말한다. 보편적 설계론은 원래 도시공학 맥락에서 어떠한 신체적 조건을 가진 사람이라도 도시 어느 곳이든 장애를 받지 않고 접근할 수 있도록 도시 내 각종 시설과 건물, 도로 등을 설계하고자 하는 목적에서 시작되었다. 보편적 설계를 위해서는 〈표 5-13〉과 같은 일곱 가지 원칙을 준수하고 충분히 반영해야 한다.

〈표 5-13〉 보편적 설계 원칙

보편적 설계 원칙	원칙 반영 지침
제1원칙. 공정한(equitable) 사용	1a. 모든 사용자에게 동일한 사용 방법을 제공하라. 가능하면 언제나 동일하게 하고, 가능하지 않다면 동등하게 하라. 1b. 모든 사용자를 분리하거나 낙인찍지 말라. 1c. 개인 정보 보호, 보안 및 안전에 관한 규정은 모든 사용자가 동등하게 사용할 수 있도록 해야 한다. 1d. 모든 사용자에게 매력적인 디자인을 만든다.

제2원칙. 유연한(flexible) 사용	2a. 사용 방법을 선택하게 하라. 2b. 오른쪽 또는 왼손잡이용 액세스 및 사용을 수용하라. 2c. 사용자의 정확성과 정밀성을 촉진하라. 2d. 사용자의 페이스에 맞추라.
제3원칙. 단순, 직관적인 (simple and intuitive) 사용	3a. 불필요한 복잡성을 제거하라. 3b. 사용자의 기대와 직관과 일관성을 유지하라. 3c. 다양한 문해력과 언어 실력에 적용하라. 3d. 정보를 그 중요성과 일치하게 배열하라. 3e. 작업 완료 중 및 완료 후 효과적인 프롬프트 및 피드백을 제공하라.
제4원칙. 지각하기 용이한 (perceptible) 정보	4a. 필수 정보의 중복 표현을 위해 다른 모드(그림, 말, 촉각)를 사용하라. 4b. 필수 정보와 주변 환경 간의 적절한 대비를 제공하라. 4c. 필수 정보의 '가독성'을 극대화하라. 4d. 설명할 수 있는 방식으로 요소를 차별화하라(즉, 지침이나 지시 사항을 쉽게 제공할 수 있도록 함). 4e. 감각 장애가 있는 사람들이 사용하는 다양한 기술이나 장치와의 호환성을 제공하라.
제5원칙. 실수에 관대	5a. 위험 요소와 오류를 최소화하기 위해 요소를 정렬하라. 예컨대, 다음 순으로 정렬하라. 가장 많이 사용되는 요소 → 가장 접근이 용이한 것 → 위험 요소 제거 → 격리 또는 차폐 5b. 위험 및 오류에 대한 경고를 제공하라. 5c. 오류 방지 기능을 제공하라. 5d. 조심해야 하는 작업에서 의식을 잃지 않도록 하라.
제6원칙. 저강도 신체 움직임	6a. 사용자가 중립 자세를 유지하도록 허용하라. 6b. 적절한 작업 힘을 사용하라. 6c. 반복적인 동작을 최소화하라. 6d. 지속적인 육체적 노력을 최소화하라.
제7원칙. 접근과 사용에 용이한 크기와 공간	7a. 앉은 사용자 또는 대기 중인 사용자에게 중요한 요소가 잘 보이게 하라. 7b. 앉은 사용자 또는 대기 중인 사용자가 모든 요소에 편안하게 접근할 수 있게 하라. 7c. 손과 그립 크기의 변형을 수용하라. 7d. 보조 장치 사용 또는 개인적인 보조를 위한 적절한 공간을 제공하라.

출처: Center for Excellence in Universal Design (2019).

교수-학습 맥락에서 보편적 설계란, 어떤 특징이나 수준의 학습자라 하더라도 학습활동이나 교육내용, 각종 교수-학습 자료 등에 접근하는 데 아무런 지장이 없도록 설계하는 것을 뜻한다. 예를 들어, 시각 활용에 어려움이 있는 학습자에게는 굳이 시감각을 활용하지 않더라도 각종 자료나 내용에의 접근, 활동 참여 등에 아무런 지장이 없도록 학습환경을 설계한다. 청각 활용이나 지체 기능에 어려움이 있는 학습자의 경우에도 그러한 감각적 결손이 특정 교수-학습활동이나 내용, 자료 등에 접근하는 데 문제가 없도록 교수-학습 상황을 설계한다.

보편적 학습설계(Universal Design for Learning, UDL)를 위해서는 세 가지 지침이 제시된 바 있다(Lapinski, Gravel, & Rose, 2018). 첫째, 다양한 방식의 표상 수단을 제공한다. 이를 위해서는 정보의 제시 방식을 다양화하고, 언어, 수식, 기호와 관련해서 다양한 선택지를 제공한다. 둘째, 다양한 방식의 행동과 표현 수단을 제공한다. 이를 위해서는 신체표현 방식, 표현과 의사소통 방식, 실행 기능 측면에서 다양한 선택지를 제공한다. 셋째, 다양한 방식의 참여수단을 제공한다. 이를 위해서는 흥미, 지속적인 노력과 끈기, 자기조절 능력을 향상시키기 위한 다양한 선택지를 제공한다. 인지 측면에서 선수학습 정도가 낮거나 인지 능력 자체가 낮은 학습자에게 교수-학습과정에 충분히 참여할 수 있도록 해당 수준에 맞게 특정 내용이나 자료, 학습활동을 맞추어 주는 것 역시 넓은 의미의 보편적 설계 개념에 해당한다고 볼 수 있다.

② 개인 맞춤형 교수

개인 맞춤형 교수(differentiated instruction)란 한마디로 특정 학습자 개인이나 집단의 요구에 '반응적(responsively)'으로 대처하는 일체의 전략이나 방법을 의미한다(Tomlinson & Allan, 2000). 원래 맞춤형 교수는 1960년대 영재교육 분야에서 일반학급 내에서의 영재 교육 지원을 위한 방안으로 제안되었던 것으로, 1980년대 이후 본격적으로 유행하기 시작했다. 특히 미국 장학 및 교육과정 개발협회(ASCD)를 중심으로 이와 관련한 저서와 프로그램 등이 많이 발표되었고, 관련 세미나, 학술대회 등이 활발하게 개최되었다.

[그림 5-5]는 Tomlinson과 Allan(2000)이 맞춤형 교수의 의미를 도표로 제시한 것이다. 이 그림에 따르면, 맞춤형 교수란 학습자의 준비도, 흥미, 학습 경력 등을 고려하여 교육내용, 교육과정, 교육산출물을 대상으로, 과제의 다양화, 학습 집단 구성의 유연화, 지속적인 평가와 조정을 통해 학습자의 다양한 요구에 교사가 반응하는 것 일체를 의미한다.

교사가 학습자 요구와 특성을 고려하여 맞추어야 할 대상으로서의 내용(content)이란 학습자가 배워야 할 개념, 원리, 기술, 교수-학습 자료 등을 말한다. 내용을 맞춘다는 것

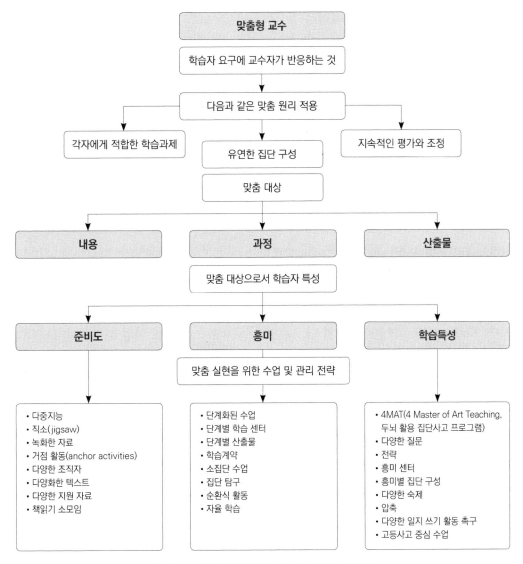

맞춤형 교수

학습자 요구에 교수자가 반응하는 것

다음과 같은 맞춤 원리 적용

각자에게 적합한 학습과제 · 유연한 집단 구성 · 지속적인 평가와 조정

맞춤 대상

내용 · 과정 · 산출물

맞춤 대상으로서 학습자 특성

준비도 · 흥미 · 학습특성

맞춤 실현을 위한 수업 및 관리 전략

- 다중지능
- 직소(jigsaw)
- 녹화한 자료
- 거점 활동(anchor activities)
- 다양한 조직자
- 다양화한 텍스트
- 다양한 지원 자료
- 책읽기 소모임

- 단계화된 수업
- 단계별 학습 센터
- 단계별 산출물
- 학습계약
- 소집단 수업
- 집단 탐구
- 순환식 활동
- 자율 학습

- 4MAT(4 Master of Art Teaching, 두뇌 활용 집단사고 프로그램)
- 다양한 질문
- 전략
- 흥미 센터
- 흥미별 집단 구성
- 다양한 숙제
- 압축
- 다양한 일지 쓰기 활동 촉구
- 고등사고 중심 수업

[그림 5-5] 개인 맞춤형 교수의 의미 개요도

출처: Tomlinson & Allan (2000), p. 3.

은 학생들이 배울 자료를 다양화하는 것이다. 예컨대, 조사할 주제나 읽고자 하는 책을 자신의 흥미나 수준에 맞게 선택하도록 하는 것이 이에 해당한다. 기본 전제는 모든 학습자가 동일한 핵심 내용에 접근할 수 있도록 해 주는 것이다. 다만, 능력의 차이를 감안하여 그 복잡한 정도나 난이도는 다르게 할 수 있다. 여기서 중요한 점은 내용 자체를 다른 것, 예컨대 보다 쉬운 것으로 대체하는 것은 맞춤형 교수가 아니라는 점이다. 내용은 같되, 난이도나 복잡성만 다르게 해야 한다.

과정(process)이란 학습자가 개념이나 아이디어, 기술 등을 학습하는 과정에서 수행하는 활동 일체를 의미한다. 과정을 맞춘다는 것은 학습자의 능력과 흥미 등에 따라 학습 활동의 난이도와 종류 등을 다양화해 준다는 뜻이다. 예컨대, 조사를 할 때 인터넷, 도서관, 인터뷰 등을 선택적으로 이용하도록 하는 것이다.

결과(product)란 학습자가 자신이 학습한 것을 표현하고 확장하는 일체의 수단과 방법을 말한다. 결과를 맞춘다는 것은 학습자가 선호하는 방식에 따라 자신이 학습한 것을 다양하게 표현할 수 있도록 허용해 준다는 것을 의미한다. 예컨대, 조사 결과를 보고서, 동영상, 팟캐스트(podcast), 기타 다양한 방식으로 발표하게 하는 것이 이에 해당한다.

③ 다수준 포함 교수

다수준 포함 교수법(multi-level instruction)은 모든 학생이 수준에 상관없이 동일한 공간과 수업시간에 각자에게 유의미한 학습을 할 수 있도록 수업을 운영하는 한 가지 방식이다. Collicott(1991)에 따르면, 이 다수준 포함 교수법은 통합과 화합을 강조하고, 서로 다른 학습 스타일을 인정한다. 교사는 동일한 교실 내에서 동일한 주제로 수업을 하면서 모든 학생이 유의미한 학습을 할 수 있도록 지원한다. 이를 위해 잘하는 학생에게는 심화 학습을, 낮은 수준의 학생에게는 수정된 교수를 제공한다. 또한 학생들 간의 협동을 강조하고 개인 수준별 평가를 실시한다. 학습한 바를 다양한 방식으로 표현할 기회를 제공한다. 이렇게 해서 결국 모든 학생이 학습과정에 참여하고, 모두를 서로가 인정한다.

Collicott(1991)이 주장하는 다수준 포함 교수법의 의미는 다음과 같다.

- 내용 제시 방법을 계획할 때 학습자의 학습 양식을 고려한다.
- 각자의 수준별로 사고를 자극하는 질문을 통한 주제 중심의 통합교과 수업을 진행한다.
- 각자의 수준에 따라 서로 다른 학습목표를 인정한다.
- 학습한 것을 표출해 보일 다양한 방법(말, 그림, 음악, 신체 동작 등)을 선택할 수 있도록 한다.
- 다양한 학습 표현 방법을 동등하게 인정해 준다.
- 단일 기준보다는 각자의 노력과 개인 내 성장 정도에 근거하여 평가한다.

Collicott(1991)에 따르면, 다수준 포함 교수법을 통해 이와 같은 효과를 거두려면 교수-학습과정에서 다음 요소들을 최대한 많이 반영해야 한다. 첫째, 학습은 언제나 실제적(authentic)이어야 한다. 이는 인위적인 내용이나 학습을 위한 학습이 아닌, 일상생활에서 일어나는 현상이나 문제 해결을 다루어야 함을 뜻한다. 이를 위해서는 의미와 기능에 초점을 두어야 한다. 둘째, 점진적 지원 감소 원리를 적용하여 궁극적으로 학습자가 스스로 학습을 해 나갈 수 있는 능력을 갖추도록 한다. 셋째, 고등사고 기능을 자극하고 활용하는 활동을 강조한다. 이는 비록 학습에 어려움을 겪는 학습자라 하더라도 자신의 수준에 맞게, 자신의 수준에서 봤을 때 적절한 도전을 주는 활동들을 제시해 주어야 함을 의미한다. 넷째, 통합 교과적, 협력적 접근을 취한다. 다섯째, 다양한 학습 양식을 인정하되 학생의 장점에 근거하고 상호 존중과 인정을 강조한다. 또한 학생의 흥미, 선택, 통제, 의견 등을 중시한다. 여섯째, 반성적 사고를 강조하고 결과 대신 성장과 노력 중심의 평가를 중시한다.

　Collicott(1991)은 다수준 포함 수업의 절차를 다음의 네 가지로 제시했다. 첫째, 수준에 상관없이 모든 학생이 해당 수업에서 반드시 학습해야 하는 핵심 개념(underlying concepts)을 확인한다. 여기에서 핵심 개념이란 단순한 내용의 요소를 열거한 것이 아니고, 해당 내용의 근저에 자리하고 있는 큰 개념이나 원리를 말한다. 둘째, 교사의 내용 제시 방법을 결정한다. 이때에는 학생의 학습 스타일과 가르치고자 하는 내용의 수준(예컨대, Bloom의 교육목표 분류상의 단계)을 고려한다. 셋째, 학생이 수업시간에 어떻게 공부하도록 할 것인가 그 방법과 학습한 것을 보이는 다양한 방법을 결정한다. 즉, 학생들이 학습한 정도를 다양한 방식으로 표현할 수 있도록 다양한 기회와 도구를 제시한다. 넷째, 학생 평가 방법을 결정하는데, 학생들의 다양성을 고려하여 각 학생별로 다양한 과제를 제시한다.

　다수준 포함 교수법이 성공적으로 적용되었을 때 나타날 수 있는 효과는 다음과 같다(Collicott, 1991).

- 통합과 화합을 강조한다.
- 서로 다른 학습 스타일을 인정한다.
- 교사는 동일한 학급에서 일어나는 동일한 단위 수업시간에 모든 학생에게 미칠 수 있다.
- 잘하는 학생에게는 심화 학습을, 낮은 수준의 학생에게는 수정된 교수를 제공해 준다.
- 학생들 간의 협동을 강조하고 개인 수준별 평가를 실시한다.

- 학습한 바를 다양한 방식으로 표현할 기회를 제공한다.
- 모든 학생이 학습과정에 참여하고, 모두를 서로가 인정한다.

심화 활동 2

개인 맞춤형 교수(differentiated instruction)와 다수준 포함 교수법(multi-level instruction) 이외에 다인수 학급 내에서 학습자 개인의 특성을 반영하려는 교수법 관련 이론이나 모델에는 또 어떤 것들이 있는가? 이들 모델이나 이론 간에는 어떤 공통점이나 차이점이 있는가?

_____

_____

_____

(2) 학습부진 및 학습장애 교수-학습 관련 지침

개인 맞춤형 교수법 관련 이론들이 학습부진 및 학습장애 교수-학습과 관련하여 제공할 수 있는 지침은 다음과 같다.

첫째, 학습부진 및 학습장애 학생도 교수-학습과정에 충분히 참여할 수 있도록 교수-학습자료, 학습활동 등을 각 학생의 수준과 선호하는 감각 처리 모드를 우선적으로 반영하여 제공해 주어야 한다. 예를 들어, 읽기에 어려움을 가진 학습자들을 위해서 텍스트 자료를 도표나 이미지, 그림, 동영상 등으로 변환하여 제공할 수 있다.

둘째, 수준이 너무 높아 다루기 어렵거나 활동하기 어려워하는 일이 없도록 수준을 조정하되, 학습부진 및 학습장애 학생 입장에서도 고등사고 기능을 필요로 하는 형태로 학습과제나 활동을 제시해 주어야 한다. 학습에 어려움이 있는 학생이라고 매번 쉬운 과제나 단순한 과제만 제시하는 것은 학습효과도 낮을뿐더러 학습의욕 자극에도 바람직하지 않다.

13) 사토마나부의 배움 중심 수업

(1) 배움 중심 수업의 의미

사토마나부의 책 『수업이 바뀌면 학교가 바뀐다』(손우정, 2014)는 배움 중심 교육의 열풍을 일으킬 만큼 우리나라 교육에 많은 영향을 주고 있다. 이 책에서 주장하는 배움 중심 수업, 배움 공동체 개념은 경기도 등 주요 교육자치단체의 핵심 정책이나 표어 (slogan)로 채택되기도 했다. 배움 중심 수업 주장은 수업 활동 관련 개념을 설정하고 그 개념들 간의 관계를 어떤 이론에 따라 설명하고 있지는 않기 때문에 전통적인 교수이론 으로 보기는 어렵다. 하지만 학습자에게 배움이 일어나려면 무엇을 어떻게 해야 하는가 를 다루고 있다는 점에서, 또 실제적으로 일부 지역이긴 하지만 우리 학교 현장에 영향 을 주었고 앞으로도 그럴 가능성이 크기 때문에 교수이론 관점에서 살펴볼 필요성이 있다.

사토마나부는 학교를 '배움의 공동체'로 규정하고, 학교는 아이들에게 배움이 일어나 도록 최선을 다해야 하며, 이를 위해 교사는 물론 지역주민, 학부모 나아가서는 교육행 정가와 교육연구자들도 함께 배우면서 서로 성장하는 장소로 재구축해야 한다고 주장했 다. 사토마나부(손우정 역, 2014)는 수업을 다음과 같이 정의하였다.

> 앞으로의 수업은 전달형의 일제식 수업 양식에서 벗어나 아이들의 개성적인
> 배움을 축으로 하는 활동적이고 협동적이며 반성적인 배움의 양식으로 개혁되
> 어야 할 것이다(p. 31).
>
> ⋯⋯(중략)⋯⋯
>
> 앞으로의 학교교육 단원은 '주제-탐구-표현'을 단위로 하는 '등산형' 교육과정
> 으로 디자인할 필요가 있다. 교육내용의 핵이 되는 주제를 설정하고, 아이들이
> 다양한 접근을 통해 활동적, 협동적으로 탐구활동을 전개하고 그 성과를 표현
> 하며 서로 공유하는 배움의 창조여야 한다(p. 136).

이 견해에 따르면, 배움이 일어나기 위해서는 교사가 일단 교육내용의 핵이 되는 주제 를 설정해야 한다. 그다음, 아이들이 활동, 협력적 탐구활동을 통해 자신이 배운 것을 표 현하고 공유해야 한다. 이를 위해 학교는 학습자들이 활동적이고 협동적이며 반성적으 로 학습할 수 있도록 최선을 다해야 한다.

(2) 학습부진 및 학습장애 교수-학습 관련 지침

배움 중심 수업이 학습부진 및 학습장애 학생 지도에 주는 시사점은 분명하다. 수동적 으로 학습에 임하게 하지 말고 학생들의 흥미나 특성을 잘 고려하여 이들이 활동 중심, 협동 중심, 공유활동 중심으로 수업을 운영하라는 것이다. 여기에는 두 가지 전제조건이

필요하다. 첫째, 그러한 활동이 가능하도록 미리 정교하게 수업을 설계해야 한다. 즉, 활동, 협동, 공유 활동은 저절로 일어나는 것이 아니라 정교한 설계를 통해 그러한 활동이 일어나도록 촉진하거나 자극을 주어야만 실제로 일어날 수 있다. 둘째, 학습부진 및 학습장애 학생들이 배움 활동에 집중할 수 있도록 기본학습기능, 선수학습기능이 어느 정도 갖추어져 있어야 한다.

학습부진 및 학습장애 학생 지도에 주는 시사점은 앞서 언급한 두 가지 전제조건이 충족되지 못하면 곧 제한점이 된다. 예컨대, 학습에 어려움을 겪는 학생들은 스스로 활동하거나 협동하거나 공유하는 활동에 잘 참여하지 못하고, 설사 참여한다고 해도 기본학습능력과 선수학습 부족으로 금방 학습에 어려움을 겪게 된다. 예컨대, 거의 대부분의 학습부진 및 학습장애 학생은 '다양한 접근을 통해 활동적, 협동적으로 탐구활동을 진개'하는 데 어려움을 보일 가능성이 크다. '개성적인 배움'을 스스로 보이는 경우도 흔치 않다. 일단은 학습자의 활동 중심, 의미 중심, 문제 해결 중심으로 배움이 일어나도록 해야 하는데, 문제는 이들이 배움에 어려움을 겪을 때 교사가 무엇을 어떻게 지도해야 하는지에 대해 배움 중심 수업 모델에는 직접적인 지침이나 주장이 나와 있지 않다. 따라서 배움 중심 수업을 학습부진 및 학습장애 학생들에게 적용하기 위해서는 사토마나부가 전제한 많은 측면이 실제로는 일어나지 않을 수 있음에 주목해야 한다.

14) 인지적 엄밀성 추구론

(1) 핵심 내용

인지적 엄밀성(cognitive rigorousness)은 어떤 주제나 내용에 대한 깊이와 폭을 최대한 확장시키려는 성향을 말한다. 인지적 엄밀성을 갖춘 학습자는 비평적 사고, 문제 해결, 협력과 의사소통, 창의성과 혁신을 갖고 지식을 분석하고 정교화한다(Francis, 2016). 이를 위해서는 개념과 내용의 복잡성, 지식의 종류, 사고의 종류, 지식의 깊이 등을 고려해야 한다. 학교학습 상황에서 인지적 엄밀성은 가급적 학습을 종적 및 횡적으로 확산, 심화시키려는 행위 혹은 성향을 말한다.

인지적 엄밀성을 추구하기 위해서는 특정 내용을 학습할 때 그 내용과 관련된 다른 내용을 최대한 확인하고 연결 지으려 하거나 해당 내용의 수준을 최대한 높은 곳까지 확장하려는 태도와 의지를 가져야 한다. 전자가 횡적 확장이라면 후자는 종적 확장이다. 뿐만 아니라, 광합성 관련 아이디어나 내용을 다른 교과, 다른 학문 영역과 관련짓는 노력 역시 인지적 엄밀성에 해당한다. 이는 학문 간 융복합을 추구한다는 의미에서 통섭적 확장이라 할 수 있다. 예를 들어, 광합성에 대해 학습할 때 인지적 엄밀성을 추구하게 한다면 다음과 같이 종적 및 횡적 확장, 통섭적 확장을 추구하도록 이끌 수 있다. [그림 5-6]은 인지적 엄밀성 추구를 위해 애써야 하는 세 가지 방향을 나타낸 것이고, ⟨표 5-14⟩는 인지적 엄밀성을 추구하기 위한 활용 예를 나타낸 것이다.

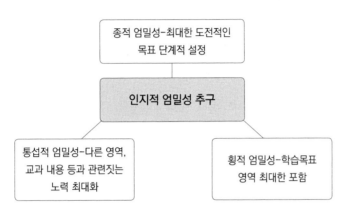

[그림 5-6] 인지적 엄밀성 추구를 위한 세 가지 측면

⟨표 5-14⟩ 인지적 엄밀성 추구를 위한 활동 예시

학습내용: 광합성	
확장 형태	**의미와 예**
횡적 확장	1) 의미 　특정 학습내용과 관련된 다른 내용을 최대한 연계시키려는 노력 2) 예 　• 극한 지역을 포함한 다양한 지역, 환경 속에서의 식물의 광합성 실현 방안 모색하기 　• 특정 광합성 조건의 변화에 따른 식물생태계 예측하기 　• 광합성 조건 부재 상황에서의 식물 재배 방안 찾아보기 　• 광합성과 자연보호와의 관련성 파악하고 설명하기 　• 다양한 산림 유형의 발생 이유 설명하기 　• 삼림 보호와 광합성 조건에 부정적으로 영향을 미치는 요인에 대한 태도 갖기

종적 확장	1) 의미 특정 학습내용의 이해 폭을 최대한 확장시키려는 노력 2) 예 • 광합성 각 조건의 변화가 식물에 미치는 영향 • 광합성 조건 부재 시 대체 조건 마련 방안
통섭적 확장	1) 의미 특정 학습내용이 속한 교과뿐만 아니라 다른 교과 내용을 최대한 연계시키려는 노력 2) 예 • 광합성 원리와 결과, 내용, 느낌 등을 그림, 시, 산문, 연극, 동작, 노래, 연주 등 으로 표현함 • 기후, 지질, 인간의 거주 등과 광합성 조건 등을 연계시킴

구체적으로, 인지적 엄밀성을 추구하기 위한 교수–학습활동은 다음과 같은 방식으로 진행할 수 있을 것이다. 첫째, 인지적 엄밀성을 지속적으로 추구한다. 인지적 엄밀성은 특정 내용이나 주제별로 세 가지 방향으로 추구한다. ① 학습목표 수준을 단계적이고 도전적인 방향으로 최대한 확장한다. ② 학습목표 영역을 인지, 정의, 행동, 가치관 등 횡적으로 최대한 확장한다. ③ 다른 교과, 다른 주제, 다른 영역과 관련된 부분을 찾거나 새롭게 관련지으려는 노력을 최대화한다.

둘째, 학습과정과 학습한 것을 최대한 다양하게 표현한다. 학습한 것은 언제나 또래나 교수자에게 표현하는 기회를 갖도록 한다. 단, 표현 방식은 본인이 선호하는 방식으로 선택하도록 한다. 학습한 것이나 학습과정을 표현하는 방식은 매우 다양하다. 중요한 점은 같은 내용을 한 가지 모드로만 표현하기보다는 두 가지 이상의 모드로 표하는 것이 학습의 심화와 유지에 더 효과적이다. 이러한 표현 모드에는 읽기, 말하기, 쓰기, 그림이나 도표, 사진, 이미지로 나타내기, 동영상으로 나타내기, 작품이나 실제 사물로 나타내기, 동작이나 표정으로 나타내기 등이 있다.

셋째, 학습할 때에나 학습을 한 후에는 그 내용에 대해 항상 상대방을 가르쳐 보거나 상대방에게 설명해 보는 기회를 갖도록 한다. 아는 것과 가르치는 것은 매우 다르다. 가르치는 경험의 이점은 매우 많다. ① 내용을 스스로 정리할 기회를 갖는다. ② 내용을 학습자 수준에 맞추려는 노력을 통해서 내용에 대한 이해가 심화, 정교화된다. ③ 학습자의 학습성공에 기여했을 경우 심리적으로 만족감과 해당 내용에 대해 자신감을 가질 수 있고, 이는 다시 해당 분야 학습에 학습동기로 작용할 수 있다.

넷째, 학습하고자 하는 내용에 대한 개인적인 의미를 부여한다. 개인적인 의미를 부여하는 방식은 여러 가지가 있다. ① 해당 내용이 자신의 삶과 어떤 관련이 있는지를 생각해 본다. ② 해당 내용을 학습해야 하는 이유를 찾아본다. ③ 해당 내용이 중요하다거나 흥미롭다고 여기는 사람들을 이해하려 노력해 본다.

심화 활동 3

> 학습과정에서 다른 사항과 연결 지어 보려고 하거나, 혹은 어떤 내용에 대해 좀 더 깊이 알아보려는 성향은 어떻게 길러질 수 있다고 보는가?

_____

_____

_____

(2) 학습부진 및 학습장애 교수-학습 관련 지침

인지적 엄밀성 이론은 학습자의 능력과 특성이 어떠하든 지식 중심의 교육이 어떠한 방향으로 이루어져야 함을 시사한다. 고차원적인 사고, 확장적인 사고는 학습능력 향상은 물론 당장의 내용 학습에 매우 효과적이다. 하지만 학습에 어려움을 갖고 있는 학습자들은 학습내용을 좀 더 깊이 생각하거나 관련된 다른 내용과 연결시키는 활동에 매우 소극적이고, 그것 자체를 어려워한다. 만약 효과적인 교수방법을 통해서 이들 학습자들도 내용을 심화, 확장시킬 수 있는 방법과 수단을 제공해 줄 수만 있다면, 이들도 각자의 수준 내에서 인지적 엄밀성을 추구할 수 있을 것이다. 중요한 것은 학습을 할 때에는 언제나 인지적 엄밀성을 추구하려는 자세나 의지를 갖도록 그 과정에 익숙하게 하는 것이다. 인지적 엄밀성은 우수한 학습자들의 전유물이 아니라 조금이라도 높은 수준의 학습에 도달하기 위해서는 반드시 필요한 학습절차라는 것을 인식하는 것이 중요하다.

인지적 엄밀성 이론의 가장 큰 제한점은 학습에 어려움을 겪는 학생들도 학습내용을 종적으로 심화시키거나 횡적으로 확산할 수 있게 하는 방법이나 활동, 도구, 자료 등을 우리가 충분히 알고 있지 못하다는 점이다. 특정 교육내용의 종적 심화를 자극하기 위해서는 교수자가 먼저 그 내용의 학습된 상태에 이르기 위해 습득해야 할 하위 요소나 거쳐야 할 과정을 매우 정밀하게 추출해 낸 다음, 이 중 각 학습자별로 최대한 도전적인 것을 추구하도록 자극하고 권장해야 한다. 횡적 확산을 위해서도 역시 교수자가 현재 학습하고 있는 내용과 관련된 다른 내용을 관련 짓는 모습을 명료하게 시범 보이고 학습자도 이를 추구하도록 해야 한다. 이는 매우 높은 수준의 내용 전문성을 필요로 한다.

15) 교수욕구 활용론

(1) 교수욕구 활용론의 핵심 내용

인간에게는 다른 사람에게 자신이 알고 있는 바를 가르쳐 주고자 싶은 욕구가 있다 (Calero, Goldin, & Sigman, 2018). 이를 교수욕구라 한다. 심리 측면에서는 자신이 잘 알고 있는 바를 다른 사람에게 가르쳐 주는 행위를 하게 되면 다음과 같은 효과를 기대할 수 있다.

첫째, 자존감이 높아진다. 자신이 특정 분야에 대해 잘 알고 있는 바에 대해 다른 사람으로부터 인정을 받았다는 측면에서 자존감이 높아질 수 있다. 특히 자신이 가르친 사람이 자신보다 지위, 연령, 기타 배경 측면에서 우위에 있을수록 그러한 감정은 더 강해진다.

둘째, 스스로 다른 사람으로부터 알려 달라는 요청을 받을수록 그 부분을 좀 더 알고자 하는 욕구가 생기고, 이는 다시 자신이 해당 분야에 더 전문성을 갖추게 되는 선순환적인 영향을 미친다. 누구라도 알려 달라고 요청을 받은 부분에 대해 자신이 만족할 만큼 전문성을 보여 주지 못했다는 생각이 들면 기회가 있을 때마다 해당 부분의 전문성을 심화시키려 할 것이다. 예를 들어, 스마트폰의 기능에 대해 여러 사람으로부터 문의를 받던 사람은 다른 사람에 비해 평소에 스마트폰의 기능에 대해 더 알기 위해 노력할 것이다.

셋째, 인지 측면에서 다른 사람에게 자신이 아는 바, 학습한 바를 가르치는 활동을 자주할 경우 그 분야를 이해하는 폭과 내용을 표현하는 능력이 발달한다. Brown과 Campione (1986)는 이 부분의 효과를 다음과 같이 제시한 바 있다.

> "이해(understanding)는 학생이 자신의 입장을 다른 사람에게 설명하기 위해 자신이 이미 알고 있는 바를 새로운 방식으로 평가, 결합, 정교화하는 활동을 해야만 하는 상황에 놓일 때 더 잘 일어날 수 있다."(Brown & Campione, 1986: Prawat, 1989, p. 15에서 재인용)

잘 알려진 또래지도 효과 중 하나는 학생 역할을 하는 사람뿐만 아니라 가르치는 역할을 하는 사람도 긍정적인 학습효과를 얻을 수 있다는 점이다. 연구자들이 주장하는 또래지도 시 교수자 역할이 주는 긍정적인 기능은 다음과 같다.

첫째, 학습자에게 내용을 전달하는 과정에서 교수자는 자신이 알고 있는 내용을 전달하기에 적절한 형태로 재표상해야 한다. 이 과정에서 발생할 수 있는 작용은 두 가지이다. ① 자신이 학습한 것을 회상함으로써 반복효과를 거둘 수 있다. ② 알고 있는 바를 학습자에게 전달 혹은 표현하기 위해서는 그 내용을 그대로 혹은 재조직화, 재계열화해야 한다. 내용 전달이 가능한 형태로의 재조직, 재계열화는 기본적으로 관련 내용에 대한 이해를 전제로 하기 때문에 그 과정에서 교수자는 자신이 몰랐거나 잘못 이해한 부분을 점검할 수 있는 기회를 갖게 된다. 설사 재조직, 재계열화를 안 한다 해도 최소한 반복효과는 얻을 수 있다.

둘째, 자신이 가르친 결과로 학습자가 특히 학습에 어려움을 겪던 학습자가 학습에 성공하거나 학습에 진전을 보일 때에는 자신감이 상승하고 해당 내용에 대해 좀 더 많이 잘 알아서 향후 남을 가르치는 경험을 더 하고자 할 것이다. 이는 가르치는 경험이 자신감을 강화시키는 작용을 하게 된다. 다른 한편으로 학습자 입장에서는 학습에 어려움을 겪을 때에는 해당 분야를 잘 알고 잘 가르치는 사람에게 다시 도움을 요청할 가능성이 많기 때문에, 이는 해당 교수자로 하여금 관련 분야에 대해서 더 잘 알고자 하는 노력을 촉진할 수 있고, 결과적으로 이는 가르치는 행위와 그로 인한 교수자의 자신감 상승 효과로 이어질 것이다.

셋째, 교수자 역할의 가장 중요한 효과는 학습한 내용을 말이나 글, 혹은 기타 수단으로 표현할 수 있는 기회를 제공해 준다는 점이다. 이는 동일한 지식을 두 가지 이상의 모드로 표상할 수 있는 기회를 제공해 줌으로써 내용에 대한 유지를 증가시킨다.

Prawat(1989)에 따르면, 다른 사람에게 설명하고, 정교화하고, 자신의 입장을 방어하는 활동은 자기가 이미 갖고 있는 지식을 새로운 시각과 방식으로 평가하고, 통합하고, 정교화함으로써 결국 자신의 이해를 더욱 촉진한다. 이러한 주장은 다른 사람을 가르치는 일이 왜, 어떤 측면에서 자신의 학습에 효과적인지를 잘 설명할 뿐만 아니라, 사람들이 어떤 경우에 가르치고 싶어 하는가 하는 점도 설명해 준다. 즉, 다른 사람을 가르쳐 보는 활동을 통해 자신의 이해가 깊어지고 이는 곧 자신에게 긍정적인 감정이나 경험으로 남을 것이다. 아주 간단한 행동주의 학습이론에 따라 어떤 행위의 결과 긍정적인 반응을 경험했을 경우 그 행동을 다시 반복할 가능성은 높아진다. 따라서 이러한 사람은 다른 사람을 가르칠 기회가 생기면 기꺼이 가르치는 활동을 하고자 할 것이다.

주의할 점은 가르치는 영역은 자신이 잘 알거나 할 수 있어야 하고 또 그 분야를 좋아해야 한다는 점이다. 가르치는 활동 경험이 학습자 당사자에게 긍정적으로 작용하려면 무엇보다 자기효능감, 즉 가르친 결과 상대방도 잘 알게 되고 자신의 이해도 깊어지는 경험이 반드시 수반되어야 한다. 잘 모르는 분야를 가르치라고 할 경우에는 그러한 효과가 나타나지 않을 수도 있다.

(2) 학습부진 및 학습장애 교수-학습 관련 지침

교수 욕구를 활용하기 위해서는 무엇보다 학습자가 다른 사람에게 가르칠 수 있는 분야, 혹은 강점 분야를 찾아내거나 아니면 그런 분야를 갖추도록 해야 한다. 그렇지만 원래 학습에 어려움을 겪는 학습자의 경우 특히 학습 맥락에서 강점을 가진 분야를 찾기란 쉽지 않을 것이다. 이 경우에는 학습의 소재나 자료를 해당 학습자가 평소에 관심을 갖고 있거나 익숙한 것 혹은 잘 아는 것 중심으로 선정할 수 있다. 예를 들어, 요리에 관심이 많은 학생이라면 특정 요리 방법이나 요리 재료 등을 또래들에게 소개하는 기회를 갖도록 하되, 특정 교수-학습목표 도달과도 관련이 있도록 요리 방법이나 요리 재료 소개 시 해당 내용이 반영될 수 있게 지도하는 것이 필요하다.

4. 학습부진 및 학습장애 교육 관점에서의 선행 교수이론의 시사점과 적용 전략

1) 선행 교수이론의 시사점

지금까지 살펴본 선행 교수이론이 학습부진 및 학습장애 학생 교육에 주는 시사점은 대략 다음과 같이 열거해 볼 수 있다.

첫째, 학습에 어려움을 갖고 있는 학습자에게는 교수 내용과 행위를 계열화, 조직화 측면에서 잘 설계해야 하고, 명시적이고 직접적으로 지도해야 한다.

둘째, 수업의 질을 향상시키기 위해서는 내용의 구체성과 순서를 학습에 효과적이도록 구안해야 한다.

셋째, 각 영역별 기본학습기능은 철저하게 학습하게 해야 한다.

넷째, 지속적이고 긍정적인 피드백과 학습진전도 점검을 해야 한다.

다섯째, 학습할 내용의 유형, 수업의 단계, 교육 목표 유형 등에 따라 다르게 지도해야 한다.

여섯째, 지식의 구조나 큰 개념을 중심으로 한 구조화가 중요하다.

일곱째, 적절하고 효과적인 질문 활용은 학습에 중요하다.

여덟째, 다인수 학급 내에서 모든 학습자가 유의미하게 학습에 참여할 수 있도록 교육 목표, 교육내용, 교수-학습활동, 평가 활동을 종적, 횡적으로 다양화해야 한다.

아홉째, 학습에 어려움을 갖고 있는 학생도 도전적이면서 개인적으로 유의미한 배움을 추구할 수 있게 해 줘야 한다.

열째, 각 학습자의 장점을 기반으로 한 또래 교수 전략을 적극 활용할 필요가 있다.

2) 선행 교수이론의 적용 전략

각 선행 교수이론별 집중적으로 대응할 학습자 특성과 적용 전략을 정리하면 〈표 5-15〉와 같다.

〈표 5-15〉 학습 어려움 학생 특성을 고려한 교수이론의 적용 전략

선행교수이론	집중 대응할 학습 어려움 학생 특성	적용 전략
직접교수법	• 명시적 설명 요구	• 명시적, 직접적 교수
Carroll의 학교학습모형	• 낮은 이해력	• 내용, 활동, 교재의 조직화, 계열화
학습장애학생 교수론	• 비장애학생에 맞춘 수업 소화에 어려움	• 내용의 조직과 표상 다양화, 표현 중심의 학습 중시
효과적인 수업설계 원리	• 느린 학습 속도	• 학습단계별, 학습목표 유형별 다른 교수적 접근 적용
효과적인 교수행위론	• 지식의 전이능력 부족	• 교육목표의 종적 및 횡적 다양화
Prawat의 수업설계론	• 특정 수준의 목표만 할당되거나 학습	
Gagné의 교수설계이론		
교육목표분류론		
정교화이론	• 느린 학습 속도 • 핵심 파악에 어려움	• 단계적 진행 및 지식의 구조, 큰 개념 중심의 내용 조직
지식의 구조론	• 핵심 파악에 어려움	• 지식의 구조, 큰 개념 중심의 내용 조직 및 그래픽 형태로 표상

질문 활용	• 학습에의 수동적인 참여	• 실생활, 개인적인 경험 등과 연관된 질문, 탐구 의욕 자극 질문 제기
개인 맞춤형 교수이론	• 느린 학습 속도	• 교육목표, 교육내용, 교수-학습활동과 자료, 평가의 종적 및 횡적 다양화
배움 중심 수업	• 학습에 의미 부여 실패	• 학습자 요구에 반응적이고 학습과정과 성장 중심 평가
인지적 엄밀성 추구	• 학습동기 부재 혹은 미흡	• 적절하게 도전적인 학습과제 제시 후 이의 수행 과정, 성장 등에 긍정적 피드백 제공
교수욕구론	• 전반적 무기력, 무관심	• 장점 기반 또래 교수 활용

5. 정리

이 장에서는 학습부진 및 학습장애 학생을 대상으로 효과적인 교수-학습방법을 구안하고자 할 때 참조할 수 있는 선행 교수이론과 모델을 살펴보았다. 학습이론은 학습현상에 대한 이해를 넓히는 데 기여했지만, 특히 학습에 어려움을 겪는 학습자 교육을 어떻게 해야 하는지에 대해서는 처방적인 정보를 제공하는 데 한계가 있었다. 이 장에서 살펴본 선행 교수이론의 상당수는 비록 처음부터 학습에 어려움을 겪는 학습자를 주 대상자로 삼은 것은 아니었다. 그럼에도 학습부진이나 학습장애를 가진 학생들을 어떻게 지도해야 할 것인가에 대해서 시사점을 주기에는 충분한 만큼의 사항들이 포함되어 있었다. 교사의 명시적 시범, 학습과제 유형별 접근, 교육목표의 종적 및 횡적 다양화, 학습단계별 교수방법 대응, 지식의 구조 활용, 질문 활용, 개인 맞춤형 교수 등은 모두 학습부진 및 학습장애 학생 교수-학습 과정에 매우 풍부한 지침과 시사점을 제공해 줄 수 있다.

생각해 볼 문제

01 이 장에서 소개한 교수이론 이외에 학습부진 및 학습장애 학생 지도에 시사점을 줄 수 있는 교수이론이나 모형에는 어떤 것들이 있는가? 그 이론이나 모형의 어떤 요소나 측면이 학습에 어려움을 겪는 학습자들의 특성이나 요구를 충족시켜 줄 수 있는가?

_____

_____

_____

_____

02 학습부진이나 학습장애처럼 학습에 어려움을 겪고 있는 학습자를 대상으로 하는 교수-학습 이론이나 모형은 다른 학습자를 대상으로 하는 교수-학습이론이나 모형과 달라야 하는가? 만약 그렇다면 어떤 점에서 차이가 있어야 한다고 생각하는가?

_____

_____

_____

_____

 **참고문헌**

손우정 역(2014). 수업이 바뀌면 학교가 바뀐다. 사토마나부 저. 서울: 도서출판 에듀케어. (원저는 2000년에 출간).

이대식(2006). 특수아동을 위한 교과교육의 원리와 요소. 특수교육학연구, 41(2), 95-119.

이대식(2016). 맞춤형 교수(differentiated instruction)에서의 '맞추는 것'의 본질과 성격. 통합교육연구, 11(2), 187-216.

이대식, 이창남 공역(2005). 모든 수준의 학생들을 위한 수업설계 및 교재개발의 원리[*Effective teaching strategies that accommodate diverse learners*]. Kame'enui, E. J., Carnine, D. W., Dixon, R. C., Simmons, D. C., & Coyne, M. D. 저. 서울: 시그마프레스. (원저는 2002년에 출간).

한국일보(2011. 4. 14.). [질문이 사라진 교실] 입시위주 교육이 호기심을 지웠다. https://news.v.daum.net/v/20110414060715322?f=o

Anderson, L. W., Krathwohl, D. R., & Bloom, B. S. (2001). *A taxonomy for learning, teaching, and assessing: A revision of Bloom's taxonomy of educational objectives.* New York: Longman.

Bloom, B. S., Engelhart, M. D., Furst, E. J., Hill, W. H., & Krathwohl, D. R. (1956). *Taxonomy of educational objectives: The classification of educational goals. Handbook I: Cognitive domain.* New York: David McKay Company.

Brown, A. L., & Campione, J. C. (1986). Psychological theory and the study of learning disabilities. *American Psychologist, 41,* 1059-1068.

Bruner, J. S. (1960). *The process of education.* Cambridge: Harvard University Press.

Burgess, D. (2012). *Teach like a PIRATE: Increase student engagement, boost your creativity, and transform your life as an educator.* San Diego, CA: Dave Burgess Consulting.

Calero, C. I., Goldin, A. P., & Sigman, M. (2018). The teaching instinct. *Review of Philosophy and Psychology.* doi: 10.1007/s13164-018-0383-6.

Carroll, J. B. (1963). A model of school learning. *Teachers College Record, 64,* 723-733.

Center for Excellence in Universal Design (2019). The 7 Principles of Universal Design. http://universaldesign.ie/what-is-universal-design/the-7-principles/the-7-principles.html

Collicott, J. (1991). Implementing multi-level instruction: Strategies for classroom teachers. In G. L. Proter & D. Richler (Eds.), *Changing canadian schools* (pp. 191−218). Ontario, Canada: The Roeher Institute.

Ellis, E. S., & Worthington, L. A. (1994). Research synthesis on effective teaching principles and the design of quality tools for educators. Technical Report No. 5. ED 386−853.

Engelmann, S., & Carnine, D. (1991). *Theory of instruction: Principles and applications.* New York: Irvington Publishing, Inc.

Francis, E. M. (2016). *Now that's a good question!: How to promote cognitive rigor through classroom questioning.* Alexandria, VA: ASCD.

Gagné, R. (1985). *The conditions of learning and theory of instruction* (4th ed.). New York: Holt, Rinehart & Winston.

Gersten, R., Woodward, J., & Darch, C. (1986). Direct instruction: A research-based approach to curriculum design and teaching. *Exceptional Children, 53*(1), 17−31.

Lapinski, S., Gravel, J. W., & Rose, D. H. (2018). Tools for practice: The universal design for learning guidelines. In T. E. Hall, A. Meye, & D. H. Rose (Eds.), *Universal design for learning in the classroom: Practical applications* (pp. 9−25). New York: Guilford Publications, Inc.

Kame'enui, E. J., Carnine, D. W., Dixon, R. C., Simmons, D. C., & Coyne, M. D. (2002). *Effective teaching strategies that accommodate diverse learners* (2nd ed.). Upper Saddle River, NJ: Merrill Prentice Hall.

Marchand-Martella, N. E., Slocum, T. A., & Martella, R. C. (2004). *Introduction to direct instruction.* Boston: Pearson Education Inc.

McTighe, J., & Wiggins, G. (2013). *Essential questions: Opening doors to student understanding.* Alexandria, VA: ASCD.

Prawat, R. S. (1989). Promoting access to knowledge, strategy, and disposition in students: A research synthesis. *Review of Educational Research, 59*(1), 1−41.

Reigeluth, C. M. (1999). *Instructional-design theories and models* (Vol. II). Mahwah, NJ: Lawrence Erlbaum Associates, Inc.

Rosenshine, B. V., & Berliner, D. C. (1978). Academic engaged time. *British Journal of Teacher Education, 4,* 3−16.

Thalheimer, W. (2003, January). The learning benefits of questions. Retrieved November 31, 2016, from http://www.worklearning.com/ma/PP_WP003.asp

Tomlinson, C. A. (2014). *The differentiated classroom: Responding to the needs of all learners.* Alexandria, VA: Association for Supervision and Curriculum Development.

Tomlinson, C. A. (2015, January 28). Differentiation does, in fact, work. Education Week. Retrieved September 20, 2016, from http://www.edweek.org/ew/articles/2015/01/28/ differentiation-does-in-fact-work.html?qs=differentiated+instruction

Tomlinson, C. A., & Allan, S. D. (2000). *Leadership for differentiating schools & classrooms.* Alexandria, VA: Association for Supervision and Curriculum Development.

Vaughn, S., & Linan-Thompson, S. (2003). What is special about special education for students with learning disabilities? *The Journal of Special Education, 37*(3), 140−147.

제6장
학습부진 및 학습장애 교수-학습이론과 모형의 조건 개관

💡 핵심 질문

1. 증거-기반 실제의 요건은 무엇인가?
2. 선행 학습이론, 교수이론 등에서 추출할 수 있는 학습 어려움 학생 대상 교수-학습방법의 조건은 무엇인가?

📋 주요 내용 요소

1. 증거-기반 실제의 요건
2. 증거-기반 실제의 특징
3. 증거-기반 실제의 주요 요소들
4. 학습부진 및 학습장애 교수-학습이론과 모형의 전제
5. 학습부진 및 학습장애 교수-학습이론과 모형 구축을 위한 고려사항
6. 학습부진 및 학습장애 교수-학습이론과 모형의 조건

📖 핵심 용어

- 증거-기반 실제(evidence-based practice)
- 효과크기(effect size)
- WWC
- 다단계 개입
- 학습진전도 점검
- 인지전략 및 학습전략
- 상위인지, 초인지
- 정교화
- 조직화
- 학습과제 유형과 수준
- 학습단계
- 목표도달 상태의 명료화

1. 들어가는 말

제4장과 제5장에서 소개한 이론이나 모형 중 학습부진 및 학습장애 학생의 교육에 가장 큰 시사점을 주는 것은 무엇이라고 생각하는가? 그렇게 생각하는 이유는 무엇인가?

_____

_____

_____

이 책에서는 학습장애, 학습부진처럼 학습에 어려움을 겪고 있는 학습자들을 위한 교수−학습 모델 구축을 위해 세 가지 근거를 설정하였다.

첫째 근거는 제2부 제4장에서 다룬 효과적인 학습의 조건에 관한 선행 및 최근 학습이론이다. 학습은 어떤 경우에 가장 잘 일어나는가, 특히 학습에 불리한 여건을 복합적으로 갖고 있을 가능성이 큰 학습자들의 학습은 어떤 경우에 가장 일어나는가에 관해 시사점을 많이 제공할 수 있는 학습이론들의 공통점, 핵심 아이디어를 추출하고 이를 반영하고자 하였다.

둘째 근거는 제2부 제5장에서 다룬, 학습을 촉진하는 효과적인 교수방법에 관한 교수이론이다. 교수자가 무엇을 어떻게 했을 때 학습자들의 학습이 극대화되는지에 관한 내용을 광범위하게 살펴보고 조사하였다. 특히 학습에 어려움을 겪고 있는 학습자들이 갖고 있는, 대개는 학습에 불리한, 다양한 특성을 고려할 때 이들 학습자들을 어떻게 지도해야 할지에 대해 직접적인 시사점을 주는 교수이론들을 살펴보고, 그 이론들에서 공통적으로 주장하는 효과적인 교수원리를 추출하고자 하였다.

셋째 근거는 실제로 효과가 있는 것으로 학술지에 발표된 교수방법이다. 이를 위해 이 장 전반부에서는 학습부진 및 학습장애 학생에게 적용했을 때 긍정적인 결과를 산출했던 지도방법, 즉 소위 증거−기반 실제(evidence-based practice)를 조사하여 그 방법들의 공통적인 특성을 추출함으로써 이를 학습에 어려움을 겪는 학습자들을 대상으로 하는 교수−학습이론의 근거로 삼고자 하였다. 이 장 후반부에서는 제4장과 제5장, 이 장 전반부까지의 내용을 토대로, 학습부진과 학습장애 등 소위 학습에 어려움을 갖고 있는 학습자를 위해 교수−학습활동이나 자료를 설계하고 개발하며 적용할 때 적극 반영해야 할 원리를 개괄적으로 제시하고자 한다.

2. 증거-기반 실제의 요건

1) 증거-기반 실제의 뜻

증거-기반 실제란 잘 통제된 연구 결과 관심 집단이나 개인에게 투입했을 때 유의미한 정도로 효과나 변화를 실제로 일으킨 조치, 지도, 프로그램, 교수 등을 통칭하는 말이다. 증거-기반 실제란 개념은 원래 의학 쪽에서 증거-기반 의약이란 용어로 시작되어 교육 등 다른 분야까지 광범위하게 확산되었다(Claridge & Fabian, 2005). 일반적으로, 어떤 지도방법이나 프로그램이 증거-기반 실제인지 여부는 연구 설계가 얼마나 짜임새 있는지, 연구의 질이 얼마나 좋은지, 그리고 같은 결과를 보고한 연구의 양이 얼마나 되는지 등을 고려해야 한다(Cook, Tankersley, Cook, & Landrum, 2008). 즉, 증거-기반 실제란 잘 통제된 충분한 수의 실험 연구 결과 효과가 있는 것으로 보고한 지도방법이나 프로그램을 뜻한다.

2) 증거-기반 실제의 요건

(1) 잘 통제된 연구

잘 통제된 연구란 어떤 지도방법의 효과가 반드시 그 방법에 의한 것이고 다른 변인에 의한 것이 아니라는 믿음을 충분히 가질 수 있도록 여타 변인들이 잘 통제되어 수행된 연구를 말한다. 예를 들어, A라는 방법을 사용한 결과, 특정 집단의 평균 연산 능력이 이전보다 높아졌다면 사람들은 A 방법이 수학 연산 능력 향상에 효과적이고 그래서 증거-기반 실제라고 해도 될 것이라고 생각할 것이다. 하지만 실제로는 해당 학생들의 연산 능력이 향상된 이유가, 예컨대 연구 기간 동안의 사교육이나 정규 수업 때문일 수도 있다. 따라서 어떤 방법이 실제로 효과가 있는지 여부를 알기 위해서는 비교 가능 집단을 설정하고, 다른 변인은 다 동일하거나 유사한 상태를 유지하되 오직 효과를 검증하고자 하는 방법이 있거나 없는 차이만 있도록 연구를 설계해야 할 것이다.

(2) 충분한 수의 연구

어떤 개입이나 프로그램이 증거-기반 실제인지 아닌지를 판단하기 위해서는 연구의 질뿐만 아니라 연구의 양 또한 중요하게 고려해야 한다. 예컨대, 특정 교수방법이 효과적인지 여부를 판단하기 위해서는 그 방법의 효과를 보고한 양질의 연구 양이 일정 규모 이상 되어야 한다. 연구의 수를 결정하는 데에는 연구 대상 집단의 유형, 연구가 수행된 맥락, 효과를 알아보기 위한 분야 등이 영향을 미친다. 예를 들어, A라는 교수방법이 초등학생의 읽기 능력 향상에 영향이 있는지를 연구한 결과, 통계적으로 유의하게 높은 향상을 보였다고 해도 이 방법이 증거-기반 방법인지 여부는 다른 지역이나 다른 연령의 대상자에게도 유사한 결과가 나왔는지에 달려 있다. 또한 또래교수방법 적용 결과 학생들의 연산 능력이 향상되었다고 해도 이것이 증거-기반 방법인지 최종적인 판단을 내리려면 다른 교과 학습이나 교수-학습 상황에서도 효과적인지를 확인해야 할 것이다. 물론 적정 연구 규모에 대해 정해진 객관적인 기준은 없다. 하지만 대체로 같은 현상이나 효과에 대해 질 높고 잘 통제된 최소 5~7편 이상의 연구가 축적되었을 때 비로소 해당 교육방법의 증거가 어느 정도 확보되었다고 할 수 있다(Cook, Smith, & Tankersley, 2012).

(3) 효과크기

효과크기란 어떤 독립변인의 효과나 영향의 크기를 양으로 나타낸 것이다. 교수방법 맥락에서의 효과크기는 모종의 교수방법을 제공받은 집단과 그렇지 않은 집단의 평균 간 차이를 말한다. 효과크기를 나타내는 방식에는 여러 가지가 있지만, 가장 많이 쓰이는 것은 Cohen(1988)의 d 지수이다. 이 지수는 다음과 같은 공식으로 산출한다. 이 공식에 따르면, Cohen의 d 지수는 두 평균 간 차이를 표준편차로 나눈 값이다. 이때 표준편차는 두 집단을 합친 전체 집단의 표준편차를 말하며, 이는 다음 공식 중 밑의 공식에 따라 구한다.

$$d = \frac{\overline{x_1} - \overline{x_2}}{s} = \frac{\overline{u_1} - \overline{u_2}}{s}$$

$$s = \sqrt{\frac{(n_1 - 1)s_1^2 + (n_2 - 1)s_2^2}{n_1 + n_2 - 2}}$$

Cohen(1998)과 Sawilowsky(2009)는 효과크기 해석의 기준을 정했는데, 2.0 이상이면 엄청난(huge) 효과, 1.20 이상이면 매우 큰(very large) 효과, 0.8 이상이면 큰(large) 효과, 0.5 정도면 중간 효과, 0.2 미만이면 작은 효과, 0.01 미만이면 아주 작은 효과라고 볼 수 있다. 효과크기 1.0은 비유적으로 설명하면 100명 중 50등 하던 학생이 100명 중 16등으로 올라갔다는 얘기이다.

(4) 학습문제 해결을 위한 과제의 성격 파악

학습에 어려움을 겪고 있는 학생들의 학습문제를 해결하기 위해서는 다음과 같은 이일의 성격을 정확히 파악하는 것이 중요하다.

① 학습자 특성을 고려하는 것보다 교사의 교수행위와 교재 설계가 선행되어야 한다

학습자 특성에 관해 교사는 최소한만, 즉 학습자가 높은 학습동기, 현재 학습에 필요한 적성이나 인지능력, 사전 지식 등을 갖추고 있다고 전제하고 수업을 시작하는 것보다 최소한의 능력(예컨대, 심하지 않은 지적장애)만 갖추고 있다고 가정하고 수업행위나 교재를 설계하고 제시하는 것이 안전하다. 설사 학습자가 교사가 가정한 것 이상을 가지고 있다고 하면 그것 자체로 좋은 것이고, 준비된 수업이나 교재를 건너뛰며 학습할 수 있기 때문에 문제가 되지 않는다. 문제는 교사가 가정한 것보다 학습자가 더 낮은 수준에 있을 때이다. 이때에는 단기간에 준비를 다시 하기 어렵다.

② 학습문제 해결은 교수행위와 교재에 있어서 지적 징검다리를 놓는 것과 같다

학생 수준을 최소한만 가정했을 때, 교사의 수업행위와 교재는 당연히 가장 낮은 수준의 학생들도 학습에 참여할 수 있도록 설계되어야 한다. 개울을 건너기 위해 징검다리를 놓을 때 어른용과 아동용을 따로 놓을 필요가 없이, 돌과 돌 사이를 최소화할 때 어른은 물론 어린아이도 건널 수 있지만 그렇지 않은 경우에는 어른만 건널 수 있을 것이다. 학습장애 및 학습부진 학생을 지도한다는 것은 이와 같이 지적 징검다리를 촘촘히 놓는 것과 같다.

흔히, 학습자 특성을 잘 몰라서 교과를 잘 가르치기 어렵다는 말을 하는 경우가 있는데, 이것은 수업준비의 우선순위를 잘못 파악한 데서 비롯된 것이다. 교사가 가르칠 학생의 특성에 대해 아는 것과, 가르칠 내용을 학습이 효과적으로 일어나도록 계열화하고 조직하는 일과는 사실 별로 관련이 없다. 후자는 전자의 달성 여부와 상관없이, 그것도 수업 전에 준비되어 있어야 할 사항이다.

이러한 측면에서 학습자 특성을 고려해서 수업을 해야 한다는 말은 사실 이상으로 그 의미가 과장되어 해석되고 있는 측면이 강하다. 원래 다수의 학습자 특성에 맞게 수업을 하기가 매우 어려울 뿐만 아니라, 그것이 무엇을 의미하는지가 분명하지 않은 경우가 대부분이다. 광합성을 학습자 특성에 맞게 가르친다는 것은 무엇을 말하는가? 그때 고려되어야 할 학습자 특성은 어떤 것들인가? 예를 들어, '다중지능 중 음악적 특성이 강한 학습자에게 광합성을 가르치는 것과 대인관계 특성이 강한 학습자에게 광합성을 가르치는 것에 무슨 차이가 있단 말인가?' 등이다.

학업에 어려움을 겪고 있는 학생 지도 시 교사가 비교적 멀리해야 하는 견해나 주장은 다음과 같다.

① 학습동기를 높이면 모든 학습문제가 해결된다. 중요한 것은 공부하려는 의욕이다

학습동기는 학습 어려움을 야기하는 원인 중 하나에 불과하다. 물론 학습동기 저하는 학습부진의 결과일 수도 있다. 학습부진 학생이나 학습장애 학생에게는 의욕이나 동기로 극복하기 어려운 학습과제가 너무 많다. 학습동기나 의욕은 학습을 위한 선제조건이 아니라 학습부진이나 학습 어려움의 결과일 수 있다는 점을 고려해야 한다.

② 적성을 찾아 그것에 맞게 가르치는 것이 중요하다. 예컨대, Gardner(1993)가 주장하는 8가지 지능 형식에 맞게 가르치면 매우 효과적일 것이다

일반적으로, 적성에 맞게 가르치라는 주장 자체는 틀렸다고 보기 어렵다. 하지만 가르치는 과정에서 고려해야 할 적성이란 무엇인지, 특정 내용과 관련하여 어떻게 적성을 고려해야 하는 것인지에 대해 조금만 깊이 들어가 보면 적성에 맞게 가르치라는 주장이 생각만큼 명료하지 않다는 것을 알게 된다. 예를 들어, 상당히 긴 문단을 읽고 글의 요지를 파악하지 못하는 신체적 재능이 뛰어난 학생에게 적성에 맞게 가르친다는 것은 무슨 뜻인가? 몸을 움직이면서 글을 읽게 할 것인가? 아니면, 운동을 하면서 글을 읽게 할 것인가? 음악적 재능이 다른 영역보다 조금 더 발달한 학생이 분수 문제 푸는 것을 어려워한다면, 음악을 틀어 주고 분수를 풀게 한다는 뜻인가? 문단의 요지를 파악하고 분수를 제대로 풀도록 가르치기 위해서는 운동능력이나 음악적 재능을 활용하도록 하기보다는 문단 자체를 어떻게 읽고 이해해야 하는지, 잘 풀지 못하는 분수식을 제대로 푸는 방법을 어떻게 정확하게 익혀서 적용할 수 있도록 할지에 더 초점을 기울이는 것이 상식적이고 효과적이다.

③ 수업 시간에 교사가 융통성을 갖기 위해서는 미리 수업 형식이나 내용을 아주 구체적으로 규정하는 것은 좋지 않다

수업 상황은 매우 복합적이고 역동적이며 다양한 돌발 상황이 발생할 수 있기 때문에

교사가 충분한 융통성을 발휘해야 하는 것은 맞다. 그렇다고 해서 즉흥적으로, 임기응변적으로 수업을 진행해도 된다는 것은 아니다. 일반적으로, 수업에서는 수업 종료 즈음에 학습자들이 달성해야 하거나 도달해야 하는 목표 상태를 설정할 것이다. 당연히 수업 내 모든 활동과 자료는 그 목표 상태에 학습자들이 신속하게 도달할 수 있도록 정교하게 설계되어 있어야 한다. 수업 형식을 미리 마련하는 것은 고정된 틀 안에서 수업행위를 하라는 뜻이 아니라, 최소한의 수업 질을 보장하기 위한 안전장치로 인식해야 할 것이다.

④ 개인적인 경험이나 선호도에 근거한 교수방법을 사용한다

개인적인 느낌이나 선호도, 일반 사람들의 의견이나 상식에 근거한 교수법, 혹은 특정 철학에 근거한 교수법보다는 체계적이고 과학적인 연구를 통해 그 효과가 검증된 교수방법을 사용하려는 태도와 의지가 중요하다. 체계적이고 과학적인 연구에서는 이를테면 어떤 프로그램이나 교수방법의 영향으로 학업성적이 향상되었는지를 확인하기 위해 다음과 같이 할 수 있다. 최소한 비교 가능한 두 집단을 무작위로 설정하고 한 집단에게는 의도한 지도를, 다른 집단에게는 그 지도만 빼고 나머지 모든 상황이 실험집단과 동일하게 환경을 설정한 다음, 그들의 학업성적 변화 여부를 비교해 보는 것이다.

3. 증거-기반 실제의 특징

1) 선행 문헌에서 정리한 증거-기반 실제의 특징

선행 문헌에서 정리한 증거-기반 실제의 특징을 살펴보기 위해 Mitchell(2014)이 저술한 『특수교육과 통합교육 상황에서의 증거-기반 실제(What Really Works in Special and Inclusive Education)』에서 소개하고 있는 교육방법 중 학습과 관련된 것들을 제시해 보면 〈표 6-1〉과 같다. 〈표 6-1〉에서 평점(효과크기)은 Mitchell(2014)이 효과크기를 기준으로 평정한 것으로, ●●●●는 효과크기 0.7 이상을 나타내고, ●●●●◑은 이에 약간 못 미치는 효과크기를 나타낸다.

〈표 6-1〉 문헌에 제시된 증거-기반 실제들

방법, 프로그램	효과크기(평점)	방법의 주요 요소와 특징
협동학습	●●●●	학습자 각자가 개인 및 집단 과제 수행을 서로 도우면서 함께 학습. 상호의존성, 개인적 책무성, 협동, 평가의 네 가지 측면이 반드시 반영되어야 함
또래교수	●●●●	또래들이 서로에게 교수자 역할을 수행하는 것. 또래교수, 또래 지원 학습전략, 학급 차원의 또래교수, 또래와 함께 읽기, 또래 멘토링 등의 방법 사용
인지전략 교수	●●●◐	학습자들이 인지적 기술 혹은 인지전략을 습득하도록 지원하는 방법. 시각화하기, 계획하기, 자기조절, 기억하기, 분석하기, 예측하기, 관련짓기, 단서 사용하기, 메타인지 기술 등이 있음
기억전략	●●●●	학습한 내용의 기억을 향상시키기 위한 다양한 방법. 핵심어 전략, 숫자와 단어를 연결시키는 팩워드(pegword) 전략, 문자 전략, 그림 전략 등이 있음
복습과 연습	●●●●	학습한 것을 다양한 상황에서 일반화할 수 있도록 반복하고 다양한 예로 적용 연습을 하는 것
상보적 교수	●●●●	교육 내용을 예측하고, 명료화하고, 질문하고 요약하면서 읽기 이해력을 향상시키려는 방법
직접교수	●●●●	교사 주도의 명시적이고 체계적이며 교재 내용과 교사의 교수행위의 조직과 계열화를 잘 설계함으로써 학습을 촉진시키려는 접근. 명시적이고 체계적인 교수, 스크립트화된 지도서, 완전학습 강조, 충분하고 다양한 연습, 점진적 지원 감소 등을 핵심으로 함
형성평가와 피드백	●●●●	학습 정도를 자주, 주기적으로 확인하고 그 결과에 대해 즉각 긍정적으로 피드백 제공
음운인식과 음운론적 처리	●●●●	음소와 음절의 혼합, 분리, 기억, 조작 및 음소-자소 대응을 능숙하게 알도록 지도
보편적 학습설계	평가되지 않음	정보의 제시 방법, 학습활동에의 참여 방법, 평가에의 참여 방법 등에 아무런 장애나 제한을 느끼지 않도록 하는 접근
개입에 대한 반응	●●●●	일반적인 방법, 소집단 집중 지도방법, 개별 지도방법 등으로 지도에 대한 학습자의 반응을 기반으로 점진적으로 지도의 강도를 높여 가는 예방적 접근
학습할 기회	●●●●	학습을 위한 충분한 양과 질의 시간 허용

●●●● 효과성의 증거가 확실하거나 매우 강함. 효과크기 0.7 이상.

표에서 제시한 바와 같이 특수교육 요구를 갖고 있는 학습자의 학습을 지원하기 위한 방법 중 효과가 검증된 방법의 특징을 정리하자면 다음과 같다.

첫째, 학습과정에서 또래와의 상호작용을 이용하여 자신이 학습한 것을 또래와 공유하는 활동은 학습에 효과적이다. 또래와의 공유 활동을 통해서 학습자는 우선 자신이 학습한 것을 다른 사람에게 전달하는 활동을 통해 학습한 것을 표상하고 이해 정도를 점검할 수 있다. 또한 다른 사람에게 자신이 잘 아는 것을 가르칠 때 만족감을 느끼는 소위 '교수 욕구'를 만족시킬 수 있다.

둘째, 실제로 학습에 투입된 시간을 충분히 허용해야 한다.

셋째, 학습에 효과적인 전략을 적극 활용하도록 지도해야 한다.

넷째, 명시적인 지도와 학습한 것을 충분히 복습하고 연습하는 기회를 갖도록 해야 한다.

다섯째, 교수-학습과정에서 지속적으로, 그리고 정기적으로 학습한 내용에 대해 학습 정도를 점검할 기회를 제공해야 한다. 점검 결과는 곧바로 지도방법을 구안하고 설계하는 데 반영되어야 한다.

여섯째, 특정 분야 학습에 필수적인 요소 기능, 예컨대 읽기의 경우 음운인식과 음운처리 능력을 반드시 형성시켜야 한다.

일곱째, 학습자의 능력과 수준이 어떠하든 언제나 교수-학습과정에 장애를 느끼지 않고 참여할 수 있도록 소재나 활동요소, 여건을 마련해 주어야 한다.

2) '실제로 효과 있는 방법(what works clearing house)' 사이트에 제시된 교육방법의 특징

What works clearing house(WWC)라는 사이트(https://ies.ed.gov/ncee/wwc/)에는 다수의 질 높은 연구들을 통해 그 효과가 있는 것으로 입증된 교육방법이나 프로그램을 제시하고 있다. 〈표 6-2〉는 그중에서 초등 단계 이상의 장애가 있는 학습자들의 문해(literacy)나 수학 분야에서 효과가 있는 것으로 어느 정도 입증된 교육방법을 열거한 것이다.

⟨표 6-2⟩ WWC 사이트에 제시된 증거-기반 실제들(2020년도 5월 말 기준)

방법, 프로그램	대상 학년	효과크기	방법의 주요 요소와 특징
Phonological Awareness Training	유아, 유치원	++ 의사소통, 언어 ++ 음운처리	개별 지도, 소집단 지도, 전체학급 지도
Dialogic Reading	유아, 유치원	+ 의사소통/언어 ++ 구어 0 음운처리	개별 지도, 소집단 지도, 전체학급 지도
Peer-Assisted Learning Strategies	유치원~초 1	+ 자모음 이해 +− 독해 0 읽기 유창성	또래 지도
Fast Track: Elementary School	유치원	+ 정서·행동 + 외부 행동 + 사회적 성과 + 읽기 성취	개별 지도
Lindamood Phoneme Sequencing® (LiPS®)	1~4	+ 자모음 이해 + 독해 + 읽기 유창성 − 쓰기 성취 + 수학 일반	개별지도, 소집단 지도
Read Naturally®	2~6	0 영어 0 자모음 이해 − 독해 0 문해 성취 + 읽기 성취 +− 읽기 유창성 + 쓰기 성취	개별 지도, 소집단 지도
Self-Regulated Strategy Development	2~10	+ 쓰기 성취	개별 지도
Repeated Reading	5~12	0 자모음 이해 + 독해 0 읽기 성취 0 읽기 유창성	개별 지도, 소집단 지도
Spelling Mastery	2~4	+ 쓰기 성취	소집단 지도, 전체집단 지도

비고: ++ 강한 긍정 효과 증거, + 아마도 긍정적인 효과 증거, +− 일관성이 부족한 긍정 효과 증거, 0 뚜렷한 효과 증거를 찾기 어려움, No Discernible: 효과 증거 없음, − 아마도 부정적인 효과 증거.

3) 학력향상 모범 사례에 나타난 증거-기반 실제의 특징

증거-기반 실제의 특징은 학업 지도에 성공적이었다고 매체에 보도된 사례들에서도 찾아볼 수 있다. 예컨대, 다음 [글상자 6-1], [글상자 6-2]는 신문에 보도된 학업지도 성공 사례의 일부이다.

[글상자 6-1] 학업지도 성공 사례 1

> **[공교육 모델 찾기]**
> **성적 맞춤형 공부 … "1등도 꼴찌도 학원 끊었죠" 13년째 수준별 수업 서울 ○○여중,**
> **수학 · 영어 실력에 따라 분반, 학급당 학생 20명으로 줄여, 교사가 교재 직접 만들기도**
>
> ……(중략)……
> • 1등이나 꼴찌나 행복한 교실=전교생이 581명인 ○○여중은 1997년부터 **영어 · 수학 수준별 수업**을 했다. 올해로 13년째이다. 수학교과실 · 영어교과실 · 다목적실 등 수준별 수업을 위해 세 개의 빈 교실을 활용한다.
>
> 교무실에는 A의 이름이 적힌 출석부가 세 개 있다. 하나는 원래 소속반의 출석부, 다른 두 개는 수준별 수업용이다. 1학년은 전체 6학급을 **영어 · 수학 성적에 따라 4개 등급**(A · B · C · D)으로 나눠 등급별 2반씩 모두 8개 반으로 세분화했다. 2 · 3학년도 원래는 6학급씩이지만 수준별(A · B · C)로 3개 반씩 각 학년을 9개 반으로 쪼갰다. 특징은 반별 30~35명이던 학생 수가 20여 명으로 줄어 효율적인 지도가 가능하고, **수준별 보조교재**를 사용하는 것이다. 보조교재는 **교사들이 학생 수준별로 문제를 출제**해 만들었다. 내신의 20%를 차지하는 수행평가는 수준별 시험을 내 학생 부담을 덜어 주고 있다. 성적이 처지는 학생들은 **한 반 인원을 10여 명으로 제한해 맞춤형 지도**를 한다.
> ……(중략)……
> • "교사들 힘들다는 핑계 못 댄다"=수준별 수업은 13년 전, 지금은 퇴직한 두 명의 부장교사와 교감, 수학 주임교사가 제안했다. 동료 교사들은 "현실적으로 어렵다"며 꺼렸지만 실험을 해 보자며 밀어붙였다. 1 · 2학년 대상 수업도 쉽지는 않았다. **수준별 수업지도안과 시험문제 등을 교사들이 일일이 작성**해야 했다. ……(후략)……

출처: 중앙일보(2009. 5. 23.). 인명과 학교명 블라인드 처리. 굵은 글씨 밑줄 친 부분은 저자 표시.

[글상자 6-2] 학업지도 성공 사례 2

[맛공이 떴다!] 수준별 맞춤교육 실시… 낙오되는 학생은 한 명도 없어요

9월 1일, 경기도 지역 혁신학교가 시행 첫날을 맞이했다. 혁신학교는 '학급당 25명 이내의 소수정예 교실로 **일부 학생이 아닌 모든 학생의 수준에 맞춘 교육을 실시**하는 것'을 목표로 하고 있다. ……(중략)……

• 김포 A초

……(중략)……

A초는 **맞춤형 교육**으로 아이들 개개인의 특성을 살리는 공교육의 사교육화를 실현할 예정이다. 학급별 5~10명 정도 되는 소수그룹으로 큰 규모의 대도시 학교들보다 세심하게 지도할 수 있기 때문이다.

"아이가 잘할 수 있는 것, 혹은 부족한 것을 찾아내 충분히 지도할 것입니다. 수학 지도가 필요하면 **아이의 수준에 맞는 개별 맞춤 수학 지도**를 하는 등 실질적인 교육을 준비하고 있습니다."

1층에 자리한 보금자리 보육교실에서는 방과 후 부족한 공부를 보충하는 아이들로 북적였다. 지리적 여건상 학원에 못 다니거나 다문화 가정 및 저소득층 아이들이 학원 대신 찾는 곳이다. ……(중략)……

실제로 A초 <u>교사들은 수업이 끝난 후에도 아이들을 가르치고 있었다.</u>

……(후략)……

• 고양 B중

"다양한 학습 프로그램, 사립학교인 줄 알아요"

고양 B중학교는 인근지역에서 '선생님이 더 열성'인 학교로 유명하다. 혁신학교의 롤모델이 된 것도 이런 교사들의 열성 덕분이다. ○○○ 교감은 "혁신학교로 선정되기 전부터 **다양한 학습 프로그램으로 아이들의 지적 호기심을 자극**했다"며 "멘토링, 사이버 학습, 협동학습 등을 통해 전교생의 학습 성적도 향상되었다"고 말했다.

협동학습은 '모둠활동'이라고도 불린다. 공부 잘하는 아이와 뒤처지는 아이가 섞여서 네 명이 한 팀을 이루도록 조를 짠다. 과거 조별 학습과 형태는 비슷하지만, **아이들 모두 참여하고 의사를 교환한다**는 점이 다르다. "이끎이(토론 진행), 기록이(서기), 칭찬이(칭찬 스티커), 나눔이(과제물 나누기)라고 이름을 붙여 주고 아이들에게 각자의 역할을 줍니다. 한

> 아이도 낙오되거나 소외되는 아이가 없죠. 생활은 물론, 학습에서도 모두가 참여할 수 있
> 도록 전 직원이 고심한 끝에 만든 수업방식입니다."
>
> ……(중략)……
>
> 근처에 위치한 군부대, ○○○대, ○○여대 등 대학생 멘토들의 역할도 크다. 맞벌이 부모
> 를 둔 학생들이 많아 학습 습관을 기르기 어려웠던 아이들이 **멘토와의 1대 1 과외로 목표**
> **와 성적향상이라는 결과물**을 얻었기 때문이다.
>
> ……(후략)……

출처: 모바일 조선일보(2009. 9. 7.). 인명과 학교명 블라인드 처리. 굵은 글씨 밑줄 친 부분은 저자 표시.

　이 사례에서 굵은 글씨의 밑줄 친 부분은 학습에 어려움을 겪는 학생들의 지도가 어떠해야 하는가에 대한 시사점을 준다. 첫째, 학습에 어려움을 겪는 학생들에게는 개인맞춤형, 혹은 수준별 지도가 필요하다. 이것은 물론 단순히 물리적으로 학급을 분리하는 차원이라기보다는 학생 수준과 특성을 고려하여 맞춤형으로 문제도 제시하고 학습자료도 제시하는 것을 의미한다. 둘째, 소집단 지도, 경우에 따라서는 1대 1 개별지도가 필요하다. 학습지원 요구가 강한 학습자들을 대상으로 해서는 10여 명 이내로 소집단을 구성하여 강도 높은 지도를 적용해야 한다. 셋째, 학습에 투입하는 학습 시간의 절대량이 증가되어야 한다. 이 사례에서처럼 교사들이 방과 후에 지도하거나 대학생 멘토들이 멘토링을 하는 것 모두 학습의 절대량을 증가시킨다. 넷째, 학습에 어려움을 가진 학생들의 지도는 반드시 학업 측면에서만의 지도만을 필요로 하는 것은 아니다. 다양한 학습프로그램을 마련하여 학습 흥미를 고취시켜야 하고, 정서·행동 측면에서의 안정과 참여 의욕을 자극할 다양한 활동을 고안하여 참여할 기회를 제공해야 한다. 다섯째, 학습에 어려움을 가진 학생이라도 학습과정에서 자신이 학습한 것을 또래나 다른 사람에게 표현할 기회를 제공해야 한다. 이 사례에서처럼 모둠활동을 통한 협동학습과정에서 모든 학습자로 하여금 모둠 내에서 모종의 역할을 하도록 활동을 구안하는 것이 중요하다.

　한편, [글상자 6-3]은 각 학교에서의 기초학력부진 학생 지도 성공 사례의 핵심 내용을 정리한 것이다. 이들 각 사례의 공통점을 분석하여 소위 증거-기반 실제의 요건을 분석해 보도록 하자.

[글상자 6-3] 기초학력부진 학생 지도 성공 사례

1) 서울 ○○초
- 기초학력 미달 학생 개별 학력 관리
  - 학생 자기주도적 능력 실태 조사 및 분석, 부진 학생 특별지도반(점프업교실) 편성 운영, **개인별 학업관리카드 누적 기록**
- 다양한 자기주도학습 프로그램 운영
  - 자기주도학습장 제작, 국어과 독서논술교육 강화, 수학과 슬기교실 프로그램 운영
- 학교 교육 환경의 구축
  - 위원회 조직, 자기주도적 학습을 위한 학교 교육과정 편성, 교사TF팀 구성

2) 중남 ○○초
- 기초학력 제고를 위한 특색사업
- **학습부진 예방-진단-관리 시스템 구축**
  - 돌봄교실 '햇살둥지' 설치하여 저학년 한글 보충지도 및 교과 보충지도, 한글 미해득 및 기초학력 부진 학생 대상 담임책임지도제 실시, 〈10-20-20〉 프로그램 운영, 자기주도적 학습 프로그램 운영
- 〈NEW 학력점프 실력 쑥쑥〉 프로그램 운영
  - 방과후 학력점프 프로젝트와 기초튼튼교실 및 반딧불이 공부방 운영, 방학 중 학력캠프 실시
- 교원 역량 및 지역사회 연계 강화
  - **교사 전문성 강화 연수** 및 동아리 활동, 수업공개 및 수업장학 실시, 멘토링을 통한 지도교사 역량 강화, 맞춤형 학습을 위한 자료 개발 제작, 지역사회와 함께하는 체험 중심의 학습활동

3) 서울 ○○중
- 교과학습부진 학생 지도를 위한 VISION SCHOOL 운영
  - 교과부진 학생 진단, 학교교육프로그램과 연계한 **기초학력부진 학생 1:1 지도**, 교과학습 부진 학생 관리카드 활용, 야간 학생지도 전담교사 배치
- 학력향상중점학교와 연계한 **수준별 방과후학교 운영**
  - 학생들을 위한 돌봄 기능 수행, 수준별 방과후 수업을 통한 기초학력 증진
- 학습부진에 대한 학습의욕 및 동기 유발
  - 학력향상 대상 학생 시상, **학력향상과 병행한 체육활동 프로그램 운영**

4) 거제 ○○중

- **수준별 소그룹 편성 보충학습 프로그램**
  - 방과후학교 수준별 보충반 운영, 소그룹 내 학생에 대한 야간 학습 운영
- 협동과 경쟁이 공존하는 그룹 멘토링 운영
  - '그룹 멘토링의 날' 운영하여 주간학습내용 점검 및 보충학습, 개별상담, 교외활동으로 결속력과 유대감 강화, 활동 평가 및 시상
- **학생다운 품성을 기르기 위한 특성화 교육**
  - 요일별 특성화 교육활동 실시(독서마라톤의 날, 자기주도적 학습의 날, 특색교육의 날, 진로 상담의 날, 학생다운 모습 가꾸기의 날)

3) 인천 ○○고

- 기초학력 신장을 위한 단계적 프로그램 개설
  - **수준별 5개 교과 중심 학생 수준에 맞는 교육 제공**, 기초학력 미달학생(jump-up반), 차상위 기초학력 미달학생(take-up반), 기초미달학생(cheer-up반), 학력향상반
- 학력향상을 위한 학습 멘토링제 운영
  - 교사–학생, 학생–학생, 대학생–학생, S.O.S(인턴교사) 멘토링 운영
- 기초 학습력 신장을 위한 독서 · 논술 교육
  - 독서 · 논술 기록장, NIE(Newspaper In Education), 논술대비반
- S.O.S(Success of Society) 운영
  - 학습보조 인턴교사 2명, 대학생 1명이 희망학생을 대상으로 학습지도, **1:1 멘토링 지도**, 상담활동 등 학생들의 자기 주도적 학습 습관 형성

4) 강원 ○○고

- **학습부진 예방–진단–관리 시스템 구축**
  - 다면적 능력검사 → 학력부진 학생 실태 파악 → 평가 결과 분석 → 부진 학생 재선정
- 다양한 프로그램을 통한 기초학력 미달 제로 플랜
  - 학력향상협의회 조직, 학습부진 학생을 위한 **특별 보충반 운영**, 인터넷 반 운영, 수학 n+1 맞춤형 학습
- 교원 · 단위학교 역량 강화 및 지역사회 연계
  - 교원 전문성 신장 연수 지원, 교직원 사기 진작을 위한 다양한 프로그램 운영, 지역사회 연계를 통한 학력 향상 활동

5) ○○교육청 부진아 지도 연수회 발표 사례

- 학습자 **개인 특성별로** 다양한 다중지능을 활용한 새로운 **학습부진 학생 지도**
- 기초학습기능검사(BASA) 프로그램을 활용하여 목표 수준을 수시로 조정하며 **학생의 수준에 맞게 지도한 사례와 학생 수준에 따른 단계별 프로그램 적용**

6) 곡성 ○○초등학교

- 학습부진 학생과 함께하는 **인성교육 실시**. 교사와 학력 미달학생 간에 사랑의 결연을 맺고 칭찬과 격려를 통해 열등감을 해소하고 자신감을 길러 주어 학습에 취미를 갖도록 한 후 **수준별 맞춤식 교육**을 철저하게 실시
- 친구 도우미제를 운영하여 학습이 부진한 친구를 도움으로써 스스로 우정과 협동심을 깨우치게 하여 **더불어 학습할 수 있는 장을 마련**
- 한 학급당 1~2명의 학부모가 참여하는 학력증진위원회를 구성하여 학부모를 직접 수업 및 급식 검수과정에 참여시킴

7) ○○교육청

- **학습부진 원인에 따른 맞춤식 지도**
- '대구 e-스터디' 콘텐츠를 활용해 학력향상을 위한 사이버학급 편성
- 부진 학생의 **학습동기 유발과 자신감 고취**를 위해 교과별 사제(師第)동행 자기경영학교 운영
- **대학생 멘토링제를 통한 학습보조전담강사 배치**
- **방과 후 활동과 특기적성활동과 연계 지도**
- **우수 학습자료 개발과 보급, 수업방법 개선 지원**, 교과별 학습지원센터 설치, 실적이 뛰어난 학교와 지도교사 포상

8) 서울 ○○초등학교

- 프로그램 시작 전 학교 분위기
  - 교내 사정으로 교장의 잦은 교체, 교사들의 부진아 지도에 대한 낮은 경험과 관심
  - 중식 지원 대상자 10% 이상
  - 2~6학년 진단평가 결과 교과학습부진 학생 비율 전체 27%
  - 공부에 자신감이 없거나 흥미 없는 학생 비율 75%
  - 학부모의 학교나 교사 신뢰도 8%, 사교육 의지 72%
- 프로그램 시작
  - 모든 자료, 정보 등을 담당교사가 일일이 찾아 다녀야 했음. 이 점에서 교육청의 지원 필요
  - 학년당 1명의 연구팀 배정
- 프로그램의 특징
  - 학습부진아 교정과 예방 대책 병행
  - **대상 과목별 필수학습 요소 추출, 이 요소에 근거하여 성취기준 평가문항 작성, 맞춤식 단계별 지도 자료 제작**

- 준비도 평가 → 기본학습 → 개별보충학습 등의 교사 도움자료 단원별 모듈 형태로 개발
- **주당 4회, 매회 90분 이상**
- **준비학습평가, 형성평가, 성취도 평가**(연 2회, 1학기 말 성취도 평가, 2학기 말 종합성취도 평가) 실시(기준 70점 이하 집중지도 대상)
- 성취도 평가 결과 70% 이상 도달했을 경우에만 통과. **미달자에게는 맞춤형 보충학습** 실시
- 월 1회 가정에 성적표 발송
- 1학년부터 집중지도
- **모두 현장교사가 직접 지도**하고 대학생 봉사자 등은 보조교사로만 활용
- 수준에 따라 1:1 지도, 소집단(4~5명 규모) 지도 병행
- 기초학습반도 **수준별로 구성**
- 교과학습기초반도 구성. 학년당 2~3개 반 총 14개 학급 구성
- 3월초에 자체 개발한 진단평가 실시
- **교사들이 사명감을 갖고 헌신적으로 노력**
- 방과 후 지도, 기초학습반 지도 등에는 간식비, 강화비, 운영비 등 필요
- **거의 매일 5시까지 지도**하고 그 이후에는 하교 안전 지도 병행
- 학부모와의 연계(학부모 연수 실시)
  → 학교에서 뭔가 한다는 인식 심어 주고 학부모에게 동의서를 받음
- **연구팀은 자주 회의 개최하고 지원**
- **보충학습은 가급적 정규 교육시간에 실시**
- 프로그램 실시 결과 기초반 인원이 20명에서 연말에는 3명으로 감소
- 교사들이 밝힌 지원 희망 사항 → 업무 경감 → 보다 단계적으로 구성된 교수 자료

출처: 교육과학기술부(2010). 밑줄과 강조는 저자 표시.

　　교육과학기술부(2010)에서 발표한 기초학력 지도 우수 사례에서 추출할 수 있는 학습 어려움 학생 지도 원리는 다음과 같다. 첫째, 수준별 개인 맞춤형 지도가 필요하다. 맞춤형 지도 의미에는 맞춤형 진단과 진단 결과에 근거한 맞춤형 지도까지 포함된다. 둘째, 절대 학습 시간의 양을 확보해야 한다. 방과 후 지도나 멘토링 등을 통해 일정 시간 이상의 실제 학습 시간을 확보해야 한다. 셋째, 지도의 전문성이 중요하다. 이왕이면 보조교사보다는 전문을 더 갖춘 정규 교사가 지도하는 것이 더 바람직할 것이다. 넷째, 인성이나 심리적 안정을 다루는 프로그램을 학업 지도 프로그램과 묶을 경우 더 효과를 볼 수 있다. 이러한 통합 접근이 필요한 이유는 학습에 어려움을 겪고 있는 학습자들의 경우

인성이나 심리, 정서 측면에서도 다른 학생들에 비해 학습에 불리한 특징들을 갖고 있는 경우가 많기 때문이다. 다섯째, 가르치는 사람들의 헌신과 열정이 중요하다. 여섯째, 지도를 하는 중간중간에 지속적으로 형성평가, 진전도 점검을 실시해야 하고 가급적 그 결과는 학습자나 학부모와 공유하도록 한다. 일곱째, 교사들의 전문성 향상과 학업지도 노력을 적극 지원하는 체제를 갖추어야 한다.

이대식(2009)은 기초학력부진 학생 지도 관련 우수 사례들을 종합적으로 분석한 후 〈표 6-3〉과 같이 그 사례들의 공통점을 제시한 바 있다. 다음 표에서도 보듯, 신문 등에 보도된 학업지도 성공 사례, 교육과학기술부에서 보도한 학업지도 모범 사례, 그리고 연구들에서 주장해 온 효과적인 개입방법의 요건 등은 매우 유사하고 일관적이다. 학습부진 및 학습장애처럼 학습에 어려움을 겪는 학습자들을 대상으로 하는 교수-학습은 〈표 6-3〉의 오른쪽 칸에 제시된 효과적인 개입방법의 요건을 최대한 많이 그리고 충실하게 반영해야 한다.

〈표 6-3〉 학습부진의 성공적인 지도 사례에 나타난 증거-기반 개입방법의 요소

S 초등학교 학습부진 지도 활동 요소	연구에서 주장해 온 효과적인 개입방법의 요건
• 프로그램 시작을 위해 모든 자료, 정보 등을 담당교사가 일일이 찾아 다녀야 했음. 이 점에서 교육청의 지원 필요	• 학교장의 리더십
• 학교 내 교사들 설득	• 학교장의 리더십
• 학년당 1명의 연구팀 배정	• 학교장의 리더십 • 전문성
• 학습부진아 교정과 예방 대책 병행	• 조기 개입
• 대상 과목별 필수학습 요소 추출, 계열화, 내용 수준 결정 • 맞춤형 단계별 지도 자료 제작: 자료 수준은 보충, 기본, 심화의 3단계로 하고, 준비도 평가 → 기본학습 → 개별보충학습 등의 교사 도움자료 단원별 모듈 형태로 개발 • 연간 교육과정 재구성	• 교육내용의 효과적인 설계 • 점진적 지원 감소 • 수업의 틀 형성

• 필수학습 요소 추출과 이에 따른 문항 제작. 성취기준 평가 문항 활용. 준비학습평가, 형성평가, 성취도 평가(연 2회, 1학기 말 성취도 평가, 2학기 말 종합성취도 평가) 실시 (기준 70점 이하 집중지도 대상)	• 학습진전도 점검
• 월 1회 가정에 성적표 발송	• 학습진전도 점검 • 학부모와의 협력
• 1학년부터 집중지도	• 조기 개입
• 성취도 평가 결과 70% 이상 달성자만 통과 • 미달자에게는 맞춤형 보충학습 실시	• 완전학습 • 다단계 체계적 개입 제공
• 모두 현장교사가 직접 지도하고 대학생 봉사자 등은 보조교사로만 활용	• 전문성
• 수준에 따라 1:1 지도, 소집단(4~5명 규모) 지도 병행	• 동질적인 소집단 구성 • 개별화, 맞춤식 교육
• 기초학습반도 수준별로 구성 • 교과학습기초반도 구성. 학년당 2~3개 반 총 14개 학급 구성	• 동질적인 소집단 구성
• 3월 초에 자체 개발한 진단평가 실시	• 전교생 대상 학업성취 검사
• 교사들이 사명감을 갖고 헌신적으로 노력 • 교직원 연수 및 협의회 실시	• 교사의 참여와 전문성, 리더십 • 전문성
• 방과 후 지도, 기초학습반 지도 등에는 간식비, 강화비, 운영비 등 필요	• 시스템적 접근 • 교장의 리더십
• 주당 4회, 매회 90분. 거의 매일 5시까지 지도하고, 그 이후에는 하교 안전 지도 병행	• 절대 학습시간 확보 • 시스템적 접근, 패키지식 접근
• 학부모와의 연계(연구학교 홍보 및 학부모 연수 실시) → 학교에서 뭔가 한다는 인식을 심어 주고 학부모에게 동의서를 받음	• 학부모와의 협력
• 연구팀은 자주 회의 개최하고 지원	• 교직원 간 협력
• 보충학습은 가급적 정규 교육시간에 실시	• 학부모와의 협력

출처: 이대식(2009), p. 358.

4. 증거-기반 실제의 주요 요소들

이상에서 알아본 증거-기반 실제의 특징을 종합하면 학습에 어려움을 겪는 학습자를 위한 지도방법은 다음과 같은 요소를 갖추어야 할 것으로 보인다.

1) 다단계 개입

다단계 개입이란 학습자들의 반응에 따라 점진적으로 수업의 집중도와 개별화 정도를 높여 가면서 지도하는 방식을 말한다. 예컨대, 1단계-보통의 전체 학급 수업, 2단계-보충학습이나 방과 후 지도, 3단계- 특수학급 지도 등이 대표적인 방식이다.

2) 시스템적 접근

학습 어려움을 가진 학생 지도를 특정 교사나 특정 프로그램 중심이 아닌 학교 전체의 종합적인 시스템을 갖추어 이행하려는 접근이다. 이러한 시스템에는 전문성을 갖춘 인력, 필요한 자료와 도구, 전문 인력의 지속적인 훈련, 학습과 정서, 행동 측면의 요구를 모두 아우르는 지원 시스템 등을 들 수 있다. 구체적으로, 시스템에 포함되어야 할 요소를 열거해 보면 [글상자 6-4]와 같다.

[글상자 6-4] 학습부진 학생 지원 시스템 구성 요소

- 교장의 리더십
- 구성원의 열의와 헌신
- 관련 당사자 간의 상호 협력, 팀워크와 이해 및 신뢰(학생, 교사, 교장, 학부모, 교육행정가, 교육전문가)
- 전 학교적 선별(school-wide screening): 국가수준 초 3 기초학력진단검사, 학업성취도평가, 교육청 주관 학력진단검사
- 전문가 지원 및 조언 항시 활용 가능하게
- 시간 중심 계획보다는 준거, 기준 중심 계획
- 패키지 접근. 효과적인 지도 요소를 개별적으로 산발적으로 적용하기보다는 종합적인 프로그램 형태로 온전히, 충실하게 적용

3) 학습진전도 점검과 그 결과에 근거한 수업의 수정

학습진전도는 최소한 주 1회 혹은 매일 지도가 이루어지는 경우에는 그보다 자주 점검할 필요가 있다. 학습진전도 점검은 그것 자체로 끝낼 것이 아니라 점검 결과에 따라 필요시 그에 근거한 수업 수정 및 조정이 이루어져야 한다. 교과학습진전도 점검을 위해서는 필수학습 요소를 먼저 선정해야 한다. 그런 다음 그 학습요소 달성 여부를 진단하고 평가할 수 있는 형성평가를 동형으로 복수 제작한다. 검사 결과는 주기적으로 점검하고 그 결과를 그래프화해서 학생, 학부모와 공유한다. 기초, 기본학습기능 학습진전도 점검 용으로는 기초학습기능 수행평가체제(BASA-읽기, BASA-수학, BASA-쓰기)를 들 수 있다 (이들 검사에 대한 설명은 이 책의 제2장 참고).

4) 전교생 대상 학업수행 정도 진단

이는 전체 학생을 대상으로 현재의 학업수행 정도를 가급적 구체적으로 상세하게 확인하는 것을 말한다. 대개의 경우 학급 교사가 학업에 어려움이 있다고 추정되는 학생들만을 대상으로 심층 진단을 한다. 하지만 누가 어떤 학습 어려움을 갖고 있는지 아직 파악되지 않은 상태에서는 모든 학생을 대상으로 학업수행 정도를 확인하는 것이 중요하다. 이는 특히 학습부진 기준은 넘어서지만 특정 영역이나 기술에서 문제를 보이는 학습자를 찾아내는 데에도 유용하다. 전체 학생 대상 학업수행 정도 진단은 가급적 1학년 2학기부터 시작해서 최소한 매 학년 말에 한 번씩은 실시하는 것이 바람직하다. 그 이유는 이러한 자료를 축적함으로써 학생들의 종적 및 횡적 자료분석이 가능하기 때문이다.

5) 학습시간의 절대량 확보

학습에 어려움을 겪고 있는 학생들의 경우 가장 중요한 변인 중 하나는 학습에 실제로 투입하는 시간의 절대량을 최대한 많이 확보하는 것이다. 왜냐하면 기본적으로 이들 학습자들은 당장의 학습에 필요한 인지기능은 물론 선수학습 정도에서 또래보다 불리한 여건에 처해 있기 때문에 거의 무조건적으로 학습의 절대 시간, 그것도 그냥 주어진 물리적인 시간이 아닌 실제로 학습에 투입한 시간을 최대한 확보하는 것이 급선무이다. 학습에 심각한 어려움을 갖고 있는 학생의 경우에는 주 3회, 회당 60~90분 정도의 시간을 다른 학생보다 더 투입해야 한다.

6) 조기 진단 및 조기 개입

조기 진단 및 조기 개입의 중요성은 새삼 강조할 필요가 없을 정도이다. 기초학습기능의 경우 늦어도 초등 1학년 1학기 말이나 1학년 2학기 중간에는 진단이 이루어지고, 그 결과에 근거하여 체계적으로 지도해야 한다.

7) 효과적인 인지 및 학습전략 지도

학습에 어려움을 겪는 학습자들이 인지처리 과정의 어느 부분에서 어떤 특징을 갖고 있고, 그러한 특징들이 어떤 측면에서 학습에 어려움을 야기하는지에 대해서는 제5장의 정보처리이론에서 심층적으로 살펴본 바 있다. 인지처리과정에서의 미흡함과 제한점을 보완할 수 있는 방안 중 하나는 효과적인 인지전략 혹은 학습전략을 활용하는 것이다.

우선 학습전략을 지도할 때에는 학습에 어려움을 겪는 학습자들이 학습전략 활용과 관련하여 보이는 특징을 정확히 이해해야 한다. 이들은 학습전략 혹은 인지전략에 어떤 것들이 있고, 어떤 전략들을 언제 어떻게 사용하면 어느 경우에 무엇에 효과가 있는지를 잘 알지 못한다. 이는 특정 전략에 대한 소개나 안내 절차가 있어야 함을 의미한다. 설사 특정 전략을 알고 있다고 하더라도 이를 필요한 상황에 자발적으로 사용하지 않는 경우가 많다. 이는 그 상황이 해당 전략을 사용해야 하는지를 잘 판단하지 못하기 때문이다. 특정 전략 자체는 물론, 그 전략을 언제 어떤 경우에 사용하면 효과가 있을지도 지도해야 한다. 또 다른 경우는 특정 전략의 효과도 알고 언제 어떻게 사용하면 되는지도 알지만 단순히 전략을 사용하는 것 자체가 번거롭고 귀찮아서 사용하지 않을 수도 있다.

이러한 특징들은 학습에 어려움을 겪는 학습자들에게 학습전략이나 인지전략을 지도할 때에는 모종의 체계적인 접근이 필요함을 시사한다. 그러한 접근 중 하나는 전략통합모델(Strategies Integration Model, SIM)에 따라 다음 사항들을 반영하고 이행하는 것이다(Deshler & Lenz, 1989). 첫째, 내용에 맞는 인지전략 혹은 학습전략을 선택한다. 둘째, 선행 지식을 확인하고 전략을 배우는 것 자체에 대해 관심을 유도한다. 셋째, 전략 사용을 구체적이고 명시적으로 설명한다. 넷째, 전략 사용 방법을 명시적으로 시범 보인다. 다섯째, 학습자와 함께 전략 사용방법을 연습한다. 여섯째, 학습자로 하여금 스스로 전략 사용을 연습하게 하고, 그에 대해 피드백을 제공한다. 일곱째, 전략 사용 능력을 일반화하도록 한다.

　그동안 학습부진이나 학습장애를 가진 학습자들에게 효과적이었던 몇 가지 학습전략을 제시해 보면 다음과 같다.

(1) 시연 전략

　시연(rehearsal) 전략은 학습내용을 여러 번 반복하여 연습하는 것을 말한다. 예컨대, 자료 소리 내어 반복하기, 자료 보고 그대로 쓰기, 노트 재정리하기, 중요한 부분 밑줄 긋기 등은 시연 전략의 예이다. 시연 전략을 활용할 때에는 그냥 반복하기보다는 다양한 모드로, 다양한 상황에서 반복 연습하는 것이 학습에 훨씬 효과적이다.

(2) 정교화 전략

　정교화(elaboration) 전략은 새로운 정보를 학습할 때 이미 학습한 지식기반을 활용하여 이미 알고 있는 것과 새로운 것을 연결시킴으로써 학습효과를 증가시키는 전략을 말한다. 새로운 지식과 선행 지식, 혹은 다른 교과 내용과 통합하거나 연결하는 활동이 대표적인 정교화 전략 활용 형태이다. 정교화 전략의 활용과정에서는 논리적 추론, 예시의 이용, 세부 사항, 여타 정보 연결, 둘 이상의 항목 연결 심상 형성, 문장 생성 등의 작용이 일어난다. 정교화 전략의 예로는 의역하기, 요약하기, 유추하기, 노트하기, 질의 응답하기 등이 있다.

(3) 조직화 전략

　조직화(organization) 전략은 지식이나 정보를 하위 그룹으로 나누고 그 그룹 간의 관계를 규명하려는 활동을 말한다. 학습할 개념이나 내용을 범주화 혹은 순서화하는 것도 이에 해당한다. 조직화 전략의 예로는 개요 작성하기, 개념도 그리기, 인지지도 작성하기 등을 들 수 있다.

(4) 그래픽 활용 전략

　그래픽 활용 전략은 학습할 내용이나 정보를 마인드맵, 도표, 이미지 등으로 표현함으로써 내용 요소 간 관계나 구조를 시각적으로 보다 분명하고 감각적으로 파악하도록 돕는다.

(5) 상위인지 전략

상위인지는 초인지(metacognition)로 부르기도 한다. 이는 자신의 인지에 대한 인지나 지식, 인지 대상 또는 과정에 대한 각성을 촉진하는 전략이다. 상위인지 전략은 직접 정보나 내용을 처리하기보다는 학습 계획의 수립, 점검, 평가 시 주로 사용한다. 계획 수립, 자기 점검이나 평가, 자기 조절은 상위인지 3요소이다. 대표적인 상위인지 전략의 예로는 이해점검 전략을 들 수 있다.

8) 패키지식 지속적 지원

학습에 어려움을 겪는 학생 지도 프로그램은 [그림 6-1]과 같이 네 가지 요건을 갖추어야 한다. 첫째, 체계적으로 이루어져야 한다. 이는 지원을 필요로 하는 영역을 모두 포함하되, 각 지원 요소가 서로 유기적으로 연계되어 학습을 최대한 지원하는 방향으로 이루어져야 함을 뜻한다. 둘째, 지속적인 지도가 이루어져야 한다. 주 3회, 회당 1시간 기준 최소한 6개월~1년 정도 이상의 개입기간이 필요하다. 만약 이 중 어느 한 부분이라도 감소시켜야 한다면 전체 지도에 필요한 기간은 그만큼 더 늘어나야 한다. 셋째, 강도 높게 지도해야 한다. 강도를 높게 한다는 것은 학습이 필요한 기술이나 지식을 철저히 다루고 충분한 연습을 시켜서 그것을 완전학습 상태에까지 이르게 만들어야 한다는 뜻이다. 넷째, 학습 어려움 학생의 지도는 자주 이루어져야 한다. 한꺼번에 오랜 시간 동안 지속하는 것보다 조금씩이라도 자주 학습을 지도하는 것이 학습효과에 더 유리하다. 예컨대, 1시간씩 주 3회 지도하는 것이 학습에 훨씬 효과적이다.

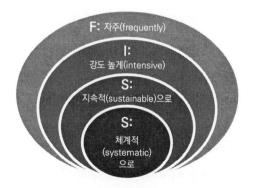

[그림 6-1] 학습 어려움 학생 지원 프로그램의 네 가지 요소-FISS

출처: 이대식(2019).

　이상의 논의를 토대로 학습부진 및 학습장애 지도를 위한 효과적인 교수-학습 요건을 충족하고 있는지를 확인하기 위한 평가항목으로 〈표 6-4〉와 같은 것들을 제시할 수 있다. 해당 항목을 활용하여 특정 교수-학습프로그램이나 특정 학교의 지원 접근을 평가해 볼 수 있을 것이다.

〈표 6-4〉 학습장애 및 학습부진 학생을 위한 효과적인 지도 요소 점검표

지도 요소	모범 사례에 적용 여부 (Y-yes, N-no)	현재 구현 정도 (하, 중, 상)	향후 구현을 위한 실천 사항
1. 다단계 개입			
2. 시스템적 접근			
3. 학습진전도 점검과 그 결과에 근거한 수업의 수정			
4. 학습시간의 절대량 확보(1일 최소 90분 이상)			
5. 조기 진단 및 조기 개입			
6. 교사의 명확한 전달과 전략 사용의 명시적 시범			
7. 교육과정과 수업의 효과적인 설계[필수 학습 요소(big idea) 중심]			
8. 점진적 지원감소 원리 구현			
9. 모든 요소가 잘 조화를 이루는 패키지식 프로그램을 오랫동안, 지속적으로, 일관성 있게, 그리고 충실하게 투입			
10. 개입충실도 객관적 기록			
11. 교장의 리더십			
12. 구성원의 열의와 헌신			
13. 관련 당사자 간의 상호 협력, 팀워크와 이해 및 신뢰			
14. 전문가 지원 및 조언 항시 활용 가능			
15. 시간 중심 계획보다는 준거, 기준 중심 계획			
16. 지속적, 일관적, 집중적 지도			
17. 전교생 대상 학업성취도 평가			

18. 상호작용적 수업			
19. 대본 연습같은 수업 준비			
20. 긍정적 피드백과 넘치는 강화, 칭찬			
21. 적절한 수업 진행 속도			
22. 선행지식의 활성화			
23. 요령 있는 복습			
24. 충분하고 다양하면 개별적인 연습기회 제공			

5. 학습부진 및 학습장애 교수-학습이론의 전제

지금까지 학습부진 및 학습장애의 개념, 진단과 평가, 지원 체제, 학습의 조건, 그리고 증거-기반 실제들의 특징을 살펴보았다. 학습부진 및 학습장애처럼 학습에 어려움을 겪고 있는 학습자 지원의 핵심은 교재와 교수행위의 효과적이면서도 명료한 설계와 이의 충실한 적용임을 앞에서 확인했다. 이들 학습자의 특성에서 살펴봤듯이, 교수자 입장에서는 이들의 특성 중에서 특별히 의지하거나 기대할 수 있는 부분이 많지 않기 때문에 주어진 조건으로 수용하고 대신 교수자가 통제 가능한 변인 중심으로 지원 전략을 구상하는 것이 현실적이면서도 최선의 대안일 수밖에 없음을 Carroll(1963)의 학교 학습이론이 잘 보여 주었다.

이러한 내용들을 다룬 이유는 학습부진 혹은 학습장애로 인해 학습에 어려움을 겪는 학생들을 지도하기 위한 교수이론이나 모형이 어떤 요건을 갖추어야 할 것인지, 어느 부분에 어떻게 초점을 맞추어야 하는지에 관해 보다 분명하고 구체적인 시사점을 도출하기 위함이었다. 앞 부분에서 언급한 내용들을 기반으로 학습부진 및 학습장애 교육을 위한 이론 구축 시 고려해야 할 사항을 제시해 보면 다음과 같다.

1) 암묵적 전제

암묵적 전제란 정식으로 언급하지는 않지만, 교수-학습과정을 주관하는 사람이면 반드시 인식하고 있거나 전제해야 하는 기본적인 사항을 뜻한다. 학습부진 혹은 학습장애 학생을 대상으로 하는 교수-학습이론이나 모형은 적어도 다음 세 가지 정도의 암묵적 조건을 전제해야 한다([그림 6-2] 참조).

　첫째, 비록 이 책의 전체적인 내용이 교수자 측면에서의 해야 할 일을 주로 다루고 있긴 하지만, 학습자의 특성을 고려해야 하는 것은 너무 당연하다. 그러나 학습자 특성을 고려해야 한다는 말은 정밀진단을 통해 학습에 어려움을 겪고 있는 부분과 양상, 정도를 세밀하게 파악하고자 하는 목적이 아니라면 비교적 상식적인 수준에서 교수자가 인식하고 있어야 할 기본적인 사항 정도만 이해하고 있어도 된다. 예컨대, 학습부진 학생의 경우 다양한 원인으로 인해 학습에 지장을 받고 있거나 어려움을 겪고 있으며 전반적인 인지능력이나 선수학습 정도가 다른 학생에 비해 낮은 수준일 것이라는 점, 그리고 누적된 학습 실패로 인해 학업 자아개념이나 학습동기가 부족하다는 점 정도만 알고 있어도 크게 부족하지 않다.

　둘째, 교수자 입장에서는 학습자가 이러저러한 특성이나 능력, 선수학습 기술을 갖추고 있기보다는 그렇지 않은 상태에 있을 것이라고 가정하고 가장 불리한 상황에서부터 시작해야 함을 전제해야 한다. 다행히 실제 확인 결과 전제한 상황보다 좋으면 나쁠 것이 없지만 그 반대라면 뒤늦게 대책을 강구해야 하기 때문이다.

　셋째, 학습자의 능력이나 선수학습 정도, 학습동기, 학습에의 능동적인 참여에 의존하기보다는 그러한 변인들이 갖추어져 있지 않은 상태에서도 교수변인의 조절과 통제를 통해 학습자가 그러한 변인들을 갖추는 상태에 이르게 하는 것이 교수이론이나 모델 혹은 교수자의 궁극적인 임무라는 것을 인정해야 한다.

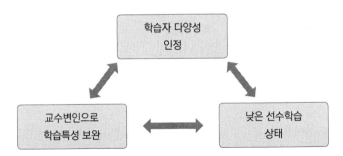

[그림 6-2] 학습 어려움 학생 대상 교수-학습이론의 전제

2) 실제 학습에 투입된 시간의 최대화

　학습문제 해결을 위한 지도방안은 크게 세 가지 측면에서 제시해 볼 수 있다. 첫째는 실제 학습에 투입하는 시간을 최대화할 수 있도록 수업을 조직하는 것이다. Carroll(1963)

의 모형에 따르면 학습을 극대화하기 위해서는 분자를 늘리든지 분모를 줄이든지 해야 하는데, 실제 학습시간을 확보하는 것은 분자를 늘리는 것에 해당한다. 여기에서 학습시간이란 객관적으로 주어진 수업시간이 아니라 실제로 학습에 의미 있게 투입된 시간의 양을 말한다. 저성취 학생들의 경우 기본적인 현재의 수업을 이해하는 인지능력과 과거 수업의 이해 정도인 선수학습기능 등에서 이미 불리한 여건에 있기 때문에 기본적으로 실제로 학습에 투입하는 시간을 가능한 최대화하는 것이 급선무이다. 시간표 짜기, 모둠 구성하기, 물리적 배치 조정하기 등을 통해 주어진 시간 중 실제 학습에 투입하는 시간을 최대화한다.

3) 학습과제 유형과 수준 고려

교재를 명료하면서도 효과적으로 설계하기 위해서는 교육내용에 대한 이해가 선행되어야 함은 물론이다. 그런데 교육내용, 즉 학습과제는 그 내용의 폭과 깊이에 따라 유형을 나누어 볼 수 있고, 더 중요한 점은 그 유형에 따라 어떤 교수 접근은 다른 접근보다 더 효과적일 수 있다는 것이다. 즉, 가르치고 배울 내용이 단순 지식인지, 원리인지, 개념인지, 아니면 단순 기능인지에 따라 보다 효과적인 방안이 다를 수 있다.

학습부진 및 학습장애로 인한 학습의 어려움을 덜어 주려면 학습자 특성을 이해하는 것만으로는 충분하지 않다. 학습해야 할 내용의 유형에 따라 다른 접근이 필요함을 인식해야 한다. 그 이유는 학습해야 하는 내용의 유형에 따라 요구되는 기능, 학습방법, 지도 방식 등이 달라져야 하기 때문이다. 예를 들어 보자. 다음 세 가지 과제를 성공적으로 수행하기 위해서 요구되는 기능, 학습방법, 지도 방식이 동일한지 아니면 달라야 하는지를 생각해 보라.

1) $2+(45 \times 12-19)-31=?$
2) 일본, 중국의 수도는?
3) 생활 속에서 대류 현상을 관찰할 수 있거나 활용하고 있는 예를 제시해 보시오.

첫 번째 과제 수행을 위해서는 두 수를 더하는 기능과 함께 받아올리는 절차를 알아야 한다. 또한 괄호가 있는 혼합계산 문제를 푸는 방법을 알고 이를 정확하게 주어진 시간 안에 해결할 수 있어야 한다. 이 문제를 해결하는 방법을 지도할 때에는 적용해야 할 전략(이 경우에는 혼합계산 절차)을 적용하는 시범을 보인 이후에 빠르고 정확하게 적용할 수 있도록 풍부한 예를 사용하여 연습하는 과정을 거치도록 하는 것이 필요할 것이다. 아울러 두 수를 더하는 방법, 받아올림을 하는 방법 등을 시범 보이고, 많은 유사한 문제를 이용하여 연습시켜서 적어도 95% 이상 정답률에 이르도록 해야 할 것이다.

두 번째 과제를 수행하기 위해서는 정답을 장기기억 속에 저장해 두었다가 인출해야 한다. 학습자가 이 과제를 잘 수행하도록 하기 위해서는 해당 정보를 다양한 기억전략을 사용하여 암기해 두었다가 필요시 즉각 정확하게 인출하는 연습을 자주 해야 할 것이다.

세 번째 과제는 개념(대류)을 이해하고 이를 자연현상에 적용할 수 있어야 한다. 이를 위해서는 대류를 일으키는 조건, 대류가 일어나는 과정 등을 이해해야 한다.

4) 학습의 단계 고려

가르칠 내용의 유형뿐만 아니라 학습단계에 따라서도 보다 효과적일 수 있는 학습방법 혹은 교수방법이 다를 수 있다. 예컨대, 처음으로 새로운 지식이나 개념을 접할 때 사용하면 좋을 학습방법과, 적용이나 응용을 위해 기존에 배웠던 지식, 원리 등을 적용하는 단계에서 사용하면 좋을 학습방법과 교수방법은 다를 수 있을 것이다. 따라서 학습에 어려움을 겪는 학습자를 위한 교수이론을 수립하고자 할 때나 보다 효과적인 교수방법을 모색할 때는 학습할 내용의 유형과 수준, 학습단계를 고려해야 한다.

제4장에서 다루었던 학습단계별 교수-학습 중점 사항을 제시하면 다음과 같다(〈표 6-5〉 참조). 먼저, 감각적 수용과 이해 단계에서는 주의집중과 수행의 정확성이 학습활동의 핵심이어야 한다. 특히 주의력 관련해서는 교수자나 교재로부터 들어오는 정보의 양이 매우 많음에 반해 학습에 어려움을 겪는 학습자의 경우 대개 주의집중에 어려움을 겪기 때문에 당장에 학습해야 할 정보에만 집중하는 선택적 주의집중이 중요하다. 교수적 지원은 학습자가 정반응을 정확하게 보일 수 있도록 충분하게 이루어져야 하며, 이를 위해 명료한 시범과 명시적 지도가 교수 활동의 핵심이어야 한다. 이 단계에서 효과적인 교수 접근으로는 직접교수, 행동분석, 기억보조술, 학습전략과 공부기술 지도, 완전학습 등이다.

유지와 자동화 단계에서의 학습활동의 핵심은 학습한 것의 유지, 반복 연습을 통한 숙달, 신속한 반응 등이어야 한다. 이를 위해 교수자는 학습자가 수행의 능숙함 단계에 이를 때까지 필요한 지원을 제공해야 한다. 구체적으로는 구조화된 연습과제, 연습 환경,

도구나 자료 등을 설계하여 제공해야 한다. 또한 충분한 연습 기회를 제공하고 능숙한 회상을 강조해야 한다. 이 단계에서 효과적인 교수적 접근으로는 직접교수, 행동분석, 기억보조술, 학습전략과 공부기술 지도, 완전학습 이외에 또래지도, 협동학습 등을 들 수 있다.

적용 및 일반화 단계에서의 학습활동은 다양한 예로 지속적인 사용 연습을 하는 것에 초점을 두어야 한다. 적용과 일반화 초기 단계에서 구체적인 시범을 보일 정도의 교수적

〈표 6-5〉 학습단계별 교수-학습활동의 중점 사항

항목 \ 학습의 단계	감각적 수용과 이해	유지와 자동화 (유창화)	적용 및 일반화	심화 및 창의적 연계
학습활동의 핵심	• (선택적) 주의집중 • 수행의 정확성	• 학습한 내용 유지 • 반복 연습을 통한 숙달 • 자동화된 회상 • 짧은 지연 • 빠른 반응속도	• 다양한 예로 지속적 사용과 연습	• 학습한 것과 새로운 조건의 유사성 확인 • 학습한 기술과 지식 적용의 융통성
교수적 지원 강도	• 학습자의 오류 없는 수행, 반응을 위한 높은 수준의 비계(scaffolding) 설정	• 수행의 능숙함을 위한 일부 비계 설정	• 적용 및 일반화 시범 등 일부 비계 설정 필요	• 모범 사례 소개 정도의 약간의 구조화 필요
핵심적인 교수 활동 요소	• 명료한 시범, 명시적 지도 • 오류 없는 수행	• 구조화된 연습 과제, 환경, 도구 설계하여 제시 • 충분한 연습 기회 허용 • 능숙한 회상에 중점	• 풍부하고 다양한 연습과제 및 활동 기회 제공	• 실제 문제 중심의 다양한 과제와 필요한 자료나 도구 충분히 지원

효과적인 교수접근 (학습단계에 걸친 범위 막대):

- 직접교수 (감각적 수용과 이해 ~ 적용 및 일반화)
- 행동분석 (감각적 수용과 이해 ~ 적용 및 일반화)
- 기억보조술 (감각적 수용과 이해 ~ 심화 및 창의적 연계)
- 또래지도 (유지와 자동화 ~ 적용 및 일반화)
- 구성주의적 방법 (적용 및 일반화 ~ 심화 및 창의적 연계)
- 협동학습 (적용 및 일반화 ~ 심화 및 창의적 연계)
- 학습전략과 공부기술 지도 (감각적 수용과 이해 ~ 적용 및 일반화)
- 완전학습 (감각적 수용과 이해 ~ 유지와 자동화)
- 프로젝트 혹은 문제 기반 학습 (적용 및 일반화 ~ 심화 및 창의적 연계)

출처: Lee & Picanco (2013), p. 135 table 1, p. 136 table 2 수정, 편집.

지원은 필요하고, 풍부하고 다양한 연습과제와 활동 기회를 제공하는 것이 이 단계의 교수 활동의 핵심이어야 한다. 이 단계에서는 특히 또래지도, 협동학습, 프로젝트 혹은 문제 기반 학습이 효과적일 것으로 보인다.

심화 및 창의적 연계 단계에서는 학습한 것과 새로운 조건의 유사성을 확인하고 학습한 기술과 지식을 융통성 있게 적용하는 것이 학습활동의 핵심이어야 한다. 교수적 지원은 모범 사례를 제공하거나 단계 초기에 활동을 안내하기 위한 약간의 구조화된 활동지 정도면 충분할 것이다. 이 단계에서의 교수자의 핵심 역할 중 하나는 심화 및 창의적 연계를 위한 다양한 실제 문제나 과제를 제시해 주는 것이다. 이 단계에서는 프로젝트 혹은 문제 기반 학습, 구성주의적 방법 등이 특히 효과적일 것이다.

5) 교수-학습 프로그램 설계 원리

교수-학습 프로그램 설계 시에는 가르칠 개념, 규칙, 전략, 그리고 큰 개념들을 확인하고, 이것들을 전달하기 위해 신중하게 조직된 교수 프로그램을 통해 명료한 의사소통을 도모한다. 이러한 원리들에는 ① 내용 분석을 통한 큰 개념(big idea), 학습목표 및 학습전략의 확인, ② 명료한 의사소통을 위한 내용 조직과 계열화[대본화된 교사용 지도서, 기술의 계열화(sequencing skills)], 그리고 ③ 주제별 조직(track organization) 등 세 가지를 들 수 있다. 이에 대한 보다 구체적인 내용들은 9장에서 다룬다.

6. 학습부진 및 학습장애 교수-학습이론과 모형의 조건

1) 교수적 관점에서의 학습 어려움 원인 파악과 대응전략 제시

이 책의 제4장과 제5장에서 학습이론과 교수이론이 설명하거나 해결하고자 했던 학습 어려움 특성의 원인을 교수적 관점에서 살펴보고, 각각에 대한 대응의 핵심을 정리해 보면 〈표 6-6〉과 같다. 교수적 관점이란, 학습부진이나 학습장애 학생이 보이는 학습 어려움의 특성을 통제불능의 관점이 아닌, 수업의 질 향상을 통해 조절, 통제하려는 관점에서 그 원인을 파악하고 대응전략을 찾으려는 접근 방식을 말한다. 〈표 6-6〉에서 보듯, 교수적 관점에서 학습 어려움의 원인을 파악하고 나면, 대응전략은 크게 학습된 상태의 명료화와 교수-학습요소의 추출, 맞춤형 정밀진단과 출발점 정하기, 효과적인 교수-학습경로 설계, 효과적인 교수행위의 충실한 이행의 네 가지로 귀결된다. 각 항목에 대해서는 이 책의 제7~10장에서 보다 상세하게 다룬다.

〈표 6-6〉 교수적 관점에서의 학습 어려움 원인 파악과 대응전략

학습자의 핵심 특성	교수적 관점에서의 원인	대응전략	대응전략 유형
• 스스로 내용의 의미 부여에 어려움 • 학습 흥미도 낮음 • 학습에의 수동적인 참여 • 전반적인 무기력, 무관심 • 명시적 설명 요구 • 비장애학생에 맞춘 수업 소화에 어려움 • 지식의 전이능력 부족 • 낮은 이해력 • 느린 학습 속도 • 핵심 파악에 어려움 • 낮은 선수학습 상태 • 내용 간 연계성 파악 어려움 • 내용 심화에 어려움 • 정보처리 각 단계, 과정의 어려움. 특히 작업기억, 상위인지에 어려움	• 내용에의 의미 부여에 적합한 활동, 자료, 내용 등의 부재 혹은 부족 • 학습에의 몰입 요소 부족 • 모델링(시범)의 명료성 부족 • 능력 대비 너무 높은 수준의 과제나 내용, 자료, 활동 • 능력 대비 너무 높은 수준의 과제나 내용, 자료, 활동 • 충분한 연습기회 부족 • 각 정보처리 단계별 지원 전략 부재 혹은 미흡	• 학습 내용에 개인적인 의미 부여하고, 내용 간 연계성을 파악하는 데 효과적인 방식으로 교수-학습자료 설계 및 개발 • 맞춤형 정밀 진단과 출발점 정하기 • 낮은 단계부터 높은 단계까지의 학습활동 기회 제공 • 최단 시간 내에 선수학습 완료 • 맞춤형 정밀 진단과 출발점 정하기 • 몰입이 가능하게 할 학습경로 설계 • 흥미 유발 및 유지에 적합한 교수-학습요소 개발 • 실생활, 개인적인 경험 등과 연관된 질문, 탐구 의욕 자극 질문 제기 • 적절하게 도전적인 학습과제 제시 후 이의 수행 과정, 성장 등에 긍정적 피드백 제공 • 완전학습 지향 • 학습단계별, 학습목표 유형별 다른 교수적 접근 적용 • 내용의 조직과 표상 다양화, 표현 중심의 학습 중시	• 효과적인 교수행위의 충실한 이행 • 학습된 상태 명료화와 교수-학습요소 추출 • 효과적인 교수-학습경로 설계 • 맞춤형 정밀 진단과 출발점 정하기

	• 뇌기반 학습에 적합한 학습활동, 자료 설계
	• 교육목표, 교육내용, 교수-학습활동과 자료, 평가의 종적 및 횡적 다양화
	• 인지 부담을 줄여 주고 인식론에 근거한 학습경로 설계
	• 단계적 진행 및 지식의 구조, 큰 개념 중심의 내용 조직
	• 지식의 구조, 큰 개념 중심의 내용 조직 및 그래픽 형태로 표상
	• 학업성공률을 높이는 방식으로 학습경로 설계
	• 학습한 것을 다양한 모드로 표현하는 활동이나 계기 설계 및 마련
	• 적절한 난이도를 유지하도록 학습활동이나 학습경로 설계

2) 학습부진 및 학습장애 교수-학습활동 절차

　학습부진 및 학습장애처럼 학습에 어려움을 겪는 학습자를 위한 교수-학습활동은 [그림 6-3]의 절차에 따라 이루어져야 한다. 이 절차들은 반드시 제시된 순서대로 진행되어야 하는 것은 아니다. 하지만 어떤 절차는 다른 절차에 선행되어야 한다. 예를 들어, 정밀 진단이나 목표상태 명료화는 분명히 목표에 이르는 경로나 교수-학습활동을 설계하는 일보다 선행되어야 한다. 하지만 경우에 따라서는 그러한 설계 과정에서 목표 도달 상태나 정밀 진단 계획을 수정하는 일도 가능할 수 있다.

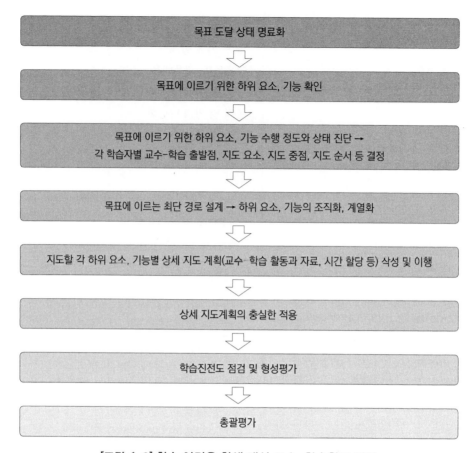

[그림 6-3] 학습 어려움 학생 대상 교수-학습활동 절차

(1) 목표 도달 상태 명료화

목표 도달 상태 명료화란 학습목표를 도달하면 구체적으로 무엇을 어떻게 할 수 있고 무엇을 알게 되는 것인지를 최대한 자세하게 그리고 철저하게 기술하는 것을 뜻한다. 철저하게 기술한다는 말은 학습목표 도달 상태를 인지, 정의, 행동, 태도 중 어느 한 측면만이 아닌 이 모든 측면을 모두 기술해야 함을 뜻한다. 또한 철저하게 기술한다는 말은 목표 도달 수준과 도달 모드를 최대한 빠짐없이 모두 기술한다는 뜻이다. 그래야 다양한 학습자의 학습목표 도달 상태를 충분히 고려할 수 있다.

목표 도달 상태를 명료화하는 것이 왜, 어떻게 중요한지는 Wiggins와 McTighe(2005)의 백워드 설계 수업모형에 잘 제시되어 있다. 첫째, 명료한 목표 상태 기술은 교수-학습활동 구상, 교육평가 등 이후 모든 교수-학습과정의 길잡이 역할을 할 수 있기 때문이다. 학습목표 도달 상태의 명료한 기술 관련 이론적 근거로는 백워드 설계 모형 이외에도 교육받은 상태의 다양함과 수준의 다양성을 규정하기 위해 Bloom의 교육목표 유형 분류, Gagné의 교육목표 다섯 가지 유형, 교육받은 상태의 횡적 다양성과 종적 스펙트럼을 규정하기 위한 보편적 설계, 다수준 포함교수법, 맞춤형 수업, 교수적 수정 논의를 들 수 있다.

학습에 어려움을 겪고 있는 학습자의 경우 대개 목표에 도달하지 않았다거나 미흡, 미달, 부진 등의 범주로만 분류되고 구체적으로 무엇을 어떻게 수행하지 못하는지에 대한 정보를 알기 어렵다. 일반 학생들을 대상으로 한 교육과정상의 학습목표는 대개 추상적이거나 포괄적으로 기술되어 있거나 특정 수준(대개는 평균적인 수준)만 언급하고 있는 경우가 많아 해당 학습목표에 도달하지 못한 학습자에게 무엇을 어떻게 지원해야 하는지 알기 어렵다. 단기간에 평균 수준에 도달하기 어렵거나 독특한 요구에 의해 학습목표 도달 상태를 다른 모드로 나타내는 것이 학습된 상태를 드러내는 데 더 유리한 학습자들을 위해서는 보다 명료하면서도 학습목표 도달 상태를 나타내는 스펙트럼을 최대한 넓게 규정하는 것이 필요하다.

(2) 목표에 이르기 위한 하위 요소, 기능 확인

일단 학습목표 도달 상태를 명료화하고 나면 이 목표에 이르기 위한 하위 요소, 기능을 추출해야 한다. 학습목표 도달 상태 명료화가 교수-학습과정의 방향을 결정하는 것이었다면, 그 목표에 도달하기 위한 하위 요소나 기능을 추출하는 일은 학습자가 그 목표에 도달하도록 하는 데 필요한 다리를 놓는 일과 같다고 할 수 있다. 이 요소와 기능을 추출해야만 맞춤형 진단과 학습목표 도달을 위한 교수-학습과정을 설계할 수 있다. 학습목표 도달에 필요한 하위 요소, 기능을 추출하는 것과 관련된 근거나 이론에는 교육과정의 성취기준, 교육내용, Engelmann과 Carnine(1991)의 내용의 조직과 계열화 관련 직접교수법, Bruner(1960)의 지식의 구조론, Reigeluth(1999)의 정교화수업이론, 기타 수업 설계이론 등을 들 수 있다.

(3) 목표에 이르기 위한 하위 요소, 기능 수행 정도와 상태 진단

학습목표에 도달하기에 필요한 하위 요소, 기능이 확인되면 이의 소유, 수행 정도와 상태 등을 진단해야 한다. 이러한 진단은 일반적인 교과 성적 평가보다 훨씬 구체적이고 세부적이며 정밀해야 한다. 그래야 학습자가 학습목표 도달 여정 중 어디에 어느 상태로 가고 있는지를 확인하고 교수적으로 어디에서부터 어떤 지원을 해야 하는지에 대한 정보를 얻을 수 있다. 이러한 의미에서 이 진단은 맞춤형 정밀 진단이라 할 수 있다. 맞춤형 정밀 진단의 근거나 관련 이론에는 측정의 타당도와 신뢰도, 교육과정 중심 측정 (CBM) 등을 들 수 있다.

목표에 이르는 하위 요소나 기능을 진단하는 목적은 각 학습자별 교수–학습 출발점 및 지도 중점 방향, 지도 순서, 지도 요소 등 결정하기 위함이다. 맞춤형 정밀 진단을 통해 목표에 이르기 위한 각 하위 요소, 기능별 학습자의 현재의 수행 상태와 수준이 확인되면 본격적으로 출발점을 정하고 지도 방향, 지도 순서, 지도 요소 등을 결정한다. 이 단계는 구체적인 지도 계획을 수립하는 과정이라기보다는 전반적인 지도 틀을 결정하는 과정이다. 이에 관련된 근거 이론으로는 내용 지도 순서 결정 관련 직접교수법, 효과적인 지도순서 관련 선행 연구결과, 학습단계론, 다수준 포함교수법, 맞춤형 수입, 교수적 수정 논의 등을 들 수 있다.

(4) 목표에 이르는 최단 경로 설계

목표에 이르는 하위 요소나 기능을 확인하고 나면 이 요소나 기능을 어떻게 조직하고 계열화해야 목표 상태에 가장 빠르고 효과적으로 도달할 것인가를 설계해야 한다. Bruner(1960)가 말하는 지식의 구조론, Engelmann과 Carnine(1991)이 말한 내용의 조직과 계열화 원리, Carroll(1963)이 말한 내용의 구체성과 순서 구현, Reigeluth(1999)가 언급한 정교화 이론, 몰입이론 등 제4장과 제5장에서 언급한 학습이론과 교수이론의 핵심 원리가 이 과정에서 정교하게 적용되어야 한다. 이 설계 작업의 핵심은 보통의 학습자가 아닌, 학습에 어려움을 갖고 있는 학습자도 각 학습단계 내에서 높은 학습 성공률을 보일 수 있게 내용의 수준, 내용의 동기 요소, 학습 단계 간 연계성이 구현되어야 한다는 점이다.

(5) 지도할 각 하위 요소, 기능별 상세 지도 계획 작성

지도의 큰 틀이 어느 정도 결정되면 이제 본격적으로 세부적인 지도 계획을 수립한다. 이 세부 계획에 포함되어야 할 사항으로는 교수–학습과정에서 사용할 예시, 자료, 교사의 활동목록과 순서, 학습자의 활동목록과 순서, 각 활동별 시간 비중 등이다. 이 단계와 (4)단계는 밀접하게 연계시키되, 구체성 정도는 스크립트를 작성하는 것과 같은 수준으로 해야 한다. 이 단계에서의 상세안을 작성하는 데에는 직접교수법의 대본화된 수업지도안, 효과적인 의사소통이론, 효과적인 교사의 수업 행동, 뇌기반 학습이론, 효과적인 학습전략, 오류 기반 교수법, 지식 유형별 지도방법(Gagné의 학습의 조건론), 인지적 엄밀성(cognitive rigorousness) 이론 등을 참조할 수 있다.

(6) 상세 지도안의 충실한 적용

상세 지도안의 충실한 적용을 위해서는 네 가지 요건을 준수한다. 첫째, 지도안을 적용할 교수자는 필요한 전문성을 충분히 갖추고 있어야 하며, 적용 과정에도 필요하면 지속적으로 컨설팅이나 연수를 받을 수 있도록 해야 한다. 둘째, 적용은 지속적으로, 체계적으로 이루어져야 한다. 일정 기간 동안만 집중적으로 지도하다가 예산이 부족하거나 방학 기간이 되면 수개월씩 지도가 중단될 경우 지도안이 아무리 잘 설계되었다고 해도 그 적용 효과를 거두기는 어려울 것이다. 셋째, 지도안대로 잘 적용하고 있는지 적용 충실도를 주기적으로 점검해야 한다. 넷째, 기계적이고 획일적으로 지도안을 적용하기보다는 학습자의 특성과 요구, 환경의 변화에 반응적으로 대처해야 한다.

(7) 학습진전도 점검 및 형성평가

일단 교수-학습과정에 들어가게 되면 각 차시마다 혹은 일정 기간마다 목표 대비 학습자의 학습진전도를 점검해야 한다. 뿐만 아니라, 각 차시의 내용을 얼마나 습득했는지를 형성평가를 통해 확인해야 한다. 이를 위한 근거나 이론으로는 형성평가, 교육과정중심측정(CBM) 등을 활용할 수 있다.

(8) 총괄평가

모든 교수-학습과정이 종료되면 학습목표 도달상태와 정도를 최종적으로 확인한다. 특히 이 단계에서는 평가방법으로 인해 학습자가 자신이 학습한 것을 충분히 드러내지 못하는 일이 없도록 평가 조정 여부를 확인해야 한다. 또한 평가와 교육목표, 교수-학습과정이 논리적으로 연관성을 갖도록 교육과정-수업-평가 일체화를 고려해야 한다. 이에 필요한 이론이나 근거로는 보편적 설계, 다수준 포함교수법, 맞춤형 수업, 교수적 수정 논의에 기반한 평가 옵션 다양화, 수행평가론, 루브릭 등을 활용할 수 있다.

3) 중점적으로 반영해야 할 교수-학습원리

제4장, 제5장, 그리고 이 장에서 언급한 증거-기반 실제를 종합하여 학습부진 및 학습

장애 학생을 대상으로 한 교수-학습이론과 모형이 반영해야 하거나, 설명해 주거나, 지침, 시사점을 제공해 줄 수 있어야 할 원리를 추출해 보면 다음과 같다.

Edu 제1원리: 명료한 의사소통

전달하고자 하는 바, 학습자가 도달하거나 할 수 있거나 알아야 하는 것이 정확히 무엇인지를 명료하게 쉽게 단순하게 학습자에게 보여 준다. 이를 위해서는 내용 면에서는 가장 전형적이면서 단순한 버전의 내용을 선정하거나 필요하면 만들어 제시한다. 기능 면에서는 교수자가 명시적으로 단계적으로 시범 보인다. 학습된 상태를 충분히 빠짐없이 명료하게 기술하고 설명한다. 애매하고 너무 포괄적으로 학습목표를 기술하지 말아야한다. 학습자가 할 수 있어야 하고, 알아야 하고, 이해해야 하고, 설명해야 하고, 갖추어야 하는 태도 등을 명료하게 쉽게 단순하게 제시한다.

Edu 제2원리: 학습된 상태 명료화와 목표에 이르는 요소 규명

목표 상태에 이르는 데 핵심적인 기술, 내용, 절차, 하위 기능, 지식, 내용 요소, 하위 단계나 절차를 모두 분석하여 추출하고 이의 수행 지표와 평가 문항을 개발한다. 이를 위해서는 내용 분석, 과제 분석을 수행해야 한다.

Edu 제3원리: 목표 도달에 최적인 경로 설계

학습을 최단시간에 하게 해 줄 순서를 찾아 이를 지도방법에 반영해야 한다. 그 순서는 학습을 오랫동안 유지시키고 일반화할 수 있게 해 주는 순서여야 한다. 매 단계는 너무 어렵지도 쉽지도 않아야 한다. 추출된 하위 기능, 지식, 내용 요소, 단계나 절차를 가르치고 배울 순서에 따라 나열하고, 관련된 것끼리 묶는다(조직화). 최적의 경로는 점진적 지원 감소를 통해 궁극적으로 학습자가 스스로 학습을 해 나갈 수 있게, 이전 차시 내용과 본 차시 내용이 일부 중첩되게, 이전 학습이 이후 학습에 도움이 되게, 한꺼번에 많이 다루고 다른 주제로 넘어가기보다 다수의 주제를 오랫동안 조금씩 다루도록 설계한다.

Edu 제4원리: 학습에 도움이 되도록 교육 내용의 조직

가르치고 배울 내용을 큰 개념, 지식의 구조를 중심으로 조직해야 한다. 학습자들에게 내용 요소들이 어떻게 서로 연결되는지 보여 주는 방식으로 조직해 주어야 한다. 조직된 방식을 시각적이고 명시적으로 제시해 주어야 한다. 이는 내용 간의 관계를 파악하고,

내용 요소들 간의 관계를 파악하고 다른 영역과의 관련성 파악과 일반화, 적용 등의 능력에 필수적이다. 또한 고차원적인 사고 능력 향상에 필수적이다. 이를 위해서는 내용의 큰 개념, 중심 개념, 핵심 원리, 법칙, 구조 등을 적극 개발하거나 찾아내어 이를 중심으로 관련 내용을 조직화하여 제시하여야 한다. 예컨대, 한글 자음과 모음을 지도할 때 자음과 모음을 각각 어떤 것끼리 서로 묶어서 지도할 것인지를 생각해야 한다.

Edu 제5원리: 학습흥미 자극 기법 활용

학습자들의 흥미, 주의를 사로잡을 기법을 동원해야 하며, 내재적 동기를 활용해야 한다. 질문과 실생활과 학습단계 간 난이도 연계성, 내용의 연계성 통제를 통해 접근한다. 이를 위해 수업단계별 학생 흥미 유발 및 유지 방법, 전략을 적극 개발해야 한다.

Edu 제6원리: 구체적인 수업형식 활용

수업 각 단계와 과정에서 학습자와 교수자가 정확히 무엇을, 어떻게, 어떤 자료를 사용하여, 어떤 순서와 내용으로 어떤 활동을 어떤 비중으로 수행할 것인지를 구체적으로 명시한 수업지도 형식을 개발해야 한다. 이를 통해 최소한의 수업의 질을 보장할 수 있어야 한다.

Edu 제7원리: 엄격한 숙달 기준

숙달 기준을 엄격하게 적용해야 한다. 기본기술일 경우 95% 이상의 숙달률, 그 이외의 내용일 경우에도 80%의 숙달률을 기준으로 해야 한다.

Edu 제8원리: 효과적인 학습전략, 인지전략 활용

일반 학생에 비해 기본적인 인지능력이나 학습방식 측면에서 불리한 특성을 가진 학습부진이나 학습장애 학생에게 효과적인 도구 중 하나는 학습에 효과적인 학습전략을 잘 활용하도록 하는 것이다. 효과적인 학습전략, 인지전략을 개발하여 능숙하게 활용할 수 있도록 연습시켜야 한다.

Edu 제9원리: 종적 및 횡적 다양화 활용

학습에 어려움을 겪는 학습자들은 대체적으로 텍스트나 언어적 정보에 취약하다. 이에 학습에 참여하는 방식, 학습내용 제시 방식, 학습자료, 학습한 것의 표현 방식으로서 시각적 표현 방법을 활용한다. 그래픽 조직자, 도표, 그림, 내용 조직자, 내용 간 연결망 등을 적극 활용한다. 내용 수준 측면에서도 수준의 스펙트럼을 허용한다. 목표 도달 상태의 종적 다양성을 인정하고 수용하되, 인지적 엄밀성을 추구한다.

Edu　제10원리: 교육내용 유형별 접근

학습내용 유형별로 접근을 다르게 한다. 기본학습기능일 때, 개념일 때, 원리일 때, 절차일 때, 태도일 때 각각 다른 교수-학습 접근이 필요하다.

Edu　제11원리: 지속적으로 강도 높은 개입

강도 높은 개입을 지속적으로 충실하게 적용해야 한다. 최소 3~6개월 정도의 집중 개입을 투입해야 한다. 또한 실제로 학습에 투입한 시간을 최대화하는 데 집중한다.

Edu　제12원리: 개인적인 의미와 정서 및 내용의 실제성 높이기

삶의 의미, 인정 욕구 충족, 안전 욕구 충족, 격려, 인정, 지원 등의 요소가 교수-학습 과정이나 교육내용에 풍부하게 반영되게 한다.

Edu　제13원리: 과학적 검증

모든 지도방법, 프로그램, 자료 등의 효과는 체계적이고 과학적인 연구를 통해 객관적으로 검증한 이후에 확산, 일반화해야 한다.

7. 정리

이 장에서는 학습부진 및 학습장애처럼 학습자 자신의 인지적 특성으로 인해 학습에 어려움을 겪는 학생들을 지원하기 위한 교수-학습 실제가 어떤 요건을 갖추어야 하는 지를 개관했다. 이 장에서 설명한 요건들을 한마디로 종합하면, 목표 상태를 명료하게 규정하고 그에 이르는 효과적이면서도 확실한 경로를 각 학습자에 맞게 설계하여 충실하게 적용하는 것이라 할 수 있다. 이 조건들 중에서 학습에 어려운 학습자 지도 측면에서 특히 더 중요한 조건은 목표 상태에 이르기에 필요한 요소, 기능 등을 구체적으로 촘촘하게 추출하여 현재 상태를 진단하고, 목표 상태에 이르는 길을 이론과 경험적 근거에 따라 설계하는 일이다. 추출해야 할 요소나 기능이 일반 학생들의 경우에는 거의 문제가 되지 않은 것들이 많다는 점, 설계해야 할 목표 상태에 이르는 길이 인지 특성 측면에서 학습에 불리한 여건을 갖고 있는 특성을 고려해야 한다는 점에서 그러하다.

생각해 볼 문제

01 이 장에서 제시한 학습장애 및 학습부진 학생 대상 교수-학습 모형은 일반 학생들에게도 적용할 수 있는가?

_____

_____

_____

_____

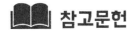 **참고문헌**

교육과학기술부(2010). 2010년도 국가수준 학업성취도 평가 결과.

모바일 조선일보(2009. 9. 7.). 맛공이 떴다!

손우정 역(2014). 수업이 바뀌면 학교가 바뀐다. 사토마나부 저. 서울: 도서출판 에듀케어. (원저는 2000년에 출간).

이대식(2004). 학습장애 및 학습부진 문제 해결을 위한 직접교수법의 이론과 활용방안: 직접교수법의 의미와 주요 특징. 학습장애연구, 1(1), 133-161.

이대식(2009). 한국형 중재-반응(RTI) 접근법의 조건. 특수교육학연구, 44(2), 343-369.

이대식(2019). 학습장애학회 2019년도 동계학술대회 발표 PPT 슬라이드(24번).

중앙일보(2009. 5. 23.). 공교육 모델 찾기.

Bruner, J. S. (1960). *The process of education*. Cambridge: Harvard University Press.

Carroll, J. B. (1963). A model of school learning. *Teachers College Record, 64*, 723-733.

Claridge, J. A., & Fabian, T. C. (2005). History and development of evidence-based medicine. *World Journal of Surgery, 29*(5), 547-553.

Cohen, J. (1988). *Statistical power analysis for the behavioral sciences*. Hillsdale, NJ: Lawrence Erlbaum Associates.

Cook, B. G., Smith, G. J., & Tankersley, M. (2012). Evidence-based practices in education. In K. R. Harris, S. Graham, T. Urdan, C. B. McCormick, G. M. Sinatra, & J. Sweller (Eds.), *APA handbooks in psychology®. APA educational psychology handbook, Vol. 1. Theories, constructs, and critical issues* (pp. 495-527). American Psychological Association. https://doi.org/10.1037/13273-017

Cook, B. G., Tankersley, M., Cook, L., & Landrum, T. J. (2008). Evidence-based practices in special education: Some practical considerations. *Intervention in School and Clinic, 44*(2), 69-75.

Deshler, D. D., & Lenz, K. (1989). The strategies instructional approach. *International Journal of Disability, Development and Education, 36*, 203-224.

Deshler, D. D., & Schumaker, J. B. (1986). Learning strategies: An instructional alternative for low-achieving adolescents. *Exceptional Children, 53*, 583-590.

Engelmann, S., & Carnine, D. (1991). *Theory of instruction: Principles and applications*. New York: Irvington Publishing, Inc.

Gardner, H. (1993). *Multiple intelligences: The theory in practice*. New York: Basic Books.

Lee, C., & Picanco, K. E. (2013). Accommodating diversity by analyzing practices of teaching (ADAPT). *Teacher Education and Special Education: The Journal of the Teacher Education Division of the Council for Exceptional Children, 36*(2), 132−144.

Mitchell, D. (2014). *What really works in special and inclusive education: Using evidence-based teaching strategies* (2nd ed.). Abingdon, Oxon: Routledge.

Reigeluth, C. M. (1999). *Instructional-design theories and models* (Vol. II). Mahwah, NJ: Lawrence Erlbaum Associates, Inc.

Sawilowsky, S. (2009). New effect size rules of thumb. *Journal of Modern Applied Statistical Methods, 8*(2), 467−474.

제**3**부

학습부진 및 학습장애
교수-학습이론과 모형의 조건 적용

제7장
학습된 상태 명료화와 교수-학습요소 추출

> ### 학습부진 및 학습장애 교수–학습활동 조건 1 – 학습된 상태 명료화
> 학습목표를 도달했을 때 학습자는 어떤 지식, 개념, 원리, 기능, 태도 등을
> 어떤 형태로 보유하고 있어야 하는가를 구체적으로 드러내는 것

1. 학습된 상태 명료화의 뜻

도입 활동

교육과정 문서 속에서 각 교과교육 특정 단원 중 하나를 택해 성취기준을 2~3개 선정한 다음, 각 성취기준을 도달한 상태를 평가할 구체적인 기준과 지표를 정해 보시오. 그런 다음, 그 기준과 지표를 다른 사람의 것과 비교해 보시오. 차이가 있는가? 그러한 차이는 왜 발생했다고 생각하는가? 그러한 차이는 어떻게 좁힐 수 있는가?

이 책의 제7장부터 제10장까지는 제6장에서 도출한 '학습 어려움 학생 대상 교수–학습이론과 모형의 조건'을 구체적으로 어떻게 적용할 수 있을지를 다루기로 한다. 먼저, 학습된 상태를 명료화한다는 말의 뜻은 학습목표에 도달한 상태가 무엇인지를 구체적으로 기술하는 것을 말한다. 즉, 학습목표에 도달했다면 무엇을 알거나 할 수 있게 되는지를 구체적으로 명료하게 드러내는 것을 의미한다. 더 구체적으로는 학습목표에 도달하면 지식, 개념, 기능, 태도 등의 측면에서 어떠한 상태에 있어야 하는지를 구체적으로 드러내는 일이 곧 학습된 상태를 명료화한다는 뜻이다.

교육과정 문서에 기술되어 있는 교육목표나 성취기준은 이하에서 살펴보겠지만 매우 추상적이고 일반적인 용어로 기술되어 있다. 이러한 문장만으로는 학습목표를 도달하게 되면 무엇을 알거나 할 수 있게 되는지 명료하게 표현하거나 의사소통하기 어렵다.

우선, 현재의 국가 교육과정 문서에 교과교육 목표가 어떻게 진술되어 있는지를 살펴보자. 〈표 7–1〉에서 왼쪽은 2015 개정 교육과정의 중학교 수학 교과 교육목표이고 오

른쪽은 미국 수학 교과 성취표준이다. 우리나라의 수학 성취표준은 중학교와 고등학교
가 거의 유사하지만, 미국의 경우에는 중학교나 고등학교 모두 같다.

〈표 7-1〉 우리나라와 미국 수학 교과 교육목표 비교

2015 개정 교육과정 중학교 수학과 교과 교육목표	미국 수학 성취표준 (The Standards for Mathematical Practice)
가) 사회 및 자연 현상을 **수학적으로 관찰**, 분석, 조직, 표현하는 경험을 통하여 문자와 식, 기하, 수와 연산, 함수, 확률과 통계에 관련된 개념, 원리, 법칙과 이들 사이의 관계를 이해하고 **수학의 기능**을 습득한다. 나) **수학적으로 추론**하고 의사소통하며, 창의·융합적 사고와 정보 처리 능력을 바탕으로 사회 및 자연 현상을 **수학적으로 이해**하고 문제를 합리적이고 창의적으로 해결한다. 다) 수학에 대한 흥미와 자신감을 갖고 **수학의 역할과 가치**를 이해하며 수학 학습자로서 바람직한 태도와 실천 능력을 기른다.	1) 문제를 파악하고 문제를 끝까지 해결하려 한다(Make sense of problems and persevere in solving them). 2) 추상적으로 그리고 양적으로 사고한다 (Reason abstractly and quantitatively). 3) 탄탄한 논리로 논쟁을 하고 다른 사람들의 추론을 비평할 수 있다(Construct viable arguments and critique the reasoning of others). 4) 수학적 활동을 시범 보인다(Model with **mathematics**). 5) 적절한 도구를 전략적으로 사용한다(Use appropriate tools strategically). 6) 정밀함을 추구한다(Attend to precision). 7) 구조를 찾고 구조를 활용한다(Look for and make use of structure). 8) 반복된 추리를 통해 규칙성을 찾고 표현한다(Look for and express regularity in repeated reasoning).

* 굵은 글씨와 밑줄은 필자 강조.

　문장의 형식 측면에서 보면, 우리나라 수학 교육의 목표는 매우 길고 복잡한 문장으로
기술되어 있는 반면, 미국의 성취표준은 상대적으로 간단 명료하다. 본래 교육목표는 간
결하면서도 명료하게, 그리고 가급적 한 문장에는 하나의 목표만 진술하는 것이 바람직
하다는 측면에서 보면, 우리나라 수학 교육목표는 목표 진술 형식에서 이미 기본 원칙을
어긴 것이라 볼 수 있다.

　내용 측면에서 보면, 두 나라의 수학 교육목표 진술 방식은 더욱 극명하게 갈린다. 우

리나라 문장에서는 '수학적' '수학'이라는 단어가 많이 등장하고 있는 반면, 미국 문장에서는 딱 한 번 등장한다. 그러나 정작 그 수학적 초론, 수학적 이해, 수학적 관찰, 분석, 조직, 표현, 혹은 수학의 기능, 수학의 역할과 가치란 무엇을 말하는지는 전혀 언급이 없다. 수학적으로 이해하고 수학적으로 분석, 관찰, 조직, 표현하라고 하는데, 무엇을 어떻게 하는 것이 '수학적으로' 하는 것인지 애매하다. 이를테면, 가)와 나)에 '사회 및 자연 현상을 수학적으로'라는 구절이 두 번 나오는데, 한 번은 관찰, 분석, 조직, 표현하는 것이고 또 한 번은 그냥 수학적으로 이해하는 것이다. 둘 간의 차이가 무엇인지, 무엇을 어떻게 다르게 해야 하는지 아리송하다. 또한 창의 · 융합적 사고와 정보 처리 능력을 바탕으로 사회 및 자연 현상을 수학적으로 이해하라고 하는데, 좋은 말들이 많이 들어가 있어 좋긴 하지만, 무슨 뜻인지, 무엇을 어떻게 하라는 것인지는 불분명하다. 근본적으로, 왜 수학 교과에서 창의 융합적 사고와 정보처리 능력을 바탕으로 해야 하는지 의문이 생길 수 있다. 수학 교과 목표임에도 불구하고 수학적으로 사고하는 데서 그치는 것이 아니라 창의 융합, 거기다 정보처리 능력까지 바탕으로 해야 하는지, 그렇다면 수학 능력의 하위 요소로 정보처리 능력이 들어가야 한다는 것인지 많은 의문이 제기될 수 있다.

'수학적'에 해당하는 것들은 오히려 미국의 목표 진술 문장에서 힌트를 얻을 수 있다. 교육과정 문서에 수학 교과교육의 목표를 진술하는 이유는 이후 교육과정과 수업 운영에 필요한 일과 관련 종사자들로 하여금 그 목표를 반영하고 의사소통하라는 것이었을 것이다. 하지만 그 의미를 제시하지 않은 목표가 그러한 기능을 할 수 있을지 의문이다. 만약 수학적 혹은 수학이란 것의 의미를 한 문장으로 나타내기 어려워서 그랬다면 전문가들조차 간결하게 나타낼 수 없는 사항을 교육수요자나 일선 학교 교사가 어떻게 이해하고 의사소통하길 기대할 수 있을지 의문이다. 이런 형식의 목표는 이후 교과서 개발과 교육과정 운영 과정에서 실질적으로 반영되기 어렵다. 결국에는 각 과정에서 사람들이 '수학적' '수학'을 어떻게 해석하고 이해했는지를 확인해야 하고, 그 여하에 따라 이후 작업과 활동은 그 성격이 완전히 달라질 것이기 때문이다. 현재의 우리나라 수학 교육의 목표는 '수학을 수학적으로 잘하게 하는 것이다'라고 말하는 것과 본질적으로 다르지 않다. 교육목표를 읽는 사람에게 명료하게 전달할 의도였다면 명료하게 기술해야 하지 않았을까 싶다. 그렇게 하기 위해서는 다소 불완전하더라도 수학적 사고, 수학적 이해, 수학적 기능 등이 무엇을 의미하는지를 일부라도 보다 구체적으로 열거해 주어야 한다.

심화 활동   1

과학이나 사회 교과의 교과 교육목표를 분석해 보시오. 그 목표에도 '과학적' 혹은 '사회적'이란 형용
사가 사용되고 있는가? '과학적' '사회적' 의미를 각자 어떻게 규정하는지 주변 사람들과 비교해 보시오.

_____

_____

_____

2. 학습된 상태의 명료화가 왜 중요한가

학습된 상태를 명료하게 기술하는 것은 다음과 같은 이유로 매우 중요하다.

첫째, 각 교과별 교육목표는 해당 교과를 가르칠 때 어디에 주안점을 두어야 하는지를 알려 주는 방향타 역할을 한다. 학습된 상태를 명료하게 함으로써 학습목표에 도달하고 나면 구체적으로 무엇을 알고 할 수 있어야 하는지를 알아야 이후 교육내용 선정, 교수-학습활동 설계, 교육평가 계획 등을 할 수 있다. 이하에서 살펴보는 바와 같이 현재 교육과정 문서상의 교과별 교육목표는 매우 추상적으로 기술되어 있기 때문에 그 의도를 여간해서는 파악하기가 쉽지 않다. 이와 같은 성취기준만으로는 무엇을 하게 되고 무엇보다 무엇을 해야 하는지 짐작하기 어렵다.

둘째, 학습된 상태를 명료화하는 것은 학습된 상태의 의미를 충실하게 설정하여 특정 측면에만 치우치지 않도록 하는 데 도움이 된다. 예를 들어, 현행 교육과정 문서상의 성취기준은 지면과 형식상의 제한과 교육과정 운영상의 의도 측면에서 소수의 정련된 성취기준만 제시되어 있는 경우가 많다. 물론, 이는 모든 학습자가 필수적으로 도달해야 할 것을 중심으로 설정했기 때문일 수 있다. 하지만 학습자들의 수준, 흥미, 특성 등을 감안할 때 특정 단원을 학습하고 나서 학습자들이 도달해야 하는 상태를 특정 수준과 양상으로만 한정하는 것은 매우 제한적이다. 소수의 공통필수 성취기준도 필요하지만, 적어도 학교 수준, 교육청 수준에서는 그 수준과 양상을 다양하게 할 필요가 있고, 학습자의 상상력과 능력이 발휘될 수 있는 여지도 남겨 놓아야 한다. 아울러 학습된 상태를 명료화하는 과정을 통해서 인지, 행동, 정서, 태도, 가치관 등 소위 전인교육 요소를 고려하는 기회를 가질 수도 있다. 사실, 해당 주제와 관련하여 학습자들이 도달할 수 있는 상

태를 미리 몇 가지로 제한한다는 것도 썩 미래지향적이라고 보기도 어렵다.

셋째, 학습된 상태의 명료화는 여러 가지 이유로 소위 '보통'의 집단에 속하지 않는 학습자들의 다양성에 대처하는 기반을 제시해 줄 수 있다. 예를 들어, 학습부진 및 학습장애나 통합된 특수교육대상자들에게 특정 학습목표는 그 수준이 너무 높을 수 있다. 또한 해당 학습목표가 자신의 신체적, 인지적 특성에 비추어 봤을 때 그 도달 여부를 드러내는 데 한계가 있을 수 있다. 일례로, '우리나라 인문 환경에 대해 발표할 수 있다'라는 학습목표는 언어장애가 있거나 지적장애가 있는 학생들에게는 쉽지 않은 학습목표일 수 있다. 따라서 학습된 상태의 명료화를 통해 우리나라 인문 환경을 아는 상태의 수준과 양상을 다양하게 드러내고 구체화함으로써 이러한 학습자들도 해당 학습목표를 추구할 수 있는 여건을 조성해 주는 것이 중요하다.

넷째, 학습된 상태를 명료화하면 학습동기를 활성화시킬 수 있다. 자신이 특정 내용을 학습하게 되면 무엇이 어떻게 달라지는지를 학습자가 명료하게 인식하는 만큼 학습동기도 높아질 수 있을 것이다.

다섯째, 학습된 상태 명료화는 교육받은 상태를 명료하게 드러냄으로써 해당 교육내용, 해당 교과를 왜 가르치고 배워야 하는지에 대해 교육 수요자와 공급자 간의 의사소통을 촉진할 수 있다. 이는 궁극적으로 학교 교육의 의미, 존재 이유, 필요성 등을 드러내는 데 기여할 수 있을 것이다.

이러한 측면에서 현재의 교육과정 및 교과용 도서에 제시된 학습목표, 교육목표 등은 명료화 측면에서 보완의 여지가 매우 많다. 예컨대, 〈표 7-2〉는 2015 특수교육 교육과정 중 기본교육과정의 국어, 수학, 사회, 과학, 바른생활(바생) 교과의 교육목표, 즉 성취기준이다. 각 성취기준 앞의 첫 번째 숫자는 학년을, 두 번째 숫자는 단원 순서를, 세 번째 숫자는 성취기준 순서를 뜻한다. 예컨대, [2국어02-03]은 2학년 국어 2단원 세 번째 성취기준을 뜻한다. 각 성취기준별로 학습된 상태의 명료화란 무엇을 뜻하며, 명료화를 위해서는 어떠한 측면이 규명되어야 하고, 이것이 왜 학습에 어려움을 겪는 학습자 교육에 특히 중요한지를 살펴보자.

〈표 7-2〉 2015 특수교육 교육과정 기본교육과정 교과 성취기준

교과명	교육목표
국어	[2국어02-03] 글자가 소리로 표현되는 것을 알고, 읽어 주는 내용에 관심을 가진다.
수학	[2수학03-01] 측정 가능한 속성으로서 크기, 길이, 들이, 무게 등을 감각적으로 탐색한다.
사회	[9사회03-01] 우리나라의 영역과 자연·인문 환경적 특징에 대한 정보를 수집하고 발표한다.
과학	[6과학01-01] 여러 가지 물체를 관찰하고 구성 재료에 따라 분류한다.
바생	[2바생02-04] 다양한 가족의 형태와 문화를 존중한다.

출처: 교육부(2015). 부분 발췌.

1) 국어

'글자가 소리로 표현되는 것을 알고, 읽어 주는 내용에 관심을 가진다'는 성취기준을 명료화한다는 뜻은 학생이 무엇을 어떻게 알거나 할 수 있어야 '관심을 가진 것'으로 인정해 줄 것인가 하는 점으로 귀결된다. 이를 위해서 교수자는 모름지기 다음 사항을 보다 명료화하고 교수-학습과정에서 이 사항들을 어떻게 다룰 것인지(즉, 어떤 활동과 자료를 활용할 것인지) 구체화해야 할 것이다.

첫째, 글자가 소리로 표현되는 것을 안다는 것이 무엇을 뜻하는지 명료화해야 한다. 예컨대, 자음과 모음에 해당하는 소리를 발성할 수 있는 것을 '안다'라고 인정할 것인지, 아니면 특정 글자(예컨대, '글자')에 해당하는 소리를 낼 수 있을 때 이를 '안다'라고 할 것인지를 결정해야 한다. 또한 모든 자음과 모음 혹은 모든 한글 글자를 발성할 수 있어야 '안다'라고 인정할 것인지 아니면 그중 일부를 표집하여 제시했을 때 발성할 수 있을 때 '안다'라고 할 것인지 결정해야 한다. '글자'의 범위가 어떤 식으로든 설정되지 않으면 교수-학습 계획을 수립하기가 논리적으로 불가능하다.* 더 구체적으로는 몇 %의 정확성을 가지고 안다고 했을 때 '아는 것'으로 인정해 줄 것인지도 결정해야 한다. 엄밀히 말하면, 이 성취기준에서의 '안다'는 지식이나 개념을 갖게 되었다기보다는 특정 글자에 대응

---

* '논리적으로 불가능하다'는 말은, 실제로는 어떤 식으로든 계획을 수립할 수는 있지만, 그 계획의 근거나 논리적 일관성을 확보할 수 없다는 뜻이다.

하는 소리를 낼 수 있는 기능을 갖게 되었다는 뜻으로 이해해야 할 것이다.

둘째, 학습자가 무엇을 어떻게 했을 때 읽어 주는 내용에 관심을 갖는 것으로 인정해 줄 것인지 역시 결정을 하거나 명료화해야 한다. 누군가가 어떤 내용을 읽어 주면 그 사람을 쳐다보거나 경청하는 것이 관심을 보이는 것인지, 그 내용에 대해 무엇인가 한마디라도 대꾸해야 관심을 보이는 것인지 결정해야 한다. 사실, '관심을 갖는다'와 유사한 성취기준은 지식, 개념, 기능보다는 태도로 봐야 할 것이다.

셋째, 읽기(글자해독)를 어려워하는 학생을 지도하는 교수자 입장에서는 성취기준의 명료화가 더욱 필요할 수밖에 없다. 예컨대, 글자가 소리로 표현되는 것을 안다는 것의 뜻을, 특히 한글 자모음이나 낱글자 읽기 맥락에서 알아야 그 학생에게 한글을 지도할 수 있을 것이다.

2) 수학

'측정 가능한 속성으로서 크기, 길이, 들이, 무게 등을 감각적으로 탐색한다'는 성취기준을 명료화한다는 뜻은 학생이 무엇을 어떻게 알거나 할 수 있어야 '탐색한다'로 인정해 줄 것인가 하는 점이다. 이를 위해서 교수자는 모름지기 다음 사항을 보다 명료화하고 교수-학습과정에서 이 사항들을 어떻게 다룰 것인지(즉, 어떤 활동과 자료를 활용할 것인지) 구체화해야 할 것이다.

첫째, 크기, 길이, 들이, 무게 등을 감각적으로 탐색한다는 것은 구체적으로 무엇을 어떻게 하는 것인지 교수자는 설명할 수 있어야 하고, 그것을 직접 시범 보일 수 있어야 한다. 이 목표(성취기준)가 기본교육과정을 적용받는 초등학교 2학년 학생들을 대상으로 하고 있다는 점도 고려되어야 한다. 크기를 감각적으로 탐색한다는 것은 무엇을 뜻하는가? 아마도 감각이라 하면 오감각을 의미할 것이다. 오감각 중 크기를 느낄 수 있는 감각은 시각, 촉각 정도일 것이다. 그러니 크기를 감각적으로 탐색한다는 말은 다양한 크기의 물체나 사물 등을 보거나 만져 보는 것을 뜻할 것이다. 그런데 만져 보거나 보기만 하는 것으로 그쳐도 되는 것일까? 필시 만져 보거나 보고 난 후 특정 반응을 보여야 교수자는 그 학생이 '탐색'했다고 인정할 수 있을 것이다. 그렇지 않다면 그냥 만지거나 보는 것과 '탐색'하는 것 사이의 차이를 구분할 수 없을 것이다. 교육적 맥락에서 보고 만지는 것으로서의 탐색 활동은 그냥 만지거나 보는 행위와는 분명 달라야 할 것이다. 결국 이 성취기준과 관련해서는 아이들이 어떤 물체나 현상을 보고 만지는 활동을 하면서 아이들 마음이나 두뇌 속에서 어떠한 일들이 일어나기를 기대하는가를 명료화하는 것이 교수-학습과정 설계에 중요하다고 볼 수 있다.

둘째, 마찬가지로 길이, 들이, 무게 역시 감각적으로 탐색한다는 의미가 최소한 교수자에게는 보다 구체적으로 명료화되어야 한다. 아마도 길이를 감각적으로 탐색해 본다는 것은 손이나 기타 물체로 재어 보고, 눈으로 비교하고 하는 등의 활동을 한다는 것을 뜻할 것이다. 들이를 감각적으로 탐색해 본다는 것은 손이나 기타 물체를 이용하여 부피를 가늠해 보는 것을 뜻할 것이다. 무게를 감각적으로 탐색한다는 것은 무게가 다른 두 물체를 양손에 들어 보는 등의 활동을 해 본다는 뜻일 것이다. '감각적으로 탐색한다'를 어떤 의미로 규정하든 교수자에게는 그렇게 하는 것의 정답에 해당하는 것이 이미 결정되어 있어야 한다. 그래야 학생들이 그냥 무의미한 활동을 하도록 방치하는 것이 아니라 '탐색'하는 활동을 하도록 할 수 있을 것이기 때문이다.

셋째, 이 성취기준에서 정작 중요한 것은 '측정 가능한 속성으로서'라는 수식어이다. 학생들이 그냥 크기, 길이, 들이, 무게가 아니라 측정 가능한 속성으로서의 크기, 길이, 들이, 무게를 탐색하도록 하는 것이 교육과정의 의도이다. 따라서 교수자는 이를테면 그냥 크기 속성과 측정 가능한 속성으로서의 크기 개념이 어떻게 구분되는지 명료화해서 이를 학생들에게 전달해야 한다. 만약 이 구분이 중요하지 않다면 국가교육과정에서 이러한 수식어를 굳이 붙이지 않았을 것이다. 측정 가능한 속성으로서의 크기와 그냥 크기는 무엇이 어떻게 다른가? 그 구분을 어떻게 하든, 만약 교수자가 이 둘을 구분하지 못하면, 그리고 정확히 교육과정이 의도하는 대로 구분하지 못하면 그 교수자에게서 학생들이 측정 가능한 속성으로서의 크기, 길이 등의 속성을 배울 가능성은 0에 가깝다. 논리적으로 그런 일이 일어날 가능성이 거의 없다.

넷째, 만약 길이, 들이, 무게 등을 감각적으로 탐색하는 데 어려움을 겪는 학습자를 지도하려면 교수자는 필연적으로 그 속성들을 감각적으로 탐색하는 것의 뜻, 필요한 활동요소, 필요한 자료, 도달 혹은 미도달 상태, 도달한 상태의 수준과 양상 등을 자세히 알아야 할 것이다. 그래야 지도는 물론 평가 계획을 수립할 수 있다.

3) 사회

'우리나라의 영역과 자연 · 인문 환경적 특징에 대한 정보를 수집하고 발표한다'는 성취기준을 명료화한다는 뜻은 학생이 무엇을 어떻게 알거나 할 수 있어야 '발표한다'로 인정해 줄 것인가 하는 점이다. 이를 위해서 교수자는 다음 사항을 보다 명료화하고 교수-학습과정에서 이 사항들을 어떻게 다룰 것인지(즉, 어떤 활동과 자료를 활용할 것인지) 구체화해야 할 것이다.

첫째, 교수자는 우리나라의 영역이 무엇을 의미하는지 정확히 알고 있어야 하며, 학습자들에게도 이를 알게 해야 한다. 이는 지식에 해당한다. 예컨대, '우리나라 영역은 한반도와 그 부속도서로 구성된다' 등이 이에 해당한다.

둘째, 영역에 대한 정보가 무엇이고 이를 수집한다는 것은 무엇을 어떻게 한다는 것인지를 명료하게 인식하고 있거나 혹은 의사결정을 내려야 한다.

셋째, 우리나라의 자연, 인문 환경적 특징이 무엇인지를 정확히 알고 있어야 하며, 학습자들에게도 이를 알게 해야 한다. 이것 역시 지식에 해당한다. 교수자는 이를테면 다음과 같은 질문들에 답을 갖고 있어야 한다. 우리나라의 자연환경, 인문 환경적 특징에 해당하는 '정답'은 무엇인가? 예컨대, '사계절이 있어요'라고 응답하면 통과시킬 것인가? 불충분하다면 무슨 내용을 얼마나 더 제시해야 하는가? '국토가 좁아요'라는 응답은 적절한가? 등이다.

넷째, 정보를 수집하고 발표하는 것은 무엇을 어떻게 해야 하는 것인지가 분명해야 한다. 이 성취기준의 대상자는 중학교 3학년 학생이다. 중학교 3학년 특수교육대상자가 정보를 수집하고 발표한다는 것의 의미와 방법이 교수자는 물론 학생들에게도 명확히 인식되어야 한다. 예컨대, 이 성취기준과 관련하여 교수자는 다음과 같은 질문들에 답을 갖고 있어야 한다. 정보를 수집한다는 것은 인터넷에서 관련 정보를 찾아서 가져온다는 뜻인가? 관련 정보란 무엇을 말하는가? 뉴스? 유튜브 동영상? 논문? 주변인들로부터 들은 이야기? 교과서에는 해당 내용이 나올 터인데 도대체 그 내용을 별도로 수집하고 발표해야 하는 이유는 무엇인가? 발표는 어떻게 해야 하는가? 전체 학생 앞에서 몇 분간 어떤 식으로 하게 할 것인가? 등이다.

4) 과학

'여러 가지 물체를 관찰하고 구성 재료에 따라 분류한다'는 성취기준을 명료화한다는 뜻은 학생이 무엇을 어떻게 알거나 할 수 있어야 물체를 관찰하고 재료에 따라 분류하는 것으로 인정해 줄 것인가를 구체화한다는 것이다. 이를 위해서 교수자는 다음 사항을 보다 명료화하고 교수-학습과정에서 이 사항들을 어떻게 다룰 것인지(즉, 어떤 활동과 자료를 활용할 것인지) 구체화해야 할 것이다.

첫째, 여러 가지 물체의 범위를 어디로 정할 것인지 결정해야 한다. 물체의 종류는 헤아리기 어려울 정도로 많다. 학용품으로 할 것인지, 주방용품으로 할 것인지, 아니면 어떤 용품으로 할 것인지를 교수자는 적어도 수업 전에 결정해야 한다. 물론 아이들에게 물체 선정을 우선 맡길 수도 있지만, 그 물체들은 이후 활동인 '재료에 따라 분류'하는 활동에 유용하고 효과적이어야 한다.

둘째, 다음에는 '구성 재료에 따라 분류한다'는 말의 뜻을 명료화해야 한다. 이와 관련하여 교수자는 다음과 같은 질문에 답을 갖고 있어야 한다. 구성 재료란 무엇을 뜻하는가? 예컨대, 볼펜, 책, 책상 등의 구성 재료는 각각 무엇으로 봐야 하는가? 구성 재료란 원료를 말하는가? 원료의 차원은 어디까지로 정할 것인가? 예컨대, 플라스틱, 나무 등의 차원으로만 한정할 것인가? 아니면 중간 재료까지 한정할 것인가? 등이다.

셋째, '분류'하는 행동의 기준도 설정해야 한다. 예컨대, 분류한다는 것은 정확히 무엇을 뜻하는가? 범주를 정하고 그에 따라 글로 쓰거나 말로 할 수 있어야 한다는 뜻인가? 등이다.

5) 바른생활

'다양한 가족의 형태와 문화를 존중한다'는 성취기준을 명료화한다는 뜻은 학생이 무엇을 어떻게 알거나 할 수 있어야 다양한 가족의 형태와 문화를 존중하는 것으로 인정해 줄 것인가 하는 점이다. 이를 위해서 교수자는 다음 사항을 보다 명료화하고 교수-학습 과정에서 이 사항들을 어떻게 다룰 것인지(즉, 어떤 활동과 자료를 활용할 것인지) 구체화해야 할 것이다.

첫째, 다양한 가족의 형태가 무엇인지를 알아야 할 것이다. 이를 위해서는 아마도 거의 필연적으로 다양한 가족 형태에 대한 개념, 지식을 알아야 할 것이다. 예컨대, 대가족, 소가족, 1인 가구 등의 개념을 알아야 하고, 각 가족 형태의 주요 특징과 장단점 등을 알 수 있어야 할 것이다. 기본교육과정을 적용받는 초등학교 2학년 특수교육대상자가 이런 개념을 알아야 하는가는 또 다른 쟁점사항이다.

둘째, '다양한 가족의 형태를 존중한다'는 것은 무엇을 어떻게 한다는 것인지를 교수자는 알고 있어야 한다. 다양한 가족의 형태를 존중하는 모습의 하나는 앞서 언급한 여러 가족 형태 중 특정 가족 형태에 대해 편견을 갖지 않는 것이다. 이 사항 역시 초등학교

2학년의 특수교육대상자에게 적절한지 여부에 대해 논란이 있을 수 있다. 중요한 점은 최소한 교수자는 다양한 가족의 형태를 존중한다는 것이 무엇을 의미하는지를 말이나 글로 의사소통 가능한 형태로 명료화할 수 있어야 한다는 것이다. 그렇지 않을 경우 그 교수자가 이목표 달성을 위한 수업 내용과 방식을 어떻게 계획하고 평가할 수 있을지 가늠하기 어렵다.

셋째, 다양한 가족의 문화란 무엇을 의미하는지, 또 그 문화를 존중한다는 것은 무엇을 의미하는지 교수자는 스스로에게 명료화해야 한다. 이를테면 이 목표의 명료성과 관련하여 다음과 같은 질문을 제기할 수 있다. 다양한 가족의 문화란 무엇을 말하는가? 우리 집과 다른 집의 독특한 분위기를 말하는가? 그때 분위기란 구체적으로 무엇을 말하는가? 초등학교 2학년 특수교육대상자가 이해할 수 있는 가족의 분위기란 무엇일까? 등이다.

6) 학습된 상태 명료화 측면에서의 교육과정 성취기준의 특징

학생들이 접하는 교과용 도서에 나와 있는 교육내용과 학습목표는 거의 모두 '중간언어'(Bruner, 1960)로 기술되어 있다. 즉, 교육내용과 학습목표는 매우 추상적이고 축약된 형태로 기술되어 있기 때문에 그 구체적인 의미와 양상을 교수자는 학습자에게 명료하게 드러내 주어야 한다. 이상에서 살펴본 바와 같이 거의 모든 과목의 성취기준은 명료화가 절실하게 필요한 상태로 기술되어 있다. 특히 소위 '보통'의 집단에 속하지 않은 특수교육대상자, 학습부진 및 학습장애 학생들에게는 보다 넓은 스펙트럼으로 현재의 성취기준을 명료화하고 재진술하는 것이 필요하다. 이 작업이 선행되어야 학습에 어려움을 겪는 학생도 비록 특정 목표 도달 수준과 도달 상태는 다른 학생과 다를지라도 그들과 본질상 동일한 목표를 추구할 수 있는 기회가 생길 것이다.

3. 학습된 상태 명료화 절차와 방법

1) 명료화 절차

(1) 각 단원별 핵심 내용 요소 및 성취기준 분석
가장 먼저, 단원이나 단일 차시 단위로 가르칠 주제나 내용의 핵심이 무엇인지, 교육과정 문서상의 성취기준이 무엇인지를 확인해야 한다. 대체로, 이 내용의 핵심은 교육과정 문서나 교과서상에 평서문 형태로 기술되어 있다. 현재의 교육과정 문서상에 나와 있는 성취기준을 분석하기 위해서는 다음과 같은 틀이 필요하다.

첫째, '포괄성'의 원칙으로서, 특정 목표가 목표 도달 상태를 충분히 반영하고 있는가 하는 점이다. 이는 다른 말로 하면 목표 도달 상태의 인지, 정의, 행동, 의지, 가치관, 태도 등의 측면을 얼마나 포괄적으로 포함하고 있는가 하는 측면을 나타낸다.

둘째, 성취기준이 '지적 엄밀성' '인지적 확장성'을 지향하고 있는가 하는 점이다. 이는 인지적 확장성으로, 현재의 학습목표나 성취기준의 수준을 상 · 하로, 또한 관련된 다른 내용과 수평적으로 최대한 확장하는 것을 말한다. 이러한 확장의 목적은 현재의 성취기준이나 학습목표가 특정 수준에만 초점을 맞추고 있어 그 수준 미만이나 초과 학습자에게는 추구할 학습목표가 없을 수 있는 상태를 방지하기 위함이다.

셋째, 다양한 학습자의 특성을 반영하고 있는가 하는 점이다. 이는 '목표의 보편성'으로서, 학습된 상태를 드러내는 방법과 모드를 다양화함으로써 학습자가 어떠한 상태나 특성을 갖고 있든 학습한 상태를 드러내는 데 특별한 어려움이나 제한이 없도록 하기 위함이다.

넷째, 제시된 성취기준이 해당 교과, 해당 단원의 핵심 아이디어, 지식의 구조, 핵심 원리 등을 충분히 반영하고 있는가 하는 점이다. 성취기준이나 학습목표의 의미를 명료화하는 것보다 더 근본적이고 중요한 점은 해당 목표나 성취기준이 원래 교육과정이 의도한 목표, 즉 핵심 아이디어, 지식의 구조, 핵심 원리 등을 충분히 반영하고 있어야 한다는 것이다. 이는 '내용 타당성'이다.

다섯째, 성취기준의 의미가 교수-학습활동을 계획하고, 평가 계획 수립 시 평가 지표를 만들기에 충분할 만큼 구체적이고 명료한가 하는 점이다. 이는 '평가 안내성' 기준이다.

여섯째, 핵심역량, 통섭, 통합적인 목표를 지향하고 있는가 하는 점이다. 2015 개정 교육과정의 구성 중점 중 하나는 핵심역량, 통합교과적 접근 등의 요소를 충분히 반영하는 것이다. 이는 '교육과정의 의도 구현성'이다.

(2) 성취기준이나 교육목표의 횡적 및 종적 다양화

일단 분석 틀이 완성되면 다음에는 현재의 학습목표나 성취기준을 최대한 하위 요소로 분석한다. 하위 요소로 분석할 때에는 Bloom의 교육목표 분류(Bloom, Engelhart, Furst, Hill, & Krathwohl, 1956)나 Gagné의 다섯 가지 학습목표론(Gagné, 1985), Bruner의 지식의 구조론(Bruner, 1960) 등을 근거로 삼는다.

학습목표 혹은 성취기준 분석은 크게 종적 다양화와 횡적 다양화로 이원화한다. 이를 그림으로 표현하면 [그림 7-1]과 같다. 다음 [그림 7-1]에서 왼쪽 그림은, 예컨대 시장 관련 특정 학습목표를 횡적으로, 오른쪽 그림은 종적으로 세분화, 명료화한 것의 성격과 의미를 그림으로 표현한 것이다. 시장을 학습한 상태는 나타내는 모드(mode)는 가급적 학습자가 선호하고 활용하는 데 제한이 없는 것으로 채택하면 된다. 횡적 다양화를 위해서는 각 학습목표별로 목표가 도달된 상태를 인지 측면은 물론, 행동, 정서, 가치관, 태도 등의 측면까지 빠짐없이 고려하여 소위 목표의 횡적 스펙트럼을 구축한다.

종적 다양화인 수준의 다양화는 시장 영역에서의 학습목표를 추구하는 데 해당 학습자의 수준이 제한이 되지 않도록 설정한다. 예컨대, 특수교육대상자, 하위 수준, 중간 수준, 상위 수준, 심지어 영재학생까지 시장 관련 학습목표를 설정하고 추구할 수 있도록 다양한 학습목표를 제시해 준다. 종적 다양화를 위해시는 각 학습목표별로 목표가 도달된 상태의 복잡성, 난이도를 가장 낮은 단계부터 높은 단계까지 최소한 3수준 혹은 그 이상으로 상세하게 기술한다.

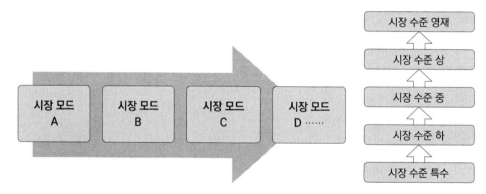

[그림 7-1] 학습목표, 성취기준의 종적 및 횡적 다양화 이미지

2) 과제분석의 의미와 성격 파악하기

(1) 과제분석의 의미

학습된 상태를 명료화하는 접근의 하나로서 과제분석 기법이 효과적이다. 과제분석에서 과제란 내용을 의미할 수도 있고, 어떤 일의 절차나 과정을 의미할 수도 있다. Kirwan과 Ainsworth(1992)는 과제분석의 의미를 다음과 같이 정의하였다.

과제분석이란 과제가 어떻게 완수될 것인가를 분석한 것이다. 과제분석에는

신체적 및 정신적 활동, 과제와 각 요소의 지속 기간, 과제의 빈도, 과제의 할
당, 과제의 복잡성, 환경 조건, 필수 의복과 장비, 기타 개인 혹은 사람들이 주
어진 과제를 수행하는 데 필요한 여타 독특한 요인들을 자세하게 기술한 것들
이 포함된다.

　이 정의에 따르면, 과제분석이란 단순히 어떤 과제의 의미를 명료화하는 것에 그치지
않는다. 학습지도 상황에서 과제분석의 과제란 목표 상태에 이르는 구체적인 길, 혹은
경로나 과정을 의미한다. 물론, 이 과정에서 자연스럽게 내용 분석의 의미도 포함된다.
학습이 일어나도록 하거나 학습에 필요한 조건을 확인하려면 과제분석은 매우 구체적이
어야 한다(Gagné, 1985). Gagné(1985)에 따르면, 어떤 일을 수행하기 위한 과제분석과 학
습을 위한 과제분석을 최초로 구분한 사람은 R. B. Miller였다. 그는 직무 과제 기술(job-
task description)과 학습과제 기술(learning task description)은 의사소통 의도 측면에서 구
별되어야 한다고 주장했다. 일반적으로는 직무 수행을 위한 과제분석보다 학습을 위한
과제분석이 훨씬 더 구체적이어야 한다. 예컨대, 〈표 7-3〉에서 왼쪽은 통상적인 직무
수행을 위한 과제분석의 예이고, 오른쪽은 학습과제(최소공배수 구하기) 수행을 위한 과
제분석의 예이다.

〈표 7-3〉 직무 수행을 위한 과제분석과 학습을 위한 과제분석

직무 수행을 위한 과제분석	학습을 위한 과제분석
과제명: 두부 만들기	과제명: 두 수의 최소공배수 구하기
콩 불리기 ↓ 불린 콩 갈기 ↓ 간 콩 삶기 ↓ 끓은 콩물을 보자기에 넣고 누르며 물빼기 ↓ 짜낸 콩물에 간수 넣고 5~10분 정도 뜸 들이기 ↓ 엉켜 붙은 콩물을 두부 틀에 넣고 짜기 ↓ 두부 완성하기	두 수의 배수 구하기 ↓ 공배수 중 가장 작은 수 찾기 ↓ 최소공배수 결정하기

〈표 7-3〉에서 외견상 왼쪽 직무 분석을 위한 과제분석이 오른쪽의 학습을 위한 과제보다 훨씬 복잡하고 절차도 많다. 이는 물론 분석할 과제의 성격과 특징에 따라 달라진다. 두 종류의 과제분석 모두 관련 경험이나 지식이 전혀 없는 사람으로 하여금 실제로 해당 과제를 수행하도록 하려면 〈표 7-3〉과 같은 절차의 나열만으로는 결코 충분치 않다. 그중에서도 특히 학습을 위한 과제수행에는 보다 구체적인 과제분석이 필요할 수 있다. 예컨대, 학생으로 하여금 최소공배수를 성공적으로 구하도록 하기 위해서는 〈표 7-3〉의 세 가지 절차만으로는 불가능하다. 우선, 배수의 개념과 그 구하는 방법을 알아야 한다. 그러나 배수의 개념을 알았다고 해서 배수를 구할 수 있는 것은 아니다. 배수를 구하기 위해서는 반드시 곱셈을 할 수 있어야 한다. 그런 다음, 공배수의 개념(두 수의 배수 중에서 같은 배수)을 알고 있어야 할 것이다. 일단 공배수 개념을 알았다면, 공배수 중에서 가장 작은 수를 선택하는 것은 그리 어렵지 않을 것이다. 그렇지만 과제를 수행해야 하는 학생이 심한 학습부진 혹은 학습장애를 갖고 있을 경우, 이들이 과제를 제대로 수행하도록 하기 위해서는 과제분석이 훨씬 정교하고 구체적이어야 한다.

결국, 과제란 목표 상태에 이르는 데 거쳐야 할 과정이나 절차 혹은 활동을 포함할 뿐만 아니라 습득해야 할 내용 요소까지를 모두 포함하는 것으로 이해해야 한다. 이것을 그림으로 표현하면 [그림 7-2]와 같다.

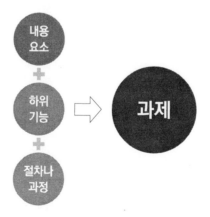

[그림 7-2] 과제의 구성 요소

[그림 7-2]에서 내용 요소는 결국 학습자가 습득해야 할 지식 요소가 되어야 하고, 절차나 하위 기술은 각 학습단계별로 학습자가 수행할 수 있어야 하는 기능이나 능력이 되어야 할 것이다. 이는 과제분석을 위해서는 우리가 무엇인가를 학습했다는 것의 의미를

매우 구체적으로 파악할 필요가 있음을 시사한다. 어떤 부분을 학습했다는 것은 단순히 하위 기술이나 내용 요소, 즉 지식 요소를 습득했다는 것만을 의미하지는 않는다. 과제분석을 잘할 수 있으려면, 어떤 과제를 처음부터 끝까지 수행하는 요소와 절차를 전체적인 관점에서 파악할 수 있어야 한다.

(2) 학습부진 및 학습장애 교육 맥락에서의 과제분석의 성격

학습부진 및 학습장애 교육에 있어서 과제분석(task analysis)의 역할과 필요성을 제대로 이해하는 것은 매우 중요하다. 어떤 학생의 학습을 지도한다는 것은 관념적이고 추상적인 상황이 아니라 어떤 내용을, 어떤 순서로, 어느 정도 기간 안에, 어떤 활동을 하면서 지도할 것인가 하는 점이 미리 계획되어 있어야 한다. 물론 이러한 계획이 공식적으로 혹은 문서상으로 존재하지 않은 상황에서도 가르치는 것 자체는 가능하다. 하지만 그럴 때에도 비록 가르치는 사람의 머릿속에라도 그러한 계획 사항이 최소한 어느 정도는 들어 있기 마련이다. 그렇지 않다면 적어도 체계성을 띤 가르치는 일은 불가능하다.

과제분석이란 단순히 어떤 과제를 세분화하는 것만을 의미하지는 않는다. 학습에 어려움을 가진 학생들을 지도하는 상황에서의 과제분석은 교수자 자신의 과제를 분석하는 것이 아니라 지도해야 할 학습자 입장에서의 과제를 분석해야 한다는 점에서 독특한 도전을 제기한다. 그것이 독특한 도전인 이유는 이들 학생들의 경우 다른 학생들에 비해 과제를 수행하는 능력이나 흥미, 집중도 등의 측면에서 불리한 입장에 있기 때문이다. 이들을 위한 과제는 또래들의 그것보다 훨씬 구체적이고 쉬워야 할 것이다. 그래야만 이들이 과제를 제대로 수행해 낼 가능성이 높아질 것이다. 학습에 어려움을 겪는 학생들을 지도하는 상황에서 과제분석이 보통의 경우보다 특별한 도전을 제기하는 이유는 다음과 같다.

첫째, 분석하는 과제의 단위(덩어리)는 가르치려는 학습자 수준과 특성에 따라 달라져야 한다. 일반적으로, 학습부진 및 학습장애 학생은 인지 및 정의적 특성 측면에서 한번에 수행할 수 있는 과제의 양과 수가 다른 학생의 그것보다 적거나 작아야 할 것이다. 이는 곧 과제분석 작업이 매우 촘촘하고 구체적으로 수행되어야 함을 의미한다.

둘째, 어떤 절차나 순서는 학습에 어려움을 겪는 학생들에게는 어렵거나 효과적이지 않을 수 있다. 예컨대, 한 자릿수, 두 자릿수, 세 자릿수 등으로 올라가면서 수개념과 수감각을 모두 익히고 난 이후에야 더 큰 수를 배우도록 하면, 지적장애 학생들의 경우 어쩌면 수개념과 수감각 관련 내용만 학습하다 학령기 전체를 끝마칠 수 있다. 한편으로는 이러한 내용들을 지도해야겠지만 생활 기능 측면에서 보면 1만 원, 1천 원 등의 화폐를 활용한 물건 사기 등의 활동이 더 필요할 수 있다. 기본적인 수감각, 수개념을 익히면서도 동시에 혹은 곧이어 더 큰 수 단위의 화폐 관련 활동도 하도록 하는 것이 지적장애 학생의 생활 속 수학 활용 능력을 향상시키는 데 더 도움이 될 것이다.

셋째, 과제분석을 위해서는 내용 요소에 대한 광범위한 지식기반은 물론, 어떤 과제의 수행 절차나 순서 중 어느 것이 가장 효과적인지, 또 지식 요소를 어떠한 순서로 학습하도록 하는 것이 가장 효과적인지에 관한 전문성이 있어야 한다. 이러한 전문성은 논리적 사고만으로는 충분히 발휘되기 어렵다. 반드시 경험적 근거가 필요하다. 예컨대, 받아내림이 있는 두 자릿수 뺄셈을 어떻게 하는 것이 가장 효과적인가에 대해서는 해당 과제를 논리적으로 분석해서 추출하는 방법도 있고, 실제로 여러 학습자를 대상으로 어떤 순서로 수행하도록 했을 때 가장 빠르고 정확하게 수행하는가 하는 경험에 근거해서 알아보는 방법도 있다. 사실 교수-학습방법 관련 연구의 대부분은 특정 학습과제를 가장 빠르고 효과적으로 학습하는 방법 혹은 '경로(route)'를 경험적으로 찾아내려는 시도들의 결과를 보고한 것들이라고 볼 수 있다.

✏️ **심화 활동** **2**

> 과제분석의 정의와 방법에 관한 여러 견해를 모아서 정리해 보시오. 과제분석은 어떻게 하는 것이 가장 효과적인가?
>
> _____
> _____
> _____

---

(3) 과제분석 능력의 구성 요소

① 내용 요소에 대한 지식기반 형성

당연한 얘기지만, 과제분석 수행을 위해서는 해당 분야 내용 요소, 지식 기반을 알고 있어야 한다. 여기에서 '알고 있어야 한다'는 말은 단순히 해당 분야에 대해 누군가 질문을 했을 때 대답할 수 있어야 한다거나, 해당 분야 내용 요소 중 일부 혹은 핵심을 말할 수 있어야 한다는 것 이상을 의미한다. 이는 각 내용 요소 자체는 물론, 각 요소 간 관계를 낱낱이 파악하고 있어야 함을 의미한다.

　예를 들어, 이등변삼각형을 가르치기 위해 과제분석을 하려면 교수자 자신이 이등변삼각형에 대한 각종 문제를 잘 풀기만 해서는 충분하지 않다. 이등변삼각형을 아는 것의 요소를 모두 파악해야 하고, 그 요소들 간의 논리적 및 경험적 관련성과 학습과정상의 선후 관계를 잘 파악해야 한다. 이등변삼각형의 내용 요소를 추출해 보면 대략 다음 〈표 7-4〉와 같을 것이다. 물론 다음과 같이 내용 요소를 추출하는 것만으로는 과제분석에 충분치 않다. 각 내용 요소 안의 내용 실체를 알아야 한다. 예를 들어, 이등변삼각형의 뜻, 조건 등을 모두 알아야 한다는 뜻이다.

〈표 7-4〉 내용 요소 분석으로서의 과제분석 예 – 이등변삼각형

목표 상태: 이등변삼각형의 뜻, 성질을 알고, 그릴 수 있으며, 이를 적용하여 문제를 해결할 수 있다.		
1차 과제분석	2차 과제분석	3차 과제분석
• 이등변삼각형의 뜻 알기	• 이등변삼각형이란 두 변의 길이가 같은 삼각형임을 안다.	• 변의 뜻을 안다.
• 이등변삼각형 작도하기	• 한 변의 양 끝에서 같은 크기의 각을 그리고 그 선이 만나는 점을 삼각형의 꼭짓점으로 한다.	• 꼭짓점의 뜻을 안다. • 각을 그리는 방법을 안다.
• 이등변삼각형의 성질 이해하기	• 이등변삼각형의 두 밑각의 크기는 같다. • 이등변삼각형의 두 변의 길이는 같다. • 이등변삼각형의 꼭지각의 이등분선은 밑변을 수직이등분한다.	• 밑각의 뜻을 안다. • 수직이등분의 뜻을 안다.
• 성질 이용하고 적용하기	• 주어진 자료를 활용하여 도형의 변 혹은 각의 크기를 구한다.	• 사칙연산을 할 수 있다. • 이등변삼각형의 성질 중 어느 것을 이용해야 할지 안다.
• 이등변삼각형의 성질 수학적으로 증명하기	• 왜 두 밑각의 크기, 두 변의 길이가 같은지 증명하기	• 삼각형의 합동 원리를 따라 두 밑각의 크기, 두 변의 길이가 같음을 증명할 수 있다. • 이등변삼각형의 꼭지각의 이등분선은 밑변을 수직이등분함을 증명할 수 있다.

2차 과제분석에서는 각 내용 요소의 내용을 최대한 자세하게, 그리고 충분히 채워 넣는다. 이것은 일종의 지식 기반을 펼쳐 놓는 것과 같은 것이다. 경우에 따라서는 2차 과제분석으로도 충분치 않아 3차 과제분석이 필요할 수도 있다. 예컨대, 앞서 제시한 예에서 각을 그리는 방법을 모를 수 있다. 이런 경우에는 각을 그리는 과제를 별도로 설정하고 이 과제수행을 위한 과제분석을 실시해야 한다. 이와 같이, 과제분석 수준과 구체성의 정도는 수행해야 할 과제의 성격, 내용의 범위, 과제를 수행해야 할 사람(학습자)의 능력과 특성에 따라 달라진다.

그나마 수학 교과의 학습과제들은 분석해야 내야 할 과제들이 비교적 분명한 경우가 많다. 여타 교과의 경우 어떤 과제를 분석해 내어야 할지가 뚜렷하지 않은 경우가 많이 있을 수 있다. 예컨대, 〈표 7-5〉에서 국어의 한글 낱글자 읽기와 수학의 이등변삼각형 관련 과제분석 예를 살펴보자.

〈표 7-5〉 국어와 수학 교과 과제분석의 예

목표 상태: 한글 낱글자 읽기		
1차 과제분석	2차 과제분석	3차 과제분석
• 한글 낱글자를 읽을 수 있다.	• 한글 자모음을 읽을 수 있다. • 단어를 읽을 수 있다. • 한글 문장이나 문단을 읽을 수 있다.	• 한글 받침 글자, 무받침 글자를 읽을 수 있다. • 한글 규칙단어, 불규칙단어를 모두 읽을 수 있다. • 한글 문장이나 문단을 유창하게 읽을 수 있다.
목표 상태: 이등변삼각형의 성질 수학적으로 증명하기		
1차 과제분석	2차 과제분석	3차 과제분석
• 이등변삼각형의 성질을 안다. • 수학적으로 증명한다는 말의 뜻을 안다.	• 왜 두 밑각의 크기, 두 변의 길이가 같은지 증명한다.	• 삼각형의 합동 원리를 따라 두 밑각의 크기, 두 변의 길이가 같음을 증명할 수 있다. • 이등변삼각형의 꼭지각의 이등분선은 밑변을 수직이등분함을 증명할 수 있다.

한글 지도 경험이 조금이라도 있는 사람들은 2차 과제분석만으로는 지도계획을 수립하기에 어림없다는 것을 금방 알 수 있을 것이다. 물론, 상세한 한글 지도계획을 수립하기 위해서는 2차 혹은 3차 과제분석으로도 충분치 않을 수 있다. 왜냐하면 이 과제분석은 어디까지나 내용의 하위 요소를 특별한 순서를 고려하지 않고 나열한 것이기 때문이다. 과제분석 후 추출한 과제들을 나열하는 순서를 결정하는 기준으로는 논리적 관계와 교수-학습적 선후관계 두 가지가 가능하다. 논리적 순서란 위계관계, 포함관계, 혹은 내용의 범주나 유형 등을 고려한 순서를 말한다. 교수-학습적 선후관계란 학습의 선후 관계 측면에서 무엇을 먼저 학습하는 것이 선결 조건인가 하는 측면을 말한다. 과제분석을 어느 수준으로 할 것인가는 분석해야 할 과제의 성격, 학습목표, 학습 대상자 등에 따라서 달라져야 함을 알 수 있다.

② 인식론적 및 기능적 효율성 관련 전문성

논리적 관계와 교수-학습적 선후 관계가 일치하는 경우가 많긴 하지만, 그렇다고 논리적 선후 관계와 교수-학습적 선후 관계가 언제나 일치하는 것은 아니다. 교수-학습적 선후 관계는 경험적으로 확인해야 한다. 예를 들어, 한글 읽기의 경우 자음, 모음으로 내용 요소를 나열할 수 있지만 이중자음을 먼저 가르치거나 배우도록 할 것인가 아니면 모음을 먼저 배우거나 가르치도록 할 것인가는 아무리 논리적 순서를 고려해도 답이 나올 수 없다. 이것은 오로지 실제로 두 가지 중 어느 하나를 먼저 가르쳐 봐서 어느 경우에 한글을 더 잘 익히는가를 비교분석해야만 답이 가능하다.

4. 학습된 상태 명료화를 위한 성취기준 다양화 예시

이제까지 언급했던 기준과 절차, 방법에 따라 앞서 분석했던 성취기준을 명료화하는 방법의 하나로 종적 및 횡적 다양화를 해 보기로 한다(〈표 7-6〉 참조). 학습된 상태를 명료화한다는 것은 결국 해당 학습목표 도달에 필요한 하위 요소, 기능, 지식, 태도, 스펙트럼을 충분히 드러내고 해당 학습목표에 도달하기 위해 어떤 경로를 거쳐야 하는지 등을 확인하는 일임을 알 수 있다. 이 작업을 통해 교수자, 학습자, 학부모 집단 간 학습된 상태에 대한 의사소통이 촉진될 수 있다.

〈표 7-6〉학습된 상태 명료화 예

교과명	교육목표	
국어	〈현재 목표〉 [2국어02-03] 글자가 소리로 표현되는 것을 알고, 읽어 주는 내용에 관심을 가진다.	
	명료화 필요 어구	명료화 예시
	'글자가 소리로 표현되는 것' '알고' '관심을 가진다'	〈종적 다양화〉 • 한글 자음과 모음에 대응하는 소리를 1초 이내에 발성할 수 있다. • 다양한 형태와 길이, 수준의 한글 단어를 제시하면 글자당 1초 이내에 해당 소리를 낼 수 있다. • 특정 소리에 해당하는 글자를 일정 시간 안에 정확하게 쓸 수 있거나 고를 수 있다. • 글을 읽어 주면 이에 경청하고 내용에 대해 질문이나 의견을 제시한다. 〈횡적 다양화〉 • 읽기 활동에 흥미를 갖는다. • 자신이 관심 있어 하는 내용에 대한 글에 흥미를 갖는다. • 다른 사람이 글을 읽어 주면 이를 경청한다.
수학	〈현재 목표〉 [2수학03-01] 측정 가능한 속성으로서 크기, 길이, 들이, 무게 등을 감각적으로 탐색한다.	
	명료화 필요 어구	명료화 예시
	'감각적으로 탐색한다'	〈종적 및 횡적 다양화〉 • 측정 가능한 속성으로서의 크기, 길이, 들이, 무게란 무엇을 뜻하는지 이해하고 설명할 수 있다. • 크기, 길이, 들이, 무게 등을 시각, 촉각 등을 사용하여 다양한 사물과 현상을 소재로 경험해 보고 추정해 본다. • 다양한 사물과 현상의 크기, 길이, 들이, 무게 등을 어떻게 무엇으로 측정할 수 있을지 말할 수 있다.

	〈현재 목표〉

〈현재 목표〉

[9사회03-01] 우리나라의 영역과 자연·인문 환경적 특징에 대한 정보를 수집하고 발표한다.

	명료화 필요 어구	명료화 예시
사회	'우리나라 영역' '자연·인문 환경' '자연·인문 환경적 특징' '정보를 수집'	〈종적 및 횡적 다양화〉 • 우리나라 영역의 뜻과 내용을 안다. • 자연 환경, 인문 환경 뜻을 안다. • 정보를 수집하는 방법을 안다. • 우리나라 영역의 자연 환경적 특성 관련 정보를 찾는다. • 우리나라 영역의 인문 환경적 특성 관련 정보를 찾는다. • 찾은 정보를 정해진 시간과 형식에 따라 발표한다.

〈현재 목표〉

[6과학01-01] 여러 가지 물체를 관찰하고 구성 재료에 따라 분류한다.

	명료화 필요 어구	명료화 예시
과학	'여러 가지 물체' '물체를 관찰하고' '구성 재료' '분류한다'	〈종적 및 횡적 다양화〉 • 생활 주변의 여러 가지 관찰할 물체를 열거한다. • 각 물체에 관심을 갖고 각 물체의 특성을 알아본다. • 각 물체의 구성 재료란 무엇을 말하는지 그 뜻을 안다. • 각 물체를 구성 재료에 따라 분류한다.

〈현재 목표〉

[2바생02-04] 다양한 가족의 형태와 문화를 존중한다.

	명료화 필요 어구	명료화 예시
바생	'다양한 가족의 형태' '다양한 가족의 문화' '문화 존중'	〈종적 및 횡적 다양화〉 • 다양한 가족의 형태에는 어떤 것들이 있는지 안다. • 다양한 가족의 문화에는 어떤 것들이 있는지 안다. • 다양한 가족의 형태와 문화를 존중한다는 것은 무엇을 어떻게 하는 것인지 설명하고 시범을 보인다.

5. 교수-학습요소 추출

과제분석 결과가 곧 교수-학습요소는 아니다. 각 학습자는 선행학습 정도, 인지능력, 학습태도 등에서 각기 서로 다양하기 때문에 교수-학습요소는 학습자 개인마다 다르게 규정될 수밖에 없다. 과제분석을 통해 도출된, 목표 상태에 이르는 데 습득해야 할 많은 요소 중에서 학습자마다 이미 갖추고 있거나 아직 갖추고 있지 않은 요소들, 갖추고는 있지만 아직 미흡한 요소들을 확인하는 작업이 필요하다. 이 작업이 곧 다음 장에서 소개할 맞춤형 진단이다. 맞춤형 진단을 통해서 일정 기준에 미치지 못하고 있는 부분을 교수-학습요소로 설정한다. 학습상태 명료화는 학습에 어려움을 겪고 있는 학습자를 교육하기 위한 첫 출발점이자 이후 교수-학습과정 전체의 방향과 성패를 좌우할 가장 중요한 단계라 할 수 있다.

6. 정리

이 장에서는 학습부진 및 학습장애 학생 교수-학습방법의 첫 번째 요건인 '학습된 상태의 명료화'의 뜻과 절차, 방법 등을 살펴보았다. 학습된 상태를 명료화하는 것은 교수자로 하여금 학습자들에게 자신이 어떠한 내용이나 지식, 기능, 태도 등을 형성시켜야 하는지에 대한 전체적인 윤곽을 잡도록 하는 데 중요하다. 뿐만 아니라, 교수-학습활동을 구체적으로 어떤 소재나 활동을 통해 이끌어갈 것인가에 대한 방향을 설정하는 데 매우 중요하다.

학습된 상태의 명료화는 주어진 목표, 공적인 교육과정 문서나 교과용 도서에 제시된 성취기준이나 학습목표를 종적 및 횡적으로 다양화하는 일이다. 종적 다양화는 해당 학습목표를 달성한 다양한 수준을 드러내는 것이다. 횡적 다양화는 해당 학습목표를 달성한 다양한 모습과 모드를 드러내는 것이다. 학습된 상태의 명료화를 잘하기 위해서는 또한 과제분석 기법을 능숙하게 적용할 수 있어야 한다. 이는 특정 학습목표 도달에 필수적인 요소, 기능, 지식, 태도 등을 빠짐없이 확인할 수 있어야 가능하다. 학습된 상태의 명료화는 궁극적으로 교육받은 상태를 널리 드러내어 교육활동 자체의 중요성을 나타내는 데에도 매우 중요하다.

생각해 볼 문제

01 　특정 교과, 특정 단원을 선정하여 현행 교육과정 문서에 나와 있는 성취기준을 선정한 다음 이를 명료화해 보시오. 학습된 상태의 명료화를 잘 수행하기 위해서는 어떤 기능이나 지식이 필요할 것으로 보는가?

_____

_____

_____

_____

02 　'수개념을 습득한다'라는 학습목표를 명료화해 보시오. 명료화 이전에 비해 어떤 점들이 분명 해졌는가?

_____

_____

_____

_____

 **참고문헌** ......

교육부(2015). 2015 개정 기본교육과정.

Bloom, B. S., Engelhart, M. D., Furst, E. J., Hill, W. H., & Krathwohl, D. R. (1956). *Taxonomy of educational objectives: The classification of educational goals. Handbook I: Cognitive domain*. New York: David McKay Company.

Bruner, J. S. (1960). *The process of education*. Cambridge: Harvard University Press.

Gagné, R. M. (1985). *The conditions of learning and theory of instruction*. New York: Holt, Rinehart and Winston.

Kirwan, B., & Ainsworth, L. (Eds.). (1992). *A guide to task analysis*. London: Taylor and Francis.

제8장

맞춤형 정밀진단과 출발점 정하기

> ### 학습부진 및 학습장애 교수-학습활동 조건 2 – 맞춤형 정밀진단과 출발점 정하기
> #### 목표 대비 현재의 상태를 최대한 구체적으로 확인하고,
> #### 교수-학습을 위한 적정 출발점을 찾아내는 것

1. 맞춤형 정밀진단의 뜻

도입 활동

교육과정 문서 내 각 교과교육 특정 단원 중 하나를 택해 성취기준을 2~3개 선정한 다음, 각 성취기준을 도달한 상태를 평가할 구체적인 기준을 정해 보시오. 그런 다음, 이 기준을 다른 사람의 기준과 비교해 보시오. 차이가 있는가? 그러한 차이는 왜 발생했다고 생각하는가? 그러한 차이는 어떻게 좁힐 수 있는가?

_____

_____

_____

맞춤형 정밀진단이란 학습자가 현재 정확히 어느 정도의 수행을 보이고 있는지를 구체적으로 확인하여 교수-학습을 위한 출발점을 정하기 위해 정보를 제공하는 것을 말한다. 맞춤형 정밀진단에서 '맞춤형'은 학습자마다 현재의 수행 수준과 양상이 다를 수 있으므로 각 학습자별로 현재 상태를 확인해야 한다는 의미를 담고 있다. '정밀진단'은 현재의 수행 수준과 양상을 구체적으로 확인해야 한다는 의미를 담고 있다. 출발점 정하기는 말 그대로 교수-학습활동을 시작하는 지점을 찾는 것이다.

2. 맞춤형 정밀진단과 출발점 정하기가 왜 중요한가

어떤 평가 결과를 진단 정보로 활용할 수 있는가의 여부는 그 결과가 제공할 수 있는 정보가 무엇인가에 달려 있다. 예컨대, 진단의 정밀성 정도, 즉 어떤 학생의 학업 수행 상태와 정도 진단은 다음 〈표 8-1〉과 같이 나누어 볼 수 있다.

〈표 8-1〉 수학 학습 진단의 정밀함 정도

진단 단계	진단 내용
1	학습부진 혹은 기초학력 미달
2	○○교과(예컨대, 수학) 학습부진, 수학기초학력 미달
3	○○교과 ○○단원(예컨대, 도형) 학습부진, 기초미달
4	도형 중 삼각형 학습부진
5	삼각형 중 이등변삼각형 내용 이해 부진
6	개념은 이해하지만, 이등변삼각형의 성질 적용 부진
7	문제 해결 과정에서 양 각과 두 변의 길이가 같다는 성질을 적용 못함

〈표 8-1〉에서 1~7단계 진단 내용 모두가 전혀 진단을 하지 않은 경우에 비하면 유용할 수 있다. 하지만 학습(이 경우엔 수학교과 학습)에 어려움을 겪고 있는 학생을 진단해야 하는 이유는 어떤 내용을 효과적으로 지도하기 위해 무엇을 어떻게 시작해야 하는가에 관한 의사결정을 내리는 데 필요한 정보를 얻기 위해서이다. 이러한 목적에 가장 유용한 정보로는 어느 단계 정보가 가장 유용할까?

이 질문에 답하기 위해서는 먼저 교수-학습 상황의 특징을 명확히 인식해야 한다. 어떤 학생에게 어떤 내용을 가르치는 상황은 항상 시간과 장소, 내용의 구속을 받는 구체적인 상황이다. 즉, 일반적인 의미에서의 '수학을 가르친다'는 상황은 존재하지 않는다. 왜냐하면 가르치고 배울 내용 소재로서의 '수학'이란 것은 없기 때문이다. 단지 수학 교과의 각 단원별 내용이 있을 뿐이다. 그렇다고 수학 단원 중, 예컨대 도형을 가르치는 상황도 존재하지 않는다. 왜냐하면 '도형'의 개념을 가르치지 않는 이상 도형 일반을 가르치는 경우는 매우 드물고, 대부분은 도형의 하위 영역인 삼각형, 사각형, 원 등을 가르친다. 각 도형 영역 안에서도 마찬가지로, 삼각형, 사각형 자체를 가르치는 경우보다, 예컨대 삼각형이나 사각형의 개념, 성질, 넓이 등을 가르치는 경우가 대부분이다. 요컨대, 특정 학습자에게 어떤 내용을 가르치는 상황은 언제나 구체적인 내용, 그것도 대부분 세부적인 수준에서의 내용(지식, 기술, 개념, 원리 등)을 다루는 상황이다. 따라서 해당 학습자에게 그 내용을 잘 가르치기 위해 필요한 정보를 얻기 위해서는 진단 역시 매우 구체적이어야 한다.

맞춤형 정밀진단이 필요한 이유는 학습자마다 현재의 수행 수준과 양상이 각기 다를 수 있기 때문이다. 예컨대, 다섯 명의 학생이 모두 도형에서 학습부진으로 평가 결과가 나올 수 있지만, 그중 몇 명은 이등변삼각형만, 또 몇 명은 원에 대해서만 학습부진을 보일 수 있다. 다섯 명 모두가 도형 학습부진이란 정보만 갖고 있다면 어디에서부터 무엇을 가르쳐야 할지 알 도리가 없다.

맞춤형 정밀진단이 필요한 가장 결정적인 이유는 최적의 교수 출발점을 찾아내기 위함이다. 예컨대, 〈표 8-1〉에서 아래 단계로 갈수록 교수 출발점을 찾기가 쉽다. 출발점 정하기와 관련해서 현재의 우리나라 교육과정 운영 방식을 먼저 이해할 필요가 있다. 주지하다시피, 현재 우리나라 교육과정은 나선형 교육과정 체제를 적용하고 있다. 이는 매 학년마다 이전 학년 내용을 심화, 확장한 내용으로 가르치고 배우도록 하는 체제를 말한다. 그런데 대부분의 현재 교과서에는 출발점을 잡기 위한 별도의 단계나 과정, 활동이 제시되어 있지 않다. 다만, 최근에서야 초등 수학 교과서에서만 사선 평가를 각 단원 앞에 제시하고 있을 뿐이다. 이는 이전 학년 교육과정 내용을 모든 학습자가 알고 있거나 기억하고 있을 것으로 전제하는 방식이다. 이전 학년 내용을 일정 기준 이상으로 습득하지 못한 학생들은 새 학년 내용을 곧바로 시작할 수 없음에도 불구하고 모든 학생에게 공통의 출발점을 설정해 놓은 셈이다. 이러한 상황에서 이전 학년도에 학습부진을 보인 학생은 당연히 다음 학년에서도 학습부진을 보이지 않을 수 없을 것이다.

맞춤형 정밀진단이 필요한 이유를 국어 영역을 대상으로 좀 더 살펴보기로 하자. 진단의 정밀성 측면에서 어떤 학생의 국어 영역 학업 수행 상태와 정도 진단은 다음 〈표 8-2〉와 같은 단계로 구분해 볼 수 있다.

〈표 8-2〉 국어 학습 진단의 정밀함 정도

진단 단계	진단 내용
1	학습부진 혹은 기초학력 미달
2	○○교과(예컨대, 국어) 학습부진, 국어기초학력 미달
3	글자 읽기, 어휘, 독해, 쓰기 학습부진 혹은 기초미달
4	읽기 중 한글 낱글자 읽기 학습부진
5	한글 낱글자 중 받침 글자 읽기 부진 혹은 불능
6	한글 종성 소리 중 'ㅋ' 'ㅍ'에 해당하는 종성 소리 모름

국어 교과에서 학습부진 혹은 기초학력 미달을 보이는 학생을 지도해야 하는 교수자 입장에서 가장 필요한 진단 정보는 최소한 4단계 이후의 내용들일 것이다. 그 이전 단계

의 정보는 설사 안다고 해도 구체적인 지도 계획을 수립하는 데 실질적으로 유용한 정보를 주기 어렵다. 사실, 3단계 정보만 해도 매우 구체적이라 할 수 있다. 하지만 글자 읽기 부진을 보인다는 것을 설사 알았다고 해도 글자 읽기의 여러 측면 중 어느 부분에 어떤 형태로 어려움을 겪고 있는지, 어느 글자부터 지도해야 할지는 저절로 자명해지는 것이 아니라 교수자가 여러 가지 자료를 토대로 전문적으로 판단을 해야 한다.

이와 같이 맞춤형 정밀진단은 단순히 구체적인 정보를 얻기 위함보다는 실질적으로 교수–학습과정이 진행될 수 있도록 계획을 수립하는 데 유용한 정보를 제공하는 것에 궁극적인 목적이 있다.

✎ **심화 활동**　1

국가수준학업성취도평가 결과는 우수학력, 보통학력, 기초학력, 기초학력 미달 네 단계로 산출되고 있다. 이 평가는 맞춤형 정밀진단이라고 할 수 있는가? 어떠한 측면에서 그렇다 혹은 아니다라고 말할 수 있는가?

_____

_____

_____

3. 기존 진단 분석하기

1) 기초학력–진단보정시스템

(1) 시스템 개요

맞춤형 진단 시도와 가장 가까운 것 중 하나로는 기초학력–진단보정시스템을 들 수 있을 것이다. 이것은 학기 초 기초학력 진단검사 혹은 교사의 판단에 따라 기초학력 미달로 판정된 학생들이 해당 학년 5개 교과(국어, 사회, 수학, 과학, 영어)의 하위 학습내용 영역에서 학습 능력이 얼마나 향상되었는지, 기초 읽기, 쓰기, 셈하기 능력은 어느 정도인지를 진단해서 맞춤형으로 지도할 수 있도록 교사들에게 필요한 정보를 제공할 목적으로 개발된 시스템이다. 이를 위해 단계형 검사도구와 연계된 보충 학습·지도 자료를 제공함으로써, 지도-진단-처방지도의 순환적 시스템이 원활히 이루어질 수 있도록 하고 학습의 누적적 결손을 방지하는 데 주 목적을 두고 있다.

대상 학년은 초등학교 3~6학년, 중학교 1~3학년이다. 대상 학생은 기초학력 진단검사의 경우 전체 학생 또는 교사 추천 학생이고, 기초학력 향상도검사의 경우에는 진단검사에서 기초학력 미달로 판명된 학생 또는 교사 추천 학생이다. 진단 대상 교과로는 3R's의 경우 읽기, 쓰기, 셈하기이고, 기초학력 진단검사, 기초학력 향상도검사는 모두 국어, 사회, 수학, 과학, 영어 5개 교과이다. 문항 수는 3R's의 경우 단답형, 선다형 25문항, 초등학교 4~6학년은 선다형 25문항, 중학교 1~3학년은 선다형 30문항이다. 검사 시기는 기초학력 진단검사의 경우 3월 중 학교에서 자율 시행하고, 기초학력 향상도검사는 시·도별 검사 기간 내에 학교에서 자율 시행한다.

보충 학습·지도 자료 '늘품이'는 교사의 지도 아래 학생이 학습할 수 있는 교수-학습 자료이다. 이 자료는 각 문항과 연계하여, 해당 문항을 풀기 위해 필요한 핵심 개념(필수 학습요소) 및 보충 문항을 포함하고 있다. 구체적으로, 3R's로는 읽기, 쓰기, 셈하기, 초등학교 2학년은 국어, 수학, 초등학교 3학년은 국어, 수학, 초등학교 4~6학년은 국어, 사회, 수학, 과학, 영어, 중학교 1~3학년은 국어, 사회①, 사회②, 역사①, 역사②, 수학, 과학, 영어를 대상으로 자료가 개발되어 있다. 이 밖에 무학년 지도자료로는 수학 단계별 연산 학습 자료(1권, 2권), 국어 단계별 읽기이해 자료(1권, 2권), 알파벳 지도자료 등이 있다.

진단 결과표에는 학생용의 경우 교과별·하위 영역별로 도달/미도달 여부, 각 문항의 정답 여부, 각 문항의 평가요소 등을 제공하고, 학교장용에는 교과별, 학급별, 학년별 도달/미도달 비율을, 학교통계용에는 응시생들의 응시 결과 리스트(엑셀파일)를 제공한다.

기초학력-진단보정시스템 활용 절차는, 첫째, 기초학력 진단검사 또는 기초학력 향상도검사 시행 후, 개인별 진단 결과표에서 미도달 교과 및 미도달 하위 학습내용 영역을 확인한다. 둘째, 미도달 교과의 문항별 정답 여부에서 틀린 문항을 확인한다. 셋째, 학생이 틀린 문항들 중 전체 정답률(%)이 높은 문항의 번호를 확인하여, 보충 학습·지도 자료 '늘품이'의 교과 목차에서 관련 문항번호를 찾는다. 즉, 학생이 틀린 문항들 중 전체 정답률이 가장 높은 문항의 '늘품이' 카드부터 학습할 수 있도록 지도한다. 다음 [그림 8-1]은 기초학력-진단보정시스템의 흐름도를 나타낸 것이다.

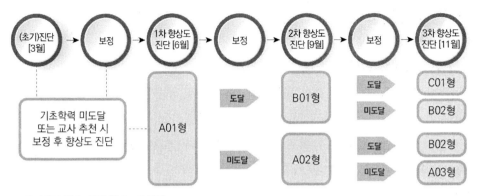

※ 초기진단 단계: 이전 학년 교육과정
※ 향상도진단 단계: (A형) 이전 학년, (B형) 이전 학년 2학기~현 학년 1학기, (C형) 현 학년

[그림 8-1] 기초학력-진단보정시스템 흐름도

출처: 교육부(2019), p. 9.

(2) 맞춤형 진단으로서의 기초학력-진단보정시스템 평가

기초학력-진단보정시스템의 가장 큰 장점은 개입-반응접근(RTI) 틀을 유지하면서 단계적으로 평가와 그 평가 결과 반영을 반복하고 있다는 점이다. 즉, 학습자가 연속해서 기준에 도달하지 못하면 좀 더 강도가 높은 지도를 제공하는 시스템을 채택하고 있다. 두 번째 장점은 각 문항별 오류 여부를 확인하여 지도에 반영하려 한다는 점이다. 비록 그 반영 방식이 전체 정답률을 고려하는 다소 흥미로운 방식이긴 하지만, 어쨌든 개별 문항의 오류 여부를 확인한다는 점에서는 점수를 줄 만한다.

그렇지만 아쉬운 점도 없지 않다. 첫째, 맞춤형 지도의 내용을 구체적으로 확인하기 어려워 실제로 미도달 문항에 맞게 지도가 이루어질 것인가, 또 지도 내용이 어떤 근거와 형식으로 개발되었는가가 확실치 않다. 둘째, 비록 개별 문항의 오류를 고려한다고 하지만, 전체 문항 수가 많아야 30문항에 그치고 있어 지도가 필요한 구체적인 부분, 요소를 찾아내기에는 한계가 있을 것으로 보인다. 셋째, 연간 3회 정도의 진단으로는 맞춤형 진단 목적을 달성하기 어려워 보인다. 학습 어려움은 거의 매 시간 실시간으로 발생한다. 따라서 이 어려움에 대한 대처 역시 매우 역동적이고 실시간으로 이루어져야 한다. 거의 4개월마다 학습진전도를 점검해서 보충지도로는 맞춤형 지도라 부르기 어려울 것이다.

2) 한글 읽기 맞춤형 진단

(1) 한글 또박또박 진단검사 개요

한국교육과정평가원에서는 2019년부터 '한글 또박또박' 진단검사를 개발하여 온라인으로 검사를 실시할 수 있게 보급하고 있다. 이 진단검사의 특징은 기존의 국어 학력 진단검사나 읽기 진단검사와는 달리 한글 읽기 기능을 매우 세분화한 다음, 각 기능별 수행 정도를 확인하여 지도 지침을 제공하고 있다는 점에 있다. 〈표 8-3〉에 따르면, 이 검사에서는 한글 읽기 초기 단계 하위 요소로 기본모음, 기본자음, 다양한 자음, 복잡한 모음 등 총 10가지를 설정하고 있다. 검사는 가형과 나형의 동형검사 형태로 제작되어 있다. 검사 결과는 도달, 보충, 미도달 세 단계로 구분하는데, 도달은 모든 문항을 다 맞혀야만 주어진다. 오반응의 구체적인 내용이 제시되며, 각 오반응을 근거로 『찬찬한글』이라는 교재(김중훈, 정가희, 송푸름, 2017)의 어느 부분부터 시작해야 할지 구체적으로 안내해 주고 있다.

〈표 8-3〉 한글 또박또박 진단검사 검사 항목과 검사 결과 예시

검사 항목	가형 점수	도달 여부 (도달, 보충, 미도달)	오반응 (가형)	보충 교재 [찬찬한글] 연계 (각각 교사용과 학생용 제공)
1. 기본 모음	7/10	미도달	여, 유, 어	1단원 배움 1~7
2-1. 기본 자음	6/9	미도달	라, 하, 나	2단원 배움 8~12
2-2. 다양한 자음	7/9	보충	카, 짜	2단원 배움 8~12
3. 복잡한 모음	2/8	미도달	외, 위, 에, 애, 워, 왜	4~5단원 배움 15~20
4. 자모 낱말(의미)	4/6	미도달	휴지, 배추	3단원 배움 13~14
5. 자모 낱말(무의미)	3/6	미도달	호무, 라보, 너기	3단원 배움 13~14
6. 대표 받침 글자	4/7	미도달	각, 갑, 감	6~7단원 배움 21~26
7. 대표 받침 낱말(의미)	5/6	도달	얼굴	6~7단원 배움 21~26
8. 복잡한 받침 낱말(의미)	2/6	미도달	낳다, 동녘, 가마솥, 벚꽃	8~9단원 배움 27~33
9. 대표 받침 낱말(무의미)	1/6	미도달	미놉, 루혼, 커봇, 금닥, 주받	6~7단원 배움 21~26
10. 쓰기	12/12	도달		3~10단원 배움 13~24

도달 여부별 의미	1. 한글 해득(도달): 모든 항목에서 우수하게 정반응하였습니다.
	2. 한글 해득(보충): 한글을 해득하였으나, 일부 항목에서 보충이 필요합니다.
	3. 한글 미해득: 여러 항목에서 오반응을 하였습니다. 체계적인 보충 교육이 필요합니다.

(2) 맞춤형 진단으로서의 '또박또박 한글' 진단검사 평가

또박또박 한글 진단검사의 첫 번째 장점은 한글 읽기 초기 단계의 기능을 매우 상세하게 분류하고 있다는 점이다. 이는 구체적으로 한글 입문기 한글 낱글자 읽기를 지도해야 하는 교사 입장에서는 출발점을 어디로 잡을 것인가에 관해 매우 구체적인 정보를 줄 수 있다는 점에서 매우 유용한 진단방식이라 할 수 있다. 두 번째 장점은 각 하위 영역별 진단 결과별로 『찬찬한글』 교재의 어느 부분부터 시작하면 되는지를 구체적으로 안내해 주고 있다는 점이다. 이는 다른 진단 도구에서는 거의 제공하지 있지 않은 기능이다. 세 번째 장점은 진단 결과를 근거로 해당 기능 도달 여부를 확실하게 판정해 주고 있다는 점이다.

심화 활동　2

기초학력–진단보정시스템과 또박또박 한글 진단 이외의 진단 예시를 찾아보시오. 각각 어떤 특징들을 갖고 있는가? 장단점은 무엇인가? 이러한 사례를 통해서 맞춤형 진단이 갖추어야 할 요건은 무엇이라고 생각하는가?

---

3) 기존 진단의 시사점

기존 진단 사례에서 보았듯이 맞춤형 진단이 성공적으로 이루어지려면 다음 사항들이 충분히 고려되고 반영되어야 할 것으로 보인다.

첫째, 맞춤형 진단을 위해서는 지도하고 평가하고자 하는 기능, 능력을 최대한 상세하게 추출해야 한다. 지도와 평가 목적 중에서는 특히 지도 목적에 더 주안점을 두어 진단하고자 하는 항목을 상세하게 추출해 내야 한다. 왜냐하면 지도를 위해서는 반드시 구체적인 하위 요소 기능별로 접근할 수밖에 없기 때문이다. 비유하자면, 한글 읽기를 지도할 때 '한글'이라는 어떤 덩어리를 전체적으로 그리고 곧바로 지도할 수 없다. 반드시 한글의 특정 요소, 예컨대 모음 읽기나 자음 읽기, 혹은 무받침 낱글자 읽기 등 구체적인 기능이나 요소를 지도할 수밖에 없다.

둘째, 진단 결과는 곧바로 지도를 어디에서부터 어떻게 해야 하는지를 구체적으로 안내하는 것까지 연계되어야 한다. 그래서 맞춤형 진단 서비스를 이용하는 사람들은 진단 결과를 얻는 동시에 지도에 사용할 교재와 그 교재의 어느 부분부터 시작해야 하는지를 알 수 있어야 한다.

셋째, 둘째 시사점으로부터 자연스럽게 도출되는 사항은 맞춤형 진단을 위해서는 맞춤형 진단 결과에 근거하여 곧바로 지도를 할 수 있는 지도용 프로그램이나 교재가 구비되어 있어야 한다는 점이다. 즉, 진단 자체에만 머물러서는 안 되고, 그 진단 결과에 따라 즉시 지도 행위를 할 수 있는 지도 자료가 실제로 구비되어 있어야 한다.

넷째, 맞춤형 진단 도구는 최소한의 측정학적 요건, 즉 신뢰도와 타당도를 갖추어야 한다.

4. 맞춤형 정밀진단 영역

학습에 어려움을 겪는 학습자를 대상으로 한 맞춤형 정밀진단은 마치 의사가 병이나 질환의 원인과 위치를 정확히 파악하여 그곳에 맞는 처방을 내리듯이 접근해야 한다는 뜻이다. 그러면 학습부진 및 학습장애 학생들은 구체적으로 어느 영역에서 지원을 필요로 할까? 〈표 8-4〉는 학습부진 및 학습장애 학생의 주요 진단 및 지원 필요 영역을 나타낸 것이다. 이 중 어느 영역에 어느 정도의 비중을 두어 지원할 것인가는 학습자에 따라 다를 것이다. 하지만 그중에서도 필수적이고 기본적인 학습기능이나 인지처리과정 역량 향상에 가장 역점을 두어야 한다.

〈표 8-4〉 맞춤형 정밀진단 영역

대영역	중영역	소영역
인지영역	한글 읽기	• 한글 소리 인식(재생, 변별, 기억, 합성, 분리 등)하기 • 한글 자모음과 대응하는 소리 유창하게 인식하고 조작하기 • 각 자모음의 모양, 소리, 입모양 일치시키기 • 한글 낱글자, 단어, 문장 유창하게 읽기
	문해 능력	• 발달(학년)단계에 맞는 어휘 알기(읽고, 쓰고, 듣고 이해하고, 사용하기) • 독해(문장, 단문, 문단, 긴 지문 읽고 내용 이해) • 중심문장 찾기, 요약하기, 추론하기, 대명사 알기, 시간적 순서 파악하기, 사실과 의견 구분하기, 내용의 진위 파악하기 등
	쓰기 능력	• 글자 재생하기 • 철자 쓰기 • 작문하기
	셈하기	• 수감각, 수개념 형성하기(수의 비교, 사물과 수 대응, 수 세기 등) • 단순 연산 자동화
	공부 방법	• 효과적인 공부방법 익히기
정서 · 행동 · 환경 영역	(학업)자존감	• 작은 성공 경험 누적을 통해 학업 실패에 대한 두려움 극복하고 학업 자신감 갖기
	스트레스 대응력	• 불리한 주변 여건, 어려운 과제 속에서 끝까지 학습과제에 집중하기
	목표 의식, 학습동기	• 학습 흥미 및 목표 의식 강화시키기
	자아존중	• 고유한 존재로 인정해 주기
	안전, 소속 욕구	• 심리적, 신체적으로 안정감을 느낄 수 있게 하고 공동체 일원이라는 의식을 갖게 하기
	사랑, 수용 욕구	• 자신의 학습능력, 성적에 상관없이 고유한 존재로 인정받고, 수용받으며, 사랑받는 존재라는 느낌 갖게 하기
	가족의 지원	• 부모 및 기타 가족 구성원에 의한 직간접적 학습지원 및 심리 · 정서적 안정과 격려

출처: 이대식(2019), pp. 47-48.

〈표 8-4〉의 핵심 포인트는 진단이나 지원 영역의 수 자체보다 얼마나 개별 학습자의 요구를 잘 찾아내는가에 있다. 즉, 이른바 '핀 포인트 접근'을 통해 해당 학생 학습에 어려움을 야기하고 있는 기능이나 인지처리과정을 직접 겨냥하여 진단하고, 그 결과를 지도에 활용해야 효과적이다. 예컨대, 한글 읽기에서 중요한 것은 한글 자모음에 해당하는 음운을 알고 이를 적절하게 조작(혼합, 분리 등)하거나 쓸 수 있어야 한다. 이 기능이 형성되지 않으면 독해에 중요한 유창한 읽기 상태에 이르는 것이 어렵다. 이 기능 지도에 심리 · 정서 지원이 동반되면 도움이 되긴 하지만, 그런 지원 자체가 충분조건은 아니다.

5. 맞춤형 정밀진단과 출발점 정하기 절차와 방법

맞춤형 정밀진단과 출발점 정하기는 [그림 8-2]와 같은 사안들을 중심으로 진행한다. 각 사안별 세부적인 내용은 다음과 같다.

1) 목표에 이르는 단계 추출

맞춤형 정밀진단의 첫 번째 단계는 학습된 상태 혹은 학습목표에 이르는 단계, 요소 등을 추출하는 것이다. 이는 앞 장에서 다룬 학습된 상태 명료화를 통해서 어느 정도 다룰수 있다. 앞 장에서 이미 언급한 바와 같이 목표에 이르는 단계나 요소는 최대한 구체적으로 촘촘하게 추출해야 한다. 왜냐하면 학습장애 및 학습부진 학생들의 경우 일반 학생들에 비해 목표에 이르는 데 필요한 단계나 요소가 훨씬 많고, 각 단계별 진행에 다른 학생보다 상대적으로 더 큰 어려움을 겪을 수 있기 때문이다.

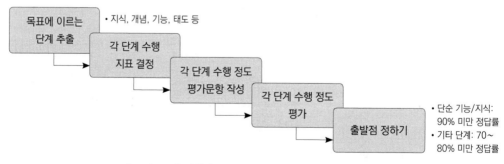

[그림 8-2] 맞춤형 정밀진단과 출발점 정하기 절차

목표에 이르는 단계나 요소의 범주에 최대한 다양하고 많은 하위 단계를 설정해야 한다는 점 역시 중요하다. 그렇지 않을 경우, 결국 교수-학습과정에서 교수자는 급하게 기존 계획 시에는 고려하지 않았던 혹은 고려하지 못했던 하위 단계를 구안해 내야 하기 때문이다. 예를 들어, 분모가 다른 두 분수의 덧셈과 뺄셈을 어려워하는 학생에게 공통분모를 구하는 방법을 하위 단계로 포함시키는 데 그쳐 버리면 공통분모를 구하고 난 다음 어떻게 해야 할지 모르거나 공배수를 잘 찾지 못하는 일이 발생할 경우 기존 계획으로는 이에 대처할 수가 없을 것이다. 따라서 하위 단계를 추출할 때에는 일단 가장 낮은 수준, 혹은 선수학습기능이 가장 부족한 경우를 전제로 하고 필요한 하위 요소나 단계를 추출해야 한다.

2) 각 단계 수행 지표 결정

학습된 상태 혹은 학습목표에 도달하는 데 필요한 하위 요소, 단계 등을 추출해 내고 나면 해당 요소나 단계를 얼마나 잘 수행하는지를 무엇을 보고 판단할 것인지, 즉 수행 지표를 무엇으로 할 것인지를 결정해야 한다. 수행 지표는 다음과 같은 요건을 갖추어야 한다.

첫째, 수행 지표는 명료해야 한다. 누구든지 수행 지표를 보면, 무엇을 어떻게 평가하는지 명료하게 이해할 수 있어야 한다.

둘째, 수행 지표는 객관적이고 관찰 가능해야 한다. 예를 들어 '어휘 알기' 교육목표의 도달 여부는 무엇으로 어떻게 평가할 것인지 최소한 교수자는 수업 전에 알고 있어야 한다.

셋째, 수행 정도는 가급적 수량으로 표시할 수 있어야 한다. 그래야 수업 전후 비교와 데이터 구축에 유리하다.

넷째, 수행 지표의 예시를 반드시 한두 개는 제시해야 한다. 이 지표는 대개 문항일 수도 있다.

3) 각 단계 수행 정도를 평가할 문항 개발

각 단계 수행 지표가 결정되면 각 단계 수행 정도를 평가할 문항을 개발한다. 각 단계별로 몇 개의 문항으로 수행 정도를 알아볼 것인가를 결정해야 한다. 개별 단계의 범위가 넓으면 복수의 문항을 개발해야 한다. 범위가 좁다고 해도 검사의 신뢰성을 위해 단계당 최소한 3~5개의 문항이 필요하다.

4) 각 단계 수행 정도 평가

각 단계별 수행 정도 평가는 가급적 짧은 시간(10분 이내)에 간편하게 진행하는 것이 적절하다. 수행 정도 평가는 대체로 개별적으로 실시하는 것이 적절하다. 왜냐하면 경우에 따라서는 평가 대상자의 반응을 구체적으로 확인하거나 왜 그렇게 응답했는지를 확인해야 하는 경우도 있기 때문이다.

각 단계 수행 정도는 완전학습 기준에 맞추어 도달인지, 미도달인지 여부를 확실하게 판정해 주어야 한다. 대략 단순 기능일 경우에는 100% 정답률에 이르지 못하면 미도달로 판정한다. 그 이외의 요소나 기능에 대해서도 가급적 80~90% 정답률을 도달 기준으로 삼는 것이 적절할 것이다.

5) 출발점 정하기

맞춤형 정밀진단의 중요한 목적은 수행 정도와 양상을 정확하게 파악하는 것에도 있지만, 교수-학습과정을 시작할 출발점을 정하기 위해서이다. 교수-학습과정을 시작할 지점은 지도할 내용이 단순 기능이나 지시인지 아니면 원리의 적용과 같이 다소 상위 수준인지에 따라 그 기준을 달리 할 수 있다. 또한 수행 정도를 평가하기 위한 문항의 수에 따라서도 달라질 수 있다. 대체로 문항 수가 적으면 100%에 가까운 정답률을, 많으면 90%에 가까운 정답률을 출발점 선정 기준으로 삼는다. 통상적으로 단순 기능이나 지식의 경우에는 정답률이 90%에 이르지 못하면 해당 부분부터 지도가 필요한 지점으로 선정하는 것이 좋다. 그 이하의 습득률을 보일 경우 단순 기능이나 지식을 적용하거나 기반으로 해야 하는 상위 수준의 내용 학습에 큰 어려움을 겪을 수 있기 때문이다. 보다 상위 수준의 내용이나 복잡한 내용에 대해서는 70~80% 정도의 정답률만 보여도 다음 단계로 진행할 수 있을 것이다. 하지만 다음 단계에서의 원활한 학습을 위해서는 80% 이상의 정답률을 기준으로 삼는 것이 바람직하다(Stein, Kinder, Silbert, & Carnine, 2006).

6) 지도 자료 연계

일단 맞춤형 진단 결과가 나오면, 진단 결과별로 구체적으로 어느 교재의 어느 부분부터 시작해야 하는지에 대한 구체적인 안내를 제공해 줄 수 있어야 한다.

6. 맞춤형 정밀진단의 예시 1

지금까지 언급한 기준과 절차, 방법에 따라 맞춤형 정밀진단 예를 제시해 보기로 한다. 예시 영역은 수학의 나눗셈이다.

1) 학습부진 실태 분석

[그림 8-3]은 어느 학생의 수학 문제 수행 상황이다. 이 학생의 수행 정도를 참고하여 맞춤형 진단을 해 보기로 한다.

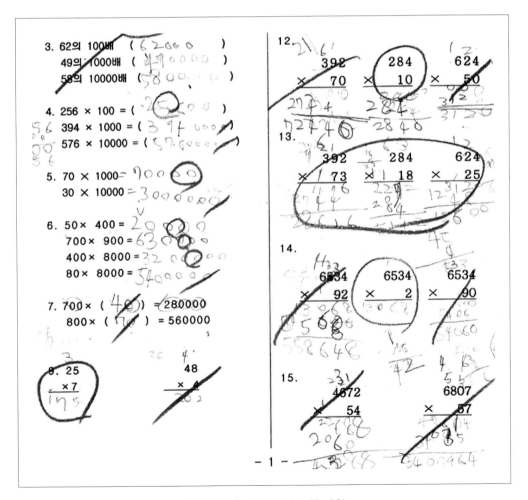

[그림 8-3] 수학 곱셈 수행 상황

주어진 자료에 따르면, 이 학생의 수학 부진 상태는 〈표 8-5〉와 같이 분석 가능하다. 우선, 전체적으로 봤을 때 매우 치열하게(?) 곱셈 문제를 풀었지만, 결과는 왼쪽과 오른쪽 각각 37.5%, 45%로 명백하게 최소한 수학 학습부진을 보이고 있다.

〈표 8-5〉 수학 곱셈 수행 맞춤형 진단 예시

분석 영역	분석 결과
전체적인 수행 상황	• 왼쪽: 총 16문제 중 6개를 맞혀 정답률은 37.5% • 오른쪽: 총 11문제 중 5개를 맞혀 정답률은 약 45% • 종합 판단: 수학 학습부진
긍정적인 특성	• 모든 문제를 해결하려 노력함 • 곱셈 구구 자체는 할 수 있음 • 여러 자릿수 곱하기 두 자릿수 곱셈 절차와 방법을 잘 알고 있음 • 오른쪽의 12번에서처럼 끝의 수가 0인 수와의 곱셈도 잘함

오류 특성	• 왼쪽
	  – '○○의 몇 배' 계산 시 정확하게 0을 하나씩 더 붙이고 있음
	  – 4번 이하 많은 오류는 0을 하나 더 붙였기 때문에 발생하고 있음
	  – 6번에서 8×8을 54로, 9번 문제에서 8×4를 42로 잠깐 혼동한 것으로 보임. 전체적으로 8단 구구셈에 오류가 보임
	• 오른쪽
	  – 12번 첫 번째 문제에서는 단순히 27을 72로 혼동
	  – 12번 세 번째 문제에서는 624×50 결과를 한 칸 오른쪽으로 밀려서 적음. 이는 5×4=20의 0과 50의 0이 겹쳐서 혼동한 결과로 보임
	  – 14번 첫 번째 문제에서는 3×9=27에 받아올렸던 3을 더하지 않음. 5×9=45에 받아올렸던 3을 더하지 않음. 6×9에 받아올렸던 4를 더하지 않음. 4×9 결과를 처음에는 3, 다음에는 8로 쓴 이유는 추가로 확인, 관찰 필요함
	  – 14번 세 번째 문제에서는 5×9 단계를 빼먹음
	  – 15번 첫 번째 문제에서는 4×4=16에 받아올린 2를 더하면 18로 적어야 하는데 22로 잘못 적음. 5×6에 받아올린 3을 더하는 것을 잊어버림. 5×4에 받아올린 3을 더하는 것 잊음
	  – 15번 두 번째 문제에서는 7×7을 7+7로 계산함. 곱셈 결과를 더할 때 자릿수 맞추기 실패함
	• 오류 분석 종합: 시각적 주의력과 일부 곱셈 구구, 특정 절차 생략, 자릿수 맞추기 등에서 불규칙하게 오류가 발생하고 있음

지도계획 수립 시 고려할 사항	• 시각적 주의집중에 어려움을 겪고 있음. 특히 비슷하거나 동일한 글자가 반복해서 나올 때(예컨대, 0이 여러 번) 정확한 횟수 파악에 어려움이 있음. 0을 덜 붙이거나 2개 이상씩 더 붙이지 않고 하나씩만 더 붙이는 이유를 정밀하게 분석할 필요가 있음 • 0의 개수를 정확히 세는 연습 필요 • 자릿값에 맞게 계산 결과를 배열하는 연습 필요 • 오류를 보이는 곱셈 구구(예컨대, 8단) 숙달도 향상 필요 • 여러 단계에 걸쳐 계산을 해야 할 경우 어느 단계를 빼먹지 않도록 하는 전략 사용 방법을 지도할 필요가 있음 • 계산 결과 어떤 숫자를 받아올릴 때 그 숫자를 보다 명료하게 기록하는 방법과 습관을 들이게 할 필요가 있음 • 동일한 유형의 문제를 여러 개 한꺼번에 풀도록 하기보다는 조금씩 나누어서 풀도록 할 필요가 있음

2) 목표에 이르는 요소 기능 추출

(1) 목표 도달 상태

학습자가 성공적으로 학습해서 도달해야 할 목표 상태는 다음 〈표 8-6〉과 같다.

〈표 8-6〉 영역별 목표 도달 상태

영역	목표 도달 상태
두 자릿수 이상의 수와 몇 십 혹은 몇 백 곱하기	• 두 자릿수 수 곱하기 몇 십, 몇 백, 몇 천 배 정확히 표기하기(예: 62의 100배 → 6,200) • 몇 십 곱하기 몇 십, 몇 백, 몇 천, 몇 만 결과 정확히 표기하기(예: 70×10,000)
세 자릿수 혹은 그 이상의 수와 일의 자리 0을 포함한 두 자릿수 수 곱하기	• 모든 곱셈 단계를 정확히 수행하고, 그 결과를 정확하게 더해서 최종 정답을 신속하게 도출

(2) 목표에 이르기 위한 요소 기능 추출

앞의 표에서 드러난 지도영역은 여러 자릿수의 수끼리 곱셈을 빠르고 정확하게 할 수 있는 것과 관련된 하위 기능들이다. 여러 자릿수 수끼리의 곱셈 하위 단계를 추출하면 대략 다음 〈표 8-7〉과 같다. 표에서 왼쪽 3학년 칸은 우리 교육과정과 맞지 않기 때문에 그냥 수준이나 단계 개념으로 이해하면 될 것이다.

〈표 8-7〉 여러 자릿수 수끼리의 곱셈 하위 요소

학년	문제 유형	수행 지표			현재의 수행 상태
3b	**세 자릿수 수 곱하기 몇 십 혹은 몇 백**	92×70=	284×20=	624×500=	**일부 0의 처리에 오류 보임**
3c	한 자릿수 수 곱하기 두 자릿수 수: 받아올림 있음	35 ×5	43 ×9	17 ×2	일부 곱셈 구구(8단)에서 불완전
3d	한 자릿수 수 곱하기 두 자릿수 혹은 세 자릿수 수 곱하기: 가로셈	5×35=	9×34=	7×56=	문제 없어 보임
4a	한 자릿수 수 곱하기 세 자릿수 수 곱하기	758 ×2	364 ×5	534 ×9	연속해서 받아올림 해야 할 경우 간혹 생략
4b	한 자릿수 수 곱하기 세 자릿수 수 곱하기: 십의 자릿수가 0	405 ×3	302 ×5	105 ×9	이에 해당하는 문제가 없어서 추가로 확인 필요
4c	한 자릿수 수 곱하기 세 자릿수 수 곱하기: 가로셈	352×9=	7×342=	235×5=	연속해서 받아올림 해야 할 경우 간혹 생략
4d	두 자릿수 수 곱하기 두 자릿수 수	37 ×25	26 ×52	34 ×25	십의 자릿수 숫자를 곱할 때 받아올리는 숫자 처리와 자릿값 맞추는 데 간혹 오류
4e	한 자릿수 수 곱하기 세 자릿수 수	324 ×29	343 ×95	423 ×29	십의 자릿수 숫자를 곱할 때 받아올리는 숫자 처리와 자릿값 맞추는 데 간혹 오류

출처: 이대식, 강옥려 공역(2017), p. 193. 굵은 글씨 부분은 저자 삽입 부분.

여러 자릿수 수끼리의 곱셈에 필요한 첫 번째 요소 기능은 두 자릿수 수 곱하기 한 자릿수 수이다(3c). 이 하위 요소 기능의 핵심은 첫 번째 곱셈에서 받아올리는 수가 있을 때 두 번째 곱셈 결과에 이 수를 잊지 않고 정확하게 더하는 것이다. 한 자릿수 수 곱하기 한 자릿수 수 역시 중요한 하위 요소 기능이다. 이 요소 기능은 두 번 연속해서 받아올림을 해야 하는 경우를 대비하기 위한 기술이다. 세 번째 요소 기능은 가운데 0이 있는 곱셈이다. 가운데 0이 있는 수끼리의 곱셈에서 학습에 어려움을 느끼는 학습자가 특히 어려워하는 경우는 곱한 결과 도출된 숫자가 0으로 끝날 때이다. 네 번째 요소 기능은 여러 자릿수 수에 두 자릿수 이상의 수를 곱하는 것이다. 이 요소 기능이 중요한 이유는 위의 수나 앞의 수에 십의 자릿수를 곱하고 그 결과를 쓰는 방법을 알고 있어야 하기 때문이다. 다행히 예시에서 제시한 학습자의 경우 이 부분은 큰 문제가 없어 보였다. 다섯 번째 요소기능은 곱하는 수의 십의 자리나 일의 자리에 0이 있는 경우이다. 이 요소기능이 중요한 이유는 곱하는 수가 0일 경우 계산 결과에 0을 하나 기입하고 다음 수를 곱한 결과를 써야 하기 때문이다.

한편, 분석대상 학생의 경우 단순히 곱셈연산에서만 오류를 보이는 것이 아니라 각 단계별 곱셈 연산을 한 후 그 결과를 합산하는 과정에서 자릿값을 잘못 맞추는 오류도 보이고 있다.

3) 각 단계나 요소의 수행 지표 결정

여러 자릿수 수끼리의 곱셈의 각 단계별 수행 지표는 〈표 8-7〉의 예시 문제를 사용한다.

4) 각 단계 수행 정도를 평가할 문항 개발

수행 지표와 마찬가지로 〈표 8-7〉의 수행 지표 칸 예시 문제를 사용한다.

5) 각 단계 수행 정도 평가

각 단계별 수행 정도 평가는 단계별로 3~5개의 문항을 동형으로 제작하여 제시한다. 제한 시간 없이 각 문제를 해결하는 데 소요된 시간을 기록하되, 연속해서 3단계 문제를 풀지 못하면 평가를 중단한다. 평가 결과는 전체 문항 대비 맞게 푼 문항 비율과 각 단계 내 정답률을 모두 산출한다.

6) 출발점 및 지도 요소 정하기

문항 수가 많은 경우 90% 이상, 적은 경우에는 100%의 정답률이 미치지 못하는 지점, 단계를 교수-학습 출발점으로 설정한다. 분석대상 학습자의 경우 먼저 두 자릿수 수 곱하기 몇 십 혹은 몇 백 연산에서 0의 개수를 정확히 처리하는 연습을 시킬 필요가 있다.

또한 연속해서 받아올림이 필요한 곱셈, 곱하는 숫자의 일의 자리에 0이 있는 수의 곱셈 등을 보다 정확하고 신속하게 수행할 수 있는 전략이나 방법을 찾아 연습할 수 있도록 해야 한다. 오류 분석 결과를 토대로 지도 요소를 대체적인 지도순서에 따라 제시해 보면 〈표 8-8〉과 같다. 결국, 분석 대상 학생의 경우 곱셈 구구와 곱셈 절차 자체에 대해서는 대체로 잘 알고 있고 또 잘 수행하고 있기 때문에, 그 과정에서 문득문득 발생하는 오류를 수정하는 데 지도의 초점을 맞추는 것이 중요하다.

〈표 8-8〉 맞춤형 진단 결과 파악된 지도 대상 요소 기능

단계	지도 대상 요소 기능
1	곱셈 구구 8단, 7단 일부(7×7)
2	세 자릿수 수 곱하기 몇 십, 몇 백, 몇 천, 몇 만에서 0의 개수 정확하게 쓰기
3	세 자릿수 수 곱하기 몇 십(624곱하기 50처럼 위의 숫자 일의 자리와 아래 숫자 십의 자리 곱셈 결과 0이 나오는 숫자와의 곱셈)
4	네 자릿수 수 곱하기 두 자릿수 수 곱셈 과정에서 받아올림 숫자 정확히 처리하고 곱셈 결과를 자릿값을 잘 맞추어 더하기 • 곱셈 후 받아올릴 숫자 명료하게 표시하기 • 곱셈 후 일의 자리에 받아올린 숫자 더하기 • 일의 자리 숫자와 곱한 결과와 십의 자리 숫자와 곱한 결과 자릿수 잘 맞추어 더하기

7. 맞춤형 정밀진단의 예시 2

이번 예시 영역은 국어의 읽기이해 부분이다.

1) 학습부진 실태 분석

[그림 8-4]는 어느 초등학생의 국어 문제 수행 상황이다. 이 학생의 수행 정도를 참고하여 맞춤형 진단을 해 보자. [그림 8-4]에 따르면, 이 학생의 국어 읽기이해 부진 상태는 다음 〈표 8-9〉와 같이 분석 가능하다. 우선, 전체적으로 봤을 때 모든 문제를 시도했지만, 총 7개 문제 중 3개를 맞혀 정답률이 40%에 그치고 있으므로 국어 읽기이해 부진으로 판단할 수 있다.

읽기 4-2

7. <보기>의 (　　)에 공통으로 들어갈 말로 알맞은 것은 어느 것입니까? ·································· (　　)

─── <보 기> ───
• 나는 겉옷을 옷걸이에 (　　).
• 형석이는 친구에게 전화를 (　　).
• 경미는 할아버지와 오솔길을 (　　).

① 걸었다　② 뛰었다　③ 주웠다　④ 던졌다

※ 다음 시를 읽고, 물음에 답하시오(8~9).

샘물이 혼자서 춤추며 간다.
산골짜기 돌 틈으로

샘물이 혼자서 웃으며 간다.
험한 산길 꽃 ㉠사이로

하늘은 맑은데 즐거운 그 소리
산과 들에 울려온다.

8. 밑줄 친 ㉠'사이'와 같은 뜻으로 쓰인 것은 어느 것입니까? ·································· (　　)
① 바빠서 편지 쓸 사이도 없다.
② 학교와 집 사이에 도서관이 있다.
③ 준호와 진경이는 서로 사이가 좋다.
④ 눈 깜짝할 사이에 어디론가 가버렸다.

9. 위 시의 내용으로 알맞은 것은 어느 것입니까?
·································· (　　)
① 아이가 샘물 앞에서 춤을 춘다.
② 맑은 하늘이 샘물을 보며 노래한다.
③ 샘물이 산골짜기로 즐겁게 흘러간다.
④ 꽃이 샘물을 따라 웃으며 떠내려간다.

10. 다음 글을 읽고, 주장에 대한 근거가 적절하지 않은 문장을 찾아 쓰시오.

일기 검사를 하는 것에 반대합니다. 첫째, 비밀이 지켜지지 않습니다. 둘째, 부끄럽거나 잘못한 일은 안 쓰게 됩니다. 셋째, 친구들과 친하게 지낼 수 있습니다. 넷째, 없었던 일을 꾸며 쓸 수도 있습니다.

네개 업 없던일 을꾸미면안됀다〉

※ 다음 글을 읽고, 물음에 답하시오(11~12).

나무는 사람들에게 많은 이로움을 줍니다. ㉠비가 오면 빗물을 저장해 두어, 홍수와 가뭄을 막아 줍니다. 또 ㉡나무의 잎과 열매는 차와 약의 재료로도 쓰입니다. 나무의 그늘은 여름날 무더위를 식혀 줍니다. ㉢도시의 가로수는 자동차의 매연으로 더러워진 공기를 맑게 해 줍니다. 하지만 우리가 잘 돌보지 않아 나무들이 점점 사라지고 있습니다. 그래서 공해나 홍수와 같은 문제가 │나타나고│ 있습니다. ㉣이제는 우리가 나무를 더 아끼고 잘 가꾸어야 합니다.

11. 밑줄 친 ㉠~㉣ 중에서 글쓴이의 의견을 나타낸 문장은 어느 것입니까? ·································· (　　)
① ㉠　　② ㉡　　③ ㉢　　④ ㉣

12. │나타나고│와 반대의 뜻을 가진 낱말을 위 글에서 찾아 쓰시오.

(안 나타내다)

13. 다음 중 새와 부리의 모양을 알맞게 짝지은 것은 어느 것입니까? ·································· (　　)

새는 먹이를 먹기에 알맞은 부리를 가지고 있다. 참새는 땅바닥에 떨어진 곡식을 먹기 쉽게 짧고 튼튼한 부리를 가지고 있다. 오리는 주걱처럼 넓적한 부리를 가지고 있어서 물 속에 있는 먹이를 쉽게 잡아먹을 수 있다. 독수리는 죽은 동물을 뜯어먹기 쉽게 날카로운 부리를 가지고 있다. 동박새의 부리는 뾰족하여 꿀을 빨아먹기에 알맞다.

	새	부리의 모양
①	참새	길다
②	오리	날카롭다
③	독수리	넓적하다
④	동박새	뾰족하다

[그림 8-4] 초등학생의 국어 읽기이해 문제 수행 상태

〈표 8-9〉 읽기이해 수행 맞춤형 진단 예시

분석 영역	분석 결과
전체적인 수행 상황	• 총 7문제 중 3개를 맞혀 정답률은 약 43% • 종합 판단: 국어 읽기이해 부진
긍정적인 특성	• 모든 문제를 해결하려 노력함 • 글을 읽으며 밑줄을 치면서 읽으며 내용에 집중하려는 태도를 보임 • 글자 쓰기가 띄어쓰기를 제외하면 양호한 편임
오류 진단	• 7번: '공통으로 들어갈 말'이란 지시어 이해 안 됨. 지시어 이해 여부, 지시어에 주목하는지 여부 확인 필요 • 9번: 중심 내용 이해 미흡. 글의 요지 파악 훈련 필요 • 10번: 지시어 이해 여부, 주어진 문장 이해 여부 확인 필요 • 12번: 지시어 이해 여부 확인 필요 • 오류가 발생한 9번 포함하여 고르는 문제에는 3번이나 4번을 택함. 11번과 13번도 확실히 정답을 알고 선택했는지 확인 필요
지도계획 수립 시 고려할 사항	• 지시문 이해 여부 확인하고 지시문 이해 방법 지도 • 지시문을 주의 깊게 읽고 문제를 푸는 습관 형성 • 정답을 모를 때 답 추측하는 방법 지도 • 글의 요지 파악 방법 지도 • 주요 어휘(공통으로 들어가는, 근거가 적절하지 않은, 반대의 뜻을 가진)의 의미 지도

2) 목표에 이르기 위한 요소 기능 추출

(1) 목표 도달 상태

[그림 8-4]에서 평가하고자 하는 국어 능력은 글을 읽고 그 내용을 이해하는 것, 문장이나 단어의 뜻을 읽고 그 뜻을 아는 것 등이라 할 수 있다. 구체적으로 목표 도달 상태를 열거하면 다음과 같다.

• 지시문을 읽고 그 뜻을 이해한다.
• 시나 문단을 읽고 중심 내용을 파악한다.
• 주요 단어의 뜻을 안다.

(2) 목표에 이르기 위한 요소 기능 추출

앞에서 열거한 세 가지 목표에 도달하기 위해서는 대략 〈표 8-10〉과 같은 하위 기술이 필요할 것으로 예상된다. 물론, 각 하위 기술들은 보다 더 세분화해서 그 하위 기술에 도달하기 위해 필요한 하위 기술을 추가로 설정할 수도 있을 것이다.

〈표 8-10〉 읽기능력 하위 요소

영역	세부적인 기술 내용	수행 지표
지시문 읽고 그 뜻 이해	• '공통으로 들어갈 말'의 뜻 이해하기 • '주장의 근거'란 말의 뜻 이해하기 • '적절하지 않은 것'이란 말의 뜻 이해하기 • 지시문의 지시를 정확히 파악하고 그대로 이행하기	• 100% 정확하게 제시된 지시문, 어휘 뜻 이해
시나 문단의 중심 내용 파악하기	• 중심 문장, 중심 어구 찾기 • 요약하기	• 중심 문장, 중심 어구 밑줄 치기
주요 어휘 뜻 알기	• '주장' '근거' '적절하지 않은' 등의 낱말 뜻 알기	• 해당 단어 정확하게 그 뜻 설명

3) 각 단계나 요소의 수행 지표 결정

지시문 읽고 그 뜻 이해하기 수행 지표는, 예컨대 시험에 흔히 등장하는 지시문을 다섯 개 이상 제시하고 그중 100% 정답률로 정확하게 그 뜻을 이해했을 때로 설정할 수 있다. 나머지 요소에 대해서도 이와 비슷하게 해당 단어의 뜻을 정확하게 알거나 설명할 수 있을 때 해당 요소를 수행한 것으로 볼 수 있다.

4) 각 단계나 요소 수행 정도를 평가할 문항 개발

각 하위 요소 기능별로 이해 정도를 평가할 문항을 제시한다.

5) 각 단계나 요소 수행 정도 평가

개발한 문항을 이용하여 수행 정도를 확인한다.

6) 출발점 및 지도 요소 정하기

문항 수가 많은 경우 90% 이상, 적은 경우에는 100%의 정답률이 미치지 못하는 지점, 단계를 교수-학습 출발점으로 설정한다. 분석대상 학생의 경우 비록 추가 진단 자료는 없지만 주어진 자료를 토대로 지도 요소를 설정하면 〈표 8-11〉과 같다.

〈표 8-11〉 맞춤형 진단 결과 파악된 지도 대상 요소 기능

단계	지도 대상 요소 기능
1	문제 풀 때 지시문에 주목하기 • 주요 지시 사항에 밑줄이나 동그라미 치기 • 문제 풀고 나서 지시분의 지시 내용 다시 확인하기
2	지시문의 상용 어구 뜻 이해하기 • 공통적인 것 • 적절한 것, 적절하지 않은 것 • 주장의 근거 • 해당하는 것, 해당하지 않는 것
3	중심 문장이나 중심 어구 찾기 • 주변 문장 제외시켜 가기 • 첫 문장이나 끝 문장 확인하기 • 반복적으로 등장하는 단어나 어구 밑줄이나 동그라미 치기
4	주요 단어 뜻 알기 • 주장, 근거, 공통 등

8. 정리

이 장에서는 학습부진 및 학습장애 교수-학습이론의 두 번째 요건인 맞춤형 정밀진단과 출발점 정하기에 대해 알아보았다. 맞춤형 정밀진단이란 목표 대비 현재의 상태를 최대한 구체적으로 확인하고, 교수-학습 적정 출발점을 찾아내는 것을 말한다. 기존 진단 사례를 통해서 맞춤형 정밀진단을 위해서는 목표에 이르는 데 필요한 요소, 기능을 최대한 상세하게 추출하는 것, 진단 결과와 지도방법이 곧바로 연계되어 있어야 한다는 점 등을 확인할 수 있었다. 보다 구체적으로, 맞춤형 진단을 위해서는 목표에 이르

는 단계 추출, 각 단계 수행 지표 결정, 각 단계 수행 정도를 평가할 문항 개발, 각 단계 수행 정도 평가, 출발점 정하기, 지도 자료 연계 등의 과정을 거치도록 하는 것이 필요하다.

생각해 볼 문제

01 맞춤형 정밀진단 접근은 사회나 과학 교과 학습부진 학생들에게도 적용 가능한가? 특정 단원이나 주제를 선정하여 맞춤형 정밀진단을 실시하고 출발점을 설정해 보시오.

_____

_____

_____

_____

02 맞춤형 정밀진단 전문성을 향상시키려면 어떤 분야의 어떤 내용 훈련이 필요하겠는가? 그 이유는 무엇인가?

_____

_____

_____

_____

 **참고문헌**

교육부(2018). 행복한 출발을 위한 기초학력 지원 내실화 방안.

김중훈, 정가희, 송푸름(2017). 찬찬한글. 미간행자료.

이대식(2019). 기초학력부진 지원을 위한 제언. 여의도 이룸센터 토론자료집(pp. 43-57). 좋은교사. 교육을 바꾸는 사람들.

이대식, 강옥려 공역(2017). 직접교수법에 따른 효과적인 수학 수업[*Designing effective mathematics instruction: A direct instruction approach*]. Stein, M., Kinder, D., Silbert, J., & Carnine, D. 저. 서울: 학지사. (원저는 2006년에 출간).

Stein, M., Kinder, D., Silbert, J., & Carnine, D. W. (2006). *Desiging effective mathematics instruction*. Upper Saddle River, NJ: Pearson Education, Inc.

제9장
효과적인 교수-학습방법 설계

**학습부진 및 학습장애 교수-학습활동 조건 3 –
목표 상태에 이르기 위한 하위 요소, 기능 열거**

학습된 상태에 이르기 위해 거쳐야 하는 단계, 절차, 요소 기능, 지식, 개념 등을
빠짐없이 추출해 내는 일

학습부진 및 학습장애 교수-학습활동 조건 4 – 교육내용과 교수행위 설계

조건 3에서 추출한 단계, 절차, 요소 기능, 지식, 개념, 자료, 그리고 이러한 요소들을 다루는
행위 등을 가장 빠르고 효과적으로 학습된 상태에 이르도록 조직하고 계열화하는 일

1. 들어가기

도입 활동

1. 교수-학습방법을 설계하는 일의 성격과 요건은 무엇인가?

_____

_____

_____

2. 교수-학습방법 설계와 관련된 이론이나 모형에는 어떤 것들이 있는가?

_____

_____

_____

여행객이 목적지를 알아도 그 목적지에 이르는 길이 닦여 있지 않으면, 혹은 그 길을 통해 목적지에 도달할 수단이 없으면 목적지에 도달할 수 없을 것이다. 교육내용과 교수행위를 조직하고 설계한다는 것은 이와 같이 '학습된 상태에 이르는 길'을 설계하고 그 수단과 도구를 계획하는 행위를 말한다. 따라서 학습된 상태에 이르는 길을 설계하는 일의 성격을 분명히 파악하고 이해하는 것이 중요하다. 이러한 성격 중 중요한 것은 다음과 같다.

첫째, 학습된 상태에 이르는 길은 이론적으로는 무한에 가깝게 존재할 수 있다. 어떤 방법과 절차에 따라 학습을 하게 했을 때, 학습자가 가장 빠르고 정확하게 목표 상태에 이를 것인가는 늘 새로운 시도와 이론에 의해 뒤집힐 가능성이 있다. 경험적인 검증 작업의 성격상, 어떤 특정 방법이나 절차가 절대적이라 예단할 수 없다.

둘째, 어느 학습경로가 해당 학습자에게 가장 좋은 것인가, 즉 빠르고 안전하게 목표 상태에 도달하게 해 줄 것인가는 논리나 사고, 추론에 의해서만 결정될 수 없다. 경험적인 증거가 필요하다.

셋째, 학습에 어려움을 갖고 있는 학습자들을 대상으로 '학습에 이르는 길'을 설계하는 일은 다른 학습자를 대상으로 할 때보다 훨씬 어렵고 복잡하다. 왜냐하면 이들이 가진 특성, 특히 학습에 불리한 인지, 정서, 신체적 요건 때문에 보통의 학습자들에게 효과적인 '길'이 이들 학습자들에게는 너무 어렵거나, 오랜 시간을 필요로 하거나, 맞지 않을 수 있기 때문이다.

이 장에서는 학습부진과 학습장애를 가진 학습자를 위해 교육내용과 교수행위를 어떻게 설계하고 조직해야 하는지를 중점적으로 다룬다.

2. 교육내용 및 학습된 상태의 유형 고려

앞의 장들에서 살펴본 바와 같이, 교수-학습활동을 설계하고자 할 때 가장 먼저 고려해야 할 것은 학습결과 혹은 수업결과로 학습자가 도달해야 할 상태의 유형이었다. 왜냐하면 학습자가 최종적으로 도달해야 할 학습상태의 유형에 따라 이후에 설계의 내용과 방법이 달라져야 하기 때문이다. 이 책의 제4장과 제5장에서는 학습목표의 유형, 지식의 형식 등에 대한 선행 문헌들의 주장을 개관한 바 있다. 교육내용 혹은 학습된 상태를 어떻게 구분할 것인가뿐만 아니라 각 유형별로 교수-학습활동을 어떻게 설계해야 할 것인가에 관해 구체적인 지침이나 시사점을 추출하는 것이 중요하다. 학습된 상태의 주요 유형별 교수-학습활동 설계 시 주안점을 정리하면 다음과 같다.

1) 단순 정보, 사실

단순 정보나 사실, 간단한 용어의 뜻 등은 학습자로 하여금 신속하게 습득한 이후 필요한 상황에서 즉시 정확하게 인출할 수 있게 하는 것이 해당 유형의 내용 학습에 필수적이다. 따라서 교수-학습 자료나 활동 설계 시에도 이러한 특징이 최대한 반영되도록 해야 한다. 구체적으로, 정보나 사실, 용어는 최초 제시 단계에서 명료하게 제시한 후 이를 반복 연습을 통해 기억하게 한 다음, 유창하게 인출하는 활동이 활발하게 일어나도록 자료와 활동을 구성해야 한다. 또한 주기적으로 자주 습득 정도를 확인하고 매우 높은 숙달 기준을 적용하는 것도 중요하다(〈표 9-1〉 참조).

〈표 9-1〉 단순 정보 지도를 위한 교수-학습활동 설계 시 주안점

교육내용 유형 예	교수-학습활동 설계 주안점
• 갑신정변은 1884년 고종 21년차에 개화당(開化黨)이 청나라의 압력과 간섭에 저항하여 조선의 완전 자주독립과 자주 근대화를 추구하여 일으킨 정변을 말한다. • 곱셈 구구단 암기하기 • 물은 100℃에서 끓는다. 이 지점에서 액체 상태 물은 기체 상태로 변한다.	• 정보, 사실 제시의 명시성 • 반복 제시 혹은 반복적인 개인 연습에 의한 암기 • 신속하고 정확한 반응 • 기억술 소개 및 활용 연습 기회 제공 • 빈번한 형성평가 • 높은 숙달기준(100% 정답률)

2) 기본학습기능

기본학습기능은 높은 수준의 사고를 요하지는 않지만, 상위 단계 학습에 이르기 위해서는 필수적으로 유창하게 습득되고 활용할 수 있어야 하는 요소 혹은 단위 기능을 말한다. 기본학습기능 지도 시 주안점은 해당 기능을 얼마나 유창하게, 즉 빠르고 정확하게 구사하도록 할 것인가에 두어야 한다. 따라서 교수-학습활동 설계의 주안점은 그러한 유창성 향상에 도움이 되는 과제나 활동을 제시하는 것이어야 한다. 예컨대, 특정 기능을 명료하게 시범 보이는 것은 기본이고, 이를 이해능력과 사전 기술 습득 정도가 낮은 학습자도 충분히 따라서 수행할 수 있도록 안내를 제공하는 것이 필요하다. 점진적으로 지원을 감소하여 궁극적으로는 스스로 특정 기능을 수행할 수 있도록 하고, 완전학습 기준을 충족하도록 하는 것 또한 중요하다(〈표 9-2〉 참조).

〈표 9-2〉 기본학습기능 지도를 위한 교수-학습활동 설계 시 주안점

교육내용 유형 예	교수-학습활동 설계 주안점
• 사각형의 넓이 구하기 • 곱셈 구구단 암기하기 • 한글 자음과 모음 모양과 소리 대응 익히기 • 한글 낱글자 읽기	• 명료한 시범 • 안내된 연습 • 점진적 지원 감소(비계 설정) • 빈번한 형성평가 • 높은 숙달기준(100% 정답률) • 효과적인 복습

3) 개념, 원리, 법칙

학습에 어려움을 가진 학습자에게 개념, 원리, 법칙 등을 가르치고자 할 때에는 예의 다양성과 수, 내용의 조직 방식, 내용의 개인적 의미 부여, 이 세 가지 측면이 특히 중요하다. 원리, 개념, 법칙은 그 자체가 매우 추상적인 경우가 많아서 예나 예가 아닌 것을 통해서만 충분히 인식하고 이해할 수 있다. 따라서 어떤 성격의 예를 얼마나 사용할 것인가가 설계의 중요한 고려사항이 되어야 한다.

예를 들어 보자. 용액이란 개념을 학습에 어려움을 갖고 있는 학습자에게 처음으로 소개하고자 할 때 용액의 사전적 정의(두 가지 이상의 물질이 균등하게 용해되어 있는 혼합물)는 해당 학습자에게 거의 무의미 철자나 마찬가지일 수 있다. 이 정의만으로는 학습자들에게 용액의 개념을 충분히 이해시키기 어려울 것이다. 따라서 교수자는 반드시 구체적인 예를 들어야 할 것이다. 이때 용액에 해당하는 예, 예컨대 설탕물, 소금물만 제시해서는 학습자가 용액의 개념을 제대로 습득할지 장담할 수 없다. 왜냐하면 설탕물과 소금물을 통해 학습자는 용액이란 색이 없고, 먹을 수 있는 투명한 액체를 뜻하는 것이라고 일반화할 수 있기 때문이다. 이를 확인하기 위해 우유, 식용유, 잉크, 주스 등을 제시해 보면 아이들은 머뭇거리거나 단지 불투명하기 때문에 용액이 아니고, 투명하기 때문에 용액이라고 대답할 가능성이 높다. 만약 학습자가 용액이란 개념을 제대로 이해하고 학습했다면, 교사가 어떤 유형의 액체를 제시해도 그것이 용액인지 아닌지, 왜 그런지를 설명할 수 있어야 할 것이다. 사실, 학습자가 이렇게 일반화를 하는 것은 그의 능력이나 학습동기가 부족하기 때문이 아니다. 교사가 제시한 예로는 다르게 생각하기 어렵기 때문이다. 따라서 개념을 지도할 때에는 예인 것과 예가 아닌 것을 다양하게 제시해야 한다.

교육내용을 제시할 때에는 중심 내용과 주변 내용, 내용 간의 위계성이 잘 드러날 수

있도록 시각적으로 조직하여 제시하는 것이 학습에 효과적이다. 학습에 어려움을 겪는 학습자의 경우 표면적인 모습이 다를 경우 비록 동일한 원리나 법칙으로 설명할 수 있는 현상도 서로 다른 것으로 인식할 가능성이 크다. 이러한 경우에는 동일한 법칙이나 원리로 설명 가능한 다양한 예나 현상, 사건을 제시해 주면서 어떤 점에서 이것들이 동일한 원리나 법칙으로 설명 가능한지를 명시적으로 지적해 주어야 한다. 일반 학생들에게는 경우 외견상 관련이 없어 보이는 현상이나 사건에서 공통 원리나 법칙을 스스로 발견해 내도록 촉구할 수 있겠지만, 학습에 어려움을 가진 학생들의 경우에는 그렇게 하기에는 시간이 너무 많이 걸리거나 어려울 수 있기 때문에 적어도 초기에는 명시적으로 언급해 주는 것이 더 적절하다.

원리나 법칙은 또한 학습자의 개인적인 경험과 연계시키는 것이 학습에 효과적이나. 대체로 추상적이고 자신의 경험이나 삶과 무관한 이론이나 책 속의 내용이라고 생각하기 쉬운 원리, 법칙, 규칙을 학습자들의 일상적인 경험 중 관련된 것과 연계시켜 줄 때 학습자들의 학습 흥미와 학습할 내용에 대한 관심도는 높아질 것이다. 예컨대, 수요와 공급의 법칙을 다룰 때 동네 주변의 마트에서 물건을 사는 것과 관련되어 있다는 점을 알게 되면 학생들은 그 법칙을 훨씬 더 구체적으로 이해할 가능성이 있다. 다음 〈표 9-3〉은 원리, 법칙, 규칙 예와 설계 시 주안점을 제시한 것이다.

〈표 9-3〉 원리, 법칙, 규칙 지도를 위한 교수-학습활동 설계 시 주안점

교육내용 유형 예	교수-학습활동 설계 주안점
• 배분법칙, 교환법칙, 결합법칙 • 피타고라스 정리 • 경제활동의 개념 • 수요와 공급의 법칙 • 에너지의 개념 • 대류의 원리 • 광합성의 원리	• 해당되는 예와 그렇지 않은 예를 포함한 풍부하고 다양한 예 • 핵심 아이디어 혹은 큰 개념 중심의 내용 조직 • 풍부하고 다양한 예로 충분한 적용 연습 기회 제공 • 실생활 혹은 개인 경험 활용

4) 절차, 방법, 기술

학습에 어려움을 겪는 학생들은 분모가 다른 두 분수의 사칙연산처럼 두 단계 이상의 어떤 절차에 따라 과제를 수행해야 하는 경우 그 절차를 한번 보았다고 해서 그대로 따

라 하기 어려워하고, 절차나 단계를 잊어버리거나, 능숙하게 그 절차들을 이행하지 못한다. 이들 학생들에게 어떤 과제 수행절차를 가르칠 때에는 초반에 명시적 시범과 안내된 연습을 통해 확실하게 과제 수행 방법을 익히도록 하는 것이 중요하다. 이후에는 많은 다양한 예를 대상으로 적용 연습을 해야 할 것이다. 이 과정에서 오류가 발생하면, 명시적 시범 → 안내된 연습 → 개별 수행 → 피드백 등의 체계적인 절차를 이행하도록 한다. 수행절차나 단계를 기억하지 못할 경우를 대비해서 관련 내용을 카드나 메모지 형태로 제시해 주는 방법도 있다(〈표 9-4〉 참조).

〈표 9-4〉 절차 지도를 위한 교수-학습활동 설계 시 주안점

교육내용 유형 예	교수-학습활동 설계 주안점
• 분모가 다른 두 분수의 사칙연산을 정확하게 수행한다. • 이등변삼각형을 그릴 수 있다. • 물의 정수과정을 알고 이를 적용하여 오염된 물을 정수할 수 있다.	• 명시적인 시범 • 안내된 연습 • 풍부하고 다양하고 예에 적용 연습 • 체계적인 오류 교정 • 수행절차, 단계에 대한 단서 제공

5) 태도, 가치관

태도나 가치관의 경우, 교수-학습 설계 시 주안점은 실생활 적용 기회를 많이 제공하는 것이다. 다른 영역보다도 특히 태도, 가치관 영역은 관련 사안이 자신의 실제 삶과의 연관성이 분명해야 잘 학습될 가능성이 크다. 학습자 개인이 의미를 부여해야 자신의 태도나 가치관에까지 영향을 미칠 수 있기 때문에 반성적 활동, 일반화 기회 제공 등이 무엇보다 중요하다(〈표 9-5〉 참조).

〈표 9-5〉 태도나 가치관 지도를 위한 교수-학습활동 설계 시 주안점

교육내용 유형 예	교수-학습활동 설계 주안점
• 가족을 소중히 여기는 마음을 갖는다. • 환경의 중요성을 깨닫는다. • 법치주의의 필요성을 깨닫고 준법정신을 강화하는 방법을 찾아서 실천한다. • 인간 특성의 다양성에 대해 열린 태도를 갖는다.	• 실생활 사례 활용 • 연습, 적용, 일반화 기회 충분히 제공 • 또래들과의 토론 및 협동학습 활용 • 반성적 활동 포함 • 이론과 실제의 결합 방법 마련

3. 명료한 의사소통 원리 반영

　학교교육 상황에서 교수–학습활동의 핵심은 교육내용을 교수자의 의도에 맞게 학습자에게 전달하는 것이다. 하지만 학습부진 및 학습장애 학생의 경우 교수자의 보통의 의사소통방식을 이해하기에는 불리한 특성을 많이 갖고 있다. 우선, 주의집중력이 낮다. 또한 이해할 수 있는 어휘 지식이 다른 학생에 비해 상대적으로 적다. 따라서 이들에게 명료하게 어떤 교육내용을 전달한다는 것은 쉬운 일이 아니다. 이러한 측면에서 Carroll(1963)이 수업의 질 요건 중 하나로 '학습자가 이해할 수 있는 말로 교육내용을 전달하는 것'을 제시한 점은 학습 어려움 학생 지도에 매우 중요한 시사점을 준다.

　그렇다면 학습에 어려움을 겪는 학생에게 어떻게 의사소통을 시도해야 의도를 전달할 수 있을까? 일단 이 학습자들은 상대방 의사소통 시도에 주의집중을 하지 않으려 하며, 웬만큼 명료하지 않으면 의도한 바와 다르게 정보를 받아들일 수 있다는 점, 그리고 당장의 의사소통 내용에 대한 이해도가 낮을 수 있다는 점을 고려해야 한다. 따라서 교수자는 이들이 최소한의 집중 상태와 인지능력을 갖고 있다고 가정하고 비록 초보자라도 충분히 오해 없이 이해할 수 있는 방식으로 정보를 전달하려 노력해야 한다. Engelmann과 Carnine(1991)은 명료한 의사소통을 위해서는 다음 다섯 가지 원칙을 충실하게 반영해야 한다고 주장했다.

1) 정보 제시의 일관성 원칙

　제시하는 정보에는 일관성(the wording principle)이 있어야 한다. 이는 같은 것을 지칭하는 표현이나 용어는 항상 동일한 것을 사용해야 한다는 원칙이다. 학습에 어려움을 겪는 학습자의 경우, 교수자가 같은 의미라도 매번 다른 용어나 단어를 사용하면 혼란을 느낄 수 있다. 예를 들어, 〈표 9-6〉의 왼쪽은 말(첫소리, 규칙, 원칙)의 일관성을 준수하지 않은 경우이고, 오른쪽은 준수한 경우이다.

〈표 9-6〉 정보 제시의 일관성 원칙

전달하고자 하는 정보	일관성 원칙을 어긴 경우	일관성 원칙을 준수한 경우
첫소리	'사랑'의 첫소리는 'ㅅ'이다. '하늘'의 초성은 'ㅎ'이다.	'사랑'의 첫소리는 'ㅅ'이다. '하늘'의 첫소리는 'ㅎ'이다.
규칙	여기에는 '규칙'이 작용하고 있다. '룰(rule)'을 잘 지켜야 한다.	여기에는 '규칙'이 작용하고 있다. '규칙'을 잘 지켜야 한다.
원칙	동일성의 '원칙' 차이의 '원리'	동일성의 '원칙' 차이의 '원칙'

2) 예 배치의 원칙

배치 원칙(the setup principle)은 예들을 연속해서 배치할 때 학습에 좀 더 효과적인 배치 방식이 있음을 보여 준다. 예들을 사용하여 개념을 가르칠 때에는 그 개념에 해당되는 예와 그렇지 않은 예들이 핵심 특징에서만 다르고 나머지는 비슷할수록 사용해야 할 예의 수는 감소한다. 예를 들어, 수학 뺄셈에서 받아내림이 필요한 경우와 필요하지 않은 경우를 구분하게 하려면 다른 측면은 모두 같고 오직 받아내림 여부만 달라지는 예를 사용해야 한다. 다음 〈표 9-7〉에서 왼쪽은 배치의 원칙을 준수하지 않은 경우이고 오른쪽은 준수한 경우이다. 왜 그럴까? 왼쪽은 처음에 제시한 예와 두 번째 제시한 예가 받아내림이 필요한가 여부에 관한 속성뿐만 아니라 자릿수까지 늘어났기 때문에 혹시라도 학습자들이 받아내림 여부에 자릿수가 영향을 주는 것으로 오해할 가능성이 있다. 반면, 표의 오른쪽은 모든 것이 같고 오직 27이 24로 달라졌기 때문에 교수자와 학습자는 빼야 하는 수가 더 큰지 작은지에만 집중하면 된다.

〈표 9-7〉 배치의 원칙

일관성 원칙을 어긴 경우	일관성 원칙을 준수한 경우
다음은 받아내림을 해야 할 경우입니다. 45-27 다음은 받아내림을 하지 말아야 할 경우입니다. 425-114	다음은 받아내림을 해야 할 경우입니다. 45-27 다음은 받아내림을 하지 말아야 할 경우입니다. 45-24

3) 예들 간의 차이 원칙

차이 원칙은 예들 간의 속성이 어떠해야 하는가에 관한 원칙이다. 특정 개념을 설명하기 위해 제시하는 예들을 선정할 때, 그 예들이 중요한 부분에서만 다르고 나머지 부분은 모두 같거나 유사하도록 하는 것을 말한다. 일반적으로, 예들은 유사성과 차이를 가장 분명하게 드러내도록 병치되었을 때(즉, 서로 나란히 혹은 연속적으로 배치될 때) 학습자는 그 예들을 통해 가르치고자 하는 개념을 가장 잘 학습할 수 있다. 다음 〈표 9-8〉에서 왼쪽은 차이 원칙을 잘 준수하지 않은 경우이고 오른쪽은 잘 준수한 경우이다. 왜 그럴까? 수평인 것과 수평이 아닌 경우가 서로 극명하게 차이가 날 때에는 수평과 수평이 아닌 것을 잘 고를 수 있겠지만 조금이라도 수평과 비슷한 모양이 나오면 학습자는 헷갈려 할 수 있다. 표의 오른쪽과 같이 비슷하지만 확실하게 수평인 것만 수평으로 인정한다는 것을 알게 해 주는 것이 중요하다.

〈표 9-8〉 차이 원칙

차이 원칙을 준수하지 않은 경우		차이 원칙을 준수한 경우	
수평	수평 아님	수평	수평 아님

출처: 이대식(2004), p. 144.

4) 동일성의 원칙

동일성의 원칙(the sameness principle)은 개념을 설명하기 위한 예들이 공통적으로 그 개념의 의도한 속성, 범위를 충분히 포함해야 한다는 원칙이다. 만약 교수자가 제시하는 예들이 원래 교수자가 의도했던 개념의 속성 중 일부만 포함하고 있다면, 그 예들에 포함되지 않았던 속성을 가진 예를 접하는 학습자는 그 예가 그 개념에 해당되지 않는다고 할 가능성이 있다. 예를 들어, 다음 〈표 9-9〉에서 왼쪽은 동일성의 원칙을 준수하지 않은 경우, 오른쪽은 준수한 경우이다. 왜 그럴까? 표의 왼쪽은 진분수만 제시하고 있고, 오른쪽은 가분수까지 포함하고 있다. 왼쪽 예만 제시했을 경우 학습자는 오직 진분수만

이 혹은 분자가 분모보다 작은 경우만 분수라고 생각할 가능성이 있다.

〈표 9-9〉 동일성의 원칙

동일성 원칙을 준수하지 않은 경우	동일성 원칙을 준수한 경우
3/4은 분수이다. 1/3은 분수이다.	3/4은 분수이다. 2/2는 분수이다.

5) 검사 원칙

　검사 원칙(the testing principle)은 특정 개념이나 원리, 내용의 학습 여부를 확인하고자 할 때 조금이라도 학습자가 추측이나 우연에 의해 정답을 제시할 가능성을 원천 차단하고 오로지 자신의 학습 정도에 의해서만 응답할 수 있도록 평가해야 한다는 원칙을 말한다. 〈표 9-10〉에서 왼쪽은 검사 원칙을 준수하지 않은 경우이고 오른쪽은 준수한 경우이다. 왜 그럴까? 표의 왼쪽과 같이 평가하게 되면 학생들은 짐작에 의해 지그재그식으로 답이 바뀐다는 것을 알고 정확히 답을 알지 못해도 그 이전까지의 정답 패턴에 근거하여 그다음 문제의 답을 추정해서 대답할 수 있다. 이러한 경우에는 정답이 무작위로 나오게 문항들을 배치해야 한다. 읽기 분야에서 읽기 능력 진단을 할 때 이전 경험의 영향을 차단하기 위해 무의미 단어를 반드시 포함시키는 이유도 이와 같다.

〈표 9-10〉 검사 원칙

검사의 원리를 준수하지 않은 경우		검사의 원리를 준수한 경우	
4/3	이것은 가분수인가?	2/4	이것은 가분수인가?
3/5	이것은 가분수인가?	3/5	이것은 가분수인가?
8/5	이것은 가분수인가?	8/5	이것은 가분수인가?
15/32	이것은 가분수인가?	48/32	이것은 가분수인가?
18/12	이것은 가분수인가?	18/12	이것은 가분수인가?
6/7	이것은 가분수인가?	6/7	이것은 가분수인가?
9/3	이것은 가분수인가?	9/3	이것은 가분수인가?

출처: 이대식(2004), p. 145. 수정 인용.

심화 활동 **1**

특정 개념이나 원리를 하나 선택해서 앞에서 말한 효과적인 의사소통 원칙 다섯 가지를 모두 적용하여 지도하는 수업방법을 구안해 보시오.

_____

_____

_____

4. 교육내용과 교수행위의 계열화 원리

학습자가 누구든 교재(교육내용)와 교수자의 핵심 임무는 그 학습자(이 책의 맥락에서는 학습부진과 학습장애처럼 학습에 어려움을 겪는 학습자)가 최단시간에 가장 수월하게 학습목표에 도달할 수 있는 경로를 설계하여 이를 충실하게 이행하는 것이다. 이 경로 설계의 핵심은 교수-학습내용과 교수행위의 조직과 계열화이다. 이는 곧 내용을 어떻게 조직하고 어느 것을 먼저 가르치는 것이 이후 학습에 효과적인가 하는 질문에 답을 해 나가는 것과 같다. 이에 대한 답은 전적으로 가르칠 내용의 성격, 내용 요소에 달려 있다.

학습할 내용을 어떤 순서로 제시해야 학습이 잘 일어나는가에 관해서는 딱히 사람들이 공통적으로 인정하는 이론이 뚜렷하지 않다. 다만, 직접교수법을 개발한 학자들 중 일부가 내용의 제시 순서, 즉 계열화와 관련하여 몇 가지 원칙을 제시한 바 있다. 예컨대, Becker와 Carnine(1980)은 전이능력을 향상시키기 위해서는 다음의 여섯 가지 '진행(shifts)'이 수업 프로그램에 잘 반영되어 있어야 한다고 주장했다.

[글상자 9-1] 전이능력 향상을 위한 여섯 가지 수업 진행 유형

- 명시적 문제 해결 전략에서 암시적 문제 해결 전략으로의 진행. 처음에는 교사가 문제 해결 전략의 각 단계를 소리 내어 말하기를 통해 학생을 리드하다가 점차로 학생이 자신의 힘으로 전략을 완수해 나갈 수 있도록 한다.
- 단순한 맥락에서 복잡한 맥락으로의 진행. 처음에 각 기술을 소개할 때에는 단순화된 맥락을 사용하여 학생들이 새로운 학습의 중요한 측면에 주목할 수 있게 한다. 이후 점차 복잡성을 증가시킨다. 새로운 기술에 관한 수업의 막바지에는 학생들이 자연적이고 복잡한 맥락에서 새로운 기술을 적용할 수 있어야 한다.

- 단서를 준 것에서 단서가 없는 것으로의 진행. 초기에는 학생이 중요한 항목에 주의를 기울이고 학습에서의 성공 가능성을 높이기 위해 단서를 제공한다. 하지만 학생이 점차 학습을 해 나감에 따라 이러한 단서를 체계적으로 제거하여, 수업 막바지에 가서는 학생이 스스로 학습해 나갈 수 있도록 한다.
- 집중적인 연습(massed practice)에서 분산된 연습으로 진행. 처음에 새로운 기술을 배울 때는 짧은 시간에 집중적으로 연습을 함으로써 효과적으로 학습한다. 나중에는 장기간에 걸쳐 연습할 기회를 가질 때 학습의 유지가 잘된다.
- 즉각적인 피드백에서 지연된 피드백으로 진행. 학습 초기에는 즉각적인 피드백을 주어 학생을 격려하고 학생 자신의 반응의 옳고 그름에 대한 즉각적인 피드백을 제공한다. 학생이 학습해 나감에 따라 점차 피드백을 지연시켜 좀 더 자연스러운 상황을 만든다.
- 정보의 원천으로서 교사의 역할 강조에서 학습자 역할 강조로 진행. 초기에는 교사가 새로운 기술의 시범을 보이고 명시적으로 교수한다. 나중 단계에서는 학생이 정보원이 되고 문제 해결자가 된다.

출처: 이대식(2004), p. 151에서 재인용.

일반적으로, 내용의 제시 순서를 결정할 때에는 다음 원리를 최대한 반영하거나 고려하는 것이 중요하다.

1) 각 학습단계에서의 높은 성공률

앞에서 언급한 바와 같이, 각 학습단계에서의 학습성공률은 최소한 80% 내외에 이르러야 다음 단계 학습에서 큰 어려움을 당면하지 않을 수 있다. 이를 위해서는 Vaughn, Linan-Thompson(2003)이 주장한 바와 같이 높은 성공률을 유지할 수 있도록 과제나 문제의 순서를 짜고, 학습자의 능력과 기술 수준에 맞는 과제를 제시해야 한다. 보통 학습장애 학생의 경우 학습능력과 기술 수준이 낮은 경우가 대부분일 것이기에 이들이 높은 수준의 학습성공률을 유지할 수 있게 하려면 과제나 문제의 수준을 매우 세분화해서 제시해야 한다. 이것을 비유적으로 그림으로 표시하면 [그림 9-1]과 같다. 예컨대, 어떤 학습과제의 수준이 처음에는 1수준 → 2수준 → 3수준 → 4수준의 네 단계로만 제시되어 있었는데 심각한 학습부진이나 학습장애 학생의 경우 1수준에서 2수준, 혹은 2수준에서 3수준으로 여간해서는 학업에 성공하지 못할 수 있다. 이럴 경우에는 각 수준 사이에 또 다른 하위 수준(예컨대, 0.5수준, 1.5수준 등)을 설정해 주어서 하위 단계에서의 학업 성공률을 높게 유지한 채 각 수준 간 이동을 원활하게 할 수 있게 해 주어야 한다.

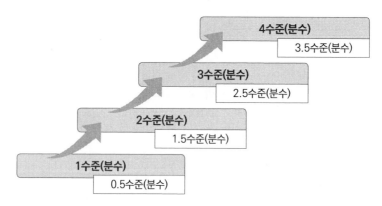

[그림 9-1] 높은 학습성공률을 위한 과제나 문제의 계열화 의미

각 학습단계 간의 간격을 촘촘히 하기 위해서는 우선 학습목표에 도달하는 데 필요한 하위 기술, 지식, 개념 등을 최대한 구체적으로 자세하게 파악해야 한다. 그런 다음, 그렇게 파악된 하위 기술, 지식, 개념 등을 어떤 순서로 나열하면 학습목표 도달에 가장 효과적일지를 미리 경험적으로 파악해 두어야 한다.

2) 이후 학습에서의 파급력 우선 고려

이후 학습에서의 파급력 우선이란 먼저 배워야 나중에 다른 학습에 기여할 가능성이 높은 지식, 개념, 기술을 먼저 가르치는 것을 말한다.

3) 점진적 지원 감소

비계 설정(scaffolding)으로 흔히 알려져 있는 점진적 지원 감소 원칙은 교수-학습 초기에는 교사자가 필요한 지원을 명시적으로 충분히 제공한 다음, 학습자가 학습을 해 나가는 과정에서 점진적으로 지원을 제거하여 궁극적으로는 학습자 혼자서 학습을 해 나갈 수 있도록 하는 원칙을 말한다. 지원을 점진적으로 감소하려면 결국 학습의 각 단계는 촘촘하게 연결되게 할 수밖에 없을 것이다.

4) 최소능력 가정

학습에 어려움을 겪는 학생들의 경우 대부분 학습에 필요한 인지능력, 선수학습 정도, 학습동기 등의 측면에서 다른 학생들에 비해 불리한 위치에 있을 가능성이 크다. 이러한 상황에서는 학습자가 최소한 이러저런한 능력이나 선수학습을 갖추었을 것으로 가정하고 그에 기반하여 교수–학습 계획을 수립하는 것은 안전하지 않다. 가급적 이들이 최소한의 여건과 능력만 갖추고 있음을 상정하고 지도 프로그램을 고안하는 것이 여러 가지 면에서 적절하다.

5) 내용 제시 순서 결정 원리와 적용 예

이상에서 언급한 네 가지 원칙([그림 9–2] 참조)을 준수하자면 결국 매 학습단계가 매우 촘촘하게 연결된 징검다리식 계열화가 될 것이다.

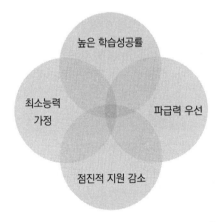

[그림 9-2] 교육내용과 교수행위 계열화 4원칙

[글상자 9–2]는 지금까지 언급한 계열화 원리를 반영한 내용 제시 순서이다. [글상자 9–2]의 ⑥번처럼 긍정적인 예와 부정적인 예를 무작위로 제시해야 하는 이유는 혹시라도 실제로는 모르면서 미리 예측하여 정답을 말할 가능성을 차단하기 위함이다.

[글상자 9-2] 내용 제시 순서 결정 원리

① 쉬운 것, 선수 기능, 필수 요소에 해당하는 것을 어렵고 복잡한 것보다 먼저 제시한다.
② 유용성이 높은 기술, 많이 활용되는 기술, 요소를 먼저 제시한다.
③ 규칙적인 것을 예외적인 것보다 먼저 제시한다.
④ 동작성, 구체성이 큰 것을 추상적인 것보다 먼저 제시한다.
⑤ 친숙한 예를 새로운 예보다 먼저 제시한다.
⑥ 긍정적인 예를 먼저 제시하되, 긍정적인 예와 부정적인 예는 무작위로 제시한다.
⑦ 서로 혼동을 줄 수 있는 예(b자와 d자, 6과 9 등)들은 지도 목적이 변별이 아닌 한 시간적 간격을 두어 제시한다.

〈표 9-11〉은 Stein 등(2006)이 제시한 덧셈 수업 순서 예이다. 물론 덧셈의 교수–학습 순서는 〈표 9-11〉이 절대적인 것은 아니다. 이 외에도 여러 가지 순서가 가능하다. 여러 가지 가능한 순서 중 어느 것이 가장 효과적인가는 해당 학습자가 누군인지에 따라 달라질 수 있고, 또 경험적으로 검증해야 할 사안이다.

〈표 9-11〉 직접교수법에 따른 덧셈 수업 순서와 수행 지표 예

학년 수준	문제 유형	수행 지표		
1a	단순 연산 암기 시작	6장 참조		
1b	한 자릿수와 한 자리 혹은 두 자릿수 더하기: 받아올림 없음	35 +21	64 +23	35 + 2
2a	세 개의 한 자릿수 더하기	1 3 +2	4 4 +3	1 3 +5
2b	두 개의 세 자릿수 덧셈 세로식: 받아올림 없음	325 +132	463 +124	386 +100
2c	세 자릿수+하나 혹은 두 자릿수 덧셈 세로식: 받아올림 없음	326 + 21	423 + 5	570 + 21
2d	세 자릿수 이하 다양한 자릿수끼리 덧셈 세로식: 받아올림 없음	4 21 + 2	14 71 +10	21 14 +33

2e	두 개의 두 자릿수 덧셈 세로식: 십의 자리로의 받아올림	37 +46	48 +14	57 +27
2f	세 자릿수 이하 다양한 자릿수끼리 덧셈 세로식: 십의 자리로의 받아올림	247 +315	258 + 13	276 + 8
3a	중급 이상의 단순 덧셈 연산: 합이 20 이하	개별적으로 검사, 검사 문제 13+3=　　14+4=　　12+2=		
3b	세 자릿수와 두 자릿수 덧셈 세로식: 백의 자리로의 받아올림	374 +261	83 +43	187 + 81
3c	두 개의 세 자릿수 덧셈 세로식: 십의 자리와 백의 자리로의 받아올림	376 +185	248 +164	437 +275
3d	세 개의 두 자릿수 덧셈 세로식: 일의 자리 합이 20 이하	98 14 +12	39 16 +23	74 24 +12
3e	3~4개의 세 자릿수 이하 다양한 수끼리의 덧셈 세로식: 십의 자리와 백의 자리로의 받아올림, 받아올릴 합이 각각 20 이하	385 6 24 +120	157 23 245 + 3	8 156 280 + 42
4a	중급 이상의 단순 덧셈 연산: 합이 20 이상	개별적으로 검사, 검사 문제 16+6=　　18+8=　　17+6=		
4b	세 개의 두 자릿수 덧셈 세로식: 일의 자리 합이 20 이상	28 17 +28	29 16 +35	38 18 +15
4c	네 개 이상의 다양한 자릿수 덧셈 세로식: 모든 자릿수에서 받아올림 있고 그 합도 20 이상	896 1486 38 286 + 35	8 4086 85 193 + 242	3856 2488 1932 +1583

출처: 이대식, 강옥려 공역(2017), p. 136. 부분 인용.

📝 **심화 활동** 2

〈표 9-11〉과 같은 순서의 근거가 무엇이고, 실제로 이렇게 순서를 나열하려면 무엇을 어떻게 수행해야 하겠는가?

_____

_____

_____

한편, 이러한 순서 결정 지침에 따라 한글 모음과 자음 소리 지도 순서를 제시해 보면 다음 〈표 9-12〉와 같다. 표의 제시 순서 근거는 발음의 난이도와 소리 간 변별성이다. 즉, 발음하기 쉬운 소리를 먼저 제시하고, 소리 간 변별이 큰 것들을 인접하여 제시한 것이다. 실제 한글 지도 시에는 1, 2, 3번의 순서도 고려해야 한다. 예컨대, 단모음 다음 바로 이중모음으로 갈 것인지 아니면 자음으로 갈 것인지를 결정해야 한다. 통상적으로는 단모음과 이중모음을 먼저 다루고, 다음에 자음을 다룬다. 필요한 경우에는 단모음을 다루고 자음 일부를 다루어서 자음과 모음 합성 활동을 할 수도 있다.

〈표 9-12〉 한글 자모음 소리 지도 순서

순서/단계	한글 자모음 소리 지도 순서	
1. 단모음 모양과 대응 소리 알기	• ㅏ, ㅣ, ㅓ, ㅡ, ㅗ, ㅜ	
2. 이중모음 모양과 대응 소리 알기	• ㅑ, ㅕ, ㅛ, ㅠ, ㅖ, ㅒ	
3. 자음 모양과 대응 소리 알기	• ㄱ, ㅋ, ㄲ	• ㄴ, ㄷ, ㅌ, ㄸ
	• ㅁ, ㅂ, ㅍ, ㅃ	• ㅅ, ㅈ, ㅊ, ㅉ
	• ㄹ, ㅇ, ㅎ	

5. 교육내용과 교수행위의 조직 원리

1) 구체성

구체성 원리란 교수-학습 행위가 실제로 가능하도록 필요한 모든 사항을 빠짐없이 포함시켜야 한다는 원칙이다. 구체성을 구현하려면 최소한 두 가지 측면의 사전 작업이 필요하다. 첫째는 특정 학습자, 특히 그중에서도 학업에 어려움을 겪거나 사전지식 정도가 매우 낮은 학습자가 현재 상태에서 목표 상태에 이르기 위해 필요한 기능, 지식, 개념, 원리 등을 빠짐없이 확인하여 추출해 내야 한다. 이는 이 책의 제8장에서 언급한 맞춤형 진단을 위한 준비 작업과 동일하다. 직접교수법에 근거한 읽기, 쓰기, 수학 지도 프로그램은 이 요건을 매우 충실하게 충족하고 있다. 예를 들어, 직접교수법에 따른 사고력을 위한 언어(Language for Thinking) 지도 프로그램의 주요 내용 요소는 〈표 9-13〉과 같다.

〈표 9-13〉 직접교수법에 따른 사고력을 위한 언어 지도 프로그램 내용 요소

영역	소주제	
정보와 배경 지식	• 부분/전체(part/whole) • 위치(location)	• 달력(calendar)
추론과 비판적 사고	• 분류(classification) • 만약/–이라면(if/then) • 진술(statements) • 같은/다른(same/different)	• 부조리(absurdity) • 오직(only) • 유추(analogies)
어휘 발달	• 반대말(opposites) • 정의(definitions) • 용법: 이중 부정(usage: double negatives) • 최상급(superlatives)	• 비슷한 말(synonyms) • 동사 시제(verb tense) • 모순(contradictions) • 동음이의어(homonyms)
관찰과 기술	• 행위(actions) • 계열(sequence) • 그림에 대한 보고(reporting on pictures)	• 기술(descriptions) • 비교(comparing)
개념 이해	• 누가, 무엇을, 어디에서, 언제, 왜, 어떻게 • 조동사 can, do • 추론(inferences)	• 질문 기술(questioning skills) • 다시 말하기(retelling)
그래픽 해석하기	• 부터/까지(from/to) • 지도 보기(map reading)	• 왼쪽/오른쪽(left/right)

출처: Marchand-Martella, Slocum, & Martella (2004), p. 85.

실제 교수–학습 상황에서는 '사고력을 위한 언어 지도'란 실체가 있고 이것을 학생들에게 지도하는 것이 아니다. 반드시 사고력을 위한 언어의 특정 하위 내용 요소와 그 순서를 정해야 비로소 '사고력을 위한 언어 지도'가 가능하다. 이것은 마치 수학을 그 자체로 지도할 수 없고, 반드시 수학 내용 중 어느 특정 내용 요소를 가르쳐야 하는 것과 같은 이치

이다. 〈표 9-13〉에서는 사고력을 위한 언어 지도 영역을 크게 여섯 가지로 구분한 다음, 다시 각 영역마다 소주제를 정해서 직접교수 사고력을 위한 언어 지도 프로그램을 구축했음을 보여 준다. 이처럼 어떤 내용이나 기술을 가르치기 위해서는 매우 구체적인 내용 요소와 각 내용 요소 제시 순서, 각 내용 요소의 분량 등이 미리 결정되어 있어야 한다.

2) 큰 개념 중심의 내용 조직

큰 개념(big idea)이란 가장 효율적이면서도 광범위하게 지식을 습득하도록 촉진하는 엄선된 개념, 원리, 규칙, 전략 혹은 문제 해결 전략 등을 말한다(Kame'enui et al., 2002). 큰 개념은 서로 다른 몇 개의 작은 아이디어들을 서로 연결시키는 역할을 한다. 큰 개념은 학습자들로 하여금 복잡한 개념, 현상, 내용 요소 간의 관계를 잘 파악할 수 있게 해 주고, 일반화 및 적용 능력도 향상시켜 준다. 내용 조직은 가르치고 배우고자 하는 내용이 복잡할수록, 그리고 학습자가 학습장애와 같은 학습에 어려움을 가질수록 더 중요하다(Jenkins & O'Connor, 1991). Kame'enui 등(2002)이 제시한 큰 개념의 예는 [글상자 9-3]과 같다.

[글상자 9-3] 큰 개념의 예

- 작문 과정: 좋은 작문이란 보통 반복적인 계획, 초안 쓰기, 수정하기, 계획의 수정, 초안 수정, 그리고 편집하기 등을 거친 결과
- 과학적 탐구과정: 과학을 이해하기 위해 반드시 거쳐야 하는 과정
- 대류 원리: 주전자에서 물이 끓는 것부터 바다의 해류 및 지진까지의 현상을 포함하는 원인과 결과의 특정한 패턴 지칭
- 이야기 문법(story grammar): 이야기의 전체적인 구조를 형성하는 구체적인 구성 요소들
- 집단이 성공하는 요인: 어느 단체가 국가가 성공하는 요인에는 동기, 지도력, 자원, 능력이 있다.

[그림 9-3]은 이와 같은 내용 조직 원리에 따라 과학 교과의 '대류 원리' 관련 내용과 현상을 조직한 예이다. 관련된 내용끼리 묶어서 가르칠 때 학생들은 더 의미 있게 효과적으로 학습하고 유지할 수 있다. 학습부진 및 학습장애 학생들에게는 특히 이러한 조직화의 중요성이 크다. 그림에서 보듯, 냄비 속에서의 끓는 물의 움직임, 지각의 움직임, 해류의 움직임, 방안 공기의 움직임, 바다-육지 간의 공기 움직임, 그리고 대기권의 공기 움직임 등은 모두 대류의 원리(즉, 온도가 높아지면 물질은 밀도가 낮아져 상승하고 온도가 낮아지면 밀도가 높아져 하강하는 현상)로 설명이 가능하다. 자연계의 대류 현상의 핵심은 물질이

열을 받으면 밀도가 낮아져 가볍게 됨에 따라 위쪽으로 이동하고, 위치가 높아지면 온도가 낮아져 다시 밀도가 높아지며, 이는 곧 무게가 늘어난다는 것을 의미하고, 그렇게 되면 밑쪽으로 이동하여 다시 온도가 높아지는 환경에 놓이게 된다. 이러한 과정을 반복함으로써 대기나 물질이 순환하는 대류 현상이 발생하게 된다. 현행 교육과정은 나선형 교육과정 체제를 적용하고 있기 때문에 [그림 9-3]에 제시된 현상이나 내용들을 마치 따로 분리된 것인양 각기 다른 학년에서 가르치고 배우도록 하고 있다. 그럴 경우, 학업능력이 뛰어난 학습자는 비록 각기 다른 학년에서 배운 내용이라고 해도 동일한 원리, 즉 대류 원리에 의해 설명될 수 있는 현상임을 알겠지만, 학습에 어려움을 겪는 학생들이 그러한 이해에 도달할 가능성은 높지 않다고 봐야 한다. 교사나 교재에서 이처럼 외관상 다른 현상이 사실은 동일한 원리가 적용되고 있는 현상이라는 것을 가르쳐 주지 않으면 중간 수준 이하의 학생들은 이를 스스로 깨닫기 어렵다. 학생들은 다양해 보이는 현상이 사실은 동일한 법칙의 적용을 받고 있다고 깨닫는 순간 학습에 흥미를 느낄 뿐만 아니라 현상을 새롭게 보는 안목을 갖게 될 것이다. 따라서 관련된 현상들은 서로 관련되어 있음을 초기부터 보여 주고 명시적으로 가르쳐 주는 것이 더 효과적이다.

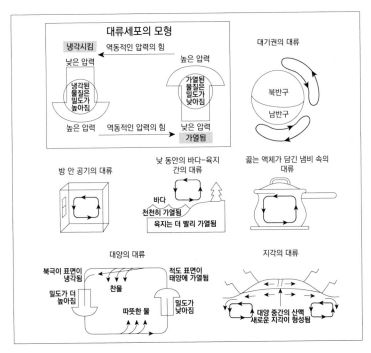

[그림 9-3] 과학 교과의 '대류' 내용 조직 예

출처: 이대식, 이창남 공역(2005), p. 196.

[그림 9-4]는 수학 교과의 입체도형 관련 내용을 앞서 제시한 내용 조직 원리에 따라 조직한 예를 나타낸다. 그림에서 보듯, 입체도형의 부피를 구하는 공식은 일관되게 밑면적에 높이를 곱하되, 모양에 따라 상수를 곱해 주는 방식으로 지도하면 효과적이다. 각 입체도형별 부피 공식을 따로따로 이해하려 하기보다는 이러한 큰 개념(즉, 밑면적 곱하기 높이)을 기반으로 학습했을 때 해당 학습자는 입체도형 부피를 성공적으로 구할 가능성이 더 클 것이다.

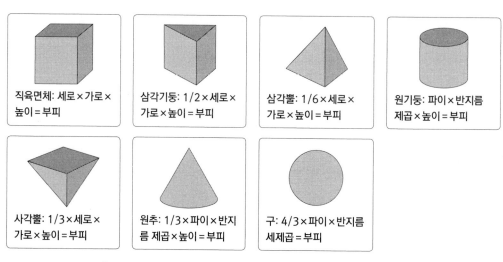

직육면체: 세로×가로×높이=부피

삼각기둥: 1/2×세로×가로×높이=부피

삼각뿔: 1/6×세로×가로×높이=부피

원기둥: 파이×반지름 제곱×높이=부피

사각뿔: 1/3×세로×가로×높이=부피

원추: 1/3×파이×반지름 제곱×높이=부피

구: 4/3×파이×반지름 세제곱=부피

[그림 9-4] 큰 개념에 기초한 입체도형 부피 계산 공식 정리

출처: Kame'enui et al. (2002), p. 129. 수정 인용.

큰 개념을 이용하여 내용을 조직하고자 할 때 난점은 현행 교과서의 내용들이 큰 개념을 중심으로 조직되어 있기보다는 평면적으로 혹은 백화점식으로 나열되어 있는 경우가 많다는 점이다. 이럴 경우, 특히 학습에 어려움을 겪는 학습자들의 경우 내용들 간의 관계나 위계 등을 파악하는 데 어려움을 겪을 수 있다. 만약 내용들이 큰 개념을 중심으로 조직되어 있지 않고 평면적으로 열거되어 있다면 적절한 큰 개념을 마련하여 이를 중심으로 관련 있는 내용을 관련 있는 것으로 학습자들에게 명료하게 제시해 주어야 한다.

3) 내용 간의 관계 명료화, 시각화

학습에 어려움을 가진 학습자들은 대개 문자와 텍스트 형태로 정보를 습득하는 데 상대적으로 더 큰 어려움을 느끼기 때문에 가급적 그래픽, 이미지, 그림, 도표, 동영상 등 시각적 정보로 변환시켜 제시해 주는 것이 학습에 효과적이다. 최근 유행하고 있는 소위 '비주얼 싱킹(visual thinking)'은 학습부진 및 학습장애 학생을 대상으로 한 교수-학습 자료 제작에 앞으로 적극 활용될 가능성이 많다(김차명, 2018; 박준 역, 2018; 비주얼러닝 연구소, 2016). 예를 들어, Dan Roam(정준희 역, 2009)은 아이디어를 시각화하는 방법으로 여섯 가지 사고방식과 다섯 가지 차원을 제시했다. 여섯 가지 사고방식이란, 육하원칙 각각을 그에 맞는 그림으로 표현하는 방식을 말한다. Roam은 육하원칙 중 '누가 무엇을'은 간단한 묘사 그림으로, '얼마나 많이'는 차트로, '어디서'는 지도로, '언제'는 화살표를 이용한 시간이동표시로, '어떻게'는 순서도로, 그리고 '왜'는 다변수 그래프로 나타낼 것을 제안했다. 예를 들어, [그림 9-5]는 초콜릿 전문가 과정의 '언제'를, [그림 9-6]은 초콜릿 전문가 과정의 '어떻게'를 시각적으로 나타낸 것이다.

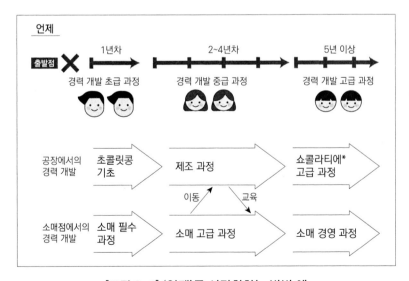

[그림 9-5] '언제'를 시각화하는 방법 예

출처: 정준희 역(2009), p. 136.

* 역자 주: 초콜릿을 만드는 일을 전문적으로 하는 사람.

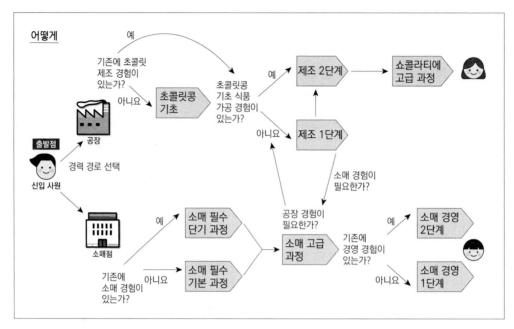

[그림 9-6] '어떻게'를 시각화하는 방법 예

출처: 정준희(역)(2009), p. 137.

한편, 다섯 가지 차원이란, 아이디어를 시각적으로 나타내고자 할 때 어느 측면에 더 중심을 둘 것인가를 결정하기 위한 양극단을 말한다. 다섯 가지 양극단이란, 단순-정교, 정성-정량, 비전 중심-실행 중심, 개별-비교, 변화 중심-현상 중심을 말한다. 예를 들어, '언제'를 시각화할 때 단순하게 나타낼 것인지 정교하게 나타낼 것인지, 정성적으로 나타낼 것인지 정량적으로 나타낼 것인지 등에 따라 각기 다르게 시각적으로 나타낼 수 있다는 것이 Roam의 주장이다. 〈표 9-14〉의 그림은 '언제'에 해당하는 그림을 양극단의 각각에 대응하게 표현한 것이다. 그림의 가운데 선은 양극단을 나누는 선이다. 예를 들면, 표에서 단순-정교 칸의 그림 속 위의 화살표는 단순하게 한 것을 나타내고, 아랫부분은 정교하게 나타낸 것이다.

〈표 9-14〉 '언제(when)' 사고방식의 5가지 차원으로의 표현 예

단순하게	정성적	비전 중심적	개별적	변화 중심적
정교하게	정량적	실행 중심적	비교적	현상 중심적

출처: 정준희 역(2008), p. 206. 부분 인용.

　　내용 자체나 내용들 간의 관계를 시각화하는 접근은 학습에 어려움을 겪는 학습자들이 문자나 텍스트, 구어 형태의 정보처리에 상대적으로 어려움을 겪는다는 특성을 감안할 때 매우 효과적이다. 난점은 학교교육에서 사용하는 교과용 도서 상당 부분이 텍스트로 되어 있어 이것을 개인 교사가 원래의 의미를 충분하고도 정확하게 드러나도록 시각 자료를 개발하기란 쉽지 않다는 점이다. 이는 단지 그림을 그리는 기술의 문제라기보다는 텍스트나 문자로 된 정보를 그대로 시각적 이미지나 도표, 그래픽 등으로 표현하기 위해서는 내용에 대한 깊고도 정확한 이해가 선행되어야 하기 때문이다.

4) 동일성의 원리

　　Engelmann, Carnine과 Steely(1991)는 교육내용을 조직하거나 제시할 때에는 동일성(sameness)의 원리를 충실하게 잘 반영하는 것이 중요하다고 주장했다. 동일성의 원리란 Bruner(1966)가 주장한 지식의 구조와 같은 것으로서, 교사가 학습자에게 전달하고자 하는 의도만이 학습자에게 일관되게 전달될 수 있도록 하는 원리를 말한다. 예를 들어, 학습자들에게 분수 개념을 가르칠 때 교수자가 전달해야 하는 의도는 분모는 어떤 하나의 단위 집단을 동일하게 분할한 부분의 총 개수를 나타내고, 분자는 그렇게 분할한 부분들 중 해당되는 부분의 개수를 의미한다. 예컨대, 3/4에서 4는 특정 단위 집단을 4등분했다는 뜻이고, 3은 그중 세 개를 의미한다. 여기에서 중요한 부분은 '해당되는 부분'의 수, 즉 분자는 하나를 몇 개로 동일하게 분할했느냐 하는 숫자(즉, 분모)와는 상관이 없다는 점

이다. 분자는 분모와 같거나 더 클 수도 있다. 예시 분수로 진분수만 제시하면 학생들은 모든 분수는 분자가 항상 분모보다 작아야 한다는 잘못된 일반화를 할 수도 있다. 하지만 이는 분수들의 동일성이 아니다. 이 의도는 교수자가 사용하는 모든 예, 내용, 학습자료에 언제나 동일하게 학습자들에게 드러나야 하고, 학습자는 그 의도를 습득해야 한다.

　교수자가 의도하는 동일성을 학습자가 가급적 빠르고 정확하게 파악하도록 하기 위해서는 교육내용이나 정보 제시 순서를 잘 설계하는 것이 중요하다. 만약 이 순서가 잘 설계된다면, 그리고 학습자가 동일성을 인식할 수 있도록 교과서 내용이 구조화되어 있다면, 학습자는 교수자의 의도, 즉 동일성을 보다 빨리 습득하고 오랫동안 유지하며, 더 많은 상황에 일반화할 수 있을 것이다. 당연히 성적 역시 향상될 것이다(Jenkins & O'Connor, 1991).

　동일성의 원리는 교사나 교수-학습 자료 개발자가 예나 과제 등을 제시할 때 학습자들에게 교수자가 의도하는 정보, 메시지가 틀림없이 동일하게 전달될 수 있도록 하는 데 주안점을 두어야 함을 시사한다. 이를 위해서는 매우 정교하게 예나 과제를 선정하고, 그 제시 순서 또한 정밀하게 고려해야 한다.

　이상의 논의를 바탕으로, 내용 조직의 네 가지 원리를 제시하면 [글상자 9-4]와 같다.

[글상자 9-4] 내용 조직 원리

- 큰 개념 중심으로 관련된 하위 개념 입체적으로 조직
- 핵심적인 것과 지엽적인 것, 중심적인 것과 주변적인 것 구분
- 내용 간의 관계를 가급적 시각적으로 한 눈에 파악할 수 있도록 제시
- 내용들을 관통하는 원리, 아이디어는 동일하게 유지하되 그 모양, 모드만 학습자나 상황에 맞게 다양하게 표현

　교육내용과 교수행위 조직을 위한 네가지 원칙을 그림으로 표시하면 [그림 9-7]과 같다.

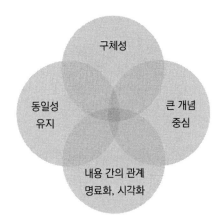

[그림 9-7] 교육내용과 교수행위 조직화 4원칙

6. 정리

이 장에서는 학습부진 및 학습장애 학생을 대상으로 한 효과적인 교수설계 원리를 교육내용 및 학습된 상태 유형, 명료한 의사소통, 계열화, 조직화 측면으로 나누어 살펴보았다. 학습목표 상태에 이르는 효과적인 길을 설계할 때에는 학습하고자 하는 내용의 유형과 복잡성, 특성을 충분히 반영해야 한다. 기본적인 인지능력이 낮은 경우가 많은 학습부진 및 학습장애 학생을 대상으로 한 교수활동은 언제나 명료한 의사소통이 중요하다. 교육내용과 교수행위를 조직하고 순서를 설계할 때에는 가장 낮은 학습능력과 학습동기 수준을 가진 학습자도 능히 학습에 성공할 수 있도록 하는 '학습경로'를 찾아내는 것이 중요하다. 이를 위해서는 교수자의 내용에 대한 이해는 물론이고, 어떤 경우에 지식을 잘 알게 되는지 등에 대한 인식론적인 식견도 필요하다.

생각해 볼 문제

01 자신의 수업이나 여타 수업을 보고 학습성공 요소가 얼마나 반영되고 있는지를 확인해 보자. 학습성공 요소를 증가시키기 위한 방안은 무엇인가?

_____

_____

_____

_____

02 자신이 생각하는 학습 극대화를 위한 교수지침 10가지를 작성하고 이를 다른 사람의 견해와 비교해 보라. 자신의 교수지침이 효과적일 것이라는 근거는 무엇인가? 교수지침 중 소위 '증거기반 실제'에 해당하는 것들은 무엇인가?

_____

_____

_____

_____

 **참고문헌**

김차명(2018). 참쌤의 비주얼씽킹 끝판왕: 이미지로 생각하는 습관. 서울: 에듀니티.

박준 역(2018). David Sibbet Visual Thinking: 리더는 큰 그림으로 이끈다[*Visual leaders: New tools for visioning, management, & organization change*]. Sibbet, D. 저. 서울: 생각정리연구소.

비주얼러닝 연구소(2016). 교실 속 비주얼 씽킹 스토리 카드＋인성 카드. 서울: 맘에드림.

이대식(2004). 학습장애 및 학습부진 문제 해결을 위한 직접교수법의 이론과 활용방안: 직접교수법의 의미와 주요 특징. 학습장애연구, 1(1), 133-161.

이대식, 강옥려 공역(2017). 직접교수법에 따른 효과적인 수학 수업[*Designing effective mathematics instruction: A direct instruction approach*]. Stein, M., Kinder, D., Silbert, J., & Carnine, D. 저. 서울: 학지사. (원저는 2006년에 출간).

이대식, 이창남 공역(2005). 모든 수준의 학생들을 위한 수업설계 및 교재개발의 원리[*Effective teaching strategies that accommodate diverse learners*]. Kame'enui, E. J., Carnine, D. W., Dixon, R. C., Simmons, D. C., & Coyne, M. D. 저. 서울: 시그마프레스. (원저는 2002년에 출간).

정준희 역(2009). 생각을 쇼(show) 하라: 아이디어를 시각화하는 6가지 방법[*The back of the napkin: Solving problems and selling ideas with pictures*]. Roam, D. 저. 서울: 21세기북스.

Becker, W. C., & Carnine, D. W. (1980). Direct instruction: An effective approach to educational intervention with the disadvantaged and low performers. In B. B. Lahey & A. E. Kazdin (Eds.), *Advances in clinical child psychology* (Vol. 3, pp. 429-473). New York: Plenum Publishing Corporation.

Bruner, J. S. (1966). *Toward a theory of instruction*. Cambridge: Harvard University Press.

Carroll, J. B. (1963). A model of school learning. *Teachers College Record, 64*, 723-733.

Engelmann, S., & Carnine, D. (1991). *Theory of instruction: Principles and applications*. New York: Irvington Publishing, Inc.

Engelmann, S., Carnine, D., & Steely, D. G. (1991). Making connections in mathematics. *Journal of Learning Disabilities, 24*(5), 292-303.

Jenkins, J. R., & O'Connor, R. E. (1991). Implications of the sameness anaysis for curriculum developers and curriculum users. *Journal of Learning Disabilities, 24*, 329, 361-363.

Kame'enui, E. J., Carnine, D. W., Dixon, R. C., Simmons, D. C., & Coyne, M. D. (2002).

Effective teaching strategies that accommodate diverse learners. Upper Saddle River, New Jersey: Prentice-Hall.

Marchand-Martella, N. E., Slocum, T. A., & Martella, R. C. (2004). *Introduction to direct instruction.* Upper Saddle River, NJ: Pearson Education, Inc.

Stein, M., Kinder, D., Silbert, J., & Carnine, D. W. (2006). *Desiging effective mathematics instruction.* Upper Saddle River, NJ: Pearson Education, Inc.

Vaughn, S., & Linan-Thompson, S. (2003). What is special about special education for students with learning disabilities? *The Journal of Special Education, 37*(3), 140-147.

제10장
효과적인 교수행위의 충실한 이행

1. 효과적인 교수행위 관련 선행 연구 공과는 무엇인가?
2. 학습부진 및 학습장애 학생에게 효과적인 교수행위의 특징, 요건은 무엇인가?
3. 수업 각 단계별 효과적인 교수행위는 각각 무엇인가?
4. 수업 초기 학습자들의 학습동기를 고취시킬 방안에는 어떤 것들이 있는가?

주요 내용 요소

1. 효과적인 교수행위 관련 선행 연구의 공과
2. 학습부진 및 학습장애 학생에게 효과적인 교수행위
3. 수업 단계별 효과적인 교수행위 적용하기
4. 교수자의 학습내용에 대한 태도
5. 학습목표 설정
6. 학습진전도 점검
7. 수업과 교수 프로그램의 적절성 평가

핵심 용어

- 학습흥미
- 내적 동기, 외적 동기
- 점진적 지원 감소
- 몰입
- 인지적 부조화
- 실제 학습에 투입한 시간
- 반성적 활동
- 명시적 시범
- 학습진전도 점검

> ## 학습부진 및 학습장애 교수-학습활동 조건 5 –
> ## 효과적인 교수행위의 충실하고 지속적인 이행
>
> 세심하게 설계된 교수-학습 형식은 충실하게 지속적으로 적용되어야 한다.

1. 들어가는 말

도입 활동

1. 학창 시절 자신이 기억하는 효과적인 교수행위에는 어떤 것들이 있는가?

2. 선행 연구에서 말하는 효과적인 교수행위에는 어떤 것들이 있는가?

학교학습의 3대 변인이 교수자, 학습자, 교재 및 프로그램이라고 했을 때, 나머지 두 변인이 모두 완벽하게 갖추어져 있다고 해도 마지막 변인인 교수자가 어떠한 언행으로 학습자의 학습을 극대화할 수 있을 것인가가 규명되지 않으면 학습에 어려움을 겪는 학생들을 위한 지원은 아직 미완성이다. 그렇지만 교수자가 정확히 무엇을 어떻게 해야 학습에 어려움을 겪고 있는 학습자, 특히 학습부진 및 학습장애 학생 교수-학습에 효과적일 것인가에 대해서는 알려진 바가 그리 많지 않다. 특히 학습에 어려움을 겪고 있는 학습자들은 다른 학습자보다 학습에 불리한 특성을 보이기 때문에 다른 학습자에 비해 교수자의 역할이 상대적으로 더 중요하다. 이는 마치 [그림 10-1]의 왼쪽과 오른쪽 그림에서 보듯 세 변인 중 학습자 변인이 작아지면 교수자 변인과 교재 및 프로그램의 비중이 더 커지는 이치와 같다. 즉, 학습에 어려움을 겪는 학습자일수록 교수자의 교수행위, 교재나 프로그램의 질이 해당 학습자의 학습 정도에 더 큰 영향을 미칠 수 있다.

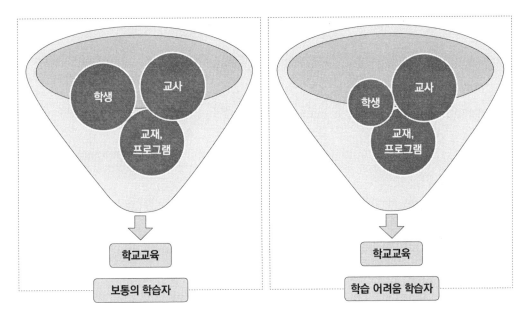

[그림 10-1] 보통의 학습자와 학습 어려움을 겪는 학습자의 경우 교사와 교재 및 프로그램의 중요성

　이 장에서는 학습을 극대화하는 교수자의 행동이나 수업 진행 방식 등에 관해 선행 이론과 연구 결과를 토대로 핵심 내용을 살펴보고자 한다.

2. 효과적인 교수행위 관련 선행 연구의 공과

　학습자 학습에 영향을 미치는 교사의 교수행위에 관한 연구의 고전 중 하나는 Rosenshine(1976)의 연구라 할 수 있을 것이다. 이 연구에서는 사회경제적 지위가 낮은 가정배경을 가진 초등 저학년 학생들의 수학과 국어 성적에 영향을 미치는 다양한 교수행위의 효과를 보고한 선행 연구 결과들을 효과의 크기별로 정리하였다. 〈표 10-1〉에 따르면, 대체로 절대적인 지도 시간의 양, 직접적이고 구체적인 질문, 긍정적 피드백, 학습과제에의 집중 등이 학업성적과 유의하게 강한 긍정적 상관을 보이고 있다. 또한 두 연구(Soar, 1973; Stalling & Kaskowitz, 1975)에서는 대규모 집단 수업도 학업성적과 유의하게 긍정적인 상관을 보인 것으로 나타났다. 결국 수업 대상 집단의 규모 자체보다는 교사의 구체적인 행위의 특징이 학업성적과 더 관련이 높은 것으로 추정할 수 있다.

〈표 10-1〉 효과적인 교수행위의 효과성에 관한 선행 연구 결과

교수행위 변인	Stalling & Kaskowitz	Soar	Brophy Evertson	Others
실제 학업 지도 시간	+			+
교과지도 이외의 활동에 들인 시간	−	−	−	
배정된 수업 시간의 양			○	+
다룬 내용의 양				+
직접적이고 구체적인 질문	+	+	+	+
고등의 개방형 질문	−	−		○
학습자의 과제에의 집중	+	○, +	○	○, +
학습자의 주의 산만, 부적절한 행동		−	−	−
대규모 집단 수업	+	+		
교사의 지도 없이 자습	−			
교사 감독하에 자습		+		
칭찬, 어른의 긍정적 피드백	+	+	○, +	○
질책, 어른의 부정적 피드백	+	−	○, −	−
학생의 의견 반영	+		+	
학생의 의견-수업 관련	○	○	+	
학생의 의견-수업과 무관	−	○	○	
학생의 질문-수업 관련	−	○	○	
학생의 질문-수업과 무관	−	○	−	
교사 주도		−, +	−, ○	
교사의 학급 관리 및 학급 질서 유지 요청		○	−	

+: 유의하게 긍정적인 상관 / ○: 유의하지 않은 상관의 혼조 / −: 유의하게 부정적인 상관
(빈칸은 해당 문헌에서 언급이 없었음을 나타냄)
출처: Rosenshine (1976), p. 63.

　　Rosenshine(1976)과 비슷하게 Medley(1978)는 교사 효과성에 관한 연구들의 경향을 종합적으로 분석하면서 당시까지 나온 연구결과에 근거하여 사회경제적 지위가 낮은 가정 출신의 초등 저학년 학생에게 효과적인 교사와 그렇지 않은 교사의 특징을 〈표 10-2〉와 같이 정리하였다. 〈표 10-2〉에 제시된 내용들 중에서는 일반적으로 알려진 효과적인 교수행위와는 상반된 내용들이 더러 있다. 예컨대, 일반적으로는 소집단 활동 시간이 많을수록, 그리고 낮은 수준의 질문이나 개인 자습 시간을 더 많이 줄 때 학습에 효과적일 것으로 예상되지만, 〈표 10-2〉에서는 그와 반대인 교사의 행위가 학습에 효과적인 것으로 제시되어 있다.

〈표 10-2〉 낮은 사회경제적 지위의 초등 저학년 학생에게 효과적이거나 비효과적인 교사의 특징

영역	효과적인 교사	비효과적인 교사
학습환경 관리	• 학생의 수업방해 행동 많지 않음 • 교사의 꾸지람 많지 않음 • 학급 관리에 상대적으로 적은 시간 소요 • 칭찬과 긍정적인 동기화 많음	• 학생의 수업 방해행동 많음 • 교사의 꾸지람, 비난 많음 • 학습 관리에 많은 시간 소요 • 칭찬과 긍정적 상호작용 적음
학생 시간 활용	• 과제 관련 학업 활동에 더 많이 시간 투입 • 대집단 혹은 전체 집단과의 수업활동에 더 많은 시간 투입 • 소집단 지도 활동 시간 적음 • 소집단 학생 자습 시간 적음 • 자습 시간 적음	• 과제 관련 학업 활동에 적은 시간 투입 • 대집단 혹은 전체 집단과의 수업활동에 더 적은 시간 투입 • 소집단 지도 활동 시간 많음 • 소집단 학생 자습 시간 많음 • 자습 시간 많음
수업의 질	• 낮은 수준의 질문 많음 • 높은 수준의 질문 적음 • 학생의 대답을 확대하거나 토론하거나 사용하지 않으려 함 • 학생 주도 질문이나 의견 적음 • 학생의 질문에 피드백 적음 • 혼자 공부할 때 더 학생에 집중	• 낮은 수준의 질문 적음 • 높은 수준의 질문 많음 • 학생의 대답을 확대하거나 토론하거나 사용하려 함 • 학생 주도 질문이나 의견 많음 • 학생의 질문에 피드백 많음 • 혼자 공부할 때 더 학생에 집중하지 않음

출처: Medley (1978), p. 19.

학생의 학습에 영향을 미치는 교사의 행위에 관한 연구들은 학습에 효과적인 교사의 행동이나 언어, 수업진행 방식이 어떠해야 하는가에 대해 시사를 주었다는 점에서 긍정적이다. 그렇지만 특정 학습자 특징, 예컨대 학습부진이나 학습장애처럼 학습에 어려움을 겪는 학생들에게도 해당 교사의 해당 특징이 여전히 유효할 것인가는 확실치 않다. 학습장애 및 학습부진 학생에게 효과가 있을 교사의 수업 행위를 알고자 할 때에는 적어도 다음의 측면을 고려해야 한다.

첫째, 많은 경우 학습부진 및 학습장애 학생들은 인지적인 측면에서 수업시간에 필요한 최소한의 기본학습기능 혹은 선수학습기능을 소유하고 있지 않을 가능성이 높다. 이는 곧 수업을 시작하기 전에 해당 학습자가 정확히 어디에 위치해 있는가를 확인하고, 그곳에서부터 지도를 시작하는 일이 교수자에게는 무엇보다 중요함을 시사한다.

둘째, 학습에 어려움이 있는 학생들은 선행학습과 기본적인 지식 기반 부족 등으로 인해 교사의 설명을 한두 번만에 잘 이해하지 못할 수 있다. 세부적인 부분까지 명확하게 설명해 주고 시범을 보여 주어야 이해할 가능성이 높다. 즉, 같은 내용이라도 이해하는 데 필요한 설명의 양, 시범의 양, 설명과 시범의 명료성 정도가 일반 학생 때보다 훨씬 강력해야 한다. 이는 그만큼 교수자가 명료한 의사소통을 위해 노력해야 함을 의미한다.

셋째, 정의적인 측면에서도 대부분의 학습장애 및 학습부진 학생들은 본 수업 내용에 대해 별다른 기대를 하고 있지 않거나, 학습동기가 높지 않은 상태일 가능성이 크다. 오히려 수업을 지루해하거나 다른 활동을 하고 싶어 하든지, 아니면 주의집중도가 매우 낮은 상태에서 학습에 임하는 경우가 다반사이다. 뿐만 아니라, 과목에 따라서는 장기간에 걸쳐 학습된 무기력을 경험한 상태라 아예 학습 자체를 시도조차 하지 않으려 할 수 있다. 따라서 학습부진 및 학습장애 학생을 지도할 교수자는 시작 전부터 낮아져 있는 학습동기를 높이고 이를 유지시킬 별도의 방안을 마련해야 한다.

넷째, 설사 학습 초기에 잠깐 주의를 집중한다고 해도 이내 주의력이 산만해질 수 있다. 이는 교수-학습 각 과정마다 또 각 과정에 맞게 지속적으로 학습동기, 주의력 등을 유지시킬 방안, 전략이 필요함을 의미한다.

다섯째, 학습자에 따라서는 선호하는 정보처리 방식이나 학습방식 등은 물론, 특별히 더 어려움을 겪는 정보 접근 방식이 있을 수 있기 때문에 각자에게 가급적 가장 효과적이면서도 적합한 방식으로 학습과정에 참여할 수 있게 해 주는 것이 필요하다. 이를 위해서는 보편적 설계 원리에 근거하여 각 학습자에게 가장 효과적이면서도 정보 접근에 용이한 방식을 구안할 필요가 있다.

　다양한 학습접근을 허용해 줄 수 있으려면, 교수자가 풍부한 교육학적 상상력을 갖고 있어야 한다. 교육학적 상상력이란, 어떤 내용의 핵심 아이디어는 바꾸지 않으면서도 학습하는 방식, 학습된 상태, 그 아이디어의 표현 모드, 표현 수준, 혹은 가르치는 방식을 매우 풍부하고 다양하게 할 수 있는 능력을 말한다. 예를 들어 보자. '가정의 경제활동의 의미를 안다'는 목표를 생각해 보자. 현행 교육과정에 문서에는 이 성취기준을 도달한 상태에 대해서 별다른 설명이 없다. 하지만 초등학생이 가정의 경제활동의 의미에 대해 아는 상태는 숱하게 많이 그리고 풍부하게 규정할 수 있고, 경제활동의 의미를 알기 위한 활동 역시 무수하게 많은 방식으로 수행할 수 있다. 목표 도달 상태와 학습활동 방식을 풍부하게 규정할 수 있으면 결국에는 가정의 경제활동 의미를 안다는 교육목표의 의미가 풍부해지고, 이는 곧 사람들로 하여금 가정의 경제활동 의미를 왜 알아야 하는지에 대한 의사소통 수단이자 근거가 될 수 있다.

　사실, 교육받은 상태를 풍부하게 규정해야 하는 데에는 그보다 더 중요한 이유가 있다. 그 이유란 그래야 학습자가 어떤 특징이나 수준을 갖고 있든 자신에게 최대한 맞는 교육목표를 추구하고 자신에게 맞는 학습활동을 할 수 있게 해 줄 수 있는 여건을 마련할 수 있기 때문이다. 예컨대, 교육받은 상태를 다섯 가지로만 규정했다면, 그중 어느 것에도 맞지 않는 학습자는 교육활동 중 소외될 가능성이 크다.

　여섯째, 현실적으로 다인수 학급 내에서는 교사 혼자서, 혹은 보조교사 있다고 해도 동시에 다수의 학습자를 개별적으로 지도하기에는 한계가 있다. 이런 경우 유망한 접근 중 하나는 또래학습을 활용하는 것이다. 또래학습은 학습의 사회적 현상 측면에서도 적극적으로 활용해야 한다. 학습의 사회적 측면이란 학습은 혼자서 수행하는 것보다 또래 혹은 주변 사람들과 학습한 것을 공유하고, 교환하고, 상호 점검을 통해서, 그리고 표현하는 활동을 통해서 더욱 잘되는 경우를 말한다.

　일곱째, 학습에 어려움을 겪는 학생이라도 영역이나 분야에 따라서는 또래보다 상대적으로 더 많이 알고 있는 부분이 있을 수 있고, 이러한 부분에 대해서는 다른 사람을 가르쳐 보고 싶다는 생각을 가질 수 있다. 이러한 심리를 '교수욕구'라 할 수 있다. 이에 대해서는 제5장에서 다룬 바 있다. 특정 분야에서의 교수욕구 활용에 따른 긍정적 효과나 경험(예컨대, 자신감 상승, 또래나 주변으로부터 특정 분야를 잘 안다는 인정을 받는 것 등)은 다른 분야 학습에도 긍정적인 영향을 미칠 수 있다. 이러한 효과는 또래지도 교사 역할을 맡은 학생들에게서 일어나는 긍정적인 효과에 관한 연구결과에서 이미 확인된 바 있다.

　이상에서 설명한 학습 어려움 특성별 효과적인 교수행위 요건을 정리하면 〈표 10-3〉과 같다.

〈표 10-3〉 학습 어려움 특성별 효과적인 교수행위 요건

교수장면에서 당면하는 학습 어려움 학생 특성	효과적인 교수행위 요건
• 본 수업에 필요한 최소한의 기본학습기능 혹은 선수학습기능 부재 혹은 미흡	• 정확한 현재수행 수준과 출발점 파악 • 부족한 기본학습기능, 선수학습기능 최단 시간 내에 형성
• 학습수행에 필요한 인지기능, 이해력 미흡	• 부족한 인지기능 보완할 효과적인 지원전략 마련, 제공, 연습
• 학습동기 부족	• 학습자의 기존 지식 혹은 관심사와 당장 학습할 내용 간의 연계성 강화
• 주의집중력 및 유지력 미흡	• 주의력 유지에 도움을 줄 학습활동, 단서, 자극, 과제 설계하여 제시
• 학습에 취약한 혹은 효과적인 정보처리 방식	• 보편적 설계 원리를 적용하여 다양한 학습 접근 허용

3. 학습부진 및 학습장애 학생에게 효과적인 교수행위

이 장에서는 학습효과와 관련된 교사의 특징 중에서 특히 학습에 어려움을 겪고 있는 학생들의 학습에 효과적인 것으로 알려진 교사의 특징을 열거해 보고자 한다.

1) 교수-학습 전 학습자 심리 상태 이해하기

학습에 어려움을 겪는 학생들은 교수-학습 전 다음 중 어느 하나 혹은 그 이상의 심리 상태일 가능성이 크다. 첫째, 누적된 학업실패 경험으로 인해 본 차시 학습에 대한 기대가 극히 낮을 수 있다. 둘째, 과거 학습과정에서의 어려움과 괴로운 기억으로 인해 어떻게 해서든 어려운 과제를 회피하고자 하는 마음 상태일 수 있다. 셋째, 누적된 학업실패 경험으로 인해 학업자신감이 극히 낮은 상태일 수 있다. 이로 인해 학습활동에 매우 소극적일 수 있다.

수업 전 학습부진 및 학습장애 학생의 이러한 심리상태는 자신도 의도하지 않게 수업 방해 행위, 공격적인 행위, 불성실한 태도나 행동 등으로 표출될 수 있다. 따라서 수업에 임하는 교수자는 학습부진 및 학습장애 학생들의 이러한 심리를 충분히 이해하고 이를

수용할 방안을 강구해야 한다. 이를 위해서는 먼저 학습자들의 심리상태를 학습내용이 잘 스며들게 준비시킬 필요가 있다. 이는 마치 성서의 마태복음 13장에 나오는 길가, 돌밭, 가시 밭, 옥토의 비유와 같이 학습 전 학습자들의 마음 상태도 학습을 잘 수용하기 좋은 상태와 그렇지 않은 상태가 있을 수 있다.[*]

교수자는 먼저 수업을 시작하기 전에 먼저 학습을 받아들이기에는 너무 거칠고 얼어붙어 있으며 단단한 심리상태를 부드럽게 하는 전략을 구사해야 한다. 이러한 접근의 핵심은 학습자들의 자존감을 높이고 고유한 인격체로 존중해 주며, 비록 학습상황이기는 하지만 학습에 낮은 수행을 보인다고 인간 존재 자체도 낮게 보지 않고 존중해 주는 태도와 언행, 실천이 필요하다. 얼어붙은 학습자들의 마음을 녹이고 학습에 준비시키는 방안들로는 [글상자 10-1]과 같은 것들이 있다.

[글상자 10-1] 학습자 심리 · 정서적 내성 키우기 활동 예

- 최선을 다해 자신을 향상시키는 활동 해 보기
- 남을 위해 헌신하는 활동 해 보게 하기
- 자기효능감/자아존중감 높이기
- 목표 뚜렷하게 세워 보기
- 웃으며 격려하고 좋은 말 해 주기
- 스트레스에 대한 내성 기르기

첫째, 최선을 다해 자신을 향상시키는 활동을 해 보게 한다. 이를 위해서 학생의 흥미, 소질 영역을 발굴해야 한다. 주로 예체능 영역을 중심으로 발굴하는 것이 유리하다. 그 이유는 이들 분야는 대체로 학습부담이 적고 활동 과정 자체에서 즐거움과 재미를 줄 수 있기 때문이다. 중요한 점은 어떤 활동을 해 보게 하든 활동 과정에서 반드시 최선을 다하는 자신의 모습을 본인에게 확인시켜 주고 그 성과보다는 과정을 인정, 칭찬, 격려해 주어야 한다는 점이다.

---

[*] 마태복음 13장 3~8절: 예수께서 비유로 여러 가지를 저희에게 말씀하여 가라사대 씨를 뿌리는 자가 뿌리러 나가서 뿌릴새 더러는 길가에 떨어지매 새들이 와서 먹어 버렸고 더러는 흙이 얇은 돌밭에 떨어지매 흙이 깊지 아니하므로 곧 싹이 나오나 해가 돋은 후에 타져서 뿌리가 없으므로 말랐고 더러는 가시 떨기 위에 떨어지매 가시가 자라서 기운을 막았고 더러는 좋은 땅에 떨어지매 혹 백 배, 혹 육십 배, 혹 삼십 배의 결실을 하였느니라.

둘째, 남을 위해 헌신하는 활동을 해 보게 한다. 타인을 배려하는 마음은 곧 긍정적 자아개념 및 자신의 목표 설정과 학습태도에 긍정적인 영향을 미칠 수 있다. 남을 돕는 행위 자체는 처음부터 거창할 필요가 없다. 가족 구성원 중 도움을 필요로 하는 가족을 도와도 되고 이웃이나 지역사회 사람들, 혹은 친구들을 돕는 행위부터 시작해도 된다.

셋째, 자기효능감 혹은 자아존중감 높이기이다. 자기효능감을 높이기 위해서는 크고 작은 성공 경험을 누적시켜야 하고 성공 모델, 대리 성공 경험을 제공해 주어야 한다. 또한 실패의 두려움을 최소화하도록 적극 지원해 주어야 한다.

넷째, 목표를 뚜렷하게 세워 보게 한다. 목표는 구체적으로, 측정 가능하도록, 행동적으로 진술하고 현실적으로 가시적인 달성기간을 세워서 단기간 목표부터 설정하도록 한다.

다섯째, 웃으며 격려하고 좋은 말을 자주 해 준다. 유명한 작곡가 헨델이 무려 300쪽에 가까운 명곡 메시아를 불과 한 달도 안 되어 작곡할 수 있었던 원동력 중 하나는 자신의 재능을 신뢰하고 작곡을 의뢰해 준 어느 백작의 격려와 지원이었다고 한다. 또한 미국 강철왕으로 알려진 카네기는 38세밖에 되지 않고 강철업계 분야 경험이 전무했던 Charles Schwab을 미국 최초의 100만 달러 연봉자 겸 자신의 후계자로 지목했는데, 그 이유 중 하나는 이 사람이 다른 사람들을 격려하고 지원하는 데 탁월한 재능을 갖고 있었기 때문이라고 한다([글상자 10-2] 참조).

[글상자 10-2] Charles Schwab의 격려 재능

다음은 미국 최초의 100만 달러 연봉자이자 카네기 후계자로 지목되었던 Charles Schwab의 회고 내용 중 일부이다. Charles Schwab은 자신이 타인을 격려해 주는 데 탁월한 재능이 있었음을 밝히고 있다.

"I consider my ability to arouse enthusiasm among my people. The greatest asset I possess, the way to develop the best that is in a person is by appreciation and encouragement. There is nothing else that so kills the ambitions of a person as criticisms from superiors. I never criticize anyone. I believe in giving a person incentive to work. So I am anxious to praise but loath to find fault. If I like anything, I am hearty in my approbation and lavish in my praise."

출처: https://www.goodreads.com/author/show/207029.Charles_Schwab

여섯째, 스트레스에 대한 내성을 기를 기회를 자주 제공한다. 학습에 어려움을 가진 학습자들은 많은 경우 학습에서만 어려움을 보이는 것이 아니라 열악한 가정환경이나 원만하지 못한 대인관계 등으로 인해 자신의 감정이나 정서 관리에 매우 취약한 여건에 놓여 있다. 그러한 결과로 조금만 어려운 과제를 접하거나 일정 시간 이상 집중을 해야 하는 상황에 놓이면 견디지 못하고 부적절한 행동이나 부적응 행동을 보일 수 있다. 이들의 이러한 반응의 근저에는 어려운 상황에서도 꿋꿋하게 자신의 감정을 조절하고 목표 도달을 위해 자신을 통제해 나가는 자기관리 능력의 부족, 외부 여건으로 발생한 스트레스에의 대응능력 부족 등이 작용하고 있다. Willis(2006)는 청소년들의 스트레스에 대한 내성을 키우기 위한 방법으로 다음 세 가지를 제시했다. ① 정서적으로 안정된 수업 환경을 조성해야 한다. 학생들은 학습내용이 너무 어려우면 좌절하고, 너무 쉬우면 지루해서 스트레스를 받을 수 있다. 이때에는 과도한 경쟁 분위기를 피하고 수업 내용을 학생들의 흥미나 경험과 연결시키며, 적절한 강화 전략으로 학생들의 학습동기를 유발해야 한다. ② 일관된 평가와 훈육으로 예측가능성을 높여야 한다. 교사의 기대치나 평가방식을 학생들이 사전에 충분히 인식한다면 학교생활에 불안을 덜 느낄 것이다. 학생들을 언제나 공정하게 대하고 언제나 어려운 일을 당하면 교사가 도와준다는 믿음을 갖게 해야 한다. 그래야 학생들은 자신감을 가지고 탐구와 도전을 지속할 수 있다. ③ 사회적 관계 형성으로 자신감을 갖게 한다. 교사는 항상 학생들의 이야기를 경청하고 학생 상황에 관심을 가져 줌으로써 학생들이 신뢰할 수 있는 사람이 되도록 해야 한다. 이를 위해 교사 간 협동, 학부모와의 협력 등을 통해 학교-학생-가정 간의 연계를 강화하고 학생에게 문제가 생겼을 때 서로 협력하여 대처하는 체제를 갖추어야 한다.

2) 학습동기 생성, 유지, 강화 전략

교수자에게 가장 큰 과제 중 하나는 도무지 학습에 흥미를 갖지 않은 학생들이 적극적으로 능동적으로 학습과정에 참여하게 만드는 일이다. 다행히도 많은 선행 학자가 이에 도움을 줄 만한 전략과 요령 등을 제시해 왔다. 예컨대, Strong, Silver와 Robinson(1995)은 교사와 학생 모두를 대상으로 이들이 몰입해서 하는 활동과 싫어하는 활동이 무엇인지를 조사하였다. 그 결과, 조사 대상자들이 즐겨 하는 활동들은 창의성을 발휘하게 하는 활동, 호기심을 불러일으키는 활동, 다른 사람들과 긍정적인 관계를 향상시키는 활동이었다. 반대로, 조사 대상자들이 싫어하는 활동들은 반복적인 활동, 선택의 여지가 없는 활동, 사고를 거의 혹은 전혀 자극하지 않는 활동이었다. 결국 학생이나 교사 모두 자신들의 호기심을 자극하는 활동을 할 때 즐겁게 몰입한다고 볼 수 있다. 아울러 이들 연구에서는 학생들이 어떤 활동에 몰입하게 만드는 것은 그 활동이 성공, 호기심, 창의성, 관계 증진에 도움이 되는지 여부에 달려 있다고 주장했다.

학습 어려움 학생이 학습동기와 관련하여 갖고 있는 특성과 지원 요구를 정확히 파악하는 것이 중요하다. 앞에서도 언급했듯이, 이들은 학습을 시작하기 전에 학습할 내용에 대해 미리 호기심을 갖고 있다거나 지적인 탐구 의욕이 넘치지 않은 경우가 대부분이다. 따라서 이들에게는 초반부터 학습에 흥미를 느낄 다양한 자극과 촉진을 제공해야 하는데, 학습동기는 워낙 개인마다 관련 변인이 다양하고 그 작용 양상도 다양하여 특정 접근이나 방법을 모든 학습자들에게 동일하게 적용하기 어렵다.

학습동기와 관련하여 먼저 이론적으로 살펴보는 것이 중요한데, 심리학적인 접근과 교수적 접근을 구분할 필요가 있다.

(1) 학습동기의 심리학적 접근

심리학적 접근은 학습동기를 개인 내부에 이미 존재하는 특정 심리현상으로 파악한다. 즉, 학습동기란 심리상태는 이미 개인 내부에 있는데, 이를 활성화할 조건이 갖추어지면 이미 갖추어져 있는 학습동기가 발현되거나 활성화되는 것으로 파악한다. 대표적인 이론으로 Vallerand(1997)의 8단계 학습동기론을 들 수 있다([그림 10-2] 참조).

Vallerand(1997)의 8단계 학습동기론의 핵심과 시사점은 다음과 같다. 첫째, 동기에는 수준 혹은 단계가 있다. 둘째, 내재적 동기가 높은 단계의 동기이긴 하지만 처음부터 그 상태에 이를 수는 없다. 셋째, 높은 수준의 학습동기는 외적 자극이나 규제에 의한 것이 아니라 자신 스스로의 특정 목적 추구에 따른 것이어야 한다.

Vallerand(1997)의 8단계 학습동기론은 학습부진, 학습장애와 같이 학습에 어려움을 겪는 학생들을 지도해야 하는 교수자에게는 매우 곤혹스러운 도전을 제기한다. 그 이유는 높은 수준의 동기인 내재적 동기 단계에 이르도록 하는 것이 중요한데, 학습 어려움 학생의 경우 다른 학생들에 비해 특히 학습동기가 수업 시작 전부터 이미 낮은 상태에 있다. 더구나 높은 단계의 내재적 단계는 모두 성취 추구, 지식 추구 등 최소한 일정 수준의 학습이 이루어진 후에야 가능할 법한 조건을 필요로 한다. 그렇지만 다른 한편으로는 외재적 동기 단계를 잘 통과하기만 하면 내재적 동기 단계에까지도 이를 수 있음을 시사하기 때문에 초기 단계에서의 학습동기 형성과 자극이 무엇보다 중요하다고 할 수 있다.

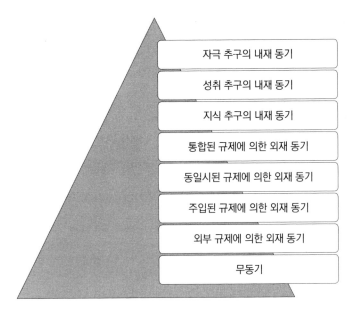

[그림 10-2] Vallerand(1992)의 8단계 학습동기

　학습동기 문제를 해결하는 한 가지 방법은 일반적으로 사람들은 어떠한 상황에서 재미 혹은 흥미를 느끼는지를 파악하는 것이다. 인지심리학자들에 의하면 사람이 재미나 흥미를 느끼는 경우는 대략 다음과 같다. 첫째, 학습자들은 학습할 내용과 미래 개인 목표와의 연관성을 느낄 때 흥미를 느끼기 쉽다. 둘째, 자신들의 삶, 일상 경험과 학습할 내용 간의 관련성을 깨달을 때 흥미를 느끼기 쉽다. 셋째, 학습 공동체 속에서 소속감을 느낄 때 흥미를 느끼기 쉽다. 예컨대, 학급 내에서 자신만 무엇인가를 모른다고 느끼면 학습에 불안을 느끼고 학습에 집중하기 어렵다. 넷째, 학습과정에서 자유를 느끼고 누릴 수 있을 때 흥미와 재미를 가질 가능성이 높다. 다섯째, 자신의 존재감을 확인할 수 있을 때 흥미와 재미를 느낄 가능성이 높다. 이러한 측면은 곧 학습상황이나 환경이 모든 학습자에게 안전하게 느껴지고, 자신들의 존재가 소중하게 인정되며, 비록 자신들의 학습능력이 낮아도 그로 인해 무시를 당하거나 학습과정에서 소외되지 않도록 고려하는 것이 학습동기 유지와 강화 측면에서 중요함을 시사한다.

　Mercer와 Pullen(2009)은 학습동기의 이러한 다양한 측면을 고려하여 각 상황이나 측면별로 학습동기 강화전략을 〈표 10-4〉와 같이 제시했다.

〈표 10-4〉 다양한 측면에서의 학습동기 강화 전략

분류	세부적인 전략
동기 강화 계획	• 지원적이고 긍정적인 환경 조성 • 과제와 학생의 능력이 조화를 이루게 하여 성공 확률 증대 • 유의미한 성과 얻도록 • 학습내용을 학습자의 흥미나 일상생활과 연계 • 비유, 일화, 이야기, 예 등을 사용하여 이해 촉진
적절한 기대를 통한 동기화	• 긍정적인 기대치 전달 • 어느 정도 도전적인 기대치 전달 • 목표 설정 방법 지도하고 노력하면 성과를 낼 수 있다고 생각하도록 지원
외적 유인가 제공	• 성실한 노력 칭찬 • 잘했거나 향상 보상 • 학습을 해야 하는 실제적인 이유 제시 • 적절하게 경쟁적인 활동 구상 • 반응을 보일 기회 많이 제공 • 학생의 반응에 대해 즉각적인 피드백 제공 • 주기적으로 게임 형식 사용
내적 동기 인식하고 제공해 주기	• 자기 관리 기술 지도 • 수업활동 계획하기에 학생 참여시키기 • 숙달할 수 있도록 충분한 시간 제공하기 • 활동이나 주제 선택 시 선택권 부여 • 학습 결과물을 완결 짓도록 허락 • 판타지 혹은 모의 활동 사용 • 고등 사고 활동 제시 • 협동학습 혹은 또래학습 활용 • 특정 기술이나 내용을 학습해야 하는 이유 토론하기 • 자기 스스로 자신을 동기화하도록 적극 유도 • 외적 동기물에서 내적 동기물로 이동하도록 권장 • 호기심을 자극하는 활동 사용
동기 강화 전략	• 기본적인 사회적 기술 지도 • 학습에 흥미를 갖는 것 시범 • 집중적 • 학습하는 내용과 학습 자체에 대해 열정적 • 내용을 제시하거나 상호작용할 때 열정적 • 주의를 이끌고 중요성을 각인시키기 위해 선행조직자 사용

- 이해를 촉진하기 위해 명시적 시범 사용
- 다양한 개인 학습활동 사용(자기 수정 도구, 컴퓨터 보조 수업 도구 등)
- 생각 크게 말하기를 통해 초인지를 이용한 문제 해결 방법 시범
- 학습활동 중 불안 최소화
- 진전도 점검하고 그 결과 반영하여 수업 조정
- 집단 구성 방법 다양화
- 문화적으로 적절한 자료나 예 사용
- 학생의 이름, 경험, 취미, 흥미 등을 수업에 활용

출처: Mercer & Pullen (2009), p. 184.

(2) 학습동기의 교수적 접근

한편, 교수적 접근 측면에서 학습동기, 학습에의 흥미는 학습자가 이미 갖고 있고, 이미 완성된 상태로 있긴 하지만, 적절한 외적 자극을 주어야만 활성화되는 개인 내 심리적 속성이라기보다는 교수행위를 통해 형성, 강화, 유지시킬 수 있는 속성으로 파악한다. 대표적으로, 이홍우(2006)는 학습흥미에 대한 듀이의 관점을 비판하면서 학습에 대한 흥미는 이미 학습자 내부에 있기 때문에 이를 자극시켜야 하는 대상으로 볼 것이 아니고, 지식을 형성하거나 어떤 내용에 대한 이해를 형성시키듯 교수행위를 통해 형성시키고 길러야 할 속성으로 봐야 한다고 주장했다.

학습동기를 교수적 접근 측면에서 파악하고 나면 이제 학습동기를 학습자 내부에 선천적으로 들어 있는 것으로 파악하기보다는 특정 교수행위나 학습활동 설계를 통해서 적극적으로 형성시키고 길러야 할 속성으로 파악하게 된다. 그래서 비록 처음에는 학습자들이 하등 흥미를 느끼지 않았거나 아주 조금의 흥미만 갖고 있었던 내용도, 예컨대 그 의미를 설명해 주고, 학생 개인 혹은 일상생활과의 관련성, 이론적 실제적 중요성 등을 언급해 줌으로써 결국에는 학습자들이 흥미를 갖게 해 주어야 한다. 예를 들어, 고전문학 작품이나 수학의 어려운 방정식, 함수 등의 내용은 학습자가 여간해서는 흥미를 갖기 어렵다. 하지만 이런 내용들이 왜 학습을 할 가치가 있는지 등을 학습자 수준에 맞게 효과적으로 전달할 수 있으면 학습자들이 그 내용에 대해 학습동기를 갖게 될 가능성은 높아질 것이다. 이런 일을 가능케 하려면 무엇보다 먼저 교수자 자신이 현재 가르치고자 하는 내용에 대해 모종의 태도를 갖거나 의미 부여를 할 수 있어야 한다. 이는 단순히 교수기법의 차원이 아닌 내용의 의미와 중요성에 대한 교수자 자신의 해석의 문제이다.

(3) 학습동기 향상을 위한 접근의 종합

이상에서 언급한 학습 어려움 학생의 학습동기 측면에서의 독특한 요구와 학습동기 관련 선행 이론들의 내용을 종합해 봤을 때 수업 중 학습자들의 흥미나 학습동기를 형성, 유지시키기 위해서는 다음과 같은 사항들을 반영할 필요가 있다.

① 학생의 흥미, 요구, 포부 등을 미리 상세하게 파악하여 학습을 해당 학생에게 개인적으로 의미 있게 만들어야 한다.

② 학습자들이 무엇인가를 하는 활동이 수업시간의 대부분 혹은 최소한 2/3 이상 차지하도록 한다. 이를 위해서 교수자에 의한 설명은 꼭 필요한 경우에만 최소한으로 간략하게 한다. 대부분의 활동은 학습자 개인 혹은 소집단별로 모종의 활동을 하도록 하고 교수자는 그들의 활동을 밀착 모니터링하면서 적절하게 개입한다. 이 과정에서 필요시에는 전체를 대상으로 짧게 설명하는 시간을 가질 수 있다.

③ 학습부진 학생들의 동기 측면에서의 특징을 이해해야 한다. 과거에 누적된 학습실패로 인해 학습 동기가 낮은 편이다.

④ 현실적이고 구체적인 숙달 기준을 설정한다. 그 근거는 성공과 실패의 원인으로 자신의 노력을 지목하게 하기 위함이다. 성공을 자신의 노력으로 연결시키는 것이 동기화에 중요한 요소이다.

⑤ 일단 목표를 설정했으면 학습진전도를 점검하고 그 결과를 공유한다.

⑥ 자신들의 장점과 한계, 흥미와 포부, 요구를 스스로 생각하여 열거해 보게 한다.

⑦ 학습자로 하여금 학습의 주요 측면에 적극적으로 관여하고 학습에 헌신하는 정도를 늘려가도록 하는 데 있다.

⑧ 현재 능력과 수행할 과제 사이의 적절한 균형을 유지한다. 이를 위해서는 학습내용을 작은 단계로 세분화해서 학습성공 경험의 누적시키는 일이 중요하다.

⑨ 교사의 열정적인 태도는 학생들의 학습동기에 긍정적으로 작용한다.

⑩ 내용의 흥미와 유용성에 대한 설명과 시범은 중요하다.

⑪ 현재의 능력과 균형을 이룬 과제를 제시하면 학습자들의 흥미가 높아질 가능성이 있다.

⑫ 다양하면서도 활동적인 학습활동을 구안하는 것은 학습동기 형성과 유지에 효과적이다.

⑬ 지속적이고 주기적이며 빈번한 중간 피드백은 학습동기 형성과 유지에 중요하다.

⑭ 내용의 중요성과 개인 경험과의 관련성을 다양한 예로 설명해 주면 학습동기 유지에 효과적이다.

⑮ 학습에 투입할 시간을 충분히 허용하는 것은 학습동기 유지에 효과적이다.

4. 수업 단계별 효과적인 교수행위 적용하기

1) 수업에 대한 태도 정하기

수업을 계획할 때 첫 번째로 해야 할 일은 교수–학습내용에 대한 교수자 자신의 태도를 정하는 것이다. 교수자 스스로 흥미나 열정을 느끼지 못하는 내용을 학습자가 흥미를 갖고 학습하기를 기대하는 것 자체가 무리이다. 최소한 교수자 자신이 관심을 갖는 척이라도 해야 한다. 교수자 자신이 수업 내용에 대해 의미를 부여하고 모종의 태도를 가져야 한다. 예컨대, 해당 내용을 학생들이 왜 배워야 한다고 생각하는지, 해당 내용이 자신에게 어떤 의미를 갖는지 등을 진지하게 생각해 봐야 한다. 이와 관련하여 수업 계획 단계에서 교사가 점검해야 할 사항들은 대략 다음과 같다.

- 학생들은 이 내용을 왜 학습해야 하는가?
- 나는 이 내용을 왜 학생들에게 가르쳐야 하는가?
- 내가 가르치고자 하는 내용은 학생들에게 무슨 의미가 있으며 그들의 교육적 성장이나 현재 혹은 향후 삶과 어떤 관계가 있는가?
- 내가 생각하는 이 내용의 의미와 중요성은 무엇인가?
- 내가 이것을 가르치면서 학생들에게 반드시 전달했으면 하는 메시지는 무엇인가?
- 능력과 수준이 다양한 학습자들이 모두 각자에게 유의미한 학습경험을 하도록 하려면 어떻게 해야 하는가?
- 내가 도저히 흥미를 느끼지 못하거나 중요한 이유를 찾을 수 없는 내용이라면, 혹은 '선생님, 이 내용을 왜 배워야 하죠?'라고 물었을 때 뭐라고 대답할 것인가?

2) 수업 준비와 관리

기본 원칙과 지향점은 학습자가 실제로 학습에 투입하는 시간을 최대로 확보하게 하는 것이다. 수업 준비와 관리 측면에서 이와 관련하여 다음 사항을 검토하고 필요한 조치를 취해야 한다.

(1) 자리 배치

자리 배치는 다음의 원칙이 최대한 반영되게 한다. 첫째, 교수자와 학습자 간의, 학습자와 학습자 간의 상호작용이 최대한 가능하도록 자리를 배치한다. 둘째, 학습의 어려움이 큰 학습자일수록 교수자와 상호작용을 잘할 수 있고 교수자가 잘 모니터할 수 있는 곳에 배치한다.

(2) 수업 시간 배치

수업 시간표 조정이다. 신체적 움직임이 크거나 이동 거리가 큰 수업 시간 바로 직후에는 높은 수준의 집중을 필요로 하는 수업이나 학습에 어려움을 겪고 있는 과목 지도를 가급적 피한다. 학생들의 집중도가 떨어지기 쉬운 시간대, 예컨대 아침 첫 시간이나 하교 직전, 혹은 신체활동 시간 직후는 가급적 피하도록 한다.

(3) 수업 중 학습자 행동 통제 규칙 수립 및 연습

교수자가 학습자의 학습상황을 최대한 정확히 파악하고 각 학습자에게 맞게 지원하려면 학습자들의 행동을 효과적으로 통제할 수 있는 규칙을 설정하고 이 규칙에 학습자가 익숙해지도록 연습을 시켜야 한다. 예를 들어, 교사의 신호에 맞추어 대답을 하도록 하는 규칙을 만들고, 그 규칙에 학습자들이 충분히 익숙해질 때까지 연습을 시킨다. 소집단 이상의 규모로 학습을 지도할 때에는 학습자들의 반응을 체계적으로 통제하여 소위 '공짜 승객(free rider)'이 생기지 않도록 한다. 공짜 승객이란 실제로는 내용을 모르면서도 다른 학습자들의 반응에 묻어서 마치 아는 것처럼 반응을 보이는 학습자를 말한다. 예를 들어, 교수자가 "4 곱하기 5는 얼마죠?"라고 아이들에게 물으면 먼저 답을 아는 아이들은 손을 올리거나 "20입니다."라고 소리칠 것이다. 이럴 경우 교수자는 대다수의 아이가 해당 정답을 아는 것으로 생각하기 쉽지만, 실제로는 극소수의 학생들만 답을 알고 나머지는 모르면서도 다른 아이의 정답을 듣고 곧바로 따라서 말했을 가능성이 있다. 이러한 경우에는 일정한 신호에 따라서 모두가 동시에 반응을 하도록 해야 누가 정답을 알 거나 모르는지 파악할 수 있다.

3) 수업 초기 단계 주의와 흥미 획득 전략

수업 초기 단계에서 어떻게 학습자들의 주의와 관심을 끌 수 있느냐는 이후 수업 진행의 성패를 가르는 매우 중요한 사안이다. 수업 초기 효과적인 주의 획득 방법으로는 다음과 같은 방안들을 생각해 볼 수 있다.

첫째, 해당 차시에서 무엇을 다루고자 하는지, 학습자들에게 무엇을 기대하는지를 명료하게 전달한다. 드물긴 하지만, 수업 목적과 내용의 성격에 따라서는 학습목표를 학습자가 스스로 깨닫게 하거나 수업 중반 이후에 소개할 수도 있다.

둘째, 수업 내용과 관련하여 학습자 삶 속에서 관련 현상, 문제, 사건 등을 가급적 생생하게 사례로 제시한다. 언론에 보도된 사건이나 현상, 영화의 한 장면, 경험자나 당사자의 증언, 현장의 모습을 담은 사진이나 영상 기록물 등이 특히 사례 소개에 효과적이다.

셋째, 효과적인 질문이나 과제를 제시한다. 이러한 질문이나 과제는 일생생활의 문제해결을 요하는 것, 평소 학습자들의 생각이나 관념, 상식에 도전하는 것, 학습자 개인의 경험과 관련된 것, 호기심이나 탐구심을 자극하는 것 등이 효과적이다.

넷째, 학습자들의 신체나 오감각을 자극하는 활동에 참여하게 한다.

다섯째, 팀 단위로 경쟁과 협동을 요구하는 과제나 활동에 참여하게 한다.

4) 수업 중반 학습 집중도 유지 전략

(1) 적절하게 빠른 수업 진행 속도

수업 진행은 적절하고 빠른 템포로 이끌어야 한다. 어린아이들의 경우, TV 드라마보다 광고가 나오면 곧바로 TV에 집중하는 모습을 보여 주는 경우가 더러 있는데, 이는 화면의 제시 속도 때문이다. 드라마나 본 프로그램 장면보다 TV 광고 화면에서는 장면들이 매우 빠르게 제시된다. 얼핏 학습에 어려움을 겪는 학습자들에게는 빠른 수업 진행 속도가 오히려 학습에 방해가 될 것으로 생각할 수 있지만, 핵심은 학습자가 이해하든 못하든 빠르게 진행하라는 것이 아니라, 생각이나 주의가 다른 곳으로 흩어지지 않을 정도로 '적절하게' 빠른 속도로 진행하는 것이다.

그렇지만 빠른 수업 진행을 위해서는 치러야 하는 '대가'도 있다. 그것은 적당하게 빠른 속도로 수업을 진행해 나가도 학습자들이 수업을 따라오는 데 문제가 없도록 수업 내용이 학습자들에게 너무 어렵지 않게 느껴져야 한다. 이를 위해서는 수업 내용과 내용 사이, 차시와 차시 사이의 간격, 난이도가 너무 벌어지지 않고 촘촘하게 연결되어 있어야 한다. 만약 수업 내용이 학습자들에게 너무 어렵다면 그 학습자는 조금만 수업 진행 속도가 빨라져도 곧 수업에서 뒤처지게 될 것이다.

(2) 실생활 경험과의 연계

학교에서 가르치고 배우는 교과 내용 중 많은 부분은 어린 학생들의 일상생활과 관련이 뚜렷하지 않거나, 관련성을 학생들이 쉽게 이해하도록 표현하기가 매우 어렵다. 예를 들어, 물질의 구성, 고전 문학, 역사 등은 왜 배워야 하는지, 배우면 무엇에 좋거나 유리한지를 쉽게 설명하기 어렵다. 그렇지만 가능한 경우마다 현재의 학습내용이 학습자 자신의 삶과 어떤 측면에서 어떻게 연계되는지를 알기 쉽고 분명하게 그리고 생생하게 보여 줄수록 학습자들의 학습흥미는 높아질 가능성이 높다.

실생활과 연계시키는 효과적인 방법 중의 하나는 학습할 내용과 연관된 사회의 모습을 생동감 있게 보여 주는 것이다. 예를 들어, 지진과 화산 관련 내용을 다룰 때 실제로 지진이나 화산 활동이 일어나서 사람들의 삶에 큰 영향을 준 장면을 보여 줌으로써 관련 내용이 책 속에만 있는 것이 아니라 우리 삶에 크게 영향을 미치는 사안임을 깨닫도록 한다. 이러한 장면이나 사례는 가급적 학습자들의 삶과 시간적·공간적으로 가까울수록 그 효과가 더 클 수 있다. 또한 문학작품이나 역사 관련 내용에 대해서는 자신이 해당 상황에 처해 있다고 가정하고 그 속에서 주인공 혹은 당사자가 되어 보게 하는 활동을 할수 있다. 예를 들어, 봉건 시대에 대해 배운다면 연극을 활용하여 서로가 영주, 기사, 농노 역할을 해 보도록 한다. 또한 어머니를 소재로 한 작품을 다룰 때에는 실제로 자신의 어머니를 생각하면서 작가의 심정을 헤아려 보게 한다.

(3) 인지적 부조화 자극

인지적 부조화 자극이란 학습자들이 이미 알고 있는 것과 모순되는 상황에 처해 보게 하거나 그러한 장면을 보여 주는 것, 상식이나 통념에 반하는 장면이나 경우를 보여 주는 것, 혹은 마땅한 해결책이 당장은 없지만 학습자로 하여금 문제를 해결해 보도록 자극하는 것 등을 말한다. 예를 들어, 과학 시간에 지구가 자전을 하거나 공전한다는 지식을 일방적으로 전달하기보다는 운동장에 서서 하늘을 보거나 아침 혹은 저녁에 태양이 뜨거나 지는 모습을 보여 주며 사람들은 왜, 어떻게 태양이 아닌 지구가 움직인다는 사실을 알게 되었을지, 왜 그러한 현상 자체를 연구하는 데 관심을 갖게 되었는지를 생각해 보게 함으로써, 평소 자신들이 생각해 왔던 것이나 사실이라고 생각했던 것이 사실은 잘못일 수 있다는 점을 느끼게 해 준다. 이럴 경우 학습자들은 학습내용이나 현상에 훨씬 더 강하게 호기심을 가질 수 있다.

(4) 출력 중심의 학습활동과 학습활동 모드의 다양화

'입력 중심의 학습'을 하기보다는 가능한 한 '출력 중심의 학습'을 하도록 교수-학습활동을 설계한다. 입력 중심 학습이란 새로운 정보나 지식을 이해하고 장기기억 속에 저장하는 것을 중점으로 하는 학습 형태를 말한다. 반면, 출력 중심 학습이란 학습한 것을 또래나 교수자에게 최대한 많이, 그리고 자주 표현하게 하고 공유하는 학습형태를 말한다. 예를 들어, 기행문을 작성하는 방법을 입력 중심으로 학습하는 것은 기행문의 의미를 알고, 기행문 작성방법을 알며, 좋은 기행문과 그렇지 않은 기행문을 골라내는 등의 측면에 중점을 기울이는 학습을 말한다. 반면, 출력 중심으로 기행문 작성법을 학습한다는 것은 입력 중심 학습요소에다 실제로 다양한 맥락과 상황에서 기행문을 작성해 보거나 또래나 교수자에게 기행문 작성방법을 설명하고 시범을 보이는 등의 활동을 중시하는 학습방법을 말한다.

학습과정에서는 입력과 출력 모드를 최대한 다양화해 본다. 학습과정에서의 입력 모드 다양화란 학습할 내용을 제시할 때 최대한 다양하게 표현해서 제시하는 것을 말한다. 예를 들어, 광합성에 대한 내용을 텍스트 형태의 지식으로만 제시할 것이 아니라 텍스트, 그림, 동영상, 이미지 등을 모두 동원하여 광합성의 의미, 과정, 각 측면 등을 자세하고 생동적으로 표현해 준다. 출력 모드 다양화란 학습한 것을 표현하는 수단과 방법, 모드를 최대한 다양하게 허용해 줌으로써 학습자가 자신의 특성과 선호도에 따라 가장 적합한 것을 선택하여 활용할 수 있게 해 주는 방식을 말한다. 예를 들어, 다음은 이야기의 구조를 이해한 상태를 표현하는 다양한 모드나 방법의 예이다. 학습자가 이러한 모드나 방법 중 어느 것으로 표현해도 그것이 정답에 해당하는 속성을 포함하기만 하면 정답으로 인정해 줄 수 있을 것이다.

[글상자 10-3] 이야기의 구조를 이해한 다양한 방식

① 글보다는 말로 TV 프로그램의 구성에 관해 토론하게 한다.

② 소집단 내에서 각자 그날 무엇을 했는지 쓰거나 토론하게 함으로써 사건의 순서 개념을 익히도록 한다. 소집단 활동을 통해 서로에게서 배울 수 있고, 모두가 학습활동에 참여할 수 있다.

③ 제스처 게임(몸짓으로 판단하여 말을 한 자씩 알아맞히는 놀이)을 이용하여 특정 글의 구성을 나머지 학생들이 알아맞히게 한다. 이를 통해 역할자에게는 글의 구성에 대한 이해도를 보일 수 있게 하고 나머지 학생들에게는 관찰한 행위를 통해 (쓰여진 글이 아닌) 글의 구성을 분석할 수 있게 한다.

④ 글 구성의 특정 요소를 묘사하는 소리나 음악을 녹음한다. 이는 상위 수준 학생에게 적절하다.

⑤ 글 구성에 관해 사건들의 콜라주(collage: 인쇄물 오려 낸 것, 눌러 말린 꽃, 헝겊 등을 화면에 붙이는 추상 미술의 수법)를 완성한다. 쓰기 능력이 없는 학생도 글 구성에 관한 이해를 보일 수 있다.

⑥ 글 구성의 어느 부분이 가장 설득력 있었는지 설명한다. 구두나 작문 형태 모두로 할 수 있다.

출처: Collicott (1991).

(5) 질문의 활용

질문을 제기하면 효과가 있다는 주장은 많이 있었지만, 구체적으로 어떠한 질문을 어떻게 제기해야 할 것인가에 대해서는 알려지거나 연구된 바가 별로 없다. 여러 가지 질문 형태 중에서도 수업 시작 단계에서 학습자들의 주의를 끌고 흥미를 유도하기 위한 질문은 다음과 같은 요소 중 하나 이상을 포함해야 한다. 첫째, 학습자들의 일상적인 삶과 관련 있는 것을 소재로 하거나 그것과 관련지을 것을 요구하는 질문이어야 한다. 둘째, 지적으로 적절하게 도전적인 수준의 질문을 제기해야 한다. 너무 어렵거나 너무 쉬우면 흥미를 갖지 않을 수 있다. 셋째, 정서적으로 강한 유대감이나 공감을 느낄 만한 소재로 하거나 그것과 관련지을 것을 요구하는 질문이어야 한다. 넷째, 인지적 갈등이나 내적 모순을 느낄 수 있는 내용이나 수준의 질문을 제시해야 한다. 다섯째, 익숙한 것을 새롭게 인식할 것을 요구하는 내용이나 소재를 담은 질문을 제시해야 한다.

[글상자 10-4]는 수업 초기 단계에서 학습자 흥미를 유발하기 위한 질문의 요건들을 나타낸 것이다.

[글상자 10-4] 수업 초기 단계 학습자 흥미 유발을 위한 질문 요건

- 학습자의 일상적인 삶을 소재로 하거나 그것과 관련지을 것을 요구할 것
- 지적으로 적절한 도전을 제기하는 사고과정을 요구할 것
- 정서적으로 공감이나 유대감을 느낄 수 있는 것을 소재로 하거나 그것과 관련지을 것을 요구할 것
- 인지적 갈등이나 내적 모순, 딜레마를 일으킬 만한 내용이나 소재를 사용할 것
- 새로운 관점, 시각, 해석이 있을 수 있음을 인식시키거나, 익숙한 것으로부터 벗어날 것을 요구할 것

그러나 특히 어린 학습자들의 경우에는 질문만으로는 학습동기나 학습의욕을 불러일으키기에 충분치 않을 수 있다. 그 질문이 보다 깊이 공감되게 하려면 그에 적절한 시청각 자료를 활용하는 것이 더 효과적이다. 예컨대, 별다른 자료 없이 '왜 우리가 자연을 보호해야 한다고 생각하는가?'라고 묻는 것보다는 자연 보호의 성공 사례와 실패 사례를 대비시켜 주고 난 후에 이러한 질문을 할 경우 학습자들은 훨씬 더 학습에 몰입할 준비가 잘되어 있을 것이다.

심화 활동　1

특정 교과, 특정 단원 내용을 대상으로 앞서 제시한 다섯 가지 질문 요건을 갖추어 질문을 만들어 보시오.

_____

_____

_____

(6) 점진적 지원 감소

점진적 지원 감소가 구현되게 해야 한다. Kame'enui 등(2005)은 스캐폴딩(scaffolding) 원리를 강조했다. 점진적 지원 감소의 핵심은 아이가 못할 때까지 기다렸다가 도움을 필요로 하면 적극 지원하는 것이 아니다. 오히려 처음부터 학습자가 제대로 수행하지 못할 것으로 전제하고 학습자가 필요로 하는 도움을 초반에 최대한 지원해 주었다가 학습자가 스스로 학습하는 능력이 자라 감에 따라 점진적으로 지원 규모를 줄여 나가는 데 핵

심이 있다. 예를 들어, 높은 선반 위의 책을 꺼내려 하는데 키가 작은 경우 맨 처음부터 곧바로 적당한 높이의 발판을 제공하는 것이 점진적으로 높은 발판을 제공하는 것보다 더 낫다.

(7) 오류 교정

오류가 발생하면 즉시 교정을 하되, 교정은 일정한 순서에 따라 진행한다. 가장 일반적인 오류 교정 순서는 시범-안내-검사이다(Stein, Kinder, Silbert, & Carnine, 2006).

📝 **심화 활동** 2

오류는 왜 즉시 교정을 해야 한다고 생각하는가? 그렇게 생각하는 근거는 무엇인가?

_____

_____

_____

---

(8) 완전학습 지향

완전학습을 지향한다. 예를 들어, 현재의 차시나 단계 내용은 90% 이상 숙달 시에만 다음 단계로 나가도록 한다. 이렇게 높은 숙달 기준을 요구해야 하는 이유는 그래야 다음 단계나 차시 학습 때 어려움을 크게 겪을 가능성이 낮기 때문이다.

(9) 명시적 시범

새로운 내용을 처음으로 소개할 때 또는 학습자가 자주 어려움을 보인 부분은 명시적 시범-안내-검사-교정 등의 순서에 따라 지도한다.

5) 수업 후반 학습 정리 전략

수업 후반부에는 학습한 것을 정리함으로써 이제까지 학습한 것을 잘 유지하도록 하는 것이 중요하다. 이러한 정리를 효과적으로 하는 방법에는 다음과 같은 것들이 있다. 첫째, 수업 도중 학습자들이 어려움을 겪었거나 혼동하는 내용에 대해서는 다시 한번 핵심 내용을 강조한다. 둘째, 학습내용의 핵심, 큰 개념 등을 시각적으로 일목요연하게 가급적 한 쪽이나 한 면에 집약적으로 표현해 준다. 셋째, 학습한 내용 중 핵심을 또래나 다른 사람에게 이해한 대로 자신의 말로 바꾸어서 설명해 보게 한다. 넷째, 학습한 내용과 관련하여 일지를 작성하게 한다. 다섯째, 학습한 내용을 유지, 적용하기 위한 과제를 제시한다. 여섯째, 반성적 활동을 촉진하기 위해 학습과정을 반성적으로 되돌아보게 하는 기회나 활동을 다양하게 제시한다. 예컨대, 중간중간 학습과정이나 학습결과에 대해 일지를 써 보게 하는 등의 활동을 통해 학습자는 자신의 학습과정을 되돌아보게 될 것이고, 이는 곧 학습자로 하여금 학습과정 자체에 집중하게 하는 효과로 이어질 수 있다.

5. 교수자의 학습내용에 대한 태도

Burgess(2012)는 내용에 대한 교사의 열정의 중요성을 말하며 다음과 같이 말한 바 있다. "어떤 과목을 가르치고 있는가는 중요하지 않다. 만약 학생들이 교사 자신이 하고 있는 일에 열정을 갖고 진정으로 좋아한다면, 학생들은 완전히 그에 몰입할 것이다."(p. 14)

교수자가 가장 먼저 생각해야 할 사항은 지금 가르치고자 하는 내용이 학생들에게 어떤 면에서 왜 중요한가이다. 이것이 교수자 스스로에게 납득이 가지 않으면 십중팔구 그 수업시간은 흔히 말하는 '영혼 없는 수업'이 되고 말 것이다. 이것은 물론 교수자가 가르치고자 하는 모든 내용에 대해 찬성하거나 그것만이 진리인 것처럼 해야 한다는 뜻은 아니다. 최소한 학생들에게는 교수자가 해당 내용에 대해 어떤 태도를 갖고 있는지, 그 내용이 어떠한 측면에서 왜 중요한지가 전달되어야 한다는 뜻이다. 아주 중립적으로 내용을 전달하는 데에만 치중할 수도 있겠지만, 그럴 경우 학습자는 거의 대부분 해당 내용이 자신의 삶과 별로 관련이 없는 것으로 인식할 가능성이 높다. 교사에게 해당 없는 내용, 교사가 흥미나 태도를 갖지 못하는 내용이 자신들에게 중요하다고 느끼는 일이 일어날 가능성은 특히 어린 학습자들에게는 매우 낮다.

그럼에도 도저히 내가 흥미를 느끼지 못하거나 이유를 찾을 수 없는 내용이라면, 학생들을 가르치는 일, 그들을 미지의 세계에서 벗어나게 돕는 것 자체에 대한 열정이라도 있어야 한다. 그렇지 않다면 다른 사람으로 하여금 해당 내용을 가르치도록 하거나 온라인 학습 프로그램 혹은 이미 개발된 콘텐츠를 활용하도록 하는 것이 백번 낫다.

6. 학습목표 설정

　일단 출발점은 현행 교육과정 문서상의 성취기준과 교과교육 목표이다. 그렇지만 이들 기존의 성취기준이나 학습목표가 필요하고도 중요한 성취기준을 모두 포함했다고 보기 어렵고, 무엇보다 학습자들의 수준을 반영할 방법이 없기 때문에 이 두 가지 측면, 즉 성취기준의 영역 적절성과 성취기준의 수준별 다양화가 적절한지를 확인해야 한다. 이를 위해서는 우선 각 단원별로 교사가 생각하기에 가장 중요한 학습목표를 열거해야 한다. 이 작업을 하면서 고려해야 할 측면은 다음과 같다.

　첫째, 해당 단원을 학습하고 나면 학습자가 지식, 기술, 태도, 행동 등에서 어떤 상태에 있어야 하는지를 가급적 구체적이고 상세하게 기술한다.

　둘째, 해당 지식이나 내용을 이해하고 습득하는 것뿐만 아니라 그 지식이나 내용을 학습한 사람이면 기대되는 상태를 구체적인 사회 현상, 혹은 주변의 자연환경, 구체적인 일상적인 삶 등의 맥락에서 규정한다.

　셋째, 융복합적이고 창의적인 상태를 지향하도록 한다.

　넷째, 가급적 현재의 자신의 능력보다 다소 도전적인 목표를 설정하여 추구하도록 한다.

　특히 학습부진 학생을 위해 학습목표 혹은 성취기준을 설정할 때에는 다음의 원칙을 최대한 반영해야 한다.

　첫째, 인지, 정의, 행동 영역을 골고루 포함시킨다. 인지 영역에서는 물론 지식과 전략, 원리, 큰 개념, 사고방식 등이 포함된다. 정의적 영역에서는 태도, 가치관, 의지 등을 포함시킨다. 행동 영역에서는 특정 기술이나 절차, 방법, 원칙, 안내사항 등을 이행하는 구체적인 행위를 포함시킨다.

　둘째, 특정 학습목표나 성취기준의 난이도 스펙트럼을 최대한 확장한다. 이 작업을 할 때 가장 주의해야 할 점은 특정 학습목표나 성취기준 맥락하에서의 난이도를 상세화해야 한다는 것이다. 이는 학습자들의 능력과 선수학습 정도가 다양하기 때문에 필수적이다. 특수교육 대상자, 학습부진 학생, 보통학생, 상위 수준 학생이라면 수업 후에 어떤 상태에 도달하기를 의도하는지 구체적으로 각각 명료하게 기술하고 추구하도록 해야 한다.

　셋째, 종적이든 횡적이든 성취기준의 스펙트럼을 확장하다 보면 필연적으로 학생들이 추구해야 할 학습목표가 많아질 수밖에 없게 되는데, 이 경우에는 소수를 필수로 설정하고, 나머지는 학습자의 능력과 선호도에 따라 선택적으로 추구하도록 할 수 있다. 실제 교실 수업에서는 동일하거나 유사한 성취기준을 선택한 학습자들을 소집단으로 구성하여 학습활동을 해 나가도록 한다.

　넷째, 인지 영역의 경우 현재의 학습자 자신의 능력보다 적절하게 도전적인 학습목표나 성취기준을 마련하거나 본인이 설정하여 이를 추구하도록 한다. Csikszentmihalyi(2008) 의 몰입이론에 따르면, 인간은 적절한 정도의 도전을 제시하는 과제를 수행할 때 가장 그 일에 몰두한다. 특히 [글상자 10-5]와 같은 요소들을 성취기준에 최대한 반영한다.

[글상자 10-5] 몰입을 유도하기 위한 인지 측면의 성취기준 반영 요소

- 좁게 이해하기보다는 현재 학습하고 있는 내용, 주제와 관련 있는 것을 적극적으로 찾아 연결, 조합, 혼합, 재구성하는 활동
- 아직 발견하지 못했거나 해결해야 할 중요한 문제를 적극적으로 찾는 활동
- 기존 문제들을 해결할 새로운 해결책을 모색해 보는 활동

　다섯째, 정의적인 영역의 경우, [글상자 10-6] 항목을 최대한 목표에 반영하도록 한다.

[글상자 10-6] 몰입을 유도하기 위한 정의 측면의 성취기준 반영 요소

- 지속적으로 무엇인가를 학습하려는 의지와 열망
- 보다 도전적인 과제나 학습목표를 추구하려는 성향
- 어려운 과제라 할지라도 끝까지 해내려는 의지
- 자신의 감정이나 느낌을 학습 과정에 적극 활용

　여섯째, 행동 영역의 경우, 가급적 [글상자 10-7] 항목을 최대한 학습목표에 반영하도록 한다.

[글상자 10-7] 몰입을 유도하기 위한 태도, 행동 측면의 성취기준 반영 요소

- 협력적으로 문제를 해결하거나 답을 찾으려는 태도
- 자신의 학습과정을 지속적으로 모니터링 하면서 자신이 제대로 이해하고 있는지 확인하는 습관
- 또래 혹은 교사와의 활발한 상호작용을 통해 자신의 견해를 객관적으로 검증하려는 개방 적인 자세
- 의무감이나 이득을 추구하기보다는 사물이나 현상의 근본을 이해하려는 태도
- 인간의 삶의 질 향상을 위해 지식, 기술을 적극 활용하려는 태도
- 인간에 대한 사랑, 휴머니즘을 강조하고 중요시하는 태도
- 문제를 적극적으로, 올바르게 해결하려는 태도
- 스스로 과제나 문제를 설정하거나 선택하여 끝까지 수행하거나 해결하려는 마음가짐

7. 학습진전도 점검

　형성평가는 수업 과정 중 혹은 특정 단위 수업 후 수업 내용을 얼마나 이해하고 학습했는지를 가급적 짧은 시간에 간단하게 확인하는 것을 말한다. 형성평가를 위해서는 먼저 수업 과정 중 언제 평가를 할 것인지를 미리 결정한다. 대개 수업 시간 후에 실시하지만 한 차시로는 내용을 분리하기 어려운 경우에는 두 차례 이상의 수업 후에 평가를 실시할 수도 있다.

　형성평가 역시 진단평가와 마찬가지로 가급적 5~10분 안에 할 수 있는 형태로 간단하게 실시한다. 형성평가 결과는 가급적 데이터베이스 형태로 저장하여서 그 결과를 그래프 등으로 나타내고 교수자는 물론, 학습자와 학부모까지 언제나 확인 가능하도록 한다. 예컨대, [그림 10-3]에서 예상했던 목표선(점선)보다 부진학생의 실제 학습수행 정도가 높아 발달선이 목표선보다 상향되었기 때문에 교수방법도 이에 맞추어 조정되어야 한다.

　형성평가의 중요한 기능 중 하나는 학습진전도를 곧바로 확인하여 교수자는 물론 학습자에게도 추가로 무엇을 보완해야 할 것인가에 필요한 정보를 제공하는 데 있기 때문에, 현재 수행할 수 있는 것과 보완해야 하는 것이 명료하게 드러날 수 있게 문항을 개발해야 한다.

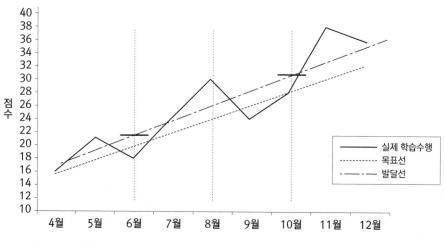

[그림 10-3] 목표선 대비 현재 상태를 점검하기 위한 형성평가 결과 활용

8. 수업과 교수 프로그램의 적절성 평가

학습장애 및 학습부진 학생 대상 수업이나 교수 프로그램을 평가할 때에는 [글상자 10-8] 항목을 중심으로 해당 수업이나 프로그램이 제대로 적용되었는지를 확인한다.

[글상자 10-8] 학습장애 및 학습부진 학생 대상 수업, 교수 프로그램 평가 항목

- 또래끼리, 혹은 교수자와 배움이 일어나는 유의미한 상호작용을 촉진하거나 유발하는 활동이나 기회가 있었는지, 그리고 실제로 그러한 활동이 일어났었는가?
- 학습목표를 설정하고 학습자와 이에 관해 의사소통에 성공했는가?
- 교재가 맞춤식으로 개발되어 있는가? 아니면 수업 과정에서 학습자 특성에 맞게 조정했는가?
- 명료한 의사소통에 성공하고 있는가?
- 가르치고자 하는 내용에 대한 정의적인 요소를 포함시키고 있는가?
- 시범-안내-개별연습의 점진적 지원 감소(scaffolding) 원리를 반영하고 있는가?
- 적극적인 참여, 사전 지식이나 경험을 강조하고 있는가?
- 조직(내용의 논리와 개인에게 유의미한 방향으로)화 전략을 구사하고 있는가?
- 학습진전도를 점검하는가?
- 사전지식, 선수학습기능을 확인하고 충분히 예열했는가?
- 무엇을 가르치고 배우는지 명확한가?
- 어떤 활동이나 수업 기법을 사용한다면 그것을 왜 무엇을 달성하기 위해 사용하는지가 분명한가?
- 학습 전, 중, 후 과정에서 다양한 모드로 표현하는 활동이 포함되어 있는가?
- 효과적인 전략이 구사되고 있는가? 그 전략을 사용하는 방법을 명료하게 시범 보이고 있는가?
- 충분하고 다양한 예나 과제를 제시하고 있는가?
- 나름 의미 있고, 사고를 자극하며, 지적 불균형을 초래하는 자극이나 질문, 과제, 활동이 제공되고 있는가?
- 과학적으로 검증된 지도방법(내용의 조직과 계열화, 상호작용 방법 측면에서)을 반영하고 있는가? 예컨대, 읽기 수업시간에 읽기 교육의 5대 요소(phonemic awareness, phonics, fluency, vocabulary, comprehension)가 포함되어 있는가?

9. 정리

이 장에서는 학습에 어려움을 가진 학습자를 대상으로 한 효과적인 교수행위 관련 사항들을 살펴보았다. 학습부진 및 학습장애를 가진 학생들은 교수-학습 초기 단계부터 학습동기 상태가 낮거나 필수 선수 기능을 갖추고 있지 않은 경우가 대부분이다. 이러한 상황에서는 우선 심리, 정서적으로 학습에 집중할 수 있는 소위 '내성'을 키우는 접근이 필요하다. 교수-학습과정 측면에서는 수업의 초기 단계에서부터 이미 낮은 수준으로 처져 있는 학습동기를 끌어올릴 효과적인 전략이나 질문 전략을 구사해야 한다. 수업 중간 단계에서도 금방 약해지기 쉬운 학습 집중력을 유지하기 위한 다양한 활동이나 질문 등을 준비해야 한다. 특히 학습에 어려움이 있다고 해서 쉽고 간단한 과제만 수행하지 않도록 하는 것이 중요하다. 학습 후에는 학습한 것을 주기적으로 자주 점검하고 그 결과를 시각적으로 학습자와 공유하는 것이 학습동기 유지와 자극에 효과적이다.

생각해 볼 문제

01 효과적인 교수행위는 과목, 즉 가르칠 내용에 따라 달라져야 하는가? 어느 경우에, 어떻게
　 달라져야 하는가?

_____

_____

_____

_____

02 교수자의 효과적인 교수행위를 보장하기 위해 대본형 수업지도안(구체적인 스크립트 형태)을
　 개발하여 보급하는 방안에 대해 어떻게 생각하는가?

_____

_____

_____

_____

 참고문헌

이대식, 강옥려 공역(2017). 직접교수법에 따른 효과적인 수학 수업[*Designing effective mathematics instruction: A direct instruction approach*]. Stein, M., Kinder, D., Silbert, J., & Carnine, D. 저. 서울: 학지사. (원저는 2006년에 출간).

이대식, 이창남 공역(2005). 모든 수준의 학생들을 위한 수업설계 및 교재개발의 원리[*Effective teaching strategies that accommodate diverse learners*]. Kame'enui, E. J., Carnine, D. W., Dixon, R. C., Simmons, D. C., & Coyne, M. D. 저. 서울: 시그마프레스. (원저는 2002년에 출간).

이홍우(2006). 지식의 구조와 교과. 경기: 교육과학사.

Burgess, D. (2012). *Teach like a PIRATE: Increase student engagement, boost your creativity, and transform your life as an educator*. San Diego, CA: Dave Burgess Consulting.

Csikszentmihalyi, M. (2008). *Flow: The psychology of optimal experience*. New York: Harper Perennial Modern Classics.

Collicott, J. (1991). Implementing multi-level instruction: Strategies for classroom teachers. In G. L. Proter & D. Richler (Eds.), *Changing canadian schools* (pp. 191-218). Ontario, Canada: The Roeher Institute.

Medley, D. M. (1978). Research in teacher effectiveness: Where is is and how it got here. *The Journal of Classroom Interaction, 13*(2), 16-21.

Mercer, C. D., & Pullen, P. C. (2009). *Students with learning disabilities* (7th ed.). Upper Saddle River, NJ: Pearson Education, Inc.

Rosenshine, B. (1976). Recent research on teaching behaviors and student achievement. *Journal of Teacher Education, 27*(1), 61-64.

Soar, R. S. (1973). *Follow through classroom process measurement and pupil growth (1970-71): Final report*. Gainesville, Fla: College of Education, University of Florida.

Stallings, J. A., & Kaskowitz, D. H. (1975). A study of follow through implementation. Paper presented to the annual meeting of the American Educational Research Association(Menlo Park, Stanford Research Institute).

Strong, R., Silver, H. F., & Robinson, A. (1995). Strengthening student engagement: What do students want(and what really motivates them)? *Strengthening Student Engagement, 53*(1),

8-12.

Vallerand, R. J. (1997). Toward a hierarchical model of intrinsic and extrinsic motivation. In M.
P. Zanna (Ed.), *Advances in experimental social psychology* (Vol. 29, pp. 271-360). San
Diego: Academic Press.

Willis, J. (2006). *Research-based strategies to ignite student learning*. Alexandria, VA: ASCD.

제**4**부

영역별 학습부진 및 학습장애 학생 지도

제11장
읽기 학습부진 및 학습장애 학생 지도

핵심 질문

1. 한글 읽기의 주요 영역별 목표도달 상태는 어떻게 규정할 수 있겠는가?
2. 한글 읽기 주요 영역별 진단과 지도는 무슨 도구와 프로그램으로 어떻게 할 수 있겠는가?
3. 독해부진 학생들을 효과적으로 지도하는 방법에는 어떤 것들이 있는가? 각 방법을 실제로 적용하려면 어떤 준비가 필요한가?

주요 내용 요소

1. 한글 읽기 목표 상태 명료화
2. 한글 읽기 하위 기능 및 요소 확인
3. 한글 단어 읽기 능력 진단 요소
4. 한글 지도 프로그램 구안하기
5. 한글 읽기 지도 세안 작성
6. 독해 지도
7. 진전도 점검 및 종합평가

핵심 용어

- 음운인식
- 자모음 원리 이해
- 모음 삼각도
- 규칙단어, 불규칙 단어
- 의미단어, 무의미단어
- 독해 지도 요소
- 인지 및 초인지 전략
- 요약하기
- 상보적 교수
- 난독증
- 처리속도
- 작업기억
- 단기 청기억, 단기 시기억
- 일견단어 읽기
- 자음과 모음 분류
- 텍스트 구조
- 이야기 지도
- SQ3R

1. 들어가기

1. 한글 읽기 부진 및 장애를 보이는 학생들에게 학교에서는 어떤 방법을 적용하고 있는가? 그 방법의 효과는 어떠한가?

_____

_____

_____

2. 자신은 어떻게 한글을 학습했는지 기억해 보고, 그러한 방법이 모든 학습자에게 적용될 수 있을지 생각해 보시오. 만약, 그렇지 않다면 무엇 때문에 어떻게 다르게 적용되어야 한다고 생각하는가?

_____

_____

_____

이제까지 학습부진 및 학습장애 학생을 대상으로 한 효과적인 교수-학습이론이나 모형의 조건을 살펴보았다. 이 장에서는 읽기 영역을 중심으로 앞서 논의했던 각각의 교수-학습이론이나 모형을 실제로 어떻게 적용할 수 있을지를 구체적인 사례를 통해 확인해 보고자 한다.

읽기 학습에 어려움을 겪는 학습자를 지원하기 위해서는 목표 상태 대비 현재의 상태를 정확히 파악하고, 목표 상태에 이르는 데 꼭 필요한 하위 기능이나 요소를 빠르고 정확하게 익히게 하는 것이 핵심이어야 한다. 이를 위한 여러 가지 작업 중에서 가장 어려우면서도 중요한 단계는 목표 상태에 이르는 데 꼭 필요한 하위 기능을 추출해 내는 것이다. 하위 기능이 확인되어야 그다음에 이 기능들을 형성시킬 지도방법을 구안할 수 있을 뿐만 아니라, 각 기능별 수행 상태를 확인할 수 있다. 그렇지만 전통적으로 학교교육은 학습부진이나 학습장애를 갖고 있는 학습자가 아닌 일반 학습자들을 대상으로 교육과정을 일정 시기와 속도, 난이도에 맞추어 운영해야 하는 체제하에서 진행되어 왔기 때문에 그 시기와 속도, 난이도 등에서 벗어나 있는 학습자들이 또래와 비슷하게 학습을 수행하기에는 구조적인 어려움이 있다. 일반 학습자 담당 교수자는 하위 기능을 추출하고 이를 지도하는 일을 자주 하지 않기 때문에 그 방법에 익숙하지 않을 수 있고, 무엇보다 보통의 방법으로 지도했을 때 따라오지 못하는 학습자들에게 무엇을 어떻게 해 주어야 할지에 대해서 연구하고 고민할 여유가 별로 없을 가능성이 크다. 사실, 학습에 어려움을 겪는 학습자들에게 어떤 단계를 더 설계해서 제공해 주어야만 목표 상태까지 큰 어려움을 겪지 않고 진행할 수 있을지를 우리가 잘 모르는 경우가 많다.

2. 한글 읽기 목표 상태 명료화

일반적으로, 읽기 진단과 지도는 [글상자 11-1]과 같이 여섯 가지 영역을 모두 포함해야 하고(이대식, 황매향, 2014; NRP, 2000), 각 영역별로 목표 상태를 확인하고 이에 이르기 위한 하위 기능을 추출해 내야 한다.

[글상자 11-1] 읽기 진단과 지도 영역

- 음운인식: 소리의 변별, 합성, 분리, 대체, 생략, 기억하는 능력
- 자모음 원리 이해: 자음과 모음에 해당하는 소리를 빠르고 정확하게 아는 능력
- 낱글자 읽기: 의미 및 무의미 낱글자나 단어를 빠르고 정확하게 읽는 능력
- 읽기 유창성
- 어휘: 교육과정상의 각 학년 단계별 주요 핵심 어휘 뜻을 아는 능력
- 독해: 짧은 문단이나 여러 개의 문단으로 이루어진 글을 읽고 중심 내용을 파악하는 능력

예컨대, 한글 읽기를 제대로 하는 상태란 또래 수준의 빠르기와 정확성을 갖고 한글 글자를 보고 소리 내어 읽을 수 있음을 의미한다. 음운인식이나 자모음 원리 이해, 낱글자 읽기 등은 모두 정답률이 95% 이상이어야 해당 기능을 숙달했다고 볼 수 있다. 읽기 유창성의 경우, 기초학습기능 수행평가체제(BASA) 읽기(김동일, 2000) 기준에 따르면, 텍스트 문장을 주었을 때 1학년부터 3학년까지의 평균 수행 정도는 〈표 11-1〉과 같다. 이보다 유창성이 유의하게 낮다면 읽기 학습부진 내지 읽기 학습장애를 의심해 봐야 한다.

〈표 11-1〉 각 학년별 시기별 평균(백분위 50) 읽기 유창성(단위: 글자 수)

1학년		2학년		3학년	
5월	10월	5월	10월	5월	10월
123	160	196	223	240	240

* 자료는 각 학년별로 읽기 검사 1-2를 기준으로 함.

3. 한글 읽기 하위 기능 및 요소 확인

1) 한글 읽기 부진 및 불능 이유

한글을 전혀 혹은 잘 읽지 못하는 사람으로 하여금 한글을 유창하게 읽도록 지도하기 위해서는 무엇을 어떻게 해야 할까? 우선, 한글을 전혀 혹은 잘 읽지 못하는 원인을 파악할 필요가 있다. 예컨대, 그러한 원인으로는 다문화 출신이라 한글 소리를 들어 보거나 한글 글자를 본 적이 거의 없었을 수 있다. 또한 한글 소리는 들어 봤지만 한글 글자를 어떻게 소리 내는지 읽기 교육을 받은 적이 없었을 수도 있다. 그런가 하면, 난독증과 같은 신경심리학적 기능의 결함으로 한글 자모음에 해당하는 소리를 잘 모르거나 알아도 이를 단어 발성 규칙에 따라 혼합하지 못했을 수도 있다.

2) 한글 단어 읽기 필수 하위 기능 및 요소 예

한글 문자 읽기 어려움 혹은 불능의 이유가 무엇이든, 교수자 입장에서는 맨 먼저 목표 상태(=한글 문자를 소리 내어 읽는 것)에 이르기 위해서 어떤 요소를 알거나 어떤 경로를 거쳐야 하는지를 확인해야 한다. 예를 들어, 〈표 11-2〉에서 보듯, '엄마'라는 한글 단어를 소리 낼 수 있으려면 이를 위한 하위 기능 혹은 요소를 알거나 수행할 수 있어야 한다. 이는 마치 로봇으로 하여금 '엄마' 단어를 보고 '엄마'라는 소리를 내도록 프로그램을 짜기 위한 하위 요소들을 나열하는 것과 같다.

〈표 11-2〉 한글 단어 '엄마' 읽기 목표 상태에 이르기 위한 하위 기능 및 요소 예

읽어야 할 단어	목표 상태	필요 기능 혹은 하위 요소 후보
엄마	단어를 보고 '엄마'라고 소리를 냄	1) 음소 인식 및 합성 　(1) 음절 인식 및 합성하기 　　• '엄마＝엄＋마'임을 인식 　　• '엄＋마＝엄마'로 음절 합성 　(2) ㅇ, ㅓ, ㅁ(종성), ㅁ(초성), ㅏ 소리 서로 구분 및 인식(소리로만) 　(3) ㅇ, ㅓ, ㅁ(종성) → 엄, ㅁ(초성), ㅏ → 마 소리로 합성(글자 없이 소리로만) 　(4) 엄 → ㅇ, ㅓ, ㅁ(종성), 마 → ㅁ(초성), ㅏ임을 인식(소리로만) 2) 자모음-소리 대응 알고 합성하기 　(1) 각 자모음에 해당하는 소리 알기 　　• ㅇ, ㅓ, ㅁ(종성), ㅁ(초성), ㅏ 　(2) 단어 발성 규칙에 따라 음소 합성 　　• ㅇ, ㅓ, ㅁ(종성) → 엄 　　• ㅁ(초성), ㅏ → 마 　　• 엄＋마 → 엄마 3) 1), 2)번 과정 없이 '엄마' 단어 소리 기억 후 재생 4) 1), 2)번 과정 없이 '엄' '마' 글자 소리 각각 기억 후 두 소리 합성

　〈표 11-2〉의 내용을 다시 정리해 보면, 학습자가 누구든, 그 학습자가 어떤 상태나 특성을 갖고 있든 '엄마'를 'eom ma'라고 소리 내어 읽으려면 다음 두 가지 기능 중 최소한 하나의 기능을 성공적으로 유창하게 수행할 수 있어야 한다.

　첫째, 엄마를 구성하고 있는 각 자음과 모음에 대응하는 소리를 알고, 이를 발성 원리에 맞게 합성한다. 즉, ㅇ, ㅓ, ㅁ 각각에 대응하는 소리(uo, eo, um)를 알고 이를 '엄'(eom)이라는 음절 소리로 합성해야 한다.

　둘째, '엄마'라는 글자 모양을 'eom ma'라고 소리 낸다는 사실을 기억한다. 즉, '엄마'라는 글자와 'eom ma'라는 소리를 연합시킨다.

　순전히 논리적으로, 이 두 가지 방법 이외에 어떤 학습자든 '엄마'라는 단어를 'eom ma'라고 소리 낼 다른 방법은 없다.

　이제 남은 문제는 두 방법 중 어느 것이 더 효과적인가 하는 점이다. 현재까지의 읽기 지도방법 관련 연구 결과들은 첫 번째 방법이 효과적이라는 데 대체적으로 의견의 일치

를 보이고 있다. 그 이유는 어렵지 않게 추정할 수 있다. 예컨대, '엄마'라는 단어를 'eom ma'라고 소리 냈다고 해서 '엄포'나 '대마'라는 단어, 혹은 '엄밀한 마을 검사'라는 단어를 읽을 수 있을지 보장할 수 없다. 이것은 '엄마'라는 글자와 연합된 것이 'eom ma'라는 소리일 뿐이기 때문이다. 행동주의 학습이론의 자극–반응 연합이론은 학습현상을 설명하는 매우 강력한 이론이긴 하지만, 연합의 단위가 단어이기 때문에 같은 글자가 포함되었다 하더라도 단어가 달라지면 일반화가 가능할지에 대해서는 확신할 수 없다.

반면, '엄마'라는 단어를 읽기 위해 ㅇ, ㅓ, ㅁ, ㅁ, ㅏ 각각에 대응하는 소리(uo, eo, um, um, a)를 알고 이를 '엄마'(eom ma)이라는 음절로 합성할 수 있다면, 이 학습자는 'ㅇ, ㅓ, ㅁ, ㅁ, ㅏ' 글자가 들어간 단어는 어떤 것이든 적어도 해당 글자 부분은 읽을 수 있을 것이라는 가정을 할 수 있다. 이 가정에 따르면, 학습자가 특정 언어의 자모음에 해당하는 소리를 알고 이를 해당 언어 규칙에 맞게 합성하는 연습만 했다면 이론적으로는 모든 글자를 발성할 수 있게 된다. 따라서 단어 수준의 자소–음소 대응이 아닌 각 자모음 수준의 자소–음소 대응을 연합하는 것이 훨씬 효과적이고 경제적인 방법이라 할 수 있다.

한글을 읽기 위해서는 〈표 11–1〉의 필요기능 혹은 하위 요소 네 가지 중 최소한 한 가지 이상을 수행할 수 있어야 한다. 현재 읽기 교육 관련 문헌에서는 한결같이 1)번이 가장 효과적인 방안이라고 인정하고 활용하고 있는 편이다. 2)~4)번은 읽어야 할 단어 수가 적을 때에는 유용할 수 있지만, 모든 글자 소리를 외우기란 쉽지 않을 것이기에 배운 것을 가급적 최대로 넓게 활용하거나 적용하는 것을 근간으로 하고 있는 교수자 관점에서는 매우 비효과적이다.

하위 요소 혹은 기능을 파악할 때 두 가지 점이 중요하다. 첫째, 1)번 요소의 경우 네 가지 하위 요소 중 그 어느 것이라도 제대로 수행되지 않으면 적어도 이론적으로는 목표 상태(=엄마라는 단어를 보고 엄마라고 소리 내는 것)에 이를 수 없다. 둘째, 필요한 하위 요소가 모두 갖추어져 있다는 것 자체만으로는 목표 상태에 이르기에 충분하지 않다. 각각의 하위 요소는 유창하게 수행되어야 한다. 유창함은 정확성과 일정 수준 이상의 속도를 모두 갖춘 상태를 말한다.

3) 한글 낱글자 읽기 필수 지도 요소

모든 진단 항목이 곧 지도 항목이 될 수 있는 것은 아니다. 예컨대, 작업기억이나 청기억력이 읽기 어려움의 중요한 원인이라고 해도 작업기억이나 청기억력을 직접 향상시키는 지도계획을 수립하기는 어렵다. 그 이유는, 첫째, 현재까지의 학문 발달 수준상 해당 인지기능 혹은 감각 능력을 단기간에 유의할 정도로 향상시킬 방법을 우리는 알고 있지 못하다. 둘째, 설사 그러한 지도방법이 존재한다고 해도 그렇게 해서 향상된 인지기능, 인지처리과정이 곧바로 읽기 수행능력 향상으로 이어진다는 증거가 없는 이상 우선은 한글 글자 읽기 능력 향상을 위한 지도에 힘써야 하기 때문이다. 이는 전이(transfer) 효과에 관한 논쟁(Thorndike, 1924)과 유사하다. 즉, 아직까지는 특정 인지기능이나 인지처리과정을 직접 증가시켜서 특정 교과기능, 예컨대 한글 단어 읽기 능력을 직접 금방 향상시킬 수 있다는 연구 결과는 존재하지 않는다.

따라서 한글 단어 읽기 지도 계획을 수립할 때 지도 요소는 최대한 한글 단어 읽기 수행과 직접적으로 관련된 기능 중심으로 구성해야 할 것이다. 이러한 논의에 따라 한글 단어를 읽도록 지도하기 위해서는 〈표 11-3〉의 각 요소의 수행 정도를 확인하고 충분치 않을 때에는 이를 모두 지도해야 한다. 단, 진단 요소나 지도 요소 모두 목표 상태, 즉 해당 과제를 수행할 때 무엇을 어떻게 할 수 있어야 하는가를 구체적으로 언급해야 한다.

〈표 11-3〉 한글 읽기 지도 요소

지도 영역	세부적인 지도 요소
청각 변별	음의 높고 낮음, 길고 짧음 인식하기
한글 음운 인식 및 합성	1) 음절 인식 및 합성하기 　• 음절 소리 내기　　• 음절 변별하기 　• 음절 합성하기　　• 음절 분리하기 2) 음소 인식하기 　• 음소 소리 내기　　• 음소 변별하기 　• 음소 분리하기　　• 음소 합성하기 3) 음절 및 음소 인식 유창성 기르기 　• 특정 음절이나 음소에 대해 1초 이내로 반응하기

한글 자모음과 소리 대응 알기	1) 한글 자모음 모양과 그에 대응하는 소리, 입모양 연합
	2) 한글 단어의 자모음 빠르게 분리하기
	3) 한글 단어의 자모음 소리 빠르게 합성하기 • 자음＋모음(평행 합성) • 자음＋모음(수직 합성) • 자음＋모음＋자음(평행＋수직 합성)
	4) 빈출 단어의 대응 소리 익히기
한글 낱글자 읽기	1) 규칙단어와 변동규칙 단어 읽기
	2) 의미 단어와 무의미 단어 읽기

심화 활동 1

1. 앞에서 제시한 한글 읽기 지도 요소는 타당하고 적절한가? 만약 그렇지 않다면 어떤 요소가 추가되거나 혹은 제외되어야 한다고 생각하는가? 그 이유는 무엇인가?

2. 한글 읽기 지도 요소는 어떻게 추출해 내는 것이 가장 좋겠는가?

물론, 〈표 11-3〉의 지도 요소는 그야말로 요소의 명칭에 불과하다. 왜냐하면 이 지도 요소 명칭만 갖고서는 실제로 지도 활동을 수행할 수 없다. 실제로 지도 활동을 수행하기 위해서는 각 요소별로 사용할 자료, 사용할 예시, 교사의 활동, 학습자 활동 등이 마치 수업지도안 세안처럼 자세하게 마련되어 있어야 한다. 이는 마치 연기를 할 배우가 사용할 대본이 있어야 하는 것과 같다. 배우에게 '착한 아들 역할을 한다'라고만 지시한다면 그 배우는 무엇을 어떻게 해야 할지 모를 것이다. 각 요소별 세부적인 내용은 다음에서 다시 다루게 된다.

4) 학습자 특성에 따른 필수 하위 학습요소나 기능 목록의 변화 가능성

여기까지 정리되면, 다음으로 확인해야 할 사항은 이러한 필수 학습 기능이나 요소가 학습자 특성에 따라 달라질 여지가 있는가 하는 점이다. 예컨대, 한글 자모음에 대응하는 소리를 알고 이를 한글 언어 규칙에 맞게 합성하는 능력이 학습자 특성, 예컨대 난독증 학생인가 일반 학생인가에 따라 다를 수 있는가 하는 점이다.

'엄마'라는 단어를 읽는 데 읽기 어려움 학생이 보일 가능성이 있는 어려움은 대략 네 가지로 분류해 볼 수 있다.

첫째, 엄마를 구성하고 있는 각 자음과 모음에 대응하는 소리를 모를 수 있다. 하지만 이 부분, 즉 자소-음소 대응 자체는 특별히 난독증이라서 모르기보다는 대응소리를 배우지 않았거나 연습이 부족했기 때문일 수 있다. 특정 소리를 인식하거나 발성하는 데 어려움이 있다면 특정 자모음에 대응하는 소리를 학습하는 데 어려움을 겪을 수 있다. 예를 들어, 초성 'ㄹ'에 해당하는 소리는 'r'인데, 좀처럼 'r' 소리를 듣지 못하거나 소리를 내지 못할 수 있다. 이는 난독 특성이라기보다는 조음이나 청각 기능의 문제일 가능성이 크다. 이러한 경우를 제외하고는 한글 자모음에 대응하는 소리를 익히는 일은 난독증 학생이나 여타 학생 모두 동일한 난이도를 가진 과제라고 할 수 있다. 다만, 난독증 학생이라면 소리를 기억하고 재생할 때 비슷한 소리의 구분 어려움, 글자 모양의 혼동 등으로 또래보다 어려움을 더 느낄 수 있다. 여하튼 한글 단어 읽기 지도의 필수 요소는 학습자로 하여금 한글 자모음 모양과 그에 대응하는 소리를 연합시킬 수 있게 하는 것이다. 그 방법으로는 자극-반응 연합학습이론이 현재로서는 가장 효과적일 것으로 보인다.

둘째, 각 자음과 모음에 대응하는 소리를 설사 알고 있다고 해도 '엄마'라는 단어 속의 글자와 소리 요소를 인식하지 못할 수 있다. 즉, '엄마'라는 단어가 ㅇ, ㅓ, ㅁ, ㅁ, ㅏ로 구성되어 있고, 각 자모음에 대응하는 소리가 각각 uo, eo, um, um, a라는 것을 인식하지 못할 수 있다. 한글 단어를 그 구성 요소인 자모음으로 구분할 수 있는 능력은 오랫동안의 훈련과 연습으로만 가능하다. 왜냐하면 일상생활 속에서는 그러한 조작을 거의 하지 않기 때문이다. 특정 한글 단어 속의 자모음 구성 요소를 인식하게 하기 위해서는 관련 연습을 충분히 시켜야 한다. 이는 한글 자모음에 대응하는 소리 학습과 마찬가지로 학습자의 특성과 상관없이 어떤 학습자든 반드시 거쳐야 하는 과정이다. 특히 난독증을 갖고 있는 학습자는 한글 단어의 구성 요소(즉, 자음과 모음)를 가급적 빠르고 정확하게 분리하고 합성하는 훈련을 집중적으로 해야 한다.

셋째, 각 자음과 모음에 대응하는 소리를 알기는 하지만, 이를 단어 발성 원리에 맞게 합성하지 못할 수 있다. 즉, ㅇ, ㅓ, ㅁ 각각에 대응하는 소리(uo, eo, um)를 알기는 하지만, 이를 '엄'(eom)이라는 음절 소리로 합성하지 못한다. 자모음에 대응하는 소리를 단어 발성 원리에 맞게 합성하는 것은 한글 단어 읽기의 가장 핵심적인 기능이다. 난독증 학생의 경우 바로 이 부분에서 어려움을 겪는다. 각 자모음에 대응하는 소리를 알고도 이를 합성하지 못하는 이유는 세 가지밖에 없다. 첫 번째 이유는 소리를 합성하는 방법을 모르기 때문이다. uo, eo, um 세 소리를 합성하기 위해서는 점진적으로 세 소리를 합쳐서 결국에는 일상생활에서 흔히 주고받는 소리인 '엄'으로 소리 낼 수 있어야 한다. 하지만 이는 연습을 필요로 한다. 아마도 명시적인 시범 후에 단계적으로 차근차근 소리 합성 연습을 시켜야 할 것이다. 두 번째 이유는 짧은 시간 동안 세 개의 소리를 기억하고 있다가 이를 합성하지 못하기 때문이다. 이는 곧 작업기억의 한계 때문이다. 난독증을 갖고 있는 학습자라면 다른 학습자에 비해 작업기억 용량, 특히 글자 소리 처리 관련 작업기억 용량이 상대적으로 적을 수 있다. 글자 소리 처리 관련 작업기억 용량이 적은 문제는 쉽게 해결하기 어렵다. 아직 우리는 반복연습 이외에 작업기억 용량을 단기간에 획기적으로 증가시킬 방법에 대해 알고 있지 못하다. 다행히 한글의 경우 한번에 기억하고 있어야 할 소리는 초성, 중성, 종성 등 최대 세 개이다. 영어의 경우에는 단어의 길이에 따라 이보다 훨씬 많은 소리를 기억하고 있어야 한다. 세 번째 이유는 소리나 글자들이 처리과정에서 서로 구별되지 않기 때문이다. 예컨대, '으' '어' 소리가 서로 구분되지 않거나, ㅇ, ㅁ이 같은 모양으로 인식되는 것이 이에 해당한다.

넷째, '엄마'라는 글자 모양을 'eom ma'라고 소리 낸다는 사실을 기억하지 못할 수 있다. 이는 통글자로 학습하는 방법이다. 학습자가 '엄마'라는 글자와 'eom ma'라는 소리 연합경험을 많이 하게 되면 '엄마'라는 자극이 나오면 곧바로 'eom ma'라는 반응을 할 가능성은 점점 높아질 것이다. 이것 역시 행동주의 학습이론의 대표적인 방법인 자극-반응 연합학습 접근이 가장 효과적이다.

일반적으로, 통글자로 익히는 방법은 일반화 측면에서 비효율적이지만, 불규칙으로 변동하면서 많이 쓰이는 글자를 단기간에 익히는 방법으로서는 여전히 효과적이다. 예컨대, '-에서'와 '얘기' '많이'라는 글자는 발성 원리에 따라 읽도록 가르치기보다 통글자로 익히도록 하는 것이 시간도 더 적게 걸리고 정확하게 알게 하는 방법일 수 있다.

1. 한글 난독증의 특징을 조사해 보시오.

_____

_____

_____

2. 각 학교에서는 한글 난독증 학생을 어떻게 선별하여 지도하고 있는가? 난독증 전문가들은 한글 난독증을 어떻게 지도해야 한다고 주장하고 있는가?

_____

_____

_____

5) 한글 읽기 지도 필수 하위 기능 관련 소결론

한글 지도 교사가 알아야 하는 사실은 다음과 같다.

첫째, '엄마'를 'eom ma'라고 소리 낼 수 없는 상태에서 낼 수 있게 만드는 유일한 방법은 이를 시범 보이고 소리 내는 원리를 가르치는 것이다. 학습자의 흥미, 동기, 태도, 주의집중, 가정환경, 부모의 학습관리 등은 해당 글자를 읽는 법을 학습하는 데 도움이 되기는 하지만, 이런 것들이 아무리 풍부하게 갖추어져 있다고 해도 해당 학습자가 생전 처음 보는 글자, 예컨대 '엄마'를 'eom ma'라고 스스로 소리 내지는 못한다.

둘째, 한글 글자를 통으로 학습하기보다는 자모음에 대응하는 소리를 알고 이를 단어 발성 규칙에 따라 합성하는 방법을 학습하는 것이 글자 읽기 능력 일반화에 훨씬 효과적이다.

셋째, 한글 읽기의 필수 기능인 한글 자모음과 그에 대응하는 소리를 연합시켜 알도록 하게 하는 과정은 학습자가 누구든, 그 학습자가 어떤 특성을 갖고 있든 모든 학습자가 반드시 거쳐야 하는 과정이다.

넷째, 한글의 제자 원리, 발성 원리를 깊이 이해하고 그 원리를 지도방법에 반영해야 한다.

다섯째, 한글 난독증 학생의 특성과 난독의 어려움을 완화시킬 수 있는 방법을 잘 알고 이를 숙련되게 적용할 수 있어야 한다.

4. 한글 단어 읽기 능력 진단 요소

목표 상태와 그에 이르기 위한 하위 기능, 요소들을 확인하고 나면 다음 단계는 현재 상태 진단과 지도 계획 수립을 위한 진단 활동에 필요한 진단 요소를 추출하는 것이다. 진단은 앞서 확인한 하위 요소나 기능을 현재 어느 정도나 수행할 수 있거나 알고 있는지를 검사 형태로 알아보는 방식으로 실시한다. 따라서 진단 항목은 앞서 확인한 필요 기능이나 요소 항목명이 된다.

그러나 진단 항목 추출을 위해서는 단순히 특정 과제의 목표 상태에 이르는 데 필요한 하위 기능이나 요소 명칭을 아는 것만으로는 부족하다. 해당 기능이나 요소를 수행하는 데 결정적으로 관여하는 인지기능, 인지처리과정이 규명되어 있고, 또 그것들을 평가할 도구가 이미 개발되어 있다면 이들 인지기능과 인지처리과정 또한 진단 항목에 포함되어야 한다.

현재 한글 단어 읽기 능력과 밀접하게 관련되어 있는 인지기능, 혹은 인지처리과정에는 〈표 11-4〉와 같은 것들이 있다.

〈표 11-4〉 글자 읽기 관련 인지기능 및 인지처리과정

인지기능 및 인지처리과정	핵심 기능	관련 읽기 기능
작업기억	새로 들어온 정보를 단기간 기억하면서 장기기억 속의 관련된 정보를 인출하여 두 정보를 모두 활용하여 과제를 성공적으로 수행	글자 읽기, 독해
처리속도	장기기억 속의 정보를 빠르고 정확하게 인출	글자 읽기
음운인식	음절 및 음소 인식, 변별, 분리, 합성	글자 읽기
단기 청기억력	특정 소리, 지시를 일정 기간 기억	음운인식 및 글자 읽기
단기 시기억력	특정 모양이나 기호 일정 기간 기억	일견단어 읽기
시각 변별	서로 다른 모양의 글자를 다르게 빠르고 정확하게 인식	글자 읽기
청각 변별	음의 높고 낮음 구분	음운인식

어떤 학습자가 한글 글자 읽기와 관련하여 현재 어느 상태에 있는지, 즉 어느 기능을 얼마나 갖고 있는지를 확인하고 이후 지도 계획을 어떻게 수립해야 하는지에 대한 유용한 정보를 얻기 위한 진단 항목은 〈표 11-3〉과 〈표 11-4〉의 항목들을 모두 포함하여 〈표 11-5〉와 같아야 한다.

〈표 11-5〉 한글 글자 읽기 능력 진단 영역

진단 중영역	진단 소영역	진단 방법
인지처리과정/ 인지기능	작업기억	숫자, 글자 거꾸로 외우기
	처리속도	숫자, 글자, 그림, 모양의 명명 속도 측정
	음운인식	글자 모양 보지 않고 음절, 음소 변별, 대치, 합성, 분리 능력 확인
	단기 청기억	특정 소리 단기 기억력 측정
	단기 시기억	특정 모양 단기 기억력 측정
	시각 변별	비슷한 글자 모양 구분 유창성 측정
	청각 변별	비슷한 소리 구분 유창성 측정
한글 자모음- 소리 대응 유창성	자모음-소리 대응 • 단모음, 이중모음, 복잡한 모음 • 자음, 복잡한 자음	자모음 각각에 해당하는 소리 내기 유창성 평가
	받침 소리	일곱 가지 종성 소리 내기 유창성 평가
글자 읽기	규칙 단어 읽기 • 1~4글자 단어	낱글자, 단어 읽기 유창성
	변동 규칙 단어 읽기 • 구개음화, 자음접변, 경음화, 연음법 　칙 등	낱글자, 단어 읽기 유창성
	무의미 단어 읽기	낱글자, 단어 읽기 유창성
철자 쓰기	의미 단어 철자 쓰기	단어 소리 듣고 받아 쓰기
	무의미 단어 철자 쓰기	단어 소리 듣고 받아 쓰기

진단 영역이 결정되면 다음은 진단 기준을 마련해야 한다. 진단 기준에는 상대적 기준과 절대적 기준이 있다. 상대적 기준은 규준집단(norm)의 수행 정도에 비추어 특정 집단이상 혹은 이하의 수행을 보인 집단을 지원 대상자 혹은 특정 특성을 가진 집단으로 명명하는 방법이다. 절대 기준은 규준집단의 수행 정도와 상관없이 특정 점수를 기준으로

지원 대상자 혹은 특정 특성을 가진 집단으로 명명하는 방법이다.

진단 결과를 유용하게 활용할 수 있으려면 각 진단 소영역별로 진단 결과와 시사점 및 진단 결과에 대한 해석이 필요하다. 이를 위해서는 〈표 11-6〉과 같은 표에 각 영역별 수행률을 기록하고 각 영역별로 평가 대상자가 범한 오류를 상세하게 기술하는 것이 필요하다.

〈표 11-6〉 진단 결과 제시 형식

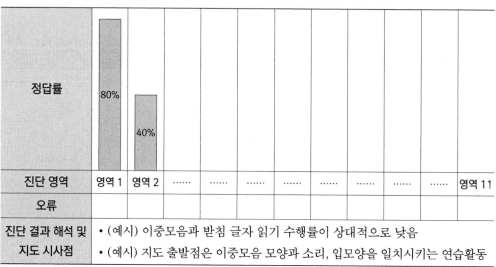

정답률	80%	40%									
진단 영역	영역 1	영역 2	……	……	……	……	……	……	……	……	영역 11
오류											
진단 결과 해석 및 지도 시사점	• (예시) 이중모음과 받침 글자 읽기 수행률이 상대적으로 낮음 • (예시) 지도 출발점은 이중모음 모양과 소리, 입모양을 일치시키는 연습활동										

심화 활동 3

국내 한글 난독증 진단 도구에는 어떤 것들이 있는지 조사해 보시오. 그 도구들 간의 공통점과 차이점은 무엇인가?

_____

_____

_____

5. 한글 지도 프로그램 구안하기

　한글 지도 요소가 모두 확인되면 다음 단계는 각 요소별 지도 프로그램을 구안하는 것이다. 지도 프로그램을 구안하는 일은 지도할 내용을 조직하고 계열화하는 일이다. 이는 Carroll(1963)이 강조했던 내용의 순서(order)와 구체성(detail)을 설계하는 것이고, 효과적인 교수행위를 설계하는 것과 같다. 또한 이것은 직접교수법에서 주장했던 교재의 내용과 그 내용의 전달 과정이 학습자에게 명료해지도록 설계하는 일이기도 하다.

1) 지도할 내용 조직하기

　한글 지도 내용 조직은 한글을 가르칠 때 어떤 내용끼리 서로 묶어서 가르치면 더 학습에 효과적인가 하는 질문에 답하는 과정이다. 교수-학습이론이나 모델에서 제기하는 일반적인 내용 조직 원리는 다음과 같다.

　첫째, 특정 범주별로 하위 항목을 나열하는 방식으로 내용을 조직한다. 예를 들어, 동물을 포유류, 양성류 등의 범주에 따라 조직하여 제시하는 방식이 이에 해당한다.

　둘째, 큰 개념 혹은 핵심 아이디어를 중심으로 관련된 사항을 방사형으로 조직한다.

　셋째, 비교-대조 조직으로, 이는 서로 비교되거나 대조되는 것을 쌍으로 병렬하여 조직하고 이를 제시하는 방식이다.

　넷째, 인과 관계에 따라 원인과 결과는 쌍으로 묶어 제시한다.

　다섯째, 시간적 순서에 따라 내용을 조직한다.

　여섯째, 논리적인 선후 관계나 상하관계에 따라 내용을 조직한다.

　한글 지도 내용을 조직할 때에는 이러한 일반적인 내용 조직 원리가 실제로는 별로 도움이 되지 않는다. 왜냐하면 이러한 일반적인 내용 조직 원리를 아무리 잘 이해하고 있다고 해도 한글 지도 요소를 조직하는 데 직접적인 시사를 주지 못하기 때문이다. 한글 지도 요소를 조직하고자 할 때에는 한글의 속성, 즉 제자 원리나 발성 원리 등을 고려해야 한다. 이를 위해서는 한글이 어떤 원리에 의해 발명되었는지, 어떤 원리에 따라 소리를 내는지, 자음과 모음은 각각 무엇을 나타내기 위해 왜 그런 모양으로 만들어졌는지에 대해 심층적으로 알아야 한다.

　주지하다시피 한글은 자음과 모음의 제자 원리와 발성 원리가 다르다. 먼저, 자음은 발음 기관을 본떠서 만들어졌다. 반면, 모음은 사람과 하늘과 땅의 이치를 반영하여 만들어졌다. 물론 모음은 발성 시 기관의 모양이나 위치에 따라 분류할 수도 있다. 이러한 자음과 모음의 제자 원리, 발성 원리를 고려할 때 한글 지도 요소는 〈표 11-7〉과 같이 조직할 수 있다.

〈표 11-7〉 한글 지도 내용 요소 조직 예

분류	발성 위치 혹은 하위 범주	예시
자음 분류	연구개음(입 안쪽의 연구개)	ㄱ, ㅋ, ㄲ, ㅇ
	양순음(입술)	ㅁ, ㅂ, ㅍ, ㅃ
	치조음(윗이빨)	ㄴ, ㄷ, ㅌ, ㄸ, ㄹ, ㅅ, ㅆ
	경구개음(입천장)	ㅈ, ㅊ, ㅉ
	후음(목구멍)	ㅎ
모음 분류 1	단모음	ㅏ, ㅓ, ㅗ, ㅜ, ㅡ, ㅣ, ㅔ, ㅐ, ㅚ
	이중모음 및 복잡한 모음	ㅑ, ㅕ, ㅛ, ㅠ, ㅟ, ㅝ, ㅘ, ㅙ, ㅞ, ㅖ, ㅒ
모음 분류 2	단모음과 이중모음	ㅣ-ㅏ-ㅑ, ㅣ-ㅓ-ㅕ, ㅣ-ㅗ-ㅛ, ㅣ-ㅜ-ㅠ, ㅗ-ㅏ, ㅜ-ㅣ, ㅜ-ㅓ, ㅗ-ㅐ, ㅜ-ㅔ, ㅕ-ㅣ, ㅑ-ㅣ

〈표 11-7〉의 조직은 곧 지도 단위이기도 하다. 예컨대, ㄱ, ㅋ, ㄲ 소리는 따로따로 지도하는 것보다 묶어서 지도하는 것이 효과적이다. 이를테면, ㅋ는 ㄱ에 획이 하나 더 있기 때문에 ㄱ보다 바람을 좀 더 많이 내어 '그――' 대신 '크――'로 소리 내란 뜻이라고 가르친다. ㄲ은 ㄱ이 두 개이기 때문에 ㄱ보다 두 배 강하게 소리를 내서 '그――' 대신 '끄――'로 소리 내도록 가르친다. 이는 곧 직접교수법의 내용 조직 원리 중 동일성(sameness)의 원리를 적용한 것이다. 모두 연구개음이라는 동일성 요소 관점에서 볼 때, ㄱ자 같이 생긴 목구멍에 공기를 보내 소리를 내고, ㅋ과 ㄲ은 여기에 단지 바람의 양과 세기에 변화를 주어 좀 더 세게 발성하면 된다는 것을 깨닫게 지도한다.

심화 활동　4

1. 각종 한글 학습지에서 한글 지도를 어떻게 접근하고 있는지 조사해 보시오.

_____

_____

_____

2. 보통 한글 지도는 ㄱ, ㄴ, ㄷ……, ㅏ, ㅑ, ㅓ, ㅕ, ㅗ, ㅛ, ㅜ, ㅠ, ㅡ, ㅣ 순서로 이루어져 왔다. 왜 그랬다고 생각하는가? 이렇게 지도하는 것은 어떤 장점과 단점이 있는가?

_____

_____

_____

2) 지도할 내용의 순서 정하기

가르칠 내용의 순서를 정하는 일은 매우 어렵고 정교한 작업을 필요로 한다. 내용의 순서를 정할 때에는 다음 두 가지 원리를 적용한다. 첫째, 내용 간의 논리적 관련성이나 관련 분야의 학문적 근거를 고려하여 논리적으로 먼저 가르치고 배워야 이후 학습이 가능한 순서를 찾아내어 먼저 가르쳐야 할 것과 나중에 가르쳐야 할 것을 분류한다. 이는 내용의 논리적 순서라 할 수 있다. 둘째, 학습이 가장 효과적으로 일어나는 순서를 고려하여 이전 학습이 이후 학습을 잘 준비할 수 있게 지도 순서를 구안한다. 이는 교수-학습 순서라 할 수 있다. 가르칠 내용의 순서를 정하는 일은 논리적인 분석이나 이론 등에 의해서만 이루어질 수 없다. 정교하고 엄격한 연구 설계를 적용하여 일정한 요건을 갖춘 연구를 실시하여 실제로 가장 큰 학습효과를 낸 순서를 경험적으로 찾아내야 한다.

내용의 논리적 순서와 학습순서는 언제나 일치하는 것은 아니다. 즉, 논리적으로 하위 개념이라고 해서 반드시 먼저 가르치고 배우도록 하는 것이 학습에 최선은 아니다. 예를 들어, 한글 모음의 순서는 ㅏ, ㅑ, ㅓ, ㅕ 순으로 흔히 통용되고 있지만, 모음을 가르치고 배우는 순서도 이와 동일해야 하는 것은 아니다. 오히려 논리적 순서나 어학 순서에 따라 가르치려다 보면 혼란과 어려움이 생길 수도 있다. 또한 한글 단모음들을 어떤 순서로 가르치고 배우게 할 것인가를 결정하고자 할 때에는 [그림 11-1]처럼 모음 삼각도에 따라 모음을 분류하되, 삼각도에서 가장 서로 먼 소리끼리 묶어서 가르치는 것이 해당 모음을 학습자가 익히는 데 효과적이다. 이는 모음 삼각도에서 멀리 떨어져 있는 모음끼리는 확실하게 소리가 구분되고 발성 위치도 다르기 때문에 그만큼 서로 변별하기가 쉽고 서로 혼동될 가능성이 적기 때문이다.

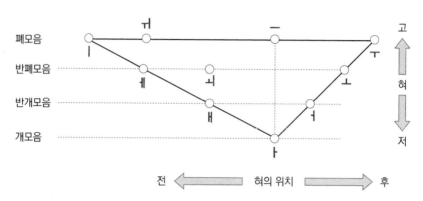

[그림 11-1] 혀의 위치에 따른 한글 모음 분류

교수-학습을 위해서 내용의 논리적 순서나 관계와 학습 순서 중에서 굳이 더 중요한 것을 가리자면 교수-학습 순서이다. 왜냐하면 학습자에게 목표로 하는 학습상태가 가급적 빠른 시간 안에 일어나게 하는 것이 학교교육의 목표이기 때문이다.

논리적 순서와 달리 교수-학습 순서는 내용의 분석만으론 결정할 수 없다. 이는 경험적 근거를 필요로 한다. 즉, 실제로 적용해 봤을 때 어느 순서가 가장 학습에 효과적인지를 경험적으로 확인해야 할 사안이다. 결국 특정 내용을 어떤 순서로 가르치고 배우게 할 것인가는 다양한 순서를 실제로 적용해 보고 그 효과를 비교해서 경험적으로 검증해 봐야 알 수 있다. 교과의 내용을 가르치는 방법과 절차를 표준화하기 어려운 이유가 여기에 있다.

그럼에도 현재까지의 한글 지도 경험을 근거로 했을 때 한글 읽기 초기 단계에서 한글 지도 순서는 대략 〈표 11-8〉과 같게 진행하는 것이 효과적일 것으로 판단된다. 문제는 선행학습 정도에 따라 학습자마다 출발점이 다를 수 있기 때문에, 정밀진단을 통해 각 학습자마다 어느 부분부터 시작해야 할지를 결정해야 할 것이다. 지도를 위한 출발점은 선택 기준은 대략 해당 요소 수행률이 80~90% 미만인 지점 중 가장 앞 순서부터 시작하는 것으로 설정한다.

〈표 11-8〉의 지도 순서는 반드시 선형적인 순서라기보다는 일부는 상위 단계를 진행하면서 하위 단계를 동시에 진행할 수 있다. 예컨대, 이중모음 배우면서 특히 어려워했던 음절 인식 부분이 있었다면 그 부분의 인식 활동을 병행할 수 있다.

〈표 11-8〉 한글 지도 순서(예)

지도 영역	세부적인 지도 요소	출발점 (학습자별 설정)
1단계	음의 높고 낮음, 길고 짧음 인식하기	
2단계	음절 인식 및 합성하기 • 음절 소리 내기, 음절 변별하기, 음절 합성하기, 음절 분리하기	
3단계	1) 단모음 모양과 대응 소리, 입모양 알기 • ㅏ, ㅣ, ㅓ, ㅡ, ㅗ, ㅜ 2) 이중모음 모양과 대응 소리, 입모양 알기 • ㅑ, ㅕ, ㅛ, ㅠ, ㅔ, ㅐ 3) 자음 모양과 대응 소리, 입모양 알기 • ㄱ, ㅋ, ㄲ　　　　• ㄴ, ㄷ, ㅌ, ㄸ • ㅁ, ㅂ, ㅍ, ㅃ　　• ㅅ, ㅈ, ㅊ, ㅉ • ㄹ, ㅇ, ㅎ	
4단계	1) 자음＋모음 단어 읽기-유의미 단어 2) 자음＋모음 단어 읽기-무의미 단어	
5단계	복잡한 모음-각 자모음 모양-대응 소리-입모양 쌍으로 익히기	
6단계	1) 자음＋복잡한 모음 단어 읽기 2) 받침단어 읽기-유의미 단어 3) 받침단어 읽기-무의미 단어	
7단계	1) 음소 인식하기 • 음소 소리 내기, 음소 변별하기, 음소 분리하기, 음소 합성하기 2) 음소 인식 유창성 기르기 • 특정 음절이나 음소에 대해 1초 이내로 반응하기	
8단계	규칙변동 단어 읽기(구개음화, 경음화, 자음접변 등)	

6. 한글 읽기 지도 세안 작성

지도할 내용 요소 항목과 그 항목들의 지도 순서가 어느 정도 확인되면 다음에는 각 하위 요소나 기능별로 상세한 지도안을 작성해야 한다. 왜냐하면 지금까지 나열한 필수 하위 기능이나 요소, 진단 요소 등은 각 요소의 명칭에 불과하기 때문이다. 예를 들어, 음절 인식 및 합성하기 명칭 자체만으로는 해당 요소를 지도할 수 없다. 해당 요소를 지도하기 위해서는 필요한 예시, 자료, 교사의 활동, 학습자 활동, 각 활동의 비중, 순서 등을 고려하여 미리 설계해 놓아야 하기 때문이다. 이는 마치 배우가 연기할 대본을 작성하는 것과 같다. 이 과정에서 근거로 삼을 수 있는 이론에는 다음과 같은 것들이 있다. 이 단계에서는 소위 효과적인 교수-학습 행위에 관해 다음 이론들이 이제까지 시사하는 것들을 가급적 최대한으로 반영해야 한다.

- 직접교수법의 대본화된 수업지도안
- 효과적인 교사의 수업 행동
- 효과적인 학습전략
- 지식 유형별 지도방법
- 효과적인 의사소통이론
- 뇌기반 학습이론
- 오류 기반 교수법
- 인지적 엄밀성 이론

[글상자 11-2]는 그러한 세안 작성 원리에 따라 작성한 세부적인 지도안의 예이다.

[글상자 11-2] 한글 모음 소리 지도를 위한 수업 형식

> '　ㅏ, ㅓ' 읽기
>
> ◆ 1단계. 'ㅏ' 모음 소리 보고 익히기
> - 처음 소리를 낼 때에는 입 모양을 보여 주고 그대로 따라 하게 한다.
> - 'ㅏ' 모음 기호를 크게 쓰고 밑에 화살표와 손가락을 짚을 점을 다음과 같이 표시한다.
>   → 예) 자, 여기를 잘 보세요. (손가락을 화살표를 따라 이동하다 점에서 멈추면서) 이 것은 아---라고 읽습니다. (손가락을 떼면서 소리를 그친다.) (2회 반복) 자, 다 같이 이것을 읽어 봅시다. 손가락이 가운데 점에 왔을 때만 소리를 내야 합니다. (시범) 자! 읽어 볼까요? 준비, 아---. (활동지 예를 갖고 3회 반복한다.)

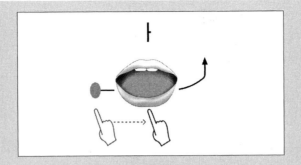

◆ 2단계. 화살표 없이 'ㅏ' 모음 소리 익히기

- 'ㅏ' 모음에 해당하는 소리를 화살표 도움 없이 내 보도록 한다.
- 손가락을 글자 정중앙 밑에 짚도록 확인하고 지도한다.
- 손가락을 짚고 있는 동안에는 소리를 내도록 유의한다.

◆ 3단계. 'ㅓ' 모음 소리 익히기

- 처음 소리를 낼 때에는 입 모양을 보여 주고 그대로 따라 하게 한다.
- 'ㅓ' 모음 기호를 크게 쓰고 밑에 화살표와 손가락을 짚을 점을 다음과 같이 표시한다.
  → 예) 자, 이번에는 다른 모음을 읽어 봅시다. 여기를 잘 보세요. (손가락을 화살표를 따라 이동하다 점에서 멈추면서) 이것은 어---라고 읽습니다. (손가락을 떼면서 소리를 그친다.) (2회 반복) 자, 다 같이 이것을 읽어 봅시다. 손가락이 가운데 점에 왔을 때만 소리를 내야 합니다. (시범) 자! 읽어 볼까요? 준비, 어---.

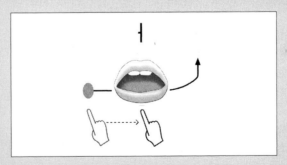

◆ 4단계. 화살표 없이 'ㅓ' 모음 소리 내기

- 'ㅓ' 모음에 해당하는 소리를 화살표 도움 없이 내 보도록 한다.
- 손가락을 짚고 있는 동안에는 소리를 내도록 유의한다.

◆ 5단계. 'ㅏ, ㅓ' 모음 몸으로 표현하며 소리 내기
- 각 모음에 해당하는 모양을 몸으로 표현하며 소리 내 보게 한다.
  ('ㅏ' 소리는 왼팔은 위로, 오른팔은 옆으로 뻗게 하고, 'ㅓ' 소리는 오른팔은 위로, 왼팔은 옆으로 뻗게 함)

◆ 6단계. 'ㅏ, ㅓ' 모음 소리 서로 변별하기
- 무작위로 ㅏ, ㅓ 두 모음 소리를 들려주고 각 소리를 찾아내도록 한다.
- 처음에는 입 모양을 보고 찾도록 하고, 나중에는 눈을 감고 해당 소리를 찾도록 한다.
- 소리를 100% 정확하게 변별할 수 있으면 두 모음 모양 중에서 교사가 낸 소리를 듣고 해당하는 자음을 찾도록 한다.
  A. 소리 듣고 해당 소리 내 보기
  → 예) 선생님이 내는 소리를 듣고 그대로 따라 해 보세요. 준비! 아---, 어---, 어---, 아---, 어---, 아---.
  B. 소리 듣고 해당 글자 찾기
  → 예) 자, 이제 선생님이 두 소리를 내 볼 테니 그에 맞는 글자를 손으로 짚어 보세요. 누가 많이 찾는지 볼까요? 준비! 어---, 아---, 아---, 어---, 아---, 어---.
  C. 또래와 소리 내고 해당 글자 찾기
  → 예) 자, 이제 짝과 같이 소리를 내고 해당 글자 찾기 놀이를 해 보세요. (역할을 번갈아 가면서 소리를 내고 글자 찾는 연습을 하도록 한다. 많이 맞힌 팀에게 보상을 준다.)

◆ 7단계. 상용 단어카드 이용하여 'ㅏ, ㅓ' 모음 소리 서로 변별하기
- 각 학년 단계에 맞는 빈출 상용 단어 그림카드를 이용하여 방금 학습한 두 모음 소리를 서로 변별하게 한다.
- 'ㅏ'와 'ㅓ'가 포함된 단어 그림카드를 제시해 주고 교사나 또래가 들려준 소리가 포함된 그림카드를 골라내 보게 한다. 이때 중요한 점은 그림카드에는 그림만 제시하고 글자를 제시하면 안 된다.

◆ 8단계. 'ㅏ, ㅓ' 모음 들어간 쉬운 단어 빨리 혼합하기
- 'ㅏ, ㅓ' 모음이 들어간 쉬운 단어 점진적으로 빠르게 혼합해 보게 한다.
- 예시 단어에 'ㅏ, ㅓ' 모음에는 각각 다른 색으로 표시한다.
  예)

* 'ㅏ' 포함 단어: 아기 아--- 기--- 아-- 기-- 아- 기- 아기, 아기, 아기 • 가지(위와 동일)　　• 다시마(위와 동일)　　• 사이(위와 동일)

> * '　ㅓ' 포함 단어: 어머니
>
> 어--- 머--- 니---
>
> 어-- 머-- 니--
>
> 어- 머- 니-
>
> 어머니, 어머니, 어머니
> - 저고리(위와 동일)　　　• 거기(위와 동일)　　　• 머루(위와 동일)

◆ 9단계. 'ㅏ, ㅓ' 모음 손가락으로 써 보며 소리 내기
- 손가락으로 'ㅏ, ㅓ' 모음 따라 쓰면서 소리 내 보게 한다.
- 글자 쓰기에 어려움이 있는 학생의 경우에는 모양 틀 → 점선 → 스스로 쓰기 순서로 연습하도록 한다.

◆ 10단계. 공책에 모음 연필로 써 보며 단모음 소리 내기
- 'ㅏ, ㅓ' 모음 공책에 연필로 따라 쓰면서 소리 내 보게 한다.
- 글자 쓰기에 어려움이 있는 학생의 경우에는 모양 틀 → 점선 → 스스로 쓰기 순서로 연습하도록 한다.

◆ 11단계. 'ㅏ, ㅓ' 모음 포함 일상 단어 카드 보며 이야기하기
- 'ㅏ, ㅓ' 모음 포함 일상단어(3~5개 준비) 카드를 복수로 엎어 놓고 뒤집어서 나온 단어에 대해 이야기해 보게 한다.

> ㅏ 포함 단어: 아기, 가지, 다시마, 사이
> ㅓ 포함 단어: 어머니, 저고리, 거기, 머루

- 단어 카드를 뒤집으면 읽고 따라 하게 한다. (3회 반복)
- 일상 단어의 'ㅏ, ㅓ' 모음은 각각 다른 색으로 표시한다.
- 단어 카드를 뒤집어서 단어가 나오면 색칠한 모음과 동일한 모음 모양을 찾도록 한다.
- 각 모음 모양이 포함된 단어 카드를 들고 이야기해 보게 한다.

7. 독해 지도

1) 독해 부진 및 장애 특징과 원인

독해에 어려움을 겪는 이유는 당연히 독해에 필수적으로 수반되어야 하는 하위 기능

이 부족하기 때문이다. 독해를 원활하게 수행하기 위해서는 많은 능력이 필요하지만, 아직까지 그중 어떤 능력이 특히 결정적으로 영향을 미치는지에 대해서는 알려진 바가 없다. 그럼에도 독해 부진 원인은 매우 구체적으로 파악해야 한다. 단순히 사고력이나 추론능력이 부족하기 때문이라는 식의 파악은 실제로 독해부진 학생을 지도할 때 거의 도움이 되지 않는다. 왜냐하면 가르치는 사람에게 필요한 지식은 부족한 추론능력, 사고력을 어떻게 향상시킬 것인가이기 때문이다.

[글상자 11-3]은 Engelmann 등(1999)이 직접교수법에 따라 개발된 Corrective Reading Series 등과 같은 프로그램에서 제시한 독해 지도 프로그램 요소 중 일부이다. 물론 이 독해지도 요소가 독해에 필요한 모든 요소를 포함하고 있다고 볼 수는 없다. 또한 이 중 어떤 것이 가장 크게 영향을 미치는지도 알려진 바가 없다. 분명한 것은 이들 요소 중 하나 혹은 그 이상에서 필요한 만큼의 수행을 보이지 못하면 독해에 어려움을 겪을 것이라는 점이다.

[글상자 11-3] 독해 지도 요소

- 유추(analogies)하기
- 접속사(그리고/혹은) 이해하기
- 증거에 기반하여 진술문 진위 여부 판단하기
- 범주화하기(혹은 분류하기)
- 연역(deduction)하기
- 정의(definition) 내리기 혹은 정의에 근거하여 해당하는 예 찾기
- 기술 혹은 묘사(description)하기
- 귀납(induction)하기
- 반대말 알기
- 일부, 전체 등의 낱말 뜻 알기
- 진술 추론하기
- 정-오(true-false) 판단하기
- 문장의 기본 유형 이해하기
- 단어의 정확한 뜻 알기
- 복잡한 문장 구조 이해하기
- 질문에 답하거나 지시 이행하기
- 질문에 대한 답 정확하게 쓰기

2) 연구 기반 독해 지도방법 개관

Jitendra와 Gajria(2011)는 학습장애 학생을 대상으로 하는 효과적인 독해 지도방법을 크게 텍스트 이해 향상 전략과 인지 및 초인지 전략으로 구분하여 소개하였다. 텍스트 이해 향상 전략으로는 텍스트 구조 그래픽 조직자, 이야기 지도(story maps), 기억 보조 삽화, 스터디 가이드, 컴퓨터 보조 수업을 제시하였다. 인지 및 초인지 전략으로는 텍스트 구조(서술형 텍스트, 정보제공형 텍스트), 인지적 지도 혹은 이야기 지도, 질문하기, 중심 생각 찾기, 요약하기, 다수 전략 한꺼번에 사용하기(상보적 교수, SQ3R) 등을 제시하였다. 한편, 미국 읽기위원회(NRP, 2000)에서는 효과적인 독해 지도 전략으로, 질문에 답하기, 질문 생성하기, 이야기 구조 인식하기, 요약하기, 그래픽 조직자 혹은 의미 조직자 사용하기, 이해 점검하기 등의 방법을 제시하였다. 그중에서도 읽기부진 및 읽기장애 학생들에게 가장 많이 사용되는 독해 지도방법 중 하나는 아마도 이야기 구조를 활용하는 것이다. 〈표 11-9〉는 텍스트 구조유형별로 이에 해당하는 그래픽 조직자를 제시한 것이다.

〈표 11-9〉 텍스트 구조별 그래픽 조직자 예시

이야기 구조	주요 어구	그래픽 조직자 예
단순 기술	우선, 첫째, 둘째, 몇 가지, 다양한, 예를 들면, 예컨대, 가장 중요한 것은, 사실, 덧붙여	WEB
시간적 순서	다음, 첫째, 둘째, 그다음, 최초로, 마지막으로, 전에, 앞서, 나중에, 후에, 이어서, 곧, ~할 때까지, 그때 이후, 처음, 중간, 결국은, 괄호 안의 숫자나 글자	FLOW CHART TIME LINE

비교와 대조	반대로, 비슷하게, 하지만, 비록, 뿐만 아니라, 이와 다르게, 한편, 반면, 그럼에도 불구하고, 그것보다는	**VENN DIAGRAM** Item 1 / Item 2 **MATRIX** Item 1 / Item 2 Attribute 1 Attribute 2 Attribute 3
문제 해결	문제, 쟁점, 원인, 그 결과로, 왜냐하면, 그래서, 결과적으로, 따라서 ~에 따르면, 그렇기 때문에, 해결, ~로 이어진다.	**PROBLEM SOLUTION** **FLOW CHART** Topic → Problem → Possible Solution → Outcome
원인과 결과	결과로, 왜냐하면, 그래서, 결과적으로, 따라서 ~에 따르면, 그렇기 때문에	**FISHBONE** Cause 1 / Detail, Cause 2 / Detail Result Cause 3 / Detail, Cause 4 / Detail

출처: Fisher, Frey & Lapp (2009), pp. 97-98.

3) 독해 지도 예시

(1) 요약하기 지도 형식

복잡한 글을 읽고 요약하는 것은 많은 부진 및 학습장애 학생에게 결코 쉽지 않은 과제이다. 요약하기를 지도하려면 우선 요약하기 능력에 필요한 하위 요소 기능을 파악해야한다. 긴 문단을 읽고 요약할 수 있으려면 〈표 11-10〉의 왼쪽 칸과 같은 1차 하위 기능을 갖추어야 할 것이다. 하지만 글의 구조를 파악하거나 글의 중심 내용을 파악하는 것은 단순한 기능이 아니다. 이 기능을 발휘하려면 추가로 하위 기능을 갖추어야 한다. 따라서 핵심 어휘나 글의 구조, 글의 중심내용을 파악하려면 〈표 11-10〉의 오른쪽 칸과 같은 2차 하위 기능을 수행할 수 있어야 한다.

〈표 11-10〉 요약하기 하위 기능 추출

1차 하위 기능	2차 하위 기능
① 핵심 어휘 이해 ② 글의 구조 파악 ③ 글의 중심 내용 파악	① 사전 찾기나 문맥을 활용한 핵심 어휘 이해하기 ② 주요 글의 구조 유형 이해하기 ③ 문단별로 글의 구조 파악하기 ④ 반복해서 나오는 단어나 어구 확인하고 그중 가장 중심적인 단어나 어구만 남겨 놓기 ⑤ 어떤 주제나 항목의 제목과 그에 해당하는 구체적인 사례나 예시 구분하기 ⑥ 적절한 제목이나 명칭을 붙이고 분류하기, 범주화하기 ⑦ 문단에서 중심문장 찾기(첫 문장 혹은 마지막 문장 밑줄 치기) ⑧ 문단 내용 자기 말로 재진술하기 ⑨ 중요한 내용과 그렇지 않은 내용 구분하기

　일단 〈표 11-10〉과 같이 1차, 2차 하위 기능을 확인하고 나면 이제 2차 하위 기능 각각에 대해 지도할 수업 형식을 개발해야 한다. 학생들에게 1차나 2차 하위 기능을 익혀야 한다고만 전달하는 것은 그들의 요약하기 능력 향상에 아무런 영향을 끼치지 않을 것이다. 각 하위 기능을 발휘하지 못하는 상태에서 발휘하는 상태로 끌어올리기 위한 지도나 훈련 방법이 구체적으로 개발되어야 한다. 예를 들어, '⑤ 어떤 주제나 항목의 제목과 그에 해당하는 구체적인 사례나 예시 구분하기' 기능은 어떻게 지도할 수 있을까? 아마도 이 기능은 〈표 11-11〉과 같은 예를 들어 가며 시범을 보인 후 학생들이 풍부하고 다양한 예로 어느 정도 수준에 이를 때까지 반복 연습을 하는 방법이 최선일 것이다.

〈표 11-11〉 주제나 항목의 제목과 구체적인 예시 구분하기 지도 형식 예

수업 단계	수업 활동
1단계- 시범	• 다음 내용은 어떤 것에 대해 말하고 있어요. 그것이 무엇인지 이름을 붙여 볼게요. "소나무, 감나무, 느티나무, 벚나무, 아카시아나무, 밤나무, 포도나무" 이것들은 모두 나무들이네요. 따라서 이것들은 모두 '나무'에 대해 말하고 있네요. 그래서 이 글의 제목으로 '나무' 혹은 '나무의 종류'가 좋겠네요. • 다음 예를 볼게요. "봄은 따뜻해요. 봄에는 꽃이 많이 핍니다. 여름에는 더워요. 소나기도 많이 옵니다. 가을에는 시원하고 단풍이 아름다워요. 겨울에는 눈이 올 때가 많아요." 이 내용은 무엇에 대해 이야기하고 있나요? 예. 계절, 사계절에 대해 이야기하고 있네요. 그래서 이 글의 제목으로는 '사계절'이 좋겠네요.
2단계- 안내된 연습	(1단계에서 사용했던 내용과 유사한 내용의 자료를 3~4개 사용하여 각 자료마다 제목을 붙여 보게 한다. 능숙하게 수행하면 3단계 개인 연습 단계로 이행한다. 오류를 많이 보이면 다른 자료를 사용하여 1단계를 반복한다.)
3단계- 개인 연습	(1, 2단계에서 사용했던 예시자료와 유사한 자료 3~4개를 사용하여 각 자료마다 제목을 붙여 보게 한다. 능숙하게 수행하면 4단계 평가로 이행한다. 오류를 많이 보이면 1, 2단계를 반복한다.)
4단계- 평가	(1, 2, 3단계와 비슷하지만 새로운 자료를 2~3개 제시하여 모두 정반응을 보이면 이 지도를 종료한다. 오류가 발생할 경우 2, 3단계를 반복한다.)

(2) 그래픽 조직자를 활용한 텍스트 구조 활용하기

앞서 〈표 11-9〉에서 예시로 든 텍스트 구조별 그래픽 조직자를 활용하여 글의 내용을 파악하도록 하는 방법 역시 학습부진 및 학습장애 학생 독해 지원을 위해 많이 거론되고 연구되어 온 접근 중 하나이다. 하지만 실제로 해당 학생들이 이를 잘 활용하는 것은 그리 간단하지 않다. 이 방법을 적용하도록 지도하고자 하는 사람들은 먼저 다음 사항을 인식해야 한다. 첫째, 대부분의 경우 학습부진 학생이나 학습장애 학생은 글의 구조가 무엇인지, 글의 구조 유형에는 어떤 것들이 있는지 잘 모를 수 있다. 둘째, 설령 글의 구조 유형에 어떤 것들이 있는지 안다고 해도 특정 문단이 어느 구조에 해당하는지를 즉시 알기는 쉽지 않다. 사실 논리적으로는 글의 구조를 이용하여 텍스트 내용을 파악할 수 있다기보다는 실제로는 글의 내용을 파악해야 글의 구조가 어떤 유형인지 알 수 있다고 봐야 한다. 텍스트의 구조를 파악하여 이를 텍스트 내용 이해하기에 활용할 수 있으려면 〈표 11-12〉와 같은 하위 기능이 필요할 것으로 보인다.

〈표 11-12〉 텍스트 구조 파악하여 텍스트 내용 이해하기 하위 기능 추출

1차 하위 기능	2차 하위 기능
텍스트 구조 파악하기	① 주요 텍스트 구조 명칭과 그 특징 파악하기
	② 주어진 텍스트에 해당하는 구조 파악하기
	③ 텍스트 구조를 활용하여 텍스트 내용 이해하기

　요약하기와 마찬가지로, 일단 〈표 11-12〉와 같이 1차, 2차 하위 기능을 확인하고 나면 이제 2차 하위 기능 각각에 대해 지도할 수업 형식을 개발해야 한다. 학생들에게 1차나 2차 하위 기능을 익혀야 한다고만 전달하는 것은 그들이 텍스트의 구조를 파악하여 그 내용을 이해하게 하는 데 거의 아무런 영향을 끼치지 않을 것이다. 각 하위 기능을 발휘하지 못하는 상태에서 발휘하는 상태로 끌어올리기 위한 지도나 훈련 방법이 구체적으로 개발되어야 한다. 예를 들어, '① 주요 텍스트 구조 명칭과 그 특징 파악하기' 기능은 어떻게 지도할 수 있을까? 아마도 이 기능은 〈표 11-13〉과 같은 예를 들어가며 시범을 보인 후 학생들이 풍부하고 다양한 예로 어느 정도 수준에 이를 때까지 반복연습을 하는 방법이 최선일 것이다.

〈표 11-13〉 텍스트 구조 활용 방법 지도 형식 예

수업 단계	수업 활동
1단계- 시범	• 우리가 읽고 이해해야 할 글은 그 내용이 조직되어 있는 방식에 따라 몇 가지로 나누어 볼 수 있어요. • 글이 조직되어 있는 방식에는 비교-대조, 단순 열거, 문제 해결, 원인-결과, 시간적 순서 등이 있어요. 오늘은 그중에서 비교-대조 구조와 단순 열거 구조에 대해서 알아봅시다(한 차시에 구조 유형 모두를 다루는 것은 부진 학생이나 장애 학생에게는 무리이다). • 비교-대조는 글의 내용이 서로를 비교하는 형식으로 진행되는 경우를 말합니다. 예를 들어, 다음 글은 한국과 미국의 지리적 특성을 비교-대조한 것입니다. 　　"한국의 국토 면적은 ○○이고, 인구는 ○○이다. 1인당 GNP는 ○○이고, 연간 무역액은 ○○○이다. 한편, 미국의 국토 면적은 ××이고, 인구는 ××이다. 1인당 GNP는 ××이고, 연간 무역액은 ××이다."

- 이 글의 내용을 좀 더 쉽고 빠르게 파악하려면 다음과 같이 표로 만들어 비교할 수 있습니다.

비교 항목	한국	미국
국토 면적		
인구		
1인당 GNP		
연간 무역액		

- 이 글은 국토 면적, 인구, 1인당 GNP, 연간 무역액 측면에서 한국과 미국을 비교·대조하고 있습니다. 이렇게 글의 내용이 조직되어 있는 방식을 비교-대조 구조라 합니다(두 개의 예시를 더 사용하여 시범을 보인다).
- 다음은 단순 열거 구조에 대해 알아봅시다. 단순 열거 구조란 어떤 사항이나 주제에 대해 해당하는 내용을 쭉 나열하는 방식으로 내용을 작성한 경우를 말합니다.
- 예를 들어, 다음 텍스트는 제품 A의 장점과 기능, 사용 시 유의할 점을 나열하고 있기 때문에 단순 열거 구조에 해당합니다.

  > 어떤 회사에서는 제품 A를 개발하였다. 제품 A는 다음과 같은 장점과 기능을 갖고 있다. 첫째, ---. 둘째, ---. 셋째, ---. 넷째, ---. 이 제품을 사용할 때에는 다음과 같은 점에 유의해야 한다. 첫째, ---. 둘째, ---. 셋째, ---.

- 이 글의 내용을 좀 더 쉽고 빠르고 파악하려면 다음과 같이 표로 만들어 비교할 수 있습니다(두 개의 예시를 더 사용하여 시범을 보인다).

항목	내용
장점과 기능	첫째, _____ 둘째, _____ 셋째, _____ 넷째, _____
유의할 점	첫째, _____ 둘째, _____ 셋째, _____

2단계- 안내된 연습	(1단계에서 사용했던 내용과 유사한 내용의 자료를 3~4개 사용하여 해당 글이 왜 비교-대조 구조인지를 설명하게 하고 내용을 1단계에서처럼 적절한 표로 나타내 보게 한다. 능숙하게 수행하면 3단계 개인 연습 단계로 이행한다. 오류를 많이 보이면 1단계를 다른 자료를 사용하여 반복한다.)

3단계- 개인 연습	(1, 2단계에서 사용했던 예시자료와 유사한 자료 3~4개를 사용하여 각 자료마다 제목을 붙여 보게 한다. 능숙하게 수행하면 4단계 평가로 이행한다. 오류를 많이 보이면 1, 2단계를 반복한다.)
4단계- 평가	(1, 2, 3단계와 비슷하지만 새로운 자료를 2~3개 제시하여 모두 정반응을 보이면 이 지도를 종료한다. 오류가 발생할 경우 2, 3단계를 반복한다.)

8. 진전도 점검 및 종합평가

학습진전도 점검은 당일 학습내용 숙달 정도를 평가하는 형성평가와 최종 목표 상태 대비 현재의 진전도 점검 등 두 차원으로 실시한다.

1) 형성평가

학습지도 후 당일 다루었던 내용을 대상으로 5~10여 개의 문항을 제시해서 그 수행 정도를 확인한다. 당일 학습의 성공 기준은 정답률 90% 이상으로 설정한다.

2) 목표 대비 진전도 점검

목표 대비 진전도 점검은 당일 학습한 내용보다는 목표에 도달한 상태 대비 현재의 진전 정도를 측정한다. 이를 위해서 궁극적으로 학습자가 도달해야 하는 상태에 근거하여 역시 5~10여 개의 문항을 제시해서 그 수행 정도를 확인한다. 진전도 점검 결과는 초반에는 목표 상태 대비 매우 낮은 수행률을 보이다가 점차 높아지는 형태로 나타나는 것이 정상이다. 목표 대비 학습진전도 점검은 형성평가처럼 매 차시 실시할 필요는 없고, 주 1회나 2~3주당 1회로 실시한다. 학습진전도는 학습 초반에 그 수행률이 낮게 나오기 때문에 절대적인 수행 정도보다는 목표선(aim line) 대비 수행 정도의 높고 낮음을 분석하여 조치를 취한다. 목표선은 초기 상태와 목표 도달 상태를 연결한 선을 말한다. 만약 학습진전도 점검 결과 수행률이 이 목표선을 하회하면 교육방법을 수정해야 함을 의미하고, 반대로 목표선을 상회하면 목표 수준을 높일 필요가 있다.

9. 정리

이 장에서는 읽기 학습에 어려움을 겪는 학생들을 효과적으로 진단하고 지도하는 방법을 다루었다. 제8장과 제9장에서 소개한 네 가지 교수-학습원리를 가급적 충실하게 반영하여 읽기 학습에 어려움을 겪는 학습자를 어떻게 지원할 수 있는지 읽기 지도 각 영역별로 살펴보았다. 읽기 지도를 잘하려면 무엇보다 먼저 읽기 학습에 어려움을 겪는 학습자가 잘 읽지 못하는 현재 상태에서 잘 읽는 상태에 도달하기 위해서 거쳐야 할 단계나 갖추어야 할 하위 요소 기능을 확인해야 한다. 그래야 맞춤형 진단이 가능하다. 맞춤형 진단이 가능해야 맞춤형 지도 역시 가능하다. 읽기 맞춤형 지도는 학습자 특성만 파악해서는 불충분하다. 어느 교수-학습경로가 가장 효과적인지를 증거-기반 실제와 끊임없는 경험적 연구를 통해 확인해 나가야 한다. 그렇게 해서 일단 최적의 학습경로들이 밝혀지면, 이를 지속적으로, 충실하게, 강도 높게, 그리고 전문성 있게 투입해야 한다.

생각해 볼 문제

01　한글이 창제된 지는 수백 년이 지났지만 아직 한글을 처음 배우는 외국인이나 어린아이, 특히 한글 읽기에 어려움을 보이는 사람들이 한글을 빠르고 정확하게 익힐 수 있도록 지도하는 방법에 대해서는 어떤 것이 효과적인지에 대해 논란이 많다. 한글 읽기 교육과 관련하여 가장 시급히 연구되어야 할 부분은 무엇이라고 생각하는가?

_____

_____

_____

_____

02　한글 문해력을 기르기 위한 가장 효과적인 방법은 무엇인가? 그 방법이 효과적이라는 근거는 무엇인가?

_____

_____

_____

 참고문헌

김동일(2000). 기초학습기능 수행평가체제(BASA): 읽기검사. 서울: 인싸이트.

이대식, 황매향(2014). 학습부진 학생의 이해와 지도(2판). 경기: 교육과학사.

Asha K., Jitendra, A. K., & Gajria, M. (2011). Reading comprehension instruction for students with learning disabilities. *Focus on Exceptional Children, 43*(8), 1-16.

Carroll, J. B. (1963). A model of school learning. *Teachers College Record, 64,* 723 733.

Engelmann, S., Osborn, S., & Hanner, S. (1999). *Corrective reading comprehension skills: Comprehension B1~B2.* Columbus, OH: SRA/McGraw-Hill.

Fisher, D., Frey, N., & Lapp, D. (2009). *In a reading state of mind: Brain research, teacher modeling, and comprehension instruction.* Newark, DE: International Reading Association.

Jitendra, A. K., & Gajria, M. (2011). Reading comprehension instruction for students with learning disabilities. *Focus on Exceptional Children, 43,* 1-16.

National Reading Panel. (2000). *Teaching children to read: An evidence-based assessment of the scientific research literature on reading and its implications for reading instruction* (NIH Pub. No. 00-4754). Washington, DC: National Institute of Child Health and Human Development, National Institutes of Health.

Thorndike, E. L. (1924). Mental discipline in high school studies. *Journal of Educational Psychology, 15,* 1-22, 83-98.

제12장
쓰기 학습부진 및 학습장애 학생 지도

1. 들어가기

1. 쓰기 학습부진 실태에 관한 정보나 자료가 부족한 이유는 무엇이라고 생각하는가?

_____

_____

_____

2. 자신은 어려운 쓰기 문제를 만나면 어떻게 해결하려 했는지 기억해 보고, 그러한 방법이 모든 학습
   사에게 적용될 수 있을지 생각해 보시오. 만약 그렇지 않다면 무엇 때문에 어떻게 다르게 적용되어
   야 한다고 생각하는가?

_____

_____

_____

　글자를 쓰거나 문장 혹은 문단을 작성하는 일은 학업 수행은 물론 일상적인 의사소통을 하는 데에도 매우 중요한 능력이다. 자기소개서 작성하기, SNS에 글 올리기, 보고서 작성하기, 이메일 보내기, 일기 쓰기, 에세이 쓰기, 메모 남기기, 전문 연구 논문이나 기획서 쓰기, 제안서 올리기 등 글자를 쓰거나 문장, 문단을 상대방이 읽기 편하게, 그리고 전달하고자 하는 바를 정확하게 표현하는 일은 매우 중요하다.

　하지만 글자를 잘 쓰거나 글을 잘 쓰는 능력은 읽기와 마찬가지로 저절로 습득되거나 향상되지 않는다. 그렇지 않다면 시중에 글을 잘 쓰는 방법에 대한 도서나 지침서들이 그렇게 많이 넘쳐나지도 않았을 것이다. 이러한 도서들이 많이 있다는 뜻은 그만큼 그 분야에 대해서 지원을 필요로 하는 사람들의 숫자가 많다는 뜻이기도 하다.

　특히 일부 학생들은 다른 또래에 비해 때로는 글자 쓰기에 때로는 문장이나 문단 작성에 어려움을 상대적으로 크게 겪고 있다. 학습장애 학생들이 쓰기를 어려워한다는 점은 새삼스러운 얘기는 아니다. 이들이 쓰기에서 어려움을 보이는 특징을 살펴보면, 일단 쓰기를 어려워한다(Graham & Harris, 2005). 국내에 쓰기 학습장애나 학습부진을 겪고 있는 학생들이 정확히 얼마나 되는지 관련 통계나 자료는 아직 충분치 않다. 간접적으로 알아

볼 수 있는 자료로는 국가수준학업성취도평가의 국어 성적이지만, 쓰기 수행 정도가 별도로 산출되지는 않는다. 쓰기 능력 문제는 다른 나라도 비슷한 것 같다. 예컨대, 미국의 대표적인 학력평가 프로그램인 NAEP의 2011년도 미국 8학년 학생들의 작문능력에 대한 조사 결과에 따르면, 탁월한 수준 3%, 능숙한 수준 24%, 기초 수준 54%, 기초 이하 수준 20%로 나타났다. 기초 수준과 그 이하의 학생 비율이 전체 학생의 74%에 해당한다 (NCES, 2012).

2. 쓰기 어려움 현황과 실태

1) 글자 쓰기 동작의 이해

글자 쓰기의 어려움과 지원 방안을 정확히 이해하고 적용하려면 글자 쓰기 과제 자체의 특성과 과제 요소를 파악해야 한다. 글자 쓰기 동작은 자세(posture), 필기구(pencil), 위치(position) 등 세 가지 요소가 중요하게 작용한다. 이를 줄여서 3P라고 표현하기도 한다. 글자 쓰기 관련 뇌 신경 기능 측면에서는 시 기억력, 손가락 운동 제어 기능, 그리고 글자-소리 대응 지식을 알아야 한다. 보다 구체적으로, Levin(2003)은 글자 쓰기 하위 요소로 다음 여섯 가지를 지적했다([글상자 12-1] 참조). 이들 요소 중 어느 한 부분이라도 제대로 기능하지 않으면 글자 쓰기에 어려움을 겪을 것이라는 점은 어렵지 않게 짐작할 수 있다.

[글상자 12-1] 글자 쓰기 하위 요소

- 특정한 순서로 손가락 신속히 움직이기
- 동작 패턴 기억하기
- 글자의 모양을 만드는 데 필요한 근육운동의 순서를 신속하고 정확하게 기억하기
- 연필을 적절한 힘의 세기로 잡기
- 연필이 글자의 어느 부분을 그리고 있는지 인식하기
- 글자 시각화하기(머릿속에 글자 모양 떠올리기)

[그림 12-1]은 실제로 글자 쓰기에 어려움을 보이는 학생들이 쓴 글자의 일부분이다. 아래 그림의 왼쪽은 초등학교 6학년 학생의 글자이고 오른쪽은 초등학교 1학년 학생의 글자이다. 이와 같이 글자를 쓰게 된 이유에는 틀림없이 Levin(김미화 역, 2003)이 주장한 글자 쓰기 하위 요소 중 하나 이상의 부분에서 기능상 결함이 있었기 때문일 것이다. 그렇지만 이러한 글자 쓰기 문제가 반드시 글자 쓰기 동작 관련 뇌 신경 기능 측면의 결함 때문인지, 아니면 글자를 음운적으로 처리하는 능력과 관련된 것인지에 대해서는 보다 정밀한 연구가 필요하다.

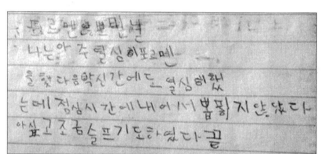
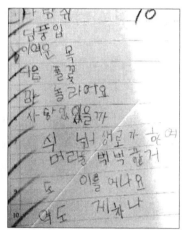

[그림 12-1] 글자 쓰기 어려움 모습

심화 활동 1

앞에서 제시한 글자 쓰기 문제의 원인은 무엇이라고 생각하는가? 이 학생들의 지도는 어떤 방향으로, 무엇에 초점을 두어야 한다고 생각하는가? 그렇게 생각하는 이유는 무엇인가?

2) 작문

　작문은 글자 쓰기보다 훨씬 복잡하고 고등의 사고 기능을 필요로 한다. 작문 어려움 현황과 실태가 어떠한지, 얼마나 많은 학생이 어떤 형태의 작문 학습부진을 보이는지에 대해 알려진 바는 많지 않다. 다만, 선행 연구들(이옥인, 2012; Graham, 1997; Graham & Harris, 2005; Santangelo, 2014; Thomas, Englert, & Gregg, 1987)이 주장해 온 쓰기 학습부진 및 학습장애 학생들의 특징은 대략 다음과 같다. 첫째, 쓰기 학습장애 학생들은 철자 및 띄어쓰기, 문단 구성, 문법에서 빈번한 오류를 보인다. 이는 작문의 기술적 측면이다. 둘째, 글을 쓸 때 계획하여 쓰기보다는 즉흥적으로 떠오르는 낱말이나 생각 중심으로 쓰다 보니 내용 간 조직이나 구조가 매끄럽지 못하고 연결성이 부족하다. 셋째, 글을 통해 말하고자 하는 바가 뚜렷하지 않거나 여러 가지 메시지가 혼합되어 있다. 넷째, 문장이 짧고, 특정 단어를 반복적으로 사용하는 경향이 있다. 다섯째, 자신이 글을 어떻게 쓰고 있는지, 어떤 부분을 고쳐야 하는지 등에 대한 인식이 부족하다. 여섯째, 글을 쓰는 데 있어서 이러한 어려움이나 약점은 대체로 성인기까지 이어진다.

　작문 부진 학생의 특징은 작문 과정별로 작문 부진을 보이지 않는 학생과의 비교를 통해서도 확인할 수 있다. 김주환(2017)에 따르면, 중학생들의 작문능력이 전반적으로 낮은 수준이며, 특히 하위 수준 학생의 비중이 큰 것으로 나타났다. 중학생들의 작문능력은 설명글이나 서사글에 비해 설득글 쓰기 능력이 다른 장르에 비해 상대적으로 낮은 것으로 나타났다. 글쓰기의 하위 영역 중에서는 내용 선정/조직 능력이 가장 낮은 것으로 나타났다. 아울러, 단어수와 글쓰기 점수의 상관이 높게 나타났다. 예컨대, 〈표 12-1〉은 작문 각 과정별 작문 부진 및 장애 학생이 보이는 특징이다.

〈표 12-1〉 작문 과정별 작문 부진 및 장애 학생 특징

작문 과정	주요 특성
계획하기	• 계획에 할애하는 시간이 매우 짧거나 아예 계획을 하지 않음
본문 작성하기	• 본문 생성과 아이디어 글로 표현하는 것을 어려워함 • 같은 표현을 반복함 • 어휘 수가 제한적이고 수준이 높지 않음 • 단문이 많고, 글의 구조가 단순함 • 구두점, 맞춤법, 문단 쓰기, 문단 구분하기, 문법 등 기술적인 측면에서 오류나 미흡함이 많음 • 전달하고자 하는 메시지가 분명하지 않음 • 내용들 간의 관계가 분명하지 않음 • 글의 연결(문장과 문장, 문단과 문단 간)이 매끄럽지 못하고 논리가 없음
검토 후 수정하기	• 자신이 어떻게 글을 썼는지 잘 인식하지 못함 • 수정해야 할 부분을 찾지 못하거나 어떻게 수정해야 할지 모름 • 글의 질보다는 표면적인 측면에만 주의를 기울임
작문 태도	• 글 쓰는 것 자체를 싫어함

3. 쓰기 학습부진 및 학습장애 지원 모형

1) 선행 연구 결과

쓰기 영역마다 효과적인 접근이 다를 수밖에 없겠지만, 선행 연구들에서 쓰기 지도에 효과적인 방안이나 접근으로 제시되고 있는 것들은 다음과 같다.

(1) 텍스트 구조 활용 접근

텍스트의 구조를 활용하는 접근은 최종적으로 산출해야 할 결과물의 이미지를 명료하게 인식하게 하고 시작부터 이에 맞추어 연습을 시키는 방식이다. 이는 텍스트 구조를 미리 파악하고 시각적으로 형상화한 다음, 이를 작문 과정에서 활용하는 방식이다. 선행 연구들에 따르면, 텍스트 구조를 활용하면 작문 작성 능력이 유의하게 향상되는 것으로 나타나고 있다(박성희, 김애화, 2012; Kang, 2016). 이옥인(2012)은 쓰기 과정에 따라 텍스트 의미구조를 구성하는 전략을 함께 지도할 필요가 있다고 주장했다. 하지만 이 접근은

특정 유형의 텍스트 구조에 해당하는 작문을 하도록 하는 데에는 효과적이지만 다른 유형의 텍스트 구조나 새로운 텍스트 구조를 생성하는 작문 능력 향상에는 그 효과를 장담하기 어렵다.

(2) 쓰기 과정 훈련 접근

이는 글쓰기 과정을 분석하여 각 과정별로 효과적인 행위나 기술을 익히도록 하는 방법이다. 이옥인(2012)은 쓰기 학습장애 학생의 작문에 나타난 의미구조 및 응집표지에 관한 연구를 통해 쓰기에 장애가 있는 아동들은 쓸 내용에 대해 계획을 먼저 세우기보다는 머릿속에 떠오르는 것을 단순히 말하는 방식으로 나열하는 경향이 있다는 점, 그리고 인과나 이유 관계 이외의 영역은 지체되는 현상이 나타났다는 점을 보고했다. 또한 학습장애 학생들은 작문 전체를 구조화하거나 깊이 있게 쓰는 능력이 부족하였고, 의미 전개 과정은 학년이 높아져도 크게 향상되지 않는 것으로 나타났다. 이러한 연구 결과에 따르면, 작문내용을 생성하는 과정은 체계적으로 지도될 필요가 있다. 또한 계획하기에서 POD 전략[주제 정하기(Pick), 생각을 조직화하기(Organize), 내용을 생성하기(Develop)]과 같은 다양한 방법을 모색하고 적용할 필요가 있다. 박성희, 김애화(2012)에 따르면, 학습장애 학생으로 하여금 쓰기 과정 전략과 그래픽 조직자를 모두 활용하여 설명적 글쓰기를 하도록 했을 때 어휘의 다양성을 제외한 모든 쓰기 영역에서 유의한 향상을 보였다. 이들 연구에서의 쓰기 과정 전략 교수에서는 계획을 비롯해 작성, 검토, 수정 등 글쓰기 과정 속에서 설명문의 구조와 각 부분에 들어가야 하는 내용들을 교수하였다. 그래픽 조직자를 활용한 쓰기 과정 전략 교수의 경우에는 쓰기 과정 전략 교수와 동일한 내용을 교수하되, 계획하기 단계에서 그래픽 조직자를 포함하였다. 김윤옥, 전정미(2003)도 초등학교 학습장애 학생을 대상으로 과정 중심 글쓰기 기반 문장작성 전략을 지도한 결과, 문장작성 능력과 자기효능감이 향상되는 효과가 있었음을 보고했다.

(3) 데이터 기반 교수 접근

정평강, 신재현, McMaster(2016)는 데이터 기반 교수 접근을 주장했다. 데이터 기반 교수란 다음과 같은 절차에 따라 데이터에 기반해서 필요한 교수적 의사결정을 내리고 이행하는 접근을 말한다. 〈표 12-2〉에 따르면, 먼저 1단계에서는 CBM 쓰기 그림 단어 검사 등을 활용하여 기초선을 측정한다. 기초선은 CBM 쓰기 그림 단어 검사를 총 3회 실시한 후, 그중 중앙값 점수로 설정한다. 2단계에서는 장기 목표를 설정하는데, 이를 위해서는 또래들이 1주일 혹은 특정 기간 동안에 얼마나 향상하는지에 관한 정보가 있어야 한다. 3단계의 연구 기반 쓰기 교수를 위해서는 1주일에 3회, 한 회기에 30분 동안 실시한다. 이 지도 안에 포함되어야 할 지도 영역으로는 발음 익히기, 낱말 만들기, 알파벳 로켓, 알파벳 연습하기, 단어공부, 쓰기, 단어 분류 활동 등이 있다. 4단계에서의 학습진전도 점검결과를 반영하여 5단계에서는 그동안의 교수활동 효과를 확인한다. 6단계에서는 교수방법을 어떻게 수정할 것인지를 가설 형태(예컨대, A 방법을 적용하면 B 정도의 학습진전이 일어날 것이다)로 설정하며, 7단계에서는 가설에서 설정한 교수방법을 적용하고, 그 가설이 맞는지를 검증한다. 8단계에서는 수정된 교수방법의 효과가 뚜렷하지 않을 경우 4~7단계를 반복한다.

〈표 12-2〉 데이터기반 교수 단계 및 단계별 수행 과제

단계	수행 과제
1단계	현행수준 확인: 교육과정중심측정을 사용하여 기초선(baseline) 확인
2단계	벤치마크 데이터를 참고하여 장기 목표 설정
3단계	연구 기반(high-quality, research-base) 교수 적용
4단계	교육과정중심측정을 사용하여 주기적으로 진전도 측정
5단계	교수적 의사결정 규칙 적용을 통한 교수 효과성 및 학생의 진전도 평가
6단계	교수적 수정이 필요한 경우 학생의 학습진전도에 대한 타당한 가설 설정
7단계	선택된 가설에 기반한 교수방법 계획 및 수정된 교수방법 적용
8단계	4~7단계 반복

출처: 정평강 외(2016), p. 63.

(4) 자기교정, 자기조절 전략 접근

문향은, 최승숙(2010)은 자기교정을 활용한 철자 쓰기개입이 쓰기부진 학생의 철자 쓰기 전이 및 파지능력에 전반적으로 효과적이었다고 주장했다. 세부적으로, 철자 쓰기 전이능력은 모음, 된소리, ㄷ소리 받침의 오류 유형에 따라 다른 수준의 향상 정도를 보였다. 예컨대, 구개음화에서 가장 높은 향상을 나타냈지만, 모음과 된소리에서 낮은 향상 정도를 보였다. 이들 연구자들은 연구결과를 토대로 철자 쓰기 지도에서는 오류 유형별 결과를 고려하여 명시적 교수나 다양한 단어를 통한 교수를 적용해야 한다고 주장했다.

자기조절 전략으로 가장 유명한 연구자들은 Graham과 Harris(2005)이다. 이들은 자기

조절 전략(SRSD)을 활용하여 이야기의 일곱 가지 요소(이후 설명)와 자기조절 전략을 적
용했을 때 쓰기 학습장애 학생들의 글쓰기 능력이 유의하게 향상됨을 보고했다.

(5) 파닉스 중심 접근법

파닉스 중심 접근법이란 간단히 말해서 자모음과 음소 간 대응, 특정 글자와 소리의 대
응을 집중적으로 지도하는 접근을 말한다. 이애진, 양민화(2017)는 개입-반응모델이 효
과적이며 동시에 한글 파닉스 개입이 철자 학습장애 아동의 철자 능력 향상에 효과적이
었음을 주장했다. 이들이 사용한 파닉스 개입을 포함한 개입-반응모델은 목표 음소 확
인, 음소 부절, 음소인식 게임, 자소 선택, 음절 조합, 철자 게임'의 여섯 개 활동으로 구
성되었다.

(6) 작문 개입 연구 문헌 종합 결과

고혜정, 김우리, 김동일(2013)은 2000년 이후부터 2012년까지 국내의 학술저널에 출간
된 10편의 (준)집단설계연구와 10편의 단일대상연구 등 총 20편의 연구를 분석하여 학습
장애 학생 대상 작문 개입 연구들에서 주로 어떤 개입이 투입되었었는지, 그 개입의 효
과는 어떠한지를 종합적으로 분석하였다. 분석 결과, 글의 내용의 질을 향상시키는 데에
는 자기조절 전략(효과크기 1.37)과 글 구조화시키기 전략(효과크기 0.80~2.50)을 포함한
명시적 교수와 협동교수(효과크기 2.38)가, 글의 양을 증가시키는 데에는 글 구조화시키
기, 문장 구조화시키기를 포함한 명시적 교수와 사전지식 제공, 워드프로세싱 전략이 효
과적이었다고 주장했다.

2) 지원 모형 개관

쓰기 학습에 어려움을 가진 학생들을 지원하기 위한 모델은 기본적으로 읽기 지도와
크게 다르지 않다. [그림 12-2]와 같은 절차와 요소들을 반영하여 지원 계획을 수립하고
이를 충실히 이행하는 것이 중요하다.

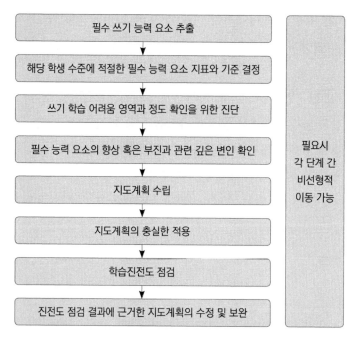

[그림 12-2] 문제 해결식 쓰기 학습 어려움 지원 모델

4. 쓰기 학습목표 도달 상태 명료화

쓰기를 제대로 학습한 상태는 쓰기 영역별로 각기 다르게 기술할 수 있다. 〈표 12-3〉은 2015 개정 교육과정의 초등학교 1~2학년군, 3~4학년군, 5~6학년군과 중학교의 쓰기 성취기준이다. 표의 왼쪽은 일반교육 교육과정 성취기준이고 오른쪽은 특수교육(기본) 교육과정 성취기준이다. 이들 대부분의 성취기준은 매우 추상적이고 선언적으로 진술되어 있기 때문에 실제로 교수-학습과정을 이끌어 가는 지침 역할을 할 수 있으려면 이보다 명료화해야 한다. 예컨대, 〈표 12-3〉에서 일반교육과정 1~2학년군의 두 번째 성취기준인 '자신의 생각을 문장으로 표현한다'는 보다 구체적으로 학습목표 도달 상태가 규정되어야 한다. 무엇을 어떻게 했을 때 자신의 생각을 문장으로 표현한 것으로 인정해 줄 것인지가 결정되어야 한다.

특수교육 교육과정의 성취기준도 명료화가 필요하다는 점에서는 예외가 아니다. 예컨대, 1~2학년군 세 번째 성취기준인 '쓰기 도구를 사용하여 자유롭게 표현한다'는 아이들이 정확히 무엇을 어떻게 했을 때 이 성취기준이 도달된 것으로 인정할 것인가? 볼펜이나 연필로 선을 긋거나 어떤 모양을 그리면 이 성취기준이 도달된 것으로 인정해 줄 것 인가? 등을 고려해야 한다. 또한 네 번째 성취기준인 '말소리와 생각을 긁적이기'는 무엇 을 어떻게 했을 때 이 성취기준이 도달된 것으로 인정해 줄 것인가? 말소리나 생각을 긁 적인다는 말의 뜻은 무엇인가? 긁적이는 것에 관심을 갖는다는 것은 무엇을 어떻게 했을 때 그렇다고 인정해 줄 수 있는가? 등을 생각해 보아야 한다. 이러한 사항들에 대한 명료 한 대답을 적어도 교수자는 수업 전에 갖고 있어야 할 것이다.

〈표 12-3〉 교육과정상의 쓰기 영역 성취기준

학년군	일반교육(초·중) 교육과정	특수(기본)교육 교육과정
1~2학년군	① 글자를 바르게 쓴다. ② 자신의 생각을 문장으로 표현한다. ③ 주변의 사람이나 사물에 대해 짧은 글을 쓴다. ④ 인상 깊었던 일이나 겪은 일에 대한 생각이나 느낌을 쓴다. ⑤ 쓰기에 흥미를 가지고 즐겨 쓰는 태도를 지닌다.	① 다양한 도구를 사용하여 여러 가지 선과 모양을 그린다. ② 그림, 사진, 기호, 글자 카드, 글자로 사실이나 생각을 표현한다. ③ 쓰기 도구를 사용하여 자유롭게 표현한다. ④ 말소리와 생각을 긁적이기, 그림, 글자 형태로 나타내는 것에 관심을 가진다.
3~4학년군	① 중심 문장과 뒷받침 문장을 갖추어 문단을 쓴다. ② 시간의 흐름에 따라 사건이나 행동이 드러나게 글을 쓴다. ③ 관심 있는 주제에 대해 자신의 의견이 드러나게 글을 쓴다. ④ 읽는 이를 고려하며 자신의 마음을 표현하는 글을 쓴다. ⑤ 쓰기에 자신감을 갖고 자신의 글을 적극적으로 나누는 태도를 지닌다.	① 글자의 모양을 따라 쓴다. ② 일상생활과 관련된 친숙한 글자와 낱말을 쓴다. ③ 바른 자세로 글자를 쓴다.

5~6학년군	① 쓰기는 절차에 따라 의미를 구성하고 표현하는 과정임을 이해하고 글을 쓴다. ② 목적이나 주제에 따라 알맞은 내용과 매체를 선정하여 글을 쓴다. ③ 목적이나 대상에 따라 알맞은 형식과 자료를 사용하여 설명하는 글을 쓴다. ④ 적절한 근거와 알맞은 표현을 사용하여 주장하는 글을 쓴다. ⑤ 체험한 일에 대한 감상이 드러나게 글을 쓴다. ⑥ 독자를 존중하고 배려하며 글을 쓰는 태도를 지닌다.	① 글자의 짜임과 순서에 맞게 글자와 낱말을 쓴다. ② 사물의 이름, 존재, 상태, 동작을 나타내는 낱말을 쓴다. ③ 일상생활에서 필요한 정보를 낱말로 메모한다. ④ 쓰기에 흥미를 갖고 스스로 글자를 쓰려는 태도를 지닌다.
중학교	① 다양한 자료에서 내용을 선정하여 통일성을 갖춘 글을 쓴다. ② 생각이나 느낌, 경험을 드러내는 다양한 표현을 활용하여 글을 쓴다. ③ 영상이나 인터넷 등의 매체 특성을 고려하여 생각이나 느낌, 경험을 표현한다. ④ 고쳐쓰기의 일반 원리를 고려하여 글을 고쳐 쓴다. ⑤ 쓰기 윤리를 지키며 글을 쓰는 태도를 지닌다.	① 문장의 기본 구조와 순서를 이해하고 어순에 맞게 문장을 쓴다. ② 문장의 종류에 알맞은 문장부호를 쓴다. ③ 표현하고자 하는 의미가 바르게 나타나도록 문장을 정확하게 쓴다. ④ 매체를 활용하여 자신의 생각이나 느낌을 표현한다. ⑤ 기록의 필요성을 이해하고 기록하는 습관을 가진다.

통합되어 있는 학습장애 학생들은 일반교육 성취기준의 수준이 너무 높을 경우, 특수교육 교육과정상의 성취기준을 활용할 수 있어야 할 것이다.

5. 쓰기 능력 하위 요소 및 기능

1) 글자 쓰기 부진 및 불능 원인과 대책의 핵심

앞의 [그림 12-1]에서처럼 글자를 알아보기 어렵게 쓰는 학생으로 하여금 글자를 알아볼 수 있을 정도로 반듯하게 쓰도록 하려면 무엇을 어떻게 해야 할까? 우선, Levin(2003)

의 글자 쓰기 하위 요소들을 주의 깊게 고려할 필요가 있다. 만약, Levine(2003)의 [글상자 12-1]의 글자 쓰기 하위 요소가 맞다면 각 요소별로 부진 및 불능 이유는 〈표 12-4〉와 같이 정리해 볼 수 있다.

〈표 12-4〉 글자 쓰기 하위 요소별 부진 및 불능 이유

글자 쓰기 하위 요소	부진 및 불능 이유, 원인
특정한 순서로 손가락 신속히 움직이기	소근육 운동 능력 미흡
동작 패턴 기억하기	단기 시기억력 미흡
글자의 모양을 만드는 데 필요한 근육운동의 순서를 신속하고 정확하게 기억하기	지각-운동 협응 능력 부족
연필을 적절한 힘의 세기로 잡기	지각-운동 협응 능력 부족
연필이 글자의 어느 부분을 그리고 있는지 인식하기	메타인지 부족
글자 시각화하기(머릿속에 글자 모양 떠올리기)	단기 시기억력 미흡

〈표 12-4〉에서 보듯, 글자 쓰기 능력에 영향을 미치는 변인은 주로 학생의 지각-운동 협응 능력이나 소근육 운동, 혹은 단기 시기억력임을 알 수 있다. 하지만 이는 시각적으로 인식한 글자 모양을 자기가 다시 쓰는 경우에 해당한다. 특정 글자나 단어에 해당하는 소리를 듣고 이를 어법에 맞게 써야 하는 철자 능력에는 지각-운동 협응 능력이나 단기 시기억력 이외에 글자-소리 대응에 대한 유창성도 포함되어야 한다.

2) 철자 쓰기(받아쓰기) 부진 및 불능 원인과 대책의 핵심

앞의 [그림 12-1]에 나온 것처럼 받아쓰기 능력이 또래에 비해 심각하게 낮다면 다음과 같은 원인이 작용했을 수 있다. 첫째, 불러 주는 소리를 정확히 인식하지 못했을 수 있다. 이는 비슷하게 들리는 소리를 서로 혼동하거나 들려주는 소리를 주의가 산만하거나 청력 부족 등으로 인하여 정확하게 청각적으로 지각하지 못한 경우를 말한다. 둘째, 단기 청기억력이 매우 낮았을 가능성이 있다. 예를 들어, '소나무'라는 단어를 불러 주었음에도 곧바로 그 단어 소리를 잊어버리고 '소'나 '소나'까지만 기억하는 경우이다. 셋째, 들려주는 소리에 해당하는 글자를 빠르고 정확하게 인출하지 못할 수 있다. 이는 글자-소리 대응 학습이 불완전하게 이루어졌거나 음운인식 기능 자체에 문제가 특정 글자

에 해당하는 소리 혹은 그 반대로 특정 소리에 대응하는 글자가 뇌 속에서 일정 수준 이상의 정확성과 빠르기로 연계되어 있지 않은 경우이다. 철자 쓰기 부진 학생들을 지도할 때에는 이러한 원인들 중 어느 것이 가장 크게 영향을 미치는지를 파악해서 맞춤형으로 지도해야 할 것이다.

박혜옥, 정용석(2008)은 철자 쓰기 관련 문제를 크게 소리에 관한 오류와 형태 관련 오류로 분류했다. 소리 관련 오류에는 구개음화 오류(굳이 → 구지), 연음법칙 오류(받아 → 바다), 자음접변 오류(독립문 → 동님문), 경음화 오류(합격 → 합격, 목적 → 목쩍) 등이 있다. 형태 오류로는 체언과 조사 오류(밭에 → 바테)를 들 수 있다. 각 유형별 오류 가능 항목은 다음 〈표 12–5〉와 같다.

〈표 12–5〉 철자 쓰기 오류 진단 항목

구분	진단 항목	오류
소리 관련 오류	된소리	된소리로 표기 → ㄱ:ㄲ, ㄷ:ㄸ, ㅂ:ㅃ, ㅅ:ㅆ, ㅈ:ㅉ
	구개음화	ㄷ을 ㅈ, ㅌ을 ㅊ으로 표기
	'ㄷ' 대표음 받침	'낫다'를 '낟다' 혹은 '이었다'를 '이얻다'로 표기
	모음	'ㅔ'는 'ㅐ'로, 'ㅢ'는 'ㅣ'로 혼동하거나 'ㅐ'와 'ㅔ'의 혼동, 'ㅚ'와 'ㅟ'의 혼동, 'ㅗ'와 'ㅜ'의 혼동, 단모음과 이중모음의 혼동 등의 오류
	끝소리 규칙(연음 및 절음 규칙)	빗을 → 비슬, 웃어른 → 우더른으로 표기
형태 관련 오류	체언과 조사	밭이 → 바티, 바치로 표기
	어간과 어미	옳지 → 올치, 뚫린 → 뚤린으로 표기
	접미사가 붙어서 된말 표기 오류	밝기 → 발끼, 찬찬히 → '찬차히'로 표기
	합성어 및 접두사어 표기 오류	냇물 → 낸물, 넘어뜨린 → '너머뜨린'으로 표기
	준말	힘들잖아요 → '힘들자나요'로 표기

출처: 이관규(2008).

이상의 논의를 토대로 철자 쓰기 요소 기능과 해당 기능의 부진 및 불능 원인을 열거해 보면 〈표 12–6〉과 같다.

〈표 12-6〉 철자 쓰기 요소 기능과 해당 기능의 부진 및 불능 원인

철자 쓰기 요소 기능	부진 및 불능 원인
기본적인 글자 쓰기 능력	(글자 쓰기 능력 부진 및 불능 원인 참조)
단기 청기억력	단기 청기억력 부족
글자-소리 대응 인식	음운인식 부진, 글자-소리 대응 학습 불완전 혹은 미학습
일정 수준 이상의 글자 쓰기 속도	(글자 쓰기 능력 부진 및 불능 원인 참조)

3) 작문 부진 및 장애 원인

　글자 쓰기나 철자 쓰기에 비해 작문 부진 원인은 쉽게 추정하거나 파악하기 어렵다. 그 이유는 작문 능력 차제가 매우 고차원적이고 복잡한 사고 능력을 요구하기 때문이다. 이경화 등(2012a, 2012b)이 초등학교와 중학교 국어 학습부진 학생 대상 쓰기 영역 관련 지도 항목으로 제시한 것을 정리해 보면 〈표 12-7〉과 같다. 〈표 12-7〉에서 제시한 지도 항목은 초등학교의 경우 대체로 문장 쓰기, 문단 쓰기, 묘사하기, 글 내용 조직하기 등의 요소를 포함하고 있다. 중학교의 경우에는 개요 짜기, 다양한 표현 전략 구사하기 등이 포함되어 있다.

〈표 12-7〉 국어학습부진 학생 작문 관련 지도 항목

초등학교	중학교
쓸 내용 생성하기	글쓰기 주제에 알맞은 내용 선정하기
문단을 짜임새 있게 쓰기	글쓰기 목적에 따라 개요 짜기
사물의 모습 생생하게 표현하기	다양한 표현 전략을 사용하여 쓰기
절차가 드러나도록 내용 조직하기	정확하고 효과적으로 글 쓰는 태도 지니기
문장 바르게 쓰기	시간의 순서에 따라 쓸 내용 정리하기

출처: 이경화 외(2012b)의 목차 일부, p. 7.

한편, Engelmann과 Silbert(2005)는 직접교수법 표현글(expressive writing) 지도 프로그램을 다음 항목을 중심으로 구성하여 개발하였다.

- 쓸 내용 계획하기
- 주제에 맞게 문장과 문단 쓰기
- 자신이 쓴 글이나 다른 사람이 쓴 글 고쳐쓰기
- 복문 혹은 복잡한 문장을 정확하게 쓰고 구두점을 정확하게 붙이기
- 다양한 문장 종류를 활용하여 글 작성하기
- 중심 문장, 근거 문장, 결론 등을 갖춘 문단 작성하기
- 맞춤법, 시제, 대명사 등에 주의하며 글 고쳐쓰기
- 글의 구조, 일관성, 명료성 등을 향상시키기 위해 글 고쳐쓰기

이 프로그램에서는 앞서 제시한 각 항목별로 세부적인 지도 요소를 각 차시별로 조직하고 계열화하였다. 예컨대, 표현글 1과 2 프로그램에서 다루고 있는 지도 요소는 [그림 12-3]과 같다. 그림에서 위의 숫자들은 차시를 나타낸다. 전체 차시는 55차시인데 그중 일부를 나타낸 것이다. [그림 12-3]의 진한 음영 부분은 해당 주제가 다루어지는 기간을 의미한다. 옅은 음영 부분은 그 기간 동안 간헐적으로 해당 내용 요소를 다루라는 뜻이다.

[그림 12-3] 직접교수법에 따른 표현글 지도 요소

출처: Engelman & Silbert (2005), p. 10.

이제까지 알려진 작문 하위 기능과 해당 기능별 부진 및 불능 원인을 열거해 보면 〈표 12-8〉과 같다.

〈표 12-8〉 작문 요소 기능과 해당 기능의 부진 및 불능 원인

작문 요소 기능	부진 및 불능 원인
대명사 제대로 쓰기	대명사 관련 지식 부족
문장 작성하기	문장의 종류, 문장 작성 요소 관련 지식 부족
문단 작성하기	문단의 요건, 문단의 형식 등에 대한 지식 부족
글 수정하기	맞춤법, 문장의 요건, 구두점 등에 대한 지식 부족
보고문 쓰기	보고문 의미, 요건, 특징, 형식 등에 대한 지식 부족
묘사문 쓰기	묘사문 의미, 요건, 특징, 형식 등에 대한 지식 부족
계획하기	쓰고자 하는 내용 관련 배경 지식 부족
작문 과정에 대한 지식	작문 과정 요소에 대한 지식 부족
자기조절 및 자기 글 검토	작문 과정에 대한 메타인지 부족
글의 종류	글의 장르, 유형에 대한 지식 부족
글의 기술적 요건(구두점, 맞춤법 등)	관련 지식과 적용 연습 부족
글 쓰는 것 자체에 대한 흥미와 관심	글 쓰는 목적과 필요성 인식 부족

심화 활동 2

1. 앞에서 제시한 글자 쓰기, 철자 쓰기, 작문 하위 요소는 타당하고 적절한가? 만약 그렇지 않다면 어떤 요소가 추가되거나 혹은 제외되어야 한다고 생각하는가? 그 이유는 무엇인가?

_____

_____

_____

2. 글자 쓰기, 철자 쓰기, 작문 지도 요소는 어떻게 추출해 내는 것이 가장 좋겠는가?

_____

_____

_____

4) 학습자 특성에 따른 필수 학습 하위 요소 기능변화 가능성

여기까지 정리되면, 다음으로 확인해야 할 사항은 앞에서 확인한 필수 학습 기능이나 요소가 학습자 특성에 따라 달라질 여지가 있는가 하는 점이다. 즉, 글자 쓰기, 철자 쓰기, 작문 능력을 기르기 위한 다양한 활동, 하위 요소, 기능들이 학습자의 지능, 기타 특성에 따라 다를 수 있는가 하는 점이다. 쓰기 능력의 하위 요소나 하위 기능들을 살펴보면 학습자 특성을 고려해야 한다는 말의 뜻은 결국 열거된 하위 기능이나 요소 중 어느 것이 어떤 학습자에게 포함되거나 제외되어야 하는가 하는 문제로 귀결됨을 알 수 있다. 쓰기 학습부진 혹은 학습장애 학생이라고 해서 〈표 12-8〉에 열거된 요소들을 갖추지 않아도 된다거나 다른 요소나 기능을 익혀야 한다는 것은 아니라는 뜻이다. 학습자에 따라 특정 하위 요소나 하위 기능이 질적으로 다른 것이 설정되어야 하는 것이 아니라, 목표 상태에 이르는 데 필요한 요소나 기능의 수가 얼마나 많거나 적어야 하는가 하는 문제로 귀결된다. 학습자가 누구든 글자 쓰기, 철자 쓰기, 작문을 일정 수준 이상으로 수행할 수 있으려면 앞의 표들에서 제시한 요소, 기능 요소를 알고 있고 수행할 수 있어야 한다.

따라서 이들 학생들을 위한 지도 계획 역시 이러한 요소와 기능들을 최대한 빠른 시간 안에 효과적으로 형성시키는 데 주안점을 두어야 할 것이다. 자기주도학습, 쓰기 일지 쓰기, 심리 및 정서 안정시키기, 자신감 갖게 하기, 쓰기 불안 없애기, 쓰기에 흥미 갖기, 토론하기, 또래와 게임하기 등은 쓰기 부진 문제 해결에 직접적인 도움을 줄 수 없다.

심화 활동 3

1. 난서증의 특징을 조사해 보시오.

_____

_____

_____

2. 각 학교에서는 난서증 학생을 어떻게 선별하여 지도하고 있는가? 난서증 전문가들은 난서증을 어떻게 지도해야 한다고 주장하고 있는가?

_____

_____

_____

5) 쓰기 능력 지도 필수 하위 기능 관련 소결론

학습에 어려움을 겪는 학습자에게 쓰기를 지도하는 사람이 알아야 하는 사실을 간략히 요약하면 다음과 같다.

첫째, 글자 쓰기에 어려움을 겪는 학습자에게는 처음부터 글자를 곧바로 쓰도록 지도할 것이 아니라, 모양이나 기호 등을 필기구로 그리거나 써 보는 활동부터 시작할 필요가 있다.

둘째, 철자 쓰기의 경우 단순히 글자 쓰기 동작이나 글자 획의 순서 등의 기억력뿐만 아니라 특정 글자나 자모음에 해당하는 음소를 알고 이를 빠르고 정확하게 연계시키는 음운인식 능력을 필요로 한다.

셋째, 작문 능력의 경우 매우 복잡하고 고차원적인 하위 기능을 필요로 하기 때문에 장기간 지속적으로 강도 높은 지도를 투입해야 한다.

6. 쓰기 능력 진단 요소

목표 상태와 그에 이르기 위한 하위 기능, 요소들을 확인하고 나면 다음 단계는 쓰기 관련 현재 상태 진단과 지도 계획 수립을 위한 진단 활동에 필요한 진단 요소를 추출해야 한다. 진단은 앞서 확인한 하위 요소나 기능을 현재 어느 정도나 수행할 수 있거나 알고 있는지를 검사 형태로 알아보는 방식으로 실시한다. 진단 항목은 곧 앞서 확인한 필요 기능이나 요소 항목명이 된다. 읽기에서와 마찬가지로, 쓰기 진단 항목 추출을 위해서는 단순히 특정 과제의 목표 상태에 이르는 데 필요한 하위 기능이나 요소 명칭을 아는 것만으로는 부족하다. 해당 기능이나 요소를 수행하는 데 결정적으로 관여하는 인지기능, 인지처리과정이 규명되어 있고, 또 그것들을 평가할 도구가 이미 개발되어 있다면 이들 인지기능과 인지처리과정 또한 진단 항목에 포함되어야 한다.

현재 쓰기 수행 능력과 밀접하게 관련되어 있는 인지기능, 혹은 인지처리과정에는 〈표 12-9〉와 같은 것들이 있다.

〈표 12-9〉 쓰기 능력 관련 심리-인지기능 및 인지처리과정

인지기능 및 인지처리과정	핵심 기능	관련 쓰기 기능
시각 혹은 청각 단기기억	눈으로 본 글자 모양이나 귀로 들은 소리를 단기간 기억하기	글자 쓰기, 철자 쓰기
지각-운동 협응	목표로 하는 동작의 이미지를 떠올리고 그에 맞게 소근육 운동 수행	글자 쓰기, 철자 쓰기
시각 변별	서로 다른 모양의 글자를 다르게 빠르고 정확하게 인식	글자나 숫자 구분하기
음운인식	특정 글자, 자모음에 해당하는 소리 알고 재생하기	글자 쓰기, 철자 쓰기

어떤 학습자가 쓰기 수행과 관련하여 현재 어느 상태에 있는지, 즉 어느 기능을 얼마나 갖고 있는지를 확인하고 이후 지도 계획을 어떻게 수립해야 하는지에 대한 유용한 정보를 얻기 위한 진단 항목은 〈표 12-8〉과 〈표 12-9〉의 항목들을 모두 포함하여 〈표 12-10〉과 같아야 한다고 볼 수 있다. 추가 정밀진단이나 추가 지도 여부를 결정하기 위한 기준으로는 대략 또래 평균에 비해 아래쪽으로 1 표준편차 이상의 차이를 보일 때를 설정한다.

〈표 12-10〉 쓰기 능력 진단 영역

분류	하위 범주
글자 쓰기	글씨 모양
	글자 간 간격(띄어쓰기)
	글자 간 크기
	기울기
	위치
	속도
	정확성(+속도=유창성)
	보고 쓰기(원거리, 근거리)
	글자 유형별 쓰기

철자 쓰기	받아쓰기(음절 수, 받침 유무, 자모음의 복잡성 정도, 단어의 빈출 정도 고려)
	자유롭게 쓰기
	유의미 단어 쓰기(음절 수, 받침 유무, 자모음의 복잡성 정도, 단어의 빈출 정도 고려)
	무의미 단어 쓰기
	문장 듣거나 생각하여 쓰기
작문	주어진 시간 안에 자유 에세이 쓰기
	주제나 첫 문장 주고 주어진 시간 안에 자유 에세이 쓰기
	주어진 자료를 이용하여 글쓰기

이러한 진단 영역별로 진단한 결과는 [그림 12-4]와 같은 방식으로 그래프로 나타내어 한눈에 파악하기 쉽고 학생이나 학부모에게도 알기 쉽게 제시한다.

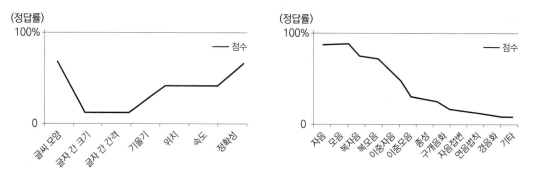

[그림 12-4] 글자 쓰기 진단 결과 제시 그래프 예

진단 영역이 결정되면 다음은 진단 기준을 마련한다. 읽기에서와 마찬가지로 진단 기준에는 상대적 기준과 절대적 기준이 있다.

〈표 12-11〉 진단 결과 제시 형식

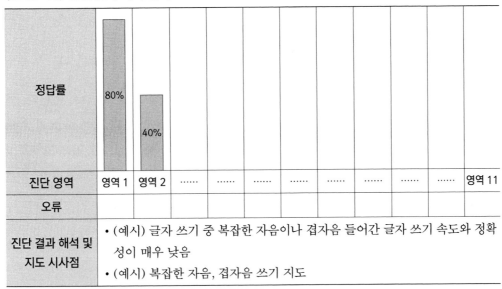

정답률	80%	40%									
진단 영역	영역 1	영역 2	……	……	……	……	……	……	……	……	영역 11
오류											
진단 결과 해석 및 지도 시사점	• (예시) 글자 쓰기 중 복잡한 자음이나 겹자음 들어간 글자 쓰기 속도와 정확성이 매우 낮음 • (예시) 복잡한 자음, 겹자음 쓰기 지도										

　진단 결과를 유용하게 활용할 수 있으려면 각 진단 소영역별로 진단 결과와 시사점 및 진단 결과에 대한 해석이 필요하다. 이를 위해서는 〈표 12-11〉과 같이 각 영역별 수행률을 기록하고 각 영역별로 평가 대상자가 범한 오류를 상세하게 기술하는 것이 필요하다.

심화 활동 4

국내 쓰기부진 혹은 쓰기학습장애, 특히 난서증 진단 도구에는 어떤 것들이 있는지 조사해 보시오. 그 도구들 간의 공통점과 차이점은 무엇인가?

7. 쓰기 지도 프로그램 구안하기

　쓰기 지도 요소가 모두 확인되면 각 요소별 지도 프로그램을 구안한다. 지도 프로그램을 구안하는 일은 지도할 내용을 조직하고 계열화하는 일이다.

1) 지도할 내용 조직하기

쓰기 지도 내용을 조직할 때 일반적인 내용 조직 원리는 별로 도움이 되지 않는다. 왜냐하면 이러한 일반적인 내용 조직 원리를 아무리 잘 이해하고 있다고 해도 쓰기 지도 요소를 조직하는 데 직접적인 시사를 주지 못하기 때문이다. 쓰기 지도 요소를 조직하고자 할 때에는 쓰기의 속성, 쓰기 수행 원리나 요소, 기능 등을 고려해야 한다. 쓰기 지도 요소는 〈표 12-12〉와 같이 조직할 수 있다.

〈표 12-12〉 쓰기 능력 지도내용 조직 예

지도 중영역	지도 소영역
글자 쓰기	연필 잡기
	모형틀 따라 쓰기
	인쇄된 것 따라 쓰기: 모양, 자모음, 단어, 문장
	보고 쓰기(원거리, 근거리): 모양, 자모음
	듣고 쓰기: 모양, 자모음
철자 쓰기	자모음 듣고 받아쓰기
	단어 듣고 받아쓰기
	문장 듣고 받아쓰기
작문	글의 개요, 아웃라인 작성하기
	문장의 종류 알기
	단일 문장 작성하기
	문단의 개념과 형식, 문단 작성하기
	글의 유형
	작문의 과정과 각 과정별 작성 연습
	글 유형별 글 작성하기

인지처리 및 인지기능 항목들이 진단 영역에는 포함되었지만 지도 영역에서 제외된 이유는 이 특성들이 교수-학습적인 접근으로 향상된다는 증거나 방법에 대한 근거가 현재로서는 확실치 않기 때문이다.

심화 활동 5

각종 쓰기 학습지에서 쓰기에 특히 어려움을 겪고 있는 학습자를 대상으로 한 지도를 어떻게 접근하고 있는지 조사해 보시오.

_____

_____

_____

_____

2) 지도할 내용의 순서 정하기

쓰기 초기 단계에서 쓰기 지도 순서 중 출발점은 학습자마다 다를 수 있기 때문에, 정밀 진단을 통해 각 학습자마다 어느 부분부터 시작해야 할지를 결정해야 할 것이다. 지도를 위한 출발점의 선택 기준은 대략 해당 요소 수행률이 80~90% 미만인 지점 중 가장 앞 순서부터 시작하는 것으로 설정한다. 이경화 등(2008)이 제시한 철자 쓰기 지도 단계는 〈표 12-13〉과 같다. 이 철자 쓰기 순서는 의미와 형태를 고려하여 발음과 표기가 일치하는 경우와 그렇지 않은 경우로 나누고 있다는 점, 전자를 후자보다 먼저 지도하도록 하고 있다는 점이 특징이다.

〈표 12-13〉 철자 쓰기 지도 순서 예

단계	내용	예
I. 발음과 표기가 일치하는 경우		
1	초성＋단모음(평음＋단모음, 격음＋단모음, 경음＋단모음)	고모, 치마, 따라서
2	초성＋이중모음(평음＋이중모음, 격음＋이중모음, 경음＋이중모음)	겨우, 촬영, 꽹과리
3	초성＋중성＋종성(ㄱ, ㄴ, ㄷ, ㄹ, ㅁ, ㅂ, ㅇ인 경우)	기억, 손톱, 곧, 달, 침대, 밥, 땅
II. 발음과 표기가 불일치하는 경우		
4	한 낱말 안에서 연음되는 낱말	거북이, 월요일
5	받침＋(모음으로 시작되는) 조사 결합: 홑받침, 겹받침	기억＋에, 손＋이, 밥을, 닭＋이

6	용언 어간 받침+(모음으로 시작되는) 어미 결합: 홑받침, 겹받침	막다+아서, 벗다+어서, 굵다+은
7	받침규칙(대표음이 ㄱ, ㄴ, ㄷ, ㄹ, ㅁ, ㅂ, ㅇ인 경우)	부엌, 앉다, 웃, 넓다, 삶, 앞
8	비음화(ㅇ, ㄴ, ㅁ 소리)	국물, 닫는, 없는
9	구개음화	굳이, 미닫이, 밭이
10	경음화	국밥, 닥장, 신고
11	격음화	국화, 놓고, 먹히다
12	음운첨가	꽃잎, 색연필, 식용유

출처: 이경화 외(2008), p. 127.

이상의 논의들과 선행 문헌 결과들을 토대로 쓰기 지도 순서를 대략 열거해 보면 〈표 12-14〉와 같다. 물론 이 순서가 쓰기를 익히기 위한 유일하고도 가장 효과적인 순서라고는 할 수는 없다. 학습자 능력과 수준에 따라 중간에서부터 할 수도 있고, 순서를 바꾸어야 할 경우도 있을 수 있다. 또한 일부는 상위 단계를 진행하면서 하위 단계를 동시에 진행할 수도 있다. 어느 순서가 더 효과적인지는 오직 경험적인 연구를 통해서만 확인 가능하다.

〈표 12-14〉쓰기 능력 향상을 위한 지도 순서

지도 중영역	지도 소영역
글자 쓰기	모양 틀을 이용하여 모양 따라 그리기
	모양 틀 없이 모양 보고 그리기
	글자나 기호 보고 (근거리 → 원거리) 따라 쓰기
	글자나 기호 기억하여 쓰기
	불러 주는 낱글자 쓰기
철자 쓰기	음운인식 능력 지도
	고빈도 규칙 낱말 듣고 쓰기
	저빈도 불규칙 낱말 듣고 쓰기
	어구나 문장 듣고 쓰기

작문	문장의 종류 알기
	단일 문장 작성하기
	문단의 개념과 형식, 문단 작성하기
	글의 유형
	작문의 과정과 각 과정별 작성 연습
	글 유형별 글 작성하기

　보통의 학생들을 대상으로 개발된 교과서나 교사용 지도서 등에는 이렇게 세분화된 내용 요소나 순서가 제시되어 있지 않기 때문에 지도하는 교사가 각 학습자를 고려하여 일일이 개발해야 한다. 쓰기 학습에 어려움을 갖고 있는 학생 지도가 어려운 이유는 바로 그 학생에게 맞는 최적의 출발 지점과 지도 순서를 찾기가 어렵기 때문이다.

8. 세부적인 지도 계획 수립

1) 쓰기 지도 세안 작성

　지도할 내용 요소 항목과 그 항목들의 지도 순서가 어느 정도 확인되면 다음에는 각 하위 요소나 기능별로 상세한 지도안을 작성해야 한다. 이때에는 무엇보다 경험적으로 검증된 방법을 사용하는 것이 급선무이다.

2) 글자 쓰기 지도

　첫째, 초기에는 줄 간격이 넓은 활동지를 사용한다. 이는 글자 쓰기 초기 단계나 지각-운동 협응 능력이 낮은 학생의 경우 처음부터 소근육 운동을 정교하게 하기 어려워할 수 있기 때문이다.

　둘째, 명시적 시범 후 따라서 써 보게 한다. 어느 경우나 특정 글자를 어떻게 쓰는지, 어떤 순서로 쓰는지, 자세는 어떠해야 하는지를 명료하게 시범 보이고 이를 따라서 반복 연습하도록 한다.

　셋째, 보고 쓰기, 자유 쓰기 등 다양한 형태로 충분히 글자 쓰기를 연습하도록 한다.

✎ **심화 활동** 6

다음은 어느 상업용 학습지의 한글 쓰기 연습활동 부분 중 일부이다. 이 방법의 장점, 단점은 무엇인가? 왜 그렇게 생각하는가?

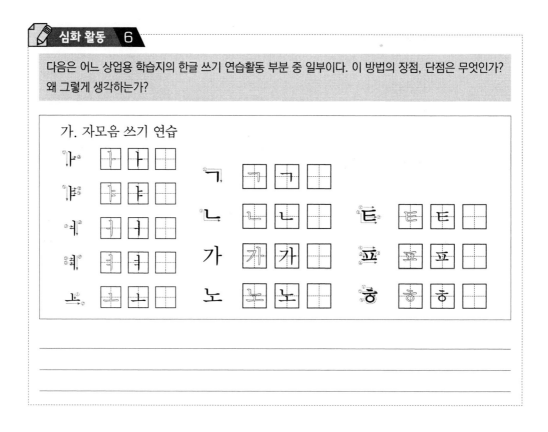

그동안 주장되어 온 글자 쓰기 지도방법의 몇 가지를 소개하자면 다음과 같다.

(1) Fauke의 방법

이 방법은 다음과 같은 활동 요소를 포함한다.

• 교사가 글자를 쓰면 학생과 교사가 그 글자를 어떻게 써야 하는지 토론한다.

• 학생은 써야 할 글자를 읽는다.

• 학생이 손가락, 연필, 마커 등으로 글자를 따라 쓴다.

• 실이나 변형 고무 등으로 만든 글자 모양을 손가락으로 따라 쓴다.

• 글자를 보고 쓴다.

• 글자를 보지 않고 기억하여 쓴다.

• 정답을 확인하여 정답률이 높은 학생을 보상한다.

(2) 점진적 근접 방법

점진적 근접 방법(progressive approximation approach)은 글자 쓰기를 어려워하는 학생으로 하여금 점진적으로 글자 모양에 근접해 가며 해당 글자를 쓰도록 하는 방법이다. 이 방법의 활동 요소는 다음과 같다.

- 학생은 연필로 글자를 보고 쓴다.
- 학생이 쓴 글자를 교사가 검토한다. 검토 결과 잘못 쓴 부분이나 보완이 필요한 부분에 대해서는 특정 부위를 강조하며 명시적 시범을 보인다.
- 학생 교정 단계로, 틀린 부분을 지우고 교사가 특정 부위 강조해 놓은 글자에 따라 쓴다.
- 정확하게 글자를 쓸 때까지 이러한 단계를 반복한다.

(3) Furner 방법

이 방법의 주요 활동 요소는 다음과 같다.

- 수업 목표를 설정한다.
- 교사가 학생에게 명시적으로 특정 글자 쓰는 방법을 시범 보인다.
- 학생은 글자를 쓰면서 그 과정을 기술하고, 다른 학생이 그 과정을 기술하면 그대로 써 본다.
- 다감각 자극을 활용하여 글자를 써 보도록 한다.
- 글자를 쓰고 나면 자신이 쓴 글과 교사나 또래가 쓴 글자와 비교해 보도록 한다.

(4) VAKT 방법

이 방법은 다감각 요소를 활용하는 접근이다. 이 활동의 주요 예시 활동 요소에는 다음과 같은 것들이 있다.

- 교사가 크레용으로 글자를 쓰면 학생은 관찰한다.
- 교사, 학생 모두 교사가 쓴 글자를 읽는다.
- 학생들은 손가락으로 해당 글자 읽으면서 최소 5회 이상 따라 쓴다.
- 글자를 보면서 최소 3회 이상 반복해서 쓴다.

• 글자를 보지 않고 기억하여 최소 3회 이상 쓴다.

(5) Niedermeyer 방법

이 방법은 점선으로 된 안내선을 따라 글자를 쓰는 연습을 시키는 방법이다. 학생은 점선으로 된 글자 모양을 최소 12회 따라 쓴 다음, 다시 해당 글자를 12회 정도 보고 써 본다. 그런 다음 해당 글자를 받아 써 보게 한다.

3) 철자 쓰기 지도

선행 연구들에서는 여러 차례에 걸쳐 효과적인 철자 쓰기 지도방법을 제안해 온 바 있다. 권현욱, 김길순, 변찬석(2010)은 쓰기에 어려움을 가진 학습부진아 세 명을 대상으로 하여 음소인식 훈련이 그들의 받아쓰기 및 쓰기유창성에 미치는 효과를 알아보았다. 그 결과, 음소인식 훈련은 학습부진아들의 받아쓰기 및 쓰기유창성 기능을 향상시키는 데 효과적이었으며, 음소인식 훈련을 통해 학습부진아동의 받아쓰기 오류 유형도 변화된 것으로 나타났다. 박혜옥, 정용석(2008)도 초등학생들의 받아쓰기 발달과 오류 특징을 분석한 다음, 받아쓰기는 음운인식의 과정과 통합해서 지도되어야 한다고 주장했다.

한편, 최승숙(2010)은 비록 직접 연구를 한 결과로 얻어진 결론은 아니었지만, 쓰기부진 학생들의 철자 쓰기 능력 향상을 위해 음소 인식 훈련, 맞춤법의 체계적 지도, 어휘목록의 선택, 쓰기 동기 부여 등을 제시했다. 구체적으로, 이 연구에서 제안한 철자 쓰기 지도방법은 〈표 12-15〉와 같았다. 〈표 12-15〉를 보면, 쓰기 학습부진 학생을 대상으로 철자 쓰기를 지도할 때 교사의 명시적 시범과 단계적 지원 감소가 두드러진다. 또한 다감각을 활용하고 일상생활 속에서 꾸준히 다양한 연습을 할 기회를 제공하는 것을 중시하고 있다. 아울러, 오류가 발생할 경우 즉시 교정해 주고 충분한 연습 기회를 제공하고 있음을 알 수 있다.

⟨표 12-15⟩ 쓰기부진 학생 대상 효과적인 철자 쓰기 지도방법

교수원칙	적용
1. 구체적인 교수	
명시적 교수	• 모든 초기 철자 개념과 기술들이 일련의 단계에 따라 직접적으로 지도됨 • 교사는 분명하고 일관된 언어와 새로운 내용의 충분한 설명을 제공함
확대된 교사 모델링	• 교사는 학생이 철자 쓰기를 독립적으로 수행하기 전에 철자 쓰기 기술과 전략을 충분하게 설명하고 시범 보임 • 초기 철자학습 기술을 성공적으로 적용하기 위해 학습자에게 단계에 따라 언어화 절차(생각을 큰 소리로 말하기)를 적용함
2. 교수적 비계	
관계 난이도 조절	• 기술들을 체계적으로 제시하고 쉬운 단계에서 어려운 과제로 옮겨 감(예: 단어의 초성을 확인하고 쓰는 과제에서 전체 단어를 분절하고 쓰는 과제로 이동) • 아동의 학습발달 단계를 고려한 지도 제공 • 예시는 전 시간에 학습된 자료를 기초로 주의 깊게 선택됨(예: 목표 단어는 이미 학습한 단어를 포함함)
교수자료 비계설정	• 소리와 글자의 구체적인 표현을 제시할 수 있는 글자 조각과 같은 교수자료 비계가 제시될 수 있음. 촉진은 점차 없어지도록 함
다양한 활동 제공	• 다양한 감각(시각, 청각, 운동감각, 촉각)을 활용한 철자학습 제공 • 일상쓰기 활동 지속적으로 제공 • 게임을 활용한 철자 프로그램 제공 • 컴퓨터를 이용한 철자 쓰기 활동 제공 • 단어를 연필로 종이에 쓰는 활동도 제공
3. 양질의 피드백을 적용한 다양한 연습 기회	
소그룹 교수	• 3~5명의 학생을 소그룹화하여 교사와 학생 간의 상호작용을 촉진함
오류 수정	• 개별학생의 오류를 바른 답으로 모델링해 주고 연습할 수 있는 기회를 많이 제공 • 분산된 학습과 전이를 위한 훈련 제공 • 표기 난해어 벽보 게시: 표기하기 어려운 글자를 교실 벽에 게시하거나 집에 걸어 두어 환기시키도록 함
검사-학습-검사	• 현행 수준을 알 수 있는 지속적인 검사와 학습을 연계

출처: 최승숙(2010), pp. 61-62.

이상의 결과를 종합했을 때, 철자 쓰기 지도의 핵심 요소는 다음과 같다.

첫째, 자소-음소 대응, 즉 음운인식 훈련을 충분히, 지속적으로, 강도 높게 시킨다.

둘째, 자소-음소 대응 훈련과 어법(맞춤법) 훈련을 병행해서 하도록 지도한다. 왜냐하면 한글의 경우에도 경음화, 구개음화, 자음접변 등 불규칙적으로 자소와 음소가 대응하는 경우가 더러 있기 때문이다.

셋째, 다감각적 훈련(소리, 모양, 활동, 촉각) 요소를 적극 반영한다. 예컨대, '귀'라는 글자를 다감각적 요소를 이용하여 쓰는 방법을 익힌다면, '귀'에 해당하는 소리, '귀'에 해당하는 글자 모양을 보고 듣고 만지게 한다.

넷째, 총체적 언어 접근법을 병행하여 단순히 글자 쓰는 방법을 감각적으로 익힐 뿐만 아니라 해당 글자의 의미를 탐색하고 활용하는 활동을 하게 한다. 예를 들어, '귀' 글자를 익힐 때 '귀'에 관한 경험이나 '귀'를 다룬 문학 작품 등을 활용하여 '귀'의 의미와 사람들의 해당 단어 활용 방식 등을 같이 익히도록 한다.

다섯째, 명시적 교수를 활용하여 철자 쓰는 모범적인 행동을 명료하게 시범 보인 후 학생들로 하여금 이를 모방하도록 한다.

여섯째, 전략적 통합 접근을 통해, 예컨대 동작과 게임 요소를 입힌다든지, 다양한 활동 등을 결합시킨다. 아울러 자신의 생활, 경험과 관련 있는 단어를 써 보게 한다.

일곱째, 점진적 지원 감소 원리를 적용한다. 이를 위해 교사 시범 → 안내된 연습 → 개별 연습 단계로 지도를 이행하거나, 모양틀 → 따라 쓰기 → 번호 순서 → 혼자 쓰기 순서로 글자 쓰기를 익히도록 한다. 또한 모양 → 글자 → 단어 → 문장 쓰기 등으로 진행할 수도 있다. 아울러 단순 획 → 복잡 철자 · 정확성 → 유창성 등의 단계로 복잡성과 난이도를 높여 갈 수도 있다.

여덟째, 요령 있는 복습을 하도록 한다. 한번 익힌 글자에 대해서는 여러 번에 걸쳐, 자주, 이전 것 중 어려움을 겪었거나 난이도가 높은 것도 포함하여 누적적으로 연습하게 한다.

아홉째, 완전학습을 추구한다. 어려움을 겪었거나 새로 배운 글자 쓰기는 100% 가깝게 정반응을 보일 때까지 지속적으로 반복 연습하도록 한다. 적은 수의 단어를 오랫동안 자주 연습시키는 것이 중요하다. 특히 오류를 범한 글자에 대해서는 최소한 6~7회 이상 집중적으로 연습을 시킨다.

열째, 철자 쓰기 오류가 발생하면 [글상자 12-2]와 같은 방법으로 교정하도록 한다.

[글상자 12-2] 철자 쓰기 오류 교정법

- 오류가 발생하면 즉시 교정한다.
- 일부 학생만이 오류를 범해도 전체 학급 학생들을 대상으로 교정한다.
- 오류를 교정할 때에는 비교적 빠른 페이스로, 가급적 긍정적으로 교정한다.
- 제대로 응답했거나 어려운 것을 해결했을 때에는 칭찬을 많이 해 준다.
- 비교적 쉬운 답을 틀렸을 때에는 시범-검사-지연 검사 순으로 교정한다.
- 비교적 어려운 답을 틀렸을 때에는 시범-안내-검사-지연 검사 순으로 교정한다.
- 규칙 적용 관련 오류를 범할 때에는 시범-검사-어떻게 알았는지 물어보기 순으로 교정한다.

4) 작문 지도

(1) 글쓰기 흥미 자극하기

글 쓰는 것 자체를 어려워하고 흥미 없어 하는 학생을 지도하기 위해서는 다음과 같은 방법을 사용해 볼 수 있다.

첫째, 재미있었던 경험을 문장으로 써 보게 한다. 예컨대, 가족, 친구들과 재미있게 시간을 보냈던 상황을 떠올리며 마치 해당 내용을 다른 사람에게 보고하는 형태로 자세하게 작성해 보게 한다. 단어나 글자 쓰기가 아직 서투를 때에는 해당 내용을 녹음해 두었다가 이를 다른 사람이 대신 작성해 주고 읽어 보게 할 수 있다.

둘째, 표현하고자 하는 바를 문장으로 전달할 기회를 자주 제공하거나 자극한다. 예를 들어, 자기가 남들보다 잘 알거나 평소에 좋아하는 내용, 사건, 소재 등을 선택해서 또래들에게 자세하게 소개하는 문장을 작성해 보게 한다.

셋째, 자신의 희망사항, 미래 꿈 등을 문장으로 표현해 보게 한다. 생소한 주제를 대상으로 글을 생각하는 것보다, 자신이 평소에 생각하고 있는 바를 글로 표현하게 할 경우 보다 쉽게 글감을 생성할 수 있을 것이다. 자신이 평소에 원하는 것, 자신이 꿈꾸는 미래, 학교나 부모, 지역사회에 건의하고 싶은 내용 등을 담당자에게 전달하기 위한 편지를 작성해 보게 한다.

(2) 문장이나 문단 길이 늘리기

문장이나 문단의 길이가 너무 짧은 경우는 대체로 관련 지식이 부족하기 때문이다. 이를 지원하기 위해서는 글쓰기 전이나 글 쓰는 과정에서 필요한 정보를 언제든지 참조할 수 있도록 여건을 조성하는 것이 필요하다. 가장 편리하면서도 손쉬운 방법은 휴대전화나 노트북, 패드 등을 이용하여 인터넷을 검색하도록 한다. 학급 문고나 도서관 자료, 기타 관련 잡지 등을 활용하게 할 수도 있다. 그런가 하면 자신이 작성하고자 하는 주제와 관련하여 글쓰기 전이나 중간에 또래, 교사, 기타 주변 사람들과 충분히 이야기를 해 보게 한다. 때로는 주변 사람들을 인터뷰한 결과를 작문 소재로 활용할 수도 있다. 조를 구성하여 각 조원들이 일정한 자료를 수집한 뒤 이를 공유하는 방법도 효과적이다.

(3) 단어의 수 증가와 질 높이기

빈약한 어휘 지식은 단조롭고 평이한 자문의 가장 큰 원인 중 하나이다. 이러한 학생들을 지도하는 방법으로는 우선 가급적 다양하면서도 수준 높은 단어를 사용하는 시범을 명료하게 보여 줌으로써 자신도 그와 같이 글을 작성하고 싶다는 욕구를 불러일으키는 방법이 효과적이다. 예컨대, 학생들에게 매우 친숙한 동화나 이야기 글 중에서 어휘 수준이 높고 다양한 어휘를 구사한 부분을 찾아서 아이들에게 어떤 면에서 단어 사용이 잘 되었는지를 명시적으로 지적해 준다. 그런 다음, 단어 사용 측면에서 모범적이고 수준이 높은 글과 그렇지 않은 글을 비교해서 보여 줌으로써 스스로 단어를 잘 사용하는 것에 대한 감각을 기르고 그렇게 하고자 하는 욕구를 갖게 한다.

작문에 어려움을 겪는 학습자들의 경우 단순히 교사가 시범을 명료하게 한번 보인 것만으로는 충분치 않을 것이다. 이런 경우에는 단어 사용을 잘하는 방법을 명료하게 시범 보이는 것이 필요하다. 예컨대, 유사를 사용하여 단어를 풍부하고 다양하게 하는 방법을 직접 시범 보인다. 또한 학생들이 작성한 글이나 교사 자신이 작성한 글을 직접 소재로 삼아 이를 잘 고치는 모습을 보여 준다. 이 과정에서 가급적 수준이 높으면서 다양한 단어를 사용하는 방법과 과정을 명료하게 시범 보인다.

(4) 문장 혹은 문단 간 연결 지도

문장 혹은 문단 간 연결을 매끄럽게 하는 일은 매우 고등적인 사고 기능을 필요로 한다. 왜냐하면 앞 문장이나 문단의 내용을 생각하면서 동시에 이어질 문장이나 문단을 작성해야 하는데 이는 곧 학습부진 및 학습장애 학생이 가장 어려움을 겪는 작업기억 (Alloway, 2011) 영역에 해당하기 때문이다. 문장 간 혹은 문단 간 연결을 잘하도록 만들려면 작업기억의 부족함을 보완해 줄 방안을 적용해야 한다. 부족한 작업기억을 보완하는 효과적인 방법 중 하나는 그래픽이나 도표 등을 이용하는 것이다. 즉, 이야기 내용을 시각화한다. 도표, 그림, 그래픽 등을 사용하여 이야기 내용 요소들 간 관계를 미리 그려 보게 한다. 다만, 이것 역시 교사가 먼저 해당 시범을 보인 후 안내된 연습, 개인 연습, 교사 평가 등의 단계를 밟도록 하는 것이 효과적이다. 또한 다른 지원 방안으로는 연결이 잘된 글을 많이 경험해 보게 하는 것이다. 즉, 학생들이 비교하기 전 교사가 먼저 논리적으로 연결이 잘된 글과 그렇지 않은 글을 비교, 분석하면서 구체적으로 어느 측면 때문에 잘되고 혹은 그렇지 않은 글인지를 구체적으로 지적해 주는 것이 효과적이다.

(5) 과정 접근

과정 접근이란 글쓰기 각 과정이나 단계별로 꼭 필요한 활동이나 기능을 익히도록 지도하는 방법이다. 대체로 작문은 자료나 글감 준비 → 계획하기 → 초고 작성하기 → 수정하기 → 편집하기 → 결과물 발표 등의 단계로 진행된다. 과정 접근에서는 각 과정별로 모범적인 작문 활동이나 기능을 추출하여 이를 학습자로 하여금 익히도록 한다. 이러한 과정 접근은 기존의 결과물 중심의 글쓰기 지도에 비해 작문 과정이 순차적이고 일방향적이 아니라 필요에 따라 수시로 각 과정을 오가는 상호작용적인 측면이 있음을 강조하고 있다. 이는 작문이 특정 개인 혼자의 머릿속에서 나오는 아이디어를 글로 옮기는 혼자만의 활동이 아니라 상호 의견 교환과 구두 표현도 효과적일 수 있음을 시사한다. 또한 작문은 저자의 능동적인 참여와 자기주도적인 아이디어 생성 및 조직을 필요로 함을 보여 준다.

(6) 자기조절 전략 활용

Graham과 Harris(2005)가 제안한 자기조절 전략은 자기조절, 자기 점검, 자기 교수, 자기 평가, 자기 강화 등을 적용하고 교사와 학생이 협력적으로 글쓰기 작업을 해 나가도록 하는 일종의 종합적인 작문 지도 전략이다. 자기조절 전략은 크게 6단계로 구성되는데, 각 단계별 주요 수업 지도 사항은 다음 〈표 12-16〉과 같다. 핵심 내용은 1단계에서는 사용할 용어나 개념, 전략을 소개하고, 2단계에서는 학습할 작문 전략에 대해 토론한다. 학습할 전략을 구체적으로 설명하고 전략 학습의 중요성과 효과에 대해 토론한다. 언제, 어떻게 전략을 사용할지 토론하여 전략의 일반화 기초를 확립한다. 이 과정에서 전략의 숙달과 사용 노력을 강조하고 현재의 작문 수행 정도를 점검한다. 3단계에서는 작문 전략을 시범 보이고, 4단계에서는 전략의 각 요소와 단계, 각각의 의미 등을 암기하게 한다. 5단계에서는 학생의 전략 사용을 지원하고 6단계에서는 학생 스스로 전략을 사용하는 연습을 하게 한다.

〈표 12-16〉 자기조절 전략을 이용한 글쓰기 지도 단계

수업 단계	주요 수업 활동
1단계	• 모범적인 글쓰기 전략 POW 소개(P=Pick my idea, O=Organize my notes, W=Write and say more) • 이야기의 7요소 소개 　- 3W(Who, When, Where), 2What, 2How 　- What 1: 주인공 혹은 다른 등장인물이 하는 일 혹은 하고자 하는 일이 무엇인가? 　- What 2: 주인공 혹은 다른 등장인물에게 무슨 일이 일어났는가? 　- How 1: 이야기가 어떻게 끝나는가? 　- How 2: 주인공 혹은 다른 등장인물이 어떻게 느끼는가?
2단계	POW + WWW 연습 - 이야기 속에서 이야기의 7요소를 확인하고 현재의 작문 수행 정도를 확인한다. 기존 자신의 작문에서어떻게 이야기의 7요소를 잘 반영할 수 있을지를 토론하게 한다.
3단계	POW + WWW 적용 시범 보이기 - 이야기의 7요소를 사용하여 이야기를 작성하는 시범을 보인다. 시범을 보일 때에는 문제 규정(problem definition), 계획하기(planning), 자기평가(self-evaluation), 자기강화용 혼잣말(self-reinforcement self-statement)을 활용한다.
4단계	교사와 학생이 같이 POW + WWW 적용 연습하기 - 이야기의 7요소에 대해 복습하고 교사와 학생이 협력적으로 글쓰기를 한다.
5단계	교사와 학생이 같이 POW + WWW 적용 연습하기 - 이야기의 7요소에 대해 복습하고 교사와 학생이 협력적으로 글쓰기를 한다.
6단계	학생 스스로 POW + WWW 적용 연습하기 - 이야기의 7요소를 차트나 기타 기억 보조 도구나 자료 없이 스스로 기억하여 이야기를 작성하게 한다.

9. 진전도 점검 및 종합평가

학습진전도 점검은 당일 학습내용 숙달 정도를 평가하는 형성평가와 최종 목표 상태 대비 현재의 진전도 점검 등 두 차원으로 실시한다.

1) 형성평가

학습지도 후 당일 다루었던 내용을 대상으로 5~10여 개의 문항을 제시해서 그 수행 정도를 확인한다. 당일 학습의 성공 기준은 정답률 90% 이상으로 설정한다.

2) 목표 대비 진전도 점검

이 내용은 읽기 지도 때와 동일하다. 목표 대비 진전도 점검은 당일 학습한 내용보다는 목표에 도달한 상태 대비 현재의 진전 정도를 측정한다. 이를 위해서 궁극적으로 학습자가 도달해야 하는 상태에 근거하여 역시 5~10여 개의 문항을 제시해서 그 수행 정도를 확인한다. 진전도 점검 결과는 초반에는 목표 상태 대비 매우 낮은 수행률을 보이다가 점차 그 수행률이 높아지는 형태로 나타나는 것이 정상이다. 목표 대비 점검은 형성평가처럼 매 차시 실시할 필요는 없고, 주 1회나 2~3주당 1회로 실시한다. 목표 대비 진전도는 초반에 그 수행률이 낮게 나오기 때문에 절대적인 수행 정도보다는 목표선(aim line) 대비 수행 정도의 높고 낮음을 분석하여 조치를 취한다. 목표선은 초기 상태와 목표 도달 상태를 연결한 선을 말한다. 만약 학습진전도 점검 결과 수행률이 이 목표선을 하회하면 교육방법을 수정해야 함을 의미하고, 반대로 목표선을 상회하면 목표 수준을 높일 필요가 있다.

10. 정리

이 장에서는 쓰기 학습에 어려움을 겪는 학생들을 효과적으로 진단하고 지도하는 방법을 다루었다. 제8장과 제9장에서 소개한 네 가지 교수-학습원리를 가급적 충실하게 반영하여 쓰기 학습에 어려움을 겪는 학습자를 어떻게 지원할 수 있는지 쓰기 지도 각 영역별로 살펴보았다. 읽기 지도와 마찬가지로 쓰기 지도를 잘하려면 무엇보다 먼저 쓰기 학습에 어려움을 겪는 학습자가 잘 쓰지 못하는 현재 상태에서 잘 쓰는 상태에 도달하기 위해서 거쳐야 할 단계나 갖추어야 할 하위 요소 기능을 확인해야 한다. 그래야 맞춤형 진단이 가능하다. 글자 쓰기, 철자 쓰기, 작문 영역별로 맞춤형 진단이 가능해야 해당 영역별 맞춤형 지도 역시 가능하다. 주의할 점은 이 장의 내용 구성상, 읽기와 쓰기 내용을 분리해서 서술했지만, 쓰기 영역 중 글자 쓰기나 철자 쓰기는 앞 장에서 다룬 읽기 학습활동과 병행해야 하는 경우가 대부분이라는 점이다.

생각해 볼 문제

01 난서증 조기 선별 도구는 어떠한 영역을 어떻게 측정해야 한다고 생각하는가? 선행 도구에는
어떤 것들이 있고, 그러한 도구의 장단점은 무엇인가?

_____

_____

_____

_____

02 쓰기 학습부진 혹은 학습장애 학생에게 쓰기 문제 해결력, 쓰기적 의사소통 능력과 같이 중요
한 쓰기 교육목표로 흔히 거론되는 것들을 어떻게 지도할 수 있는가? 기본적인 쓰기 능력이 낮
은 학생들에게도 이러한 영역을 지도한 사례와 그 효과에 관한 자료로는 어떤 것들이 있는가?

_____

_____

_____

_____

 **참고문헌**

고혜정, 김우리, 김동일(2013). 국내 학습장애 작문중재연구 분석. 특수교육학연구, 47(4), 165–187.

권현욱, 김길순, 변찬석(2010). 음소인식 훈련이 초등학교 학습부진아의 받아쓰기 및 쓰기유창성에 미치는 효과. 특수교육 저널: 이론과 실천, 11(1), 337–358.

김미화 역(2003). 내 아이에겐 분명 문제가 있다[*The myth of laziness*]. Levin, M. 저. 서울: 도서출판 소소. (원저는 2003년에 출간).

김애화, 김의정(2018). 초등학교 일반학생과 쓰기장애학생의 철자와 작문 성취도에 대한 예측변인. 특수교육학연구, 52(4), 263–286.

김윤옥, 전정미(2003). 초등학교 학습장애 학생에 대한 문장작성전략 교수가 문장작성 능력과 자기효능감에 미치는 효과. 특수교육학연구, 38(3), 241–258.

김주환(2017). 중학생들의 작문능력 실태조사 연구. 교육과정평가연구, 20(1), 271–295.

문향은, 최승숙(2010). 자기교정을 활용한 철자쓰기중재가 쓰기부진학생의 철자쓰기능력에 미치는 영향. 한국특수교육학회 2010 추계학술대회 자료집, 637–638.

박성희, 김애화(2012). 쓰기 전략 교수가 학습장애 학생의 설명적 글쓰기 능력에 미치는 효과. 한국특수교육학회 학술대회 발표 자료집, 433–455.

박혜옥, 정용석(2008). 초등학생의 받아쓰기 발달과 오류 특징에 관한 연구. 특수교육 저널: 이론과 실천, 9(4), 367–395.

양민화, 나종민, 이애진, 김보배(2016). 한글 철자 발달검사(Korean Developmental Spelling Assessment: KDSA)의 개발과 신뢰도 연구. 한국심리학회지: 발달 29(3), 195–214.

이경화, 신헌재, 김명순, 박영민, 이상구, 이수진, 최규홍, 하근희, 박종임(2012a). 초등학교 국어 학습부진의 이해와 지도. 서울: 도서출판 박이정.

이경화, 신헌재, 김명순, 박영민, 이상구, 이수진, 최규홍, 하근희, 박종임(2012b). 중학교 국어 학습부진의 이해와 지도. 서울: 도서출판 박이정.

이경화, 이수진, 이창근, 전제응(2008). 한글 깨치기 비법. 서울: 박이정.

이관규(2008). 학교문법론. 서울: 월인.

이애진, 양민화(2011). 국내 작문능력 연구의 동향분석. 특수교육학연구, 46(2), 133–157.

이애진, 양민화(2017). 중재반응모델 적용에 따른 철자학습장애 아동의 파닉스 중재 효과 분석. 한국특수교육학회 학술대회 자료, 550–569.

이옥인(2012). 쓰기 학습장애 학생의 작문에 나타난 의미구조 및 응집표지에 관한 연구. 특수교육
학연구, 47(2), 177-196.

정평강, 신재현, McMaster, K. L. (2016). 데이터기반 교수(Data-Based Instruction)의 쓰기영역
적용 사례: 초등학교 저학년 학습장애 위험 아동을 대상으로. 특수교육, 15(4), 61-80.

정혜승, 김소희(2008). 국내 쓰기 학습장애아 교육 관련 연구 동향 분석. 특수교육학연구, 42(4),
169-191.

최승숙(2010). 쓰기부진 학생의 철자쓰기 특성과 중재에 관한 이론적 접근. 특수아동교육연구,
12(1), 47-66.

Alloway, T. P. (2011). *Improving working memory: Supporting students' learning*. Thousand
Oaks, CA: SAGE Publication.

Engelmann, S. F., & Silbert, J. (2005). *Expressive writing*. Desoto, TX: Science Research
Association, Inc.

Graham, S. (1997). Executive control in the revising of students with learning and writing
difficulties. *Journal of Educational Psychology, 89*, 223-234.

Graham, S., & Harris, K. R. (2005). *Writing better: Teaching writing processes and self-
regulation to students with learning problems*. Baltimore: Brookes.

Kang, E. Y. (2016). A literature review: The understanding of intervention that address text
structure on expository text reading and writing outcomes for students with learning
disabilities. 특수교육논총, 32(1), 21-35.

National Center for Education Statistics (NCES) (2012). *National assessment of educational
progress grade 8 national results in writing*. https://www.nationsreportcard.gov/
writing_2011/g8_national.aspx?tab_id=tab2&subtab_id=Tab_1#chart

Santangelo, T. (2014). Why is writing so difficult for students with learning disabilities?: A
narrative review to inform the design of effective instruction. *Learning Disabilities: A
Contemporary Journal, 12*(1), 5-20.

Thomas, C. C., Englert, C. S., & Gregg, S. (1987). An analysis of errors and strategies in the
expository writing of learning disabled students. *Remedial and Special Education, 8*, 21-
30.

제13장
수학 학습부진 및 학습장애 학생 지도

핵심 질문

1. 수학 학습부진 및 학습장애 학생들의 독특한 교육요구는 무엇인가?
2. 수학 학습부진 및 학습장애 학생 진단은 어떻게 하는 것이 좋은가?
3. 수학 학습부진 및 학습장애 학생 지도에 효과적인 방법에는 어떤 것들이 있는가?

주요 내용 요소

1. 수학 학습부진 및 학습장애 지원 모형
2. 수학 학습목표 상태
3. 수학 능력 하위 요소 및 기능
4. 연산 능력 진단 요소
5. 연산 지도 프로그램 구안하기
6. 세부적인 지도 계획 수립
7. 진전도 점검 및 종합평가

핵심 용어

- 수학 학습부진
- 수학 학습장애
- 수개념
- 수감각
- 난산증(discalculia)
- 접근 결함(access deficit)
- 직접교수법
- 수학 문제 해결

1. 들어가기

도입 활동

1. 수학 부진 및 장애를 보이는 학생들에게 학교에서는 어떤 방법을 적용하고 있는가? 그 방법의 효과는 어떠한가?

_____

_____

_____

2. 자신은 어려운 수학 문제를 만나면 어떻게 해결하려 했는지 기억해 보고, 그러한 방법이 모든 학습자에게 적용될 수 있을지 생각해 보시오. 만약 그렇지 않다면 무엇 때문에 어떻게 다르게 적용되어야 한다고 생각하는가?

_____

_____

_____

수학 학습부진 및 학습장애에 관해 정확한 통계자료는 많지 않다. 국가 차원의 유일한 자료는 국가수준학업성취도평가 결과이다. 하지만 이 평가는 2018년 기준 중 3과 고 2 학생 중 일부 학생들만을 표집하여 실시하고 있기 때문에 실질적으로 모든 학생의 수학 학업성적 관련 자료는 존재하지 않는다. 다만, 그동안 국가수준 학업성취도평가 평가 결과를 통해 간접적으로나마 우리나라 학생들의 수학 성적을 추정해 볼 수는 있다. 예컨대, 다음 [그림 13-1]은 2015~2019학년도 국가수준학업성취도 평가 결과이다. 참고로, 2017학년도 자료부터는 표집평가 실시 결과이다. 보통학력에 이르지 못하는 학생 비율이 평균적으로 중 3의 경우 약 30% 이상, 고 2의 경우 약 20% 이상이고, 기초학력 미달 비율은 중 3의 경우 약 7%, 고 2의 경우에는 약 9%에 이르고 있다. 수학 학습장애 학생 규모에 관한 자료는 알려지는 바가 없다. 그렇지만 통상 보통학력 미만, 특히 기초학력 미달자 중 상당수가 수학 학습장애를 갖고 있을 가능성이 크다는 점을 고려하면, 최소한 5%대의 학생들이 수학 학습에 심한 어려움을 겪고 있을 것으로 판단된다. 이는 읽기 학습장애 학생 비율과 비슷하거나 그보다 약간 높은 수치이다.

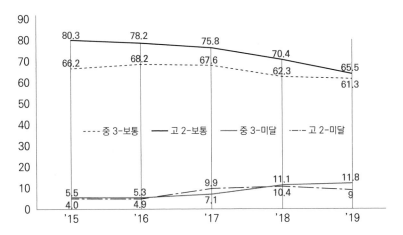

[그림 13-1] 최근 5년간('15~'19) 국가수준학업성취도 수학교과 평가 결과(%)

출처: 교육부(2019). 부분 인용. '15, '16년 자료는 저자 첨가.

　사회에서는 수학 학습에 어려움을 겪고 있는 학생들을 흔히 '수포자'로 부른다. 수학 포기자를 뜻하는 이 용어는 어느새 우리나라 수학 교육의 상징처럼 되어 버렸다. 사교육걱정없는세상(이하 '사교육걱정')과 박홍근 국회의원이 2015 수학교육과정 개정을 위한 학교 수학교육 관련 학생·교사 인식조사 결과에 따르면, 초등학생 36.5%, 중학생 46.2%, 고등학생 59.7%가 수학을 포기한 학생(이하 '수포자')으로 집계되었다(〈표 13-1〉 참조). 학생들은 학교급이 올라갈수록 수학 내용이 어렵고 양이 많으며, 수학에 대한 자신감은 줄어들고 불안감은 늘어난다고 응답했다.

〈표 13-1〉 수학 포기자 비율

			나는 수학을 포기하고 싶을 때가 있다				전체
			매우 그렇다	다소 그렇다	다소 아니다	매우 아니다	
학교급	초등학교	빈도	205	416	683	901	2,205
		학교급 중 %	9.3%	18.9%	31.0%	40.9%	100%
	중학교	빈도	647	857	669	557	2,730
		학교급 중 %	23.7%	31.4%	24.5%	20.4%	100%
	고등학교	빈도	946	927	497	343	2,713
		학교급 중 %	34.9%	34.2%	18.3%	12.6%	100%
전체		빈도	1,798	2,200	1,849	1,801	7,648
		학교급 중 %	23.5%	28.8%	24.2%	23.5%	100%

출처: 사교육걱정없는세상(2016).

그런데 이 연구에 따르면, 학생들이 수학을 어렵다고 생각하는 가장 큰 이유는 내용이 어렵기 때문이라는 응답이 가장 많았고, 이어서 배울 양이 많거나 진도가 빠르기 때문이라고 응답했다. 교사들 역시 배워야 할 내용이 어렵거나 내용이 많고 진도가 빠르기 때문이라고 응답했다. 한마디로, 내용이 어려운데 많이 그리고 빨리 배우기 때문에 수학 성적이 낮게 나온다는 뜻이다.

이러한 상황에서 수학 학습부진 학생과 수학 학습장애 학생들이 수학 학습에 어떤 어려움을 어떻게 보이는지, 이들에게 수학을 어떻게 지도해야 하는지는 매우 어렵고 복잡한 문제이다. 그렇지만 선행 연구 결과에 근거하여 증거기반 방법의 특징과 원리를 충실하게 적용하면 이들도 수학 학습에서 성공할 수 있는 가능성을 찾을 수 있을 것이다.

2. 수학 학습부진 및 학습장애 지원 모형

수학 학습에 어려움을 가진 학생들을 지원하기 위한 모델은 기본적으로 읽기나 쓰기 지도의 경우와 다르지 않다. [그림 13-2]와 같은 절차와 요소들을 반영하여 지원 계획을 수립하고 이를 충실히 이행하는 것이 중요하다.

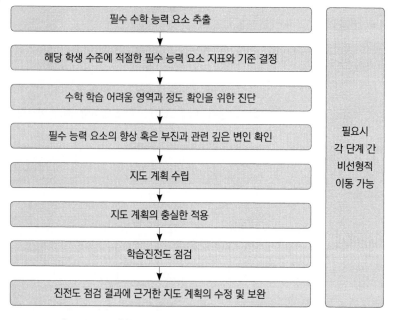

[그림 13-2] 문제 해결식 수학 학습 어려움 지원 모델

3. 수학 학습목표 상태

　수학을 제대로 학습한 상태는 수학 영역별로 각기 다르게 기술할 수 있다. 현재 교육 과정에 수학 교과학습목표가 어떤 상태로 기술되어 있는지를 확인해 볼 필요가 있다. 〈표 13-2〉는 2015 개정 교육과정의 초등학교 4학년 수학(분수)의 성취기준, 평가준거 성취 기준, 평가기준을 제시한 것이다.

〈표 13-2〉 초 4 분수 단원 성취기준과 평가기준

교육과정 성취기준		평가기준	
[4수01-10] 양의 등분할을 통하여 분수를 이해하고 읽고 쓸 수 있다.		상	주어진 양을 등분할하여 분수로 나타내고, 그 의미를 설명할 수 있다.
		중	등분할된 양을 분수로 나타내고 읽고 쓸 수 있다.
		하	등분할된 양을 분수로 나타낼 수 있다.
[4수01-11] 단위분수, 진분수, 가분수, 대분수를 알고, 그 관계를 이해한다.	[평가준거 성취기준 ①] 단위분수와 진분수의 의미를 알고 그 관계를 설명할 수 있다.	상	단위분수와 진분수의 관계를 이해하고, 설명할 수 있다.
		중	그림이나 구체물을 이용하여 단위분수와 진분수의 관계를 설명할 수 있다.
		하	주어진 분수에서 단위분수와 진분수를 찾을 수 있다.
	[평가준거 성취기준 ②] 가분수를 대분수로, 대분수를 가분수로 나타낼 수 있다.	상	가분수를 대분수로, 대분수를 가분수로 나타내고, 그 과정을 설명할 수 있다.
		중	가분수와 대분수를 구분하고, 가분수를 대분수로, 대분수를 가분수로 나타낼 수 있다.
		하	안내된 절차에 따라 가분수를 대분수로, 대분수를 가분수로 나타낼 수 있다.
[4수01-12] 분모가 같은 분수끼리, 단위분수끼리 크기를 비교할 수 있다.		상	분모가 같은 분수끼리, 단위분수끼리 크기를 비교하고, 그 방법을 설명할 수 있다.
		중	그림이나 구체물을 이용하여 분모가 같은 분수끼리, 단위분수끼리 크기를 비교할 수 있다.
		하	안내된 절차에 따라 분모가 같은 분수끼리, 단위분수끼리 크기를 비교할 수 있다.

출처: 한국교육과정평가원(2017), p. 45.

이와 같은 성취기준에서 가르치거나 배우는 사람에게 명료화되어야 할 사항은, 예컨대 다음과 같다.

① 분수를 이해한 상태는 정확히 무엇을 어떻게 했을 때 알 수 있는가? 평가기준의 '분수로 나타내는 것'과 '분수를 읽고 쓰는 것'은 어떻게 다른가?

② 단위분수와 진분수의 의미를 안다는 것은 무엇을 어떻게 했을 때 알 수 있는가? 단위분수와 진분수의 관계에 대한 설명에 반드시 들어가야 할 요소는 무엇인가? 가분수와 진분수 변환 과정 설명에 반드시 들어가야 할 요소는 무엇인가? 안내된 절차란 무엇을 말하는가?

③ 그림이나 구체물을 이용하여 분모가 같은 분수, 단위분수끼리의 비교는 구체적으로 어떻게 하는 것인가? '안내된 절차'란 구체적으로 무엇을 말하는가?

이와 같은 질문들을 고려할 때 아마도 〈표 13-2〉에 제시된 성취기준에 도달한 상태는 〈표 13-3〉과 같이 규정할 경우 교수-학습과정 이행을 위한 수업설계나 학습활동 구안에 보다 실질적인 도움이나 안내를 제공할 수 있을 것이다.

〈표 13-3〉 초 4 분수 단원 성취기준 도달 상태

교육과정 성취기준 도달 상태
[4수01-10] • 분수의 개념을 '어떤 모양이나 사물을 동일하게 나눈 것 중 하나 혹은 그 이상을 수로 나타내는 방식임'의 요소를 포함하여 다른 사람에게 예를 들어 가며 설명한다. • 등분할된 모양이나 사물에 해당하거나 혹은 들려주는 분수를 쓰고, 정확하게 읽는다.
[4수01-11] • 단위분수, 진분수, 가분수, 대분수 뜻을 설명하고, 여러 분수들 중에서 각 분수 유형에 해당하는 분수들을 100% 정확성을 갖고 골라낸다. • 진분수는 단위분수를 분자의 수만큼 더한 것이라는 것을 포함하여 두 분수 간의 관계를 설명한다. • 가분수와 대분수를 서로 간에 100% 정확성을 갖고 변환시킬 수 있다.
[4수01-12] • 분모가 같은 분수끼리, 혹은 분모가 다른 단위분수끼리 크기를 비교하는 방법을 예를 들어 설명한다. • 분수끼리의 크기 비교 문제를 100% 정확하게 푼다.

4. 수학 능력 하위 요소 및 기능

1) 수학 부진 및 불능 이유

예컨대, 다음과 같은 수학 사칙연산을 전혀 수행할 수 없는 사람으로 하여금 사칙연산을 유창하게 수행하도록 지도하기 위해서는 무엇을 어떻게 해야 할까?

---

1) $6+9=$ 2) $31-19=$

3) $24÷3=$ 4) $72×8=$

우선, 사칙연산을 전혀 혹은 잘 수행하지 못하는 원인을 파악할 필요가 있다. 그러한 원인에는 다음과 같은 것들이 있다.

첫째, 연산 방법을 전혀 배워 보거나 연습한 적이 없다.

둘째, 연산 방법은 알지만, 기본연산($6+9$, $11-9$, $3×?=24$, $2×8$, $70×8$ 등)이 느리고 부정확하다.

셋째, 난산증을 갖고 있을 수 있다.

난산증(discalculia)이란 수를 이해하고 조작하고 연산을 수행하는 것에 어려움을 가져 계산을 배우고 이해하는 데 어려움을 겪는 현상을 말한다. 난산증은 난독증과 마찬가지로 지능의 수준과 상관없이 어느 지능 수준에서도 나타날 수 있다. 난산증인 학생들은 다음과 같은 특징을 갖고 있다.

- 두 수 간의 크기 비교 어려움
- 사칙연산의 정확성과 속도 미흡
- 수감각 부족
- 시간, 방향, 주요 일정, 사건의 순서 등을 인식하는 데 어려움
- 수개념과 수 관련 기억력 부족
- 수 읽고 쓰는 데 어려움
- 사물이나 거리 추정에 어려움

  그렇다면 왜 어떤 학습자는 기본연산이 느리거나 부정확하거나 심지어 전혀 이를 수행하지 못할까? 그 이유를 알아내지 못하면 효과적인 지도방법도 구안해 낼 수 없다. 이에 대해 선행 문헌들에서는 대체로 다음 두 가지를 제시하고 있다. 먼저, 발달적 난산증의 이유로는 사물이나 현상의 양을 이에 대응하는 수로 유연하게 표상(represent)하지 못하는 양 표상 결함(magnitude representation deficit)을 지적하고 있다(Butterworth, 2005). 예컨대, 보통 사람들은 서로 멀리 떨어진 수(3과 9)보다 가까운 수(6과 7)를 비교하는 데 상대적으로 느리고 덜 정확한 반면, 발달적 난산증은 그러한 특징을 보이지 않는다. 두 번째 이유는 특정 사물이나 현상의 양에 해당하는 수를 장기기억 속에서 빠르고 정확하게 인출하지 못하는 소위 접근 결함(access deficit)이다(Rousselle & Noel, 2007).

2) 난산증 여부 확인 체크 리스트

  어떤 학생이 난산증이 있는지 없는지를 확인하기 위해서는 다음 항목들을 사용해 볼 수 있다.

[글상자 13-1] 학년 단계별 난산증 증상

〈유치원에서의 난산증 증상〉

1. 숫자를 세는 데 어려움을 겪고 같은 나이의 또래들이 숫자를 정확히 기억하는 데 반해 숫자를 많이 건너뛴다.
2. 수를 센다는 개념을 이해하지 못하는 것으로 보인다. 예를 들어, 교사가 다섯 개의 나무 블록을 달라고 하면, 아이는 다섯 개를 세는 대신에 블록을 한 움큼 집어서 그냥 주는 것이다.
3. 특정 패턴을 이해하는 데 어려움을 겪는다. 예를 들면, 작은 것에서 큰 것, 긴 것에서 짧은 것과 같은 경우이다.
4. 숫자 기호들을 이해하는 데 어려움을 겪는다. 예를 들어, 숫자 '7'과 '칠'을 연관 짓지 못하는 것이다.
5. 숫자와 사물을 접목시키는 데 어려움을 겪는다. 이를테면 3이라는 숫자가 세 개의 과자, 세 대의 차, 세 명의 어린이 등으로 쓰이는 것과 같은 경우이다.

〈초등학교에서의 난산증 증상〉

1. 2+4=6과 같은 기본적인 수학 공식을 배우고 기억하는 데 어려움을 겪는다.
2. 수를 세는 데 더 세련된 풀이를 사용하는 대신 여전히 손가락을 이용한다.

3. +와 −와 같은 수학 기호들을 분간하고 정확히 사용하는 것을 힘들어한다.
4. '~보다 큰' '~보다 작은' 등의 수학적 표현들을 이해하는 데 힘들어한다.
5. 자릿수를 잘 다루지 못하며, 그에 따라 숫자들을 틀린 자리에 집어넣는다.

〈중학교에서의 난산증 증상〉
1. 교환법칙과 결합법칙 같은 수학 원리를 이해하는 데 힘들어한다(3+5는 5+3과 같다, 3+ 26−26을 계산하지 않고도 풀 수 있는 것).
2. 수학적 언어를 잘 이해하지 못하고 문제를 해결하기 위해서 자신의 풀이를 만들어 내는 데 어려움을 겪는다.
3. 스포츠 게임이나 체육활동에서 점수를 잘 기억하지 못한다.
4. 물건의 전체 가격을 구하는 데 어려움을 겪고 자신의 점심 비용을 다 써 버리고는 한다.
5. 숫자를 이해해야 하는 활동, 이를테면 숫자를 이용한 게임을 하는 것 등을 회피한다.

〈고등학교에서의 난산증 증상〉
1. 표와 그래프에 있는 정보를 이해하는 데 어려움을 겪는다.
2. 잔돈이나 팁 계산과 같이 수학적 원리를 돈에 적용하는 것을 힘들어한다.
3. 간단한 레시피에 있는 재료의 양이나 병에 있는 액체의 부피를 잘 측정하지 못한다.
4. 속도, 거리, 방향의 이해를 요하는 활동에서 자신 있게 임하지 못하며, 길을 잘 잃을지도 모른다.
5. 같은 문제를 다양하게 푸는 방법을 찾는 데 어려움을 갖고 있다. 예를 들면, 직사각형의 가로와 세로를 더해서 2를 곱하여 둘레를 구하지 않고 변의 길이를 모두 더하는 방식을 택한다.

3) 수학 연산 수행을 위한 필수 하위 기능 및 요소 예

사칙연산이 느리거나 부정확하고 심지어 전혀 수행하지 못하는 이유가 무엇이든지, 또 어떤 특성을 가진 학습자든 학습자가 사칙연산 문제를 해결하려면 〈표 13-4〉와 같은 하위 요소나 기능을 알거나 수행할 수 있어야 한다.

〈표 13-4〉 사칙연산 목표 상태에 이르기 위한 하위 기능 및 요소 예

연산	목표 상태	필요 기능 혹은 하위 요소 후보
6+9	2초 이내에 15라고 응답	1) 6+9=9부터 6 이어 세기(10, 11, 12, 13, 14, 15) 2) 10 만들어 계산하기(6+9=(9+1)+(6-1)=10+5=15) 3) 6개와 9개 모두를 모아놓고 15까지 셈
31-19	2초 이내에 12라고 응답	1) 31개에서 19개 빼기 2) 31부터 19번 거꾸로 세기 3) 받아내림 절차 이용: (11-9=2) → (30-10=20) → (20-10=10) → (10+2=12)
24÷3	2초 이내에 8이라고 응답	1) 곱셈구구 이용하여 풀기: 3×?=24 2) 나눗셈 식 이용하여 풀기
72×8	5초 이내에 576이라고 응답	1) 2×8=16, 6 남기고 10 위로 올리기 → 70×8=560. 560에 10 더하기 → 570+6=576 2) 자릿수 맞추어 풀기: 2×8, 7×8

〈표 13-4〉에서 보면 보기에서 제시한 사칙연산을 성공적으로 수행하는 데 가장 기본이 되는 기능은 일의 자릿수들끼리의 덧셈, 뺄셈, 곱셈과 그 결과를 처리하는 절차나 방법에 대한 지식이다. 이는 마치 한글 읽기의 자모음과 그에 대응하는 소리를 알아 단어발성 규칙에 따라 각 소리를 합성하여 글자로 발성하는 원리와 동일하다. 한글 읽기에서의 자모음과 그에 대응하는 소리를 아는 것의 역할은 연산에서 일의 자리 숫자끼리의 세가지 셈을 하는 것의 역할과 같고, 각 소리를 합성하여 글자로 발성하는 것의 역할은 세가지 셈을 한 후 그 결과를 정확하게 연산 규칙에 맞게 처리하는 것의 역할과 유사하다고 볼 수 있다.

4) 수학 연산 수행 필수 하위 기능 및 요소

모든 진단 항목이 곧 지도 항목이 될 수 있는 것은 아니다. 예컨대, 작업기억이나 청기억력이 읽기 어려움의 중요한 원인이라고 해도 작업기억이나 청기억력을 직접 향상시키는 지도계획을 수립하기는 어렵다. 그 이유는 대략 두 가지 정도 때문이다. 첫째, 현재까지의 학문 발달 수준상 해당 인지기능 혹은 감각 능력을 단기간에 유의할 정도로 향상시킬 방법을 우리는 알고 있지 못하다. 둘째, 설사 그러한 지도방법이 존재한다고 해도 그

렇게 해서 향상된 인지기능, 인지처리과정이 곧바로 수학 연산 수행능력 향상으로 이어 진다는 증거가 없는 이상 우선은 연산능력 자체의 향상을 위한 지도에 힘써야 하기 때문 이다. 이는 한동안 학계를 뜨겁게 달구었던 전이 효과에 관한 논쟁과 유사하다. 즉, 아직 까지는 특정 인지기능이나 인지처리과정을 직접 증가시켜서 특정 교과기능, 예컨대 수 학 연산 능력을 직접 금방 향상시킬 수 있다는 연구 결과는 존재하지 않는다.

수학 연산 지도 계획을 수립할 때 지도 요소는 최대한 수학 연산 수행과 직접적으로 관 련된 기능 중심으로 구성해야 할 것이다. 이러한 논의에 따라 수학 연산을 빠르고 정확 하게 수행하도록 지도하기 위해서는 〈표 13-5〉의 요소를 모두 지도해야 한다. 반드시 기억해야 할 것은 진단 요소나 지도 요소 모두 목표 상태, 즉 해당 과제를 수행할 때 무 엇을 어떻게 할 수 있어야 하는가를 구체적으로 언급해야 한다는 점이다.

〈표 13-5〉 수학 연산 지도 요소

지도 영역	세부적인 지도 요소
수개념	숫자 읽기, 숫자 세기, 사물 수 세기, 수량과 해당하는 숫자 대응시키기
수감각	수의 대소 비교하기, 숫자 순서 알기, 숫자가 의미하는 것에 대한 감각, 머릿속으로 수학적 계산을 수행하기
연산 절차	받아내림 혹은 받아올림 절차와 방법 알기
연산 유창성	일정 수준 이상의 연산 유창성(정확성＋빠르기)

수감각의 개념에 대해서는 그동안 많은 학자가 다양한 방식으로 정의를 내려 왔다. 〈표 13-6〉은 그러한 정의들의 일부이다.

〈표 13-6〉 수감각에 대한 다양한 정의

학자	수감각에 대한 정의	주제어
Mashall (1989)	수학적 지식의 광범위한 네트워크	수(數)와 세계의 네트워크
Trafton (1991)	응집력이 있고 잘 발달된 수와 연산의 네트워크, 지식 요소들 사이의 교점, 지식요소들 사이의 연결성을 표시하는 길	
Sowder (1989)	단순한 수에 대한 지식들이 단순히 쌓여 있는 창고가 아니라 사고의 방식	수(數)에 대한 사고방식
Resnick et al. (1989)	단순한 수에 대한 지식과 수를 사용하는 그 이상의 것으로 문제 해결과 고차원 사고처럼 특별한 사고의 방식으로 특정한 수의 지식과 상호 연관이 있는 수개념들에 근거해서 수를 다루게 되는 어떤 환경 내에서 예견될 수 있는 지표	
NCTM (1989)	수학 문제를 푸는 데 있어 반드시 필요한 요소로 아동들뿐만 아니라 성인들에게도 중요한 수관계에 대한 직관력	수(數)에 대한 직관
McIntosh (1995)	수에 대한 직관적인 느낌, 수를 다양하게 사용하고 해석하는 능력, 정확하고 효율적으로 계산하는 능력, 실수를 감지하는 능력, 합리적으로 결과를 인지하는 능력	
Baroody (1998)	수와 수들 관계에 대한 직관이고, 수를 이용하는 데 있어 지적이고 유연하게 의사결정을 내릴 수 있도록 안내해 주며, 수와 연산의 속성을 관계시켜 주는 폭넓은 의미에서 볼 때 수와 관계된 문제를 융통성 있고 창의적인 방법으로 해결해 주는 능력	

출처: 김동일, 허상, 김이내, 이기정(2009), p. 107.

보다 이해하기 쉬운 정의는 Gersten과 Chard(1999)가 제시한 수감각 정의이다. 이들은 수감각을 '아동의 숫자에 대한 유동성 및 융통성, 숫자가 의미하는 것에 대한 감각, 머릿속으로 수학적 계산을 수행하고, 세상을 바라보고 양자를 비교할 수 있는 능력'이라고 정의하였다. 이러한 정의들을 참고하여 김동일 등(2009)은 수감각 지표와 구성 요인을 수인식, 수량변별, 빠진 수 찾기, 추정으로 구성할 것을 제안하였다. 김애화(2006)는 수감각 검사 구성 요인으로 뛰어세기, 거꾸로세기, 수읽기, 수 의미, 수량변별, 빠진 수 넣기, 덧셈구구, 숫자 바로 따라하기, 숫자 거꾸로 따라하기, 색깔 규칙 찾기 등 12개의 하위 영역으로 구성하였다. NCTM(1989)에서는 수감각의 하위 구성 요소로 수의 의미 이해, 수 관계탐구, 수의 상대적인 크기 이해, 연산의 상대적인 효과 인식, 일상적인 대상과 상황의 측정을 위한 기준 개발을 제안하였다.

NCTM(2000)에 따르면, 수감각은 다음 세 가지 측면을 의미한다. 첫째, 숫자, 숫자를 표기하는 방법, 숫자들 간의 관계, 수체계를 이해하는 것을 말한다. 둘째, 연산의 의미와 각 연산 간의 관계를 이해하는 것을 말한다. 셋째, 유창하게 계산을 하고 합리적인 어림을 하는 것을 말한다. 그 이전에 NCTM(1987)은 수감각을 다음과 같이 규정했었다. 첫째, 숫자의 의미, 숫자 간의 중다 관계를 형성하는 것, 둘째, 숫자들 간의 크기를 인식하는 것, 셋째, 산술적 연산이 결과에 어떤 영향을 미치는지 이해하는 것을 의미한다. 한편, NCTM(1989)에서는 수감각이 좋은 아동은 다음과 같은 특징을 보인다고 했다. 첫째, 숫자의 의미를 잘 이해한다. 둘째, 숫자들을 서로 다양하게 관련지을 수 있다. 셋째, 숫자들 간의 상대적 크기를 잘 인식한다. 넷째, 연산 결과를 잘 안다. 다섯째, 일상 물건이나 상황의 측정 값을 잘 어림한다. 이 밖에도 McIntosh 등(1992)은 선행 연구결과를 근거로 수감각을 세 가지 범주로 분류하였다. 첫째, 숫자에 대한 지식과 활용 능력, 둘째, 연산에 대한 지식과 활용 능력, 셋째, 숫자와 연산에 대한 지식과 활용 능력을 계산해야 할 상황에 잘 적용하는 능력 등이 그것이다. Greeno(1991)는 수감각을 유연한 암산, 수리적 어림과 질적인 판단으로 정의하였다. 연산 맥락에서의 수감각이란 특정 수를 두 수 혹은 그 이상의 수로 나누어도 그 수량은 같다는 인식, 가장 근접한 수를 어림해 낼 수 있는 것, 그리고 특정 수 값에 해당하는 양을 추론하고 판단하는 것을 의미한다.

결국 연산 영역에서의 핵심 기능 혹은 하위 필수 요소는 특정 숫자에 해당하는 양을 추론하고 판단하는 것, 특정 숫자의 가르기와 모으기를 최대한 많이 빠르게 생각해 내는 것, 연산 과정에서 정답에 가까운 수를 최대한 빠르고 정확하게 추정해 내는 것 등이라 할 수 있다.

이상의 논의를 토대로 했을 때 난산 학생을 지원하기 위해서는 수감각을 향상시키는 것이 급선무이다. 문제는 수감각을 어떻게 향상시킬 것인가 하는 점이다. 이는 수감각을 잘 발달시킨 상태로 아동을 이끌려면 무엇을 어떻게 지도해야 하는지 지도 요소를 찾는 일이다. 이를 위해서는 먼저 선행 논문에서 수감각을 잘 기르기 위한 효과적인 방안에 대해서 어떤 것들을 제안하고 있는지 확인해 볼 필요가 있다.

Hope와 Small(1994)은 모든 학생은 다음과 같은 요소를 반영하여 적절한 지원과 기회를 제공받으면 수감각을 충분히 향상시킬 수 있다는 신념을 갖는 것이 중요하다고 주장했다.

첫째, 구체물과 친숙한 아이디어를 사용한다.

둘째, 아이들의 생각, 발견한 것, 해결 방법을 서로 토의하고 나누게 한다.

셋째, 다른 배열과 다른 표현방식으로 숫자를 합해 보거나 나누어 보게 한다.

넷째, 실생활에서 숫자가 사용되고 있는 사례를 많이 찾아보게 한다.

다섯째, 숫자 패턴, 숫자 간 관계를 탐구하도록 한다.

여섯째, 숫자를 계산하고 어림하는 다양한 방법을 익히도록 한다.

일곱째, 다양한 방법을 적용하여 실제 문제를 해결해 보게 한다.

여덟째, 계산을 위한 계산이 아닌, 실제 목표 달성을 위해 계산을 해 보게 한다.

아홉째, 양을 나타내는 정보를 수집, 조직, 제시, 해석해 보게 한다.

✎ 심화 활동 1

1. 위에서 제시한 연산 지도 요소 혹은 수감각 요소는 타당하고 적절한가? 만약 그렇지 않다면 어떤 요소가 추가되거나 혹은 제외되어야 한다고 생각하는가? 그 이유는 무엇인가?

_____

_____

_____

2. 연산 지도 요소 혹은 수감각 지도 요소는 어떻게 추출해 내는 것이 가장 좋겠는가?

_____

_____

_____

물론, Hope와 Small(1994)이 제시한 방법은 그야말로 방법의 명칭에 불과하다. 왜냐하면 방법 명칭만 갖고서는 실제로 지도 활동을 수행할 수 없다. 실제로 지도 활동을 수행하기 위해서는 각 방법별로 사용할 자료, 사용할 예시, 교사의 활동, 학습자 활동 등이 마치 수업지도안 세안처럼 자세하게 마련되어 있어야 한다.

단순연산보다 복잡한 수학 문제의 경우에는 필수 하위 기능과 요소를 추출하는 것이 어떻게 가능할까? 단순연산처럼 이러한 과제에도 필수 요소를 분석하여 지도계획을 수립하도록 하는 접근이 유효할까? 예를 들어, 다음은 중학교 상위 수준의 수학 문제이다.

수학 학습에 어려움을 겪고 있는 학생이 이 문제를 풀 수 있도록 지도하기 위해 필요한 지식 요소와 기능 및 절차 요소를 열거해 보면 대략 〈표 13-7〉과 같을 것이다.

〈표 13-7〉 복잡한 수학 연산 문제 해결에 필요한 요소와 기능

$$f(x) = \frac{x}{a}\left(\frac{b^2}{x^2}-1\right) - \frac{x}{b}\left(\frac{a^2}{x^2}-1\right) \text{일 때}, f(a-b)$$

의 값을 구하여라. (단, $a \neq b$)

지식 요소	기능, 절차 요소
① 함수식을 풀기 위해 미지수 x에 $a-b$를 대입해야 함을 안다. 혹은 함수식을 먼저 정리한 다음 미지수에 함수값을 대입한다. ② $a^3-b^3=(a-b)(a^2-2ab+b^3)$임을 안다.	① 인수분해 공식을 적용하여 문자와 식 정리하기 ② 분수 약분하기 ③ 문자와 식 순서에 맞게 계산하기

지식 요소 ①번은 수학 연산 문제를 해결하기 위한 가장 기본적인 출발점이다. 문제를 해결하기 위해 먼저 미지수 x에 함수값을 대입해서 식을 정리해 가는 방법과, 일단 함수식을 먼저 정리한 다음 미지수 x에 함수값을 대입하는 방법 모두 가능하다. 어떤 순서를 적용하든 미지수에 함수값을 대입해야 한다는 사실 자체를 모르면 아예 이 문제는 해결할 수 없다.

또 하나, 지식 요소 ②번 역시 사전에 알고 있지 않다면 이 문제를 해결할 수 없다. 비록 문제를 푸는 학생은 문제 풀기 시작 시점에서는 미처 몰랐다고 해도 중반 이후 문자와 식을 정리해 가면서는 이 문제를 풀기 위해서는 지식 요소 ②번 공식을 적용해야 한다는 것을 알아야 한다.

〈표 13-7〉에서 제시한 지식 요소 두 가지를 알았다고 해도 많은 학생에게는 이 문제가 쉽게 풀리지 않을 수 있다. 그 이유는 미지수에 함수값을 대입하고 나서 문자와 식을 최대한 단순화시켜야 하는데, 이 과정에서 오류가 발생할 수 있고, 제한 시간을 초과할 수 있기 때문이다. 또한 문자와 식을 무작정 단순화시켜서는 안 되고 주어진 조건($a \neq b$)을 활용하고, 지식 요소 ②번의 인수분해 공식을 활용할 수 있는 형태가 나오도록 문자와 식을 정리해야 한다.

이상의 논의를 토대로 복잡한 문자와 식을 가르치는 필수 요소와 기능은 대략 〈표 13-8〉과 같다.

〈표 13-8〉 복잡한 문자와 식 지도 요소

지도 영역	세부적인 지도 요소
기본 개념	• 함수식의 의미와 함수식 문제를 푸는 방법
인수분해 공식과 공식의 다양한 활용 예	• $a^3-b^3=(a-b)(a^2-2ab+b^3)$ • 둘 중 어느 하나를 다른 하나로 바꿀 수 있다는 원리
문자와 식 계산 방법	• 혼합계산 순서 • 괄호 앞에 −기호가 있을 때 괄호 푸는 방법 • 문자끼리의 사칙연산

5) 학습자 특성에 따른 필수 학습 하위 요소 기능 변화 가능성

여기까지 정리되면, 다음으로 확인해야 할 사항은 앞에서 확인한 필수 학습 기능이나 요소가 학습자 특성에 따라 달라질 여지가 있는가 하는 점이다. 즉, 수감각, 복잡한 문자와 식 해결 능력을 기르기 위한 다양한 활동, 하위 요소, 기능들이 학습자의 지능, 기타 특성에 따라 다를 수 있는가 하는 점이다.

일반적으로, 수학에 어려움을 겪는 학생들은 연산과 관련하여 다음과 같은 어려움을 갖고 있는 것으로 알려져 있다.

첫째, 연산이 느리고 부정확하다.

둘째, 연산 절차를 빠르고 정확하게 이행하지 못한다.

셋째, 자신이 오류를 범했음에도 어디를 어떻게 잘못 계산했는지 금방 알지 못한다.

넷째, 장기기억 속의 단순연산 내용을 빠르고 정확하게 인출하지 못한다.

수학 학습부진이나 수학 학습장애를 갖고 있는 학생들이 〈표 13-7〉과 〈표 13-8〉의 하위 기능 및 요소와 다른 것을 필요로 할 것인가? 아마도 그럴 수 있다. 하지만 그때의 기능과 요소도 두 표에 제시된 기능 및 요소와 본질적으로는 다르지 않다. 이를테면 수학 학습부진 혹은 학습장애 학생이라고 해서 두 표에 열거된 요소들을 갖추지 않아도 된다거나 다른 요소나 기능을 익혀야 한다는 것은 아니라는 뜻이다. 학습자가 누구든 연산 문제 및 복잡한 문자와 식 계산 문제를 해결하려면 최소한 두 표에 제시된 지식 요소, 기능 요소를 알고 있고 수행할 수 있어야 한다. 따라서 이들 학생들을 위한 지도 계획 역시 이러한 요소와 기능들을 최대한 빠른 시간 안에 효과적으로 형성시키는 데 주안점을 두어야 할 것이다. 앞의 두 문제를 해결하는 데, 그동안 학습부진 학생들을 위한 다양한 주장, 예컨대 자기주도학습, 수학 일지 쓰기, 심리 및 정서 안정시키기, 자신감 갖게 하기, 수학 불안 없애기, 수학에 흥미 갖기, 토론하기, 또래와 게임하기 등이 왜 도움을 직접적으로 줄 수 없는지를 알 수 있을 것이다. 그러한 방법과 접근들로서는 논리적으로 특정 학습자로 하여금 앞의 두 문제를 해결하게 만들 수 없다.

📝 심화 활동　2

1. 수학 난산증의 특징을 조사해 보시오.

_____

_____

_____

2. 각 학교에서는 난산증 학생을 어떻게 선별하여 지도하고 있는가? 난산증 전문가들은 난산증을 어떻게 지도해야 한다고 주장하고 있는가?

_____

_____

_____

---

6) 연산 능력 지도 필수 하위 기능 관련 소결론

연산 지도 교사가 알아야 하는 사실은 다음과 같다.

첫째, 사칙연산을 정확하고 빠르게 수행할 수 있으려면 수감각이 잘 발달되어 있어야 한다.

둘째, 수감각의 개념과 이를 향상시키기 위한 지도방법과 관련해서는 아직 의견이 분분하다. 하지만 숫자 자체의 의미, 조작, 활용, 표현, 가르기와 모으기, 숫자로 사물이나 현상 표현하기 등에 매우 유창해야 수감각이 높다고 할 수 있다.

셋째, 연산을 잘 수행하기 위해서는 개별적인 연산은 물론, 그 연산 결과를 처리하는 절차와 방법에도 능통해야 한다.

넷째, 학생들 중에서는 비록 단순 연산을 장기기억 속에 기억하고 있다고 해도 이를 인출하여 활용하는 속도와 정도에 있어서 큰 차이가 있다. 이러한 차이는 좁히기가 쉽지 않다.

5. 연산 능력 진단 요소

목표 상태와 그에 이르기 위한 하위 기능, 요소 등을 확인하고 나면 다음 단계는 현재 상태 진단과 지도 계획 수립을 위한 진단 활동에 필요한 진단 요소를 추출하는 것이다. 진단은 앞서 확인한 하위 요소나 기능을 현재 어느 정도나 수행할 수 있거나 알고 있는 지를 검사 형태로 알아보는 방식으로 실시한다.

현재 연산 수행 능력과 밀접하게 관련되어 있는 인지기능, 혹은 인지처리과정에는 〈표 13-9〉와 같은 것들이 있다.

〈표 13-9〉 연산 수행 능력 관련 인지기능 및 인지처리과정

인지기능 및 인지처리과정	핵심 기능	관련 연산 기능
작업기억	새로 들어온 정보를 단기간 기억하면서 장기기억 속의 관련된 정보를 인출하여 두 정보를 모두 활용하여 과제를 성공적으로 수행	받아올림 혹은 받아내림 가르기와 모으기
처리속도	장기기억 속의 정보를 빠르고 정확하게 인출	곱셈구구, 단순 연산 인출
시각 변별	서로 다른 모양의 글자를 다르게 빠르고 정확하게 인식	6과 9 구분

어떤 학습자가 연산 수행과 관련하여 현재 어느 상태에 있는지, 즉 어느 기능을 얼마나 갖고 있는지를 확인하고 이후 지도 계획을 어떻게 수립해야 하는지에 대한 유용한 정보를 얻기 위한 진단 항목은 〈표 13-9〉 항목들을 모두 포함시켜 〈표 13-10〉과 같아야 한다고 볼 수 있다.

〈표 13-10〉 연산 능력 진단 영역

분류	하위 범주	예시
인지처리과정/ 인지기능	작업기억	숫자, 글자 거꾸로 외우기
	처리속도	숫자, 글자, 그림, 모양의 명명 속도 측정
	시각 변별	비슷한 숫자 구분하기
수감각	수 읽기 및 쓰기	1초 이내로 정반응 보이기
	수량 변별하기	숫자끼리 대소 관계 표시하기
	가르기와 모으기	주어진 숫자 가르기와 모으기
	수 세기(1~20까지 세기, 서수 세기, 뛰어세기, 거꾸로 세기, 중간부터 세기)	1초 이내로 정반응 보이기
	단순연산 암산	합이 10 미만인 숫자끼리의 단순 사칙연산 1초 이내로 정반응 보이기
	숫자와 사물 대응시키기	사물이나 현상에 대응 혹은 근접한 숫자 제시하기
사칙연산	덧셈	난이도와 형식, 자릿수가 다른 덧셈 문제 풀기 시간 제한 혹은 소요 시간 측정
	뺄셈	난이도와 형식, 자릿수가 다른 뺄셈 문제 풀기 시간 제한 혹은 소요 시간 측정
	곱셈	난이도와 형식, 자릿수가 다른 곱셈 문제 풀기 시간 제한 혹은 소요 시간 측정
	나눗셈	난이도와 형식, 자릿수가 다른 나눗셈 문제 풀기 시간 제한 혹은 소요 시간 측정
	절차	받아내림 혹은 받아올림 문제 해결하기 복잡한 곱셈 및 나눗셈 문제 해결하기

　진단 영역이 결정되면 다음은 진단 기준을 마련한다. 진단 결과를 유용하게 활용할 수 있으려면 각 진단 소영역별로 진단 결과와 시사점 및 진단 결과에 대한 해석이 필요하다. 이를 위해서는 〈표 13-11〉과 같은 표에 각 영역별 수행률을 기록하고 각 영역별로 평가 대상자가 범한 오류를 상세하게 기술하는 것이 필요하다.

국내 수학부진 혹은 수학 학습장애, 특히 난산증 진단 도구에는 어떤 것들이 있는지 조사해 보시오. 그 도구들 간의 공통점과 차이점은 무엇인가?

_____

_____

_____

〈표 13-11〉 진단 결과 제시 형식

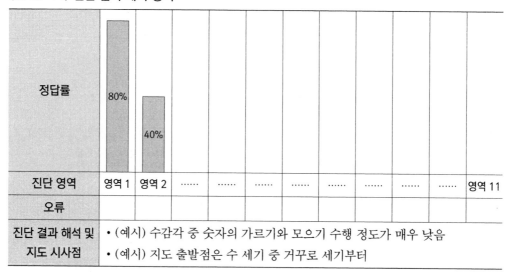

정답률	80%	40%									
진단 영역	영역 1	영역 2	……	……	……	……	……	……	……	……	영역 11
오류											
진단 결과 해석 및 지도 시사점	• (예시) 수감각 중 숫자의 가르기와 모으기 수행 정도가 매우 낮음 • (예시) 지도 출발점은 수 세기 중 거꾸로 세기부터										

6. 연산 지도 프로그램 구안하기

연산 지도 요소가 모두 확인되면 다음 단계는 각 요소별 지도 프로그램을 구안하는 것이다. 지도 프로그램 구안하는 일은 지도할 내용을 조직하고 계열화하는 일이다. 이것은 Carroll이 강조했던 내용의 순서(order)와 구체성(detail)을 설계하는 것이고, 효과적인 교수행위를 설계하는 것과 같다. 또한 이것은 직접교수법에서 주장했던 교재의 내용과 그 내용의 전달 과정이 학습자에게 명료해지도록 설계하는 일이기도 하다.

1) 지도할 내용 조직하기

수학 연산 지도 내용을 조직할 때에도 읽기에서 제시했던 일반적인 내용 조직 원리가 실제로는 별로 도움이 되지 않는다. 왜냐하면 이러한 일반적인 내용 조직 원리를 아무리 잘 이해하고 있다고 해도 수학 연산 지도 요소를 조직하는 데 직접적인 시사를 주지 못하기 때문이다. 따라서 수학 연산 지도 요소를 조직하고자 할 때에는 연산의 속성, 연산 수행 원리나 요소, 기능 등을 고려해야 한다. 수학 연산 지도 요소는 〈표 13-12〉와 같이 조직할 수 있다.

〈표 13-12〉 연산 지도내용 조직 예

지도 중영역	지도 소영역	구체적인 내용 예
수감각	수 읽기 및 쓰기	수 읽기: 3, 7, 6, 9, 0 수 쓰기: 삼, 칠, 육, 구 영
	수량 변별하기	수 비교: 6○9, 4○7, 14○13, 21○12
	가르기와 모으기	$5 \nearrow 3 \searrow 2$　　　$5 \nearrow 1 \searrow 4$
	수 세기(1~20까지 세기, 서수 세기, 뛰어 세기, 거꾸로 세기, 중간부터 세기)	1, 2, 3, 4 … 20 첫째, 둘째, 셋째 … 2, 4, 6, 8 … 8, 7, 6, 5 … … 11, 12, 13, 14 …
	단순연산 암산	2+3=5　　　9-5=4 2+4=6　　　9-6=3 2+5=7　　　9-7=2
	숫자와 사물 대응시키기	■■■■■ → 5　　★★★★★ ★★ → 7
사칙연산	덧셈	7+2=　　　11+12=　　　23+8=
	뺄셈	7-2=　　　12-11=　　　23-8=
	곱셈	7×2=　　　12×11=　　　23×8=
	나눗셈	10÷2=　　　12÷3=　　　120÷5=
	혼합계산	2+(12÷6)×3-7=

심화 활동 　4

각종 수학 연산 학습지에서 연산에 특히 어려움을 겪고 있는 학습자를 대상으로 한 지도를 어떻게 접근하고 있는지 조사해 보시오.

_____
_____
_____

2) 지도할 내용의 순서 정하기

현재까지의 수학 연산 지도 경험을 근거로 했을 때 연산 초기 단계에서 지도 순서는 대략 〈표 13-13〉과 같이 진행하는 것이 효과적일 것으로 판단된다. 문제는 선행학습 정도에 따라 학습자마다 출발점이 다를 수 있기 때문에, 정밀진단을 통해 각 학습자마다 어느 부분부터 시작해야 할지를 결정해야 할 것이다. 지도를 위한 출발점은 선택 기준은 대략 해당 요소 수행률이 80~90% 미만인 지점 중 가장 앞 순서부터 시작하는 것으로 설정한다.

〈표 13-13〉의 지도 순서는 반드시 선형적인 순서라기보다는 일부는 상위 단계를 진행하면서 하위 단계를 동시에 진행할 수 있다. 또한 아래 순서가 반드시 수감각이나 사칙연산을 익히기 위한 유일하고도 가장 효과적인 순서라고는 할 수 없다. 어느 순서가 더 효과적인지는 오직 경험적인 연구를 통해서만 확인할 수 있다.

〈표 13-13〉 연산 능력 향상을 위한 지도 순서

지도 중영역	지도 소영역 순서	구체적인 내용 예
수감각	① 수 읽기 및 쓰기	1~20까지 수 읽거나 듣고 쓰기
	② 숫자와 사물 대응시키기	구체물 혹은 반구체물을 보고 이에 대응하는 숫자 제시하기
	③ 수 세기	• 1~20까지 세기 ↓ • 서수 세기 ↓ • 뛰어 세기(10씩, 5씩, 2씩 뛰어 세기) ↓ • 거꾸로 세기 ↓ • 중간부터 세기
	④ 수량 변별하기	두 수 혹은 세 수 크기 비교하기
	⑤ 단순연산 암산	1+1, 1+2, 1+3, 5-1, 4-1 등
	⑥ 가르기와 모으기	2+3=5, 3+2=5, 5-2=3, 5-3=2
사칙연산	① 덧셈	• 일의 자릿수끼리의 사칙연산 ↓ • 두 자릿수 이상 수끼리의 사칙연산 ↓ • 받아올림이나 받아내림이 있는 사칙연산 ↓ • 여러 개의 수, 큰 수끼리의 사칙연산
	② 뺄셈	
	③ 곱셈	
	④ 나눗셈	

〈표 13-13〉의 순서는 물론 학습자 특성, 능력, 수업 목표 등에 따라 더 세분화될 수도 있고 축약될 수도 있다. 예컨대, 수 세기에는 여러 하위 기능이 있는데, 이 중 어느 하나에서라도 수행 정도가 약하면 해당 기능을 직접 지도 영역으로 설정해야 할 것이다. 또한 사칙연산의 경우에도 가로셈, 세로셈, 한 자릿수 끼리의 연산, 두세 자릿수끼리의 연산 등 그 난이도와 유형이 다양하기 때문에 〈표 13-13〉의 지도 순서는 상황에 따라서는 한층 더 세분화될 수 있다. 예컨대, 뺄셈만 하더라도 그 지도 내용 요소와 순서를 〈표 13-14〉와 같이 더 세분화할 수 있다.

〈표 13-14〉 뺄셈 지도 요소 예

학년 수준	문제 유형
1a	개념 소개
1b	두 자릿수 수 빼기 한 자릿수 혹은 두 자릿수 수. 받아내림 없음
2a	두 자릿수 수 빼기 한 자릿수 혹은 두 자릿수 수. 받아내림 있음
2b	세 자릿수 수 빼기 세 자릿수 이하의 수. 십의 자리에서 일의 자리로 받아내림
3a	세 자릿수 수 빼기 세 자릿수 이하의 수. 백의 자리에서 십의 자리로 받아내림
3b	세 자릿수 수 빼기 세 자릿수 이하의 수. 백과 십의 자리에서 연거푸 받아내림
3c	두 자릿수 수 빼기 1
3d	십의 자리에 0이 있는 세 자릿수 수 빼기 세 자릿수 이하의 수. 백과 십의 자리에서 연거푸 받아내림
3e	네 자릿수 수 빼기 셋 혹은 네 자릿수 수. 천의 자리에서 받아내림
3f	네 자릿수 수 빼기 넷 이하의 자릿수 수 빼기. 받아내림 두 번 이상
4a	네 자릿수 수 빼기 네 자릿수 수. 백의자리나 천의 자릿수가 0
4b	세 자릿수 수 빼기 1
4c	네 자릿수 수 빼기 넷 이하의 자릿수 수. 십의 자리와 백의 자릿수가 0
4d	피감수가 1,000이고 나머지는 4c와 동일
4e	피감수가 1,100이고 나머지는 4c와 동일
4f	다섯 자릿수 이상의 수들끼리 빼기. 받아내림 있음
5a	천의 자릿수 수 빼기 1
5b	0이 네 개 있는 수에서 여러 자릿수 수 빼기

출처: 이대식, 강옥려 공역(2017), p. 168. 부분 인용.

결국, 수학 학습부진이나 수학 학습장애 학생을 지도한다는 것 역시 각 학습자에게 가장 적합한 지도 내용 요소와 지도 순서를 찾는 것이다.

7. 세부적인 지도 계획 수립

1) 수학 연산 지도 세안 작성

　지도할 내용 요소 항목과 그 항목들의 지도 순서가 어느 정도 확인되면 다음으로는 각 하위 요소나 기능별로 상세한 지도안을 작성해야 한다. 왜냐하면 지금까지 나열한 필수 하위 기능이나 요소, 진단 요소 등은 각 요소의 명칭에 불과하기 때문이다. 해당 요소를 지도하기 위해서는 필요한 예시, 자료, 교사의 활동, 학습자 활동, 각 활동의 비중, 순서 등을 고려해서 미리 설계해 놓아야 하기 때문이다.

　〈표 13-15〉는 그러한 세안 작성 원리에 따라 작성한 세부적인 지도안의 예이다.

〈표 13-15〉 직접교수법에 따른 세부적인 수업 지도안

수업형식 5.1. 새로운 숫자 소개하기

참고: 이 수업형식은 각각의 새로운 숫자를 소개할 때 사용한다. 이 수업형식에서는 1, 4, 6, 2를 이전에 소개했고, 7을 새로운 숫자로 소개하는 것으로 가정한다.

교사	학생
1. (칠판에 다음 숫자들을 쓴다) 　　　 7 　2 　 4 　6 　7 　　 7 　1 (시범 보이고 검사한다. 7을 가리킨다.) 이것은 칠입니다. 이것이 무엇이라고 요? (7을 짚는다.)	7
2. (변별 연습) 내가 숫자를 짚으면 무엇인지 말해 보세요.	
3. (2를 가리킨 다음 1초 동안 멈춘다.) 이것이 무슨 숫자죠? (2를 짚는다.) (3단계를 7, 1, 6, 1, 7, 2, 1, 6, 7 등의 순서로 반복한다.)	2
4. (개인별 시켜 보기: 개별 학생들에게 몇 개의 숫자를 읽어 보라고 한다.)	

수업형식 5.2. 등식 쓰기

교사	학생
1. (학생에게 연필과 종이를 준다.)	
2. 지금부터 내가 불러 주는 문제를 쓰세요. 내가 문제를 불러 줄 테니 잘 들으세요. 육 더하기 이는 얼마죠? 다시 잘 들으세요. 육 더하기 이는 얼마죠? 따라해 보세요. 교정하기: 학생들이 보통의 속도로 식을 따라 할 수 있을 때까지 학생과 같이 반응한다.	육 더하기 이는 얼마죠?
3. 이번에는 식을 천천히 말해 봅시다. 내가 손뼉을 칠 때마다 식의 각 부분을 말해 볼게요. (학생과 같이 반응한다.) 준비. (손뼉) 육. (2초 멈춘 후: 손뼉) 더하기 (2초 멈춘 후: 손뼉) 이 (2초 멈춘 후: 손뼉) 는 (2초 멈춘 후: 손뼉) 얼마죠? (학생들이 스스로 반응할 수 있을 때까지 단계 3을 반복한다.)	육 더하기 이 는 얼마죠?
4. 자, 이제 내가 손뼉을 치면 여러분이 스스로 식을 말해 보세요. (멈춤) 준비. (2초 간격으로 손뼉을 친다.)	육 더하기 이는 얼마죠?
5. 이제 식을 쓰세요.	$6+2=\square$라고 쓴다.
6. (다음 식을 가지고 단계 1~5를 반복한다. $8-3=\square$; $4+5=\square$; $7-2=\square$).	

출처: 이대식, 강옥려 공역(2017), pp. 95-96.

🖊 **심화 활동** 5

앞의 지도 세안에 대해 어떻게 생각하는가?

_____
_____
_____

이와 같은 세부적인 지도안 작성 원칙에 따라서 난산을 비롯하여 수학 학습부진 및 학습장애를 갖고 있는 학생들의 수감각을 향상시키려면 무엇을 어떻게 지도해야 할까?

〈표 13-13〉의 수감각 지도 요소 중 수 읽기 및 쓰기, 수량 변별하기, 가르기와 모으기,

수 세기 등은 수업 상세안을 구안하기가 그렇게 어렵지 않을 것이다. 하지만 숫자와 사물 대응시키기는 수감각 능력의 가장 중요한 요소이면서도 표준화된 지도 방안을 찾기 어렵다. 선행 연구들에서 비교적 일관되게 주장하고 있는 것은 구체물을 활용하는 것이다. 문제는 어떤 구체물을 어떻게 활용해야 하는지를 모를 경우 구체물을 활용해야 한다는 주장은 지도하는 교사에게는 거의 도움이 되지 않을 것이라는 점이다. 연산 과정에서 필요한 수감각을 향상시키기 위한 구체물 활용 방안에는 대략 세 가지 정도의 방법이 있다.

첫째, 수직선을 활용하는 것이다. 다음 그림처럼 수직선을 활용하여 수끼리의 수량 변별, 수의 순서, 수 세기, 수끼리의 덧셈과 뺄셈을 익히는 데 활용할 수 있다. 예컨대, 다음 그림에서 왼쪽 수직선은 덧셈을 익힐 때, 오른쪽 수직선은 뺄셈을 익힐 때 활용할 수 있다([그림 13-3] 참조).

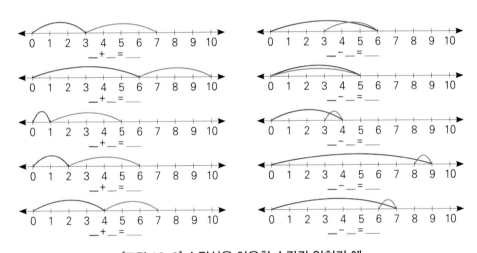

[그림 13-3] 수직선을 이용한 수감각 익히기 예

출처: http://www.math-aids.com/Number_Lines/

둘째, 숫자 카드를 활용하는 방법이다. 숫자 카드 사용을 지도할 때에는 숫자와 사물이나 점의 개수 대응을 같이 익히도록 해서 각 숫자가 의미하는 수량을 자동적으로 인식할 수 있을 정도까지 연습을 시키는 것이 중요하다([그림 13-4] 참조).

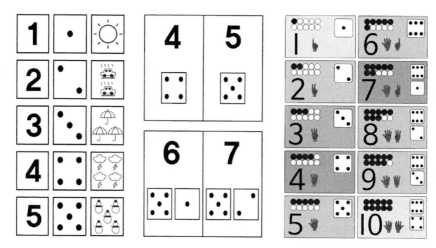

[그림 13-4] 다양한 숫자카드 예

셋째, 주판이나 레켄렉을 활용하는 방법이다. 이러한 도구를 사용하게 되면 각 숫자에 해당하는 수량감을 직관적으로 익힐 수 있을 뿐만 아니라, 숫자의 가르기와 모으기 연습도 병행할 수 있는 효과를 거둘 수 있다([그림 13-5] 참조).

[그림 13-5] 숫자 레켄렉(rekenrek) 혹은 주판

2) 수학 문제 해결 지도 방식

수학 문제 해결 과제는 흔히 문장제 문제로 제시된다. 수학 문제 해결 과제 수행 시 학습에 어려움을 겪는 학생들이 보이는 특징은 크게 세 가지 정도이다. 첫 번째는 읽기 능력 부족으로 인한 문제의 이해 부족이다. 두 번째는 설사 문제를 내용적으로 이해했다고 하더라도 수학적으로 이를 해결하기 위해서는 주어진 정보를 활용하여 수학 연산식을 도출할 수 있어야 한다. 이는 문제의 내용을 수학적으로 표상하는 능력(Montague, 1992;

Montague & Applegate, 1993)에 해당한다. 아쉽게도 수학 학습에 어려움을 겪는 학생들은 이 부분에서 다른 학생들에 비해 상대적으로 더 큰 어려움을 겪는다. 세 번째는 우여곡절 끝에 수학 연산식을 세웠음에도 불구하고 연산 과정에서의 오류와 신속성 부족으로 궁극적으로는 정답을 도출하지 못하는 경우이다.

　수학 학습에 어려움을 겪는 학생들이 수학 문제를 해결할 때 지원하는 방안으로 학자들이 가장 많이 제안해 왔고 또 그 효과도 어느 정도 검증된 방법에는 크게 인지 전략 혹은 문제 해결 전략을 활용하는 방법과 스키마 혹은 내용에 맞는 도식을 활용하는 방법이 있다.

3) 도형 영역 지도 방식

　도형 과제의 경우, 관련 개념을 명확히 이해해야 하고 많은 경우 수학 연산 과정을 적용해서 계산을 정확히 수행해야 하기 때문에 도형 과제를 해결하는 데에는 더 큰 어려움을 느낄 수 있다. 예컨대, 아래의 도형 문제를 학습에 어려움을 겪는 학생이 잘 해결하도록 하려면 다음과 같은 지도방법을 사용해야 한다.

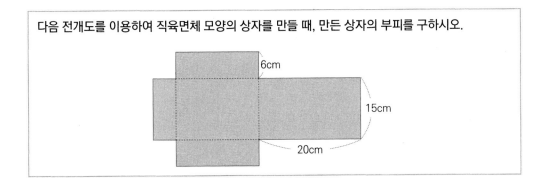

다음 전개도를 이용하여 직육면체 모양의 상자를 만들 때, 만든 상자의 부피를 구하시오.

　우선, 이와 같은 도형 문제를 학생들이 잘 해결하도록 지도하려면 먼저 이와 같은 문제를 해결하는 데 필요한 요소 기능을 확인해야 한다. 전개도에서 직육면체의 부피를 계산할 수 있으려면 대략 다음과 같은 사항들을 알고 있거나 수행할 수 있어야 한다.

　첫째, 부피의 개념과 부피를 산출하는 방법(공식)을 알고 있어야 한다.

　둘째, 전개도를 직육면체로 변환시키고, 직육면체의 밑면, 높이, 직육면체의 성질 등을 알고 있어야 한다.

셋째, 도형(직육면체)의 부피를 구하는 공식에 맞게 주어진 정보를 활용하여 수식을 세우고 이를 정확하고 신속하게 계산할 수 있어야 한다.

넷째, 이상에서 열거한 세 가지 요소 각각을 정확히 알고 신속하게 수행할 수 있게 되기 위해서는 일반 학생들에 비해 수학 학습에 어려움을 겪는 학생들은 훨씬 많은 풍부한 연습을 반복해서 해야 한다.

8. 진전도 점검 및 종합평가

학습진전도 점검은 당일 학습내용 숙달 정도를 평가하는 형성평가와 최종 목표 상태 대비 현재의 진전도 점검 등 두 차원으로 실시한다.

1) 형성평가

학습지도 후 당일 다루었던 내용을 대상으로 5~10여 개의 문항을 제시해서 그 수행 정도를 확인한다. 당일 학습의 성공 기준은 정답률 90% 이상으로 설정한다.

2) 목표 대비 진전도 점검

이 내용은 읽기, 쓰기와 동일하다. 목표 대비 진전도 점검은 당일 학습한 내용보다는 목표에 도달한 상태 대비 현재의 진전 정도를 측정한다. 이를 위해서 궁극적으로 학습자가 도달해야 하는 상태에 근거하여 역시 5~10여 개의 문항을 제시해서 그 수행 정도를 확인한다. 진전도 점검 결과는 초반에는 목표 상태 대비 매우 낮은 수행률을 보이다가 점차 그 수행률이 높아지는 형태로 나타나는 것이 정상이다. 목표 대비 점검은 형성평가처럼 매 차시 실시할 필요는 없고, 주 1회나 2~3주당 1회로 실시한다. 목표 대비 진전도는 초반에 그 수행률이 낮게 나오기 때문에 절대적인 수행 정도보다는 목표선(aim line) 대비 수행 정도의 높고 낮음을 분석하여 조치를 취한다. 목표선은 초기 상태와 목표 도달 상태를 연결한 선을 말한다. 만약 학습진전도 점검 결과 수행률이 이 목표선을 하회하면 교육방법을 수정해야 함을 의미하고, 반대로 목표선을 상회하면 목표 수준을 높일 필요가 있다.

9. 정리

이 장에서는 수학 학습에 어려움을 겪는 학생들을 효과적으로 진단하고 지도하는 방법을 다루었다. 제8장과 제9장에서 소개한 네 가지 교수-학습원리를 가급적 충실하게 반영하여 수학 학습에 어려움을 겪는 학습자를 어떻게 지원할 수 있는지 수학 지도 각 영역별로 살펴보았다. 읽기, 쓰기 지도와 마찬가지로 수학 지도를 잘하려면 무엇보다 먼저 수학 각 영역이나 과제별로 학습에 어려움을 겪는 학습자가 수학을 잘하지 못하는 현재 상태에서 잘하는 상태에 도달하기 위해서 거쳐야 할 단계나 갖추어야 할 하위 요소 기능을 확인해야 한다. 그래야 맞춤형 진단이 가능하다. 특히 수학 학습에 어려움을 겪는 학습자 중 상당수는 수감각, 기본연산 등의 기초적인 부분부터 효과적인 교수법을 적용하여 강도 높게 지속적으로 지도해야 한다. 일반 학생들에게는 별로 어렵지 않게 학습되는 내용이더라도 수학 학습부진이나 장애 학생들에게는 아주 체계적으로 집중 지도해야 하는 경우가 많다. 문제는 상당수의 이러한 기본적인 수학 기능과 요소들이 정규 교육과정에서는 극히 일부분만 그것도 매우 짧은 기간 동안만 다루어진다는 점이다. 수학 학습에 어려움을 겪고 있는 학습자들을 지원하기 위해서는 보다 세밀하고 정밀한 진단과 지도계획 수립이 필요하다.

생각해 볼 문제

01 난산증 조기 선별 도구는 어떠한 영역을 어떻게 측정해야 한다고 생각하는가? 선행 도구에는
어떤 것들이 있고, 그러한 도구의 장단점은 무엇인가?

_____

_____

_____

_____

02 수학 학습부진 혹은 학습장애 학생에게 수학 문제 해결력, 수학적 의사소통 능력과 같이 중요
한 수학 교육목표로 흔히 거론되는 것들은 어떻게 지도할 수 있는가? 기본적인 연산 능력이 낮
은 학생들에게도 이러한 영역을 지도한 사례와 그 효과에 관한 자료에는 어떤 것들이 있는가?

_____

_____

_____

_____

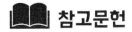 **참고문헌**

교육부(2019). 2019년 국가수준 학업성취도 평가 결과 발표. 교육부 보도자료.

김동일, 허상, 김이내, 이기정(2009). 수학학습장애위험아동 조기판별을 위한 수감각 검사의 적용 가능성 고찰. 아시아교육연구, 10(3), 103-122.

김애화(2006). 수학학습장애 위험학생 조기선별검사 개발: 교육과정중심측정 원리를 반영한 수감각 검사. 특수교육학연구, 40(4), 103-133.

사교육걱정없는세상(2016). 2015. 7. 22. 2015 수학교육과정 개정을 위한 학교 수학교육 관련 설문조사. https://m.blog.naver.com/PostView.nhn?blogId=noworry21&logNo=22066316152 1&proxyReferer=https%3A%2F%2Fwww.google.co.kr%2F

이대식, 강옥려 공역(2017). 직접교수법에 따른 효과적인 수학 수업[*Designing effective mathematics instruction: A direct instruction approach*]. Stein, M., Kinder, D., Silbert, J., & Carnine, D. 저. 서울: 학지사. (원저는 2006년에 출간).

한국교육과정평가원(2017). 2015 개정 교육과정에 따른 평가기준: 초등학교 3-4학년.

Butterworth, B. (2005). Developmental dyscalculia. In J. Campbell (Ed.), *Handbook of mathematical cognition* (pp. 455-467). Hove, UK: Psychology Press.

Hope, J., & Small, M. (1994). Number sense in Interactions. *Program Information 4*, 18-19. Toronto, Ontario: Ginn Publishing Canada Inc.

Gersten, R., & Chard, D. (1999). Number sense: Rethinking arithmetic instruction for students with mathematical disabilities. *The Journal of Special Education, 33*(1), 18-28.

Greeno, J. (1991). Number sense as situated knowing in a conceptual domain. *Journal for Research in Mathematics Education, 22*, 179-218.

Mcintosh, A., Reys, B. A. R., & Reys, R. (1992). A proposed framework for examining basic number sense. *For the Learning of Mathematics, 12*(3), 2-7.

McIntosh, A., Reys, R. E., Reys, B. J., Emanuelsson G., Johansson, B., & Yang, D. C. (1999). Assessing number sense of students in Australia, Sweden, Taiwan, and the United States. *School Science and Mathematics, 99*(2), 61-70.

Montague, M. (1992). The effects of cognitive and metacognitive strategy instruction on the mathematical problem solving of middle school students with learning disabilities. *Journal of Learning Disabilities, 25*, 230−248.

Montague, M., & Applegate, B. (1993). Middle school students mathematical problem solving: An analysis of think-aloud protocols. *Learning Disability Quarterly, 16*, 19−32.

National Council of Teachers of Mathematics (1987). *Curriculum and evaluation standards for school mathematics.* Reston, VA: NCTM.

National Council of Teachers of Mathematics (1989). *Curriculum and evaluation standards for school mathematics.* Reston, VA: NCTM.

National Council of Teacher of Mathematics (1991). *Professional standards for teaching mathematics.* Reston, VA: NCTM.

National Council of Teachers of Mathematics (2000). *The principles and standards for school mathematics.* Reston, VA: NCTM.

Rousselle, L., & Noel, M. P. (2007). Basic numerical skills in children with mathematics learning disabilities: A comparison of symbolic vs. non-symbolic number magnitude. *Cognition, 102*(3), 361−395.

Tsao, Y., & Lin, Y. (2011). The study of number sense and teaching practice. *Journal of Case Studies in Education, 2*, 1−14. Retrieved from http://search.proquest.com/docview/88790 7244?accountid=25704.

Math Worksheets 홈페이지. http://www.math-aids.com/Number_Lines/

Pinterest 홈페이지. https://www.pinterest.co.kr/pin/295830269263901531/?lp=true

SparkleBox 홈페이지. https://www.sparklebox.co.uk/maths/numbers/flash-cards.html

📖 찾아보기

인명

내용

저자 소개

이대식(Lee, Daesik) leeds@ginue.ac.kr
서울대학교 사범대학 교육학과(학사)
서울대학교 사범대학 교육대학원(교육방법 전공, 석사)
University of Oregon, Department of Special Education(Ph.D.)
현재 경인교육대학교 교수

주요 저서
『통합교육의 이해와 실제』(3판, 공저, 학지사, 2018)
『학습장애아동의 이해와 교육』(3판, 공저, 학지사, 2016)
『학습부진학생의 이해와 지도』(2판, 공저, 교육과학사, 2014) 등 다수

학회 활동
한국학습장애학회 회장(2018. 7. 1.~2020. 6. 30.)
한국통합교육학회 회장(2013, 2014) 및 현 이사
한국특수교육학회 이사

학습부진 및
학습장애 교육

교수-학습이론과 모형의 조건

Teaching Students with Low Achievement
or Learning Disabilities:
The Conditions of Instructional-Learning Theories and Models

2020년   9월 20일   1판 1쇄 발행
2023년 10월 20일   1판 3쇄 발행

지은이 • 이대식
펴낸이 • 김진환
펴낸곳 • (주) **학지사**
        04031 서울특별시 마포구 양화로 15길 20 마인드월드빌딩
대표전화 • 02)330-5114   팩스 • 02)324-2345
등록번호 • 제313-2006-000265호

홈페이지 • http://www.hakjisa.co.kr
인스타그램 • https://www.instagram.com/hakjisabook

ISBN 978-89-997-2191-5 93370

정가 25,000원

출판미디어기업 학지사

간호보건의학출판 **학지사메디컬** www.hakjisamd.co.kr
심리검사연구소 **인싸이트** www.inpsyt.co.kr
학술논문서비스 **뉴논문** www.newnonmun.com
교육연수원 **카운피아** www.counpia.com